BEITRÄGE ZUR GESCHICHTE OSTEUROPAS

HERAUSGEGEBEN VON

DIETRICH GEYER UND HANS ROOS

BAND 11

DIE SOZIALREVOLUTIONÄRE PARTEI RUSSLANDS

Agrarsozialismus und Modernisierung
im Zarenreich (1900–1914)

von

MANFRED HILDERMEIER

1978

BÖHLAU VERLAG KÖLN WIEN

Die vorliegende Arbeit wurde im November 1976 vom Fachbereich Geschichte der Eberhard-Karls-Universität zu Tübingen als Dissertation angenommen.

Gedruckt mit Unterstützung
der Deutschen Forschungsgemeinschaft

CIP-Kurztitelaufnahme der Deutschen Bibliothek

Hildermeier, Manfred
Die Sozialrevolutionäre Partei Russlands : Agrarsozialismus und Modernisierung im Zarenreich (1900–1914). – Köln, Wien : Böhlau 1978.
  (Beiträge zur Geschichte Osteuropas ; Bd. 11)
  ISBN 3-412-01078-2

Copyright © 1978 by Böhlau Verlag GmbH, Köln
Alle Rechte vorbehalten

Ohne schriftliche Genehmigung des Verlages ist es nicht gestattet, das Werk unter Verwendung mechanischer, elektronischer und anderer Systeme in irgendeiner Weise zu verarbeiten und zu verbreiten. Insbesondere vorbehalten sind die Rechte der Vervielfältigung – auch von Teilen des Werkes – auf photomechanischem oder ähnlichem Wege, der tontechnischen Wiedergabe, des Vortrags, der Funk- und Fernsehsendung, der Speicherung in Datenverarbeitungsanlagen, der Übersetzung und der literarischen oder anderweitigen Bearbeitung.

Satz und Druck: Boss-Druck, Kleve
Buchbinderische Verarbeitung: Josefs-Druckerei, Olsberg

Printed in Germany
ISBN 3 412 01078 2

FÜR MEINE ELTERN

INHALT

Verzeichnis der Tabellen, Schaubilder und Karten............... XI
Abkürzungen XIII
Vorbemerkung XVII

Einleitung

Fragestellung und methodischer Ansatz – zum Populismusbegriff – Restriktionen agrarischer Sozialbewegungen – Exkurs zum Parteicharakter der PSR 1

Erstes Kapitel

Neopopulistische Sammlung (1893–1901)...................... 35
1. Innerrussische Vorläuferorganisationen 35
2. Flurbereinigung im populistischen Exil 45
3. Gründung der PSR und programmatischer Konsens 50

Zweites Kapitel

Theorie, Programm und grundlegende Aktionsformen der Sozialrevolutionären Partei 58
1. Der politische Terror..................................... 58
2. Klassentheorie 68
3. Revolutionstheorie....................................... 77
4. Das Parteiprogramm..................................... 83
   4.1 Sozialisierung des Grund und Bodens 83
   4.2 Minimalprogramm und Maximalprogramm 99
5. Zusammenfassung: der „synthetische Gesichtspunkt" und die Modernisierung Rußlands 105

Drittes Kapitel

Der Aufbau einer Parteiorganisation und die Anfänge der sozialrevolutionären Agitation in Rußland (1902–1905) 109
1. Die territoriale Expansion der sozialrevolutionären Gruppen und Komitees in Rußland 110

2. Die Zentrale in Rußland 113
3. Schwerpunkte der Agitation............................... 116
4. Die Beziehungen zwischen der innerrussischen PSR und der Auslandsorganisation.. 121

Viertes Kapitel

Die maximalistische Häresie (1904–1906) 126
1. Die Agrarterroristen 126
2. Die Moskauer Opposition.................................. 131
3. Organisation, Theorie und Verbreitung des Maximalismus 133

Fünftes Kapitel

Die taktische Linie der PSR in der ersten russischen Revolution: zwischen Aufstandsagitation und friedlicher Opposition (1905–1907) 141
1. Militante Aufstandsagitation 143
2. Legalistisches Experiment: die Kooperation zwischen PSR und legalem Populismus....................................... 145
3. Probe aufs Exempel: die sozialrevolutionäre Bauernagitation und der verpaßte Aufstand im Sommer 1906 150
4. Mißlungene Putschversuche: die sozialrevolutionäre Armeeagitation 164
5. Boykott aus Prinzip: die Haltung der PSR zur Staatsduma 175
6. „Kampftaktik" statt Gewerkschaftlerei: die sozialrevolutionäre Arbeiteragitation 183

Sechstes Kapitel

Die sozialrevolutionäre Parteiorganisation in den Revolutionsjahren 1905–1907 193
1. Der Entwurf: zentrale und lokale Parteistatuten 194
2. Die Praxis an der Parteispitze 201
3. Zentralismus versus Föderalismus: das Verhältnis zwischen Parteizentrum und Parteiperipherie 206

Siebtes Kapitel

Die PSR vor Ort: Tätigkeit und Organisation der sozialrevolutionären Lokalkomitees während der ersten russischen Revolution (1905–1907)... 215

	Inhalt	IX

1. Die Agitation in Stadt und Land: ein Überblick 216
   1.1 Das Wolgagebiet................................. 216
   1.2 Die Ukraine..................................... 223
   1.3 Das zentrale Industriegebiet 228
   1.4 Weißrußland 235
   1.5 Südrußland 239
   1.6 Das Dongebiet................................... 240
   1.7 Nordrußland 241
   1.8 Der Ural 243
   1.9 Sibirien... 246
   1.10 Der Kaukasus 248
   1.11 Das nördliche Kaukasusgebiet 249
   1.12 Der „Fernöstliche Oblastbund der PSR" 250
   1.13 Turkestan....................................... 251
   1.14 Moskau 251
   1.15 St. Petersburg 257
2. Organisatorische Probleme und interne Konflikte 259
3. Mitgliederstärke und soziale Geographie der PSR 267

Achtes Kapitel

Die Parteifinanzen 272

Neuntes Kapitel

Zur sozialen Charakteristik der PSR 281
1. Generationen in der PSR 282
2. Bildungs- und Sozialstruktur 292

Zehntes Kapitel

Das Dilemma der sozialrevolutionären Organisation............. 305

Elftes Kapitel

Die Agonie der sozialrevolutionären Organisation (1907–1914) ... 309

Zwölftes Kapitel

Die PSR in der Krise: Meinungsverschiedenheiten über die Lehren aus der Revolution und Fraktionsbildungen (1907–1914)......... 318
1. Der Immobilismus des Parteizentrums 319

2. Die Formierung einer neuen Opposition: Neomaximalisten und „Liquidatoren" 324
3. Auf dem Wege zur Parteispaltung: legale Sozialrevolutionäre.. 335
   3.1 Neue Formen der gesellschaftlichen Eigentätigkeit und die Krise der sozialrevolutionären Agitation 335
   3.2 Individueller Terror – anachronistische Politik 340
   3.3 Der Zerfall der „obščina" und die Krise des sozialrevolutionären Programms 348
4. Der verpaßte Anschluß 354

Dreizehntes Kapitel

Institutionalisierter Terror: die Kampforganisation und ihr Verhältnis zur Gesamtpartei (1902–1909) 358
1. Die „heroische Periode" des sozialrevolutionären Terrors 359
2. Der Zerfall der Kampforganisation 366
3. Der zentrale politische Terror unter der Führung des CK 374
4. Azefs Entlarvung 380
5. Das Ende des zentralen politischen Terrors 387
6. Organisierter Regionalterror 387
7. Azefs Verrat – ein Mißgeschick? 388

Schluß

PSR und Modernisierung – Gab es eine populistische Alternative? 395

Anhang I

Daten zur Geschichte der PSR 403

Anhang II

Kurzbiographien 404

Anhang III

Zur Literatur über die PSR 413

Literatur 417

Personen- und Ortsregister 447

VERZEICHNIS DER TABELLEN, SCHAUBILDER UND KARTEN

Tabelle 1	Regionale und soziale Herkunft der sozialrevolutionären Parteimitglieder und Sympathisanten 1907..............	268
Tabelle 2	Altersstruktur der sozialrevolutionären Parteimitglieder ...	284
Tabelle 2.1	Altersstruktur der Delegierten der ersten Gesamtkonferenz der PSR 1908	285
Tabelle 2.2	Altersstruktur der sozialrevolutionären Terroristen	285
Tabelle 2.3	Altersstruktur der Delegierten des dritten Parteitages der PSR vom Mai 1917	285
Tabelle 2.4	Mitarbeit der Delegierten der ersten Gesamtkonferenz der PSR (1908) in anderen Parteien vor ihrem Eintritt in die PSR	286
Tabelle 2.5	Mitarbeit der Delegierten des dritten Parteitages der PSR (Mai 1917) in anderen Parteien vor ihrem Eintritt in die PSR	286
Tabelle 2.6	Delegierte der ersten Gesamtkonferenz der PSR (1908) nach Jahren ihrer revolutionären Tätigkeit und nach Jahren der Mitgliedschaft in der PSR...........................	287
Tabelle 2.7	Delegierte des dritten Parteitages der PSR (Mai 1917) nach Jahren der Mitgliedschaft	287
Tabelle 2.8	Delegierte des dritten Parteitages der PSR (Mai 1917) nach Jahren illegaler Tätigkeit	288
Tabelle 2.9	Delegierte des dritten Parteitages der PSR (Mai 1917) nach Jahren in der Emigration	288
Tabelle 2.10	Delegierte des dritten Parteitages der PSR (Mai 1917) nach Parteiämtern	288
Tabelle 3	Bildungsgrad der sozialrevolutionären Parteimitglieder ...	293
Tabelle 3.1	Bildungsgrad der Delegierten der ersten Gesamtkonferenz der PSR 1908...................................	293
Tabelle 4	Beruflicher Status der sozialrevolutionären Parteimitglieder	295
Tabelle 4.1	Beruflicher Status der Delegierten der ersten Gesamtkonferenz der PSR 1908	297
Tabelle 4.2	Berufe der sozialrevolutionären Terroristen	297
Tabelle 4.3	Berufe der Delegierten des dritten Parteitages der PSR (Mai 1917)..	297
Tabelle 5	Verteilung der Stimmen der St. Petersburger Arbeiterkurie im Wahlgang zur zweiten Staatsduma (1907) nach Parteien und Unternehmensgröße	301

Tabelle 5.1	Verteilung der Stimmen der St. Petersburger Arbeiterkurie im Wahlgang zur zweiten Staatsduma (1907) nach Parteien und Industriezweigen	302
Karte	Die Regionalorganisationen (Oblastnye organizacii) der PSR	nach 218
Schaubild	Schematische Darstellung der Organisationsstruktur der PSR	nach 198

Hinweis:

Die Daten werden, wenn nicht anders vermerkt, nach dem bis 1918 in Rußland gültigen julianischen Kalender angegeben, der im 19. Jahrhundert zwölf Tage und im 20. Jahrhundert dreizehn Tage weniger als der gregorianische anzeigte.

ABKÜRZUNGEN

AHR	American Historical Review
ASEER	American Slavic and East European Review
ASL	Agrarno-socialističeskaja Liga (Agrarsozialistische Liga)
BO	Boevaja Organizacija P.S.-R. (Kampforganisation der PSR)
CASS	Canadian-American Slavic Studies
CEH	Cambridge Economic History
CK	Central'nyj Komitet (Zentralkomitee)
CKK	Central'naja Krest'janskaja Komissija (Zentrale Bauernkommission)
CMRS	Cahiers du Monde Russe et Soviétique
CSSH	Comparative Studies in Society and History
CVB	Central'noe Voennoe Bjuro (Zentrales Militärbüro)
GO	Government and Opposition
IRSH	International Review of Social History
ISSSR	Istorija SSSR
IZ	Istoričeskie Zapiski
IOZK	Izvestija Oblastnogo Zagraničnogo Komiteta
JEH	Journal of Economic History
JfGO	Jahrbücher für Geschichte Osteuropas
JMH	Journal of Modern History
JPS	Journal of Peasant Studies
KiS	Katorga i Ssylka
LW	Lenin Werke (nach der 4. russ. Ausg.)
MEW	Marx-Engels Werke
MK	Moskovskij Komitet P.S.-R.
NC	Nicolaevsky Collection
OA	Ochrana Archive
OB	Organizacionnoe Bjuro pri CK P.S.-R. (Organisationsbüro beim Zentralkomitee der PSR)
OK	Oblastnoj Komitet (Oblastkomitee)
PI	Partijnye Izvestija
PSR	Partija Socialistov-revoljucionerov (Sozialrevolutionäre Partei)
RPPOR	Rabočaja Partija Političeskogo osvoboždenija Rossii (Arbeiterpartei für die politische Befreiung Rußlands)
RR	Revoljucionnaja Rossija
RSDRP	Rossijskaja Social'-demokratičeskaja Rabočaja Partija (Sozialdemokratische Arbeiterpartei Rußlands)
SEER	Slavonic and East European Review
SR	Slavic Review
SS	Soviet Studies

VI	Voprosy Istorii
VKS	Vserossijskij Krest'janskij Sojuz (Allrussischer Bauernbund)
VLGU	Vestnik Leningradskogo Gosudarstvennogo Universiteta
VMGU	Vestnik Moskovskogo Gosudarstvennogo Universiteta
VRR	Vestnik Russkoj Revoljucii
VZFGS	Vestnik Zagraničnoj Federacii Grupp Sodejstvija P.S.-R.
ZD	Zagraničnaja Delegacija (Auslandsdelegation)
ZK	Zagraničnyj Komitet (Auslandskomitee)
ZO	Zagraničnaja Organizacija (Auslandsorganisation)
ZP	Zenzinov Papers
ZT	Znamja Truda

„Ohne Organisation befindet sich eine soziale Klasse ... oder eine Partei im Zustande der politischen Ohnmacht, der historischen Impotenz, wie stark sie numerisch und wie hoch ihr Bewußtsein auch immer sein mag."

V. M. Černov

VORBEMERKUNG

Der folgenden Untersuchung lag anfangs vor allem ein theoretisch-methodisches Interesse zugrunde. Anhand der Sozialrevolutionären Partei Rußlands sollte exemplarisch das Verhältnis zwischen Modernisierung, industrieller Entwicklung und agrarischer Sozialbewegung betrachtet und dadurch eine neue Antwort auf die zentrale, immer wieder aufgeworfene Frage gegeben werden, warum die populistische Bewegung in einem Agrarland wie dem Zarenreich unterlag. Dementsprechend wurde der Aufbau primär von systematischen, weniger von chronologischen Gesichtspunkten bestimmt. Im Laufe der Arbeit trat jedoch die Notwendigkeit immer deutlicher hervor, der Materialwiedergabe und der Darstellung der faktischen Abläufe mehr Raum zu geben. Dazu zwang zum einen die Fülle neuer Quellen, zum anderen der Umstand, daß es bisher an einer Monographie über die Geschichte der Sozialrevolutionären Partei vor dem Ersten Weltkrieg fehlte und die grundlegenden Tatbestände erst zu rekonstruieren waren. Dennoch wurde versucht, an der ursprünglichen Absicht festzuhalten. Daraus erklärt sich die Auswahl der behandelten Gegenstände. In den Vordergrund des Interesses traten die programmatische, taktische und organisatorische Entwicklung der Partei sowie ihre Auseinandersetzung mit der Sozialdemokratie. Die Beziehungen der Sozialrevolutionäre zu den übrigen oppositionellen Parteien Rußlands, ihre Haltung zu aktuellen Fragen der Außen- und Innenpolitik, ihre Stellung in der Zweiten Sozialistischen Internationalen und zum internationalen Sozialismus allgemein sowie ihre Aktivitäten in der zweiten Staatsduma wurden dagegen nur am Rande berücksichtigt. Zum Teil spiegelt sich in dieser Akzentsetzung auch die beträchtliche Disparität der Quellengrundlage.

Die Arbeit basiert in ihren darstellenden Teilen vor allem auf den Materialien des Archivs des Zentralkomitees der Sozialrevolutionären Partei, das nach wechselvollem Schicksal seit Ende des Zweiten Weltkrieges im Amsterdamer Internationalen Institut für Sozialgeschichte aufbewahrt wird. Dem zuständigen Mitarbeiter, Herrn Dr. B. Sapir, verdanke ich, daß mir diese noch ungeordneten und ungeöffneten Bestände zugänglich waren. Als unentbehrlich erwies sich ferner die Sammlung des ehemaligen menschewistischen Sozialdemokraten B. I. Nikolaevskij in der Hoover Institution on War, Revolution and Peace in Stanford/California, die unter anderem die Nachlässe von V. M. Černov, M. A. Natanson und F. V. Volchovskij enthält. Noch in der Bearbeitung befindliche Einzelstücke aus dieser Sammlung wurden mir von Mrs. A. M. Bourgina zur Verfügung gestellt. Wichtige

Aufschlüsse vermittelte außerdem der Nachlaß von V. M. Zenzinov im Archive of Russian and East European History and Culture der Columbia University in New York, den ich mit freundlicher Genehmigung von Mr. A. Goldenweiser und mit Unterstützung des Kurators Mr. L. V. Magerovsky durchsehen konnte. Die zahlreichen gedruckten Publikationen der Sozialrevolutionären Partei fanden sich vor allem in den Bibliotheken des Internationalen Instituts für Sozialgeschichte, der Hoover Institution on War, Revolution und Peace, der Ukrainischen Akademie der Wissenschaften in Kiev sowie in der Lenin-Bibliothek in Moskau.

Für die kritische Lektüre des Manuskripts und zahlreiche Anregungen danke ich Prof. Dr. K. Meyer, Dr. E. Müller, Dr. D. Beyrau und insbesondere Dr. U. Nienhaus. Wertvolle Hinweise erhielt ich auch von Prof. Dr. H.-U. Wehler. Die Studienstiftung des deutschen Volkes, der Deutsche Akademische Austauschdienst, die Stanford University und die Deutsche Forschungsgemeinschaft haben die Arbeit finanziell unterstützt; die Deutsche Forschungsgemeinschaft hat mir darüber hinaus eine großzügige Druckkostenbeihilfe gewährt. Dem Herausgeber der „Jahrbücher für Geschichte Osteuropas", Prof. Dr. G. Stökl, bin ich für die Zustimmung zum Abdruck von Teilen zweier 1972 und 1974 in dieser Zeitschrift veröffentlicher Aufsätze verpflichtet. Ganz besonderen Dank aber schulde ich Prof. Dr. D. Geyer, der diese Untersuchung anregte, sie in allen Phasen mit viel Verständnis und mehr als sachlichem Interesse förderte und ihre Drucklegung durch die Aufnahme in diese Reihe ermöglichte.

Berlin, im April 1977

EINLEITUNG

Die Sozialrevolutionäre Partei Rußlands (Partija Socialistov-Revoljucionerov, PSR) zählt zu den Verlierern der Geschichte. Von den Bol'ševiki durch die Oktoberrevolution 1917 aus der Staatsmacht verdrängt und alsbald verboten, büßte sie die Chance ein, am Aufbau des neuen Staates mitzuwirken. Ihre Führer, über Nacht zu „Leuten von gestern"[1] degradiert, mußten emigrieren. Alle Bemühungen, vom fernen Ausland das Geschehen in Rußland doch noch im sozialrevolutionären Sinne zu beeinflussen, glichen einem ohnmächtigen Schattengefecht. Die Erben einer großen revolutionären Tradition, die Nachfahren eines A. I. Gercen, P. L. Lavrov und N. K. Michajlovskij, wanderten auf den ‚Abfallhaufen der Geschichte', den L. D. Trockij überlebten historischen Gestalten zuwies. In der Sowjetunion wurden ihre Spuren systematisch ausgelöscht. Aber auch die historische Wissenschaft der nichtkommunistischen Länder tat wenig, die Erinnerung an sie lebendig zu erhalten.[2] Die Geschichte der PSR fiel einem einseitigen Interesse an den Siegern, der Sozialdemokratie und insbesondere den Bol'ševiki, zum Opfer. Daß aus dem Schicksal der Verlierer nicht weniger über die Revolution zu lernen sei, wurde kaum bedacht.

Der Untergang der PSR sollte jedoch nicht über die große Bedeutung hinwegtäuschen, die dieser Partei in der russischen revolutionären Bewegung zukam. Nicht die liberal-bürgerlichen „Konstitutionellen Demokraten" (Kadetten)[3], obgleich reich an intellektuellen und politischen Kapazitäten, noch weniger die weiter rechts stehenden, dem adeligen Grundbesitz und dem konservativen Bürgertum verbundenen Oktobristen[4] waren die eigentlichen Kontrahenten der Sozialdemokraten im Lager der Opposition gegen die Autokratie, sondern die Sozialrevolutionäre. Sie, die sich als Erneuerer der „Zemlja i Volja" und der „Narodnaja Volja"[5] betrachteten, zeigten

---

1) Vgl. A. V. Lunačarskij, Byvšie ljudi. Očerki partii ès-erov. Moskva 1922.
2) Zur Literatur über die PSR siehe den bibliographischen Anhang III. Die dort genannten Titel werden im folgenden in Kurzform zitiert.
3) Vgl. u. a.: G. Fischer, Russian Liberalism. From Gentry to Intelligentsia. Cambridge/Mass. 1958; S. Galai, The Liberation Movement in Russia 1900–1905. N. Y., London 1973; Ch. E. Timberlake (Hrsg.), Essays on Russian Liberalism. Columbia/MO. 1972; W. G. Rosenberg, Liberals in the Russian Revolution. The Constitutional Democratic Party 1971–1921. Princeton 1974.
4) Vgl. u. a.: E. Birth, Die Oktobristen (1905–1913). Zielvorstellungen und Struktur. Ein Beitrag zur russischen Parteiengeschichte. Stuttgart 1974; G. A. Hosking, The Russian Constitutional Experiment. Government and Duma 1907–1914. London 1973; Ben-Cion Pinchuk, The Octobrists in the Third Duma, 1907–1912. Seattle 1974.
5) Dazu allgemein: F. Venturi, Roots of Revolution. A History of the Populist and Socialist Movements in Nineteenth Century Russia. N. Y. 1966. Vgl. auch Anm. 105 dieses Kapitels.

sich ihnen in organisatorischer Stärke und Einfluß auf die Massen am ehesten gewachsen. Im Dauerkrieg zwischen Sozialdemokraten und Sozialrevolutionären setzte sich nach 1902 die alte Rivalität zwischen Populisten und Marxisten fort, die die russische revolutionäre Bewegung seit den 80er Jahren des 19. Jahrhunderts gespalten hatte; zur theoretischen Auseinandersetzung, die zwischen beiden in den 90er Jahren über die Zukunft des Kapitalismus in Rußland geführt worden war, gesellten sich in wachsendem Maße konkrete, praktische Konflikte des revolutionären Alltags.

Zwar hatten sich dabei die Fronten etwas verschoben, insofern als nicht mehr die Rede davon sein konnte, das Stadium des Kapitalismus gänzlich zu überspringen, wie noch V. P. Voroncov gefordert hatte.[6] Die Grundpositionen aber blieben dieselben: Auf der einen Seite machten sich die Sozialdemokraten — die Men'ševiki noch eindeutiger als die Bol'ševiki — zum Fürsprecher einer vollen Entfaltung des Kapitalismus nach westeuropäischem Vorbild. Sie behaupteten, daß das russische Proletariat an der „freiesten und raschesten Entwicklung des Kapitalismus *unbedingt interessiert*" sein müsse[7] und versuchten dementsprechend nachzuweisen, daß kapitalistische Verkehrsformen die russische Wirtschaft, den agrarischen Sektor inbegriffen, längst beherrschten.[8] Auf der anderen Seite forderten die Sozialrevolutionäre, den Kapitalismus auf den industriellen Bereich einzudämmen und plädierten für einen *sofortigen* Übergang zum Sozialismus. Dabei gingen sie davon aus, daß dieser Schritt durch die kollektivistische Wirtschafts- und Sozialorganisation des russischen Dorfes, die man beispielhaft in der Umteilungsgemeinde, der „obščina"[9], verwirklicht sah, ermöglicht und erleichtert werde. Im rückständigen Rußland offerierte der populistische Agrarsozialismus der PSR somit zwischen bürgerlichem Kapitalismus und proletarischem Sozialismus einen dritten, nichtkapitalistischen Entwicklungsweg und repräsentierte die ernsthafteste Alternative zur Sozialdemokratie.

---

6) Vgl. V. V. / V. P. Voroncov /, Sud'by kapitalizma v Rossii. SPb. 1882; Nikolajon / N. F. Daniel'son/, Očerki našego poreformennogo obščestvennogo chozjajstva. SPb 1893. Dazu: Th. v. Laue, The Fate of Capitalism in Russia: The Narodnik Version. In: American Slavic and East European Review (zit.: ASEER) 13 (1954) S. 11—28; S. M. Schwarz, Populism and Early Russian Marxism on Ways of Economic Development of Russia (the 1880's and 1890's). In: Simmons, Continuity and Change S. 40—62.

7) W. I. Lenin, Zwei Taktiken der Sozialdemokratie in der demokratischen Revolution. In: Ders., Werke. Ins Deutsche übertr. n. d. vierten russ. Ausg. (zit.: LW) Bd. 9 S. 37.

8) Vgl. Lenin, Die Entwicklung des Kapitalismus in Rußland. In: LW Bd. 3, Berlin 1968.

9) Zur Herkunft und Wirkungsgeschichte der „obščina": C. Goehrke, Die Theorien über Entstehung und Entwicklung des „Mir". Wiesbaden 1964; P. F. Laptin, Obščina v russkoj istoriografii poslednej treti XIX — načala XX vv. Kiev 1971; V. A. Aleksandrov, Sel'skaja obščina Rossii (XVIII — načale XIX v.). M. 1976; F. M. Watters, The Peasant and the Village Commune. In: W. S. Vucinich (Hrsg.): The Peasant in the Nineteenth Century Russia. Stanford 1968 S. 133—157.

Welchen Ausgang die Konfrontation zwischen Sozialdemokratie und Neopopulismus[10] nahm, ist bekannt. O. H. Radkey hat ihre turbulente Entscheidungsphase zwischen Februar 1917 und Januar 1918 eindringlich beschrieben. Vor allem erstaunt, mit welcher Leichtigkeit es den Bol'- ševiki gelang, die Parteien der Provisorischen Regierung, unter denen die PSR die stärkste war, auszuschalten. Die Kräfte, die eben noch die Staatsmacht in ihren Händen hielten, waren nicht imstande, einen ernsthaften Widerstand gegen den Oktoberumsturz zu organisieren. Sie vermochten weder in Petrograd noch in Moskau, wo Sozialrevolutionäre 1917 die Stadtverwaltung leiteten, einen nennenswerten Massenanhang zu mobilisieren. Selbst auf den Eisenbahnerbund, der seit der ersten russischen Revolution von 1905 den wohl verläßlichsten sozialrevolutionären Brückenkopf unter den Gewerkschaften gebildet hatte, konnte die PSR nicht mehr voll zählen, da die unteren Ränge mit den Bol'ševiki sympathisierten. Die Kämpfe in den beiden Hauptstädten, so faßt Radkey zusammen, „bestätigten die Schwäche der PSR" und zerstörten die Illusion von der angeblichen Unfähigkeit der Bol'ševiki.[11]

Die Sozialrevolutionäre zeigten sich ebensowenig in der Lage, eine Gegenregierung zu gründen und dem neuen Regime durch eine realisierbare politische Alternative die Unterstützung zu entziehen. Alle Versuche in dieser Richtung scheiterten an innerparteilichen Auseinandersetzungen, die die Aktionsfähigkeit der PSR bereits seit dem Frühjahr ernsthaft beeinträchtigt hatten. Im November kam es sogar zur Abspaltung des linken Flügels, der sich „Partei der Linken Sozialrevolutionäre" (Partija Levych Socialistov-Revoljucionerov, PLSR) nannte und eine Koalition mit dem neuen Regime einzugehen bereit war.[12] Jedoch führte die ‚Reinigungskrise' keineswegs zur Konsolidierung der Rest-PSR, da auch diese in sich zerstritten war. Die Hauptstütze der Opposition gegen die Bol'ševiki verurteilte sich selbst zur Tatenlosigkeit, und es blieb ihr nichts als die vage Hoffnung, daß sich die neuen Herrscher durch eigene Fehler um Kredit und Macht bringen würden[13]. Anderes konnten die Sozialrevolutionäre umso weniger tun, als sie, wie schon zuvor in den größeren Städten, nun auch in der Provinz eine Bastion nach der anderen verloren und sogar die Unterstützung ihrer treue-

---

10) Der Begriff des Neopopulismus wird im folgenden als Synonym für die sozialrevolutionäre Partei bzw. Bewegung verwendet. Er bezeichnet eine politische und geistige Strömung, die bewußt an die Tradition des russischen „narodničestvo" und dessen theoretisch-philosophische Grundlagen anknüpfte. Insofern wird er restriktiver gebraucht als der Begriff des Populismus, der, wie unten ausgeführt (S. 18ff), als ein für komparative Analysen geeignetes und nicht auf einen singulären historischen Kontext beschränktes Konzept betrachtet werden soll.
11) Radkey, Sickle S. 61. Zur politischen Haltung der Eisenbahnarbeiter vgl. I. M. Puškareva, Železnodorožniki Rossii v buržuazno-demokratičeskich revoljucijach. M. 1975, die freilich die Resonanz der Bol'ševiki weit überschätzt.
12) Radkey, Sickle S. 98 ff; Gusev, Ericjan: Ot soglašatel'stva S. 152 ff; Gusev, Krach partii levych eserov.
13) Vgl. Radkey, Sickle S. 93.

sten Anhänger, der Bauern, einbüßten[14], die sich vor allem der PLSR zuwandten. Derart geschwächt, trat die neopopulisitische Partei im Januar 1918, als die Konstituierende Versammlung ihre erste Sitzung abhielt, zur entscheidenden Kraftprobe mit dem neuen Regime an. Deutlicher noch als in den vorausgegangenen Monaten zeigte sich dabei, wie sehr sie, die ein Dreivierteljahr zuvor noch als die populärste Partei überhaupt gelten konnte, bei den Massen an Rückhalt verloren hatte. Denn es gingen vor allem die Anhänger des bürgerlichen politischen Lagers auf die Straße und veranstalteten „im Grunde eine konterrevolutionäre Demonstration" — Arbeiter aber zeigten sich wenige, und, was noch verhängnisvoller war, auch die Soldaten hielten sich abseits.[15] Die Konstituante, für die die PSR seit ihrem Bestehen gekämpft hatte, die den institutionellen Kern ihres Revolutionsverständnisses ausmachte und in der sie die meisten Abgeordneten stellte[16], blieb ohne Verteidiger, auch in Saratov, Samara und anderen sozialrevolutionären Hochburgen.[17]

Spätestens nach dieser abermaligen und entscheidenden Niederlage der antibolschewistischen Parteien mußte außer Zweifel stehen, daß die Oktoberereignisse nur durch einen blutigen Bürgerkrieg rückgängig zu machen waren. Wollte die PSR dabei anfangs die Rolle einer „dritten Kraft" zwischen den Bol'ševiki und den weißen Generälen Kol'čak, Denikin und Judenič spielen, so mußte sie schon bald zu der bitteren Einsicht kommen, daß dazu militärische Macht nötig war, über die sie nicht verfügte. Die Anwälte der Konstituierenden Versammlung waren auf Gedeih und Verderb den bewaffneten Verbänden ausgeliefert: zunächst der tschechoslowakischen Legion, in deren Schutz sie im Juni 1918 in Samara das „Komitee der Mitglieder der Konstituierenden Versammlung" (Komitet členov učreditel 'nogo sobranija, komuč) gründeten und zur Gegenregierung ausriefen[18]; später der weißen Armee, auf deren Gnaden die Rumpfkonstituante angewiesen war, die im September 1918 in Ufa (Ufimskoe gosudarstvennoe

---

14) Vgl. Radkey, Sickle S. 203 ff; ders., The Socialist Revolutionaries and the Peasantry after October.
15) Vgl. Radkey, Sickle S. 147 u. 427.
16) Vgl. O. H. Radkey, The Election to the Russian Constituent Assembly of 1917. Cambridge/Mass. 1950 S. 21 ff; s. aber auch: W. G. Rosenberg, The Russian Municipal Duma Elections of 1917. A Preliminary Computation of Returns. In: SS 21 (1961) S. 131—163.
17) Vgl. Radkey, Sickle S. 449 ff.
18) Zur Geschichte der PSR während des Bürgerkrieges vgl.: Gusev, Ericjan: Ot soglašatel'stva S. 318 ff; Garmiza, Krušenie ėserovskich pravitel'stv. — Zur Politik der sozialrevolutionären Gegenregierung in Samara sehr instruktiv: S. M. Berk, The Democratic Counterrevolution: Komuch and the Civil War on the Volga. In: Canadian-American Slavic Studies (zit.: CASS) 7 No 4 (winter 1973), S. 443—459. — Zum Aufstand der tschechoslowakischen Legion: J. Bradley, Allied Intervention in Russia. Ldn. 1968 S. 65 ff; A. Ch. Klevanskij, Čechoslovackie internacionalisty i prodannyj korpus. Čechoslovackie politiceskie organizacii i voinskie formirovanija v Rossii. 1914—1921 gg. M. 1965 S. 165 ff; B. Šmeral', Čechoslovaki i ėsery. M. 1922.

soveščanie) zusammentrat.[19] Der rechte Flügel der PSR ging auch diese Koalition mit Kol'čak ohne größere Vorbehalte ein und beteiligte sich an dem „Direktorium", das von der Konferenz in Ufa gewählt wurde. Die weiter links stehende Fraktion dagegen bemühte sich, mehr Distanz zu halten. Ihr war bewußt, daß eine solche Kollaboration nur mehr eine der Verschleierung der Militärdiktatur der konterrevolutionären Generäle dienen konnte, mithin den „Liquidatoren der Demokratie" in die Hände arbeitete.[20] Dennoch mußte auch sie sich nolens volens mit jenen Kräften assoziieren, die nicht nur den bolschewistischen Aufstand, sondern auch die Februarrevolution ungeschehen machen wollten. Es war nicht zuletzt diese Polarisierung der politischen Szene während des Bürgerkriegs, die schließlich zum blutigen Ende der PSR führte: zum Hochverratsprozeß von 1922, in dem trotz massiver internationaler Proteste zwölf ihrer Führer zum Tode verurteilt wurden.[21]

Wer die Rolle der PSR in der russischen revolutionären Bewegung verstehen und durch sie ein Stück Vorgeschichte der Ereignisse von 1917 erfassen will, wird vor allem dieses paradox erscheinende Resultat der Auseinandersetzung zwischen Marxismus und Populismus zu erklären haben: daß die Partei der revolutionären Bauernschaft — und das war die PSR trotz aller Einschränkungen[22] — in einem überwiegend agrarischen Lande der Minderheit des den Bol'ševiki folgenden städtischen Proletariats unterlag; daß sie sich trotz günstiger Voraussetzungen, trotz tiefer Verwurzelung in der Tradition des revolutionären Rußland und trotz großer Anhängerschaft in zwei Revolutionen, die ihr noch im Herbst 1917 die Stimmenmehrheit bei den Wahlen zur Konstituierenden Versammlung bescherte, nicht durchsetzen konnte.

Aus der Fülle der Antworten, die auf diese Frage bisher gegeben wurden,

---

19) Vgl. Garmiza, Krušenie S. 184 ff.
20) So der Führer des linken Zentrums V. M. Černov, Pered burej S. 377; vgl. auch ders., Černovskaja gramota i Ufimskaja direktorija. Ms. Hoover Institution on War, Revolution and Peace. Stanford/California, Vw Russia C 573c; The Černov Manifesto. Narodnoe Delo No. 178. Ufa. 11/24. oktjabrja 1918 g. Hoover Institution Vw Russia C 523 m.
21) Vgl. Gusev, Ericjan: Ot soglašatel'stva S. 409 ff; Gusev, Partija eserov S. 358 ff; Process P. S. - R. Reči zaščitnikov: Členova, Subina, F. Kona, Bicenko, Bucharina, Sadujlja. M. 1922; Process P.S.-R. Reči gosudarstvennych obvinitelej: Lunačarskogo, Pokrovskogo, Krylenko, predstavitelej Kominterna: K. Cetkin, Muna, Bokani. Priloženie: 1. Prigovor verchovnogo revoljucionnogo tribunala; 2. Postanovlenie prezidiuma VCIK. M. 1922; Obvinitel'noe zaključenie po delu central'nogo komiteta i otdel'nych členov inych organizacij Partii socialistov-revoljucionerov po obvineniju ich v vooružennoj bor'be protiv sovetskoj vlasti, organizacii ubijstv, vooružennych ograblenij i v izmenničeskich snošenijach s inostrannymi gosudarstvami. M. 1922; E. Vandervelde, Le procès des Socialistes-révolutionnaires à Moscou. Brüssel 1922; Dvenadcat' smertnikov. Sud nad socialistami-revoljucionerami v Moskve. Berlin 1922, dt.: Kommunistische Blutjustiz. Der Moskauer Schauprozeß der Sozialrevolutionäre und seine Opfer. Berlin 1922.
22) Vgl. unten Kap. 9.

seien die wichtigsten kurz zusammengefaßt. Radkey erklärt das Scheitern der Sozialrevolutionäre vor allem aus folgenden Versäumnissen[23]:
1) Die PSR versagte bei der Lösung der beiden kardinalen Fragen, von denen das Schicksal des Februarregimes abhing: der Friedenssicherung und der Durchführung einer gründlichen Agrarreform. Selbst der ehemalige Zimmerwaldist und Kopf des linken Parteizentrums V. M. Černov billigte die Offensive, die der Ministerpräsident A.F. Kerenskij im Juli 1917 befahl. Und die Gesetzentwürfe zu einer Agrarreform, die Černov als Landwirtschaftsminister der Provisorischen Regierung einbrachte, scheiterten an der gemeinsamen Obstruktion der Kadetten und der innerparteilichen rechten Opposition.[24]
2) Die PSR litt an akutem Führungsmangel. Černov, ihre populärste Persönlichkeit, war ohne Zweifel ein fähiger Theoretiker von herausragendem Intellekt, aber ihm fehlte es an organisatorischer Begabung und politischem Stehvermögen. Immer wieder entlädt sich Radkeys Zorn wortgewaltig über Černovs Haupt, in Enttäuschung über einen Mann, dem die Heldenrolle zugedacht war, der sie aber nicht auszufüllen vermochte.
3) Weil Černov allen Kämpfen aus dem Wege ging, überließ er dem rechten Parteiflügel das Feld. Dieser bestimmte die sozialrevolutionäre Politik in den entscheidenden Sommermonaten und steuerte jenen fatalen Kurs, der in die Katastrophe führte. Dabei bestand der Hauptfehler laut Radkey darin, daß die rechten dem Einfluß der Men'ševiki und der Kadetten verfielen, deren Konzept der bürgerlichen Revolution übernahmen und eine tiefe „Abneigung gegen die soziale Revolution" entwickelten.[25]
4) Die PSR war ein „Konglomerat dissonierender Elemente".[26] Das beeinträchtigte ihre politische Handlungsfähigkeit und verschlimmerte den unbefriedigenden Zustand, der ihre Organisation ohnehin kennzeichnete. Insbesondere der Ausbruch des Ersten Weltkrieges führte zu einer Fraktionierung zwischen patriotisch denkenden Vaterlandsverteidigern und internationalistisch-pazifistischen Zimmerwaldisten und schuf damit eine Front, an der sich ein rechter evolutionärer und ein linker revolutionärer Flügel allgemein schieden. Radkey sieht ein folgenschweres Versäumnis darin, daß die PSR diese faktische Spaltung nicht schon am Vorabend der Revolution formell vollzog.[27]
5) Die PSR unterschätzte die Stärke der Bol'ševiki in gleichem Maße wie sie die der Kadetten überschätzte.
6) Entgegen ihrem Selbstverständnis war die PSR keine Bauernpartei,

---

[23] Vgl. Radkey, Agrarian Foes S. 454 ff; ders., Sickle S. 466 ff.
[24] Vgl. Radkey, Agrarian Foes S. 212 ff; 245 ff; 318 ff; ferner: G. Wettig, Die Rolle der russischen Armee im revolutionären Machtkampf 1917. In: Forschungen zur osteuropäischen Geschichte 12 (1967) S. 46—389; I. I. Minc, Istorija Velikogo Oktjabrja. V trech tomach. Bd. II M. 1968 S. 449 ff; 478 ff.
[25] Vgl. Radkey, Agrarian Foes S. 467.
[26] Vgl. Radkey, Agrarian Foes S, 455.
[27] Vgl. Radkey, Agrarian Foes S. 457.

sondern eine Organisation „doktrinärer Intellektueller", die lediglich eine „oberflächliche Loyalität" bei den agrarischen Massen erzeugen konnte. Wie ein Leitmotiv zieht sich gerade dieser Vorwurf durch Radkeys Darstellung, und man darf daher annehmen, daß er solchen „Intellektualismus"[28] als letzte, tiefste Ursache für den Untergang des russischen Populismus verstanden wissen möchte.

Manche dieser Fehler und Unzulänglichkeiten hob bereits Černov in seiner Geschichte der Februarrevolution hervor, um das Versagen der PSR zu erklären; so vor allem: die Überflutung der Partei durch eine Welle neuer, zumeist nur oberflächlich von sozialrevolutionären Ideen berührter Mitglieder seit März 1917; die dadurch wenn nicht verursachte, so doch verschärfte Krise der Parteiorganisation; die Spaltung des sozialrevolutionären Lagers durch den Ausbruch des Ersten Weltkrieges; das Übergewicht des rechten Parteiflügels sowie den mangelnden Kontakt zwischen der Parteispitze und der Parteibasis. Ferner konzedierte Černov, wenngleich nicht ohne Apologie und Larmoyanz, auch eigenes Versagen: Zum Rückzug in die Welt der Ideen geneigt, habe er, „eher ein Theoretiker, ein Mann des Wortes, der Literatur, des Schreibtisches ... als ein Berufspolitiker", der Rauheit des politischen Kampfes nicht standgehalten. Das Zentrum der Partei sei den Extremen zum Opfer gefallen; das Schicksal der PSR habe das der Revolution insgesamt gespiegelt: den Triumph der zentrifugalen über die zentripetalen Kräfte.[29]

Weniger gründliche Vergangenheitsbewältigung betrieben dagegen die übrigen autobiographischen Kommentare von sozialrevolutionärer Seite. Sie neigten in der Regel eher dazu, die Schuld beim Gegner zu suchen: in der Unverantwortlichkeit des bolschewistischen Coups oder dem amoralischen Machtstreben Lenins. Eigene Versäumnisse erblickte man bestenfalls recht allgemein darin, daß die Provisorische Regierung sich als unfähig erwiesen habe, ihre Macht zu konsolidieren.[30]

Umgekehrt argumentieren auf der anderen Seite des politischen Spektrums die sowjetischen Darstellungen. Nicht zuletzt zur Entlastung der Bol'ševiki bemühen sie sich um den Nachweis, daß das Scheitern der PSR eine notwendige Folge ihrer politischen Grundprämissen und ihres sozialen Charakters gewesen sei. Dabei kreiden sie den Sozialrevolutionären Versäumnisse an, die — wenngleich in unterschiedlicher Formulierung — auch bei Radkey oder Černov zu finden sind, wie insbesondere das Fehlen einer festen Klassenbasis, unzureichende organisatorische Disziplin und ideologische Heterogenität.[31] Freilich interpretieren die sowjetischen Autoren diese

---

28) Vgl. Radkey, Agrarian Foes S. 20; ders., Sickle S. 277, 481.
29) So V. M. Chernov /Černov/, The Great Russian Revolution. New Haven 1936, Neudr. N. Y. 1966 S. 397 ff.
30) Vgl. M. V. Višnjak, Dan' prošlomu. N. Y. 1954 S. 383 ff; ders., Dva puti. Fevral' i oktjabr'. Paris 1931 S. 231 ff; M. V. Vishnyak /ders./, The Role of the Socialist Revolutionaries in 1917. In: Studies on the Soviet Union. New Ser. Bd. 3 No 3 (1964), S. 172–182; Zenzinov, Iz žizni revoljucionera S. 91 ff.
31) Vgl. Levanov, Iz istorii bor'by S. 139; Gusev, Ericjan: Ot soglašetel'stva S. 420 ff.

Mißstände in anderer Weise, indem sie sie sämtlich aus dem einen Grundübel ableiten, das der PSR zum Verderben geraten sei: aus ihrem kleinbürgerlichen Charakter. Weil die Sozialrevolutionäre die Bauernschaft zum revolutionären Subjekt erhoben, so lautet der Gedankengang, machten sie sich Kleinbesitzerinteressen zu eigen; diese verbanden sich mit den Bedürfnissen der ebenfalls zur Kleinbourgeoisie zählenden Intelligenz, die die große Mehrheit der sozialrevolutionären Parteimitglieder stellte; als Repräsentantin einer bäuerlich-demokratischen antifeudalen Strömung aber konnte die neopopulistische Partei nur während einer begrenzten Übergangsphase der revolutionären Bewegung Rußlands progressiv sein[32] und mußte in der weiteren Entwicklung ihren wahren antisozialistischen kleinbürgerlichen Charakter immer deutlicher enthüllen. In objektivistischer Verkürzung des historischen Geschehens wird somit eine gradlinige, einsträngige und „gesetzmäßige" Wandlung der PSR von „Linksabweichlertum, kleinbürgerlicher revolutionärer Haltung und revolutionärem Abenteurertum zur Kollaboration mit der Bourgeoisie und dann zur unverhohlenen Konterrevolution" konstruiert.[33]

Obgleich sich die Berechtigung nicht weniger der von beiden Seiten erhobenen Vorwürfe bestätigen wird, obgleich die institutionelle Verwurzelung der PSR in der Bauernschaft ohne Zweifel im argen lag, ihre Organisation fragil war und ihre theoretisch-programmatischen Vorstellungen in der Tat verschwommen blieben, können die vorgeschlagenen Interpretationen die Niederlage des Neopopulismus nicht befriedigend erklären. Beide lassen wichtige Probleme unerörtert und zentrale Fragen offen.

Radkey begrenzt seine Analyse auf die Ereignisse des Jahres 1917. Bereits im Ansatz seiner Arbeit ist daher begründet, daß er das Schicksal der PSR aus ihren Handlungen während der Revolution erklärt und auf zurückliegende Entwicklungsprozesse nur in wenigen Fällen zurückgreift. Dem entspricht methodisch eine übermäßige Betonung der Rolle der historischen Persönlichkeit und des subjektiven Momentes generell. Radkey versäumt es, die Präformierung der Aktionsmuster und die Vorstrukturierung der Handlungssituationen durch den historischen Prozeß angemessen in Betracht zu ziehen. Stattdessen erhebt seine Darstellung individuelle Inkompetenz und strategische Irrtümer zu den ausschlaggebenden Faktoren, die die PSR in die Katastrophe führten. Die Geschichte gerät ihm zu einer Kette subjektiver Verfehlungen, über die er auf moralischer Ebene und mit einem Übermaß an Emotion richtet. Indem er mehr *ver*urteilt, als urteilt, führt Radkey Kriterien in seine Darstellung ein, die nicht selten bloßem Ressentiment und beliebigen Empfindungen entspringen. So bricht er den Stab über seine Protagonisten mit den Worten: „Erneut muß gefragt werden, was populistische Theorie bedeutet, und erneut muß die Antwort lauten: Hirngespinste (vaporings) von Intellektuellen, das und nichts weiter."[34]

---

32) Gusev, Ericjan: Ot soglašatel'stva S. 21; Levanov, Iz istorii bor'by S. 142.
33) So Gusev, Ericjan: Ot soglašatel'stva S. 421.
34) Vgl. Radkey, Agrarian Foes S. 470. Vgl. eine ähnliche Kritik in den Rezensionen zu Radkeys erstem Band von: R. Pipes, in: Russian Review 18 (1959) S. 339—

Auf der anderen Seite kann der Ansatz der sowjetischen Autoren noch weniger befriedigen, weil er das politische Schicksal der PSR in verkürzter und undifferenzierter Weise aus dem sozialen Charakter des Neopopulismus und zugeschriebenen nichtsozialistischen Interessen ableitet. Unbehagen erweckt insbesondere der Begriff der Kleinbürgerlichkeit, auf den sich die Argumentation hauptsächlich stützt. Denn zum einen führt er in die Irre, insofern er die sozioökonomische Position der weitgehend noch in traditionalen Wirtschafts- und Sozialverhältnissen lebenden russischen Bauernschaft kaum angemessen zu beschreiben vermag; zum anderen wird er unbrauchbar breit, da er zugleich die Intelligenz charakterisieren soll. Solchermaßen als analytisches Instrument untauglich, verkommt das Konzept zum polemischen Etikett, das kurzschlüssig zudeckt, was im Detail zu erklären wäre: die komplexen Vermittlungen zwischen sozioökonomischer und politischer Entwicklung. Indem man den Populismus von vornherein — mag man ihm auch bedingt progressive Funktionen zubilligen — als nichtsozialistisch disqualifiziert, begibt man sich der Möglichkeit, die Eigenheiten der russischen revolutionären Bewegung zu verstehen und mißt die russischen Zustände mit der westeuropäischen Elle.

In dem Bemühen, die Lücken zu füllen, die beide Interpretationen offen lassen, versucht die vorliegende Arbeit, eine andere Antwort auf die Frage zu finden, warum die neopopulistische Bewegung in einem der größten Agrarländer der damaligen Welt unterlag. Dabei geht sie davon aus, daß die Geschehnisse des Revolutionsjahres nur angemessen begriffen werden können, wenn die Voraussetzungen bekannt sind, unter denen die PSR antrat. Ohne in eindimensionalen Determinismus zu verfallen, unterstellt sie eine *relevante* Kontinuität der PSR über die Zäsur des Krieges hinweg. Das verweist die Untersuchung auf die Anfänge der Partei vor 1914 zurück und macht es erforderlich, in langfristiger Perspektive Trends und Muster der *programmatisch-taktischen Überlegungen* sowie der *agitatorischen* und *organisatorischen Praxis* des Neopopulismus herauszuarbeiten und ihre Angemessenheit zum Gesamtprozeß der sozioökonomischen und politischen Entwicklung Rußlands seit Ende des 19. Jahrhunderts zu prüfen. Durch ein solches Vorgehen wird es am ehesten möglich sein, der verbreiteten, tautologisch anmutenden Argumentation zu entgehen, daß der Sieg der Bol'ševiki aus der Schwäche der Sozialrevolutionäre zu erklären sei, und brauchbarere, weil breiter fundierte und weniger beliebige Bewertungsmaßstäbe zu gewinnen. In diesem Sinne soll versucht werden, Parteigeschichte mit Sozialgeschichte[35] zu verbinden.

Der langfristige Prozeß, der die Handlungsbedingungen der PSR veränderte und die Geschichte Rußlands in dem Zeitraum, der hier von Interesse

340; A. Gerschenkron, in: Ders., Continuity in History and Other Essays. Cambridge/Mass. 1968 S. 460—462.
35) Vgl. aus der neueren Literatur: P. C. Ludz (Hrsg.), Soziologie und Sozialgeschichte. Aspekte und Probleme. Opladen 1973; H.-U. Wehler (Hrsg.), Geschichte und Soziologie. Köln 1972; ders. (Hrsg.), Geschichte und Ökonomie. Köln 1973.

ist, maßgeblich bestimmte, läßt sich am treffendsten als beginnende *Industrialisierung* und *Modernisierung* unter der Bedingung der *Rückständigkeit* bezeichnen. Alle drei Konzepte seien vorab, soweit das zum Verständnis des Folgenden nötig ist, kurz erläutert und anhand der russischen Entwicklung in einer knappen Skizze konkretisiert.

Industrialisierung im engeren Sinne ist als „ununterbrochene Steigerung des Anteils des industriellen Sektors am Sozialprodukt bzw. an der Beschäftigtenzahl und dem genutzten materiellen Kapitalstock" definiert worden, wobei Industrie als „Inbegriff gütererzeugender Tätigkeiten" mit „Akzent auf der Herstellung oder Bearbeitung von Gütern . . . , nicht auf Züchtung oder Urproduktion", zu verstehen ist.[36] Das eigentliche Novum dieses Prozesses kann dabei mit H. Rosenberg darin gesehen werden, daß sich ökonomisches Wachstum fortan als „kontinuierliche" (wenngleich alles andere als krisenfreie) Expansion, als „kumulative Dauerbewegung" vollzog. Insofern bedeutete die „langfristige Entwicklung der industrialisierten Volkswirtschaft den revolutionären Bruch mit der ökonomischen Bewegungsstruktur der vorindustriellen Vergangenheit."[37] Dieser Vorgang, der zuerst in England seit der Mitte des 18. Jahrhunderts auftrat, war in seiner originären Form unzertrennlich mit der endgültigen Durchsetzung der kapitalistischen, auf Warentausch, Ertragsmaximierung, Kapitalakkumulation und dem Gegensatz zwischen Produktionsmittelbesitzern und produzierender Arbeitskraft beruhenden Produktionsweise verbunden. Der später auftretende Typus der nichtkapitalistischen Industrialisierung, wie sie die Sowjetunion und China in diesem Jahrhundert einleiteten[38], kann im folgenden außer Betracht bleiben. Innerhalb des Gesamtprozesses der Expansion des Industriekapitalismus hat man unterschiedliche Phasen voneinander abgegrenzt und darauf den in seiner Erklärungskraft nicht unumstrittenen Versuch begründet, ein allgemeines Entwicklungsmodell des modernen ökonomischen Wachstums zu gewinnen.[39] In diesem Zusammenhang ist insbesondere das Stadium des „take-off" von Interesse. Industrialisierung meint daher im folgenden die dieser „relativ wenige Jahre umfassende(n) Phase sprungartiger Steigerung der durchschnittlichen jährlichen Investitionsraten,

---

36) Vgl. S. Kuznets, Die wirtschaftlichen Vorbedingungen der Industrialisierung. In: R. Braun, W. Fischer, H. Großkreutz, H. Volkmann (Hrsg.): Industrielle Revolution. Wirtschaftliche Aspekte. Köln, Berlin 1972 S. 17–34, hier S. 17. — Ferner zur ersten Orientierung: Dies. (Hrsg.), Gesellschaft in der industriellen Revolution. Köln, Berlin 1973; D. S. Landes, Der entfesselte Prometheus. Technologischer Wandel und industrielle Entwicklung in Westeuropa von 1750 bis zur Gegenwart. Köln 1973.
37) Vgl. H. Rosenberg, Große Depression und Bismarckzeit. Berlin 1967 S. 13; H.-U. Wehler, Bismarck und der Imperialismus. Köln, Berlin 1969 S. 17.
38) Zur nichtkapitalistischen Industrialisierung: P. Gregory, Socialist and Nonsocialist Industrialization Patterns: A Comparative Appraisal. N. Y., Washington, London 1970; Ch. K. Wilber, The Soviet Model and Underdeveloped Countries. Chapel Hill 1969.
39) Vgl. W. W. Rostow, Stadien wirtschaftlichen Wachstums. Eine Alternative zur marxistischen Entwicklungstheorie. Göttingen 1967 (engl. Cambridge 1960); ders. (Hrsg.), The Economics of Take-off into Sustained Growth. London 1963.

der Wachstumsraten der strategischen Industrien . . . und des realen Bruttosozialprodukts"[40] trotz aller Besonderheiten entsprechende Etappe der russischen wirtschaftlichen Entwicklung, die in den 90er Jahren des 19. Jahrhunderts begann und zunächst bis zum Ausbruch des Ersten Weltkrieges andauerte.

Modernes wirtschaftliches Wachstum traf in den einzelnen Ländern auf unterschiedliche Ausgangsbedingungen und nahm dementsprechend einen je besonderen Verlauf. Den wohl differenziertesten und in diesem Zusammenhang bedeutsamsten Versuch, die dadurch verursachten strukturellen Veränderungen in Form allgemeiner Hypothesen zu erklären, unternahm A. Gerschenkron in der sog. *Rückständigkeitstheorie*.[41] Davon ausgehend, daß die Zukunft eines noch unterentwickelten Landes nicht die Gegenwart des entwickelten sei, behauptet er, daß stattdessen im nachgeholten, rückständigen Industrialisierungsprozeß spezifische Verschiebungen stattfinden, die sich als Ersatz bestimmter Funktionen der originären industriellen Entwicklung vom englischen Typus kennzeichnen lassen und deren Ausmaß annähernd proportional von dem Niveau der ökonomischen Entwicklung abhängt, auf dem der „Große Spurt" einsetzt, d. h. vom Grad der relativen Rückständigkeit. Dabei ist diese definiert als Spannungsverhältnis zwischen dem tatsächlichen, wenig befriedigenden Stand der wirtschaftlichen Aktivität eines Landes und der Verheißung, die in der potentiellen, von den fortgeschrittenen Ländern vorgezeichneten Entwicklung liegt.[42] Im einzelnen fand Gerschenkron am Beispiel der Industrialisierungsprozesse in Westeuropa und Rußland folgende substitutive Strukturveränderungen: Mit zunehmender Rückständigkeit der Wirtschaft eines Landes (1) wuchs das Tempo der Industrialisierung; (2) trat eine Bevorzugung von Großunternehmen zutage; (3) verlagerte sich der Akzent auf die Herstellung von Produktionsmitteln anstelle von Konsumgütern; (4) erhöhte sich der Druck auf das Konsumtionsniveau der Bevölkerung; (5) nahm die Bedeutung bestimmter institutioneller Einrichtungen (Staat, Banken) zu, deren Aufgabe es war, die

---

40) Wehler, Bismarck und der Imperialismus S. 17.
41) Vgl. A. Gerschenkron, Economic Backwardness in Historical Perspective. A Book of Essays. Cambridge/Mass. 1962, insbes. S. 5—30, dt. in: Braun u. a., Industrielle Revolution S. 59—80 sowie in: Wehler, Geschichte und Ökonomie S. 121—139; ders., Continuity in History; ders., The Early Phases of Industrialization in Russia: Afterthoughts and Counterthoughts. In: Rostow, Economics of Take-off S. 151—169; ders., Europe in the Russian Mirror. Cambridge/Mass. 1970 S. 99 ff. — Zur Kritik: L. Barsby, Economic Backwardness and the Characteristics of Development. In: Journal of Economic History (zit.: JEH) 29 (1969) S. 449—464; E. H. Carr, Some Random Reflections on Soviet Industrialization. In: C. H. Feinstein (Hrsg.), Socialism, Capitalism, and Economic Growth. Essays Presented to M. Dobb. Cambridge 1967 S. 271—284; I. N. Olegina, Industrializacija SSSR v anglijskoj i amerikanskoj istoriografii. L. 1971. — Antwort: A. Gerschenkron, Criticism from Afar: A Reply. In: SS 25 (October 1973) S. 170—195.
42) Gerschenkron, Ökonomische Rückständigkeit. In: Braun, Industrielle Revolution S. 61.

Industrie mit Kapital zu versorgen und ihr eine weniger dezentralisierte Führung zu geben; und (6) schwand die Fähigkeit der Landwirtschaft, das industrielle Wachstum durch einen expandierenden inneren Markt zu fördern.[43] Nicht die unbedeutendste Differenz schließlich bestand allgemein darin, daß rückständige Länder von den Errungenschaften der fortgeschrittenen Länder wie neuen Technologien, Organisations- und Managementtechniken profitieren konnten, d. h. in den Genuß der „Vorteile der Rückständigkeit" kamen. Dem Anspruch nach möchte Gerschenkron seinen Ansatz auch auf den außerökonomischen Bereich übertragen und insbesondere bestimmte ideologische Entwicklungen als Begleiterscheinungen rückständiger Industrialisierungsprozesse deuten. Jedoch mangelt es der Theorie in dieser Hinsicht sowohl an Präzision wie an empirischer Fundierung.[44]

Modernisierung ist ein so vieldeutiger und breiter Begriff, daß seine Nützlichkeit als Instrument historischer Analyse mit guten Gründen bestritten werden kann. Dennoch wird man auf ihn mangels einer brauchbaren Alternative als Globalterminus zur konzeptionellen Zusammenfassung komplexer Wandlungsprozesse vor allem des sozialen, politischen und kulturellen Systems zurückgreifen müssen. Auf allgemeinster Ebene sind diese durch folgende fünf Entwicklungen beschrieben worden: durch kontinuierliches Wirtschaftswachstum; Zunahme der politischen Partizipation; Säkularisierung und Rationalisierung der kulturellen Werte; Erhöhung der sozialen Mobilität und eine adaptive Transformation der Persönlichkeitsstrukturen.[45] Für unseren Zusammenhang seien jedoch einige Eingrenzungen vorgenommen. Der Modernisierungsbegriff soll in Bezug auf Rußland zeitlich relativ eng an die Industrialisierung gebunden sein[46] und deren nichtökonomische Begleit- und Folgeprozesse bezeichnen. Unter diesen ist in erster Linie auf drei Aspekte abzuheben: auf die soziale Mobilisierung[47], die Verschärfung

---

43) Gerschenkron, Early Phases of Industrialization S. 152.
44) Vgl. Gerschenkron, Economic Backwardness S. 22 ff; M. Matossian, Ideologies of Delayed Industrialization: Some Tensions and Ambiguities. In: J. H. Kautsky (Hrsg.), Political Change in Underdeveloped Countries. Nationalism and Communism. N. Y. 1962 S. 252–264.
45) Vgl. D. Lerner, Modernization: Social Aspects. In: International Encyclopedia of the Social Sciences Bd. 10. N. Y. 1968 S. 386–395, hier S. 386. Aus der umfangrichen Literatur vgl. ferner: D. A. Apter, The Politics of Modernization. Chicago 1965; R. Bendix, Embattled Reason. N. Y. 1970 S. 175 ff, bes. S. 250–324; C. E. Black, The Dynamics of Modernization. A Study in Comparative History. N. Y. 1966; ders. (Hrsg.), Comparative Modernization. N. Y. 1976; S. N. Eisenstadt, Breakdowns of Modernization. In: Economic Development and Cultural Change 12 (1964) S. 345–367; S. P. Huntington, Political Order in Changing Societies. New Haven 1968; W. Zapf (Hrsg.), Theorien des sozialen Wandels. Köln 1969. Neuere Übersichten s. bei: P. Flora, Modernisierungsforschung. Zur empirischen Analyse der gesellschaftlichen Entwicklung. Opladen 1974; W. Zapf, Die soziologische Theorie der Modernisierung. In: Soziale Welt 26 (1975) S. 212–226, und H.-U. Wehler, Modernisierungstheorie und Geschichte. Göttingen 1975.
46) Dazu Wehler, Modernisierungstheorie S. 47 ff in Anlehnung an Bendix, Embattled Reason S. 295.
47) Vgl. dazu: N. P. Nettl, Political Mobilization. A Sociological Analysis of

der sozialen Konflikte infolge der Entstehung neuer antagonistischer gesellschaftlicher Schichten und des unvermeidlich krisenhaften Verlaufs der kapitalistischen Industrialisierung[48] sowie drittens auf die Ausdehnung der politischen Partizipation, worunter sowohl die zunehmende Integration breiterer Bevölkerungsschichten in das politische Leben als auch die Herausbildung neuer institutioneller Formen (Klubs, Parteien, Interessenverbände, Parlament usw.) und der Normen und Verhaltensmuster der politischen Interaktion zu verstehen sind.[49] Bei der Verwendung eines solchen Modernisierungskonzeptes ist freilich zu beachten, daß sich die Industrialisierung Rußlands um die Jahrhundertwende noch in den Anfängen befand. Genauer wäre daher als Äquivalent zum Begriff der Rückständigkeit von „partieller" bzw. „defensiver" Modernisierung, d. h. der Koexistenz „relativ moderner Sozialformen neben erheblich weniger modernen Strukturen in ein und derselben Gesellschaft", zu sprechen.[50] Daneben wird es unumgänglich sein, dem Modernisierungsbegriff, soweit er sich auf agrarische Sozialbewegungen und den Populismus bezieht, auch einen allgemeineren Inhalt zu geben. In dieser zweiten Bedeutung soll er das Anfangsstadium der Umwandlung traditionaler agrarischer Gesellschaften durch Kommerzialisierung, soziale Differenzierung, Verbesserung der Kommunikationsbeziehungen, Integration in ein übergeordnetes politisches System und analoge Prozesse bezeichnen.

Industrialisierung und Modernisierung setzten in Rußland bekanntlich erst spät ein. Auch die Bauernbefreiung von 1861, die die Voraussetzungen für eine forcierte wirtschaftliche Entwicklung nach kapitalistischem Muster schuf, ließ grundlegende Hemmnisse bestehen. Dazu gehörte neben der unzureichenden Ausstattung der Bauern mit Land vor allem die Konservierung der Umteilungsgemeinde als Kernelement der sozioökonomischen Struktur und als Garant politischer Stabilität im agrarischen Sektor. Zum einen — darauf hat insbesondere Gerschenkron hingewiesen — verlangsamte die Bindung der Bauernschaft an die „obščina" die Freisetzung von landwirtschaftlichen Arbeitskräften, deren die städtische Industrie bedurfte.[51] Zum

---

Methods and Concepts. N. Y. 1967; I. Davies, Soziale Mobilität und politischer Wandel. München 1972; K. W. Deutsch, Soziale Mobilisierung und politische Entwicklung. In: Zapf, Theorien des sozialen Wandels S. 329—350.

48) Dazu, die Unterkonsumtionstheorie übernehmend, Wehler, Bismarck S. 17 f.
49) Vgl. J. D. Coleman, Modernization: Political Aspects. In: International Encyclopedia of the Social Sciences Bd. 10 N. Y. 1968 S. 395—402, hier S. 395; G. A. Almond, G. B. Powell: Comparative Politics: A Developmental Approach. Boston 1966 S. 98 ff; Apter, Politics of Modernization S. 179 ff; J. LaPalombara, M. Weiner (Hrsg.), Political Parties and Political Development. Princeton 1966 sowie weitere Arbeiten des Committee on Comparative Politics. Ausführliche Literatur bei Wehler, Modernisierungstheorie.
50) Vgl. D. Rüschemeyer, Partielle Modernisierung. In: Zapf, Theorien des sozialen Wandels S. 382—396, Zitat S. 382; zur „defensive modernization": Black, Dynamics of Modernization S. 121; s. auch Eisenstadt, Breakdowns.
51) Vgl. A. Gerschenkron, Agrarian Policies and Industrialization: Russia 1861—1917. In: The Cambridge Economic History of Europe (CEH) Bd. 6. Cambridge 1966

anderen hemmten Umteilungen eine ökonomische Differenzierung auf dem Dorfe und verschärften den Landmangel, da der Boden nach Kopfzahl zugeteilt, die Großfamilie somit begünstigt und das Bevölkerungswachstum angeregt wurde. Hemmend wirkte sich ebenfalls die im Zuge der Bauernbefreiung festgeschriebene solidarische Steuerhaftung innerhalb der „obščina" aus, da sie Produktivitätszuwachs durch Erhöhung des Anteils an der Gesamtsteuerlast bestrafte.[52] So nimmt es nicht wunder, daß das jährliche Wachstum der landwirtschaftlichen Produktion zwischen 1860 und 1913 nicht mehr als 2 % betrug.[53] Einen Versuch, diese Barrieren abzubauen, unternahm die Agrarreform des Ministerpräsidenten P. A. Stolypin, indem sie den Austritt aus der „obščina" freistellte (1906). Indes erfüllte sich die Hoffnung, dadurch ein ökonomisch kräftiges, marktproduzierendes Mittelbauerntum zu schaffen, das nicht zuletzt auch zu einer verläßlichen politischen Stütze der Autokratie werden sollte, nicht. Stolypins Maßnahmen war, aufs Ganze gesehen, nur ein mäßiger Erfolg beschieden. Die Steigerung der landwirtschaftlichen Produktivität und die sozioökonomische Differenzierung auf dem Dorfe, die sie einleiteten, waren zu gering, als daß sie die Agrarkrise hätten lösen können.[54]

S. 706—800, hier S. 742, 745 f. — Zur ersten Orientierung über die wirtschaftliche Entwicklung Rußlands zwischen 1861 und 1914 vgl. ferner: R. Portal, The Industrialization of Russia. In: CEH Bd. 6 Cambridge 1966 S. 801—872; A. Gerschenkron, Problems and Patterns of Russian Economic Development. In: C. E. Black (Hrsg.), The Transformation of Russian Society. Cambridge/Mass. 1960 S. 42—72; ders., The Early Phases of Industrialization in Russia; R. W. Goldsmith, The Economic Growth of Tsarist Russia, 1860—1913. In: Economic Development and Cultural Change 9 (1961) S. 441—475; P. Gregory, Wirtschaftliches Wachstum und struktureller Wandel im zaristischen Rußland. Ein Beispiel modernen wirtschaftlichen Wachstums? In: Geyer, Wirtschaft und Gesellschaft S. 210—227; J. Nötzold, Agrarfrage und Industrialisierung am Vorabend des Ersten Weltkrieges. In: Ebenda S. 228—251; ders., Wirtschaftspolitische Alternativen der Entwicklung Rußlands in der Ära Witte und Stolypin. Berlin 1966; Th. v. Laue, Sergeij Witte and the Industrialization of Russia. N. Y., Ldn. 1963; P. A. Chromov, Ėkonomičeskoe razvitie Rossii v XIX-XX vv. M. 1950; P. I. Ljaščenko, Istorija narodnogo chozjajstva SSSR. Bd. II; M. 1952 (engl.: P. I. Lyashchenko, History of the National Economy of Russia to the 1917 Revolution. N.Y. 1949, 2. Aufl. 1970). Weitere Lit. bei Geyer, Wirtschaft u. Gesellschaft.
52) Nötzold, Wirtschaftspolitische Alternativen S. 35 ff.
53) Goldsmith, Economic Growth S. 442; leicht abweichende Daten erhielt A. Gerschenkron, The Rate of Industrial Growth in Russia Since 1885. In: JEH Suppl. 7 (1947) S. 144—174.
54) Die Zahl der Austritte aus der „obščina" war bereits seit 1909 wieder rückläufig und fiel 1915 unter den Stand von 1907. Vgl.: I. V. Černyšev, Obščina posle 9-go nojabrja 1906 g. (po ankete Vol'nogo Ėkonomičeskogo Obščestva). Petrograd 1917 S. XIII; N. P. Oganovskij, Revoljucija naoborot (razrušenie obščiny). Petrograd 1917. D. Atkinson, The Statistics on the Russian Land Commune, 1905—1917. In: Slavic Review (zit.: SR) 32 (Dec. 1974) S. 773—787. Neuere Untersuchungen veranschlagen den Erfolgsgrad der Stolypinschen Reformen daher gering. Vgl.: D. G. Atkinson, The Russian Land Commune and the Revolution. Ph. D. Diss. Stanford 1971, S. 320 ff; D. J. Male, Russian Peasant Organization Before Collectivisation. A Study of Commune and Gathering. 1925—1930. Cambridge 1971 S. 206 ff; T. Shanin, The Awkward Class. Political Sociology of Peasantry in a Developing Society: Russia 1910—1925. Oxford

Auf der anderen Seite wuchs die industrielle Produktion zwischen 1860 und 1913 durchaus rasch mit einer Rate von durchschnittlich 5 % pro Jahr.[55] Besonders hohe Steigerungsraten, bis zu 8 %, konnten in den 90er Jahren erreicht werden, als Finanzminister S. Ju. Vitte die Industrialisierung Rußlands durch eine rigorose Steuerpolitik und großzügigen Eisenbahnbau forcierte und die Phase des take-off überhaupt erst einleitete. Dabei zog er in starkem Maße auch ausländisches Kapital und technisches know how heran, was sich in einem hohen Grad an Kapitalkonzentration und Monopolisierung der modernen Wirtschaftssektoren niederschlug.[56] Indes reichte selbst dieser Spurt der industriellen Produktion nicht aus, um auch ein schnelles gesamtwirtschaftliches Wachstum zu bewirken. Weil die agrarische Produktivität extrem niedrig blieb und der enorme Bevölkerungsanstieg von 1,5 % jährlich zwischen 1860 und 1917 den Zuwachs der industriellen Produktion aufzehrte, erhöhte sich das Pro-Kopf-Einkommen in derselben Periode maximal um 9 %, d. h. erheblich langsamer, als für das durchschnittliche moderne Wirtschaftswachstum berechnet wurde.[57] Wie immer man die Chancen für den ökonomischen Fortschritt Rußlands nach westlich-kapitalistischem Modell am Vorabend des Ersten Weltkrieges einschätzen mag[58], kein Zweifel kann an der Tatsache bestehen, daß Rußland auch 1913 noch überwiegend ein Agrarstaat war: Immer noch lebten – um nur einige Indices zu nennen – 84,9 % der Gesamtbevölkerung auf dem Lande, waren nur 5 % aller Arbeitskräfte in der Industrie beschäftigt und

---

1972 S. 166 ff u. pass.; Nötzold, Wirtschaftspolitische Alternativen S. 202 ff. Analog schränkte die sowjetische Forschung die These des frühen Lenin, daß sich seit Ende des 19. Jahrhunderts auch in der russischen Landwirtschaft kapitalistische Verkehrsformen durchgesetzt hätten, in zunehmendem Maße ein. Vgl. vor allem: A. M. Anfimov, Krupnoe pomeščič'e chozjajstvo evropejskoj Rossii (konec XIX - načalo XX veka). M. 1969 S. 360 ff; ders., Rossijskaja derevnja v gody pervoj mirovoj vojny (1914-fevral' 1917 gg.). M. 1962 S. 365 ff. Trotz der betont orthodoxen Gesamtinterpretation gilt das auch für: S. M. Dubrovskij, Sel'skoe chozjajstvo Rossii v period imperializma. M. 1975. Zur Stolypinschen Reform vgl. außerdem: ders., Stolypinskaja zemel'naja reforma. Iz istorii sel'skogo chozjajstva i krest'janstva v načale XX veka. 3. Aufl. M. 1963; S. M. Sidel'nikov, Agrarnaja reforma Stolypina. M. 1973.

55) Goldsmith, Economic Growth S. 442.
56) Nötzold, Wirtschaftspolitische Alternativen S. 112. Zur Monopolisierung: Ja. I. Livšin, Monopolii v ėkonomike Rossii. Ėkonomičeskie organizacii i politika monopolističeskogo kapitala. M. 1961; V. Ja. Laveryčev, Monopolističeskij kapital v tekstil'noj promyšlennosti Rossii (1900–1917 gg.). M. 1963. – Zum Auslandskapital in Rußland: B. Bonwetsch, Handelspolitik und Industrialisierung 1890–1914. In: Geyer, Wirtschaft und Gesellschaft S. 277–299; Monopolii i inostrannyj kapital v Rossii. M., L. 1962; B. V. Anan'ič, Rossija i meždunarodnyj kapital 1897–1914. Očerki istorii finansovych otnošenij. L. 1970; J. P. McKay, Pioneers for Profit. Foreign Entrepreneurship and Russian Industrialization 1885–1913. Chicago 1970.
57) Gregory, Wirtschaftliches Wachstum S. 211, 215, 223.
58) Zu einer positiven Bewertung kommt vor allem A. Gerschenkron, Russia: Patterns and Problems. In: Ders., Economic Backwardness S. 141 f. Pessimistisch urteilen dagegen: Nötzold, Wirtschaftspolitische Alternativen S. 204 f. und Th. v. Laue, Why Lenin? Why Stalin? A Reappraisal of Russian History 1900–1930. N. Y., Philadelphia 1964 S. 76, 78 u. pass.

produzierte der agrarische Sektor fast die Hälfte des Nationaleinkommens, während er nicht einmal ein Drittel der Industrieproduktion abnahm.[59] „Im Rußland zur Zeit der Revolution", folgert eine neuere Arbeit daraus, bestand „eine bis zu einem gewissen Grade dualistische Wirtschaft mit einer recht modernen Industrie und einer rückständigen Landwirtschaft."[60] Diese Spaltung reproduzierte sich innerhalb des agrarischen Sektors ein weiteres Mal, in dem ein vornehmlich auf Selbstversorgung basierender, im zentralen Landwirtschaftsgürtel konzentrierter Teil neben einem marktwirtschaftlich orientierten existierte.[61] Rußland wies damit ein wirtschaftliches Gefüge auf, das allgemein als typisch für rückständige Gesellschaften gilt und mit den Begriffen „dual economy" oder — wie die neuere Dependenztheorie formuliert — „strukturelle Heterogenität" bezeichnet wird.[62]

Solche Disparitäten und Besonderheiten des russischen Industrialisierungsprozesses gaben auch der revolutionären Bewegung ihr Gepräge. Als Ausdruck der sozialstrukturellen Auswirkungen der Rückständigkeit läßt sich (1) bereits, wie vermittelt auch immer, ihre *Grundkonstellation* begreifen. Infolge der andersartigen sozialgeschichtlichen Entwicklung gab es im Zarenreich kein Bürgertum nach westeuropäischem Muster, keine „bürgerliche Öffentlichkeit" und keine starke politische Kraft, die die Inhalte des bürgerlichen Gesellschaftsideals artikuliert hätte. Auch als im Zuge der Industrialisierung die städtischen Schichten an Bedeutung gewannen, wuchsen sie nicht zum Antipoden der Autokratie heran, sondern blieben von dieser abhängig.[63] Die Rolle eines Gegenspielers übernahmen stattdessen

---

59) Vgl. Nötzold, Wirtschaftspolitische Alternativen S. 93 f; Goldsmith, Economic Growth S. 442; Nötzold, Wirtschaftspolit. Alternativen S. 189; zur Bevölkerungsstruktur vgl. A. G. Rašin, Naselenie Rossii za 100 let (1811–1913 gg.). M. 1956; ders., Formirovanie rabočego klassa v Rossii. M. 1958.
60) Gregory, Wirtschaftliches Wachstum S. 225.
61) Vgl. Nötzold, Wirtschaftspolitische Alternativen S. 44 f.
62) Vgl. zur „dual economy": J. H. Boeke, Economics and Economic Policies of Dual Society. N. Y. 1953; H. Myint, Dualism and the Internal Integration of Underdeveloped Countries. In: Ders., Economic Theory and the Underdeveloped Countries. N. Y., Ldn., Toronto 1971 S. 315–347. Zur „strukturellen Heterogenität" vgl. u. a.: A. Córdova, Strukturelle Heterogenität und wirtschaftliches Wachstum. Drei Studien über Lateinamerika. Frankfurt 1973, insbes. S. 55 ff. — Die sowjetische Geschichtswissenschaft hat in dem Begriff der „mnogoukladnost'" (Vielschichtigkeit) ein paralleles Konzept entwickelt, das vor einigen Jahren als Vehikel für den Versuch diente, die überkommene verbindliche Lehrmeinung, die kapitalistischen Verkehrsformen seien in Rußland am Vorabend der Oktoberrevolution voll entwickelt gewesen, zu differenzieren und mit widersprechenden Fakten zu versöhnen. Vgl.: Voprosy istorii kapitalističeskoj Rossii. Problema mnogoukladnosti. Sverdlovsk 1972; B. Bonwetsch, Oktoberrevolution. Legitimationsprobleme der sowjetischen Geschichtswissenschaft. In: Politische Vierteljahresschrift 17 (1976) S. 149–185.
63) Vgl. E. D. Černmenskij, Buržuazija i carizm v pervoj russkoj revoljucii. 2. erg. Aufl. M. 1970; I. F. Gindin, Russkaja buržuazija v period kapitalizma, ee razvitie i osobennosti. In: ISSSR 1963 No 2 S. 57–80, No 3 S. 37–60; V. Ja. Laveryčev, Krupnaja buržuazija v poreformennoj Rossii. 1861–1900. M. 1974. Zur historischen Herleitung dieser Erscheinung s. auch: O. Brunner, Europäisches und russisches Bürger-

andere soziale Gruppen: das städtische Proletariat und eine neue Intelligenz[64] wie Ingenieure, Juristen, Ärzte, Lehrer und andere. Beide fanden in der überkommenen Sozialordnung keinen Platz, beide wurden zu sprengenden Kräften par excellence. Da sich die Industrialisierung jedoch auf Kosten des agrarischen Sektors vollzog, dessen erhungertes Steueraufkommen sie finanzierte, und sich die Krise der Landwirtschaft zuspitzte, wuchs darüber hinaus auch die Unruhe auf dem Dorfe. Die Rückständigkeit produzierte auf diese Weise eine *Gleichzeitigkeit* von revolutionären Bewegungen im städtischen und im agrarischen Sektor, von agrarischem und proletarischem Sozialismus. Stets hat die Revolutionstheorie in solcher Koinzidenz die vielleicht wichtigste Vorbedingung für eine erfolgreiche Revolution gesehen, und analog behaupten Studien über gegenwärtige Modernisierungsprozesse, daß die Instabilität, die die gesamtgesellschaftliche Transformation ohnehin mit sich bringt, unter diesen Bedingungen besonders explosiv wird.[65]

Zum anderen vermag das Rückständigkeitskonzept (2) die besondere *Rolle der Intelligenz* in der russischen revolutionären Bewegung zu erklären. In unterentwickelten Gesellschaften ohne starkes Bürgertum übernimmt die städtische Intelligenz dessen politische Funktionen. Als Industrialisierungs- und Modernisierungsagent wird sie zum Kontrahenten der alten Ordnung, zur „herrschenden Klasse par excellence", wie man sie bezeichnet hat, weil sie politische Macht „aus eigenem Recht *als* Intelligenz"[66] ausübe, oder zur „Semiintelligentsia", wie man sie mit umgekehrter Wertung auch genannt hat, weil sie im Gegensatz zu der „alten" Intelligenz der „reuigen Barone" ihre Freiheit verloren und sich zum Erfüllungsgehilfen des ökonomischen Prozesses entwürdigt habe.[67] Es ist diese neue Schicht, aus der sich die Elite der revolutionären Parteien in rückständigen Ländern speist und die auf der Suche nach Bündnispartnern, deren sie schon aufgrund ihrer numerischen Schwäche bedarf, revolutionäre Ideen in Stadt und Land verbreitet.

Nicht zuletzt vermag die Heterogenität der rückständigen Sozial- und

tum. In: Ders., Neue Wege der Verfassungs- und Sozialgeschichte. 2. verm. Aufl. Göttingen 1968 S. 225–241; D. Geyer, „Gesellschaft" als staatliche Veranstaltung. Bemerkungen zur Sozialgeschichte der russischen Staatsverwaltung im 18. Jahrhundert. In: Geyer, Wirtschaft und Gesellschaft S. 20–51.

64) Vgl. dazu: D. Brower, The Problem of the Russian Intelligentsia. In: SR 26 (1967) S. 638–647; A. Pollard, The Russian Intelligentsia. In: Californian Slavic Studies Bd. 3, Berkeley 1964, S. 8–19; R. Pipes (Hrsg.), Die russische Intelligenz. Stuttgart 1962; L. K. Erman, Intelligencija v pervoj russkoj revoljucii. M. 1966; V. R. Lejkina-Svirskaja, Intelligencija v Rossii vo vtoroj polovine XIX veka. M. 1971; A. V. Ušakov, Revoljucionnoe dviženie demokratičeskoj intelligencii v Rossii 1895–1904. M. 1976.

65) So beispielsweise Huntington, Political Order S. 291 ff.

66) H. J. Benda, Non-Western Intelligentsias as Political Elites. In: J. H. Kautsky, Political Change in Underdeveloped Countries S. 235–251, hier S. 237; Huntington, Political Order S. 288 ff; Apter, Politics of Modernization S. 75 ff. Vgl. zur Rolle der Intelligenz im Modernisierungsprozeß auch: E. Shils, The Intellectuals and the Powers and Other Essays. London, Chicago 1972; J. S. Coleman (Hrsg.), Education and Political Development. Princeton 1965.

67) So Pipes, Russische Intelligenz S. 70.

Wirtschaftsstruktur (3) auch zur Erklärung grundlegender Schwierigkeiten der revolutionären Strategie und des Charakters der Revolution beizutragen. Es wird zu zeigen sein, daß die rapide Industrialisierung in den Städten und die Modernisierung der politischen Artikulationsformen die PSR in theoretischer, taktischer und organisatorischer Hinsicht mit einer Aufgabe konfrontierten, für die sie keine Lösung fand. Auf der anderen Seite ist häufig bemerkt worden, daß das größtenteils noch vormoderne Gepräge der russischen Landwirtschaft für die sozialdemokratische Theorie und Politik eine Achillesferse bildete. Auch Lenins Realitätssinn, der ihn zu sukzessiven Annäherungen der marxistischen Theorie an die Relikte der russischen „aziatščina" veranlaßte, änderte grundsätzlich nichts daran, daß die Sozialdemokratie im agrarischen Sektor — abgesehen vom Herbst 1917, als sie das Agrarprogramm der PSR übernahm — letztlich nicht Fuß fassen konnte. Der Gegensatz zwischen Stadt und Land, die dualistische Struktur von Wirtschaft und Gesellschaft stellte — dies sei als Gesamteinschätzung im Vorgriff betont — *beide* Parteien vor ein Dilemma, eines, das auch die nachrevolutionäre Periode noch beherrschte, wie die Probleme der NEP und die Zwangskollektivierung (1929/30) vor Augen führten.[68]

Mit Rückständigkeit unzertrennlich verbunden ist schließlich der *Begriff des Populismus* selbst. Diese Beziehung, die als Grundlage der folgenden Interpretation der PSR dient, sei anhand der bisherigen Bemühungen um eine Definition von Populismus näher erläutert.

Definitionselemente eines allgemeinen Populismusbegriffs

Populismus war keine spezifisch russische Erscheinung. Ähnliche Bewegungen hat es in sehr verschiedenartigen Gesellschaften und zu unterschiedlichen Zeiten gegeben. Ob ihnen mehr als nur der Name gemeinsam war, hat vor einigen Jahren ein internationales Symposium zu ergründen versucht.[69] Dabei stellte sich den Teilnehmern vor allem die Aufgabe, drei höchst divergente Spielarten des Populismus unter einem Konzept zu subsumieren: die politischen Bewegungen der nordamerikanischen Farmer im letzten Viertel des 19. Jahrhunderts, einen bestimmten Stil gegenwärtiger Politik in Latein-

---

68) Dazu insbes. Shanin, Awkward Class S. 146 ff; Male, Russian Peasant Organization S. 211 u. pass.; Atkinson, Russian Land Commune S. 247 ff; R. Lorenz, Sozialgeschichte der Sowjetunion I. 1917—1945. Frankfurt 1976 S. 121 ff, 170 ff; M. Lewin, Russian Peasants and Soviet Power. A Study of Collectivization. London 1968 S. 214 ff.
69) G. Ionescu, E. Gellner (Hrsg.): Populism. Its Meanings and National Characteristics. London 1969. Auszüge aus der Diskussion: J. Berlin, R. Hofstadter u. a.: Populism. In: Government and Opposition (zit.: GO) 3 (1968) S. 137—180. Einen Gesamtüberblick über die politologischen und soziologischen Bemühungen um eine Begriffserklärung gibt: J. B. Allcock, Populism: A Brief Biography. In: Sociology 5 (1971) S. 371—387. Auf sowjetischer Seite vgl. V. G. Choros, Intelligencija i „narodničeskie" tendencii v sovremennom nacional'no-osvoboditel'nom dviženii. In: Srednie sloi gorodskogo obščestva v stranach vostoka. M. 1975 S. 259—273, dessen Definitionsversuche jedoch sehr allgemein bleiben.

amerika und Afrika, der, inhaltlich sehr heterogen und diffus, im weitesten Sinne als Bemühung, „unterschiedliche Gruppeninteressen zu synchronisieren", beschrieben wurde[70], sowie den russischen Populismus.

In der Diskussion traten vor allem zwei gegensätzliche Auffassungen zutage: eine sozialgeschichtliche, die Populismus als *Bewegung*, und eine geistesgeschichtliche, die ihn als *Ideologie* definierte. Der sozialgeschichtliche Ansatz scheiterte an der Unvereinbarkeit der sozioökonomischen Kontexte der zu beschreibenden Bewegungen. Zwar konnte man zwischen dem russischen Populismus und dem der Dritten Welt noch einige substantielle Gemeinsamkeiten entdecken: Beide entstanden in rückständigen Gesellschaften; beide wurden von der städtischen Intelligenz getragen; beide bestritten die Gültigkeit des marxistischen Klassenkonzepts und lokalisierten den geschichtlichen Hauptantagonismus stattdessen zwischen Volk und Herrschern bzw., im Falle des modernen Populismus, zwischen den unterdrückten Nationen und den imperialistischen Mächten; beide können als Reaktion auf externe Vorgänge, als Antwort einer „Sozialordnung kleinagrarischer Produzenten" auf die „überlegene Macht der (gewöhnlich kapitalistischen) Großindustrie" erklärt werden; beide schließlich wiesen aus diesem Grunde eine typische Mischung aus restaurativen und progressiven Momenten, ein „Janusgesicht" auf, in dem sich Ablehnung und Übernahme der Errungenschaften der fortgeschrittenen Länder zugleich spiegelten.[71] Doch trafen alle diese Merkmale auf den nordamerikanischen Populismus nicht zu. Dieser trat in einer industrialisierten Gesellschaft auf, wurde von „finanzbewußten kommerziellen Farmern" selbst getragen und verfolgte auch andere, eng an deren Interessen orientierte Ziele, nämlich „vor allem, die landwirtschaftlichen Profite wiederherzustellen und die landwirtschaftlichen Schulden durch Inflation zu senken."[72]

Dem geistesgeschichtlichen Ansatz auf der anderen Seite stellten sich solche Probleme nicht; jedoch nur, weil seine Definition so vage blieb, daß sie den jeweiligen historischen Inhalt der Populismen gar nicht erst berücksichtigte und deshalb noch weniger in der Lage war, ein brauchbares, prägnantes Konzept zu liefern. So umschrieb man Populismus allgemein als „Vergötte-

---

70) A. Henessy, Latin America. In: Ionescu, Gellner: Populism. S. 29. Zur Definition dieses Populismusbegriffs vgl. ferner: T. S. Di Tella, Populism and Reform in Latin America. In: C. Veliz (Hrsg.), Obstacles to Change in Latin America. Oxford 1965 S. 46—74; M. Jorrin, J. D. Matz: Latin-American Political Thought and Ideology. Chapel Hill 1970 S. 239 ff, 428 ff; G. Arrighi, J. S. Saul: Essays on the Political Economy of Africa. N. Y., London 1973 S. 152—179 and S. 237 ff.

71) So P. Worsley, The Concept of Populism. In: Ionescu, Gellner: Populism S. 229 ff, Zitat S. 241; ders., The Third World. London 1967 S. 118 ff; J. S. Saul, Africa. In: Ionescu, Gellner: Populism S. 133 f; Walicki, in: GO 3 (1968) S. 168, 171 f.

72) W. Hofstadter, North America. In: Ionescu, Gellner: Populism S. 9—27, Zitate S. 9, 26. Zum nordamerikanischen Populismus vgl. jetzt (mit ausführl. Lit.): H.-J. Puhle, Politische Agrarbewegungen in kapitalistischen Industriegesellschaften. Deutschland, USA und Frankreich im 20. Jahrhundert. Göttingen 1975 S. 142 ff. und 172 ff. Zu analogen agrarischen Sozialbewegungen in Frankreich außer Puhle auch sehr instruktiv: S. Berger, Peasants against Politics. Rural Organization in Brittany 1911—1967. Cambridge/Mass. 1972.

rung und Verehrung des Volkes" oder als „Syndrom von erstaunlicher Dauerhaftigkeit."[73] Nicht zufällig suchte auch Worsley, zunächst ein Verfechter des soziökonomischen Ansatzes, bei dieser Betrachtungsweise Zuflucht, als er sich zum Abschluß der Konferenz bemühte, trotz aller Unterschiedlichkeit der populistischen Strömungen doch noch eine globale Bestimmung zu geben. Mit E. Shils kennzeichnete er Populismus durch „a) den Primat des Volkswillens über jede andere Norm . . . , b) die Wünschbarkeit ‚direkter', durch keine Institution vermittelter Beziehungen zwischen Volk und Führung."[74] Doch ist diese Rettung eines Gesamtkonzepts teuer erkauft. Ahistorisch geworden, verflüchtigt sich Populismus zum Mythos, zum „immerwährenden Versuch des Volkes, die Politik als etwas ihm gehöriges zu beanspruchen."[75] Man wird dem Optimismus Worsleys kaum zustimmen können, daß ein solcher Begriff nicht inhaltsleerer und unbrauchbarer sei als „jeder andere" wie Kapitalismus und Kommunismus auch, soll er doch Maoismus und Faschismus, Černyševskij und Fanon — so die extremen Positionen auf der Konferenz —[76] gleichermaßen umfassen.

Russischer Populismus

Das russische Wort für Populismus „narodničestvo" wurde Ende des 19. Jahrhunderts, wie Pipes in einer begriffsgeschichtlichen Studie gezeigt hat, in zumindest zwei verschiedenen, deutlich voneinander abgrenzbaren Bedeutungen gebraucht, die auch noch die Positionen der gegenwärtigen geschichtswissenschaftlichen Diskussion bestimmen.[77]

Ursprünglich meinte der Begriff eine Theorie, „welche die Hegemonie der Massen über die gebildete Elite propagierte." Er enthielt die Aufforderung, „daß Intellektuelle im Volk arbeiten", basierte auf dem Glauben, „daß sich alle sozialen Veränderungen aus einem Mandat des Volkes herleiten müssen", und stand für ein originäres, pragmatisches Konzept der demokratischen Aktion, wie es die „Zemlja i Volja" und die „Narodnaja Volja" verfochten. „Narodničestvo" in diesem Sinne bezeichnete daher Pipes zufolge nur eine *bestimmte* politische Bewegung in der zweiten Hälfte der 70er Jahre.[78]

Von Anfang an stellte der russische Populismus jedoch, wie erwähnt, auch eine weit verbreitete theoretisch-philosophische Strömung dar, die

---

73) H. Seton-Watson, in: GO 3 (1968) S. 156; P. Wiles, A Syndrom Not a Doctrine: Some Elementary Theses on Populism. In: Ionescu, Gellner: Populism S. 166. Ähnlich D. McRae, in: Ionescu, Gellner: Populism S. 153 ff; I. Berlin, Einleitung zu Venturi, Roots of Revolution S. VII ff. Vgl. auch Allcock, Populism S. 372 f.
74) Worsley, Concept of Populism. In: Ionescu, Gellner: Populism S. 244.
75) Worsley, Concept S. 274.
76) So Ionescu, Gellner: Populism S. 3.
77) Vgl. R. Pipes, „Narodničestvo": A Semantic Inquiry. In: SR 23 (1964) S. 441– 458; auch: ders., Struve. Liberal on the Left, 1870–1905. Cambridge/Mass. 1970 S. 84 ff; dazu kritisch: F. Venturi, Les intellectuels, le peuple et la revolution. Histoire du populisme russe au XIX-e siecle. Paris 1972 S. 49 f; A. Walicki, The Controversy over Capitalism: Studies in the Social Philosophy of the Populists. Oxford 1969.
78) Pipes, Narodničestvo S. 458 u. 452.

ihre Ahnen in Gercen und N. G. Černyševskij, ihre bekanntesten Vertreter in Lavrov, M. A. Bakunin und Michajlovskij besaß: einen Agrarsozialismus, der behauptete, daß Rußland das Stadium der kapitalistischen Entwicklung überspringen und direkt auf der Basis der bäuerlichen Umteilungsgemeinde zur sozialistischen Wirtschafts- und Gesellschaftsordnung übergehen könne.[79] Im Laufe der Auseinandersetzungen mit sozialdemokratischen Theoretikern, die gegen dieses Grundbekenntnis des „russischen Sozialismus" (Gercen) zu Felde zogen, gab P. B. Struve — marxistischer Ökonom, einer der Gründer der RSDRP und nachmals prominenter Vertreter des russischen Liberalismus —[80] Anfang der 90er Jahre dem Begriff „narodničestvo" eine *zweite* Bedeutung: Indem er jeden einen Populisten nannte, der glaubte, daß Rußland das Stadium des Kapitalismus überspringen könne, funktionierte er den Terminus um zu einer polemischen, von seinen Gegnern ersonnenen Waffe des theoretisch-ideologischen Kampfes. Deshalb, so urteilt Pipes in unmißverständlicher Stellungnahme, besitze dieser Begriff von Populismus „keine historische Berechtigung, und wiesen ihn diejenigen zurück, denen er angeheftet wurde."[81]

Gerade diese breite marxistische Inhaltsgebung legt auf der anderen Seite Walicki seiner Populismusinterpretation zugrunde. Dabei bezieht er sich vor allem auf Lenin, dem die Umdeutung von „narodničestvo" seiner Meinung nach bedeutend mehr verdankte als ihrem Erfinder Struve.[82]

Lenin, zu Beginn seiner theoretischen Laufbahn bekanntlich für kurze Zeit Mitstreiter Struves[83], bestimmte das Erbe, auf das er verzichtete, im wesentlichen durch drei Merkmale: „1. Einschätzung des Kapitalismus in Rußland als Verfallserscheinung, als Rückschritt. (. . .) 2. Einschätzung der Eigenständigkeit der russischen ökonomischen Ordnung im allgemeinen und des Bauern mit seiner Dorfgemeinde, seinem Artel u. dg. m. im besonderen . . . als etwas Höheres, Besseres" im Vergleich zum Kapitalismus. „3. Ingorierung der Verbindung der ‚Intelligenz' und der juristisch-politischen Einrichtungen des Landes mit den materiellen Interessen bestimmter Gesellschaftsklassen;"[84] d. h. der Intelligenz werde eine Stellung *über* den Klassen zugewiesen, wie es der allgemeinen, von Michajlovskijs „subjektiver Soziologie" zur tragenden Idee erhobenen Vorstellung entsprach, daß das schöpferische Individuum die bewußte, gestaltende Kraft des historischen Fort-

---

79) Ebenda S. 441.
80) Vgl. Pipes, Struve; D. Geyer, Lenin in der russischen Sozialdemokratie. Die Arbeiterbewegung im Zarenreich als Organisationsproblem der revolutionären Intelligenz. 1890–1903. Köln, Graz 1962 S. 26 ff.
81) Pipes, Narodničestvo S. 458.
82) Walicki, Controversy S. 6.
83) Vgl. aber schon die frühen kritischen Bemerkungen Lenins in: Der ökonomische Inhalt der Volkstümerrichtung und die Kritik an ihr in dem Buch des Herrn Struve. (1895) In: LW 1 S. 341–528.
84) W.I. Lenin, Auf welches Erbe verzichten wir? (1898) In: LW 2 S. 525 f, kursiv i. Or.; auch: ders., Was sind die „Volksfreunde" und wie kämpfen sie gegen die Sozialdemokraten? (1894) In: LW 1 S. 119–338.

schritts sei.[85] Populismus in diesem Sinne verdammte Lenin jedoch nicht in Bausch und Bogen, sondern betonte, daß er in einem bestimmten Stadium der sozioökonomischen Entwicklung Rußlands eine bedeutende und progressive Funktion ausgeübt habe: „Daß sie diese Fragen *gestellt hat*, ist ein großes *historisches* Verdienst der Volkstümlerrichtung, und es ist durchaus natürlich und begreiflich, daß die Volkstümlerrichtung ... *eben dadurch* unter den fortschrittlichen Richtungen des russischen gesellschaftlichen Denkens eine führende Position einnahm."[86] Allerdings habe sie diese in dem Maße eingebüßt, wie die kapitalistische Produktionsweise sich in Rußland durchgesetzt habe und die Behauptung eines eigenen, nichtkapitalistischen Weges zum Sozialismus „in Widerspruch zur Wirklichkeit", zur „romantischen Träumerei" geraten sei. Der Populismus, so lautete Lenins bekanntes Schlußverdikt, habe sich in eine „*reaktionäre* und *schädliche* Theorie" verwandelt, in primitive Kapitalismuskritik vom „Standpunkt des Kleinproduzenten, den der Kapitalismus zum Warenproduzenten macht." Die zeitgenössischen Narodniki konnten ihm daher nur als „Ideologen des Kleinbürgertums" gelten.[87]

Von dieser Beurteilung übernimmt Walicki vor allem zwei Grundelemente. Zum einen bezeichnet er die Populisten wie Lenin als „Ideologen der Demokratie, die ... einen antifeudalen bürgerlichen Demokratismus mit einer kleinbürgerlichen, konservativen Reaktion gegen den bürgerlichen Fortschritt in ihrer Ideologie verbanden"[88], d. h. als frühe Kapitalismuskritiker in einer Übergangsphase von vormodern-feudalistischer Wirtschafts- und Sozialstruktur zu modern-kapitalistischer. Zum anderen erblickt er wie jener im „narodničestvo" eher eine Theorie als eine soziale Bewegung: „Russischer Populismus im breiten Sinne dieses Wortes" könne nicht als „politische *Bewegung*", sondern lediglich als „*Ideologie* einer Bewegung" definiert werden.[89]

Ungeachtet dieser Anlehnung behandelt Walicki die Leninsche Populismusdefinition nicht als unantastbaren und ein für alle Mal verbindlichen Kanon, sondern ergänzt und differenziert sie in drei Punkten. Das „narodničestvo" muß ihm zufolge (1) nicht nur als eine Reaktion auf die Ausbreitung des Kapitalismus in Rußland selbst, sondern auch als Antwort auf das neue Stadium der Industrialisierung im Ausland gedeutet werden. Russischer Populismus war demnach einer der ersten Versuche, die spezifischen Merkmale ökonomischer Rückständigkeit zu erklären: Er reflektierte die besonderen Probleme einer rückständigen Agrargesellschaft, die in zunehmende Verflechtung mit fortgeschrittenen kapitalistischen Gesellschaften geriet. Deshalb stellte er (2) auch eine Reaktion auf den westlichen

---

85) Dazu: Walicki, Controversy S. 56 ff; V. A. Malinin, Filosofija revoljucionnogo narodničestva. M. 1972 S. 127 ff.
86) Lenin, Auf welches Erbe verzichten wir? S. 527.
87) Ebenda S. 528, 538 u. 531.
88) Walicki, Controversy S. 22 u. Diskussionsbeitrag in: GO 3 (1968) S. 139.
89) Walicki, Controversy S. 5.

Sozialismus dar und koinzidierte nicht zufällig mit der ersten Phase der Marxrezeption in Rußland, die den Populismus in entscheidender Weise prägte.[90] Weil Walicki das „narodničestvo" zu Recht in den Problemkreis „Rußland und der Westen" einbezieht, ist er (3) gezwungen, das Leninsche Kleinbürgerlichkeitsetikett, das er verbal übernimmt, in der Sache zu modifizieren: „Russischer Populismus war", so erläutert er mehrfach, „kein unmittelbarer Ausdruck des Klassenstandpunkts von Kleinproduzenten, er war Ausdruck des Standpunktes der Intelligenz,"[91] war — diese Formulierung könnte als prägnanteste Definition Walickis gelten — „eine Reaktion der demokratischen Intelligenz eines rückständigen Bauernlandes in einem frühen Stadium der kapitalistischen Entwicklung auf den westlichen Kapitalismus und den westlichen Sozialismus."[92]

In der *sowjetischen* Literatur zum Populismus, das sei kurz angemerkt, wird man solche Modifizierungen vergeblich suchen. Sie hält sich nach wie vor eng an die Analyse Lenins. Dabei erstarrt insbesondere der, wie sich zeigen wird, durchaus richtige Gedanke, daß sich das „narodničestvo" von einer progressiven in eine konservative Kraft verwandelt habe, zu einem platten, bis zum Überdruß wiederholten inhaltsleeren Schema: „In den 80er Jahren", heißt es beispielhaft in einer neueren Arbeit, „trat im Zuge der Entwicklung des Kapitalismus in Rußland immer deutlicher zutage, daß das Narodnikitum eine Ideologie des Kleinbürgertums darstellt."[93] Entschieden umsichtiger und subtiler verfährt allein B. P. Koz'min, der die einzelnen Leninschen Bestimmungen in differenzierter Weise deutet und Unterschiede zwischen ihnen aufzeigt, ohne sie jedoch zu relativieren.[94]

Dem Ansatz dieser Arbeit entsprechend knüpft der Populismusbegriff, der im folgenden zugrunde gelegt wird, an Walickis sozialgeschichtliches Konzept an. Allerdings bedarf dieses noch einiger einschneidender Modifikationen, da es zumindest zwei Widersprüche enthält. Erstens besteht eine spürbare Spannung zwischen der Einordnung des russischen „narodničestvo" als kleinbürgerlich-bäuerlicher Weltanschauung und der Erläuterung, daß er „auch" und vor allem eine Bewegung der Intelligenz gewesen sei.[95] Damit hängt zusammen, daß sich Walicki zweitens unschlüssig darüber ist, ob er populistische Ideologien als sozialistische, wenn auch nur in einem sehr weiten Sinne, oder als demokratisch-kleinbürgerliche bezeichnen soll. In Bezug auf Rußland hält er sich an Lenin; seine allgemeine Definition

---

90) Ebenda S. 26; GO 3 (1968) S. 139.
91) Walicki in: GO 3 (1968) S. 139.
92) Walicki, Controversy S. 26.
93) V. G. Choros, Narodničeskaja ideologija i marksizm (konec XIX v.). M. 1972 S. 168; A. F. Kostin, Ot narodničestva k marksizmu. M. 1967 S. 110 ff; Karataev, Narodničeskaja ėkonomičeskaja literatura S. 46, 72 ff.
94) B. P. Koz'min, Narodničestvo na buržuazno-demokratičeskom ėtape osvoboditel'nogo dviženija v Rossii. In: Ders., Iz istorii revoljucionnoj mysli v Rossii. Izbrannye trudy. M. 1961 S. 638—727, hier S. 727.
95) Walicki, Controversy S. 26.

dagegen nimmt sich mehr Freiheit und bestimmt Populismus als „agrarisch orientierten Sozialismus."[96] Beide Widersprüche haben letztlich dieselbe Wurzel: Sie erklären sich aus einer halbherzigen Kritik an der Leninschen Verdammung des „narodničestvo" als kleinbürgerlich.

Zu Recht hat man an dieser Populismusschelte Lenins, die auf einer Analyse der russischen sozioökonomischen Entwicklung nach westeuropäischem Modell beruht, wohl am häufigsten und gerade in jüngster Zeit Anstoß genommen.[97] Denn die Klassifizierung der Bauern als nichtsozialistische Kleineigentümer, wie sie sich vor allem in seinen frühen Schriften findet[98], steht und fällt mit der Annahme, daß sich im Rußland des ausgehenden 19. Jahrhunderts die kapitalistische Produktionsweise auch in der Landwirtschaft durchgesetzt habe. Dagegen aber protestierten bereits die neopopulistischen Ökonomen um A. V. Čajanov, N. P. Oganovskij und A. N. Čelincev mit soliden empirischen Belegen, und dagegen sprechen auch neuere wirtschaftsgeschichtliche Studien.[99] Mochte die bürgerliche Eigen-

---

96) Walicki, GO 3 (1968) S. 171.

97) Vgl. den vielfach erhobenen Vorwurf, Lenin habe die Besonderheit der agrarwirtschaftlichen Entwicklung Rußlands nicht hinreichend berücksichtigt und das revolutionäre Potential der Bauernschaft falsch eingeschätzt: D. Mitrany, Marxismus und Bauerntum. München 1956 (engl. Or. 1951) S. 26 ff; G. D. Jackson, Comintern and Peasant in East Europe 1919–1930. N. Y., London 1966 S. 4 ff; von neomarxistischer Seite: B. Rabehl, Marx und Lenin. Widersprüche einer ideologischen Konstruktion des „Marxismus-Leninismus". Berlin 1973 S. 253 ff; Projekt Klassenanalyse, Leninismus – neue Stufe des wissenschaftlichen Sozialismus? Zum Verhältnis von Marxscher Theorie, Klassenanalyse und revolutionärer Taktik bei W. I. Lenin. 1. Halbbd. Berlin 1972 S. 122 ff. Anders.: H. Alavi, Theorie der Bauernrevolution. Stuttgart 1972 (engl. in: The Socialist Register 2 (1965) S. 241–275).

98) Nach 1905 revidierte Lenin bekanntlich manche dieser Auffassungen. Vgl. außer Mitrany, Marxismus und Jackson, Comintern: A. G. Meyer, Leninism. Cambridge/Mass. 1957 S. 123 ff; H. T. Willetts, Lenin und die Bauern. In: L. Schapiro, P. Reddaway (Hrsg.): Lenin. Stuttgart 1969 S. 113–130; H.-G. Lehmann, Die Agrarfrage in der Theorie und Praxis der deutschen und internationalen Sozialdemokratie. Vom Marxismus zum Revisionismus und Bolschewismus. Tübingen 1970 S. 236 ff; S. P. Trapeznikov, Agrarnyj vopros i leninskie agrarnye programmy v trech russkich revoljucijach. Bd. I M. 1967 S. 68 ff; V. V. Oreškin, Agrarnyj vopros v trudach soratnikov V. I. Lenina. M. 1970; M.V. Spirina, Metodologičeskie problemy agrarnoj programmy pervoj russkoj revoljucii v trudach V. I. Lenina. In: ISSSR 1975 No 5, S. 60–82.

99) Vgl. A. V. Čajanov, Organizacija krest'janskogo chozjajstva. M. 1925; engl.: A. V. Chayanov, The Theory of Peasant Economy. Hrsg. von D. Thorner, B. Kerblay, R. E. F. Smith. Homewood/Ill. 1966; dt. A. Tschajanow, Die Lehre von der bäuerlichen Wirtschaft. Versuch einer Theorie der Familienwirtschaft im Landbau. Berlin 1923; A. V. Cayanov, Ouevres choisies de A. V. Chayanov. Textes réunies et publiés par B. Kerblay. Bd. 1–6. N. Y., The Hague 1967. – Zu Čajanov: B. Kerblay, A. V. Čajanov. Un carrefour dans l'évolution de la pensée agraire en Russie de 1908 à 1930. In: CMRS 5 (1964) S. 411–460; ders., Chayanov and the Theory of Peasantry as a Specific Type of Economy. In: T. Shanin (Hrsg.), Peasants and Peasant Societies. Selected Readings. Harmondsworth 1971 S. 150–160; D. Thorner, Chayanov's Concept of Peasant Economy. In: Chayanov, Theory S. XI-XXIII; J. A. Millar, A Reformulation of A. V. Chayanov's Theory of the Peasant Economy. In: Economic

tumsmentalität in der Bauernschaft auch wachsen, wie selbst die Sozialrevolutionäre beklagen mußten, so verwandelten sich doch die „mužiki" in ihrer Mehrzahl darum noch lange nicht in Kleinkapitalisten. Der Mißerfolg der Stolypinschen Agrarreform, die Zählebigkeit der „obščina" bis zur Kollektivierung 1929/1930[100], die geringe soziale und ökonomische Differenzierung auf dem Lande, die Existenz einer „dual economy" bewiesen, daß die Verhältnisse im russischen Agrarsektor nicht mit der westeuropäischen Elle zu messen waren. Die Analyse der politischen Rolle der Bauernschaft beim frühen Lenin ging von bestenfalls partiell zutreffenden Voraussetzungen aus.

Einer brauchbaren sozialgeschichtlichen Definition des russischen Populismus wird man demnach nur näher kommen, wenn man die Eigenheiten der russischen Entwicklung berücksichtigt und dadurch gründlicher, als Walicki das tut, mit mißlichen, weil ihrem Kontext entfremdeten Begriffen aufräumt. Andererseits sollte aber der Bezug auf den Prozeß der rückständigen kapitalistischen Industrialisierung und Modernisierung gewahrt bleiben, da der Populismusbegriff erst dadurch, durch die Einbeziehung seiner sozioökonomischen Rahmenbedingungen, einen komparativen Aspekt und eine historische Dimension erhält. Er erstarrt dann nicht zu einem in beliebigen Gesellschaften „wiederkehrenden politischen Stil", wie in der ideengeschichtlichen Interpretation, und ist auch nicht auf eine unwiederholbare historische Erscheinung begrenzt, wie Pipes vorschlägt. Vielmehr bezeichnet er einen bestimmten Typus politischer Bewegungen mit fest umrissenen Merkmalen, der in einem spezifischen sozioökonomischen Kontext angesiedelt ist und dadurch vergleichbar wird. Deshalb ist Walicki zuzustimmen, daß der breite, spätere Inhalt von „narodničestvo", fern davon, lediglich ein polemisches Vehikel zu sein, ein durchaus brauchbares methodologisches Instrument der komparativen Analyse des Populismus darstellt.[101] Unter diesen Prämissen wäre russischer Populismus als *Paradigma populistischer Bewegungen in rückständigen Ländern* in unserem Zusammenhang wie folgt zu charakterisieren.

1) Er entstand in einer noch vorwiegend agrarisch bestimmten Gesellschaft als Reaktion auf die Bedrohung und beginnende Penetration der traditionalen Wirtschafts- und Sozialordnung durch Modernisierung und Industrialisierung. Dabei antwortete er nicht nur auf innerrussische

---

Development and Cultural Change 18 (1969) S. 219—229; instruktiv: M. Harrison, Chayanov and the Economics of the Russian Peasantry. In: Journal of Peasant Studies (zit.: JPS) 2 (1975) S. 389—417. — A. N. Čelincev, Teoretičeskie osnovy organizacii krest'janskogo chozjajstva. Char'kov 1919; N. N. Černenkov, K charakteristike krest'janskogo chozjajstva. 2-oe prosm. i dop. izd. M. 1918; N. P. Oganovskij, Zakonomernost' agrarnoj ėvoljucii. Č. I, II. Saratov 1909—1911. — Zur neopopulistischen Schule insgesamt (mit weiterer Lit.): Shanin, Awkward Class. — An neueren wirtschaftsgeschichtlichen Studien vgl. die zitierten Arbeiten von Gerschenkron, Nötzold, Goldsmith, Gregory u. a.

100) Vgl. die oben in Anm. 68 genannten Arbeiten.
101) Vgl. Walicki, Controversy S. 24; ähnlich: Koz'min, Narodničestvo S. 645.

Vorgänge, sondern in wesentlichem Maße auch auf die Entwicklung des Kapitalismus im Ausland. 2) Der russische Populismus war soziale bzw. politische Bewegung und Gesellschaftsphilosophie *zugleich*[102] und setzte sich die Interessenvertretung der agrarischen Bevölkerung des vorindustriellen agrarischen Sektors zum Ziel. Insbesondere machte er es sich zur Aufgabe, die überkommene kollektivistische Sozial- und Wirtschaftsorganisation des Dorfes, symbolisiert in der „obščina", vor der Zerstörung durch kapitalistische Verkehrsformen zu bewahren und auf ihrer Basis den direkten Übergang zum Sozialismus einzuleiten. In solcher Form repräsentierte der russische Populismus ein Stück Kapitalismuskritik und bildete gleichsam ein rückständiges Pendant zum westlichen Sozialismus, der ihm auch entscheidende Impulse verlieh. In den 70er und 80er Jahren koinzidierte er mit der Marx-Rezeption in Rußland; in seiner Spätphase machte er wesentliche Anleihen bei der revisionistisch-reformistischen Strömung der Zweiten Sozialistischen Internationale. Als Theorie einer vor allem von den ländlichen Massen zu tragenden Revolution, die einen auf vorkapitalistischen agrargesellschaftlichen Verkehrsformen aufbauenden Sozialismus initiieren sollte, war der russische Populismus ein *revolutionärer* Agrarsozialismus. Zugleich wies er aber in der Idealisierung traditionaler Sozialverhältnisse und Institutionen auch stark *restaurative* Momente auf und offenbarte in dieser Mischung eine *typische*, fundamentale *Ambivalenz*.

3) Obgleich in erster Linie auf den agrarischen Sektor ausgerichtet, wurde der russische Populismus von der städtischen revolutionären Intelligenz getragen. Darin spiegelte sich deren besondere politische Funktion in rückständigen Gesellschaften, der die populistische Theorie darin Ausdruck verlieh, daß sie dieser Schicht eine Stellung über den Klassen einräumte.

4) Als defensive agrarische Sozialbewegung und auf die Bedürfnisse des agrarischen Sektors ausgerichtete Theorie war der russische Populismus ein paradoxes Phänomen: Er bekämpfte den Prozeß der Modernisierung und Industrialisierung, der ihn hervorbrachte. In dem Maße wie dieser voranschritt, mußte er in ein Dilemma geraten, insofern seine vormodern-agrarische Gesellschaftskonzeption anachronistisch wurde und an Konsensfähigkeit einbüßte. Der restaurative Charakter des Populismus trat stärker hervor, er transformierte sich in „peasantism", wie man Theorie und Politik von Bauernparteien in Agrargesellschaften bezeichnet hat, die sich im Stadium der Modernisierung befinden. Zu einer Partei dieses Typs — nicht sozialistisch, weil das marxistische Gesellschaftsmodell für die Masse der Bauern-

---

102) Die rigide Trennung zwischen Bewegung und Ideologie mag zur analytischen Unterscheidung der beiden von Pipes skizzierten Populismusbegriffe nützlich sein, erscheint aber dennoch künstlich. Sie unterschlägt, daß sowohl die „Praktiker" der 70er Jahre über eine Theorie verfügten als auch umgekehrt die „Theoretiker" der 90er Jahre über Organisationen, wenngleich diese noch zersplittert waren und nicht alle Populisten umfaßten. In der PSR und der „Volkssozialistischen Partei" (vgl. dazu S. 155 ff) schließlich kamen der Populismus als „Ideologie" und der Populismus als „Bewegung" zu Anfang des neuen Jahrhunderts beinahe zur Deckung.

schaft nicht attraktiv war, nicht prokapitalistisch, weil die kapitalistische Industrialisierung die traditionale Agrarstruktur bedrohte [103] — wandelte sich, wie zu zeigen sein wird, im Ansatz auch der russische Populismus in Gestalt der PSR.

5) Russischer Populismus kann, grob gesehen, in vier Phasen unterteilt werden:
— eine vorbereitende, gemeinhin zwischen 1848 und dem Ende der 60er Jahre datierte, in der Gercen und Černyševskij die Grundlagen seiner Weltanschauung schufen;[104]
— eine gemeinhin als „klassisch" bewertete zwischen 1869 und 1881, in der seine politische Theorie und Programmatik vor allem durch Lavrov und Bakunin ausgearbeitet wurden und seine charakteristischen Aktionsformen, Aufklärung und Terror, Gestalt annahmen;[105]
— eine des Zerfalls und der Neuorientierung in den 80er und 90er Jahren, die vor allem durch die theoretische Auseinandersetzung mit der frühen

---

[103] Solcher „peasantism" fand insbesondere in Südosteuropa zwischen den Weltkriegen Verbreitung. Vgl. Jackson, Comintern; ders., Peasant Political Movements in Eastern Europe. In: H. A. Landsberger (Hrsg.), Rural Protest: Peasant Movements and Social Change. London 1974 S. 259—315, insbes. S. 271 ff; Mitrany, Marxismus; G. Ionescu, Eastern Europe. In: Ders., Gellner: Populism S. 97—121; J. Tomasevich, Peasants, Politics, and Economic Change in Yugoslavia. Stanford 1955. — Andere Wege führten, wie man festzustellen zu können glaubte (Ionescu, Gellner: Populism S. 4; Walicki, in GO 3 (1968) S. 138, 171), vom Populismus zum Sozialismus und Nationalismus. Jedoch bedarf es noch einer genaueren Bestimmung, unter welchen Bedingungen diese Entwicklungen eintraten. Populistische Züge hat man insbesondere im Maoismus entdeckt: M. Meissner, Utopian Socialist Themes in Maoism. In: J. W. Lewis (Hrsg.), Peasant Rebellion and Communist Revolution in Asia. Stanford 1974 S. 207— 252; S. R. Schram, Das Mao-System. Die Schriften von Mao Tse-tung. Analyse und Entwicklung. München 1972 S. 41, 47 u. pass. Vgl. auch die anderen Beiträge in Lewis, Peasant Rebellion. Die Beziehungen zwischen Populismus und Nationalismus zeigten sich insbesondere in der Dritten Welt (vgl. Jorrin, Matz: Latin-American Political Thought S. 239 ff, allgemein auch: J. H. Kautsky, Political Change in Underdeveloped Countries, und ders., Communism and the Politics of Development. N. Y. 1968), aber auch in konservativen Inhalten der Bewegungen der nordamerikanischen Farmer (vgl. Puhle, Politische Agrarbewegungen S. 179 ff). Nicht zuletzt wären auch Verbindungen zwischen populistischen und agrarfaschistischen Strömungen zu prüfen, wie sie ebenfalls in Südosteuropa, insbesondere in Rumänien, in der Zeit zwischen den Weltkriegen auftraten. Vgl. dazu: E. Weber, Die Männer des Erzengels. In: G. L. Mosse, W. Laqueur (Hrsg.): Internationaler Faschismus 1920—1945. München 1966 S. 143—176.

[104] Dazu: M. Malia, Alexander Herzen and the Birth of Russian Socialism. 1812— 1855. Cambridge/Mass. 1961, S. 388 ff; W. F. Woehrlin, Chernyshevskii. The Man and the Journalist. Cambridge/Mass. 1971, S. 228 ff u. 263 ff; N. G. O. Pereira, The Thought and Teachings of N. G. Černyševskij. The Hague, Paris 1975; U. D. Rozenfel'd, N. G. Černyševskij (Stanovlenie i evoljucija mirovozzrenija). Minsk 1972; Z. V. Smirnova, Social'naja filosofija A. I. Gercena. M. 1973 S. 143 ff.

[105] Aus der neueren Literatur vgl.: A. Masters, Bakunin. The Father of Anarchism. London 1974; P. Pomper, Peter Lavrov and the Russian Revolutionary Movement. Chicago, London 1972; A. L. Weeks, The First Bolshevik. A Political Biography of Peter Tkachev. N. Y. 1968; R. Wortman, The Crisis of Russian Populism. Cambridge 1967; V. V. Bogatov, Filosofija P. L. Lavrova. M. 1972; V. N. Ginev, Narodničeskoe

Sozialdemokratie und die Formulierung der These von der Unmöglichkeit
der kapitalistischen Entwicklung in Rußland ihr Gepräge erhielt;[106]
— und schließlich eine späte zwischen 1901 und 1922, in der erstmals eine
große Gesamtpartei, die PSR, gegründet und populistische Politik auf breiter
Front in konkreter Aktion als ernsthafteste Alternative zur sozialdemokratischen Revolutionsstrategie praktiziert wurde.

Populismus und agrarische Sozialbewegung

Indem der Populismus die traditionalen Gesellschaftsstrukturen des agrarischen Sektors gegen die Expansion der kapitalistischen Industrialisierung zu verteidigen suchte, machte er sich insbesondere die Mobilisierung der Bauernschaft zur Aufgabe, verstand er sich — zumindest intentional — als *agrarische Sozialbewegung*. Inwieweit ihm diese Transformation gelang, hing nicht nur von der Strategie und der Kapazität der Revolutionäre ab, sondern vor allem auch von der Empfänglichkeit und den Aktionsmöglichkeiten der Adressaten. Jeder Populismus in rückständigen Gesellschaften traf dabei auf schwer zu überwindende Hindernisse, die allgemein als Begrenztheit des politischen Artikulations- und Organisationspotentials der Bauernschaft umschrieben werden können.[107]

dviženie v Srednem Povolž'e. 70-e gody XIX veka. M., L. 1966; B. S. Itenberg, Dviženie revoljucionnogo narodničestva. Narodničeskie kružki i „choždenie v narod" v 70-ch godach XIX v. M. 1965; Malinin, Filosofija revoljucionnogo narodničestva; M. G. Sedov, Geroičeskij period revoljucionnogo narodničestva. M. 1966; Tvardovskaja, Socialističeskaja mysl' Rossii na rubeže 1870—1880 godov. M. 1969; S. S. Volk, Narodnaja Volja (1879—1882). M., L. 1966. Weitere sowj. Literatur s. bei: I. Ja. Krajneva, P. V. Pronina: Narodničestvo v rabotach sovetskich issledovatelej za 1953—1970 gg. Ukazatel' literatury. M. 1971.

106) Vgl. dazu außer den oben in Anm. 6 genannten Aufsätzen von Schwarz und von v. Laue: Geyer, Lenin; L. Haimson, The Russian Marxists and the Origins of Bolshevism. Cambridge/Mass. 1955; R. Pipes, Social Democracy and the St. Petersburg Labor Movement 1885—1897. Cambridge/Mass. 1963; ders., Struve S. 121 ff; A. K. Wildman, The Making of a Workers' Revolution. Russian Social Democracy 1891—1903. Chicago, London 1967; Kostin, Ot narodničestva.

107) Darin stimmt die Literatur zur agrarischen Sozialbewegung, von ganz wenigen Ausnahmen abgesehen, überein. Vgl. unter anderem: T. Shanin, Peasantry as a Political Factor. In: Ders. (Hrsg.), Peasants and Peasant Societies S. 238—263 (auch in: Ders., Awkward Class S. 203—218); E. R. Wolf, Peasant Wars of the Twentieth Century. New York 1969 S. 276 ff; ders., Peasants. Englewood Cliffs 1966 S. 61 ff; M. Bequiraj, Peasantry in Revolution. Ithaca 1966; H. Borton, Peasant Uprisings in Japan of the Tokogawa Period. In: Transactions of the Asiat. Soc. of Japan. 2nd ser. Bd. 16 (1938) S. 1—220; E. J. Hobsbawm, Peasants and Politics. In: JPS 1 (1973) S. 3—22; G. Huizer, Peasant Rebellion in Latin America. The Origins, Forms of Expression, and Potential of Latin American Peasant Unrest. Harmondsworth 1973 S. 103 ff; H. A. Landsberger, The Role of Peasant Movements and Revolts in Development. In: Ders. (Hrsg.), Latin American Peasant Movements. Ithaca, London 1969 S. 1—61; ders., Peasant Unrest: Themes and Variations. — In: Ders., Rural Protest S. 1—66. — Zur agrarsoziologischen Begründung vgl. außer Wolf, Peasants und den Beiträgen in Shanin, Peasants and Peasant Societies sowie in J. M. Potter, M. N. Diaz, G. M. Foster: Peasant Society. A Reader. Boston 1967 vor allem: P. A. Sorokin, C. C.

Für diesen Tatbestand, der kaum umstritten sein dürfte, hat man mehrere Erklärungen angeboten. Zum einen verwies man auf kulturelle Faktoren: auf die ausgeprägte Apathie und Passivität der Bauernschaft; auf ihre Ergebung in das Schicksal der Unterdrückung, wie sie sich beispielhaft in Vorstellungen vom „begrenzten Wohl" äußert; auf ihren tief verwurzelten Konservatismus und ihren Argwohn gegen alles Fremde und Neue; nicht zuletzt auf einen Mangel an Kenntnissen und Bildung, der die Einsichtsfähigkeit in politische Zusammenhänge erschwert.[108]

Nicht minder jedoch fällt die wirtschaftliche und soziale Struktur des agrarischen Sektors in nichtkapitalistischen oder noch nicht vom Kapitalismus beherrschten Gesellschaften ins Gewicht. Die familienwirtschaftliche, primär der Befriedigung des Eigenbedarfs dienende und mit dem Markt nur lose verbundene Produktionsweise[109], die hier dominiert, begründet eine relative Autarkie der dörflichen Gemeinwesen und geht unausweichlich einher mit ausgeprägtem Regionalismus und Parochialismus. Soziale Homogenität, die die ländlichen Kommunen im Vergleich zu den Städten kennzeichnet, bedeutet zugleich auch geringere Differenzierung und „engere und begrenztere Sozialkontakte"[110]. So lassen sich die Interaktionsmuster in Agrargesellschaften laut E. R. Wolf in zwei Tendenzen zusammenfassen: der zu einer starken Autonomie seitens der bäuerlichen Haushalte; und einer gleich starken zur Kooperation auf einer mehr oder weniger instabilen Basis für kurzfristige Zwecke.[111] Die Marktmarginalität und das hohe Maß an

---

Zimmermann: Principles of Rural-Urban Sociology. N. Y. 1929, 2. Aufl. 1969 S. 59 ff, 444 ff. u. pass. Anders urteilt S. Berger, Peasants Against Politics S. 55, belegt aber selbst das „niedrige Niveau" der bäuerlichen Partizipation (S. 7, 41 u. ö.).

108) So zusammenfassend Landsberger, Rural Protest S. 55; Wolf, Peasants S. 96 ff. – Vgl. ferner: G. M. Foster, The Peasants and the Image of Limited Good. In: The American Anthropologist 67 (1965) S. 293–315; J. A. Pitt-Rivers, The Closed Community and its Friends. In: The Kroeber Anthropological Society Papers 16 (1957) S. 5–16; Sorokin, Zimmermann: Principles S. 444 ff; E. C. Banfield, The Moral Basis of a Backward Society. Glencoe 1958; A. R. Radcliff-Brown, Structure and Function of Primitive Society. Glencoe 1952; R. Redfield, The Little Community and Peasant Society and Culture. Chicago 1965 sowie die Beiträge von K. Dobrowolski, F. G. Bailey, S. Ortiz und R. Redfield, M. B. Singer in: Shanin, Peasants and Peasant Societies S. 275 ff.

109) Eine Theorie der marktmarginalen, subsistenzorientierten Familienwirtschaft als Paradigma eines nichtkapitalistischen Wirtschaftssystems hat vor allem A. V. Čajanov (s. oben Anm. 99) entwickelt. Er neigt jedoch dazu, die Autarkie der Bauernwirtschaft zu überschätzen. Demgegenüber betonen die meisten Autoren mit D. Thorner, Peasant Economy as a Category in Economic History, in: Shanin, Peasants and Peasant Societies S. 207, daß die Bauernwirtschaften immer auch Teile eines lokalen Marktsystems waren. Vgl.: T. Shanin, The Nature and Change of Peasant Economies. In: Sociologia Ruralis 13 (1973) S. 141–171, hier S. 142 f; auch ders., The Nature and Logic of the Peasant Economy. In: JPS 1(1973) S. 63–80 u. 186–206 (ausgezeichnete Literaturübersicht); G. W. Skinner, Marketing and Social Structure in Rural China. In: Potter, Diaz, Foster: Peasant Societies S. 63–98, hier S. 85; M. N. Diaz, Economic Relations in Peasant Societies. In: Ebenda. S. 50–56; M. Nash, Primitive and Peasant Economic Systems. San Francisco 1966 S. 58 ff; Wolf, Peasants S. 40 ff.

110) Vgl. Sorokin, Zimmermann: Principles S. 49.

111) Vgl. Wolf, Peasants S. 91; Sorokin, Zimmermann: Principles S. 82 ff.

Subsistenzfähigkeit der familienwirtschaftlichen Produktionsweise, die Existenz „diskreter Organisationen" und „selbstgenügsamer Gemeinwesen"[112], kurz die ausgeprägte Segmentierung traditionaler, vorkapitalistischer Gesellschaften verhindern die Entstehung langfristiger konstanter Sozialbeziehungen in überregionalem Maßstab. Sie erschweren damit die Organisation der politischen Partizipation, die neueren Parteitheorien zufolge an einen bestimmten Stand des Modernisierungsprozesses, an ein gewisses Niveau der sozialen Differenzierung, der Marktexpansion, des Ausbaus der Kommunikationsbeziehungen und der gesellschaftlichen Mobilität geknüpft ist. Und sie unterbinden weitgehend „vergesellschaftetes Klassenhandeln", zu dessen Voraussetzungen nach M. Weber unter anderem das Bewußtsein einer „typisch *massenhaft* ähnliche(n) Klassenlage" und die technische „Möglichkeit leichter Zusammenfassung" zählen.[113]

Insbesondere drei solcher Restriktionen agrarischer Sozialbewegungen seien in diesem Zusammenhang hervorgehoben. 1) So vernichtend die Gewalt agrarischer Sozialbewegungen sein kann, wie die Geschichte der großen Revolutionen in Frankreich und Rußland bezeugt, so sehr ist es ihnen doch zugleich versagt, die Früchte ihrer Aktion zu ernten, weil sie an einer immanenten „Unfähigkeit leiden, organisiert zu bleiben". Die agrarische Bevölkerung, hat Ch. Tilly diese charakteristische Eigenschaft prägnant zusammengefaßt, *mobilisiert sich langsamer* als die städtische Bevölkerung und *demobilisiert sich schneller*, weil permanente Mobilisierung ein hohes Kommunikationsniveau voraussetzt, das im agrarischen Sektor insbesondere vorindustrieller Gesellschaften nicht gegeben ist.[114] In diesem Sinne gelten die Mängel der politischen Artikulationsfähigkeit, die Marx in seiner bekannten Analyse der französischen Parzellenbauern des 19. Jahrhunderts ableitete[115], für die Bauernschaft rückständiger Länder in besonderem Maße.

---

112) So die Marxsche Charakterisierung der dörflichen Gemeinwesen der sog. asiatischen Produktionsweise. Vgl. Brief an Engels vom 14. Juni 1853. In: K. Marx, F. Engels: Werke (MEW) Bd. 28 S. 267; Marx, Das Kapital Bd. 1, MEW 23 S. 379; ferner Brief an Engels vom 6. Juni 1853, MEW 28 S. 259; Marx, Die britische Herrschaft in Indien. In: MEW 9 S. 127–133.
113) Vgl. LaPalombara, Weiner: Political Parties and Political Development S. 18 ff. – M. Weber, Wirtschaft und Gesellschaft. Grundriß der verstehenden Soziologie. 5. rev. Aufl. Tübingen 1972 S. 179.
114) Vgl. Wolf, Peasants S. 91; Ch. Tilly, Town and Country in Revolution. In: Lewis, Peasant Rebellion S. 271–302, Zitat S. 290; Sorokin, Zimmermann: Principles S. 458. Das meint auch Landsberger, Latin American Peasant Movements S. 10, wenn er bäuerlichen Sozialprotest in funktionalistischer Begrifflichkeit als „expressiv" und nicht als „zielorientiert" bezeichnet. Zum begrenzten Organisationspotential agrarischer Sozialbewegungen auch ders., Rural Protest S. 57 ff.
115) Vgl. Marx, Der achtzehnte Brumaire des Louis Bonaparte. In: MEW 8 S. 198. Zustimmend Wolf, Peasants S. 91, Hobsbawm, Peasant and Politics S. 8; Shanin, Awkward Class S. 213, der jedoch vorschlägt, den Klassencharakter der Bauernschaft vom jeweiligen sozioökonomischen Entwicklungsniveau abhängig zu machen. Gegen die verbreitete „bauernfeindliche" Auslegung der Marxschen Äußerungen wendet sich: M. Duggett, Marx on Peasants. In: JPS 2 (1974/75) S. 159–182.

2) Autochthone agrarische Sozialbewegungen haben im allgemeinen einen sehr begrenzten territorialen Einzugsbereich. Regionalismus und soziale Segmentierung verhindern kollektive Handlungen in größerem Maßstab. E. J. Hobsbawm kommt daher anhand von Fallstudien in Lateinamerika zu dem Ergebnis, daß „die Idee einer allgemeinen Bauernbewegung — es sei denn, sie wird von außen oder noch besser, von oben, initiiert — ziemlich unrealistisch ist."[116]

3) Nicht zuletzt waren agrarische Sozialbewegungen auch deshalb zum Scheitern verurteilt, d. h. dazu, eine bloße *Rebellion* zu bleiben[117], weil sie in aller Regel an der Überlegenheit der Städte, der „Urbanokratie", welche die Scheidung zwischen Stadt und Land erzeugt, scheiterten.[118] Die Städte übten die administrative Kontrolle aus, verfügten über ein Monopol an geistigen Ressourcen und waren im Besitz der militärischen und wirtschaftlichen Macht. Um diese Dominanz brechen und einen *revolutionären*, systemgefährdenden Charakter annehmen zu können, waren agrarische Sozialbewegungen stets auf die Hilfe eines *externen* Bündnispartners angewiesen, der das nötige politische Wissen liefern, die Führer stellen, eine Ideologie formulieren und — dies eine unerläßliche Bedingung — für militärische Stärke sorgen mußte.[119] Als solcher bot sich insbesondere die städtische revolutionäre Intelligenz an, da sie zur Verwirklichung ihrer Ziele umgekehrt einer Massenbasis bedurfte, die sich in rückständigen Gesellschaften in erster Linie in der Bauernschaft fand.[120] Welcher Erfolg dieser Kooperation beschieden war, hing nicht zuletzt davon ab, ob es den urbanen Kräften gelang, die Kluft zwischen Stadt und Land zu schließen und die Isolation der agrarischen Bevölkerung zu überwinden[121].

116) Vgl. Hobsbawm, Peasants and Politics S. 11.
117) Der Archetypus der agrarischen Sozialbewegungen, die „Jacquerie", gilt gemeinhin als Inbegriff der Rebellion, wobei diese als erfolglose Revolution verstanden wird. Vgl. Ch. Johnson, Revolutionstheorie. Köln, Berlin 1971 S. 157 ff, insbes. S. 158, 162; H. Arendt, Über die Revolution. Frankfurt, Wien, Zürich 1968 S. 48. Bauernaufstände sind in diesem Sinne dem primitiven Sozialprotest zuzurechnen. Vgl. dazu E. J. Hobsbawm, Sozialrebellen. Archaische Sozialbewegungen im 19. und 20. Jahrhundert. Neuwied, Berlin 1971, insbes. S. 11 ff. – Zu den Restriktionen von Zielen und Aktionsformen der „Jacquerie" vgl. vor allem: R. Mousnier, Fureurs Paysannes. Les Paysans dans les Révoltes du XVII- siècle (France, Russie, Chine). Paris 1967; R. Hilton, Peasant Society, Peasant Movements and Feudalism in Medieval Europe. In: Landsberger, Rural Protest S. 67–94; H. Borton, Peasant Uprisings in Japan; H. Gerlach, Der englische Bauernaufstand von 1381 und der deutsche Bauernkrieg. Ein Vergleich. Meisenheim a. Glan 1969; M. Ellis Francois, Revolts in Late Medieval and Early Modern Europe: A Spiral Model. In: Journal of Interdisciplinary History 5 (1975) S. 19–43 (kritisch gegen Hobsbawm).
118) Dazu Sorokin, Zimmermann: Principles S. 85 ff.
119) Vgl. Wolf, Peasant Wars S. 290; Tilly, Town and Country in Revolution S. 294; Landsberger, Latin American Peasant Movements S. 41; Huizer, Peasant Rebellion S. 130.
120) Vgl. insbes. Huntington, Political Order S. 288 ff.
121) Unter den langfristigen Grundvoraussetzungen dafür hebt die neuere Literatur insbesondere zwei hervor: 1. die Expansion des nationalen und internationalen Mark-

Exkurs: Die PSR zwischen sozialer Bewegung und politischer Partei

Aus der Definition des Populismus als defensiver Sozialbewegung des agrarischen Sektors in rückständigen Gesellschaften geht bereits hervor, daß der Parteibegriff auf die PSR entgegen dem üblichen Sprachgebrauch nur mit erheblichen Modifikationen anwendbar ist. Legt man die Kriterien der älteren, am Muster der westeuropäisch-angelsächsischen Entwicklung orientierten Parteitheorie zugrunde, so müßte man ihr den Parteicharakter gänzlich absprechen, da sie bereits der Grundbedingung, dem Wettbewerb um die politische Macht durch Wahlteilnahme, nicht Genüge tat, indem sie — von einem kurzen Zwischenspiel abgesehen — darauf verzichtete, sich um Mandate in der Duma zu bemühen.[122] Freilich wird bei diesem Kriterium der Parteicharakter aller russischen Parteien in Frage stehen, auch wenn sie die Dumawahlen nicht boykottierten, weil der Konstitutionalismus, den das Oktobermanifest des Zaren Nikolaus II. begründete, den Parteien keine ernsthaften Partizipationsrechte einräumte und nur ein „Scheinkonstitutionalismus" (M. Weber) war.[123]

Angemessener ist ein Konzept, das die Entstehung von Parteien als Begleiterscheinung der Modernisierung deutet und Modernität wesentlich durch Ausbreitung und Organisierung politischer Partizipation definiert. Insbesondere schaffen dieser Auffassung zufolge die Entstehung neuer sozialer Klassen, soziale Differenzierung allgemein, verbesserte Informations-

---

tes, die die herkömmliche Wirtschafts- und Sozialstruktur des agrarischen Sektors bedroht und zugleich eine Verbindung zu den Städten herstellt (Vgl. vor allem: Wolf, Peasant Wars S. 276 ff; B. Moore, Soziale Ursprünge von Diktatur und Demokratie. Die Rolle der Grundbesitzer und Bauern bei der Entstehung der modernen Welt. Frankfurt 1969 S. 520 ff; Tilly, Town and Country S. 295 ff; Landsberger, Latin American Peasant Movements S. 14 ff; E. J. Hobsbawm, A Case of Neo-Feudalism: La Convención, Peru. In: Journal of Latin American Studies 1 (1969) S. 31–49; Huizer, Peasant Rebellion S. 105, 125 ff; D. Chirot, Ch. Ragin: The Market Tradition and Peasant Rebellion: The Case of Rumania 1907. In: American Sociological Review 40 (1975) S. 428–444, die die Hypothesen von Wolf, Moore und Ch. Tilly einem statistischen Test unterziehen; P. G. Eidelberg, The Great Rumanian Peasant Revolt of 1907. Origins of a Modern Jacquerie. Leiden 1974 S. 24 ff, 190 ff; 2. den Verfall der traditionalen lokalen Herrschaftsstruktur, verursacht vor allem durch inneren oder äußeren Krieg (vgl. insbes. Wolf, Peasants S. 190; am Beispiel Chinas: Ch. Johnson, Peasant Nationalism and Communist Power. The Emergence of Revolutionary China. Stanford 1962; Kritik daran: D. G. Gillin, „Peasant Nationalism" in the History of Chinese Communism. In: Journal of Asian Studies 23 (1963–64) S. 269–289; G. Alberti, The Breakdown of Provincial Urban Power Structure and the Rise of Peasant Movements. In: Sociologia Ruralis 12 (1972) S. 315–333; Landsberger, Latin American Peasant Movements S. 23; Huizer, Peasant Rebellion S. 117). Es scheint, daß die Koinzidenz beider Faktoren eine hinreichende Bedingung für den Erfolg moderner Agrarrevolutionen darstellt.

122) Vgl. z. B. M. Duverger, Die Politischen Parteien. Tübingen 1959 S. 2; S. Neumann, Modern Political Parties. Chicago 1956 S. 395 ff; W. J. Crotty, Approaches to the Study of Party Organizations. Boston 1968 S. 1.

123) Vgl. M. Weber, Rußlands Übergang zum Scheinkonstitutionalismus. Tübingen 1906 (Archiv für Sozialwissenschaft und Sozialpolitik NF 5,1 Beilage). Auch auszugsw. in: ders., Gesammelte politische Schriften. Tübingen 1958 S. 66–108.

und Kommunikationsbeziehungen, die Ausdehnung des Marktes sowie erhöhte Mobilität die Voraussetzungen für Interessensaggregation und -organisation.[124] Diese kann laut La Palombara/Weiner dann eine Partei genannt werden, wenn vier Bedingungen erfüllt sind:
1) organisatorische Kontinuität, d. h. eine Lebensdauer, die die ihrer politischen Führer überschreitet;
2) eine zumindest intentional permanente Organisation auf lokaler Ebene mit geregelter Kommunikation zwischen der Lokalebene und dem Parteizentrum;
3) Entschlossenheit der lokalen und nationalen Führer, die politische Entscheidungsmacht zu übernehmen und zu behalten, d. h. sich nicht nur mit bloßer Beeinflussung der bestehenden Macht zufrieden zu geben;
4) Rekrutierung von Anhang durch Wahlen oder andere Mittel.[125]

Aber auch bei Anwendung dieser Kriterien wird man die PSR nur mit erheblichen Einschränkungen als Partei bezeichnen können. Sicherlich erfüllte sie die erste und die vierte Anforderung; die zweite allerdings nur mehr auf dem Papier. In der Realität konnte weder von einer konstanten Organisation an der Parteibasis noch von geregelter Kommunikation zwischen den Parteiebenen die Rede sein. Desgleichen wurde sie auch der dritten Bedingung nicht voll gerecht, insofern die PSR selbst im günstigsten Fall nichts anderes tun konnte, als auf die Staatsmacht einzuwirken zu versuchen.

Andererseits aber war die PSR mehr als eine bloße soziale bzw. politische Bewegung, wenn diese definiert ist als „eine Gruppe mit unbestimmter und wechselnder Mitgliedschaft" und „einer Führung, deren Position eher durch informelle Akklamation der Mitglieder als durch ein formales Verfahren zur Legitimation von Autorität" bestimmt wird.[126] Zweifellos verfügte sie über eine formale Organisation, leiteten ihre Führer Autorität und Funktion aus statutenmäßig geregelten Wahlverfahren ab, und bemühte sie sich um eine feste Umgrenzung ihrer Mitgliedschaft. Kurz, sie wies ein Institutionalisierungsniveau auf, das den Begriff der sozialen Bewegung überschreitet, wenngleich es regional höchst ungleich ausgeprägt war. Zwischen Partei und politischer bzw. sozialer Bewegung wird man der PSR daher eine *Mittelstellung* zuweisen müssen.

* * *

---

124) Vgl. dazu Almond, Powell: Comparative Politics S. 73 ff, 98 ff.
125) Vgl. LaPalombara, Weiner: Political Parties S. 6.
126) Vgl. R. H. Turner, L. M. Killian: Collective Behavior. Englewood Cliffs 1957 S. 308; R. Heberle, Social Movements. An Introduction to Political Sociology. N. Y. 1951 S. 10 (dt.: Hauptprobleme der politischen Soziologie. Stuttgart 1967). — Vgl. auch: W. R. Heinz, P. Schöber: Theorien kollektiven Verhaltens. Beiträge zur Analyse sozialer Protestaktionen und Bewegungen. 2 Bde. Neuwied, Berlin 1973; N. J. Smelser, Theory of Collective Behavior. London 1962 (dt. Theorie des kollektiven Verhaltens. Köln 1972).

Aus diesen knappen Bemerkungen zu Ansatz und methodischen Prämissen der Arbeit ergibt sich ihr Programm: Sie soll die PSR als bedeutendste Verkörperung des russischen Populismus in seiner Spätphase betrachten und der Frage nachgehen, warum dieser sich nicht als Alternative zu den Bol'ševiki durchsetzen konnte. Dabei wird als Arbeitshypothese angenommen, daß die Haltung zum Prozeß der rückständigen kapitalistischen Industrialisierung und Modernisierung eine entscheidende, wenngleich keineswegs die einzige Variable bildete. Vorüberlegungen zeigten ferner, daß das Problem nur dann zureichend gelöst werden kann, wenn die PSR zugleich als Paradigma einer agrarsozialistischen Partei in rückständigen Gesellschaften analysiert wird und ihre Beziehung zur agrarischen Sozialbewegung, die sie hervorrufen und führen wollte, nicht aus dem Blick gerät.

Erstes Kapitel

NEOPOPULISTISCHE SAMMLUNG (1893–1901)

1. Innerrussische Vorläuferorganisationen

Wo die Reihe der unmittelbaren Ahnen der PSR anfängt, läßt sich nicht ohne weiteres ausmachen. Die politische Opposition der Autokratie war zu Anfang der 90er Jahre noch wenig differenziert, die Trennlinie zwischen Sozialdemokraten und Narodniki — wenngleich nicht in der Theorie, so doch in der politischen Praxis — noch kaum konturiert. Die Mehrzahl der revolutionären Zirkel verstand sich als Erneuerer der populistischen Tradition, auch wenn ihre Tätigkeit diesem Anspruch kaum gerecht wurde.

Das zeigte sich beispielhaft an der ersten bedeutenden revolutionären Organisation des Jahrzehnts, der Ende 1891 als Reaktion auf Wirtschaftskrise und Hungersnot gegründeten „Gruppa Narodovol'cev" (Gruppe der Narodovolzen). Unter maßgeblicher Beteiligung von M. S. Aleksandrov und A. A. Fedulov gelang es ihr, eine Druckerei einzurichten und über eine zumal im Vergleich zur vorangehenden Periode ungewöhnlich lange Zeit bis 1897 publizistische Aktivität zu entfalten. Woran man sich anfangs politisch orientierte, indizierte die Namenswahl ebenso deutlich wie die Tatsache, daß man den führenden theoretischen Kopf des Populismus in Rußland, N. K. Michajlovskij, bat, die Gründungsproklamation zu verfassen. Jedoch ließ bereits die folgende Verlautbarung aus der Feder Fedulovs so ausgeprägte marxistische Tendenzen der neuen „narodovol'cy" erkennen, daß es zum Bruch mit Michajlovskij kam[1]. Das dritte Flugblatt machte dann den Sinneswandel der Gruppe vollends klar, indem es offen dafür eintrat, einige „durch die Zeit erzwungene Änderungen" im Programm der „Narodnaja Volja" vorzunehmen. Was man dabei eliminierte, die Berufung auf die „alten Institutionen" wie die „obščina" und die lokale Selbstverwaltungstradition, nannte S. N. Sletov, führender Sozialrevolutionär und erster Historiker seiner Partei, „die Seele des alten ‚naridničestvo'" selbst.[2] Als die „Gruppa Narodovol'cev" im März 1897 von der Polizei ausgehoben wurde, stand sie unmittelbar vor der Fusion mit dem St. Petersburger „Sojuz bor'by za osvoboždenie rabočego klassa" (Kampfbund für die Befreiung der Arbeiterklasse), der Organisation Lenins.[3]

---

[1] Vgl. M. S. Aleksandrov, Gruppa narodovol'cev (1891–1984 gg.). In: Byloe. Istoriko-revoljucionnyj sbornik 1906 No 11 S. 1–27, hier S. 18; Spiridovič, Partija S.-R. S. 30 ff; Sletov, Očerki S. 29 ff.
[2] Sletov, Očerki S. 31 zustimmend zu S. Grigorovič / Ch. O. Žitlovskij /, Socializm i bor'ba za političeskuju svobodu. London 1896 S. 50–51.
[3] Vgl. Sletov, Očerki S. 33.

Mit mehr Recht wäre die „*Social'no-revoljucionnaja Partija narodnogo prava*" (Sozialrevolutionäre Partei des Volksrechts) als erster Vorläufer der PSR zu bezeichnen. Dafür spricht vor allem eine ausgeprägte personelle Kontinuität. Sowohl die meisten der Initiatoren der „Narodnoe-pravo"-Gruppe wie M. A. Natanson, N. S. Tjutčev und A. V. Gedeonovskij — sämtlich ehemalige Narodniki von Rang — als auch die Mehrheit ihrer Mitglieder, unter ihnen Černov und seine Schwester N. M. Černova, fanden sich später an der Spitze der PSR wieder. Andere wie N. F. Annenskij und A. V. Pešechonov zählten zum engsten Kern des „Russkoe-Bogatstvo", des Hausblatts der populistischen Intelligenz und der Keimzelle der „Narodnosocialističeskaja Partija" (Volkssozialistische Partei), einer Abspaltung der PSR[4]. Allerdings gab es unter den „narodopravcy" auch nicht wenige spätere Sozialdemokraten wie O. V. Aptekman, ein Indiz dafür, wie unbestimmt diese Gruppe ebenfalls noch war. Auch inhaltlich bemühte man sich um Offenheit, indem man *alle* „oppositionellen Elemente des Landes" vereinen wollte, um in gemeinsamer Front die „Befreiung vom gegenwärtigen Joch der Selbstherrschaft" und die Einberufung einer Konstituierenden Versammlung — dies die sehr allgemeinen Forderungen — zu erzwingen.[5] Indessen konnten die „narodopravcy" nicht einmal die ersten Schritte zur Verwirklichung ihres Programms unternehmen. Bereits im Februar 1894 wurden sie verhaftet.

Um die Mitte der 90er Jahre erreichte die Formierung der neopopulistischen Bewegung eine neue Stufe, als die theoretischen Auseinandersetzungen zwischen Sozialdemokraten und Populisten auch zu den unbedeutenderen politischen Zirkeln durchdrangen und hier ebenfalls eine Polarisierung herbeiführten. In der Namensgebung kam dieser Wandel deutlich zum Ausdruck. Immer mehr nichtsozialdemokratische Gruppen nannten sich „sozialrevolutionär": Aus den Nachfolgern der „Narodnaja Volja" wurden Vorläufer der PSR. Parallel zu dieser programmatischen Differenzierung stieg auch die Zahl der neopopulistischen Parteigänger sprunghaft an. Von außerordentlicher Bedeutung dafür war die Tatsache, daß die prominenten Narodniki der 70er Jahre die Strafen abgebüßt hatten, zu denen sie im berühmten „Prozeß der 193" (1878) verurteilt worden waren, und aus sibirischer Verbannung heimkehren konnten. Die meisten von ihnen hatten sich die politische Überzeugung ihrer Jugend bewahrt und nahmen sogleich wieder aktiven Anteil an der revolutionären Bewegung. Um sie, um E. E. Breško-Breškovskaja, P. I. Vojnaral'skij, P. F. Nikolaev und V. A. Balmašev,

---

4) Vgl. die Mitgliederliste bei V. V. Sirokova, Partija narodnogo prava. Iz istorii osvoboditel'nogo dviženija 90-ch godov XIX veka. Saratov 1972 S. 182 ff; ferner allgemein: Spiridovič, Partija S.-R. S. 34 ff; Sletov, Očerki S. 29; O. V. Aptekman, Partija Narodnogo Prava. Vospominanija. In: Byloe, Juli 1907, S. 177—204; Partija narodnogo prava, Nasuščnyj vopros. London 1895.

5) Vgl. Auszüge aus dem Manifest der „Narodnoe Pravo"-Gruppe bei Spiridovič, Partija S.-R. S. 35 ff; auch Širokova S. 65 ff.

um nur einige herausragende Figuren zu nennen[6], sammelte sich die junge populistische Generation. Ihre Erfahrung und Reputation, ihre Kontakte und Verbindungen waren eine unschätzbare Hilfe bei der Bildung neuer Gruppen und Zirkel.

Aufgrund dieser Entwicklung verfügte die neopopulistische Bewegung bereits gegen Ende der 90er Jahre über eine stattliche Anzahl von Stützpunkten im europäischen Rußland. Besondere Bedeutung kam einem sozialrevolutionären Zirkel in *Kiev* zu, der sich 1896 aus Revolutionären gebildet hatte, die — wie ein Polizeibericht vermerkt — mit der „ökonomistischen" Agitation des sozialdemokratischen „Sojuz bor'by" nicht zufrieden waren.[7] Unter der Leitung des Landmessers I. A. D'jakov gehörten ihm vierzehn Mitglieder an, die bis auf drei Arbeiter alle der Intelligenz entstammten. Die Gruppe konzentrierte ihre Aktivitäten ausschließlich auf die Arbeiterschaft, insbesondere die Eisenbahner, und konnte dabei beachtliche Erfolge verbuchen. Man organisierte Schulungszirkel, richtete eine Druckerei ein, verteilte Flugblätter — was zu jener Zeit durchaus noch keine Alltäglichkeit war —[8] und unterhielt Kontakte zu Gleichgesinnten in Odessa, Kursk, St. Petersburg, Poltava, Voronež und Saratov. 1898 wurde der Kreis um D'jakov von der Ochrana ausgehoben.

Ähnliche Wirksamkeit entfalteten um die gleiche Zeit sozialrevolutionäre Zirkel in Nižnij-Novgorod, wo A. V. Panov, einer der späteren Gründer der PSR, die Leitung innehatte; in Penza, wo P. P. Kraft, einer der tatkräftigsten sozialrevolutionären Untergrundarbeiter, die Hauptrolle spielte; in Odessa, wo der Altnarodnik N. I. Ivanov-Ochlonin[9] einen Kreis jugendlicher Sympathisanten um sich versammelte, sowie in Voronež, Tambov, Saratov, Černigov und Perm'.[10]

Sozialrevolutionäre Zirkel breiteten sich so rasch über weite Teile des europäischen Rußland aus, daß man schon bald darangehen konnte, sie in größeren Verbänden zusammenzufassen und Programmplattformen zur Vereinheitlichung von Theorie und Taktik zu entwerfen: Die neopopulistische

---

6) Nikolaev warb die nachmals berühmte Terroristin D. V. Brilljant; V. A. Balmašev war der Vater von S. V. Balmašev, der 1902 im Auftrage der sozialrevolutionären Kampforganisation den Innenminister D. S. Sipjagin ermordete. Vgl. Sletov, K istorii vozniknovenija S. 42.

7) Vgl. Iz prošlogo Partii Socialistov-Revoljucionerov. In: Byloe 1908 No 8 S. 22—34, hier S. 26 ff.

8) Man beachte, daß die erste Proklamation zum 1. Mai in Rußland erst 1896 herausgegeben wurde. Vgl. Sletov, Očerki S. 42.

9) Zu Ivanov-Ochlonin vgl.: Archiv des CK der PSR im Archiv „Narodničeskoe dviženie" im Internationalen Institut für Sozialgeschichte Amsterdam (zit.: Archiv PSR), Aktenordner No 560. Das Archiv ist bisher nur grob geordnet, die einzelnen Ordner umfassen in der Regel eine Vielzahl unterschiedlicher Dokumente, die zumeist nicht einmal paginiert sind. Es ist daher notwendig, im folgenden die jeweils wichtigsten Dokumente mit vollem Titel zu zitieren; bei weniger wichtigen mag die Nummer des Aktenordners als Nachweis genügen.

10) Vgl. Sletov, Očerki S. 36, 43 ff, der außerdem sozialrevolutionäre Gruppen in Moskau, Char'kov, Ekaterinoslav, Poltava, Tambov, Vladimir und Vjatka erwähnt.

Bewegung hatte das Stadium der Parteibildung erreicht. Innerhalb Rußlands formierten sich gegen Ende der 90er Jahre drei solcher Regionalorganisationen, aus deren Fusion die PSR entstehen sollte.

Der Nordbund

Die früheste und bedeutendste unter ihnen geht auf eine Gruppe zurück, die sich schon bald nach Zusammenbruch der „narodopravcy" in Saratov um A. A. Argunov zusammenfand. 1896 nahm sie die Bezeichnung „Sojuz Socialistov-Revoljucionerov" (Bund der Sozialrevolutionäre) an; später wurde sie als „Severnyj Sojuz Socialistov-Revoljucionerov" (Nordbund der Sozialrevolutionäre) bekannt.

Aus der Feder Argunovs, eines nachmaligen Kernmitglieds des CK der PSR und unentbehrlichen Organisators, stammte auch die Broschüre „Naši zadači" (Unsere Aufgaben), die erstmals den Versuch unternahm, die programmatischen Grundlagen der sozialrevolutionären Bewegung darzulegen.[11] Indessen konnte diese 1898 erschienene Plattform wenig befriedigen, da sie ein bloßes Plagiat des Programms der „Narodnaja Volja" darstellte und diesem, wie Argunov selbst zugab, „in allem Wesentlichen . . . verwandt" war. Dementsprechend beschränkte sich ihr Inhalt in erster Linie auf eine Apotheose des politischen Terrors, den sie als nach wie vor einzig effektives Mittel des revolutionären Kampfes pries. Solange die oppositionellen Kräfte der Staatsgewalt noch unterlegen seien, begründete „Naši zadači", könne man auf Anschläge gegen hohe zaristische Beamte oder den Zaren selbst nicht verzichten, denn: „*Autokratie und Terror* — *das sind zwei . . . logisch unzertrennlich verbundene Erscheinungen.*"[12] Die terroristische Waffe sollte flankiert werden durch Propaganda unter der städtischen Arbeiterschaft, der Intelligenz und der Bourgeoisie.[13] Die agrarische Bevölkerung dagegen, in der auch der „Nordbund" den eigentlichen Träger der angestrebten Revolution erblickte, hielt man auf absehbare Zeit noch für unansprechbar: „In Anbetracht der Existenz der Selbstherrschaft mit ihrem System, das Volk vor jedem Gedanken zu bewahren, und in Anbetracht der Zerschlagenheit der Masse selbst, des Elends, der Unwissenheit, der Zerstreutheit über ein großes Territorium in Rußland" müsse die Agitation in den Dörfern „auf die Zukunft" verschoben werden.[14] Aber auch ohne die Bauern rechnete sich Argunov Chancen für einen Sieg der neuen revolutionären Bewegung aus. Ermutigt durch die „wachsende Unruhe

---

11) Zum Nordbund vgl.: A./A./ Argunov, Iz prošlogo partii socialistov-revoljucionerov. In: Byloe 1907, Oktober, S. 95—112; Sletov, K istorii vozniknovenija S. 61 ff; Spiridovič, Partija S.-R. S. 50 ff. — / A. A. Argunov /, Naši zadači. Osnovnye položenija programmy Sojuza Socialistov-Revoljucionerov. Izd. 2-oe. S. poslesloviem S. Grigoroviča / Ch. O. Žitlovskij /, Socialdemokraty i Socialisty-Revoljucionery. Izd. Sojuza Russkich Socialistov-Revoljucionerov. London 1900.
12) Naši zadači S. 47 (gesp. i. Or.).
13) Ebenda S. 57.
14) Ebenda S. 45.

in der Arbeiterschaft", glaubte er sich zu der Hoffnung berechtigt, daß Arbeiterschaft und Intelligenz allein in der Lage sein könnten, die Autokratie zu besiegen — freilich nur, wenn sie die taktischen Lehren der „Narodnaja Volja" beherzigen würden. „Terrorismus in enger Verbindung mit dem Massenkampf der arbeitenden Klasse", so faßte Argunov sein Rezept zusammen, „— das wird der Endpunkt der Entwicklung sein."[15]

Die Vorstellungen des „Nordbundes" wurden in den sozialrevolutionären Zirkeln von Tambov, Voronež, Moskau, St. Petersburg und Kiev diskutiert, ohne daß sie ihre beabsichtigte einigende Wirkung hätten erzielen können. Insbesondere die Neopopulisten Südrußlands machten keinen Hehl aus ihrer Reserve, die vor allem der Glorifizierung der terroristischen Taktik galt.[16] Kritik wurde aber auch unter der Narodniki im Exil laut. Beispielhaft spottete Černov: „Der Entwurf gehört einem ‚narodovolec' aus der Zerfallsperiode, zu dessen beiden Seiten, ihn bald nach rechts, bald nach links ziehen, ein ‚Volksrechtler' und ein Sozialdemokrat sitzen."[17] Den prägnantesten Einwand aber formulierte rückblickend Sletov, wenn er monierte, daß „Naši zadači" das Programm der „Narodnaja Volja" kopiert habe, ohne dessen Voraussetzungen, den Glauben an die unmittelbare Realisierbarkeit des Aufstandes, ebenfalls zu übernehmen. Verzichte man jedoch darauf, so verliere die maximalistisch-terroristische Taktik ihre Legitimation und müsse an ihre Stelle die Ausarbeitung eines Minimalprogramms für die Übergangsphase treten."[18] Belege für die Berechtigung dieser Kritik lieferte Argunov in der Tat zur Genüge, indem er die politischen Verhältnisse seiner Gegenwart bedenkenlos denjenigen gleichsetzte, in denen die „Narodnaja Volja" agiert hatte, und der neuen Bewegung damit ein Erbe aufbürdete, dessen Nützlichkeit alles andere als erwiesen war[19].

1897 verlegte die Sarotover Gruppe ihre Aktivitäten nach Moskau und begann mit den Vorbereitungen für die Herausgabe eines Parteiorgans. Zwar existierte ein solches bereits in dem von Ch. O. Žitlovskij in der Emigration edierten „Russkij rabočij" (Der russische Arbeiter). Dieses Blatt erreichte seinen russischen Leserkreis jedoch nur selten und wurde überdies auch in seiner Qualität nicht sehr hoch eingestuft. An einer Publikation, zumal einer innerrussischen, die als Sprachrohr der neuen populistischen Bewegung hätte dienen können, bestand daher nach wie vor dringender Bedarf.[20] Für sein Projekt gewann Argunov die bekannten populistischen Publizisten aus Michajlovskijs „Russkoe-Bogatstvo"-Kreis A. V. Pešechonov und V. A. Mjakotin. Selbst der sozialdemokratische „Bund" sagte technische Hilfe zu. Bereits im Januar 1901 konnte die erste Nummer der „Revoljucionnaja

---

15) Ebenda S. 36 u. 50.
16) Vgl. Sletov, Iz istorii S. 73; Argunov, Iz prošlogo S. 105.
17) Černov, Pered burej S. 98.
18) Vgl. Sletov, K istorii S. 71.
19) Vgl. Naši zadači S. 50.
20) Vgl. Russkij Rabočij. Ežemesjačnoe izdanie Sojuza russkich socialistov-revoljucionerov. Paris, später London 1894—1899. — Argunov, Iz prošlogo S. 109.

Rossija" (Das revolutionäre Rußland) gedruckt werden — ein Ereignis, das zu Recht als großer Erfolg in die Annalen der sozialrevolutionären Bewegung einging[21].

Inhaltlich freilich vermochte auch das neue Zentralorgan die Erwartungen vieler nicht zu befriedigen, und man empfand die ersten Nummern weithin als recht „blaß" und farblos. Nicht zuletzt resultierte dieser Eindruck aus dem Bemühen der Redakteure, ein breites Publikum aus Oppositionellen aller Art anzusprechen. Mit parteipolitisch nicht eindeutig festgelegten Parolen rief man daher im Namen der „unterschiedlichsten Interessen", im Namen der „Fabrikarbeitermassen, . . . der vielen Millionen Bauern, . . . der gebildeten Intelligenzschicht, der geknechteten Völker Finnlands, Polens und anderer" zum Kampf für politische Freiheit und gegen die Autokratie auf. Anders als Argunov in „Naši zadači" formulierte man zurückhaltend und vorsichtig, um die „Revoljucionnaja Rossija" nicht von vornherein als Kristallisationspunkt der zahlreichen neopopulistischen Strömungen zu disqualifizieren. Der Erfolg blieb nicht aus, befand doch der renommierte „Nakanune" (Am Vorabend), Organ einer Gruppe von Exilnarodniki in London, daß sich in der „Revoljucionnaja Rossija" nichts finde, „was nicht auch die Autoren des ‚Manifests der Sozialrevolutionären Partei' ", d. h. was nicht auch die sozialrevolutionären Zirkel Südrußlands „unterzeichnen könnten."[22]

Im Herbst 1901 sah sich der „Nordbund" aus Sicherheitsgründen gezwungen, die Druckerei ins sibirische Tomsk zu verlegen. Jedoch wurde auch dieses Versteck am 23. September dank des Verrats von E. F. Azef, einem Spitzel der zaristischen politischen Partei (Ochrana)[23], der kurz zuvor auf Empfehlung von Exilrevolutionären Zutritt zu Argunovs Kreis gefunden hatte, beim Druck der dritten Nummer der „Revoljucionnaja Rossija" ausgehoben. Keiner der Anwesenden, unter denen sich Argunov, der Schriftsteller E. E. Kolosov und der spätere Terrorist P. A. Kulikovskij befanden,

---

21) Zum legalen Populismus vgl. A. P. Mendel, Dilemmas of Progress in Tsarist Russia. Legal Marxism and Legal Populism. Cambridge/Mass. 1961 und unten S. 155 ff. — Zum „Bund": E. Mendelsohn, Class Struggle in the Pale. The Formative Years of the Jewish Workers' Movement in Tsarist Russia. Cambridge 1970; H. J. Tobias, The Jewish Bund in Russia. From its Origins to 1905. Stanford 1972.

22) Vgl. Sletov, K istorii S. 74. — Revoljucionnaja Rossija. Izd. Sojuza Socialistov-Revljucionerov (zit.: RR) No 1 (1900) S. 1. — Nakanune. Social'no-revoljucionnoe obozrenie. London No 28 (April 1901) S. 34.

23) Eine Sonderabteilung (osobyj otdel) der Polizei zur Verfolgung politischer Verbrechen und zur Bekämpfung revolutionärer Organisationen wurde 1881 nach der Ermordung Alexanders II. gegründet. 1902–03 ließ der Moskauer Polizeichef S. V. Zubatov ferner regionale Agenturen, die „ochrannye otdelenii" (Schutzabteilungen), einrichten. Sie gaben der gesamten politischen Polizei den Namen „ochrana". Vgl. S. M. LaPorte, Histoire de l'Okhrana, La police secrète des tsars, 1880–1917. Paris 1935. R. J. Johnson, Zagranichnaja Agentura: The Tsarist Political Police in Europe. In: Journal of Contemporary History 7 (1972) S. 221–242; A. T. Vasiliev, The Ochrana. The Russian Secret-Police. Philadelphia 1930. E. E. Smith, „The Okhrana". The Russian Department of Police. A Bibliography. Stanford 1967.

konnte entkommen. Weitere Verhaftungen im Dezember besiegelten das Schicksal des „Nordbundes", dem insgesamt ca. dreiundzwanzig Mitglieder angehört hatten und der außer in Moskau und St. Petersburg auch in Jaroslavl' Stützpunkte unterhielt. Lediglich zwei Aktive blieben auf freiem Fuß: M. F. Seljuk, bald ebenfalls zur engsten Führungsspitze der PSR zählend, und, wohl kaum aus purem Zufall, Azef selbst.[24]

Die Südgruppen

Im August 1897 fand in Voronež eine Konferenz statt, die den Zusammenschluß der sozialrevolutionären Gruppen Südrußlands, der Ukraine und einiger anderer in die Wege leiten sollte. Vertreter aus Kiev, Poltava, St. Petersburg und Char'kov berieten über eine gemeinsame Programmplattform als Grundlage der Fusion. Umstritten blieben insbesondere die terroristische Taktik und die Frage, ob die Bauernschaft für sozialrevolutionäre Agitation bereits empfänglich sei. Trotzdem gelang es, über die grundlegende Einschätzung des russischen Dorfes Konsens zu erzielen, da — wie Sletov befriedigt vermerkte — lediglich ein Delegierter aus Poltava zur sozialdemokratischen Häresie neigte. Unbeschadet der Meinungsverschiedenheiten beschloß die Konferenz daher, die „Sozialrevolutionäre Partei", wie sich die Union der in Voronež vertretenen Gruppen bereits nannte, aus der Taufe zu heben. Das gastgebende Komitee, genauer dessen führende Persönlichkeit A. O. Sycjanko — ein hochangesehener ehemaliger „narodovolec", dessen früher Tod 1897 die PSR um einen hoffnungsvollen Politiker brachte —, wurde mit der Überarbeitung des Programmentwurfs betraut. Diese fand, von wenigen Änderungen abgesehen, im November 1897 die Billigung einer zweiten in Poltava abgehaltenen Einigungskonferenz. Noch beim Druck der Plattform jedoch schlug die Ochrana zu und verhaftete Sycjanko. Kurze Zeit später fielen ihr auch die beiden zentralen Gruppen des Bündnisses, die von Kiev und St. Petersburg, zum Opfer, so daß die Fusionsverhandlungen unterbrochen werden mußten. Ein neuer Anlauf, den eine Konferenz in Kiev im August 1898 unternahm, blieb ohne Resultate. Erst zwei Jahre später, im Sommer 1900, führten die Bemühungen, begünstigt durch Studentenunruhen, die die russische Gesellschaft seit 1899 aufwühlten, schließlich zum Erfolg, als eine weitere Gründungssitzung einen neuen Programmentwurf der Sozialrevolutionäre aus Voronež annahm. Er wurde im November 1900 als „Manifest der Sozialrevolutionären Partei" gedruckt.[25]

24) Vgl. außer Argunov, Iz prošlogo: Obzor važnejšich doznanij proizvodivšichsja v žandarmskich upravlenijach za 1901 god. Rostov-na-Donu 1902 S. 39–41.
25) Vgl. allgemein: Sletov, Očerki S. 69 ff; ders., K istorii S. 67 ff; Spiridovič, Partija S.-R. S. 70 ff. — Sycjankos Programm, das Sletov (Očerki S. 72) für verloren hielt, wurde in den 20er Jahren in den Akten der Ochrana von Voronež gefunden und veröffentlicht. In wesentlichen Punkten, vor allem der Terrorfrage und der Frage der Bauernagitation, nahm es die Positionen des „Manifests" vorweg. Vgl. N. Sergeevskij, Propavšaja gramota P.S.-R.-ov. (Programma Poltavskogo s-ezda P.S.-R. 1897 g.). In: Istoriko-revoljucionnyj sbornik. Pod red. V. I. Nevskogo. Bd. I. Leningrad 1924

Ganz wie „Naši zadači" beurteilte diese zweite Programmplattform der neopopulistischen Bewegung die Aufgaben der neuen Partei in der Arbeiterschaft. Mit mehr Nachdruck noch als Argunov forderte sie, der Agitation des Industrieproletariats Priorität einzuräumen, weil es die „aufgeklärteste" soziale Schicht darstelle und „für revolutionäre und sozialistische Einwirkung am empfänglichsten" sei. Dabei ging das „Manifest" von der Annahme aus, daß die Propaganda sich vorerst um der „erzieherischen Wirkung" willen an den ökonomischen Bedürfnissen der Arbeiter orientieren müsse; d. h. es schlug vor, nach sozialdemokratischem Vorbilde zunächst einen bloß auf Verbesserung der materiellen Situation zielenden Kampf zu führen. Mochten sich die Verfasser auch beeilen hinzuzufügen, daß gewerkschaftliche Forderungen unter den gegebenen Umständen bestenfalls „unbedeutende Teilerfolge" bewirken könnten, so genügte das doch nicht, um die Skepsis eingefleischter Populisten gegenüber solchen ketzerisch-marxistischen Anschauungen abzubauen. Im Abschnitt über das Proletariat, urteilte beispielhaft Sletov, habe das Manifest „nichts Neues im Vergleich zur durchschnittlichen sozialdemokratischen Meinung jener Zeit" geboten.[26]

Ähnlich wie „Naši zadači" charakterisierte das Programm der Südgruppen auch die Rolle der Intelligenz in Gesellschaft und revolutionärer Bewegung. Beide griffen hier auf Vorstellungen der populistischen Traditon zurück. Das zeigte sich zum einen daran, daß man der sogenannten Landintelligenz, d. h. den Lehrern, Ärzten, Zemstvostatistikern, Advokaten und verwandten Berufsgruppen in der Provinz, als den idealen Mittlern zwischen revolutionärer Avantgarde und dem „dunklen Volk" eine besondere Funktion für die „Erweckung" der Bauernschaft zuwies. Zum anderen auch daran, daß man aus der städtischen Mittelschicht eine Gruppe mit der Bezeichnung „Intelligenzproletariat" aussonderte, die wie das echte Proletariat vom Verkauf der eigenen Arbeitskraft lebe und daher eine Stellung zwischen Bourgeoisie und Arbeiterschaft einnehme. Solchermaßen freischwebend bilde sie ein ideales Reservoir für die sozialrevolutionäre Elite.[27]

Was indes die Einschätzung der Bauernschaft anging, so äußerten die Sozialrevolutionäre Südrußlands deutlich andere Ansichten als Argunov. In vorsichtigen Formulierungen noch, aber in der Sache eindeutig, plädierte das „Manifest" für die *sofortige* Agitation auch der agrarischen Bevölkerung. Da die gegenseitige Abhängigkeit zwischen Stadt und Land im Zuge der wirtschaftlichen Entwicklung wachse und die Kontakte sich durch Land-

---

S. 105—111, 125—126; T. III Leningrad 1926 S. 287—295. — Manifest Partii Socialistov-Revoljucionerov. In: Nakanune. London No 25 (Januar 1901) S. 302—304. Abgedruckt bei: G. A. Kuklin, Itogi revoljucionnogo dviženija v Rossii za sorok let. 1862—1902. Genf 1903. Dobavlenie S. 122—129. — Zu den Unruhen an den zaristischen Hochschulen vgl.: P. S. Gusjatnikov, Revoljucionnoe studenčeskoe diviženie v Rossii 1899—1907 gg. M. 1971; G. Kiss, Die gesellschaftspolitische Rolle der Studentenbewegung im vorrevolutionären Rußland. München 1963.

26) Manifest S. 302. — Sletov, K istorii S. 83; ders., Očerki S. 75.
27) Manifest S. 304.

flucht verdichteten, entstehe auch in der Bauernschaft eine große Schicht, die in gleicher Weise „an der Abschaffung der existierenden politischen und ökonomischen Ordnung" interessiert sei wie das Industrieproletariat.[28] Dieser Gruppe maßen die Verfasser des „Manifests" umso mehr Bedeutung bei, als sie nicht nur — wie die Sozialdemokraten — die landlosen, sondern auch die *landarmen* Bauern zur revolutionären Kraft erklärten. Gerade dieser Gedanke, der am deutlichsten die populistische Provenienz des „Manifests" verriet, sollte Zukunft haben: Er wurde zum Kern der sozialrevolutionären Klassen- und Revolutionstheorie.

Die augenfälligste Differenz zwischen „Naši zadači" und den Überlegungen der Südgruppen trat jedoch in der Terrorfrage zutage. Dort zur politischen Wünschelrute glorifiziert, wurde sie im Manifest mit keinem Wort erwähnt, ein Umstand, der laut Sletov einen „seltsamen Eindruck" hinterließ. Daß er wirklich nur einem Versehen des Druckers zuzuschreiben war, wie eine ebenfalls von Sletov überlieferte Version besagte, mutet unwahrscheinlich an, widersprach doch die terroristische Taktik der gesamten, auf gewerkschaftliche Massenagitation ausgerichteten Grundtendenz des „Manifests".[29]

Solche Gegensätze kamen in der unverhüllten Ablehnung zum Ausdruck, mit der der „Nordbund" auf das Erscheinen des Konkurrenzprogramms aus dem Süden reagierte. Man warf seinen Urhebern Sozialdemokratismus vor und nahm von jeglichen bis dahin gehegten Kooperationsgedanken Abstand. „Ziemlich reserviert" verhielten sich auch andere sozialrevolutionäre Zirkel, namentlich eine bedeutende Gruppe in Saratov, die sich um den Altnarodniken L. P. Bulanov und um N. I. Rakitnikov, den späteren Agrarexperten der Partei, scharte. Großen Beifall hingegen spendeten sozialdemokratische Kommentare, und die „Iskra" (Der Funke) lud die Autoren des „Manifests" sogar zum Eintritt in die RSDRP ein. Trotz allem wertete Sletov das Erscheinen dieser Plattform rückblickend als „großen Schritt vorwärts", da sie anders als Argunovs Broschüre aus gemeinsamen Anstrengungen mehrerer Organisationen erwachsen sei und, wichtiger noch, endlich den beengenden Rahmen des Erbes der „Narodnaja Volja" in konstruktiver Weise überschritten habe.[30]

Die „Arbeiterpartei für die politische Befreiung Rußlands"

Eine dritte Vorläuferorganisation der PSR geht auf einen Arbeiterschulungszirkel zurück, den S. F. Kovalik, ein bekannter „narodnik" der 70er Jahre, A. O. Bonč-Osmolovskij und insbesondere Ė. Gal'perin, beide ehemalige „narodovol'cy", seit 1895 in Minsk mit viel Erfolg aufbauten. 1899 umfaßte dieser Kreis, der sich bald „Rabočaja Partija Političeskogo

---

28) Manifest S. 303.
29) Vgl. Sletov, Očerki S. 77; ders., K istorii S. 85.
30) Vgl. Argunov, Iz prošlogo S. 105. — Sletov, Očerki S. 85 u. 79.

Osvoboždenija Rossii" (RPPOR, Arbeiterpartei für die politische Befreiung Rußlands) nannte, bereits etwa sechzig Angehörige, unter ihnen E. K. Breško-Breškovskaja und G. A. Geršuni, zwei der Architekten der PSR. Im Vergleich zu den übrigen sozialrevolutionären Gruppen nahm die RPPOR eine Sonderstellung ein, da sie ihre Agitation auf jüdische Arbeiter konzentrierte. Dementsprechend lag ihr Tätigkeitsfeld mit Schwerpunkten in Belostok, Ekaterinoslav, Žitomir, Dvinsk, Berdičev und St. Petersburg, hauptsächlich im stark jüdischen Weißrußland, einem Gebiet, das erst sie für die PSR öffnete.[31]

Auch die RPPOR legte ihre Vorstellungen in einer programmatischen Erklärung nieder, die aus der Feder von L. Rodionova-Kljačko und Geršuni stammte und 1900 unter dem Titel „O svobode" (Über die Freiheit) erschien. Zum „ersten und hauptsächlichen Feind" erklärte diese Broschüre nicht, wie das „Manifest", in erster Linie den Kapitalismus und die Unternehmer, sondern die Autokratie: „Es ist Zeit für uns zu begreifen", betonte man, „daß hinter den Fabrikherren noch eine andere, größere Kraft steht, die Kraft der russischen autokratischen *Regierung*." Um den Weg für eine demokratische Gesellschaftsordnung freizumachen, mußte es daher zu allererst gelten, „die Repräsentanten der Macht, die unmittelbar an der Erhaltung der existierenden despotischen Ordnung interessiert sind, zu beseitigen."[32] Folgerichtig empfahlen auch Kljačko-Rodionova und Geršuni den politischen Terror als wirksamste Waffe des revolutionären Kampfes. Ihre taktischen und programmatischen Auffassungen blieben dem Vorbild der „Narodnaja Volja" in nicht weniger epigonaler Weise verhaftet als die des „Nordbundes".

War eine solche Strategie, wie die Anschauungen des revolutionären Populismus insgesamt, anarchistischem Gedankengut ohnehin äußerst eng verwandt, so verminderte sich der Unterschied bei der RPPOR zusätzlich durch ein extrem antizentralistisches Organisationskonzept. Die Partei sollte nur mehr eine „Föderation autonomer, lokaler Gruppen" sein, deren Selbständigkeit keine Zentralinstanz einschränken durfte.[33] Unter diesem Aspekt wird man es nicht als Zufall werten, daß die meisten Städte, in denen die RPPOR vor 1901 über starke Stützpunkte verfügte, während der ersten Revolution zu Hochburgen der maximalistischen und anarchistischen Bewegung wurden.

Obwohl die Broschüre „O svobode" in wesentlichen Punkten die Anschauungen von „Naši zadači" unterschrieb, erntete sie in der „Revoljucionnaja Rossija" wenig Beifall. Sicher nicht zu Unrecht übte man Kritik an der Oberflächlichkeit ihrer Gesellschaftsanalyse und — ein Vorwurf, der

---

31) Vgl. Sletov, Očerki S. 87 ff; Černov, Pered burej S. 139 f; Spiridovič, Partija S.-R. S. 58 ff.
32) Iz proklamacii „Rabočej Partii Političeskogo Osvoboždenija Rossii."(1900 g). In: G. A. Kuklin, Itogi revoljucionnogo dviženija. Dobavlenie S. 121. — Auszug daraus bei Spiridovič, Partija Socialistov-Revoljucionerov S. 59 f.
33) Vgl. Spiridovič, Partija S.-R. S. 60.

auf seine Urheber zurückfiel — beklagte eine zu enge Anlehnung an das Programm der „Narodnaja Volja". Im Vergleich zum „Manifest" bedeuteten die Überlegungen und Empfehlungen der RPPOR daher ohne Zweifel einen Rückschritt.[34]

2. Flurbereinigung im populistischen Exil

In der PSR schlossen sich nicht nur innerrussische sozialrevolutionäre Organisationen zusammen. Sie wäre keine populistische Gesamtpartei geworden, hätte sie es nicht auch vermocht, die vielen Gruppen zum Beitritt zu bewegen, die die große Exilkolonie ehemaliger Narodniki in den Hauptstädten Westeuropas, insbesondere in Paris, London, Bern und Genf ins Leben gerufen hatte. In der Emigration lebte der Großteil der Elite des revolutionären russischen Populismus; hier befand sich das Reservoir seiner intellektuellen und politischen Potenzen, ohne die eine Parteigründung Stückwerk bleiben mußte. Die wichtigsten Exilgruppen seien kurz erwähnt.

Bereits 1890 hatten sich einige prominente Veteranen des „narodničestvo" der ersten Stunde, namentlich N.V. Čajkovskij, S. M. Stepnjak-Kravčinskij, F. V. Volchovskij, L. È. Šiško, V. L. Burcev und E. E. Lazarev, in London zusammengetan. Sie edierten eine Zeitung, die „Svobodna Rossija" (Freies Rußland), und gründeten 1891 den „Fond vol'noj russkoj pressy" (Fond der freien russischen Presse) in der Absicht, Broschüren und Materialien für die revolutionäre Agitation in Rußland bereitzustellen.

Einige Jahre später, 1894, rief der Revolutionär und Philosoph Žitlovskij in Bern den „Sojuz russkich socialistov-revoljucionerov" (Bund der russischen Sozialrevolutionäre) ins Leben, in dessen Namen der „Russkij rabočij", jenes von Argunov so geschmähte präsumptive Parteiorgan, erschien. Der Kreis um Žitlovskij, den letzten Nachlaßverwalter des Erbes der „Narodnaja Volja" und „anerkannten Führer der neuen sozialrevolutionären Richtung", wie man ihn genannt hat, entwickelte sich zu einem wichtigen Zentrum der populistischen Emigration. Černov, der Rußland 1899 verließ, betrachtete es daher als glückliche Fügung, daß er bei seinen ersten Kontaktversuchen im Ausland gerade zu dieser Gruppe stieß. Zugleich bemängelte er jedoch die Selbstüberschätzung und Weltfremdheit, mit der man hier einen Führungsanspruch über all diejenigen anmeldete, die sich mit dem von Žitlovskij popularisierten Begriff „sozialrevolutionär" bezeichneten. Die Gründung der PSR in Rußland, ohne direkte Beteiligung der Berner Emigranten vollzogen, bedeutete daher für diese „fast einen Schlag".[35]

---

34) Vgl. Sletov, Očerki S. 90.
35) Vgl. insgesamt: Spiridovič, Partija S.-R. S. 42 ff; Černov, Pered burej S. 107 ff. — Zur Londoner Gruppe: S. M. Stepnjak-Kravčinskij v Londonskoj èmigracii. M. 1968; E. Taratuta, S. M. Stepnjak-Kravčinskij: Revoljucioner i pisatel'. M. 1973; D. Senese, S. M. Kravchinskii and the National Front Against Autocracy. In: SR 34 (1975) S.

In Paris fand sich 1893 die „Gruppa starych narodovol'cev" (Gruppe der alten „Narodnaja-Volja"-Mitglieder) um den bekanntesten Vertreter der populistischen Philosophie im Ausland, um Lavrov, zusammen. Dank ihrer führenden Persönlichkeit, die „allein ein wahrhaftes Mekka der Emigration" darstellte, konnte sie sich bald zur größten Organisation des populistischen Exils entwickeln, zumal in Paris eine besonders zahlreiche Kolonie russischer Emigranten ansässig war.

Einen weiteren Kristallisationskern im Ausland bildete schließlich die Redaktion des „Nakanune", der seit 1899 in London von È. A. Serebrjakov herausgegeben wurde.[36]

Zwischen all diesen Gruppen herrschte kaum Kooperation. Eigenbrötlerisch arbeitete jede für sich selbst, ein Zustand, an dem insbesondere der Schriftsteller und Sekretär Lavrovs, S. A. Rappoport („An-skij"), heftige Kritik übte. Ihm war es auch zu verdanken, daß zu Beginn des neuen Jahrhunderts endlich erste Schritte zu einer Flurbereinigung in der populistischen Emigration unternommen wurden.

Eine günstige Gelegenheit dazu bot sich, als die gesamte populistische Prominenz im Februar 1900 aus allen Ländern Westeuropas nach Paris kam, um an den Beerdigungsfeierlichkeiten für Lavrov teilzunehmen. An seinem Grabe beschloß man die Gründung einer Organisation zur Herstellung von Agitationsliteratur für die russische Bauernschaft, die den Namen „Agrarno-socialističeskaja Liga" (Agrarsozialistische Liga, ASL) erhielt. Binnen kurzem wurde sie zur bedeutendsten Exilgruppe, da ihr fast alle „stariki" von Rang beitraten, unter anderem: Volchovskij, Čajkovskij, I. A. Rubanovič, Lazarev, Žitlovskij, Šiško, D. A. Chilkov, D. A. Klemenc, S. M. Kljačko, Rappoport und Serebrjakov. Neben ihnen spielten aber erstmals auch Vertreter einer jüngeren populistischen Generation, die künftigen Führer der PSR wie Černov, M. R. Goc und Sletov, eine sichtbare Rolle. Indem die ASL auf diese Weise Altnarodniki und junge Sozialrevolutionäre vereinigte, initiierte sie eine Kooperation, die zum Wesensmerkmal und zur Geburtsstunde der PSR wurde.[37]

Laut Statut machte sich die ASL die „Herausgabe und Verbreitung von populärer Literatur" zur Aufgabe, „die sowohl für die Bauernschaft als auch für die städtischen Arbeiter und Handwerker geeignet sein, insbesondere aber Beziehungen zum Dorf haben sollte." Ferner nahm man sich vor, west-

---

506–522; E. E. Lazarev, Moja žizn'. Vospominanija, stat'i, pis'ma, materialy. Prag 1935. V. L. Burcev, Bor'ba za svobodnuju Rossiju. Moi vospominanija (1822–1922 g. g.). Berlin 1923; zu Šiško: Pamjati Leonida Èmmanueloviča Šiško. Paris. Izd. C. K. P. S.-R. 1910. − Zitate: Černov, Pered burej S. 110; ders., ebenda S. 111.

36) Černov, Pered burej S. 117 f; Zitat S. 118.

37) Vgl. zu Rappoport: Černov, Pered burej S. 111 ff; hier: S. 118; ders. Semen Akimovič / Rappoport / v rjadach P. S.-R., B. I. Nicolaevsky Collection (im folgenden zit.: NC), Hoover Institution, No 232 No 26. − Zur ASL: Černov, Pered burej S. 124 ff; Spiridovič, Partija S.-R. S. 855 ff; Pervyj s-ezd Agr.-Soc. Ligi 20. Juli 1902, Archiv PSR 451; Mitgliederliste der ASL, Archiv PSR 298; und zahlreiche weitere Dokumente ebenda 451, 298 und 306.

europäische sozialistische Litaratur zu edieren, um die russische revolutionäre Szene mit der Diskussion der II. Internationale bekanntzumachen. In den Katalog der Minimalbedingungen für die Mitgliedschaft in der ASL wurde die Überzeugung aufgenommen, daß „die arbeitende Masse der russischen Bauernschaft" zur aktiven Teilnahme am revolutionären Kampf fähig sei. Unzweideutig, wenngleich in recht offener Formulierung, knüpfte man damit an die populistische Tradition an. Andererseits aber zögerte man, diese parteipolitischen Präferenzen auch offiziell zu fixieren. Viele „Stariki", am heftigsten Volchovskij und Šiško, wehrten sich dagegen, um der Erfüllung des alten Wunschtraumes von einer Einheitspartei aller russischen Revolutionäre nicht von vornherein unüberwindliche Schranken zu setzen. Als Dokumentation solcher „Unparteilichkeit" der ASL bewog Volchovskij sogar ein Mitglied der sozialdemokratischen Partei, D. Soskis, zum Beitritt. Dessen Beispiel blieb jedoch ohne Nachfolge und reichte daher nicht aus, um die Trennung zwischen ASL und PSR glaubwürdig erscheinen zu lassen. Die tatsächliche enge Verbundenheit beider Organisationen war auch dem internationalen Sozialismus kein Geheimnis, wie K. Zetkins ironisches Wortspiel gegenüber Černov „Und wie geht es Ihrer Agrarsozialistischen Lüge?" verdeutlichte.[38]

Als Darlegung der programmatischen Positionen der ASL galt eine Broschüre, die 1900 unter dem Titel „Očerednoj vopros revoljucionnogo dela" (Die aktuelle Frage der revolutionären Sache) erschien und aus der Feder Černovs stammte. Waren die politischen Analysen und taktischen Rezepte des „Nordbundes" und der RPPOR nur blasse Aufgüsse des Programms der „Narodnaja Volja" und machten die Verfasser des „Manifests" manche Anleihen bei der sozialdemokratischen Theorie, so griff Černov vor allem auf die Tradition der frühen populistischen Bewegung, der „Zemlja i Volja", zurück. Er erneuerte den demokratischen Gehalt des ursprünglichen „narodničestvo" im Sinne der ersten von Pipes rekonstruierten Bedeutung und brachte den Gedanken, daß die Revolution von den agrarischen Massen getragen werde, zu frischer Geltung. Revolutionstheorie sollte nicht länger primär mit der Substitution der Masse durch eine bewußte Avantgarde befaßt sein, sondern zur Grundfrage zurückkehren: zu den Bedingungen und Möglichkeiten der Revolutionierbarkeit der Bauernschaft als der großen Mehrheit der Bevölkerung. „Wir träumten", faßte Černov diese Absicht der Jungpopulisten zusammen, „von einer Rückkehr zur Željabov'schen Version des allgemeinen Ganges der Revolution" in Abkehr vom Elitarismus eines L. A. Tichomirov, des Cheftheoretikers der „Narodnaja Volja."[39]

Zu diesem Zwecke wies Černov zunächst auf eine Reihe von Aspekten der sozioökonomischen Gesamtentwicklung hin, die seiner Meinung nach Unruhe und Gärung in den landwirtschaftlichen Sektor trugen und die Auf-

---

38) Černov, Semen Akimovič v rjadach P.S.-R., NC No 232 No 26.
39) /V. M. Černov/, Očerednoj vopros revoljucionnogo dela. Izd. Agrarno-socialističeskoj Ligi. London 1900. 2. verb. u. erg. Aufl. Genf 1902. − Černov, Pered burej S. 106.

nahmebereitschaft der agrarischen Bevölkerung für revolutionäre Ideen erhöhten. Als solche wertete er die zunehmende Unterdrückung der Bauernschaft, die Entstehung eines ideologischen Mittlers in Gestalt der Landintelligenz und den „allgemeinen Aufschwung und das Wachstum des Selbstbewußtseins im Volke." Die Industrialisierung, hoffte Černov, schließe die Kluft zwischen Stadt und Land, an der die Revolutionäre der siebziger Jahre gescheitert seien, und mache es möglich, „den Bereich der revolutionären Einwirkung auf das Dorf auszudehnen, ohne jeden neuen ,Gang ins Volk'." Von spontanen Aufständen könne man auf der Basis dieser Veränderungen zu einem „bewußteren und systematischeren agrarischen Kampf" übergehen.[40] Einwände, daß die Bauernschaft zersplittert und daher organisationsunfähig sei, ließ Černov nicht gelten. Die Fabrikhierarchie, konterte er, zerreiße die Arbeiterschaft in demselben Maße wie die territoriale Zerstreutheit die Bauernschaft; die Homogenität des Proletariats sei ebenfalls ein Mythos.[41] Als ernstes Hindernis dagegen wertete er die konservative Grundhaltung der Bauernschaft. Noch bei den in die Stadt abgewanderten Bauern-Arbeitern mache sie sich darin bemerkbar, daß diese besonders häufig als Streikbrecher fungierten. Aber auch hier sah Černov keine unaufhebbaren objektiven Schranken; vielmehr schob er den Fehler der Agitationsform zu. Man habe verkannt, daß der Bauernarbeiter einen „völlig anderen sozialpsychologischen Typ" als die eingesessene Arbeiterschaft darstelle. Prinzipiell gelte — und damit formulierte Černov, wie schon das „Manifest", ein Axiom der populistischen Revolutionstheorie — daß die große Masse der Bauern nicht weniger ausgebeutet werde als die Arbeiter und mithin *in gleicher Weise* an der Aufhebung dieses Zustandes interessiert sei.[42] Der Gedankengang kehrte zu seinem Kernanliegen zurück: den Selbstwert der Bauernschaft als eines revolutionären Subjekts zu begründen und jener Disqualifizierung entgegenzutreten, die sie in der orthodoxen marxistischen Theorie erfuhr. Obwohl Černov aus solchen Argumenten explizit keine unmittelbare taktische Kehrtwende abgeleitet wissen wollte, wies er die Agitation der Sozialrevolutionäre doch in eine neue Richtung: Die Bauernschaft sollte nicht länger vernachlässigt werden, da die Zukunft Rußlands „nicht nur in der Stadt, sondern auch auf dem Dorfe" liege.[43]

Wie das „Manifest" erwähnte auch die Programmschrift der ASL den politischen Terror mit keinem Wort. Das hätte durchaus der Tatsache entsprochen, daß Černov an das „narodničestvo" und nicht an die „Narodnaja

---

40) Očerednoj vopros 1. Aufl. S. 23, 24, 23.
41) Vgl. ebenda S. 37 f.
42) Vgl. ebenda S. 51 u. 9 f. — Zum „Bauernarbeiter", der auch in der Sozialstruktur der PSR eine wichtige Rolle spielte (dazu unten S. 298 ff), vgl.: Th. v. Laue, Russian Labor Between Field and Factory. In: Californian Slavic Studies 3 (1964), S. 33—65; ders., Russian Peasants in the Factory, 1892—1904. In: JEH 21 (1961) S. 61—80; R. E. Zelnik, The Peasant and the Factory. — In: Vucinich, Peasant in the Nineteenth Century Russia S. 158—190.
43) Očerednoj vopros S. 72; auch S. 35.

Volja" anknüpfte. Andererseits wird die weitere Darstellung zeigen, daß die terroristische Taktik gerade unter den „stariki" der ASL seine hartnäckigsten und orthodoxesten Verfechter fand. Wenn Černovs Broschüre einen gegenteiligen Eindruck erweckte, so wird das in diesem Falle ihrer ausschließlich theoretischen Absicht zuzuschreiben sein.

Man wird annehmen dürfen, daß Černovs optimistische Einschätzung des revolutionären Potentials der Bauernschaft allgemein und der russischen insbesondere auf den praktischen Erfahrungen beruhte, die er 1898—1899 im Gouvernement Tambov hatte sammeln können. Gleiches galt für die Analyse seines Schülers und Helfers Sletov. Allerdings kam dieser zu entschieden radikaleren Schlußfolgerungen, indem er konstatierte, daß „in der Bauernschaft ein ausreichender Boden für die Tätigkeit eines Sozialrevolutionärs" bereits bestehe. Der Landhunger, so argumentierte Sletov vor allem gegen eine verbreitete sozialdemokratische These, verdränge den „inneren Streit in der Bauernschaft" selbst dort, wo diese sich sozial und ökonomisch differenziere. Gegen den äußeren Feind handle das Dorf mit „manchmal erstaunlicher Solidarität und Organisiertheit . . . wie ein Mann". Auf dem Lande herrsche ein „beständiger Kampf der Bauernschaft als arbeitender Klasse gegen die privaten Grundherren als gegen die Klasse der Ausbeuter", und ein baldiger „spontaner Ausbruch" sei nicht auszuschließen. Weitsichtig prognostizierte Sletov damit, was nur ein Jahr später, im Frühsommer 1902, in den Gouvernements von Char'kov und Poltava eintrat. Sein Aufsatz war das einzige programmatische Dokument aus der Entstehungszeit der PSR, das aufgrund all dieser Beobachtungen die Bauernagitation zur *vorrangigen* Aufgabe der sozialrevolutionären Tätigkeit erklärte.[44]

Im selben Jahr, als die ASL entstand, riefen die „Narodnaja Volja"-Veteranen N. S. Rusanov und Rubanovič mit der Gründung des theoretischen Organs „Vestnik Russkoj Revoljucii" (Der Bote der russischen Revolution, VRR) eine weitere neopopulistische Organisation ins Leben. Programmatisch stand sie dem „Nordbund" sehr nahe. Insbesondere waren sich beide in der äußerst skeptischen Beurteilung der Bauernagitation einig, worin die Mehrheit der populistischen Exilintellektuellen eine ärgerliche Infizierung mit sozialdemokratischen Ideen erblickte. Anders als die ASL konnte der VRR, obgleich seiner Redaktion einige bekannte Revolutionäre wie Rappoport und M. Goc angehörten, daher nicht zu einem Sammelbecken der populistischen Emigration werden. Im Gegenteil, Rappoport fühlte sich sogar bemüßigt, gegen den Anschluß dieser Gruppe an die PSR zu protestieren.[45]

Dieser Überblick über die Vielzahl unterschiedlicher Strömungen in der sozialrevolutionären Sammlungsbewegung vor und während der Gründungs-

---

44) Vgl. V. M. Černov, Zapiski socialista-revoljucionera. Berlin 1922 S. 311 ff. — S. Nečetnyj /S.N. Sletov/, U zemli (Zametki i vospominanija). In: Vestnik Russkoj Revoljucii. Social'no-političeskoe obozrenie (zit.: VRR). Pod red. K. Tarasova /N. S. Rusanov/ Genf, Paris No 2 (Februar 1902) otdel II S. 37—82. Zitate S. 78, 39—40, 46.
45) Vgl. Černov, Pered burej S. 147 f, 160.

zeit der PSR mag verwirren. Zusammenfassend läßt sich mehr Klarheit schaffen, wenn man die einzelnen Gruppen nach ihrer Haltung zu den beiden Grundfragen populistischer Politik ordnet, d. h. danach, ob sie 1) die Skepsis in Bezug auf die Agitierbarkeit der Bauernschaft teilten, die in der Verfallsperiode der „Narodnaja Volja" seit Beginn der 80er Jahre entstanden war und die durch die marxistische Theorie untermauert wurde; und ob sie 2) die terroristische Taktik auch in der veränderten sozialen und politischen Situation für angemessen hielten. Alle vier möglichen Positionen waren vertreten. Was die erste Frage anbetrifft, so verlief die Wasserscheide zwischen der bauernfreundlichen ASL sowie den Autoren des „Manifests" einerseits und dem „Nordbund" sowie der Redaktion des VRR andererseits, wobei dem „Manifest" durchaus eine vermittelnde Zwischenstellung zuzuordnen wäre, insofern es den Vorrang der Arbeiteragitation stark in den Vordergrund rückte. Anders bei der zweiten Frage. Hier standen die ASL und der „Nordbund" auf derselben proterroristischen Seite, während die antiterroristische Opposition im wesentlichen bei den Sozialrevolutionären Südrußlands, den Verfassern des „Manifests", zu suchen war, zu denen sich auch Sletov zählte. Da insbesondere eine positive Haltung zum politischen Terror folgenschwere organisatorische Konsequenzen implizierte, lassen sich, stark vergröbernd, zwei *alternative Modelle* unterscheiden, zwischen denen die neu zu gründende populistische Gesamtpartei zu wählen hatte: ein *terroristisch-konspiratives,* notwendigerweise *elitäres* und ein *demokratisches,* in der Tendenz offeneres, *massenorientiertes,* sei es auf die *städtische* oder auf die *agrarische* Unterschicht ausgerichtetes Modell. Mochte auch nicht zu bestreiten sein, daß eine nichtkonspirative Parteiorganisation angesichts der Verfolgung seitens der Autokratie kaum zu verwirklichen war, so ging die spätere innerparteiliche Kritik doch nicht fehl, wenn sie zwischen einer *bewußt elitären* und einer demokratischen, konspirativ-elitäre Organisationsformen nur gezwungenermaßen duldenden Strömung in der Frühphase der PSR trennte.[46]

3. Gründung der PSR und programmatischer Konsens

Im Winter 1901/02, beinahe fünf Jahre nach den ersten Bemühungen um die Bildung von Regionalorganisationen in Rußland, trat der Einigungsprozeß aller sozialrevolutionären Gruppen im In- und Ausland in seine Endphase. Immer noch standen der Fusion ernste Hindernisse im Weg. Wenn sie schließlich doch überwunden werden konnten, so war dies in erster Linie der unermüdlichen Energie einiger weniger herausragender Persönlichkeiten zu verdanken, namentlich Geršuni und Breško-Breškovskaja in Rußland sowie Černov und Goc in der Emigration.

---

46) Vgl. Zaključenie sudebno-sledstvennoj komissii po delu Azefa. Izd. C.K. P.S.-R. o. O. 1911 S. 9.

G. A. Geršuni, 1870 geboren, Sohn eines Bauern aus dem Gouvernement Kovno, begann seine politische Tätigkeit als Führer einer Landsmannschaft während des Pharmaziestudiums an der Universität Kiev (1895—1897) und mußte sogleich mit einer kurzen Haftstrafe für sein Engagement büßen. 1898 ließ er sich in Minsk nieder, wo er ein pharmazeutisch-bakteriologisches Labor eröffnete und seine politisch-gesellschaftliche Tätigkeit fortsetzte. Er organisierte im Schutz der legalen Ärztegesellschaft Arbeiterschulungszirkel, hielt Referate, veröffentlichte Proklamationen und nahm an der Gründung der RPPOR teil. Um ihn sammelte sich bald die revolutionäre Jugend von Minsk, so daß seine Aktivitäten der politischen Polizei nicht lange verborgen bleiben konnten. Anfang 1900 ließ der Moskauer Polizeichef S. V. Zubatov Geršuni verhaften. Diesem gelang es jedoch, seinen Widersacher davon zu überzeugen, daß seine Freilassung notwendig sei, sollte der Plan, polizeilich kontrollierte Gewerkschaften zu organisieren, nicht gefährdet werden.[47] Kaum auf freiem Fuß, tauchte Geršuni in die Illegalität unter, um fortan als Berufsrevolutionär zu arbeiten. In dieser Eigenschaft wurde er bald nicht nur zum „spiritus agens" der Parteigründung[48], sondern als Haupt der berühmt-berüchtigten „Boevaja organizacija Partii Socialistov-Revoljucionerov" (Kampforganisation der PSR, BO) auch zu der Person, die die zaristische politische Polizei wohl am meisten fürchtete und am intensivsten suchte. 1903 gelang es ihr, Geršuni zu stellen und nach Sibirien zu deportieren, von wo er jedoch 1906 fliehen konnte. Nach einem Triumphzug durch die USA kehrte Geršuni gerade rechtzeitig nach Europa zurück, um an dem zweiten, außerordentlichen Parteitag der PSR im Februar 1907 teilnehmen zu können, dessen überraschte Delegierte ihn mit beispiellosen Ovationen feierten. Die Freude der Partei währte jedoch nur kurz, da Geršuni bereits Anfang 1908 an Tuberkulose starb.[49]

47) Vgl. Grigorij Andreevič Geršuni, Archiv PSR 669 (identisch mit: Biografičeskie dannye, napisannye bratom Vikt. /orom/Andr./evičem/, NC No 7 No 96); G. A. Geršuni, Materialy ochranki. Archiv PSR 501; V. M. Černov, G. A. Geršuni. Rukopis', NC No 232 No 25 (weitgehend identisch mit ders., Pered burej S. 129 ff); E. E. Lazarev, Žiznennyj podvig G. A. Geršuni, NC No 7 No 96; V. M Zenzinov, Na zare revoljucii. Pamjati Grigorija Andreeviča Geršuni. (Ms. einer unveröffentlichten Geršuni-Biographie), Zenzinov papers, Archive of East European History and Culture, Columbia University New York (zit.: ZP), box 4432 folder 4 S. 29 ff, 48 ff, zum Zubatov-Zwischenfall S. 60 ff; auch Gregori Gerschuni, Sein Leben und seine Tätigkeit. (Mit Artikeln von V. M. Černov, E. K. Breško-Breškovskaja u. a.). N. Y. 1934 (jiddisch); Pamjati Grigorija Andreeviča Geršuni. Paris 1908 (wenig informativ); Zajavlenie Grigorija Geršuni Zubatovu. Iz archiva Zubatova. In: Byloe 3 (März 1917) S. 129—131. — Zu Zubatovs Polizeigewerkschaften („Zubatovščina"): D. Pospielovsky, Russian Trade Unionism. Experiment or Provocation. London 1971; J. Schneiderman, Sergej Zubatov and Revolutionary Marxism. The Struggle for the Working Class in Tsarist Russia. Ithaca, London 1976; A. P. Korelin, Krach ideologii „policejskogo socializma" v carskoj Rossii. In: IZ 92 (1973) S. 109—152; I.N. Ionov, Zubatovščina i moskovskie rabočie v 1905 g. In: VMGU 1976 No 3 S. 54—68. Ausführliche Quellenbibliographie bei Smith, Okhrana.
48) So V. M. Černov in einem Brief an B. I. Nicolaevsky o. D., NC No 132 No 23.
49) Vgl. Delo o G. A. Geršuni i drugich. In: RR No 43 (15. März 1904) S. 7—17, No 44 (1. April 1904) S. 7—14; auch als: Delo Geršuni ili o t. n. boevoj organizacii.

Ohne Zweifel verlor die PSR in Geršuni ihren fähigsten Organisator und revolutionären Praktiker, sozusagen ihren Lenin. Und gewiß ist sein Tod zu bedenken, wenn man nach den Ursachen vieler Mängel fragt, die die PSR in der Folgezeit offenbarte. Geršuni war in der Tat ein „politischer Führer", ein „Tribun", dessen zukünftige Potenzen man nur erahnen konnte, „einer der größten politischen Figuren des gegenwärtigen Europa", wie der Nachruf im Zentralorgan der Partei ihn rühmte, und wohl der einzige Sozialrevolutionär, dem auch die erbittertsten Feinde, die Bol'ševiki, Respekt zollten. Als Intellektueller, der, von der Ungerechtigkeit der Gesellschaftsordnung zutiefst überzeugt und von Schuldgefühlen wegen der eigenen privilegierten Existenz befallen, zum Revolver und zur Bombe griff, um die Knechtung des Volkes zu rächen, verkörperte er am reinsten das Ideal eines Sozialrevolutionärs. Er sprach so häufig wie kein anderer Parteiführer von Moral und Pflicht. Er leitete revolutionäre Tätigkeit aus einem ethischen Imperativ ab, und sein Verhältnis zu ihr war emphatisch, ja „religiös", wie das Zentralorgan hervorhob. Weil er alle diese Merkmale in sich vereinigte: revolutionären Elan, jugendlich-idealistischen Enthusiasmus, das Pathos des tugendhaften Helden, die Überzeugungskraft eines energischen Willens, nicht zuletzt auch eine mitreißende Rhetorik und organisatorisches Talent, war Geršuni der natürliche Führer der PSR, ihr charismatischer „lebender Held".[50]

Zur gleichen Zeit wie Geršuni lebte E. K. Breško-Breškovskaja in Minsk. Sie, um mehr als zwei Jahrzehnte älter als jener, Teilnehmerin am „Gang ins Volk" von 1874, Angeklagte im Prozeß der 193 und Verbannte in Sibirien, war eine der populärsten Figuren der populistischen Bewegung und genoß als „Großmutter der Revolution" weithin Respekt und Verehrung. Davon profitierte die PSR in außerordentlichem Maße, als Breškovskaja 1896 aus Sibirien zurückkehren konnte und sich sogleich als einer der aktivsten Förderer der neopopulistischen Sammlung hervortat. Dies umso mehr, als sie in Geršuni einen außerordentlich fähigen Mitarbeiter fand und sich beider Talente auf höchst effektive Weise ergänzten: Knüpfte Breškovskaja auf ihren rastlosen Reisen, die sie um die Jahrhundertwende von Saratov aus unternahm, zahllose Kontakte und mobilisierte sie vor allem die „Jugend", auf die sie Černov zufolge wirkte „wie der heilige Geist", so münzte Geršuni solchen Enthusiasmus sogleich in organisatorischen Nutzen

---

SPb. 1906. — Zur Gefangenschaft: G. A. Geršuni, Iz nedavnego prošlogo. Paris 1908, dt.: G. Gerschuni, Aus jüngster Vergangenheit. Berlin 1909. — Protokoly vtorogo (èkstrennogo) s-ezda partii socialistov-revoljucionerov. SPb. 1907 (12.—15. Februar 1907) S. 11.

50) Pamjati G. A. Geršuni. In: Znamja Truda. Central'nyj organ Partii Socialistov-Revoljucionerov (zit.: ZT). No 10—11 (Februar - März 1908) S. 1—4, hier S. 4. — Vgl. Lunačarskij, Byvšie ljudi S. 13. — Vgl. beispielsweise eine Rede Geršunis auf dem zweiten Parteitag der PSR: Protokoly 1907 S. 13 ff. — Pamjati G. A. Geršuni. In: ZT No 10—11 S. 2. — Vgl. die schwärmende Glorifizierung Geršunis bei V. M. Zenzinov, G. A. Geršuni — glava boevoj organizacii, NC No 7 No 96 S. 29, 32.

um. Breškovskajas Stärke war die Werbung, das Aufrütteln, die Begeisterungsfähigkeit. Revolutionäre Tätigkeit reduzierte sich für sie auf Aufrufe zur Erhebung, auf missionarische Appelle an die Emotion und Spontaneität der Massen, sich endlich gegen die autokratische Willkür zu erheben. Deshalb war es kein Zufall, daß Breškovskajas Bedeutung mit dem Ausbruch der Revolution schwand, waren doch nunmehr eher Organisatoren gefragt als Agitatoren. Dessenungeachtet blieb ihr Name auch weiterhin ein Symbol der PSR; und als sie selbst im Herbst 1907 verhaftet wurde, deutete die Öffentlichkeit dieses Ereignis als Symptom dafür, daß der Stern der Revolution im allgemeinen und der PSR im besonderen sank.[51]

War Geršuni die organisatorische Kraft der innerrussischen PSR, so erfüllte M. R. Goc diese Funktion unter den Sozialrevolutionären im Ausland. Goc, 1866 geboren und Sohn eines Moskauer Teemillionärs, erhielt seine politische Prägung in der Spätzeit der „Narodnaja Volja", deren Moskauer Sektion er 1884 beitrat. 1886 verhaftet und zu sibirischer Verbannung verurteilt, kehrte er 1899 zurück und ließ sich im Ausland, zunächst in Paris, dann in Genf nieder. Goc war kein Theoretiker und kein begabter Rhetor, sondern faszinierte eher durch persönliche Ausstrahlung, wendigen Verstand und nie erlahmende Energie. Selten trat er auf offiziellen Parteiveranstaltungen in den Vordergrund, sondern agierte stets hinter den Kulissen. Es war Goc, der während der Frühphase der PSR als einziger Exil-Sozialrevolutionär von Geršuni auch über die allergeheimsten Aktivitäten in Rußland informiert wurde und der als Schaltstelle im Austausch zwischen In- und Ausland fungierte. Nicht zuletzt dürfte sich diese seine Bedeutung daraus erklären, daß er die Parteitätigkeit zum großen Teil finanzierte. Der Masse der Sozialrevolutionäre war Goc unbekannt. Sie konnte daher gar nicht ermessen, welchen Verlust die PSR erlitt, als er 1906 an einer schweren Rückgratverletzung, die er sich im sibirischen Arbeitslager zugezogen und die ihn seit seiner Rückkehr an den Rollstuhl gefesselt hatte, starb: den Verlust des „Gewissens der Partei".[52]

51) Vgl. E. K. Breškovskaja, Gde poznakomilis' my s Grigoriem Andreevičem Geršuni. Ms 1927, NC No 7 No 96. — Zitat V. M. Černov, Brief an B. I. Nicolaevsky, NC No 132 No 23. — Zu E. K. Breško-Breškovskaja: Hidden Springs of the Russian Revolution. Personal Memoirs of Katerina Breshkovskaya. Hrsg. v. L. Hutchinson. Stanford 1931; dies., The Little Grandmother of the Russian Revolution. Reminiscences and Letters of Catherine Breshkovsky. Boston 1918; E. K. Breškovskaja, Vospominanija i dumy. In: Socialist-Revoljucioner No 4, Paris 1912, S. 103—129; C. Breshkovskaja, Collection of manuscripts, Hoover Institution. — E. E. Lazarev, Babuška Breškovskaja. In: Volja Rossii. Žurnal politiki i kul'tury, Prag 1924 No 3 S. 75—84; N. D. Avksent'ev, E.K.Breškovskaja (k 85-letnemu jubileju). In: Sovremennye zapiski. Ežemesjačnyj obščestvenno-političeskij i literaturnyj žurnal. Bd. 38 (Paris 1929) S. 453—460; I. I. Popov, E. K. Breško-Breškovskaja. Babuška russkoj revoljucii. Petrograd 1917.
52) Vgl. Pamjati Michajla Goca. In: ZT No 5 (12. September 1907) S. 1; L./Ė./ Šiško, M. R. Goc (Pamjati dorogogo druga). In: Byloe 1906 No 11 (November) S. 283—292; V. M. Černov, Michajl Goc. Rukopis' i zametki, NC No 232 No 22, weitgehend identisch mit ders., Pered burej S. 142 ff.

M. V. Černov schließlich, das vierte Mitglied des sozialrevolutionären Führungsteams, sollte laut Goc „das Schreiben" besorgen, da er für diese Aufgabe zweifellos das größte Talent mitbrachte. 1873 in Saratov als Sohn eines mittleren Beamten geboren, bewies Černov schon früh eine außerordentliche literarische und ästhetische Begabung. Früh auch, noch während seiner Gymnasialzeit, nahm er Kontakt zu politischen Zirkeln auf und schloß sich, was ihm als glühendem Verehrer Nekrasovs und Michajlovskijs selbstverständlich war, einem populistischen Diskussionskreis an, den V. A. Balmašev und Natanson leiteten. Bereits Ende der 90er Jahre publizierte er in Michajlovskijs „Russkoe Bogatstvo" eine Reihe von Aufsätzen zu aktuellen Fragen der Philosophie und politischen Theorie, unter anderem zum Marxismus, zur neukantianischen Ethik und zur subjektiven Soziologie. Obgleich noch sehr jung, war Černov somit in der russischen Geisteswelt bereits ein bekannter Mann, als er 1899 in die Emigration ging und sich binnen kurzem als führender Theoretiker der neopopulistischen Bewegung profilierte. Er war es, der das Programm der PSR schuf, der den ideologischen Kampf gegen die Sozialdemokratie focht, der dank glänzender rhetorischer Fähigkeiten und eines überragenden Intellekts beinahe alle Parteiversammlungen beherrschte, der allen Zentralkomitees angehörte, der bei sämtlichen bedeutenden Entscheidungen der Partei eine gewichtige, wenn nicht die ausschlaggebende Stimme hatte, den keine Verhaftung zu längerem Ausscheiden aus dem politischen Leben zwang und der aus all diesen Gründen zur populärsten Gestalt des Neopopulismus, zu seiner Symbolfigur, wurde. Černov war es aber auch, der maßgeblich zum taktischen und theoretischen Immobilismus der PSR beitrug, der einen Großteil der Verantwortung für die Azef-Affäre trug und der der Partei zumal nach 1907 infolge seiner mangelnden Führungsqualitäten und seiner Indifferenz gegenüber organisatorischer Kleinarbeit nicht die Kohäsion geben konnte, derer sie bedurft hätte.[53]

Ein genaues Datum für die Entstehung der PSR läßt sich nicht angeben, da keine formelle Gründungsversammlung, geschweige denn ein Gründungsparteitag unter Beteiligung aller fusionierenden Gruppen stattfinden konnte. Vielmehr vollzog sich der Zusammenschluß etappenweise. Im Frühsommer 1901 verhandelte Geršuni mit Rakitnikov in Saratov über eine gemeinsame „Programmplattform der vereinigten sozialrevolutionären Gruppen", wobei jedoch die Differenzen über die Terrorfrage immer noch nicht ausgeräumt werden konnten. Im Herbst bereiste er alle wichtigen Komitees im Süden Rußlands, um von ihnen ein Mandat für Fusionsgespräche mit den ausländischen Sozialrevolutionären zu erhalten. Anschließend traf er in Berlin mit

---

53) Vgl. V. M. Černov, Zapiski socialista-revoljucionera; ders., Pered burej (mit einer biographischen Einleitung von B. I. Nicolaevsky). — Die frühen Aufsätze sind gesammelt in: V. M. Černov, Filosofskie i sociologičeskie ėtjudy. M. 1907; dazu: Cross, Victor Chernov; F. B. Randall, The Major Prophets of Russian Peasant Socialism. A Study in the Social Thought of N. K. Michailovskii and V. M. Chernov. Ph. D. Diss. Columbia Univ. 1961.

Azef und Seljuk zusammen, die den „Nordbund" repräsentierten, und brachte die Union der innerrussischen neopopulistischen Gruppen zum Abschluß. In Bern informierte Geršuni dann Černov, Goc und Žitlovskij und forderte die Emigranten auf, sich anzuschließen. Man kam überein, die „Revoljucionnaja Rossija" fortan unter der Redaktion von Černov und Goc als Zentralorgan der neuen Partei im Ausland zu edieren und den VRR unter der Federführung von Rusanov und Rubanovič zu ihrem theoretischen Sprachrohr zu machen.[54]

Obwohl mit diesem Abkommen eine Partei aus der Taufe gehoben worden war, die augenscheinlich ein anderes Format besaß als die sektiererischen Grüppchen, die bis dahin die populistische Szene beherrscht hatten, und die eine bedeutende politischen Kraft zu werden versprach, fanden sich die sozialrevolutionären Exilorganisationen mit Ausnahme von Žitlovskijs „Sojuz russkich socialistov-revoljucionerov" keineswegs zum sofortigen Beitritt bereit. Im Gegenteil, viele „stariki" verhielten sich, wie erwähnt, abwartend, weil sie ihren guten Namen im internationalen Sozialismus durch eine verfrühte Bindung an eine ihnen unbekannte Organisation zu kompromittieren fürchteten, und manche, wie Čajkovskij, schlossen sich der PSR nie an[55]. Die ASL beharrte daher auf der „Wahrung völliger innerer Autonomie" und mochte sich lediglich zu einem „Föderativabkommen" mit der PSR verstehen. Auf der anderen Seite machten aber auch die Praktiker des Untergrundes in Rußland aus ihrer Skepsis gegenüber den Intellektuellen im Ausland keinen Hehl, wie in Argunovs abfälliger Bemerkung unverhüllt zum Ausdruck kam, diese seien bloße „Schwätzer, großzügig in Versprechungen, aber ausführen" könnten „sie nichts".[56]

Ungeachtet dieser Kluft, die die Partei bis zu ihrem Ende zerriß, war die Trennung zwischen PSR und ASL künstlich und fiktiv. Nicht nur kooperierten beide Organisationen bei der Herstellung von Agitationsliteratur und fühlten sie sich derselben programmatischen Grundlage verpflichtet, die Literatur wurde auch von denselben Personen verfaßt, da faktisch eine Personalunion bestand. Als sich die Partei konsolidierte, mehrten sich daher die Stimmen, die die vollständige Fusion forderten. Insbesondere Geršuni

---

54) Vgl. Černov, Pered burej S. 132 ff; ders., Iz istorii Partii S.-R. Pokazanija V. M. Černova po delu Azefa v sledstvennoj komissii Partii S.-R., 2. fevr. 1910 g. In: Novyj Žurnal No 110. N. Y. 1970 S. 280 ff (identisch mit: ZP No 4432 f. 1); ders., Brief an B. I. Nicolaevsky o. D. /ca. 1930/, NC No 132 No 23; N. I. Rakitnikov, Iz pokazanij N. I. Rakitnikova, NC No 7 No 100; Iz vospominanij /M. M. / Mel'nikova. Iz bumag komissii po delu Azefa, ZP No 4432 f. 1; Pokazanija /S. N./Sletova 22. apr. 1910 g., ZP No 4432 f. 1 (sehr materialreich); Sletov, Očerki S. 92 ff; Spiridovič, Partija S.-R. S. 70 ff.
55) Vgl. A. Kubov /A. A. Argunov/, S. N. Sletov (Biografičeskij očerk). In: Pamjati Stepana Nikolaeviča Sletova. Paris 1916 S. 5–19, hier S. 10; Brief E. E. Lazarevs an die PSR. o. D. /1902 / Archiv PSR 451; Černov, Pered burej S. 158 ff.
56) Federativnyj dogovor meždu P.S.-R. i Agr.-Soc. Ligoj. Archiv PSR 451 § 1; auch in: RR No 9 (Juli 1902) S. 18. – Zit. bei Černov, Geršuni. Rukopis', NC No 232 No 25.

wurde nicht müde, zur Einheit zu mahnen. „Die Liga im Ausland und die Sozialrevolutionäre in Rußland", schrieb er, „waren vom ersten Tage an faktisch ein und dieselbe Organisation;" es sei an der Zeit, dem auch in der formellen Regelung ihrer Beziehungen Ausdruck zu verleihen.[57] Das geschah im Sommer 1903. Obwohl die ASL auf ihrer zweiten (und letzten) Konferenz im August noch einmal betont hatte, daß sie mit der PSR nur in „föderativer Verbindung" stehe, ging sie unmittelbar danach in dem neuen Dachverband, der „Zagraničnaja Organizacija" (Auslandsorganisation, ZO) auf, zu dem sich alle sozialrevolutionären Exilgruppen auf hartnäckiges Betreiben Breškovskajas schließlich doch zusammenschlossen.[58]

Noch langwieriger und hindernisreicher als die organisatorische Vereinigung der neopopulistischen Gruppen gestaltete sich der fällige theoretisch-taktische Kompromiß. Die neue Partei war fern davon, mit einem auch nur vorläufigen Programm an die Öffentlichkeit treten zu können. Vielmehr bestanden die Meinungsverschiedenheiten zwischen den Anhängern des „Manifests" und denen der Broschüre Argunovs fort. Darüber vermochte auch die gemeinsame programmatische Erklärung nicht hinwegzutäuschen, auf die sich die Redaktion des „VRR" und M. M. Mel'nikov als Vertreter des „Nordbundes" im Sommer 1901 geeinigt hatten, da sie sich trotz differenzierterer Gedankenführung auf die Wiederholung der Argumente von „Naši zadači" beschränkte und somit lediglich einen ohnehin bestehenden Konsens zwischen beiden Gruppen fixierte.[59] Es war in erster Linie dieser Mangel an ideologischer Homogenität, der Rakitnikov noch 1901 zu der Überzeugung veranlaßte, daß die Voraussetzungen für einen Zusammenschluß der sozialrevolutionären Strömungen eigentlich nicht gegeben seien[60]

Im Frühjahr 1902 trat eine entscheidende Änderung ein. Was durch Verhandlungen nicht hatte erreicht werden können, das bewirkten die Bauernunruhen in den Gouvernements von Char'kov und Poltava: Sie verhalfen der PSR zumindest in *einem* der umstrittenen Punkte, *der Frage der Agitierbarkeit der Bauernschaft*, zu einem Konsens, der von allen in ihr vereinten neopopulistischen Richtungen geteilt wurde und der auch ihrer politischen Physiognomie im Bewußtsein der Öffentlichkeit fortan das charakteristische Gepräge gab. Unübersehbar signalisierten die Aufstände, daß der Pro-

---

57) G. A. Geršuni an die erste Konferenz der ASL. Juli 1902. Archiv PSR 520/1; auch in: NC No 7 No 95; s. auch: G. A. Geršuni an die Redaktion der „Revoljucionnaja Rossija". 25. April 1903, Archiv PSR 502/7.
58) Vgl. Kratkij otčet o vtorom s-ezde Agrarno-socialističeskoj Ligi. In: RR No 31 (1. Sept. 1903) S. 22–23 – Zasedanija učreditel'nogo s-ezda Zagraničnoj organizacii P.S.-R., sozvannogo po initiative Central'nogo Komiteta P.S.-R. /15. August 1903/, Archiv PSR 125; Protokoly I-go s-ezda Z.O. P.S.-R., ebenda 125; auch: Ochrana Wochenbericht No 43 vom 23. Juli 1903 S. 1–3 im Archiv der Pariser Außenstelle der Ochrana, Hoover Institution (zit.: OA) XIII c (2) f. 2; Brief von S. A. Rappoport an die Gründungssitzung der ZO P.S.-R. vom 4. August 1903, Archiv PSR 306.
59) Vgl. Naša programma. In: VRR No 1 (Juli 1902) S. 1–15; dazu: Sletov, Očerki S. 95.
60) Vgl. Iz pokazanij N. I. Rakitnikova, NC No 7 No 100.

test innerhalb der Bauernschaft wuchs, daß Unterdrückung und wirtschaftliche Not unerträgliche Ausmaße angenommen hatten und sogar die Toleranz der an Hunger und Elend gewöhnten Landbevölkerung zu erschöpfen drohten. Kein wahrhafter Sozialrevolutionär konnte fortan noch daran zweifeln, daß die Revolution auf dem Dorfe in greifbare Nähe rückte. Widerlegt schien die sozialdemokratische These, daß die zunehmende soziale und ökonomische Differenzierung im agrarischen Sektor die Solidarität der Bauernschaft sprenge und damit ihre revolutionäre Potenz schwäche; und jubelnd konnte eine Proklamation des ad hoc gegründeten „Krest'janskij Sojuz PSR" (Bauernbund der PSR) die Botschaft verkünden, daß das eigentliche Subjekt der russischen Revolution, die Bauernschaft, allem Defaitismus zum Trotz endlich wieder die politische Szene betreten habe.[61]

Hatte G. V. Plechanov, der Schöpfer des russischen Marxismus, das Erscheinen des „Manifests" noch mit der frohlockenden Bemerkung kommentiert, daß die „Sozialrevolutionäre Blut vom Blute und Fleisch vom Fleische der russischen Sozialdemokraten" seien und daß „der russische revolutionäre Gedanke sich immer mehr den Prinzipien der russischen Sozialdemokraten" annähere[62], so mußte er sich spätestens durch die Reaktion der PSR auf die Bauernunruhen von 1902 eines Besseren belehren lassen: Die neue revolutionäre Partei Rußlands nahm die langersehnte Gelegenheit dankbar wahr, um die pessimistischen Selbstbeschränkungen und sozialdemokratischen „Vorurteile" über Bord zu werfen und zu sich selbst zu finden. Die Anhänger des „Manifests" gerieten ins Hintertreffen, verstummten zu einer schweigenden, kritischen Minderheit. Oberhand gewann dagegen nunmehr eine Theorie und Taktik, die sich ausschließlich an der Tradition der „Zemlja i Volja" und der „Narodnaja Volja" orientierte: Erst jetzt fand die Wiedergeburt einer populistischen Partei in Rußland ihren Abschluß.

61) Vgl. die programmatische Erklärung des neuen Kurses in: Ot Krest'janskogo Sojuza Partii Socialistov-Revoljucionerov ko vsem rabotnikam revoljucionnogo socializma v Rossii. In: RR No 8 (25. Juni 1902) S. 5–14; auch in: Sbornik statej Antonova, A. Bacha u. a. Vyp. I, M. 1908 S. 143–165, und: Po voprosam programmy i taktiki. Sbornik statej iz „Revoljucionnoj Rossii". Vyp. I 1903 S. 23–47; ferner: Krest'janskoe dviženie. In: RR No 8 (25. Juni 1902) S. 1–5. – Zu den Aufständen in Char'kov und Poltava vgl.: Krest'janskaja revoljucija na juge Rossii. Berlin 1902; L. I. Emeljach, Krest'janskoe dviženie v Poltavskoj i Char'kovskoj gubernijach v 1902 g. In: IZ 38 (1951) S. 154–175; G. M. Derenkovskij, Leninskaja ‚Iskra' i krest'janskoe dviženie v Poltavskoj i Char'kovskoj gubernijach v 1902 g. In: Doklady i soobščenija Instituta istorii AN SSSR. Vyp. 2 (1954) S. 53–73; Krest'janskoe dviženie v Poltavskoj i Char'kovskoj gubernijach v 1902 g. Sbornik dokumentov. Char'kov 1961; S. Bensidoun, L'agitation paysanne en Russie de 1881 à 1902. Etude comparative entre le Černozem central et la nouvelle Russie. Paris 1975 S. 425 ff.

62) Vgl. /G.V. Plechanov/, Novoe vino v starych mechach. In: Iskra. Central'nyj organ Rossijskoj Social'-demokratičeskoj Rabočej Partii. No 5 (Juni 1901) S. 2–4. – Zur taktischen „Wende" der PSR polemisch: Proletariat i krest'janstvo. In: Iskra No 32 (15. Januar 1903) S. 2–4, No 33 (1. Februar 1903) S. 3–5; No 34 (15. Februar 1903) S. 2–3; No 35 (1. März 1903) S. 2. Dazu: Geyer, Lenin S. 247 ff.

Zweites Kapitel

THEORIE, PROGRAMM UND GRUNDLEGENDE AKTIONSFORMEN DER SOZIALREVOLUTIONÄREN PARTEI (1902—1905)

Ungeachtet des pragmatischen Konsenses, den die Bauernaufstände in Char'kov und Poltava herbeiführten, waren die theoretisch-programmatischen Grundlagen der PSR im Frühjahr 1902 erst in sehr rudimentärer Form fixiert. Es stand noch aus, das Gerüst zu einem geschlossenen, anspruchsvollen Gedankensystem auszuarbeiten, das mit dem Marxismus zu konkurrieren und der neuen Partei auf diese Weise in breiteren Kreisen der Intelligenz Anhänger zu gewinnen vermochte. Dabei waren insbesondere drei Umstände zu beachten: Populistische Theorie konnte (1) nicht mehr daran vorbeisehen, daß die kapitalistische Entwicklung in Rußland entgegen den Prognosen Voroncovs und Daniel'sons rasche Fortschritte machte. Sie mußte sich (2) gegen eine erstarkte und organisierte Sozialdemokratie behaupten und (3) ihren Platz auch auf der Szene des internationalen Sozialismus definieren. Diese zum Teil neuen, zum Teil sich nur dringlicher als zuvor stellenden Erfordernisse zu erfüllen und dadurch populistische Philosophie sowie ihre politische Praxis an veränderte Gegebenheiten anzupassen war hauptsächlich das Werk Černovs, der zum Schöpfer einer sozialrevolutionären Theorie im engeren Sinne wurde. Seine Anstrengungen kulminierten 1904 in einem Programmentwurf, der, obwohl nicht unumstritten, vom ersten Parteitag (29. 12. 1905—4. 1. 1906) ohne wesentliche Änderungen angenommen wurde. Lediglich bei der Präzisierung der Idee des terroristischen Kampfes dürfte ein anderer Sozialrevolutionär, Geršuni selbst, die Feder geführt haben.

1. Der „politische Terror"

Die Anerkennung terroristischer Akte als politisches Mittel bildete den Streitpunkt, der die „Zemlja i Volja" gegen Ende der 70er Jahre gespalten hatte, und den Zement, der die unterschiedlichen revolutionären Konzepte und Temperamente in der „Narodnaja Volja" zusammenband.[1] Von dieser stammte auch die theoretische Begründung dieser Taktik, auf die die PSR weitgehend zurückgreifen konnte. „Politischer Terror", worunter man

---

1) Venturi, Roots of Revolution S. 647.

Attentate auf hohe zaristische Beamte als Repräsentanten der Autokratie oder den Zaren selbst verstand, sollte — dies seine grundlegende Bestimmung — als *Substitut* der revolutionären Aktivität der unterdrückten Massen in Stadt und Land fungieren. Er war *legitimes* und *unerläßliches* Kampfmittel, solange die revolutionäre Bewegung sich nicht entfalten konnte, solange die Bauernschaft indifferent in hoffnungsloser Knechtschaft dahinvegetierte, solange das städtische Bürgertum lediglich zu Sympathie und Mitgefühl imstande war und solange man auch das Proletariat, das als ansprechbarste soziale Schicht galt, infolge „unzulänglicher Propagandamethoden und der Gewaltausübung der Regierung" nicht erreichen konnte. In ihm erblickte man das einzige Instrument, das den Revolutionären noch zur Verfügung stand, wollten sie sich nicht mit friedlicher Propagandatätigkeit zufrieden geben; er allein schien in einer Situation der Friedhofsstille, wie der „narodovolec" L. Ja. Šternberg in der wohl ausgefeiltesten Analyse des politischen Terrors begründete, geeignet, „mit *möglichst geringen Opfern* und in *möglichst kurzer Zeit*" dem Volk Mittel und Ziele des revolutionären Kampfes zu zeigen.[2] Die terroristische Methode entsprang daher der *Isolation* der revolutionären Kräfte vom Volk, war Folge und Ausdruck der Kluft zwischen bewußter Elite und unbewußter Masse. Nur oberflächlich stand sie im Gegensatz zur Taktik der „Aufklärung", die zu Anfang der 70er Jahre praktiziert wurde. Vielmehr erschließt sich ihr Wesen erst, wenn man sie, wie oft bemerkt, als *Komplement* zum „Gang ins Volk" erkennt, als Kehrseite derselben Medaille und Symptom der Hilflosigkeit der revolutionären Avantgarde.

Politischer Terror in diesem Verstande war eine spezifisch intelligenzlerische Kampfesweise, letztlich ein „Streit zwischen der Regierung und der Intelligenz", wie Lenins älterer Bruder A. I. Ul'janov ihn nannte.[3] Der „intelligent" nahm stellvertretend das Ringen für die Abschaffung von Unterdrückung und Ausbeutung auf, und stellvertretend auch wählte er sich das Objekt seiner Aktion: Der revolutionäre Kampf geriet zum *Zweikampf*. Populistischer politischer Terror war *personal*, bedeutete die Auseinandersetzung von Angesicht zu Angesicht. Demzufolge war auch seine Angemessenheit an diesen personalen Charakter gebunden. Nur als Kampfmittel gegen Individuen attestierte man ihm Effektivität, wie erneut Šternberg klar formulierte: „Bei uns führen die Terroristen den Kampf gegen *einzelne* Personen und deren persönliche Interessen — gegen das Haupt der Dynastie und seine wichtigsten Stützen". Dort, wo „Terror nicht gegen einzelne Personen kämpft, sondern gegen eine Gesamtheit von Einrichtungen, Ständen, oder,

---

2) /L. Ja. Šternberg/, Političeskij terror v Rossii. 1884. Archiv PSR 830/1 S. 16, 18 u. 21. — Ähnlich: V. Tarnovskij /G. G. Romanenko/, Terrorizm i rutina. London 1881 S. 15; N. Morozov, Terrorističeskaja bor'ba. In: Da zdravstvuet Narodnaja Volja. Istoričeskij sbornik No 1 (Paris 1907) S. 17—28, hier S. 18; A. I. Ul'janova-Elizarova (Hrsg.), A. I. Ul'janov i delo 1-go marta 1887 g. M., L. 1927 S. 379.
3) Ul'janova ebenda S. 379.

was noch wichtiger ist, gegen ökonomische Interessen einer ganzen Kategorie von Personen, dort ist er einfach unangemessen, obgleich er auch in solchen Fällen eine temporäre persönliche Bedeutung hat."[4] Mit anderen Worten: Allein in einer Gesellschaftsform, in der sich Herrschaft primär noch personal manifestierte, in der personelle Herrschaft strukturelle noch inkarnierte und nicht bereits nur noch ihre Fassade darstellte, sollte die terroristische Taktik ihren angestammten Platz finden. Sie mußte ihn verlieren in dem Maße, wie Herrschaft im Zuge der gesellschaftlichen Evolution ihre Form änderte.

Auf diese Weise schränkte die Theorie der „Narodnaja Volja" — zumindest ihre differenziertere Version — die Gültigkeit des politischen Terrors in zweifacher Weise ein. Zum einen sollte dieser nur in bestimmten, *rückständigen* politischen Systemen und Gesellschaften angewendet werden dürfen, zum anderen nur solange, wie es die Herrschaftsverhältnisse unmöglich machten, eine freiheitliche politische Ordnung auf friedlichem Wege zu erreichen. Beide Gedanken begründeten eine unzertrennliche Verbindung zwischen Autokratie und Terror. Nur weil diese dem Volk Willkür, Knechtung, Joch und Ausbeutung — um einige der häufigsten Epitheta aus der sozialrevolutionären Literatur zu nennen — bescherten, nur aufgrund der „anormalen sozialen Beziehungen in Rußland" mußte man zu terroristischen Mitteln greifen: A la guerre comme à la guerre.[5] Folgerichtig galt auch die Umkehrung: Wo politische Freiheit erreicht und Unterdrückung beseitigt war, verwandelte sich politischer Terror in ein Verbrechen. Der berühmte Protestbrief des Exekutivkomitees der „Narodnaja Volja" gegen die Ermordung des amerikanischen Präsidenten J. A. Garfield im Jahre 1881 brachte diesen Gedanken in aller Klarheit zum Ausdruck.[6]

Auf den ersten Blick mochte es scheinen, als habe die PSR die Philosophie des politischen Terrors von der „Narodnaja Volja" unverändert übernommen, begründete man doch die Notwendigkeit von Attentaten ganz wie diese aus dem Mangel an anderen politischen Artikulationsformen. So schrieb Geršuni schon im Gründungsflugblatt der BO:

„Jeglicher Möglichkeit beraubt, auf friedlichem Wege diesen Missetaten / des Zarismus, M. H. / entgegenzutreten, halten wir, die bewußte Minderheit, es nicht nur für unser Recht, sondern auch für unsere heilige Pflicht, ungeachtet aller Abscheu, die uns solche Kampfmittel einflößen, auf Gewalt mit Gewalt zu antworten, die Vergießung von Volksblut mit dem Blut der Unterdrücker zu rächen."[7]

---

4) Šternberg, Političeskij terror S. 34.
5) V. Tarnovskij /G. G. Romanenko/, Terrorizm S. 15; Šternberg, Političeskij terror S. 50.
6) Vgl. Zajavlenie Ispolnitel'nogo Komiteta po povodu ubijstva Garfil'da. In: Kuklin, Itogi revoljucionnogo dviženija. Otd. II S.51.
7) /G. A. Geršuni/, Boevaja organizacija Partii Socialistov-Revoljucionerov. St. Petersburg 3-go aprelja 1902 g. In: Da zdravstvuet Narodnaja Volja. No 1 (Paris 1907) S. 29–31, hier S. 30.

Auch für die Sozialrevolutionäre bedeutete politischer Terror legitimen Tyrannenmord, wie derselbe Geršuni in einer ebenso mutigen wie stolzen und vielzitierten Rede seinen Richtern darlegte.[8]

Jedoch unterschied sich die politische Situation, in der die PSR die terroristische Praxis erneuerte, ganz wesentlich von der, die die „Narodnaja Volja" zur Einführung dieses Kampfinstruments veranlaßt hatte. Die autokratische Herrschaft befand sich zu Anfang des 20. Jahrhunderts nicht in einer Konsolidierungsphase, sondern war im Gegenteil durch eine Wirtschaftskrise, eine nicht abreißende Kette von Studentenunruhen und die Bauernaufstände von 1902 merklich angeschlagen. Außerdem hatten die Revolutionäre keinen Anlaß, länger an der Apathie der Massen zu verzweifeln, sondern konnten optimistisch die sichtlich wachsende Gärung in der Bevölkerung registrieren. Nicht zuletzt daraus mögen einige augenfällige *neue* Akzente der sozialrevolutionären Theorie des politischen Terrors zu erklären sein, die ihren, bei aller Gebundenheit an das große Vorbild, typischen Charakter ausmachten.

Zunächst fällt auf, daß die nüchterne politische Argumentation etwa eines Šternberg unter Einfluß Geršunis durch moralisch-ethische Erwägungen zurückgedrängt, wenn nicht gar ersetzt wurde. Terroristische Tätigkeit galt als „Ehrensache" eines jeden aufrechten Revolutionärs, wie man sozialdemokratischen Kritikern entgegenhielt; sie rechtfertigte sich aus der „Pflicht", die eigene, stündlich und täglich durch „Grausamkeiten" der selbstherrlichen Regierung verletzte „Würde" zu verteidigen und das Unrecht, das die Autokratie eo ipso verkörperte, zu sühnen. *Rache* „an dem zaristischen Ungeheuer und Henker" für „vergossenes Bauernblut" erschien als eines der vordersten Motive für Terrorakte, und der „Rächerheld" avancierte zur Idealfigur des populistischen Revolutionärs.[9]

Mit dem moralischen Element fanden auch ein ausgeprägter Irrationalismus und pseudoreligiöse Vorstellungen Eingang in die sozialrevolutionäre Ableitung des politischen Terrors, was sich im Vokabular aufs deutlichste niederschlug. Nicht rationale Überlegung bestimmte die Handlung des Terroristen, sondern „Haß", „Opfermut" und „Ehrgefühl". Bombenwerfen wurde zur „heiligen Sache", zur Erlösertat.[10] Darum war der Terrorist auch mehr als nur ein Revolutionär, darum stellte man ihn auf ein Podest hoch über den gemeinen Parteimitgliedern und umgab man ihn stets mit einer Aura besonderer Weihe. In ihm inkarnierte sich das ethische Prinzip der Revolution, denn er war bereit, sein Leben für die revolutionäre Sache zu geben. Durch seine Selbstaufopferung rechtfertigte er die Gewalt, die jede Revolution notwendigerweise begleitete. Sichtbar folgten diese Gedanken

---

8) Vgl. Reč' G. A. Geršuni. In: RR No 46 (5. Mai 1904) S. 3–7, bes. S. 6.
9) /G. A. Geršuni u. V. M. Černov/, Terrorističeskij element v našej programme. In: RR No 7 (Juni 1902) S. 2–5, hier S. 3. – Dva pis'ma rabočego-revoljucionera. In: RR No 10 (August 1902) S. 2. – Terrorističeskij element S. 3.
10) Dva pis'ma rabočego-revoljucionera S. 2.

dem Muster christlicher Buße: Der Terrorist als eine Art Heiland nahm die Sünden auf sich, die jeder Revolutionär durch seine Tätigkeit beging und sühnte sie durch Hingabe seines eigenen Lebens. „Vom moralphilosophischen Standpunkt", so faßte ein prominenter Sozialrevolutionär diese Auffassung zusammen, „muß der *Akt des Tötens* zugleich der *Akt der Selbstaufopferung* sein."[11] Mehr noch, die Puristen unter den Verfechtern solcher, von neukantianischer Ethik geprägten Theodizee des Terrors bestanden sogar darauf, daß die Selbstaufopferung frei sein müsse von jeglichem Egoismus, daß sie „aus Liebe und um der Liebe willen das ganze Selbst auf dem Altar darzubringen" habe. Nur dann könne der terroristische Akt die „schöpferische Ekstase", „die höchste Erhebung des menschlichen Geistes, . . . fast eine religiöse Hymne, . . . ein psychologischer Idealismus" sein.[12] Es war eine bittere, aber — wie zu zeigen sein wird — keineswegs zufällige Ironie des Schicksals, daß sich diese pathetisch-verklärenden Worte ausgerechnet gegen den berühmten Terroristen und nachmaligen Renegaten B. V. Savinkov richteten, der den Helden seines ersten autobiographischen Romans in eklatantem Verstoß gegen die parteioffizielle Begründung des Terrors aus lebensphilosophisch inspiriertem Abenteurertum, aus bloß egoistischem Selbstverwirklichungsdrang zum Attentäter werden ließ.[13]

Aber die PSR konnte auch mit Stolz auf Revolutionäre verweisen, die den hohen moralischen Anspruch beispielhaft erfüllten: auf ihre Helden E. S. Sazonov, der den verhaßten Innenminister V. K. v. Pleve im April 1904 nach langer Jagd zur Strecke brachte, und I. P. Kaljaev, dessen Attentat der Großfürst Sergej Aleksandrovič im Febuar 1905 zum Opfer fiel.[14] Vor allem Kaljaevs Tat faszinierte die Zeitgenossen wie die Nachwelt, demonstrierte sie doch die ethische Problematik der legitimen Gewaltanwendung in besonders plastischer Weise. Trotz ungünstiger Umstände warf er seine Bombe bei der ersten Gelegenheit nicht, weil er in der Kutsche des Großfürsten außer diesem auch die Großfürstin und ihre Kinder erblickte, und vollendete seine Aufgabe erst, als sich eine Chance bot, den Großfürsten allein zu treffen. Immer wieder diente dieses Zögern des Terroristen, Moralisten und Dichters, der es vermied, das Blut Unschuldiger zu vergießen, als Exempel für die ethische Reinheit der Revolution, für revolutionäre Kalokagathie.[15]

11) Zenzinov, Perežitoe S. 108. Rückblickend hat der linke Sozialrevolutionär I. Z. Štejnberg, Justizkommissar der ersten Koalitionsregierung nach der Oktoberrevolution 1917, den sozialrevolutionären Terror durch diese Forderung vom bolschewistischen abgegrenzt. Letzterer erwachse „aus der Bequemlichkeit bürokratischstaatlicher Gemächer", ersterer dagegen aus persönlichem Einsatz, der das eigene Opfer nicht scheue. Vgl.: I. Steinberg, Gewalt und Terror in der Revolution (Oktoberrevolution oder Bolschewismus.) Berlin 1931 S. 180 f.
12) Pomorcev, /M. V. Višnjak?/, Opravdanie terrora. (Po povodu ‚Konja Blednogo' V. Ropšina /B. V. Savinkova/. In: ZT No 18 (16. Mai 1909) S. 2—8, hier S. 7, 8.
13) Vgl. V. Ropšin /B. V. Savinkov/ Kon' blednyj. Nizza 1913.
14) Vgl. dazu unten S. 363 ff.
15) Vgl. Steinberg, Gewalt und Terror S. 181. Camus wählte Kaljaevs Tat bekanntlich als Fabel seines Dramas „Les Justes".

Weil die PSR in einer anderen politischen Situation handelte als die
„Narodnaja Volja", mußte ihr insbesondere daran gelegen sein, die Effektivität der übernommenen Taktik auch unter den neuen Umständen zu beweisen. Darum bemühten sich Geršuni und Černov in dem ersten Programmartikel, der die terroristischen Attentate offiziell ins Arsenal der sozialrevolutionären politischen Waffen aufnahm. Dabei gingen sie insofern über die Überlegungen ihrer populistischen Ahnen hinaus, als sie deren Argumente systematisierten und zu einem Kanon der politischen Leistungen des politischen Terrors ausarbeiteten, auf den sich seine Befürworter bis zum Ende des Zarenreiches immer wieder beriefen.

Terroristischen Anschlägen wurden drei Funktionen zugeschrieben. Eine erste bestand darin, die Revolutionäre zu schützen, d. h. in der „Selbstverteidigung". Diese Wirkung sollte dadurch erreicht werden, daß die Staatsgewalt, in der Gewißheit, daß jede ihrer Maßnahmen mit Gleichem vergolten würde, die Revolutionäre fürchten lernen und vor weiteren Ungerechtigkeiten zurückschrecken würde.[16] Zweitens billigte man ihnen einen „agitatorischen Effekt" zu, weil sie „die allgemeine Aufmerksamkeit auf sich ziehen, selbst die verschlafensten und indifferentesten Spießer wecken ... und die Leute gegen ihren Willen zwingen" würden, „politisch zu denken." Drittens schließlich hoffte man, durch Tötung führender Repräsentanten der zaristischen Staatsordnung eine „desorganisierende Wirkung" zu erreichen. Revolver und Bomben sollten die Staatsmacht zwingen, in der Gesellschaft Rückhalt zu suchen und ihr Konzessionen zu machen.[17]

Politischer Terror in diesem Verstande war keineswegs als Ersatz für andere Kampfmethoden wie Agitation und Propaganda unter den Massen gedacht, sondern sollte nur *eine* Waffe unter anderen darstellen. Nachdrücklich betonten dies Geršuni und Černov: „Keineswegs ersetzen, sondern nur ergänzen und verstärken wollen wir den Massenkampf mit kühnen Schlägen der kämpfenden Avantgarde". Oder, wie ein anderer Sozialrevolutionär plastisch formulierte: „Wir gehen in die Massen mit dem Büchlein und dem Revolver."[18] Solche Gleichberechtigung der politischen Aktionsformen blieb freilich ein bloßes Lippenbekenntnis, stand, wie insbesondere die Geschichte der BO lehren wird, lediglich auf dem Papier. In der Realität gab man, im Denken wie in praxi, allem, was mit terroristischer Aktivität zu tun hatte, absolute Priorität. Damit aber nahm man nicht nur eine unwesentliche Modifikation, eine bloße Anpassung der überkommenen Theorie des Terrors vor, sondern *stellte die Überlegungen der „Narodnaja Volja"*

---

16) Terrorističeskij element v našej programme S. 2.
17) Ebd. S. 4. Vgl. auch: A. I. Ul'janov i delo 1—go marta S. 380; Šternberg, Političeskij terror S. 20; /A. A. Argunov/, Osnovnye položenija programmy Sojuza Socialistov-Revoljucionerov, abgedr. bei Spiridovič, Partija S.-R. S. 552—562, hier S. 562.
18) Terrorističeskij element v našej programme S. 4. — Ženevskaja gruppa /Protokolle einer Versammlung vom 28. Oktober 1904/, Archiv PSR 125. Vgl. auch: Terror i massovoe dviženie. In: RR No 24 (15. Mai 1903) S. 1—3; D. A. Chilkov, Terror i massovaja bor'ba. In: VRR No 4 (1905) S. 225—261.

geradezu auf den Kopf: Politischer Terror rechtfertigte sich nicht mehr als Substitut eines ausbleibenden Massenaufstandes, als verzweifelte Ersatzhandlung faute de mieux, sondern wurde de facto zu einer allgemeingültigen Aktionsform aufgewertet, die auch und gerade in einer Periode wachsender Unruhe und revolutionären Aufschwungs für sinnvoll gehalten wurde. Revolutionäre Aktion und Terror fielen für die PSR weitgehend in eins. Deshalb galt nicht der Theoretiker, Organisator oder Massenredner als der ideale Sozialrevolutionär, sondern der Terrorist; und deshalb konnte Kaljaev sagen: „Ein Sozialrevolutionär ohne Bombe ist doch kein Sozialrevolutionär mehr."[19]

Als der Programmartikel zur Terrorfrage im Zentralorgan der PSR veröffentlicht wurde, waren die alten Meinungsverschiedenheiten über diesen Punkt keineswegs geklärt. Nach wie vor herrschte Opposition, insbesondere unter den Sozialrevolutionären Südrußlands. Wie Černov später zugab, waren seine und Geršunis Äußerungen geradezu darauf berechnet, auf Skepsis zu stoßen und kritische Einwände abzufangen.[20] Mochte die Untersuchungskommission in Sachen Azef 1911 auch zu weit gegangen sein, als sie aus ihren Nachforschungen schloß, daß die Terrorfrage 1902 noch völlig „offen" gewesen sei, so traf ihre Behauptung doch einen richtigen Kern, daß erst hartnäckiges Betreiben der Parteiführung die Attentatstaktik als beherrschende Aktionsform der PSR etabliert habe. Und ohne Zweifel machten sich die Richter nur geringer Übertreibung schuldig, wenn sie befanden, daß die Terrorbegeisterung „allein *die Haltung der leitenden Schichten der Partei*", angeführt von Goc, Geršuni und Černov, gewesen sei und man sie den unteren Rängen regelrecht oktroyiert habe.[21]

Auf der anderen Seite wehrten sich die Verteidiger der sozialrevolutionären Führung ebenfalls mit plausiblen Argumenten. Zu Recht hielten sie es für „außerordentlich simplifiziert", die persönliche Initiative einiger weniger Personen für die Billigung des politischen Terrors verantwortlich zu machen. Vielmehr habe die PSR zu dieser Waffe gegriffen, weil „der sich mehr und mehr verschärfende revolutionäre Kampf und die zu unglaublichen Ausmaßen gesteigerten Repressionen der Regierung letztlich . . . keine / andere,

---

19) Laut B. Sawinkow, Erinnerungen eines Terroristen. Berlin 1929 S. 30. Or.: B. V. Savinkov, Vospominanija terrorista. Izd. F. Kona. Char'kov, M. 1927. Dazu: M. Gorbunov, Savinkov kak memuarist. In: Katorga i Ssylka (zit.: KiS) 1928 No 3 (30) S. 168–185; No 4 (31) S. 163–173 u. No 5 (32) S. 168–180; N. S. Tjutčev, Zametki o vospominanijach B. V. Savinkova. In: KiS 1924 No 5 (12) S. 49–72.

20) Aussage Černovs vor der Untersuchungskommission in Sachen Azef: Zaključenie sudebno-sledstvennoj komissii po delu Azefa S. 11. – Daß es eine ernsthafte antiterroristische Strömung in der PSR gab, bestätigte 1909 der Terrorgegner B. G. Bilit. „Die Partei", so rief er den Teilnehmern der dritten Konferenz der sozialrevolutionären Auslandsorganisationen ins Gedächtnis, „zerfiel in zwei Hälften; eine Hälfte akzeptierte den Terror nicht. Der Terror nahm nicht den Platz ein, den man ihm zuwies, und /trotzdem, M. H./ wurde die Partei zu einer rein terroristischen. Die andere Richtung findet sehr viele Anhänger." Vgl.: Protokoly tretej konferencii Zagraničnoj organizacii P.S.-R. (23. 3.–1. 4. 1909), Archiv PSR 220/I.

21) Zaključenie S. 10, 11, 13.

M. H. / Wahl" gelassen hätten.[22] Die allgemeine Unzufriedenheit der Gesellschaft seit der Jahrhundertwende habe den Gedanken an politischen Terror geradezu „gezüchtet", und Gewalt sei als der Funke erschienen, der das Pulverfaß der revolutionären Gärung zur Explosion bringen konnte. Nur „Bücherwürmer", so argumentierten auch Černov und Geršuni schon 1902, würden noch einen „Tintenkrieg" über die Zweck- bzw. Unzweckmäßigkeit der terroristischen Taktik führen, denn tatsächlich habe das — von der PSR oft zitierte — „Leben" längst entschieden: durch das Attentat von P. V. Karpovič auf den Bildungsminister N. P. Bogolepov Anfang 1901 und die Schüsse S. V. Balmašev s auf den Innenminister D. S. Sipjagin am 2. April 1902. Hierbei hatte die Partei dem „Leben" allerdings schon kräftig nachgeholfen: Balmašev s Anschlag war der erste, den Geršunis Spezialtruppe für politischen Terror, die BO, vorbereitete.[23]

So wird man die Kontroverse nicht eindeutig schlichten können. Beide Seiten verfügten über stichhaltige Argumente. Ohne Zweifel entstand die terroristische Taktik der PSR „in engster Verbindung mit der Massenbewegung"[24], und gewiß war die politische Atmosphäre zu jener Zeit so gespannt, daß der Revolver Karpovičs „von selbst schoß".[25] Andererseits aber traf ebenso zu, daß die ehemaligen Narodniki und „narodovol'cy" an der Parteispitze auf diese Entwicklung gewartet hatten und die terroristischen Flammen nach Kräften schürten; mehr noch, daß sie Geršunis List billigten, die antiterroristische Opposition durch die Schaffung einer BO *ohne* formelles Mandat der Partei und *vor* der offiziellen Inauguration der terroristischen Taktik, durch ein fait accompli also, zu überrumpeln.[26]

Kontroverse mit den Sozialdemokraten

Weit davon entfernt, die Entstehung einer neuen revolutionären Partei als Konkurrenz zu beargwöhnen, hatte die Sozialdemokratie die Gründung der PSR zunächst mit großem Wohlwollen zur Kenntnis genommen und insbesondere das „Manifest der PSR", wie erwähnt, als „unverfälschte Darlegung sozialdemokratischer Grundsätze" begrüßt.[27] Mochten auch bald Differenzen zutage treten, die Gedanken an eine organisatorische Verbindung ausschlossen, so war die RSDRP doch zu enger Zusammenarbeit bereit. Eine ähnliche Haltung bezogen die Sozialrevolutionäre, die mit

---

22) In. Ritina /I. I. Rakitnikova/, Terror v ‚Zaključenii Sudebn.‚—Sledstvennoj Komissii po delu Azefa.' In: ZT No 40 (Februar 1912) S. 8–16, hier S. 11.
23) Terrorističeskij element v našej programme S. 2. Zu Karpovičs Tat: Process P. V. Karpoviča., 14. fevr. 1901 g., Arch. PSR 791/10. Zu Balmašev und zur Gründung der BO s. u. S. 359 ff.
24) Ritina, Terror v 'Zaključenii Sudebn.—Sledst. Komissii S. 12.
25) So E. E. Lazarev, Žiznennyj podvig G. A. Geršuni. NC No 7 No 96 S. 12.
26) Vgl. V. M. Černov, Iz istorii PSR. In: Nov. Žurnal No 100 S. 284; Zaključenie S. 21.
27) Vgl. Geyer, Lenin S. 251.

Freude feststellten, daß „die ‚Iskra' von Nummer zu Nummer lebendiger und interessanter" werde.[28]

Die gegenseitige Schonung freilich war von kurzer Dauer. Die Sympathiebezeugungen fanden in dem Augenblick ein abruptes Ende, als sich die PSR im Frühjahr 1902 auf ihr populistisches Erbe besann. An ihre Stelle trat eine erbitterte, lediglich durch einige wenige Kooperationsversuche während der ersten Revolution unterbrochene Fehde, deren Schlußpunkt erst die Liquidation der PSR im Prozeß von 1922 setzte. Der Gegenstand, an dem sich der Streit zuerst entzündete, war die Terrorfrage. Was die innerparteiliche Opposition eher zaghaft vorbrachte — ihre Einwände fanden in der Frühphase, soweit ersichtlich, keinen schriftlichen Niederschlag —, das formulierte nun die Sozialdemokratie mit beißender Polemik, zumal sie die terroristische Taktik von Anfang an, seit Karpovičs Schüsse diese wieder auf die Agenda der Debatten im revolutionären Lager gesetzt hatten, wenn nicht prinzipiell, so doch in der gegebenen Situation energisch abgelehnt hatte.

Politischer Terror, so lautete ein erster Einwand, sei ausschließlich ein Kampfmittel der Intelligenz und stehe „*in gar keiner Verbindung* mit der Arbeit in den Massen."[29] Die alte Frage der russischen revolutionären Bewegung, wer die Revolution trage, werde durch die Akzeptierung der terroristischen Taktik in falscher Weise entschieden, da sie der Intelligenz eine autonome revolutionäre Qualifikation zugestehe.[30] Nicht minder falle ins Gewicht, daß Terror von der Hauptaufgabe einer revolutionären Partei ablenke, i. e. die revolutionäre Arbeiterbewegung zu organisieren.[31] Er sei organisationsfeindlich, bedeute Handlung *anstelle* der Massen, statt daß er diese zu eigenem Handeln anleite,[32] und ersetze Erziehung durch bloße Sensation. Politischer Terror sei nur ein Zweikampf, kein Massenkampf. Er nähre schädliche Illusionen, weil er weder den Staatsapparat zerstöre, noch die Massen zwinge, politisch zu denken.[33] Von tatsächlicher „Desorganisation" könne nur die Rede sein, „wenn die durch den Kampf selbst wirklich organisierten breiten Massen die Regierung dazu bringen, den Kopf zu verlieren". Politischer Terror sei daher lediglich eine sinnlose Aufopfe-

---

28) Vgl. VRR No 1 (Juli 1901) razdel II S 80. Auch: Ne-Stažatel', Čto že nas razedinjaet? (Pis'mo social'-demokrata v redakciju. In: VRR No 1 (Juli 1901) razdel II S. 1—7.

29) W. I. Lenin, Warum muß die Sozialdemokratie den Sozialrevolutionären einen entschiedenen und rücksichtslosen Kampf ansagen (1902). In: LW 6 S. 167; ferner: ders., Die Selbstherrschaft und das Proletariat (1905). In: LW 8 S. 6—7., ders., Revolutionäres Abenteurertum (1902). In: LW 6 S. 181.

30) /Ju. O. Cederbaum/, Voprosy dnja. Koe-čto o terrore. Kak inogda ljudi povaračivajut. In: Iskra No 4 (Mai 1901) S. 2—4.

31) Lenin, Warum muß die Sozialdemokratie S. 167; auch: K voprosu o terrorizme. Idz. Bunda. London 1903 S. 38.

32) Vgl. W. I. Lenin, Neue Ereignisse und alte Fragen (1902) In: LW S. 6. 270—276 S. 273.

33) Lenin, Warum muß die Sozialdemokratie S. 167.

rung wertvoller revolutionärer Kräfte und schade eher den eigenen Reihen als denen des Gegners.³⁴ Schließlich, mit diesem Argument suchte vor allem der jüdische „Bund" einer Infizierung seiner Mitglieder durch die terroristische Taktik vorzubeugen, dürfe man nicht dem trügerischen Glauben erliegen, daß sich politischer Terror handhaben lasse wie jede andere Aktionsform auch. Im Gegenteil, mahnte man, sei erwiesen, „daß Terror seiner Natur nach" darauf dränge, „alle anderen Kampfarten zu assimilieren und sie letztlich zu ersticken." Der Terror habe „seine eigene Logik: eine unduldsame, ausschließende, despotische, alle Trennwände niederreißende Logik".³⁵ Mit anderen Worten: Terror und Organisation seien alternativ, nicht komplementär, wie die PSR behaupte.³⁶

Es wird sich zeigen, daß solche Einwände die Schwächen und Gefahren der terroristischen Taktik in der Tat treffend bezeichneten. In vielem sahen die sozialdemokratischen Kritiker schärfer als die Sozialrevolutionäre: weil sie die innere Dynamik des politischen Terrors und seinen Ort in der Entwicklung der revolutionären Bewegung, d. h. seine Funktion als Substitut der Massenbewegung nicht aus den Augen verloren.

Zunächst aber bestätigte der Erfolg die terroristische Taktik vollauf. Das Echo, das Balmašev s Schüsse hervorriefen, hallte in ganz Rußland nach und übertönte auch die lauteste Kritik. Es bescherte der PSR mit einem Schlage eine solche Popularität, daß die Ochrana schon im November 1902 in einem internen Wochenbericht festhielt: „Gegenwärtig ist die Avantgarde der russischen revolutionären Kräfte die PSR."³⁷ Nicht minder aber wurden die Sozialdemokraten von diesem Blitzstart aufgeschreckt, machte doch die Terroreuphorie vor ihren Reihen keineswegs halt. Im Gegenteil, die heftige Kampagne, die die „Iskra" und der „Bund" gegen die PSR starteten, verriet nur allzu deutlich, daß Geršuni mit gutem Grund über die „epidemische Flucht" aus der RSDRP frohlockte.³⁸

Um dieser gefährlichen Entwicklung entgegenzutreten, bemühten sich vor allem Lenin und Plechanov, die Rolle der PSR beim Attentat auf Sipjagin herunterzuspielen. Balmaševs Tat, behaupteten sie, sei die Rache eines

---

34) Lenin, Neue Ereignisse und alte Fragen. In: LW 6 S. 273.
35) K voprosu o terrorizme. S. 24, 38.
36) Vgl. dazu die Kontroverse zwischen der „RR" und der „Iskra" nach dem Attentat der PSR auf den Gouverneur N. M. Bogdanovič in Ufa vom 6. Mai 1903 (s. Spiridovič, Partija S.-R. S. 125): Massovoe dviženie i social'no-revoljucionnaja ‚strategija'. In: Iskra No 41 (1. Juni 1903) S. 2–3; Antwort: Ešče o kritikach terrorističeskoj taktiki. In: RR No. 26 (15. Juni 1903) S. 1–4; Antwort darauf: Ešče o social'no-revoljucionnoj ‚strategii'. In: Iskra No 44 (15. Juli 1903) S. 2–3.
37) Vgl. den Wochenbericht der Ochrana No 7 vom 11. November 1902 S. 1 u. 5, OA XII c (2) f. 1.
38) Vgl.: G. A. Geršuni an die Redaktion der „RR", Ende 1903, Archiv PSR 502/7, auch in: NC No 7 No 95; Belostok: In: RR No 29 (5. August 1903) S. 16–17. S. auch: E. Mendelsohn, Worker Opposition in the Jewish Socialist Movement, from the 1890's to 1903. In: International Review of Social History (zit.: IRSH) 10 (1965) S. 274 ff; ders., Class Struggle in the Pale S. 131 ff; Geyer, Lenin S. 261 ff.

Studenten für zaristische Bluttaten bei der Bekämpfung von Unruhen an den Hochschulen gewesen und mitnichten der revolutionäre Akt eines überzeugten Sozialrevolutionärs. Die PSR griff den Fehdehandschuh auf und wies eine solche Unterstellung entrüstet zurück. Plechanov eskalierte daraufhin den Streit, indem er sogar die Zugehörigkeit des Attentäters zur PSR und damit deren Aufrichtigkeit in Zweifel zog. Freilich verfing auch diese polemische Attacke nicht, da Geršuni im Gegenzug überzeugende Belege dafür beibringen konnte, daß sich Balmašev, der zuvor in der Tat einem sozialdemokratischen Zirkel in Kiev angehört hatte, spätestens 1901 der PSR zugewandt habe.[39] Es war Plechanov, der nunmehr als Verleumder dastand und der den Beweis für seine Behauptung schuldig bleiben mußte. Der Vorwurf fiel auf seine Urheber zurück.

Alle Manöver der Sozialdemokratie, die Welle der Sympathie für die PSR und die terroristische Taktik zu brechen, blieben vorerst vergeblich. Dies umso eher, als die Ermordnung des verhaßten Innenministers v. Pleve im Juli 1904 einen weiteren beträchtlichen Prestigegewinn für die Sozialrevolutionäre bedeutete und selbst breite Kreise der liberalen Intelligenz, die sich ansonsten von Gewalttaten distanzierten, diesmal Beifall zollten. Eine spürbare Wende und eine verspätete Untermauerung der Position der Terrorkritiker brachten erst die revolutionären und nachrevolutionären Ereignisse.

2. Klassentheorie

Im Unterschied zur Sozialdemokratie wollte die PSR nicht nur einen Teil der unterdrückten Massen in Rußland, sondern *alle* Ausgebeuteten und Geknechteten, die Arbeiterschaft, die Bauernschaft und die revolutionäre Intelligenz gleichermaßen zusammenschließen. Nur deren Einheitsfront, mahnte sie immer wieder, könne den gemeinsamen Feind, Autokratie und Kapitalismus, zu Fall bringen, nur ein Aufstand des ganzen „Volkes", nicht der einer Klasse, die Revolution verwirklichen. Bereits die frühen neopopulistischen Programmplattformen wußten sich in diesem fundamentalen Credo einig.[40]

---

39) Vgl. zu dieser Polemik folgende Artikel: /G. V. Plechanov/, Smert' Sipjagina i naši agitacionnye zadači. In: Iskra No 20 (1. Mai 1902) S. 1. — Une Réponse / Flugblatt der BO PSR /, NC No 7 No 94; /G. A. Geršuni /, Vynuždennoe ob-jasnenie. In: RR No 7 (Juni 1902) S. 5—6; /G. V. Plechanov /, Vynuždennaja polemika. In: Iskra No 23 (1. August 1902) S. 1—2; Bezprimernyj postupok. In: RR No 11 (September 1902) S. 24—25; Po povodu polemiki ‚Iskry'. In: RR No 11 S. 25—26; Ot C. K. Partii Socialistov-Revoljucionerov. In: RR No 11 S. 26—27; Antwort: Lenin, Vulgärsozialismus und Volkstümelei, wiederbelebt durch die Sozialrevolutionäre (1902). In: LW S. 6 255—262. Antwort: / G.A. Geršuni /, Zajavlenie po delu 2-go aprelja. In: RR No 27 (1. Juli 1903) S. 1—4; Antwort: Lenin, Schiefgegangen (September 1903). In: LW 7 S. 22—27.
40) Vgl. Očerednoj vopros 2. Aufl. S. 76; Naši zadači S. 42 ff; Manifest passim.

Außer Zweifel stand ebenfalls, daß die Führung dabei der *Intelligenz*, diesem „Salz der russischen Erde", gebührte.[41] Der bewußten Elite allein schrieb man die Einsicht und das Wissen zu, den Weg zur Befreiung aufzuzeigen. Ihr attestierte man die moralische Befähigung für diese Aufgabe, weil sie sich aus Überzeugung, aus Abscheu vor der Rechtlosigkeit und den Untaten des zaristischen Staates, von diesem losgesagt habe. Es war somit ein autonomer geistiger Akt, der laut sozialrevolutionärer Theorie die revolutionäre Intelligenz konstituierte, und nicht, wie der Marxismus behauptete, ein Prozeß an der sozioökonomischen Basis, i. e. die kapitalistische Industrialisierung Rußlands.[42] Daraus ergab sich folgerichtig, daß die Avantgarde der russischen Revolution in neopopulistischem Verstande eine Position *über* den Klassen einnahm. Sie bildete ein Gruppe aufgrund gleicher *Gesinnung* und nicht aufgrund desselben *Klassenstatus*, rekrutierte sich sogar „aus verschiedenen Klassen" und konnte deshalb „die Synthese aller aktiven Kräfte" darstellen.[43] Daß diese Hochschätzung der revolutionären Intelligenz aufs engste mit der populistischen Philosophie verbunden war, bedarf keiner weiteren Erläuterung. In ihr spiegelte sich sowohl Lavrovs optimistischer Rationalismus, sein Vertrauen in die Macht von Erkenntnis und Wissen als Triebkräfte der gesellschaftlichen Evolution wie auch Michajlovskijs pessimistische Konzeption, die im gesellschaftlichen Fortschritt, in Arbeitsteilung und wachsender Differenzierung, die Vernichtung der ursprünglichen Ganzheit, der vielfältigen, naiven Einfachheit des Menschen sah, aber dabei ebenfalls die Idee des Individuums als des bewußten Gestalters des historischen Prozesses zugrunde legte[44].

Als ein Kernstück des populistischen Erbes wurde die Sonderstellung der revolutionären Intelligenz von Sozialrevolutionären aller Schattierungen anerkannt. Meinungsverschiedenheiten stellten sich erst auf praktischer Ebene ein. Insbesondere zeigte sich bald, daß ein Teil der Neopopulisten, die späteren Maximalisten, die Prärogative der Avantgarde als Rechtfertigung für blinden Aktionismus, für blanquistische Einzelmanöver ohne Massenbeteiligung benutzte und sie zur sogenannten Theorie der „Initiative der Minderheit" pervertierte.[45]

Wer *die* charakteristische Eigenheit der sozialrevolutionären Klassentheorie benennen will, wird ohne Zweifel auf den Versuch verweisen, die *Gemeinsamkeit* der ökonomischen Situation und der politischen Interessen

---

41) E. Breškovskaja, K sel'skoj intelligencii. In: RR No 28 (15. Juli 1903) S. 6–7, hier S. 6; vgl. auch: dies., K molodoj intelligencii. 30. marta 1907, Archiv PSR 168.
42) Darauf hebt insbesondere L./È./Šiško, K voprosu o roli intelligencii v revoljucionnom dviženii. In: VRR No 2 (Februar 1902) S. 89–122 ab.
43) I., Rabočee dviženie i revoljucionnaja intelligencija. In: VRR ebd. S. 211–231, hier S. 217 und 227. Auch: Šiško, K voprosu o roli intelligencii S. 93.
44) Vgl. Walicki, Controversy S. 29 ff, 46 ff; vgl. ferner oben Einleitung Anm. 105.
45) Zum Maximalismus s. u. S. 126 ff.

von Arbeiterschaft *und* Bauernschaft zu begründen, womit der Einheitsfront dieses „werktätigen Volkes" (trudovoj narod) — wie der populistische Oberbegriff für beide lautete — im Kampf gegen die Autokratie ein Fundament gegeben werden sollte. Dabei setzte die PSR die Gültigkeit der marxistischen These, daß das Proletariat aufgrund seiner Stellung im kapitalistischen Produktionsprozeß an der Einführung der sozialistischen Wirtschafts- und Gesellschaftsordnung interessiert sei, voraus, wenngleich man die geschichtsphilosophischen Prämissen dieser Auffassung nicht teilte. Mehr noch, häufig gestand man der städtischen Arbeiterschaft sogar die Führung in der revolutionären Bewegung zu. Erst zu leisten war dagegen der Nachweis, daß Gleiches auch für die agrarischen Massen gelte und daß sich deren Bedürfnis nicht nur darin erschöpfe, die Reste des überlebten Feudalismus zu beseitigen. Sozialrevolutionäre Klassentheorie befaßte sich daher aus zwei Gründen fast ausschließlich mit der Bauernschaft: Zum einen, weil ihr populistisches Erbe sie auf das Axiom verpflichtete, daß die russische Revolution eine Revolution der Bauernschaft als der großen Mehrheit der Bevölkerung sein müsse; zum anderen, weil sie den Anspruch erhob, eine sozialistische zu sein und sich damit die Beweislast der Konformität mit dem Denken der II. Sozialistischen Internationalen[46] auflud, i. e. die Bauernschaft als Träger sozialistischer Ideen ausweisen mußte.

Die theoretische Grundoperation dieses Versuches deutete Černov schon in seiner Broschüre „Očerednoj vopros" an, wenn er bemerkte, daß wie für den Proletarier auch für den Bauern eigene Arbeit die einzige Existenzquelle sei. Auch aus ihm werde Mehrwert erpreßt, in „verborgener, maskierter Form" als Pacht, Zins, Preisverfall oder Steuern.[47] Arbeit, entfremdete und ausgebeutete, kennzeichne die Stellung *beider* unterdrückter Klassen im ökonomischen Reproduktionsprozeß der Gesellschaft. Zwang zur Arbeit oder Befreitsein von ihr, d. h. die *Art des Einkommens*, erklärte Černov daher auch zum Kriterium für Klassenzugehörigkeit. Bereits in einem seiner ersten Artikel zu Programmfragen findet sich dieser Kerngedanke in aller Deutlichkeit ausgesprochen:

„In unseren Augen ist ein solches Merkmal / zur Bestimmung der Klassenzugehörigkeit, M. H. / vor allem die *Quelle des Einkommens*, ... steht die Teilung der Gesellschaft in Klassen in unmittelbarer Verbindung gerade mit den Bedingungen der Distribution / „raspredelenie" /, und des-

---

[46] Die PSR wurde auf dem Amsterdamer Kongreß der Zweiten Sozialistischen Internationalen als vollberechtigtes Mitglied aufgenommen. Vgl.: Rapport du Parti Socialiste Révolutionnaire de Russie au Congrès socialiste international d'Amsterdam. Paris 1904; ferner die weiteren Berichte: Bericht der Russischen Sozial-Revolutionären Partei an den Internationalen Sozialistenkongreß zu Stuttgart. August 1907. o .O. 1907; Russie: Rapport du Parti Socialiste Révolutionnaire. In: De 1907 à 1910. Rapport sur le Mouvement ouvrier et socialiste soumis par les partis affilés au Congrès socialiste international de Copenhague (28 août au 3 sept. 1910). Brüssel 1910; Russie. Rapport du Parti Socialiste-Révolutionnaire au Congrès socialiste international de Vienne (1914). Paris 1914.

[47] Očerednoj vopros revoljucionnogo dela 2. Aufl. S. 9.

halb wird auch das Unterscheidungsmerkmal für die Zugehörigkeit zur einen oder anderen Klasse vornehmlich aus diesem Bereich genommen."[48]
Dementsprechend unterteilte Černov die agrarische Bevölkerung Rußlands in zwei Gruppen: die „werktätige Bauernschaft", die von der Ausbeutung der eigenen Arbeitskraft lebe; und die mittlere und kleine „Landbourgeoisie", die sich in mehr oder weniger großem Maße von der Ausbeutung fremder Arbeit ernähre. Der ersteren, der die besondere Aufmerksamkeit der sozialrevolutionären Theorie und Praxis galt, verlieh Černov einen sehr umfassenden Inhalt:

„Werktätige Bauernschaft ist für uns sowohl das Landproletariat — (die Bauern, die ausschließlich oder hauptsächlich vom Verkauf ihrer Arbeitskraft leben, gänzlich oder beinahe gänzlich der Verfügung über Produktionsmittel beraubt sind), und die Klasse der selbständigen Landwirte, die ausschließlich oder hauptsächlich von der Anwendung eigener Arbeit auf die Produktionsmittel (eigene, der obščina gehörende oder gepachtete) in eigener Verantwortung leben."

Zwischen beiden Gruppen bestehe eine „prinzipielle Ähnlichkeit", weil beide von der kapitalistischen Wirtschaftsordnung „erbarmungslos" ausgebeutet würden, wenngleich auf unterschiedliche Weise. Beide müßten daher als *eine* Klasse, als „werktätige Klasse" auf dem Dorfe gelten.[49] Die Argumentation hatte ihr Ziel erreicht: Ausgehend von der Distributionssphäre hatte sie einen Klassenbegriff abgeleitet, der *vor allem* die große Masse der lohnarbeiterlosen agrarischen Kleinbesitzer einschloß.

Damit aber stellte sich ein weiteres schwerwiegendes Problem: Es war die Vereinbarkeit von Eigentum und sozialistischem Klasseninteresse zu zeigen. Wohl nicht zufällig vermochte Černov diesen Nachweis nicht zu erbringen. Stattdessen wich er auf praktische Erfahrungen aus, führte, sicher nicht ohne Berechtigung, aus, daß „der kleine Arbeiter-Bauer als solcher sehr empfänglich für sozialistische Propaganda" sei, nicht weniger empfänglich zumindest als der Landarbeiter[50], und erklärte den „Hang zum Land" seitens der Landlosen und Landarmen als Bemühen, sich ein „Minimum relativer Unabhängigkeit und Sicherheit" zu verschaffen.[51] Bäuerlicher

---

48) /V. M. Černov/, Klassovaja bor'ba v derevne. In: RR No 11 (September 1902) S. 7; /ders./, K teorii klassovoj bor'by. 2. Osnovanie delenija obščestva na klassy. In: RR No 27 (1. Juli 1903) S. 13, auch in: Ders., K teorii klassovoj bor'by. M. 1906 S. 23.
49) Vgl. /V. M. Černov/, Programmnye voprosy. I. Klassovaja bor'ba v derevne. In: RR No 11 (September 1902) S. 6—9, hier: S. 7; auch: /ders./, Programmnye voprosy. II. Proletarii-batraki v russkoj derevne. In: RR No 12 (Oktober 1902) S. 5—7; /ders./, Programmnye voprosy. III. Charakter sovremennogo krest'janskogo dviženija. In: RR No 13 (November 1902) S. 4—6; /ders./, K teorii klassovoj bor'by: 3. Klassovoe položenie sovremennogo krest'janstva. In: RR No 24 (15. Oktober 1903) S. 5—9.
50) Programmnye voprosy. I. Klassovaja bor'ba v derevne. In: RR No 11 S. 7, 8.
51) Programmnye voprosy. IV. Socializacija zemli i kooperacija v sel'skom chozjajstve. In: RR No 14 (Dezember 1902) S. 5—8, hier: S. 7.

Eigentumsdrang wurde als Produkt der Not entschuldigt. Mochte das auch begründet sein, so konnte die Argumentation doch den Widerspruch zwischen solchem Besitzstreben und dem sozialistischen Anspruch der sozialrevolutionären Theorie nicht ausräumen.

Bereits daran wird deutlich, daß die Umdeutung des Klassenbegriffs nicht gelang, ohne die Marxsche Theorie auf den Kopf zu stellen. Obwohl Černov beanspruchte, in ihrem Sinne zu verfahren und seinem „großen Lehrer" Karl Marx[52] zu folgen, verbarg sich hinter der Wahl der Distribution als Grundkategorie der Gesellschafts- und Klassenanalyse die Ablehnung der materialistischen Geschichtsauffassung insgesamt. In polemischer Wendung gegen Lenin erinnerte er zwar zu Recht daran, daß Distributionsbeziehungen nicht einfach einen Reflex auf die Produktionsbedingungen darstellen. Und er berief sich in angemessener Weise auf die dialektische Methode, wenn er bemerkte, daß in der Anerkennung eines gegenseitigen Abhängigkeitsverhältnisses der fundamentale Unterschied zwischen „Vulgärsozialismus" und der Theorie von Marx und Engels bestehe.[53] Andererseits aber kann nicht bezweifelt werden, daß Černov der Einseitigkeit, die er Lenin vorwarf, selbst — nur in umgekehrter Form — verfiel, indem er die Distribution zur bestimmenden Instanz erklärte.

Ungeachtet dessen verwandte Černov nicht wenig Mühe darauf zu zeigen, daß sein Nachweis der sozialistischen Reife der Bauernschaft voll und ganz mit den Schriften von Marx und Engels übereinstimme, wollte er die Väter des Sozialismus doch „*besser* verstehen . . . als die sogenannten Marxisten".[54] Vor allem beim frühen Marx stieß er dabei allerdings auf nicht wenige Hindernisse. Allzu deutlich stand im „Achtzehnten Brumaire" zu lesen, daß die Bauernschaft eben doch keine Klasse bilde und nicht in der Lage sei, ihre politischen Interessen selbst zu vertreten, weil sie nur in dem Sinne ein soziales Ganzes bilde, wie ein Sack von Kartoffeln einen Kartoffelsack.[55] Gegen diese schärfsten antibäuerlichen Waffen der marxistischen Orthodoxie erhob Černov den Einwand, daß auch das Proletariat keinen monolithischen Block darstelle, vielmehr ebenfalls an Unorganisiertheit und Unreife leide und mithin „kein qualitativer, prinzipieller Unterschied zwischen der historischen Rolle der Bauernschaft und des Proletariats bestehe".[56] Ferner betonte er, daß bei all ihrer Triftigkeit und Brillanz die Marxsche Analyse nicht unbesehen auf die kollektivistische Bauernschaft Ruß-

---

52) Vgl. Protokoly pervogo s-ezda Partii Socialistov-Revoljucionerov (29. 12. 1905— 4. 1. 1906 in Imatra, Finnland). o. O. 1906 S. 136.
53) /V. M. Černov /, K teorii klassovoj bor'by. In: RR No 27 (1. Juli 1903) S. 13.
54) Protokoly 1906 S. 136 (kursiv von mir). — Vgl. unter anderem: V. M. Černov, K. Marks i F. Engel's o krest'janstve. Istoriko-kritičeskij očerk. M. 1906 (auch unter dem Pseudonym Ju. Gardenin 1905); Ders., Marksizm i agrarnyj vopros. Istoriko-kritičeskij očerk. SPb 1906; Ders., Krest'janin i rabočij kak ėkonomičeskie kategorii. M. 1906; Ders., K voprosu o kapitalizme v krest'janstve. Nižnij-Novgorod 1905.
55) MEW 8 S. 198.
56) Černov, Marksizm i agrarnyj vopros S. 166 f;

lands übertragbar sei. Weniger Probleme bereitete Černov die Hauptthese von Engels' Schrift über den „Bauernkrieg", bestritt doch die PSR nicht, daß die agrarische Bevölkerung nur im Bündnis mit dem Proletariat siegreich sein könne.[57] Allerdings monierte er die These, daß Münzers Bewegung unausweichlich habe scheitern müssen, und auch eine so ausgeprägte Akzentuierung des proletarischen Führungsanspruches, wie sie sich bei Engels fand, konnte er nicht ohne Vorbehalte hinnehmen.

Dagegen sah Černov seine Auffassungen durch zahlreiche späte Äußerungen von Marx und Engels vollauf bestätigt, was ihn zu der Behauptung veranlaßte, daß die Gründer des Sozialismus ihre anfängliche Einschätzung der Rolle der Bauernschaft fundamental revidiert hätten.[58] Insbesondere verbuchte er die Stellungnahmen zum Schicksal der „obščina" und zur Möglichkeit eines direkten Weges Rußlands zum Sozialismus als klare Antizipation der populistischen Position. Dabei übersah er freilich recht großzügig, daß die wichtigste Bemerkung Marxens zu diesem Thema, der Antwortbrief an V. I. Zasulič, die Frage bewußt offen hielt. Sicherlich traf zu, daß Marx die „historische Unvermeidlichkeit" der „Expropriation der Ackerbauern" als notwendige Voraussetzung der kapitalistischen Entwicklung ausdrücklich auf Westeuropa beschränkte.[59] Andererseits unterstrich er jedoch, daß die Umteilungsgemeinde nur dann als „Stützpunkt der sozialen Wiedergeburt Rußlands" dienen könne, wenn die „zerstörenden Einflüsse, die von allen Seiten auf sie einstürmen", beseitigt und die „normalen Bedingungen einer natürlichen Entwicklung" gesichert würden[60]. Auch Engels wollte sich dreizehn Jahre später in seiner letzten bedeutenden Äußerung über Rußland nicht anmaßen, diese Frage endgültig zu entscheiden. Auch er ließ deutlich durchblicken, daß er der „obščina" kaum noch Chancen einräumte[61] und daß nur eine baldige internationale Revolution ihre Zerstörung noch aufhalten könne. Angesichts eines solch pessimistischen Ausblicks sah sich Černov, um Marx und Engels dennoch als Kronzeugen für die sozialrevolutionäre Theorie reklamieren zu können, zu der wenig überzeugenden Behauptung

---

57) Friedrich Engels, Der deutsche Bauernkrieg, MEW 7 S. 327–413, Černov, Marks i Ėngel's o krest'janstve S. 88
58) Černov, Marks i Ėngel's o krest'janstve S. 45.
59) Vgl.: Brief an die „Otečestvennye zapiski" (1877), MEW 19 S. 111.
60) Vgl. Marx an V. I. Zasulič, MEW 19 S. 242 f. Die entschieden optimistischer urteilenden drei Entwürfe dieses Briefes, 1926 veröffentlicht, waren Černov unbekannt. Vgl. MEW 19 S. 384 ff. Dazu: M. Rubel (Hrsg.), Karl Marx/Friedrich Engels, Die russische Kommune. Kritik eines Mythos. München 1972 S. 56 ff, 110 f; Walicki, Controversy S. 189; H. Krause, Marx und Engels und das zeitgenössische Rußland. Gießen 1958; P. Bachmann, Marx und Engels zu Fragen der obščina und der russischen Revolution. In: Jahrbuch für Geschichte der deutsch-slawischen Beziehungen 2 (Halle 1958) S. 253–272; S. O. Zak, Karl Marx und Friedrich Engels über die „traditionelle" Bauerngemeinde in Rußland und deren Entwicklung nach der Aufhebung der Leibeigenschaft. In: Jahrbuch für Wirtschaftsgeschichte 1973 H. 4 S. 147–164; K. Marks, F. Ėngel's i revoljucionnaja Rossija. M. 1967.
61) Friedrich Engels, Nachwort zu „Soziales aus Rußland". MEW 22 S. 435 u. 431.

gezwungen, ihrer neuen, in der Tendenz richtigen Einschätzung der Bauernschaft fehle nur ein konsequenter Abschluß.[62]

Auch Engels' später Aufsatz „Die Bauernfrage in Frankreich und Deutschland" (1894) ließ sich nicht restlos vereinnahmen. Zwar fand Černov in diesem, wie er es nannte, „letzten Wort der Schöpfer des ‚wissenschaftlichen Sozialismus' zur Bauernfrage"[63] nicht wenige, seinen Absichten förderliche Bemerkungen. So hob Engels die Bedeutung der Bauernschaft als Bündnispartner des Proletariats mit Nachdruck hervor und würdigte ihre Rolle in der zukünftigen Entwicklung, anstatt sie wie in früheren Äußerungen als reaktionäre Kraft abzuqualifizieren. Daß darin zweifellos eine Akzentverlagerung[64] und eine Konzession an die reformistischen Kritiker in der Zweiten Internationalen, an Vollmar und David, zum Ausdruck kam, betonte niemand mit mehr Genugtuung als Černov, der nicht müde wurde, den „neuen Engels" zu zitieren: „Und wir stehn ja entschieden auf der Seite des Kleinbauern".[65] Mehr noch, wenn dieser gar den agrarischen Kleinbesitzer ausdrücklich als einen „Arbeiter" bezeichnete, der sich vom modernen Proletarier nur dadurch unterscheide, daß er sich noch im Besitz seiner Produktionsmittel befinde[66], so fand Černov darin seine eigene Definition des „werktätigen Bauern" wieder.[67] Doch konnten solche eher verbale, zumindest höchst punktuelle Ähnlichkeiten nicht darüber hinwegtäuschen, daß die Engelssche Grundauffassung der sozialrevolutionären genau entgegenstand: Für ihn galt nach wie vor, daß der Kleinbetrieb in der Landwirtschaft „unrettbar" dem Untergang geweiht war und den Bauern das Los der Proletarisierung über kurz oder lang nicht erspart werden konnte.[68] Erneut blieb Černov nichts anderes, als den Vorwurf der Inkonsequenz zu erheben und Engels vorzuwerfen, er habe übersehen, daß die Realität diese Voraussage „in keiner Weise" erfüllt habe.[69] Mochte dieser Tadel berechtigt sein oder nicht, er offenbarte in jedem Falle, daß die Schöpfer des Sozialismus letztlich nicht als Ahnen der sozialrevolutionären Theorie taugten.

Umso mehr theoretischen Flankenschutz erhielt die PSR vom agrarsozialistischen Flügel der reformistischen Opposition in der Zweiten Sozialistischen Internationalen. Was David in seinem umfangreichen Hauptwerk niederlegte, liest sich streckenweise wie ein Lehrbuch der neopopulistischen Ökonomie. Wie diese ging er von der These aus, daß „die Lehre von der

---

62) Černov, Marks i Engels S. 130.
63) Černov, Marks i Engels S. 139.
64) So Lehmann, Agrarfrage S. 139. Vgl. auch: D. Hertz-Eichenrode, Karl Marx über das Bauerntum und die Bündnisfrage. In: IRSH 11 (1966) S. 382–402.
65) F. Engels, Die Bauernfrage in Frankreich und Deutschland, MEW 22 S. 501; Černov, Marks i Engel's o krest'janstve S. 144.
66) MEW 22 S. 488.
67) Černov, Marksizm i agrarnyj vopros S. 225.
68) Vgl. MEW 22 S. 486 und 489.
69) Černov, Marks i Engel's S. 157.

Konzentration der Betriebe für die Landwirtschaft" nicht zutreffe und die grundlegenden Faktoren der industriellen Produktionsweise — Kooperation, Arbeitsteilung und Maschinerie — in der landwirtschaftlichen von untergeordneter Bedeutung seien. Wie diese nahm er den agrarischen Sektor damit aus der Gültigkeit der kapitalistischen Wirtschaftsgesetze aus und reklamierte für sie einen Sonderstatus.[70] Und in gleicher Weise unterschied sich auch — wie Černov hervorhob — Vollmars Forderung, die sozialistischen Parteien müßten die Interessen des „ganzen werktätigen Volkes", d. h. auch die der Bauernschaft vertreten, nur unwesentlich von der Hauptparole der sozialrevolutionären Agitation.[71]

Diese Auseinandersetzung mit dem westeuropäischen Sozialismus belegt, daß Černov marxistische Kategorien nur als Garnierung einer unverändert populistischen Gesellschaftstheorie benutzte. Letztlich gab er die Grundannahmen der „subjektiven Soziologie", als deren brillanter, frühreifer Adept er Ende der 90er Jahre seine theoretische Karriere begonnen hatte, niemals auf. Wie wenig bei näherer Betrachtung vom „Marxismus" Černovs übrig blieb, machte dieser selbst unmißverständlich klar, wenn er rühmte, daß die PSR an der „alten, bewährten Formel" Michajlovskijs festhalte und die Interessen der „Gesamtheit derjenigen werktätigen Klassen" vertreten wolle, „die für uns das Volk sind, insofern sie das Arbeitsprinzip verkörpern und repräsentieren."[72] Der sozialrevolutionäre Klassenbegriff enthüllte sich damit als Neuauflage des populistischen *Volks*begriffs.

Sozialdemokratische Einwände

Weil die sozialrevolutionäre Theorie als sozialistische gelten wollte, forderte sie polemische Attacken seitens der Sozialdemokratie geradezu heraus, blieben doch die Risse zwischen Anspruch und Wirklichkeit nur allzu sichtbar. Die PSR manövrierte sich, indem sie den Eklektizismus zum Prinzip erhob, selber in eine benachteiligte Position. Mochte das auch nicht für die Reformulierung der Grundlagen populistischer Politik insgesamt zutreffen, so galt es doch allemal, soweit man sich ausdrücklich auf Marx berief.

Völlig zu Recht korrigierte Lenin vom marxistischen Standpunkt Černovs petitio principii, wenn er bemerkte, daß laut Marx nicht die Arbeit schlechthin, „sondern nur die gesellschaftliche Form der Arbeit ... oder anders ausgedrückt: das Verhältnis zwischen den Menschen je nach ihrer

---

[70] E. David, Sozialismus und Landwirtschaft. 2. umgearb. u. vervollst. Ausg. Leipzig 1922 S. 680. Man vergleiche die Bemühungen A. V. Čajanovs und der neopopulistischen Ökonomen in Rußland um eine Theorie nichtkapitalistischer Wirtschaftssysteme, insbesondere: A. Tschayanoff /A. V. Čajanov/, Zur Frage einer Theorie der nichtkapitalistischen Wirtschaftssysteme. In: Archiv für Sozialwissenschaft und Sozialpolitik 51 (1923) S. 577–613. Ferner oben Anm. 99 u. 109 der Einl.
[71] Černov, Krest'janin i rabočij kak ėkonomičeskie kategorii S. 7.
[72] Černov, Krest'janin i rabočij S. 44.

Beteiligung an der gesellschaftlichen Arbeit" eine bestimmte politökonomische Kategorie sei. Deshalb könne eine Gesellschaftsanalyse auch nicht von der Distributionssphäre ausgehen, sondern „das wesentliche Unterscheidungsmerkmal der Klassen" sei „ihr Platz in der gesellschaftlichen Produktion und folglich ihr Verhältnis zu den Produktionsmitteln".[73] Bauern hätten somit als Kleineigentümer zu gelten, und agrarische revolutionäre Bewegungen könnten lediglich einen antifeudalen, nicht jedoch einen antikapitalistischen Charakter tragen. Die Bauernschaft, so formulierte Lenin seine frühe Position zugespitzt, wolle den Kapitalismus „nicht beseitigen, sondern umgekehrt eine breitere Grundlage für seine Entwicklung schaffen".[74] Da sich zudem auch im agrarischen Sektor kapitalistische Wirtschaftsbeziehungen durchgesetzt hätten, werde das russische Dorf von zwei gleichzeitigen sozialen Kämpfen zerrissen: dem zwischen der Landbourgeoisie und den Hütern der feudalistischen Sozialstruktur einerseits und dem zwischen Landbourgeoisie und Landproletariat andererseits. Aufgabe der Revolutionäre sei es, diese Auseinandersetzungen zu beschleunigen und nicht etwa, wie die PSR vorschlage, eine fiktive Homogenität des Dorfes bewahren zu wollen.

Nicht weniger unversöhnlich prallten die Auffassungen in der Einschätzung der Rolle der Intelligenz aufeinander. Erblickten die Sozialrevolutionäre in ihr die führende Kraft der revolutionären Bewegung, so zählte sie für Lenin nicht einmal als eine selbständige gesellschaftliche Klasse. Vielmehr betrachtete er sie als eine kleinbürgerliche Zwischenschicht, die ihr Fähnlein nach dem Winde hänge und der für die revolutionäre Bewegung nur Bedeutung zukomme, wenn sie den Standpunkt des Proletariats beziehe, d. h. — wie G. Lukács später formulierte — wenn sie Klassenverrat beging. Wer vornehmlich auf diese „schwankende Intelligenz" baue, hielt Lenin den Sozialrevolutionären vor, der stütze sich tatsächlich „auf keine einzige Gesellschaftsklasse"[75]. Und wenn eine Partei außerdem nicht zur Kenntnis nehmen wolle, daß die „einzige *wirklich* revolutionäre Klasse der kapitalistischen Gesellschaft das Proletariat" sei, könne man sie nur eine kleinbürgerliche Bewegung nennen. An dieser Einschätzung vermochte auch der Anspruch der PSR nichts zu ändern, alle Unterdrückten um sich zu sammeln. Im Gegenteil, gerade er wurde von Lenin als „Dreieinigkeit" von Intelligenz, Proletariat und Bauernschaft verspottet.[76] Die PSR blieb für die frühe

---

73) W. I. Lenin, Vulgärsozialismus und Volkstümelei, wiederbelebt durch die Sozialrevolutionäre (1902). In: LW 6 S. 256 f, zit. S. 257.
74) Lenin, Kleinbürgerlicher und proletarischer Sozialismus (1905). In: LW 9 S. 441–449, Zitat S. 443. Analog argumentierte von menschewistischer Seite L. Martov, Socialisty-revoljucionery i proletariat. SPb 1907 S. 15 ff.
75) Lenin, Warum muß die Sozialdemokratie den Sozialrevolutionären einen entschiedenen und rücksichtslosen Kampf ansagen? In: LW 6 S. 164–167, Zitat S. 165. — Martov, Socialisty-revoljucionery i proletariat S. 13, 27.
76) Lenin, Revolutionäres Abenteuertum, LW 6 S. 190. — Martov, Socialisty-revoljucionery i proletariat S. 13.

Sozialdemokratie — und in dieser Formulierung ließe sich deren Kritik, insbesondere die bolschewistische[77], zusammenfassen — die „zur selbständigen Kraft gewordene radikale Intelligenz oder Intellektuellendemokratie"[78], mithin, wie auch der II. Parteitag der RSDRP konstatierte, „eine bürgerlich-revolutionäre Fraktion", deren „bürgerliche Tendenzen" und „praktische Unbeständigkeit" aufzudecken und anzuprangern war.[79]

3. Revolutionstheorie

Wohl kaum eine Frage wurde in der russischen revolutionären Bewegung so intensiv diskutiert wie die nach dem Charakter des angestrebten Umsturzes. Für die Sozialdemokraten galt dabei lange Zeit als ausgemacht, daß das rückständige Rußland zunächst eine kapitalistische Entwicklung durchlaufen müsse und sich parallel dazu die Errungenschaften der westeuropäischen bürgerlichen Demokratien, d. h. vor allem eine parlamentarisch-konstitutionelle Regierung und die demokratischen Grundrechte für alle Bürger, aneignen müsse[80]. Erst wenn die bürgerlich-kapitalistische Wirtschafts- und Gesellschaftsordnung den Feudalismus in Rußland ausgerottet habe, könne die eigentliche Aufgabe der proletarischen Bewegung, die Herbeiführung einer sozialistischen Revolution, in Angriff genommen werden.

Die Erfahrung der Revolution von 1905 lehrte jedoch, daß diese revolutionstheoretische Konzeption strategische Fehleinschätzungen heraufbeschwor, weil ihre Grundlage, das Marxsche, am Muster der Herausbildung des Kapitalismus in Westeuropa gewonnene historische Entwicklungsmodell, den russischen Verhältnisse nicht angemessen war. Mochte sich der Kapitalismus, wie Lenin nachwies, auch ohne Zweifel entfaltet haben, so fehlte doch nach wie vor ein starkes Bürgertum, das eine bürgerliche Revolution gegen die Autokratie hätte vollbringen können. Stattdessen sahen sich die russischen Sozialdemokraten mit dem Paradox konfrontiert, daß sich die Arbeiterschaft und die Bauern gleichsam vor der Zeit als Träger der revolutionären Unruhe erwiesen. Rein theoretisch löste Trockijs Konzept der permanenten Revolution, dem sich auch Lenin immer weiter annäherte und spätestens 1917 faktisch anschloß, diesen Widerspruch am elegantesten,

---

77) Lenin formulierte die sozialdemokratischen Einwände gegen die PSR schärfer als menschewistische Kritiker. Inhaltlich waren die Argumente jedoch weitgehend identisch, so daß zumal die frühen polemischen Artikel Lenins als repräsentativ für die Sozialdemokratie insgesamt gelten dürfen.
78) Lenin, Arbeiterdemokratie und bürgerliche Ordnung (1905). In: LW 8 S. 65; auch: Ders., Die Hauptthese gegen die Sozialrevolutionäre (1902). In: LW 6 S. 265–269.
79) Kommunističeskaja partija sovetskogo sojuza v rezoljucijach i rešenijach s-ezdov, konferencij i plenumov CK. Bd. I, M. 1953 S. 50.
80) Vgl. z. B. die entsprechenden Passagen im Parteiprogramm von 1903: KPSS v rezoljucijach i rešenijach. Bd. I S. 39 ff; allgemein: Geyer, Lenin S. 287 ff; J. L. H. Keep, The Rise of Social Democracy in Russia. Oxford 1963 S. 67 ff.

indem es behauptete, daß das Proletariat die objektive Funktion des Bürgertums übernehmen müsse und dadurch die anfangs bürgerliche Revolution eo ipso in einem Prozeß dauernder Umwälzung zu einer sozialistischen transformiere[81]. In der Praxis blieb jedoch durchgängig eine beträchtliche Unsicherheit bestehen, die sich vor allem in der Haltung der sozialdemokratischen Mehrheit zur Agrarfrage verriet. Es war letztlich die Kluft zwischen dem Marxschen Entwicklungsmodell und der rückständigen Realität in Rußland, die der Frage, ob die kommende Revolution eine bürgerliche oder eine sozialistische sei, eine solche Brisanz verlieh.

Wenn die populistische Theorie in diese Diskussion eingriff, so tat sie das vor allem als Auseinandersetzung mit der marxistischen Zukunftsperspektive und als Widerlegung der sozialdemokratischen Vorstellungen über den russischen Weg zum Sozialismus (kann sie doch geradezu, wie oben erwähnt, als Reaktion auf den internationalen Sozialismus definiert werden). *Immanent* stellte sich ihr das Problem im Grunde nicht, da sie seine theoretische Voraussetzung, die Konstruktion einer sich als Abfolge von Gesellschaftsformationen und als dialektischer Widerspruch zwischen Produktivkräften und Produktionsverhältnissen durch menschliche Naturaneignung, i. e. Arbeit, vollziehenden historischen Entwicklung nicht teilte. Noch weniger hatte sie mit der evolutionistischen Interpretation gemein, die die Zweite Sozialistische Internationale der Marxschen Theorie gab und die Plechanov der russischen Sozialdemokratie in besonders ausgeprägter Form vererbte[82]. Vielmehr konnten die Populisten gleichsam unvorbelastet den unmittelbaren Übergang Rußlands zur sozialistischen Gesellschaftsordnung fordern, weil ihnen zufolge bürgerlich-kapitalistische Verkehrsformen noch nicht vorherrschten, mehr noch, sich auch nicht entfalten konnten, wie Voroncov nachgewiesen zu haben beanspruchte. Wurde die Rückständigkeit somit für die sozialdemokratische Revolutionstheorie zur Quelle von aporetischen Widersprüchen, so nahm die populistische umgekehrt ihren Ausgang davon, indem sie sie zur Ursache einer *einmaligen historischen Chance* oder, mit einer berühmten Formulierung Voroncovs zu sprechen, zum „Privileg der Rückständigkeit" erklärte[83].

An dieser Grundannahme hielt auch die sozialrevolutionäre Theorie unverändert fest. Immer wieder verwarf sie die sozialdemokratische These von der Notwendigkeit einer bürgerlichen Revolution vor der sozialistischen als aufgezwungenen Schematismus, hinter dem sich ökonomistische Abwiege-

---

81) Vgl. L. Trotzki /L. D. Trockij/, Ergebnisse und Perspektiven. Die treibenden Kräfte der Revolution. Frankfurt 1967; ders., Die permanente Revolution. Frankfurt 1969; ders., Die russische Revolution 1905. Berlin 1923. — W. Scharlau, Parvus und Trockij: 1904—1914. Ein Beitrag zur Theorie der permanenten Revolution. In: JfGO 10 (1962) S. 349—380.
82) Vgl. S. H. Baron, Plekhanov: The Father of Russian Marxism. London 1963 S. 112 ff.
83) V. V. /V. P. Voroncov/, Sud'by kapitalizma S. 14; Walicki, Controversy S. 116 f.

lei und unrevolutionärer Attentismus versteckten. Die russische revolutionäre Bewegung, versicherte die PSR stattdessen, bilde eine „Synthese" der europäischen Revolutionen. Darin spiegele sich ein anderes Mal die allgemeine Beobachtung, daß die nichtwestlichen Länder „die Evolution ihrer Vorgänger in verkürzter und konzentrierter Form durchlaufen" und daß „sie häufig *mehrere* Stufen der Entwicklung in *einer* Periode zusammenfassen" müßten[84]. Ähnlich argumentierte ein anspruchsvollerer revolutionstheoretischer Versuch, wenn er die Besonderheit der russischen Revolution darin sah, daß diese „radikalere sozioökonomische Aufgaben" als ihre europäischen Vorläufer zu bewältigen habe, d. h. sowohl die katastrophale Misere der Landwirtschaft als auch die unzumutbare Ausbeutung des städtischen Proletariats beenden müsse. Dazu aber seien die bürgerlichen Schichten nicht in der Lage, sondern allein „die Kräfte, die Nutzen aus den kommenden unausweichlichen sozioökonomischen Veränderungen" zögen, d. h. „das Proletariat, die Bauernschaft und die revolutionäre Intelligenz"[85]. Grundlegend blieb in beiden Fällen die Voroncovsche Dialektik der Rückständigkeit: die Annahme, daß Rußland einen *anderen* Weg als Westeuropa einschlagen müsse und dabei aus den Erfahrungen der fortgeschrittenen Länder lernen könne.

Trotz ihres ausgeprägten Traditionsbewußtseins übernahm die PSR jedoch auch in diesem Punkte die überkommene populistische Auffassung nicht ohne Abstriche. Zumindest zwei Neuerungen bedeuteten eine substantielle Veränderung. Zum einen widmete die neopopulistische Theorie dem Problem der *bürgerlichen Revolution* mehr und mehr Raum, indem auch sie zwischen einer bürgerlichen und einer sozialistischen Etappe der russischen Revolution zu trennen gezwungen war. So formulierte Černov in einer der ganz seltenen kohärenten Äußerungen über den Charakter der angestrebten Revolution in der ansonsten sehr umfangreichen sozialrevolutionären Literatur:

Im Gegensatz zur sozialdemokratischen „ging unsere Auffassung davon aus, daß, obgleich die anstehende Revolution noch keine sozialistische Revolution sein könne — da dafür die unerläßlichen subjektiven und objektiven historischen Voraussetzungen noch nicht gegeben sind —, sie freilich auch keine rein bürgerliche sein könne. Wir meinten, daß sie ihrem gesamten Inhalt nach unausweichlich zu jener *Übergangs*periode zwischen der bürgerlichen und der Freiheit bringenden sozialistischen Revolution der werktätigen Klasse gehöre, deren Morgenröte die Pariser Kommune bildet"[86].

---

84) Vgl. Novye sobytija i starye voprosy. In: RR 74 (1. September 1905) S. 1—6, hier: S. 2.
85) Vgl. Evgen'ev /wohl E. A. Stalinskij/, Dvižuščie sily russkoj revoljucii. In: Socialist-Revoljucioner 4 (1912) S. 131—176, hier S. 174 f.
86) Vgl. Protokoly pervoj obščepartijnoj konferencii P.S.-R. (August 1908). Paris 1908 S. 91; auch: Protokoly 1906 S. 146: „Deshalb durchleben wir in unserer Revolution gleichzeitig die Revolution von 1789, die Revolution von 1848 und die Epoche der Pariser Kommune."

Ohne Zweifel wies diese Konzeption mehr als oberflächliche Ähnlichkeiten mit Trockijs Theorie der permanenten Revolution auf. Vor allem deshalb, weil beide dieselbe Funktion erfüllten: die Anpassung unangemessener Entwicklungsmodelle an die Eigenart der russischen sozioökonomischen und politischen Struktur. Indem die sozialdemokratische und die sozialrevolutionäre Revolutionstheorie gleichermaßen der spezifischen Verbindung moderner und rückständiger Elemente Rechnung tragen mußten, näherten sie sich in gewisser Weise einander an. Dies umso eher, als eine weitere Ähnlichkeit darin bestand, daß auch die PSR — was häufig übersehen wird — während der Übergangsphase zwischen bürgerlicher und sozialistischer Revolution die Errichtung einer „provisorischen revolutionären Diktatur" vorsah, um die Errungenschaften des „werktätigen Volkes" gegen die restaurativen Kräfte zu sichern und ein vorzeitiges Ende der Bewegung zu verhindern[87].

Als zweite Neuerung, die unmittelbar mit der Phasenunterscheidung zusammenhing, *begrenzte* die PSR ihre sozialistischen Ambitionen immer mehr auf den *agrarischen Sektor*. Um den Übergang vom demokratischen zum sozialistischen Stadium der Revolution voranzutreiben, begründete erneut Černov, komme es vor allem darauf an, eine „Bresche" in die Festung des bürgerlichen Staates zu schlagen. Dies könne am ehesten im agrarwirtschaftlichen Sektor durch die „Sozialisierung des Grund und Bodens" geschehen, die das Privateigentum an Land beseitige und somit zur „Revolution der Werktätigen" (trudovaja revoljucija) überleite[88].

Was der sozialrevolutionäre Cheftheoretiker in diesen Sätzen als bewußte Planung und strategisches Kalkül vorstellte, entpuppte sich freilich bei näherer Betrachtung nicht minder als Anpassungszwang. Die PSR hielt die ökonomischen Analysen Voroncovs und N. F. Daniel'sons, d. h. den Nachweis mangelnder Entfaltungsmöglichkeiten des Kapitalismus in Rußland infolge einer Begrenzung des inneren Marktes, nach wie vor für gültig. Ihrem populistischen Erbe treu, ging sie davon aus, daß die Debatte der 90er Jahre die Standpunkte auf absehbare Zeit geklärt habe und kein Anlaß zu kritischer Überprüfung bestehe. Daraus vor allem mag die erstaunliche Tatsache zu erklären sein, daß die sozialrevolutionäre Theorie der wirtschaftlichen Entwicklung Rußlands wenig Aufmerksamkeit schenkte, daß sie ihr keine eigene eingehende Untersuchung widmete und sich auch unter den führenden Köpfen der Partei kein Ökonom von Rang befand[89]. Ande-

---

87) Vgl. Protokoly 1906 S. 159 f, 360.
88) Kratkij otčet o rabotach četvertogo s—ezda Partii Socialistov-Revoljucionerov. (26. November—5. Dezember 1917) Petrograd 1918 S. 23. Vgl. auch die Beiträge von A. N. Bach und D. S. Rozenbljum (Firsov) in: God russkoj revoljucii (1917—1918 gg.). Sbornik statej. A. N. Bach, M. V. Višnjak u. a. M. 1918 S. 5 ff und 17 ff.
89) Am engsten dürften der bekannte Zemstvostatistiker P. A. Vichljaev (vgl. zu ihm: N. Jasny, Soviet Economists of the Twenties. Names to be Remembered. Cambridge 1972 S. 208 ff) und — bis zu seinem Übertritt zu den Men'ševiki — der Ökonom N. Suchanov /N. N. Gimmer/ der PSR verbunden gewesen sein. In sozialrevolutionä-

rerseits aber waren sich die Sozialrevolutionäre der erheblichen Veränderung der Wirtschaftsstruktur bewußt, die die forcierte Industrialisierung seit den 90er Jahren bewirkt hatte. Mochte die Expansion des Kapitalismus auch langsamer voranschreiten, als die Sozialdemokratie behauptete, so konnte doch kein Zweifel sein, daß sie die Voraussagen der populistischen Ökonomen zumindest partiell falsifizierte. Die PSR mußte erkennen, daß ihre Revolutionstheorie nicht mehr, wie noch die populistische der 80er Jahre, von der völligen Vermeidbarkeit das Kapitalismus ausgehen konnte, sondern dessen Existenz zu berücksichtigen hatte. Sie trug dieser Einsicht Rechnung, indem sie die Gültigkeit der überkommenen Position begrenzte und die These von der *Unmöglichkeit* einer wirtschaftlichen Entwicklung nach westeuropäischem Muster zur Beschreibung ihrer *Besonderheiten* unter russischen Bedingungen zurücknahm[90]. Als solche nannte das Programm der PSR vor allem die Kooperation von Kapital und Autokratie, die Verschmelzung ökonomischer Ausbeutung mit den Mechanismen feudaler Knechtung in den Fabriken, die geringe Zahl der städtischen Arbeiterschaft allgemein und die Unterentwicklung des proletarischen Bewußtseins. Die Koinzidenz von Rückständigkeit und Industrialisierung lasse die destruktiven Wirkungen der kapitalistischen Produktionsweise in besonderem Maße hervortreten und verleihe ihr ein außergewöhnlich häßliches Gesicht[91].

Wollte man das Voroncovsche „Privileg der Rückständigkeit" trotz des unbestreitbaren Fortschritts des Kapitalismus noch retten, wollte man nach wie vor die Möglichkeit eines direkten Übergangs zum Sozialismus proklamieren, so ließ sich das realistischerweise nur noch für einen *Teil*bereich von Wirtschaft und Gesellschaft, für den agrarischen Sektor, behaupten. Hier galt laut sozialrevolutionärer Auffassung noch immer, daß die kapitalistische Produktionsweise keine konstruktiven Wirkungen zeitige und einseitig ihre Zerstörungskraft entfalte, daß sie die Bevölkerung verarme und die Kapazität des inneren Marktes untergrabe[92]. Aber auch vor dem agrarischen Sektor blieb die wirtschaftliche Entwicklung nicht stehen, wie die Stolypinsche Reform den Sozialrevolutionären schockartig — sie überschätzten deren Erfolg bei weitem — zu Bewußtsein brachte. Dem mußte sich die revolutionstheoretische Perspektive des Neopopulismus anpassen: „Die Frage der Möglichkeit, die Phase des Kapitalismus in Rußland auszulassen", formulierte Rakitnikov das Novum treffend, „verwandelt sich für uns in die Frage der

---

ren Organen publizierten ferner S. S. Zak und G. Novotoržskij sowie zwei der renommiertesten Vertreter der neopopulistischen Ökonomie N. N. Černenkov (im „Znamja Truda" 1911) und N. P. Oganovskij (in den „Zavety"). Letztere standen der PSR politisch jedoch recht fern. Černenkov schloß sich den Kadetten an und Oganovskij zählte 1917 zu den legalen Populisten um Pešechonov.
90) Vgl. Rakitnikovs Bemerkung auf dem Gründungskongreß der PSR 1906: „Natürlich existiert der Kapitalismus in Rußland; natürlich entwickelt er sich. Aber er hat seine Besonderheiten, die ihn vom Kapitalismus Westeuropas unterscheiden" (Protokoly 1906 S. 110).
91) Vgl. Protokoly 1906 S. 259 f; 109 ff, 146 ff u. pass.
92) Vgl. Protokoly 1906 S. 359.

Möglichkeit, in jedem gegebenen Moment *die kapitalistische Entwicklung aufzuhalten*"[93].

Abermals endet die Analyse der sozialrevolutionären politischen Theorie somit bei der bewußten Handlung des Revolutionärs: Sie bildete die letzte Instanz, den entscheidenden Faktor des revolutionären Prozesses und verlieh den revolutionstheoretischen Überlegungen der PSR einen stark *voluntaristischen* Einschlag. In ihm fand die allgemeine geschichtsphilosophische Vorstellung des „schöpferischen Individuums", wie Černov später formulierte[94], als Motor des historischen Prozesses ihr praktisch-politisches Pendant: Das Subjekt nahm die Gestalt einer „revolutionären Minderheit" an, die die Revolution herbeizuführen, sie zu machen hatte. Ob die Wirklichkeit sich dabei auch zum Gedanken neigte, mit Marx zu sprechen, blieb in der sozialrevolutionären Revolutionstheorie stets eine höchst untergeordnete Frage. Und wenn das Parteiprogramm von sozialer Evolution sprach, so stand dahinter keineswegs die marxistische Prämisse, daß dieser Prozeß sich „hinter dem Rücken" der Individuen vollziehe, sondern allemal die Auffassung, daß die „Kämpfer für Wahrheit und Gerechtigkeit"[95] ihn bewußt vorantreiben. Geschichtsphilosophischer Subjektivismus verband sich fugenlos mit revolutionärem Elitarismus, mit der Konzeption der Intelligenz als revolutionärer Avantgarde und natürlichem Initiator der revolutionären Bewegung.

Wenn aber Zeitpunkt und Charakter der Revolution nicht in erster Linie vom objektiven Entwicklungsstand abhingen, sondern primär von der Aktionsbereitschaft der Intelligenz sowie der Rezeptionsfähigkeit der Massen, dann ist unmittelbar einsichtig, daß eine solche Revolutionstheorie in besonderem Maße zum *Aufstand* drängte: Er war herbeizuführen, wann immer sich die Chance dazu bot, und wann immer man eine genügend große Schar von Anhängern mobilisieren konnte. Die Parole des „allgemeinen Volksaufstandes" beherrschte denn auch seit 1902 die Agitation der PSR. Sie wurde zum Signum der sozialrevolutionären Taktik, zum charakteristischen Schlachtruf, den man bis zum Ausbruch des Ersten Weltkrieges auch in aussichtslosen Situationen unermüdlich wiederholte. Lebte im Bekenntnis der PSR zum politischen Terror der Geist der „Narodnaja Volja" fort, so in der Aufstandsbegeisterung der Optimismus des „Ganges ins Volk", des verrückten Sommers von 1874[96].

Am sichtbarsten verkörperte Breškovskaja diese Kontinuität. Sie, deren Name zum Symbol der Bauernrebellion wurde, rief in den Spalten des

---

93) Vgl. N. M. /N. I. Rakitnikov/, Agrarnaja politika pravitel'stva i naša programma. In: ZT No 27 (April 1910) S. 7 (Hervorhebung von mir). Rückblickend verurteilte Černov solches Eingeständnis, daß die PSR gegen den Strom der Geschichte schwimme: S. R. Krajnij /V. M. Černov/, Socializacija zemli kak taktičeskaja problema. In: Socialist-Revoljucioner No 3 (1911) S. 161–200; auch in: ders., Zemlja i pravo. Sbornik statej. Petrograd 1919 S. 118–240, hier S. 205.
94) Vgl. V. M. Černov, Konstruktivnyj socializm. Tom I. Prag 1925. S. 25.
95) Vgl. Protokoly 1906 S. 335.
96) Vgl. Itenberg, Dviženie revoljucionnogo narodničestva S. 287 ff.

sozialrevolutionären Zentralorgans immer wieder zum Aufstand auf und mahnte auch intern, die Aktion nicht zu vergessen. So schrieb sie der Parteiführung 1904: „Ich beharre darauf, daß die Initiative seitens der Revolutionäre auch im bewußten bewaffneten Kampf des Volkes gegen die Regierung unerläßlich ist; daß wir nicht warten dürfen, bis die Bauern und Arbeiter selbst beginnen, sich mit der Waffe in der Hand zu erheben". Und deutlicher noch: „Ich halte es für besser, am Anfang einige erfolglose Versuche zu unternehmen, als zu sitzen und auf den Aufstand zu warten"[97].

Gerade die letzte Bemerkung warf ein grelles Licht auf die Gefahren, die dieses neuerliche „buntarstvo" barg. Breškovskaja empfahl der revolutionären Avantgarde nichts Geringeres als den Versuch, auch ohne Massenunterstützung, d. h. ungeachtet der hohen Wahrscheinlichkeit eines Fehlschlags, den Kampf gegen die Staatsmacht aufzunehmen. Zweifellos vertrat die Veteranin damit eine kaum verhüllte maximalistische Position, und es war nur folgerichtig, daß sie sich zu der Zeit, als sie die zitierten Zeilen schrieb, zur Schutzpatronin der jungen, bald maximalistischen Generation machte.

Nicht minder bedenklich als dieser mißverstandene Radikalismus war darüber hinaus der Umstand, daß die einseitige Konzentration der sozialrevolutionären Revolutionstheorie und -taktik auf den Volksaufstand Hand in Hand ging mit einer relativen Vernachlässigung der Organisation. Gerade an der Person Breškovskajas, die vor 1905 immerhin eine der zentralen Figuren der PSR in Rußland war, läßt sich auch diese Schwäche verdeutlichen: So eindringlich sie zur spontanen Massenerhebung aufrief, so wenig erinnerte sie daran, daß ein Aufstand auch organisiert werden mußte, daß nur eine organisierte Aktion der Massen die Autokratie zu Fall bringen konnte. Der voluntaristische Gestus der sozialrevolutionären Revolutionstheorie, so wird man festhalten müssen, war der Organisation letztlich fremd und lenkte, wie die Aufstandsversuche der Jahre 1906 und 1907 zeigen werden[98], die Aufmerksamkeit der PSR von dieser unerläßlichen Aufgabe zumindest ab.

4. Das Parteiprogramm

4.1. Sozialisierung des Grund und Bodens

Waren politischer Terror und Aufstandsagitation die Wahrzeichen der sozialrevolutionären Taktik, so bildete die „Sozialisierung des Grund und Bodens" (socializacija zemli) den Inbegriff des sozialrevolutionären Programms. Mit dieser Forderung wurde die Partei in der breiten Öffentlichkeit, vor allem auch in der Bauernschaft — soweit diese überhaupt am politischen Leben teilnahm — identifiziert. Und gerade sie zerstreute die letzten Zweifel

---

97) Vgl.: /E. K./ Breškovskaja, Primečanie No 6 /1904/, Archiv PSR 118.
98) Vgl. unten S. 158 ff.

daran, daß sich die PSR in erster Linie der Interessen der bäuerlichen Massen annahm, war sie doch lediglich eine theoretische Formulierung des Kernanliegens aller Bauernbewegungen und der russischen zumal: der Forderung nach Land, nach „Schwarzer Umteilung".

Den frühen Programmplattformen der neopopulistischen Sammlung noch unbekannt, entstand die Idee der Sozialisierung des Grund und Bodens erst im Sommer 1902, als die PSR, angespornt von den Bauernunruhen in Poltava und Char'kov, ihre Skepsis gegenüber einer Revolution der agrarischen Massen abwarf. Sie war, wie Černov später hervorhob, eine Schöpfung der Redaktion der „Revoljucionnaja Rossija", der sozialrevolutionären Intellektuellen im Ausland, nicht der innerrussischen Parteiorganisationen, und diente eigens dem Zweck, der Erneuerung der populistischen Taktik ein konzeptionelles Gewand sowie eine zugkräftige, den Bauern eingängige Zielvorstellung zu geben[99]. In dieser Form, als Bestandteil des künftigen Parteiprogramms und als sozialrevolutionäres Pendant zur sozialdemokratischen Forderung nach Vergesellschaftung der Produktionsmittel, wurde sie von Černov Ende 1902 in den Spalten des Zentralorgans erstmals vorgestellt. Was jedoch unter der neuen Idee genau zu verstehen war, darüber wurde in der PSR zeit ihrer Existenz in schier unzähligen Aufsätzen, Broschüren[100] und Diskussionen gestritten, ohne daß es gelungen wäre, die Vielfalt der Deutungen zu vereinheitlichen. Dennoch sei versucht, die inhaltliche Entwicklung dieses Schlüsselkonzepts sozialrevolutionärer Politik und die verbreitetsten Interpretationen knapp zu skizzieren.

Zunächst sollte Sozialisierung des Grund und Bodens, darauf hob Černov bei der Einführung des Begriffs vor allem ab, nicht als ein neues Plakat für bekannte Vorstellungen wie Nationalisierung und Verstaatlichung mißverstanden werden. Denn während diese den Bauern vom Land trennten, indem sie es einer neuen Institution, dem Staat, zuerkannten, stünde die PSR

„für die größte Annäherung des Bauern an das Land, in jedem Falle jedoch auf dem Boden des kollektiven Eigentums, das die Entwicklung eines Eigentumsfanatismus' nicht" erlaube; „für den Übergang von möglichst viel Land in die Hände demokratisch organisierter Kollektive — genossenschaftlicher oder nachbarschaftlicher Verbände —, der Umteilungsgemeinden und anderer dem Volke möglichst naher Selbstverwaltungsorgane; für die kollektive Organisation der Landarbeit selbst, für die sich unter den Bauern ent-

---

99) Vgl. Ot krest'janskogo Sojuza Partii Socialistov-Revoljucionerov. Ko vsem rabotnikam revoljucionnogo socializma v Rossii. In: RR No 8 (25. Juni 1902) S. 5—14 insbe. S. 7 ff. — Černov Zemlja i pravo S. 236.
100) Vgl. /V. M. Černov/, Programmnye voprosy. I. Socializacija zemli i kooperacija v sel'skom chozjajstve. In: RR No 14 (Dezember 1902) S. 5—8; /ders./, Programmnye voprosy. IV. Socializacija zemli i kooperacija v sel'skom chozjajstve. In: RR 15 (Januar 1903) S. 5—8 (auch in: Sbornik statej Antonova, Bacha u. a. M. 1908 S. 172—190). — Vgl. ferner: V. M. Černov, K voprosu o socializacii zemli. M. 1908; S. R. Krajnij /ders./, Socializacija zemli, kak taktičeskaja problema, beide auch in dem wichtigsten einschlägigen Werk: Ders., Zemlja i pravo S. 121—240; ders., Konstruktivnyj socializm,

wickelnde Solidarität und die Einsicht in den Nutzen der Vergesellschaftung der Arbeit"[101].

Damit waren die drei *Grundelemente* bereits benannt, die gleichsam den Minimalkonsensus für das programmatische Banner der PSR ausmachten. Erstens glaubte man an die Überlegenheit kollektiver gegenüber Einzelproduktion. Wie die Sozialdemokratie ging auch die PSR zumindest anfangs davon aus, daß der Aufbau einer sozialistischen Gesellschaftsordnung bei der Veränderung der Produktionsform zu beginnen habe. Zweitens stützte man sich auf die kollektivistische Tradition der russischen Bauernschaft und die „obščina", ein sine-qua-non jeglicher populistischer Politik. Um sie lebendig zu erhalten und zu stärken, empfahl man zusätzlich die Schaffung „aller möglichen gesellschaftlichen Vereinigungen und Wirtschaftskooperativen"[102]. Drittens schließlich, dies die Kernidee der Sozialisierung des Grund und Bodens, befürwortete man die Umwandlung allen Privateigentums an Land in einen kollektiven Landfond, aus dem jedem einzelnen Bauern ein bestimmter Anteil zur „gleichberechtigten Nutzung" (uravnitel'noe pol'zovanie) zugeteilt werden, der aber *nicht* in Eigentum übergehen sollte. Das Verfügungsrecht über alles Land war lokalen Selbstverwaltungsorganen zugedacht, was bedeutete, daß die postrevolutionäre Gesellschaft in der sozialrevolutionären Vorstellung einen ausgeprägt dezentralistischen Charakter trug.

darin insbesonders: Čto takoe socializacija?, S. 277–310; ders., K agrarnomu voprosu. Čto takoe socializacija zemli? In: Narodnyj vestnik SPb. No 1 (1906) S. 5–21 u. No 2 (1906) S. 6–23; Ju. Gardenin /ders./, Čto delat' v krest'janstve. SPb. 1906; K sporam o socializacii zemli. In: RR No 75 (15. September 1905) S. 4–7; G. Novotoržskij, Otkrytoe pis'mo A. V. Pešechonovu. In: Russkoe Bogatstvo No 8 SPb 1905) S. 99–109; ders., Socializacija zemli. 2. Aufl. 1906 SPb; D. Firsov /D. S. Rozenbljum/, M. Jakobij: K peresmotru agrarnoj programmy i eja obosnovanija. M. 1908; R.R. /M. R. Goc und V. M. Černov/, Socializacija zemli. Odessa 1906; L. Ė. Šiško, Po programmnym voprosam. 1. O socializacii zemli. 2. K voprosu o minimal'noj programme. M. 1906; ders., K voprosu ob agrarnoj programme v svjazi s teoriej naučnogo socializma. In: VRR No 4 (März 1905) S. 315–344; ders., K voprosu ob agrarnoj programme. M. 1906; Socializacija zemli. Sbornik statej. Vyp. I, mit Beiträgen von L. Ė. Šiško, L. Zak, S. S. Zak, P. A. Vichljaev. M. 1907; P. /A./ Vichljaev, Kak uravnjat' pol'zovanie zemlej. Petrograd 1917; ders., Pravo na zemlju. M. 1906; ders., Agrarnyj vopros s pravovoj točki zrenija. M. 1906; S. S. Zak, Socializm i agrarnyj vopros. M. 1906; ders., Krest'janstvo i socializacija zemli. M. 1906. Aus der Literatur der „Narodno-socialističeskaja partija" sei nur verwiesen auf: A. V. Pešechonov, Na očerednye temy. Naša platforma (eja očertanija i razmery). In: Russkoe Bogatstvo, August 1906, otdel II S. 178–206; ders., Pravo na zemlju (nacionalizacija i socializacija). Petrograd 1917; ders., Nacionalizacija zemli ili kak trudovaja (narodno-socialističeskaja) partija ščitaet neobchodimym razrešit' zemel'nyj vopros. Petrograd 1917; ders., Krest'jane i rabočie v ich vzaimnych otnošenijach. SPb. 1905; ders., Suščnost' agrarnoj problemy. SPb. 1906. Von maximalistischer Seite s. u. a.: E. Ustinov /E. Ju. Lozinskij/, Kakova dolžna byt' programma russkoj revoljucii? Genf 1905; A. Komov /Ja. L. Judelevskij/, K voprosu o teoretičeskich osnovach socialističeskoj programmy. o. O. 1907, sowie das theoretische Hauptwerk des Maximalismus: E. Tagin /A. G. Troickij/, Principy trudovoj teorii. SPb 1906.
101) Vgl. Programmnye voprosy. IV. Socializacija zemli i kooperacija v sel'skom chozjajstve. In: RR No 15 (Januar 1903) S. 8.
102) Vgl. Ot Krest'janskogo Sojuza PS.-R. In: RR No 8 S. 11.

Eine erste Definition der solchermaßen noch grob umschriebenen Sozialisierung des Grund und Bodens enthielt der Entwurf eines Parteiprogramms, den das sozialrevolutionäre Zentralorgan im Mai 1904 druckte und der unverkennbar die Handschrift Černovs verriet[103]. An Neuerungen brachte sie vor allem sprachliche Präzisierung und die Einführung einiger Begriffe, die bald zum Standardrepertoire des sozialrevolutionären Vokabulars zählten und hinter denen sich zum Teil mehr als nur stilistische Korrekturen verbargen. So sollte vor allem die Ersetzung des Eigentumsbegriffs („sobstvennost'"), den Černov noch 1902 gebraucht hatte, durch den der „allgemeinen Zugehörigkeit" (obščenarodnoe dostojanie) auch terminologisch unmißverständlich klarmachen, daß in der sozialistischen Gesellschaft kategorial andersartige Rechtsverhältnisse herrschen würden. „Es soll deutlich sein", begründete Černov die neue Sprachregelung, „daß wir hier auf eine sozusagen völlig verschiedene Ebene übergehen"[104], die mit den überkommenen juristischen Begriffen des römischen Rechts nicht adäquat bezeichnet werden könne. Der Terminus der „juristischen Person", auf dem der bürgerliche Eigentumsbegriff basiere, büße sein Fundament ein, weil der Akt der Vergesellschaftung des Landes in keinem Falle dem Übergang von Eigentumsrechten von einer juristischen Person zur anderen gleichzusetzen sei. Wer verwundert nach dem Rechtssubjekt in der neuen Gesellschaft frage, offenbare nur seine Unkenntnis über deren Eigenart. Denn „der Charakter des Rechts auf das Land" selbst verändere sich; ein *prinzipiell* neues Verhältnis zum Land werde geschaffen: „Wir gelangen ... zur Idee der völligen Befreiung des Landes, vom ... ‚heiligen Eigentum' zur Idee der Umwandlung des Landes in *allgemeine Zugehörigkeit*. Dies ist die Idee der *Sozialisierung des Grund und Bodens*"[105]. Und noch pointierter formulierte Černov: „Wir neutralisieren das Land. Gerade als *Neutrum* geht es in die *allgemeine Zugehörigkeit des Volkes* über"[106]. So konsequent diese Einsicht theoretisch sein mochte und so klangvoll und suggestiv die neue Begriffsprägung, so wenig trug sie doch zur inhaltlichen Konkretion des sozialrevolutionären Argrarprogramms bei, wie mehrere Redner in den Debatten des ersten Parteitages der PSR bemängelten[107].

Sozialisierung des Grund und Bodens in dieser Bedeutung sollte Teil des *Minimal*katalogs sozialrevolutionärer Forderungen sein, d. h. den Rahmen der gegebenen autokratischen Ordnung nicht sprengen, wenngleich in der Tendenz durchaus über deren Grenzen hinausweisen. Černov hatte

---

103) Vgl. Proekt programmy Partii Socialistov-Revoljucionerov, vyrabotannyj redakciej ‚Revoljucionnoj Rossii'. In: RR No 46 (5. Mai 1904) S. 1–3.
104) Vgl. Protokoly 1906 S. 222 f. Diese Absicht unterschlägt Perrie, Agrarian policy S. 146 ff, wenn sie „dostojanie" mit „possession" übersetzt.
105) Vgl. V. M. Černov, K voprosu o socializacii zemli, Zitat S. 64; auch ders., Zemlja i pravo S. 158–159; Protokoly 1906 S. 160, 221 ff. u. ö.
106) Protokoly 1906 S. 220; Zemlja i pravo S. 130.
107) Beispielsweise M. V. Višnjak („Pomorcev"), Protokoly 1906 S. 194–196 und O. S. Minor („Solomin"), ebenda S. 203.

diese Modifikation schon 1902 formuliert[108]. Erst seine weiteren Ausführungen offenbaren jedoch die weitreichenden Folgen, die sich daraus ergaben: daß nämlich die revolutionäre Spitze des neopopulistischen Programms abgestumpft werden mußte. Černov erreichte diese „Pazifizierung" durch eine rigorose Trennung zwischen Produktions- und Eigentumsform, die er seit 1904 zunehmend in den Vordergrund seiner Kommentare rückte: „Die Sozialisierung des Grund und Bodens", erläuterte er, „entscheidet allein in keiner Weise über die *Form der Produktion*, sondern . . . nur über die Frage der *Form des Eigentums* an einer bestimmten Güterart — nämlich an der Oberfläche und dem Inneren der Erde. Es ist eine Sache, darüber zu befinden, wer ihr Eigentümer ist, in wessen Hände die oberste Verfügung über das Land gelangt; eine andere Sache, darüber zu befinden, welche Art der produktiven Nutzung auf diese Erde angewandt wird"[109]. Es sei daher absolut unzulässig und theoretisch falsch, die Sozialisierung des Grund und Bodens mit der der Fabriken gleichzusetzen, da nur diese die Produktionsstruktur *unmittelbar* tangiere und eine qualitative Veränderung bedeute. Damit aber grenzte Černov nicht nur, wie beabsichtigt, das sozialrevolutionäre Programm gegen maximalistische Deutungen ab, sondern klammerte zugleich auch ein Grundelement seiner eigenen ursprünglichen Bestimmung faktisch aus: Von der Vergesellschaftung der *Arbeit*, von den Vorzügen kollektiver Produktion war kaum mehr die Rede. Sozialisierung des Grund und Bodens verblaßte, anderslautenden Beteuerungen zum Trotz, zum bloßen Austausch der Eigentumsverhältnisse.

Das von der Redaktion der „Revoljucionnaja Rossija" vorgelegte sozialrevolutionäre Agrarprogramm bestand auf dem ersten Parteitag der PSR Ende Dezember 1905 seine Feuerprobe. Die Mehrheit der Delegierten verabschiedete den Entwurf mit nur geringfügigen Änderungen. Eine der wichtigsten war, daß sich die sozialrevolutionäre Politik auf die kollektivistische Tradition der russischen Bauernschaft „stützen" sollte, statt sie, wie Černov formuliert hatte, „auszunutzen"[110]. In der endgültigen Fassung, die bis zum Ende der sozialrevolutionären Aktivitäten in Rußland unverändert blieb, lautete das Agrarprogramm der PSR wie folgt:

„In Fragen der Reform der Grund- und Bodenverhältnisse sucht die Soz.-Rev. Partei im Interesse des Sozialismus und des Kampfes gegen die auf Schaffung von Privateigentum gerichteten bourgeoisen Tendenzen, sich auf die Anschauungen, Traditionen und Existenzformen der russischen Bauernschaft in Bezug auf Landbesitz und Landarbeit, insbesondere auf die unter

---

108) Vgl. Programmnye voprosy. Socializacija zemli i kooperacija v sel'skom chozjajstve. In: RR No 14 (Dezember 1902) S. 6.
109) /V. M. Černov/, Programmnye voprosy. Socializacija zemli i programma-minimum. In: RR No 42 (1. März 1904) S. 3; auch: /ders./, Programmnye voprosy. Programma-maksimum i programma minimum. In: RR 41 (15. Februar 1904) S. 5—8.
110) Protokoly 1906 S. 363. Černov beklagte diese Änderung später. Vgl. ders., Zemlja i pravo S. 209—210.

ihr herrschende Ueberzeugung, dass niemand Arbeitsland als Eigentum besitzen und dass nur Arbeit das Recht auf die Erzeugnisse des Bodens gewähren könne, zu stützen. In Uebereinstimmung mit ihren Gesamtanschauungen über die Aufgaben der Revolution auf dem Lande, fordert die Partei die Sozialisierung des Grund und Bodens, das heisst das Ausscheiden des Grund und Bodens aus dem Warenumsatze und seine Umwandlung aus Privateigentum einzelner Personen oder Gruppen in allgemeines Nationaleigentum auf folgenden Grundlagen: Der gesamte Grund und Boden (Ansiedlung, Übersiedlung, Verwaltung des Bodenreservefonds usw.) wird der Disposition der zentralen und örtlichen Organe der Selbstverwaltung (von den demokratisch organisierten städtischen und ländlichen Gemeinden bis zu den provinziellen und zentralen Instituten) übergeben. Die Nutzniessung des Bodens muss auf den Grundsätzen der Gleichmässigkeit und der eigenen Bearbeitung basieren, das heisst sie muss auf Grundlage der eigenhändigen, einzelpersönlichen oder kooperativen Arbeit jedem das Mindestmass des Bedarfes sichern; die Grundrente muss in eine spezielle Steuer zur Deckung der gemeinschaftlichen Ausgaben verwandelt werden, die Nutzniessung des Grund und Bodens, welcher nicht spezielle örtliche Bedeutung hat (Gemeindewälder, Fischfang usw.) wird durch die entsprechend höheren Organe der Selbstverwaltung geregelt; Grund- und Bergwerke bleiben im Besitz des Staates; die Erklärung des Grund und Bodens als Nationaleigentum erfolgt ohne Entschädigung der Besitzer; die bei dieser eigentumsrechtlichen Umwälzung Geschädigten haben während der Zeit, welche zu ihrer Anpassung an die neuen Bedingungen des persönlichen Erwerbs notwendig ist, das Recht auf Staatsunterstützung"[111].

Wenngleich die große Mehrheit der Parteitagsdelegierten dieser Formulierung der Sozialisierung des Grund und Bodens zustimmte, waren tiefgehende Differenzen über den genauen Inhalt der Forderung nicht zu übersehen. Erregte und polemische Debatten offenbarten nur zu deutlich, wie unbestimmt und vieldeutig sie, trotz oder gerade aufgrund vieler erläuternder Artikel im Zentralorgan und anderen Parteipublikationen, immer noch war, daß sie eher einem Slogan denn einer Programmplattform glich. Insbesondere kreisten die Meinungsverschiedenheiten um die alles entscheidenden Fragen, welche Institutionen Verfügungsrecht über den Landfond besitzen und wie sie konstituiert werden sollten[112]. Anhand der Antworten lassen

---

111) Protokoly 1906 S. 363 f. Deutsche Übers. in: Bericht der Russischen Sozial-Revolutionären Partei an den Internationalen Sozialistenkongreß zu Stuttgart S. 32 f. Vgl. auch die terminologisch nicht immer gelungene Übersetzung bei: P. Scheibert (Hrsg.), Die russischen politischen Parteien von 1905 bis 1917. Ein Dokumentationsband. Darmstadt 1972 S. 31 ff, hier: S. 37 f. – Zur sozialrevolutionären Deutung der Schlüsselkategorie „Rente" s. ferner: S. S. Zak, Socializacija zemli i pozemel'naja renta. In: Socializacija zemli. Sbornik statej S. 107–140, der behauptet, daß die Rente mit der Abschaffung des Privateigentums ebenfalls beseitigt werde (S. 137).
112) Vgl. die Rede des Delegierten aus Odessa D. S. Rozenbljum („Firsov"), Protokoly 1906 S. 186 f.

sich zumindest drei Interpretationsrichtungen ausmachen, die Černov später die *syndikalistische*, die *korporativistische* und die Schule der *Verstaatlichung* taufte[113]. Sie wurden vertreten von den drei Fraktionen, die sich im Laufe des Jahres 1905 in der PSR herausgebildet hatten: dem rechten Flügel um die Redaktion des „Russkoe Bogatstvo", der Zeitschrift des „legalen Populismus"[114], für den die bekanntesten Literaten dieses Kreises Pešechonov, Annenskij und Mjakotin[115] sprachen; dem Zentrum, d. h. der PSR im engeren Sinne, das Černov repräsentierte, und dem extremen linken, maximalistischen Flügel, der in dem Delegierten des sozialrevolutionären Komitees von Vitebsk, Ginzburg[116], seinen Hauptredner besaß.

Die Kontroversen zwischen diesen Fraktionen nahmen bald nach Beginn des Parteitages einen so unversöhnlichen Charakter an, daß die „legalen Populisten" noch während der Debatten ihren offiziellen Austritt aus der Partei — der sie niemals voll angehört hatten — erklärten und die Versammlung verließen. Faktisch vollzogen die Maximalisten den gleichen Schritt, obwohl sie sich formell erst knapp ein Jahr später abspalteten. Die unterschiedliche Auslegung der Sozialisierung des Grund und Bodens bildete daher nur *einen* Aspekt umfassender theoretischer und taktischer Meinungsverschiedenheiten und einen der Prüfsteine, an denen die neopopulistische Einheitsfront von ganz rechts bis ganz links zerschellte.

Der Protest der gemäßigten Populisten und baldigen Gründer der „Narodno-Socialističeskaja Partija" entzündete sich bereits an der Terminologie der Černovschen Programmvorlage. „Wir würden", führte Annenskij aus, „eher für den Begriff der ‚Nationalisierung' / nacionalizacija, M. H. / anstelle von ‚Sozialisierung' plädieren. Wir möchten das Land aus dem Bereich des Privateigentums herausnehmen, die Verfügung über das Land dem ganzen Volke übergeben, es zu seinem ‚Eigentum' / sobstvennost' / machen — mangels eines besseren Begriffs. Das wird treffend in dem Wort ‚Nationalisierung' wiedergegeben"[117]. Jedoch sei dieses Konzept, wie derselbe Redner mit Nachdruck hervorhob, nicht mit gleichnamigen westeuropäischen Vorstellungen eines H. George und anderer[118] gleichzusetzen, weil es „dem Staat nur das *oberste* Eigentum an Land", dessen Nutzung dagegen *allen* Arbeitenden zuerkenne und die „direkte Verfügung" „der ganzen konzentrischen

---

113) Vgl. Černov, Konstruktivnyj socializm S. 284 ff.
114) Dazu: A. P. Mendel, Dilemmas of Progress in Tsarist Russia; N. D. Erofeev, Liberal'nye narodniki žurnala „Russkoe Bogatstvo" v 1905 g. In: VMGU 1973 No 3 S. 32–46.
115) In den Parteitagsprotokollen tragen sie die Pseudonyme „Turskij" (Pešechonov), „Korenev" (Annenskij) und „Roždestvenskij" (Mjakotin).
116) Pseudonym „Porošin", Auflösung nicht ganz gesichert.
117) Vgl. Protokoly 1906 S. 89.
118) Gemeint ist der „Gildensozialismus" der Fabian Society. Vgl.: G. D. H. Cole, The Second International. 1889–1914. Bd. I London 1970 S. 209 ff. u. 222 ff (= A History of Socialist Thought, Bd. III, 1); B. Gustafsson, Marxismus und Revisionismus. Eduard Bernsteins Kritik des Marxismus und ihre ideengeschichtlichen Voraussetzungen. Bd. I, Frankfurt 1972 S. 146 f.

Leiter der kleinen lokalen Gemeinschaften" übertrage. Einerseits verwahrte man sich somit gegen eine übergroße Machtfülle des Staates und gab der Idee der Nationalisierung — darin der Černovschen Auffassung der Sozialisierung durchaus folgend — eine dezentralistisch-demokratische und bauernfreundliche Auslegung. Andererseits aber warnte Annenskij zugleich davor, das Land „nur an die lokalen Gemeinschaften" zu übergeben und beharrte auf seinem Veto gegen den Begriff der „Sozialisierung", weil dieser zu solchem Mißverständnis verleite. Die „legalen Populisten" wollten nur dem *Staat* und seinem obersten gesetzgebenden Organ, der Konstituierenden Versammlung, das Recht zugestehen, die überfällige „Agrarreform" /sic! / durchzuführen: „Der Staat", machte erneut Annenskij klar, „legt die Hand auf alles, auch das obščina-Land"; das aber könne „nur durch den organisierten Volkswillen auf geordnetem Wege" geschehen[119].

Solche Worte lieferten Černov genügend Argumente, um die Volkssozialisten und Michajlovskij-Erben ihrem Selbstverständnis zum Trotz den Verstaatlichern zuzuschlagen und somit unter seine Erzfeinde einzureihen. Denn, so bemängelte er, das Nationalisierungskonzept stehe „im Kern auf dem Boden der fundamentalen bürgerlichen Prinzipien". Es bejahe die kapitalistische Ordnung und erblicke das Übel nur darin, daß eine fremde Macht, das Monopol, verkörpert im Privateigentum an Land, sich einmische. Infolgedessen verfalle es der irrigen Annahme, daß die Abschaffung des „monopolistischen Aspekts des Eigentums" bereits die Aufhebung der Ausbeutung bedeute[120]. Unter den gegebenen russischen Verhältnissen gelte dagegen ganz im Gegenteil, daß die Verstaatlichung des Grund und Bodens das bürokratische Joch verschlimmere und der Autokratie den Rücken stärke[121]. Rückblickend faßte Černov diese seine Einwände gegen das Nationalisierungskonzept in folgenden Punkten zusammen und präzisierte dabei zugleich die Idee der Sozialisierung in seltener Ausführlichkeit:

1) Die Verstaatlichung des Grund und Bodens vollziehe sich von oben; die Sozialisierung von unten.

2) Die Verstaatlichung, das Eigentumsrecht an sich nicht antastend, übertrage das Land an eine zentrale Gewalt; die Sozialisierung übertrage es „nirgendwohin", weil sie den Eigentumsbegriff selbst abschaffe.

3) Die Verstaatlichung verteile das Land auf dem Wege administrativer Entscheidungen an einzelne Personen zu Bedingungen, die den sich ändernden Plänen der Zentralgewalt entsprächen; die Sozialisierung setze eine grundlegende Charta der Rechte des einzelnen Nutzers unter dem Gesichtspunkt der Gleichheit der gemeinbürgerlichen, durch Arbeit erworbenen Rechte auf Land voraus.

---

119) Vgl. Protokoly 1906 S. 89.
120) Vgl. Černov, Zemlja i pravo S. 134.
121) Vgl. Programmnye voprosy. Socializacija zemli i kooperacija v sel'skom chozjajstve. In: RR No 15 S. 7.

4) Die Verstaatlichung des Landes bedürfe bürokratischer Organe; die Sozialisierung verwirkliche die Grundsätze der Wirtschaftsdemokratie vornehmlich durch Organe einer autonomen „Öffentlichkeit der werktätigen Schichten" (trudovaja obščestvennost').

5) Die Verstaatlichung des Grund und Bodens lasse Privatinteressen vollständig in der Verfügungsgewalt öffentlicher Organe aufgehen; die Sozialisierung setze eine Synthese zwischen privatem und öffentlichem Recht voraus, die Synthese der Prinzipien des ökonomischen Korporativismus und der politischen Demokratie[122].

Wollten die „legalen Populisten" auf dem rechten Flügel der neopopulistischen Bewegung die Veränderung der Besitzverhältnisse auf dem Lande *allein* durch den Staat geregelt sehen, so bezogen die künftigen Maximalisten auf dem linken Flügel die genaue Gegenposition: Der Staat sollte sich gar nicht erst beteiligen. Plädierten jene für eine Agra*rreform* von oben, so diese für eine Agrar*revolution* von unten. Dem Staat, so stellte Ginzburg klar, könne man nach der Revolution die Rechte über Land und Bodenschätze in keinem Falle übertragen, da er noch der alte bürgerliche sei und man die eigenen Feinde stärken würde. Ebensowenig komme das Individuum als Verfügungsinhaber in Betracht, da eine solche Regelung in gleicher Weise auf die Restaurierung der Eigentumsverhältnisse des „ancien régime" hinauslaufe. Die Revolution könne den Unterdrückten nur dann wirklich und dauerhaft Nutzen bringen, wenn sie den Grund und Boden in die Disposition bäuerlicher Selbstverwaltungsorgane wie den Umteilungsgemeinden oder Territorialverbänden von Umteilungsgemeinden übergebe. Der Zutritt zu diesen Organen sollte laut Ginzburg nur den unteren Schichten vorbehalten bleiben, d. h. von der Klassenzugehörigkeit abhängig gemacht werden. Freilich sah er die Gefahr, daß die Bauernschaft einen egoistischen Kastengeist entwickeln und andere minderprivilegierte Schichten von der Nutzung des Landes ausschließen könnte. Um dem vorzubeugen, regte er die Einrichtung gemischter Komitees „aus Vertretern der Bauernschaft und der städtischen Arbeiterschaft" an, die „allen Werktätigen" ein Mitspracherecht in den Selbstverwaltungsorganen sichern und zugleich das Bündnis zwischen Stadt und Land festigen sollten[123].

Černov fand für diese maximalistische Deutung der Sozialisierung des Grund und Bodens nicht minder harte Worte der Kritik als für das Konzept der Verstaatlichung. Er klagte Ginzburg schlicht undemokratischer Denkweise an und behauptete, daß dessen Modell Gewalt und Zwang in die nachrevolutionäre Gesellschaft trage. Denn wenn die Verfügungsgewalt über das Land als letztlich einziger Quelle des Reichtums bei Klassenorganen liege, argumentierte er, dann sei zum einen jeder gezwungen, diesen Verbänden beizutreten, und zum anderen von Landnutzung ausgeschlossen, wer die sozialen Aufnahmevoraussetzungen nicht erfülle. Das aber widerspreche

---

122) Vgl. Černov, Konstruktivnyj sozializm S. 289.
123) Vgl. Protokoly 1906 S. 181 ff, Zit. S. 183.

dem Prinzip der Freiheit als unerläßlicher Grundlage der sozialistischen Gesellschaftsordnung[124]. Antizipierte Černov damit in gewissem Sinne die Möglichkeit postrevolutionären Terrors, wie Stalin ihn zweieinhalb Jahrzehnte später einführte, und mag man ihm für solch wachsame Verteidigung der reinen Idee einer sozialistischen Agrardemokratie Beifall zollen[125], so machte er sich die Kritik doch zu einfach und verstrickte sich in Widersprüche. Zu wenig berücksichtigte er, daß keine Revolution ohne Gewaltanwendung auskommt, da sie per definitionem bestehende Macht- und Besitzverhältnisse ändert. Ferner unterschlug er das Problem, was mit den Eliten des „ancien régime" in der neuen Gesellschaft geschehen solle, indem er unterstellte, daß sie sich den neuen egalitären Prinzipien widerstandslos anpassen würden. Černovs Einwände basierten auf der utopischen Annahme, daß die Revolution rasch und ohne Gewalt eine sozial völlig homogene Gesellschaft schaffen könne.

Die Interpretation der „Sozialisierung des Grund und Bodens", die schließlich das Plazet des Parteitages erhielt, wurde von der sozialrevolutionären Führung, insbesondere von Černov selbst, vorgetragen und von ihm als die korporativistische Lösung bezeichnet. Zwischen dem Syndikalismus der Linken und dem Etatismus der Rechten nahm sie eine Mittelposition ein: Wollten jene das Verfügungsrecht über das Land in der postrevolutionären Gesellschaft gewerkschaftlichen Bauern- und Arbeiterverbänden und diese es dem Staat anvertrauen, so erklärte Černov solche Vorstellungen allgemein für verfehlt, weil sie die prinzipiell unterschiedlichen Rechtsverhältnisse zwischen kapitalistischer und sozialistischer Ordnung übersähen. Eigentum überhaupt werde abgeschafft und durch ein „Recht auf Land" ersetzt, das der „Gesamtheit der Bürger in ihrer gegenwärtigen Zusammensetzung" zustehe. Daher sei das Recht auf Land „mit anderen Worten ein allgemeines bürgerliches Recht; d. h. jedem Bürger" werde „das gleiche Recht auf Land zuerkannt, anders gesagt, das Recht des einzelnen Bürgers" werde „durch dasselbe Recht eines anderen Bürgers eingeschränkt"[126]. Aus diesem Grundgedanken ergab sich, daß das Organisationsprinzip der sozialistischen Wirtschafts- und Gesellschaftsordnung laut Černov *klassenneutral* sein mußte und die Korporationen, die über das in „allgemeiner Zugehörigkeit des Volkes" befindliche Land zu wachen hatten, allein nach territorialen Gesichtspunkten konstituiert werden konnten. Auch Černov gelangte auf diese Weise durch die Idee des „Rechts auf Land" zu der Konzeption einer Pyramide aus Selbstverwaltungsorganen als Modell der zukünftigen Gesellschaft. „Die grundlegende Besonderheit des sozialrevolutionären Landprogramms" der ‚Vergesellschaftung des Grund und Bodens', so faßte er später zusammen, „kann daher . . . charakterisiert werden als Ausbreitung des großen

---

124) Vgl. Černov, Zemlja i pravo S. 138–139; Protokoly 1906 S. 230 ff.
125) So Radkey, Agrarian Foes S. 27.
126) Vgl. Černov, Zemlja i pravo S. 159; Protokoly 1906 S. 228.

Prinzips der Selbstverwaltung auf einen neuen Bereich, den Bereich der Landverhältnisse"[127].

Indem Černov mit Zustimmung der Parteimehrheit und dem Einverständnis fast aller Parteiökonomen[128] das „Recht auf Land" zum Grundstein seiner Deutung der Sozialisierung des Grund und Bodens machte, nahm er eine weitere spürbare Entschärfung des sozialrevolutionären Agrarprogramms im Vergleich zu den Entwürfen von 1902 und 1904 vor. Sie resultierte vor allem aus zwei Begleiterscheinungen der Neuerung. Zum einen wurde die Dimension des Klassenkampfes praktisch eliminiert, weil *allen* Mitgliedern der postrevolutionären Gesellschaft der gleiche Anspruch auf Land zustehen sollte. Zum anderen versöhnte man die programmatischen Vorstellungen der PSR mit dem Kleineigentum. Denn mochte Černov auf theoretischer Ebene noch so treffend die kategoriale Differenz zwischen Regulation bzw. Verfügung und Besitz bzw. Eigentum klarstellen[129], in der Realität wäre der Unterschied doch nur hauchdünn und praktisch irrelevant gewesen, zumal die Verfügung über das Land eine individuelle sein sollte. Nicht ohne Ursache, wenngleich in zugespitzter Form beklagte daher ein Vertreter des linken Parteiflügels, der aber wohl nicht den Maximalisten angehörte: „daß das auf dem ersten Parteitag angenommene agrarische Mininalprogramm Grundsätze einführt, die völlig neu sind im Vergleich zu dem Gesichtspunkt, der in den Spalten der ‚Revoljucionnaja Rossija' entwickelt wurde; daß diese Grundsätze sich in Widerspruch zur sozialistischen Kritik der kapitalistischen Ordnung befinden; daß sie bereits begannen, in der Parteiliteratur der letzten Zeit die Spitzen der revolutionären Kritik an der bürgerlichen Gesellschaft abzustumpfen..."[130].

Auf der anderen Seite verdient jedoch eine Tatsache Erwähnung, die diesem Vorwurf der Pazifizierung des sozialrevolutionären Argrarprogramms widerspricht. Mit seltener Einmütigkeit votierten die Delegierten gegen Entschädigungszahlungen für enteignetes Land; sie wollten sich lediglich zu einer begrenzten Unterstützung der Grundbesitzer während der Zeit der Anpassung an die neue, sozialistische Wirtschaftsordnung verstehen. Mehr Entgegenkommen zeigte erst der Agrargesetzentwurf des letzten sozialrevolutionären Landwirtschaftsministers 1917, der damit gegen das noch immer gültige Parteiprogramm verstieß[131].

---

[127] Vgl. Černov, Konstruktivnyj socializm S. 279 f.
[128] Vgl. insbesondere die in Anm. 100 dieses Kapitels zitierten Schriften von Vichljaev, S. S. Zak und Novotoržskij.
[129] Vgl. Černov, K voprosu o socializacii zemli S. 28; auch ders., Konstruktivnyj socializm S. 279.
[130] Vgl. Firsov, Jakobij: K Peresmotru agrarnoj programmy i eja obosnovanija S. 22.
[131] Vgl. Protokoly 1906 S. 201—202, 249—252 u. pass.; auch: Černov, K voprosu o vykupe zemli. SPb. 1906. — Vgl. Radkey, Agrarian Foes S. 250 ff. Die PSR vertrat damit auch in dieser Frage 1917 einen Standpunkt, den 1905 die „legalen Populisten" eingenommen hatten (vgl. Protokoly 1906 S. 90).

Zusammenfassend ist festzuhalten, daß es der PSR nicht gelang, der Forderung nach Sozialisierung des Grund und Bodens einen konkreten, praktikablen Inhalt zu geben, mehr noch, daß sie es nicht einmal vermochte, unter den Angehörigen der Parteimitte eine näher umschriebene Interpretation verbindlich zu machen. Auch in diesem Lager herrschte nach mehrjährigen Debatten immer noch eine erstaunliche Konfusion: Sahen die einen wie der Moskauer Delegierte M. V. Višnjak in der Nationalisierung eine unabdingbare Voraussetzung für die Sozialisierung des Grund und Bodens, so betrachteten andere wie der „starik" und sibirische Spätheimkehrer O. S. Minor die Sozialisierung als Einleitung eines langen Prozesses, der erst zur Nationalisierung führen sollte[132]. Unklar blieb insbesondere, welche Institutionen nach einer Umwälzung der agrarischen Besitzverhältnisse über den gesellschaftlichen Reichtum verfügen sollten. Laut Černov „eine Pyramide von Selbstverwaltungsorganen", neben der aber der Staat fortexistieren und gleichberechtigt mit den „obščiny" das Land verwalten sollte[133]. Freilich wird man in der sozialrevolutionären Literatur vergebens Aufklärung darüber suchen, wie dieses Konzept zu realisieren war. Die PSR plädierte für eine weitgehende Dezentralisierung, wollte aber andererseits den anarchistischen Ruch der Antistaatlichkeit meiden[134]: sie hielt Balance, indem sie eine Konkretisierung ihrer Position vermied.

Sozialdemokratie und PSR im Streit um ein Agrarprogramm

Die heftige Kontroverse, die die anfängliche abwartende Zurückhaltung im Umgang zwischen Sozialdemokraten und Sozialrevolutionären im Frühjahr 1902 abrupt beendete, griff rasch auch auf die Haltung beider Parteien zur Bauernbewegung über. Denn obgleich dem politischen Terror, an dem sie sich entzündet hatte, eine erstrangige taktische Bedeutung zukam, bildete die Agrarfrage die eigentliche Wasserscheide zwischen Populisten und Marxisten und das spezifische Kernproblem der russischen Revolution.

Die sozialdemokratische Politik[135] gegenüber der Bauernschaft war durch eine fundamentale *Doppelstrategie* gekennzeichnet. Grundsätzlich ging man von Lenins Nachweis der kapitalistischen Durchdringung auch der russischen Landwirtschaft aus. Daraus ergab sich als oberste Verhaltensmaxime, „den Weg zu bahnen für die freie Entfaltung des Klassenkampfes auf dem Lande, des Klassenkampfes des Proletariats, der auf ... die Erobe-

---

132) Vgl. Protokoly 1906 S. 195 („Pomorcev"), S. 203 und S. 223 („Solomin").
133) Vgl. Černov, Konstruktivnyj socialzm S. 279.
134) Vgl. Černov, Zemlja i pravo S. 140, der den Ausspruch eines maximalistischen Delegierten: „Wir fürchten den Staat wie der Teufel den Weihrauch", entschieden zurückweist.
135) Vgl. zum Folgenden: Geyer, Lenin S. 262–266, 268–273, 293–295 u. pass.; Meyer, Leninism S. 123 ff; Trapeznikov, Agrarnyj vopros Bd. I S. 68 ff; Keep, Rise of Social Democracy S. 81 ff; 115 f u. pass. – Zur menschewistischen Position vgl. knapp: I. Getzler, Martov. A Political Biography of a Russian Social Democrat. Melbourne 1967 S. 114.

rung der politischen Macht durch das Proletariat und die Schaffung der Grundlagen für die sozialistische Gesellschaft gerichtet ist." Es galt, die soziale Differenzierung auf dem Land durch die Entwicklung der kapitalistischen Verkehrsformen zu beschleunigen, den Klassenkampf ins Dorf zu tragen. Freilich blieb man sich dabei der besonderen Bedingungen im Zarenreich bewußt, unterschied sich doch der russische Bauer, wie Lenin frühzeitig analysierte, vom westeuropäischen darin, daß er nicht nur unter kapitalistischen Verhältnissen, sondern „nicht weniger . . . unter *vorkapitalistischen*" zu leiden habe. Allererste Aufgabe sozialdemokratischer Agitation im agrarischen Bereich mußte es daher sein, die Überreste der Leibeigenschaftsordnung zu beseitigen[136]. Da auch die Bauernschaft ein existenzielles Interesse daran hatte, bot sich hier eine Basis für eine begrenzte Allianz zwischen proletarischer und agrarischer Bewegung: Bauernaufstände galten den russischen Marxisten als „Teil der demokratischen Umwälzung in Rußland" und repräsentierten in dieser Funktion eine Kraft, die „die Entwicklung des Kapitalismus nicht abschwächen, sondern verstärken" werde[137]. Im Interesse einer raschen bürgerlichen Revolution, so resümierte Lenin diesen zweiten Grundsatz sozialdemokratischer Agrarpolitik, habe das Proletariat deshalb „allen Grund", die Bauernrevolution „auf das entschiedenste zu stützen"[138].

Dieser ambivalenten theoretischen Einschätzung entsprach der Katalog praktischer Forderungen im ersten Agrarprogramm, das vom II. Parteitag der RSDRP 1903 verabschiedet wurde. Er beschränkte sich auf solche, die die Bauernschaft in die Lage versetzen würden, ihre feudalistischen Bindungen abzustreifen und den bürgerlich-demokratischen Inhalt ihrer Bestrebungen freizusetzen. Unter anderem verlangte man die Abschaffung der Loskaufzahlungen, die die Bauern seit der Reform von 1861 für den Besitz des zuvor von ihnen bearbeiteten grundherrlichen Landes zu leisten hatten; die Aufhebung der steuerlichen Solidarhaftung in der Umteilungsgemeinde, die Beseitigung aller Überreste feudaler Abhängigkeit sowie freie Verfügung des Bauern über sein Land. Nicht im Sinne der sozialdemokratischen Entwicklungskonzeption konnte es dagegen sein, den grundherrlichen Besitz, in dem man eine Speerspitze der kapitalistischen Produktionsweise auf dem Lande erblickte, an die landarmen und landlosen Bauern zu verteilen. Stattdessen verlangte die RSDRP zunächst nur die Rückgabe derjenigen Landstücke, die die Bauern bei der Agrarreform an die Grundherren hatten ab-

---

136) W. I. Lenin, Das Agrarprogramm der russischen Sozialdemokratie (August 1902). In: LW 6 S. 138.
137) Lenin, Die Revision des Agrarprogramms der Arbeiterpartei (April 1906). In: LW 10 S. 162.
138) Lenin, Die Revision des Agrarprogramms LW 10 S. 163.
139) Vgl. KPSS v rezoljucijach i rešenijach Bd. I S. 42 f, sowie die Grundzüge dieses Programms bei: W. I. Lenin, Arbeiterpartei und Bauernschaft (1901). In: LW 4 S. 422–430; ders., Entwurf eines Programms unserer Partei (1899). in: LW 4 S. 223–248.

treten müssen (otrezki)[139], eine Forderung, die Lenin zufolge „den besonderen Charakter" des sozialdemokratischen Programms ausmachte[140].

Daß sie zugleich auch die „anfechtbarste" war, wie derselbe Autor anmerkte, machten spätestens die Ereignisse der ersten Revolution offenkundig, zeigte sich doch, daß man die Gewalt der agrarischen Unruhen erheblich unterschätzt und damit auch ihren Stellenwert im Revolutionsprozeß falsch beurteilt hatte. Mit den Brosamen der „otrezki" ließ sich die elementare Aggression der Bauernbewegung nicht kanalisieren und lenken. In beiden Fraktionen der Sozialdemokratie wuchs daher die Einsicht in die Notwendigkeit einer Revision des alten Agrarprogramms. Unter den Verbesserungsvorschlägen zeichneten sich vier unterschiedliche Positionen ab[141], denen jedoch ein Grundzug gemeinsam war: daß sie der Bauernschaft auf die eine oder andere Weise eine erhebliche Vergrößerung ihres Landbesitzes gewährten und somit erstmals auch die sozialdemokratische Taktik dem Grundanliegen der „mužiki", der „Schwarzen Umteilung", öffneten. In sehr gemäßigter Form taten das die Promotoren des Nationalisierungskonzepts, dem zufolge der Staat über das Land verfügen sollte. Mehr Entgegenkommen enthielt bereits das vieldiskutierte Projekt von P. P. Maslov, das Land an regionale Selbstverwaltungsorgane zu übergeben, d. h. es zu „munizipalisieren"[142]. Und noch weitergehende Konzessionen machte Lenin, wenn er „unverzüglich die Konfiskation der Gutsbesitzerländereien" und eine forcierte Gründung von Bauernkomitees vorschlug, die bereits das Agrarprogramm von 1903 als Organe der Rückgewinnung der „otrezki" vorgesehen hatte[143]. Denn ohne Zweifel ließ diese Forderung der revolutionären Spontaneität, der Selbsthilfe der Bauernschaft, wie sie sich während der Revolution geäußert hatte, am meisten Spielraum. Der vierte (Stockholmer) Parteitag der RSDRP schloß sich dem Leninschen Realismus weitgehend an und bestätigte damit die Legitimität der „bäuerlichen Agrarrevolution"[144]. Bei alledem aber rückte die Sozialdemokratie nicht von der theoretischen Grundeinschätzung ab, daß die Umwälzung der agrarischen Besitzverhältnisse lediglich einen bürgerlich-demokratischen Charakter trage.

Von dieser, hier nur grob skizzierten Position der russischen Marxisten ließ sich, namentlich vor der ersten Revolution, keine Brücke zum sozialrevolutionären Agrarprogramm schlagen. Was die PSR als Auftakt des Sozialismus feierte, erschien der RSDRP lediglich als bürgerliche Ver-

---

140) Lenin, Agrarprogramm der russischen Sozialdemokratie, LW 6 S. 115.
141) Lenin, Revision des Agrarprogramms, LW 10 S. 166 ff; ders., Das Agrarprogramm der Sozialdemokratie in der ersten russischen Revolution von 1905 bis 1907 (1908). In: LW 13 S. 255 ff; Trapeznikov, Agrarnyj vopros Bd. I S. 130 ff.
142) Vgl. P. P. Maslov, Kritika agrarnych program i proekt programmy. M. 1905 S. 40–43.
143) Lenin, Revision des Agrarprogramms, LW 10 S. 186; auch: ders., Über unser Agrarprogramm (Brief an den III. Parteitag 29./16./3.1905). In: LW 8 S. 237–242.
144) Vgl. Lenin, Agrarprogramm der Sozialdemokratie, LW 13 S. 255.

staatlichung und mithin als betrügerisches Versprechen. Vom Sozialismus, wurde Lenin nicht müde zu polemisieren, gebe es „weder in irgendwelchem ‚Recht auf Grund und Boden' noch in der ‚ausgleichenden Bodenverteilung', noch in der ‚Sozialisierung des Grund und Bodens' auch *nur ein Gran*"[145]. Denn „der reale Inhalt jener Umwälzung, die dem Volkstümler als ‚Sozialisierung' " erscheine, werde „in der konsequenten Freilegung der Bahn für den Kapitalismus, in der entschiedensten Ausrottung der Fronwirtschaft bestehen", und die „ ‚Ausgleichung' ", welche die PSR als Beseitigung des bürgerlichen Charakters betrachte, bringe „in Wirklichkeit die Bestrebungen der radikalsten Schichten der Bourgeoisie *zum Ausdruck*"[146]. Diese immanente Begrenzung der bäuerlichen revolutionären Bewegung zu übersehen, erschien Lenin als „Blödsinn" und „kleinbürgerlich reaktionäre Utopie"[147]. Vollends als „Betrug" wertete er es, daß die PSR die Sozialisierung des Grund und Bodens auch noch in die Agenda ihrer Minimalforderungen aufgenommen habe und sie als „etwas greifbar Nahes in Aussicht" stelle. Eine solche Perspektive verbiete sich schon deshalb, weil eine Bauernrevolution nicht bei der Änderung der agrarischen Eigentumsverhältnisse stehen bleiben könne. Wenn sie eintrete, argumentierte Lenin in Vorwegnahme von Einwänden der maximalistischen Opposition in der PSR, dann werde sie der Auftakt „zur Aufhebung des Privateigentums überhaupt sein"[148] und die Sozialisierung *aller* Produktionsmittel, d. h. die sozialistische Revolution des Proletariats, auf die Tagesordnung setzen. Das Agrarprogramm der Sozialrevolutionäre enthalte somit nichts als *Widersprüche* und *Irrtümer*: Es verwechsle die Sozialisierung des Grund und Bodens mit „seiner bürgerlichen Nationalisierung und die primitive bäuerliche Vorstellung von der kleinen ausgeglichenen Bodennutzung mit der Lehre des modernen Sozialismus"[149].

Die Sozialrevolutionäre zögerten nicht, solche Breitseiten mit gleicher Münze heimzuzahlen, befanden sie sich doch in dieser Auseinandersetzung in einer vorteilhaften Position. Zumal die heftigen Meinungsverschiedenheiten innerhalb der RSDRP machten offenkundig, daß die Agrarfrage die Achillesferse der sozialdemokratischen Theorie und Praxis darstellte, und luden geradezu zu polemischen Gegenoffensiven ein. Dabei ortete die sozialrevolutionäre Kritik die Ursache der sozialdemokratischen Schwierigkeiten

---

145) Lenin, Die politischen Parteien in Rußland (1912). In: LW 18 S. 38. Vgl. dieselbe Kritik von menschewistischer Seite bei: Martov, Socialisty-revoljucionery i proletariat S. 20 ff, bes. S. 22. – Dazu: I. I. Škiro, V. I. Lenin o suščnosti uravnitel'nogo zemlepol'zovanija (istoriografičeskij očerk). In: Vestnik Leningradskogo Gosudarstvennogo Universiteta (zit.: VLGU) 1971 Vyp. 8 S. 5–13.
146) Lenin, Agrarprogramm der Sozialdemokratie, LW 13 S. 234.
147) Ders., Das Agrarprogramm der Sozialdemokratie in der russischen Revolution. Autoreferat (1908). In: LW 15 S. 153; ders., Kleinbürgerlicher und proletarischer Sozialismus (1905). In: LW 9 S. 449.
148) Lenin, Revolutionäres Abenteurertum, LW 6 S. 197.
149) Ebenda S. 199.

treffend in der Kluft zwischen marxistischem Entwicklungsmodell und russischer Realität. Die russischen Schüler von Marx und Engels, konstatierte man nicht ohne Genugtuung, verfingen sich hoffnungslos in den Fesseln der eigenen Theorie, die sie darauf verpflichte, den Träger der kommenden sozialistischen Revolution entgegen aller Evidenz *allein* im Proletariat zu sehen[150]. Als unvermeidliche Konsequenz dieses Dilemmas wertete man insbesondere auch die sozialdemokratische Forderung nach Rückgabe der „otrezki"; gerade sie wurde zu einer beliebten Zielscheibe spöttischer Kritik. Wenn die „Iskra" die PSR kleinbürgerlich schimpfe, empörte sich etwa Rakitnikov, dann werfe mit Steinen, wer im Glashaus sitze: Denn wie immer man die Rückgabe der Landstücke an die Bauern durchführe, in jedem Falle bedeute sie „eine Ausweitung des bäuerlichen Kleineigentums"[151]. Überdies, pflichtete dem A. I. Potapov bei, sei eine solche Forderung „künstlich", „kaum durchführbar", „häretisch" und „utopisch". Nicht nur könne man die „otrezki" vierzig Jahre nach der Bauernbefreiung gar nicht mehr genau rekonstruieren, es mute zudem höchst „naiv" an zu glauben, daß die Dynamik der Bauernrevolution „bei irgendwelchen veralteten Landstücken" haltmachen würde[152]. Damit wendete er das Argument, mit dem Lenin die Sozialisierung des Grund und Bodens verspottet hatte, mit demselben Hohn gegen seinen Urheber zurück. Die Agrarfrage bleibe, schloß Potapov seine Revue sozialdemokratischer Literatur zur Agrarfrage im Jahre 1903, ein „noli me tangere" für die russischen Marxisten und ihr Programm „eine künstliche Konstruktion der Bücherwürmer von der ,Iskra' und der ,Zarja', die dem ,kleinen Bürgertum' die Hand hinstrecken unter dem Anschein, dem großen / Bürgertum, M. H. / und der Verschärfung des Klassenkampfes zu dienen und versuchen, die Landaufteilung durch eine ,demokratische Revision' " der Agrarreform von 1861 zu „liquidieren"[153]. Kaum ein fatalerer politischer Irrtum, kaum eine unfaßlichere theoretische Fehlleistung war in der Vorstellung der Sozialrevolutionäre denkbar, als die russische Bauernschaft, jene natürliche Wegbereiterin des Sozialismus, nach sozialdemokrati-

---

150) Vgl. Maksimov /N. I Rakitnikov/, K kritike marksizma. In: VRR No 4 (1905) S. 345—385, hier S. 351.
151) /N. I. Rakitnikov/, Agrarnaja programma russkoj Socialdemokratii. In: RR No 38 (15. Dezember 1903) S. 4; auch in: Sbornik statej Antonova u. a. M. 1908 S. 206—221; vgl. auch /ders./, Social-demokraty i Socialisty-revoljucionery. In: RR No 16 (15. Januar 1903) S. 1—5, auch in: Sbornik statej Antonova u. a. S. 191—204.
152) Vgl. A. Rudin /A. I. Potapov/, K krest'janskomu voprosu. (Obzor tekuščej literatury). In: VRR No 3 (März 1903) S. 199—225, hier S. 210, 214. — Ferner: N. Krupov /ders./, Po povodu odnoj brošjury. (N. Lenin, Zadači russkich socialdemokratov, izd. 2-oe 1902 g.). In: ebd. S. 279—300; A. Rudin /ders./, Čto govorjat russkie social-demokraty o ,derevenskoj bednote'? (Ich teorija i agrarno-polemičeskie upražnenija. o. O. o. J.; /L. É. Šiško/, Kak smotrjat Socialisty-revoljucionery i Social-demokraty na krest'janstvo i na zemel'nyj vopros. o. O. o. J.; A. /N./ Bach, Ortodoksal'nye marksisty i krest'janskij vopros. In: Sbornik statej Antonova u. a. S. 260—266.
153) Rudin, K krest'janskomu voprosu S. 217.

schem Rezept dem Elend einer kapitalistischen Entwicklung und den Schrecken der ursprünglichen Akkumulation zu überlassen[154].

Die Modifikation des Agrarprogramms der RSDRP nach 1905 vermochte an dieser ablehnenden Haltung der PSR nichts zu ändern. „Die Mehrheit der russischen Sozialdemokraten", kommentierte Potapov die Diskussionen vor und während des Stockholmer Parteitages, plädiere lediglich „für die Beseitigung des *großen* privaten Landbesitzes", lasse aber „die kleine Landbourgeoisie in Ruhe"[155]. Auch Maslovs Munizipalisierungskonzept wurde verworfen, obgleich es faktisch einer Landverteilung nach dem Gleichheitsprinzip gleichkam, wie sie die PSR forderte. Die Kontroverse erstarrte auf diese Weise in fruchtloser, gleichsam ritualisierter Polemik, in der beide Seiten einander endlos mit denselben Invektiven beschimpften. Zürnte Lenin über die kleinbürgerliche „Ideen- und Prinzipienlosigkeit" der PSR[156], so empörte sich Rakitnikov über den „bürgerlichen Sündenfall" der Sozialdemokratie, indem er konstatierte, daß diese unter russischen Bedingungen „unausweichlich in die Bürgerlichkeit verfallen" müsse[157]. Auf diesem Stand wurde die Fehde seit Ende der Revolution 1907 eingefroren und bis zum Frühjahr 1917 vertagt.

4.2. Minimalprogramm und Maximalprogramm

Als die Beratungen über das Parteiprogramm im engeren Kreis der sozialrevolutionären Exilführung um die Redaktion der „Revoljucionnaja Rossija" im Frühjahr 1903 aufgenommen wurden, standen zwei alternative Entwürfe zur Debatte. Der erste, aus der Feder Rakitnikovs stammend, trug sichtbar den Stempel marxistischer Anschauungen, sehr eigenwilliger freilich, die sich, mit den Worten Černovs, am Marx des „kommunistischen Manifests" orientierten und eine maximalistische Färbung verrieten. Der andere, von Černov verfaßt, war einer „dynamischen Soziologie" und einem „Integralismus" verpflichtet, die aus dem Versuch resultierten, die subjektivistische Sozialphilosophie Michajlovskijs und Lavrovs mit marxistischen Theoremen zu verbinden. Beide Positionen scheinen in der Frage der „Sozialisierung des Grund und Bodens" weitgehend übereingestimmt zu haben. Anlaß zu heftigen und langwierigen Diskussionen gab dagegen der Vorschlag einer Trennung zwischen Minimal- und Maximalprogramm[158].

---

154) Vgl. insbesondere Maksimov, K kritike marksizma S. 350 ff.
155) A. Rudin /A. I. Potapov/, Na tu že temu. (Ešče ob agrarnych ėkskursijach Rossijskich Social-demokratov). M 1906 S. 31.
156) Vgl. Lenin, Revolutionäres Abenteurertum, LW 6 S. 198.
157) /N. I. Rakitnikov/, Agrarnaja programma russkoj socialdemokratii. In: Sbornik statej Antonova S. 220.
158) Vgl. diesen einzigen mir bekannten Bericht über die Entstehung des Parteiprogramms bei: V. Černov, Proekt novoj partijnoj programmy. Stat'ja pervaja. In: RR No 33–34 (Januar–Februar 1924) S. 14. Einen knappen Hinweis enthält auch: Pokazanija Sletova, ZP No 4432 f. 1.

Jede revolutionäre Partei, so hatte Černov, wie erwähnt, schon frühzeitig behauptet, müsse zwei unterschiedliche Kataloge von Forderungen vorlegen: einen, der die Fernziele angebe, die sie nach dem Sturz des „ancien régime" zu verwirklichen gedenke; und einen, der die Nahziele definiere, d. h. die „Gesamtheit . . . aller Maßnahmen, die unter der Bedingung, daß die politische Macht in den Händen der Bourgeoisie ist, der Arbeiterklasse und ihrem Kampf für den Sozialismus Nutzen bringen"[159]. Eine solche Trennung zwischen Minimal- und Maximalprogramm sei aber keineswegs mit der Unterscheidung zwischen Legalismus bzw. Reformismus und objektiv revolutionärer Tätigkeit gleichzusetzen, da auch in den Minimalforderungen, exemplarisch in der Sozialisierung des Grund und Bodens, die Tendenz angelegt sei, den Rahmen der bürgerlichen Ordnung zu sprengen. Mit Vorliebe sprach Černov daher vom „revolutionären Minimalprogramm" der PSR und grenzte dieses scharf gegen das sozialdemokratische ab, dem er reformistische Harmlosigkeit und Pazifismus vorwarf.

Die meisten der an den Programmberatungen Beteiligten[160], namentlich Geršuni und Goc, gaben Černovs Vorlage den Vorzug. Aber auch Rakitnikov blieb nicht ohne Mitstreiter, so daß ein Kompromiß nötig wurde. Obgleich in endlosen Diskussionen und unter großen Mühen ausgearbeitet, rief diese neue Plattform heftige Kritik von allen Seiten hervor. Aus St. Petersburg und dem Pariser Exilkreis um Rubanovič wurden sogar Gegenentwürfe angekündigt. Als diese jedoch nach Jahresfrist immer noch nicht vorlagen, entschloß sich die Redaktion der „Revoljucionnaja Rossija", bestehend aus Goc, Černov und Šiško, den Kompromißentwurf zu überarbeiten und auf eigene Initiative zu veröffentlichen. Ob sich hinter diesem Verfahren, das Černov später eine „außergewöhnliche Maßnahme" nannte, der euphemistischen Formulierung zum Trotz ein Handstreich gegen die unerwünschte Opposition verbarg, muß offen bleiben. Immerhin ist festzustellen, daß die gedruckte Fassung des Programmentwurfs von allen Spuren des Rakitnikovschen Maximalismus gereinigt und in engster Anlehnung an die ursprüngliche Vorlage Černovs reformuliert wurde[161].

---

159) Protokoly 1906 S. 261, auch S. 254 ff; ferner: /V. M. Černov/, Programmnye voprosy. Programma-maksimum i programma minimum. In: RR No 41 (15. Februar 1904) S. 6.
160) D. h. außer Černov, Goc, Geršuni und Rakitnikov die übrigen Mitglieder des engeren Führungskreises der Auslands-PSR: Sletov, Potapov und Minor. Vgl. Černov, Proekt novoj partijnoj programmy S. 14.
161) Vgl. Černov, Proekt novoj programmy S. 14. — Černov bezeichnete es als einen beklagenswerten Verlust für die zukünftige Geschichtsschreibung, daß sowohl die ursprünglichen „monolithischen" Konkurrenzplattformen wie der Kompromißentwurf abhanden gekommen seien. Was erstere betrifft, so scheint das, soweit nachprüfbar, unwiderruflich der Fall zu sein. Dagegen darf man vermuten — wenngleich keinesfalls mit Gewißheit behaupten —, daß der gemeinsame Vorschlag Černovs und Rakitnikovs mit einem laut Vermerk nicht zur Veröffentlichung bestimmten Programmprojekt aus Saratov identisch ist, das sich im Archiv der PSR No 829 sowie in der Nicolaevsky Collection No 7 No 1 befindet. Für eine solche Zuordnung spricht in erster Linie eine ausgeprägt marxistische Terminologie der theoretischen Einleitung, die auch ausführ-

Indem der erste Parteitag der PSR diesen Entwurf des Zentralorgans mit geringfügigen Korrekturen verabschiedete, gab er auch sein Plazet zu dem umstrittenen Minimalprogramm. Endgültig wurden Forderungen festgeschrieben, wie sie sich ebenfalls in den Programmen der übrigen revolutionären und oppositionellen Parteien fanden. So verlangte die PSR auf politischem Gebiet unter anderem:

1. Die Gewährung der „unantastbaren persönlichen und bürgerlichen Rechte" wie Gewissens-, Rede-, Presse-, Versammlungs-, Koalitions- und Gewerbefreiheit, volle Freizügigkeit und Streikrecht sowie die Anerkennung der Unverletzlichkeit der Person;
2. das allgemeine, freie, gleiche und geheime Wahlrecht für alle Bürger über zwanzig Jahren;
3. die Einberufung einer konstituierenden Versammlung zur Schaffung einer „auf diesen Grundlagen konstituierten demokratischen Republik mit einer weitgehenden Selbstverwaltung der Provinzen und Gemeinden in Stadt und Land", d. h. mit größtmöglicher Dezentralisierung;
4. weitestgehende föderative Beziehungen zwischen den Nationalitäten[162] und gleiche Rechte sowie gleiche Repräsentation für jede Nationalität in Provinzen mit gemischter Bevölkerung;
5. die Trennung zwischen Staat und Kirche und

licher als das später angenommene Parteiprogramm auf die Eigenheiten der kapitalistischen Entwicklung in Rußland eingeht und dabei zu einer materialistischen Geschichtsbetrachtung tendiert. Ferner erhebt das Saratover Projekt die unverkennbar maximalistische Forderung nach Sozialisierung der Industrie und reiht diese sogar ausdrücklich unter die „nächsten Aufgaben" ein. Darf man darin einen Tribut an die Position Rakitnikovs erblicken, so sind andererseits Konzessionen an die Mehrheitsfraktion in der sozialrevolutionären Führung nicht zu übersehen. Dazu zählt vor allem, daß auch diese Plattform unbeschadet ihrer weitreichenden Nahziele zwischen einem Minimal- und einem Maximalprogramm unterscheidet. Gerade ein solches Nebeneinander widersprüchlicher Elemente läßt sich am ehesten als Indiz für den Kompromißcharakter des Saratover Projekts deuten. Dagegen wird man fehlgehen, einen weiteren im Archiv der PSR No 829 erhaltenen Programmentwurf trotz der Aufschrift „Goc, Geršuni, Maksimov/Rakitnikov, M. H./, Černov" für das vermißte Kompromißpapier zu halten, da er mit der von Černov formulierten und von der Redaktion der „Revoljucionnaja Rossija" veröffentlichten Vorlage sowie der vom Gründungsparteitag der PSR verabschiedeten Endfassung des Programms beinahe wörtlich übereinstimmt. Wenn Rakitnikov hier als Koautor figuriert, so dürfte das lediglich seiner Einsicht zu verdanken sein, daß ein eigener Entwurf keine Chance besaß, angenommen zu werden. Mit voller Überzeugung stand er jedenfalls kaum hinter den Černovschen Formulierungen, unterzog er sie doch in den Parteitagsdiskussionen heftiger Kritik.
162) Allerdings fehlte es in der Partei nicht an Protesten gegen solchen Föderalismus. Eine extreme Formulierung erfuhren sie durch den Delegierten des Moskauer Komitees und späteren Bürgermeister von Moskau im Jahre 1917, V. V. Rudnev („Roščin"), der selbst Finnland und Polen das Recht auf Selbstbestimmung bestritt (Vgl. Protokoly 1906 S. 171 f). Solche Stellungnahmen antizipierten bereits manches von dem großrussischen Nationalismus, der die Nationalitätenpolitik der PSR elf Jahre später beherrschte (vgl. Radkey, Agrarian Foes S. 37 ff).
Grundsätzlich zur Haltung der frühen PSR in dieser Frage: /V. M. Černov/, Nacional'nyj vopros i revoljucija. In: RR No 35 (1. November 1903) S. 1—3, auch in: Sbornik statej Antonova S. 307—316.

6. die Abschaffung des stehenden Heeres und die Einführung einer Volksmiliz.

Der wirtschaftliche Minimalkatalog der PSR enthielt neben der Forderung nach Sozialisierung des Grund und Bodens vor allem das gesamte sozialrevolutionäre *Arbeiterprogramm*. Unter anderem strebte man an:
1. progressive Steuern und Abschaffung „aller Steuern, welche die Arbeitermassen belasten";
2. die Schaffung einer Arbeiterschutzgesetzgebung und einer Sozial- und Arbeitslosenversicherung; die Einführung des Achtstundentags, die Fixierung von Minimallöhnen und die Mitwirkung der Gewerkschaften „an der Festsetzung der inneren Arbeitsbedingungen in den Betrieben";
3. die „Entwicklung aller Arten öffentlicher Dienste und Unternehmungen" in Gemeinden und Munizipalitäten;
4. fortschreitende Vergesellschaftung von Unternehmen, soweit garantiert sei, daß sie die Abhängigkeit der Arbeiterschaft von der Bürokratie nicht erhöhe[163].

Bauern- und Arbeiterprogramm sah die überwältigende Mehrheit der Delegierten des ersten Parteitages in harmonischem „Gleichgewicht", weil beide gleichermaßen das „Recht auf Arbeit" garantierten: ersteres durch die Sozialisierung des Grund und Bodens, letzteres durch Minimallohn und Versicherungsschutz[164]. Gerade diese Analogie offenbarte freilich, daß die Ausgewogenheit in Wirklichkeit noch sehr zu wünschen übrig ließ: gewährte das Agrarprogramm dem Bauern de facto die Verfügungsgewalt über sein wichtigstes Produktionsmittel, das Land, so fiel für den Arbeiter lediglich eine absolute — nicht einmal relative — Fixierung des Lohnes ab. Und sollte die Ausbeutung im agrarischen Sektor durch die Aufhebung des Privateigentums und den Übergang zur sozialistischen Gesellschaftsordnung bereits vollzogen werden, so setzte man ihr im industriellen lediglich eine Untergrenze, ließ aber die kapitalistische Produktionsform selbst unangetastet. Deren Beseitigung, die sog. „Sozialisierung der Fabriken und Unternehmen", erklärte man zum Kernpunkt des *Maximal*programms[165]. Man vertagte sie auf die ferne Zukunft, was sich bereits an der Tatsache ablesen läßt, daß diese Forderung keine konkrete Formulierung erfuhr und nicht in das offizielle Parteiprogramm aufgenommen wurde[166].

---

163) Vgl. Protokoly 1906 S. 361; Zitate aus der deutschen Übersetzung des Programms in: Bericht der Sozialrevolutionären Partei 1907 S. 30 ff. Zur Diskussion über das Arbeiterprogramm s. Protokoly 1906 S. 253 ff.
164) So, Rakitnikov beipflichtend, Černov in: Protokoly 1906 S. 230.
165) Vgl. Protokoly 1906 S. 101 f; S. 158 u. pass.
166) Dagegen hatte das Saratover Projekt als „nächste Aufgabe", die allerdings erst nach dem Sturz der Autokratie und der Übernahme der Herrschaft durch die sozialistischen Parteien zu verwirklichen sei, „die volle Demokratisierung der gesamten Gesellschaftsstruktur" gefordert, wobei zu „gewährleisten" sei: „eine freie Volksregierung und die Umwandlung des Staates aus einem Instrument der Klassenherrschaft und der Repression in ein einfaches dienendes Organ der Gesellschaft; die Nationalisierung /sic!/ des Grund und Bodens; der Übergang jener Sektoren der Volkswirtschaft, die

Auch die Trennung zwischen Minimal- und Maximalmaßnahmen in Černovs Programmentwurf fand nicht die Zustimmung aller Delegierten des Gründungsparteitags. Im Gegenteil, gerade um die Zweckmäßigkeit einer sofortigen Sozialisierung der Industrie wurde nicht weniger heftig gestritten als um die inhaltliche Konkretisierung der Sozialisierung des Grund und Bodens[167]. Dabei befand sich die Opposition diesmal allein im maximalistischen Lager[168], zerfiel hier jedoch in zwei deutlich von einander abgrenzbare Richtungen. Einen *gemäßigten* „abstrakt-theoretischen, praktisch unschädlichen Maximalismus, der bis zuletzt still fortlebte — in den Köpfen von zwei - drei Leuten innerhalb der Grenzen der Partei"[169], repräsentierte nach wie vor, an seiner alten Position beharrlich festhaltend, Rakitnikov. Er wurde unterstützt von seinem langjährigen Kampfgenossen aus dem Saratover Komitee der PSR A. I. Al'tovskij[170]. Eine *radikale* linkspopulistische Position bezog dagegen auch in dieser Frage der Delegierte aus Vitebsk Ginzburg, der indessen selten zu Wort kam und keine Resonanz unter den Delegierten fand.

Ginzburg argumentierte recht grobschlächtig mit einer einfachen Analogie zwischen agrarischem und industriellem Sektor. Der Forderung nach Landenteignung, die der PSR so breite Sympathie eingetragen hatte, nicht die nach Vergesellschaftung der Industrie an die Seite zu stellen, erschien ihm als mangelnde Konsequenz, als Versöhnlertum und Feigheit, bedrohten doch seiner Meinung nach so zahme Maßnahmen wie Achtstundentag und Sozialversicherung die ausbeuterische kapitalistische Ordnung an sich in keiner Weise. Die Grundfesten des Systems, so Ginzburg, könne nur *eine* Maßnahme erschüttern: „das Prinzip der Revolution auch in die Stadt auszubreiten und parallel zur revolutionären Enteignung des Landes . . . die revolutionäre Enteignung der Fabriken und Unternehmen mit Ersatz des Privateigentums durch kollektiv-gesellschaftliches Eigentum zu betreiben"[171].

---

dafür durch einen vorangehenden Prozeß der kapitalistischen Produktion vorbereitet worden sind, in die unmittelbare Verwaltung der zentralen staatlichen Organe und der Organe der lokalen Selbstverwaltung; die Übergabe der übrigen größeren Unternehmen in die Verfügungsgewalt von Arbeiterassoziationen zu bestimmten gesetzlich geregelten Bedingungen (z. B. dem Verbot der Lohnarbeit); die Übergabe der Länder vermittels der Organe der lokalen Selbstverwaltung in die Nutzung durch Genossenschaften gleichberechtigter Arbeiter, oder, wo dies unmöglich ist, durch einzelne Personen, die sie mit eigenen Kräften bearbeiten; die Aufhebung des Erbrechts an Gütern, die eine bestimmte Norm überschreiten, usw." Vgl. Proekt (ne podležit oglašeniju), Archiv PSR 829 S. 5.
167) Vgl. Protokoly 1906 S. 79 ff u. 253 ff.
168) Die „legalen Populisten" teilten in dieser Frage weitgehend den Standpunkt der Parteitagsmehrheit und der Parteiführung um Černov.
169) S. R. Krajnij /V. M. Černov/, Socializacija zemli, kak taktičeskaja problema S. 166.
170) Pseudonym „Goreckij". Auflösung nicht ganz gesichert.
171) Protokoly 1906 S. 105—107, Zitat S. 107.

Besonnener und auf die verbale Radikalität des maximalistischen Jargons verzichtend, formulierte Rakitnikov ein verwandtes Argument. Er erinnerte an den Topos der populistischen Theorie, daß die russische Revolution infolge der wirtschaftlichen und sozialen Rückständigkeit des Landes keine bürgerliche sein könne. Mithin gebe es kein exaktes Kriterium zur Abgrenzung von Forderungen, die den Rahmen der vorhandenen Gesellschaftsordnung nicht überschreiten würden, von solchen, die ihn sprengen würden, i. e. zur Unterscheidung zwischen Minimal- und Maximalprogramm. Maxime des revolutionären Handelns könne lediglich sein, alles zu tun, „was uns dem Sozialismus näher bringt": „Das Umsturzprogramm", folgerte Rakitnikov, „muß sich in den Grenzen dessen halten, was zur gegenwärtigen Zeit vom sozialistischen Ideal nach Maßgabe der sozioökonomischen Bedingungen (insbesondere des Entwicklungsstandes der Produktivkräfte) verwirklicht werden kann"[172]. Daran zu erinnern fühlte er sich umso dringlicher aufgerufen, als die revolutionäre Bewegung in den Aufständen des Dezember 1905 ihre erste Niederlage erlitten hatte. Denn, so mahnte Rakitnikov, der gegebene Augenblick biete die vielleicht letzte Chance, den Traum der russischen Sozialisten seit Herzen zu verwirklichen und Rußland vom verderblichen westlich-kapitalistischen Entwicklungspfad abzubringen. Dem pflichtete Al'tovskij mit dem Hinweis bei, daß man die sozialistische Transformation außerdem gar nicht auf einen Bereich der Gesellschaft beschränken könne, daß sie auf den industriellen Sektor überspringen würde, was die bereits geschehenen Fabrikbesetzungen in seinen Augen bezeugten[173].

Im Namen der Mehrheit der Parteiführung und der Delegierten wies Černov die Argumente beider maximalistischen Fraktionen aufs schärfste zurück. Er warf den Linksabweichlern gefährlichen Utopismus vor, prophezeite den Fabrikbesetzungen hellsichtig ein kurzes Leben, führte eindringlich vor Augen, welch eine „phantastische Aufgabe" die Sozialisierung der Industrie mit all ihren komplexen Begleiterscheinungen wie Abschaffung des Marktes und Reorganisation der Distribution sei[174], und empörte sich vor allem gegen die banale Analogie zwischen Vergesellschaftung des Grund und Bodens und Vergesellschaftung der Fabriken, da jener vielmehr die *gleiche* Sozialisierung des Grund und Bodens in den Städten entspreche[175].

Nicht zufällig blieb Černov indes der Rakitnikovschen These, daß sich gerade unter den russischen Gegebenheiten eine Trennung zwischen „bürgerlichem" Minimal- und sozialistischem Maximalprogramm verbiete, eine angemessene Antwort schuldig. Denn dieses Argument hatte die Logik der populistischen Position auf seiner Seite: Im Rahmen einer streng subjektiven Sozialphilosophie, die die Existenz objektiver historischer Gesetzmäßigkei-

---

172) Protokoly 1906 S. 114.
173) Vgl. Protokoly 1906 S. 116–117.
174) Vgl. Protokoly 1906 S. 146 ff, Zitat S. 155.
175) Protokoly 1906 S.149; Vgl. auch: Programmnye voprosy. Socializacija zemli i programma-minimum. In: RR No 42 (1. März 1904) S. 3–4.

ten zurückwies, mußte es in der Tat unsinnig erscheinen, zukünftige Entwicklungsstadien zu fixieren und dadurch die Handlungsfreiheit der revolutionären Partei a priori zu begrenzen. Nicht in der populistischen, sondern in der sozialdemokratischen Revolutionstheorie besaß die Unterscheidung zwischen Minimal- und Maximalprogramm ihren angestammten Platz, da sie unzertrennlich mit der Erwartung einer bürgerlichen Revolution verknüpft war. Černov, der Realist, übernahm dieses Konzept, weil er akzeptierte, daß der Fortschritt der kapitalistischen Entwicklung auch für die russische Revolution ein bürgerliches Durchgangsstadium nötig mache. Die Maximalisten beider Schattierungen dagegen leugneten in blindem Glauben an die spontane Kraft des „werktätigen Volkes" diese Notwendigkeit. Gerade deshalb jedoch waren sie in gewisser Hinsicht die orthodoxeren und konsequenteren Populisten. Kein Zweifel konnte daran sein, daß der Begriff des revolutionären Minimalprogramms, wie sie beanstandeten, deutliche Merkmale eines Selbstwiderspruchs aufwies[176]. Und mit Recht legten sie den Finger darauf, daß die Überzeugung der sozialrevolutionären Mehrheitsfraktion, die Sozialisierung des Grund und Bodens könne im Rahmen der kapitalistischen Ordnung durchgeführt werden und ein sozialistischer Sektor neben einem kapitalistischen in ein und derselben Gesellschaft existieren, utopisch und realitätsfremd sei.

5. Zusammenfassung: der „synthetische Gesichtspunkt" und die Modernisierung Rußlands

Obgleich die PSR der II. Sozialistischen Internationalen seit deren Amsterdamer Kongreß im Jahre 1904 als vollberechtigtes Mitglied angehörte, blieb sie ein Außenseiter und Fremdkörper in dieser Gemeinschaft. Einerseits wurde sie von den sozialdemokratischen Parteien in diese Rolle gedrängt. Andererseits bewahrte sie sich auch selbst ein Bewußtsein ihrer Sonderstellung und der Andersartigkeit ihrer theoretischen und programmatischen Grundlagen. Die PSR stehe eben nicht wie die Sozialdemokraten, erläuterte Černov den Delegierten des Gründungsparteitages, „auf dem Boden der traditionellen Dogmen des Marxismus"[177], sondern fühle sich einer „soziologischen Schule" verpflichtet, „die neben den Namen von Marx und Engels auch die Namen Lavrovs und Michajlovskijs" ehre. Sie wolle „*zwei* Momente" in „unauflöslicher Verbindung" miteinander verknüpfen: „den genetischen, spontanen Gang der Ereignisse *und* den zielgerichteten, bewußten Eingriff der organisierten und gesellschaftlichen Kräfte", die subjektiven *und* die objektiven Faktoren des historischen Prozesses, „das Bewußtsein *und* den Willen". Sozialrevolutionäre Theorie halte daher zu beiden einseitigen Extremen, zum „historischen Intellektualismus", der die

---

176) Vgl. diese Kritik bei Firsov, Jakobij: K peresmotru agrarnoj programmy S. 102.
177) Protokoly 1906 S. 81.

„spontanen Prozesse" ignoriere, ebenso wie zum historischen Materialismus, der alles in die „eiserne Logik einer spontanen Evolution einzwängen" wolle, gleichermaßen Distanz[178]; sie habe von Marx gelernt, aber nur das übernommen, „was befriedigte..., was an ihm revolutionär war"[179]. Kurz: Sie habe den Gegensatz von Materialismus und Idealismus unter einem „synthetischen Gesichtspunkt" aufgelöst[180].

Was Černov mit dieser Formel meinte, erläuterte er am theoretischen Teil seines Programmentwurfs. Darin werde absichtlich darauf verzichtet, den Begriff der „Entwicklung der Produktivkräfte" zugrunde zu legen. Stattdessen gehe er von einem „breiteren", „allgemeinsoziologischen und nicht einfach ökonomischen" Konzept aus, dem „Wachstum der Herrschaft des Menschen über die Natur", das den technologischen Fortschritt ebenso umfasse wie den „moralischen", „subjektiven" Aspekt der gesellschaftlichen Evolution. Die Idee der „allseitigen harmonischen Entwicklung der menschlichen Individualität"[181] werde auf diese Weise zum Leitfaden des Programms erhoben.

Was Černov als Errungenschaft der sozialrevolutionären Theorie anpries, werteten die innerparteilichen Kritiker von links und rechts umgekehrt als grundlegende Schwäche. In ihren Augen war „Synthese" nur ein Euphemismus für *Eklektizismus*. Freilich kamen beide Seiten aus höchst unterschiedlichen Erwägungen zu diesem Urteil. In zu weitgehenden Anleihen beim Marxismus machten die Volkssozialisten die Kardinalsünde aus. Černov, bemängelten sie, überbetone die Rolle des ökonomischen Faktors in der Geschichte und weiche damit von der populistischen Tradition ab. Außerdem neige er dazu, die tragenden Kräfte der sozialistischen Bewegung wie die Sozialdemokraten auf die „werktätige Klasse" einzuengen. Diese sei aber nicht identisch mit dem „Volk"[182]. Die sozialrevolutionäre Linke auf der anderen Seite monierte eine Inkonsequenz in der Fundierung des agrarischen Sozialismus. Das Programm hätte, wie Rakitnikov hervorhob, von den Prinzipien eines „föderativen Sozialismus" ausgehen, dessen Bedeutung für Rußland zeigen und somit die Idee der *Rückständigkeit* zugrunde legen müssen[183]. Černov habe zwischen zwei Alternativen wählen können: entweder die „allgemeinen Ansichten" über die Bauernschaft, d. h. die marxistische These der tendenziellen Integration des agrarischen Sektors in den kapitalistischen Marktzusammenhang zu akzeptieren, oder aber „das ganze Programm völlig anders" zu motivieren. Er habe sich für keine entschieden,

---

178) Protokoly 1906 S. 83–84.;
179) Pro domo sua. (Bibliografičeskaja zametka o No 1 „V. R. R." v „Zare" No 2–3). In: VRR No 2 (Februar 1902) otdel III S. 99–104, hier S. 103.
180) Protokoly 1906 S. 132.
181) Protokoly 1906 S. 133 f; Zitate nach: Bericht der Sozialrevolutionären Partei 1907 S. 24.
182) Protokoly 1906 S. 87.
183) Vgl. Protokoly 1906 S. 109 ff.

weshalb das Agrarprogramm „etwas Angefügtes", Unabgeleitetes sei[184]. Mit anderen Worten: Indem Černov sich in die Ausschließlichkeit eines rein marxistischen und eines rein populistischen Ansatzes nicht fügen wollte und beide zu verbinden suchte, habe er zwar einerseits, wie lobend erwähnt wurde, „jedem Parteiarbeiter" die Möglichkeit gegeben, das Projekt auf seine Weise zu deuten[185], andererseits aber solche Offenheit durch Inkohärenz und mangelnde Konkretion erkauft.

Freilich beachtete diese Kritik nicht, daß Černov Ursache hatte, sich dem Diktat der Alternative, die man ihm stellte, nicht zu beugen. Denn betrachtet man, an das einleitend formulierte Leitinteresse der Arbeit anknüpfend, den „synthetischen" Charakter von Theorie und Programm der PSR im Gesamtzusammenhang der Entwicklung Rußlands um die Jahrhundertwende, so wird man ihn als Ausdruck des Grundproblems verstehen müssen, mit dem sich die PSR von Anfang an konfrontiert sah: der Anpassung der populistischen politischen Theorie und Taktik an die Veränderung des sozioökonomischen und politischen Kontexts im Zuge der kapitalistischen Industrialisierung und ihrer Begleitprozesse. Wie immer man das genaue Ausmaß dieses Wandels veranschlagen mag, in jedem Falle dürfte gelten, daß sich die Rahmenbedingungen für politisches Handeln zu Anfang des neuen Jahrhunderts erheblich von denen der 70er und 80er Jahre unterschieden. Es war dieser Umstand, der die neopopulistische Theorie zu einer Reformulierung der Begründung des politischen Terrors sowie zur Annäherung an die sozialdemokratische Auffassung über die Notwendigkeit einer vorgängigen bürgerlichen Revolution in Rußland veranlaßte, der die konkrete Utopie eines direkten Übergangs vom vorkapitalistischen Agrarstaat zum Sozialismus zur anachronistischen Chimäre verkommen ließ; kurz, der den theoretischen Grundsätzen und praktischen Aktionsformen populistischer Politik zunehmend die Basis entzog und dem Černov Rechnung trug, indem er Populismus und Marxismus, die Theorie einer vorkapitalistisch-agrarischen und die der kapitalistischen Gesellschaft par excellence, zu versöhnen suchte. Deshalb bezeichnet der Begriff der Synthese wohl am prägnantesten *den* Grundzug des sozialrevolutionären Denkens, gerade auch aufgrund seiner doppelten Konnotation als produktive Zusammenschau und bloße Addition. Deshalb aber auch traf die innerparteiliche Kritik von links und rechts ins Schwarze und beschrieb Lenin, dem niemand eine große Fähigkeit

---

184) Vgl. einen Kommentar zu Černovs Programmentwurf im Archiv PSR 829. Ähnlich argumentierten zwei offensichtlich maximalistische Kritiker aus Tambov: Zametka k proektu programmy; Proekt programmy. Tambov, Mai 1904. Archiv PSR 541.
185) So O. S. Minor, Protokoly 1906 S. 203 sowie ein Kommentar zu Černovs Programmentwurf aus Moskau, der „Eklektizismus" und „Unbestimmtheit" geradezu als Grundsätze des Programms empfahl, weil man „nicht leugnen" könne, „daß die Ansichten vieler Anhänger der sozialistischen Lehre, auf die sich die PSR stützen" wolle, „nicht nur verschieden, sondern . . . sogar unversöhnlich" seien. Vgl.: Dlja Viktora. Archiv PSR 829.

zu scharfsinniger Wirklichkeitsanalyse wird abstreiten können, das Dilemma des Neopopulismus sehr treffend, wenn er bemerkte:

„Da indes die ganze ökonomische Entwicklung Rußlands, der ganze Gang der russischen Revolution der reinen Volkstümlerideologie rücksichtslos und unbarmherzig den Boden unter den Füßen wegzieht, müssen die Anschauungen der Sozialrevolutionäre unvermeidlich eklektisch werden"[186].

Und nicht nur das. Gerade am Kernstück des sozialrevolutionären Programms, der Sozialisierung des Grund und Bodens, zeigte sich außerdem, daß man die Anpassung an die veränderten Bedingungen nicht konsequent genug vollzog, vielleicht auch nicht vollziehen konnte, ohne das populistische Erbe aufzugeben. Denn, wie immer es um die Lebensfähigkeit der „obščina" bestellt sein mochte, kein Zweifel kann daran bestehen, daß das Sozialisierungskonzept zunehmend an Realitätsgehalt einbüßte. Den neuen Staat auf agrarische Kommunen aufbauen zu wollen, bedeutete faktisch, gegen die bereits in Gang befindliche wirtschaftliche Entwicklung anzugehen. Da der Fabrikarbeiter, wie P. A. Vichljaev anmerkte, „sein Recht auf Land nur dann verwirklichen" konnte, wenn er wünschte, „die industrielle Arbeit gegen die landwirtschaftliche einzutauschen"[187], lief das sozialrevolutionäre Agrarprogramm letztlich auf eine völlige Reagrarisierung Rußlands hinaus. Es beruhte auf einer rückwärtsgewandten Utopie vom reinen Agrarstaat, auf dem Mythos der urgemeinschaftlichen Produzentendemokratie, verkörpert in der Umteilungsgemeinde.

---

186) Lenin, Sozialismus und Bauernschaft (1905). In: LW 9 S. 306. Ähnlich ders., Von der Volkstümlerrichtung zum Marxismus (1905). In: LW 8 S. 70—77; ders., Sozialrevolutionäre Menschewiki (1906). In: LW 11 S. 184—194.
187) Zit. nach Firsov, Jakobij: K peresmotru agrarnoj programmy S. 157.

Drittes Kapitel

DER AUFBAU EINER PARTEIORGANISATION UND DIE ANFÄNGE DER SOZIALREVOLUTIONÄREN AGITATION IN RUSSLAND (1902–1905)

Als die PSR im Winter 1901/02 aus der Taufe gehoben wurde, mangelte es ihr nicht nur an theoretischer Einheitlichkeit, sondern nicht minder an organisatorischer Kohärenz. Die neue Gesamtpartei existierte zunächst nur in den Köpfen einiger weniger Aktivisten und *durch* deren persönliche Beziehungen[1]. Erst in den folgenden Jahren gelang es, die vorhandenen sozialrevolutionären Gruppen enger aneinander zu binden, das Netz lokaler Stützpunkte zu verdichten und dadurch dem formalen Gründungsbeschluß allmählich ein materielles Fundament zu geben.

Dabei hatte die PSR, ebenso wie die übrigen revolutionären Parteien Rußlands, insbesondere drei Hindernisse zu überwinden. Erstens mußte sie illegal arbeiten und sich im Dauerkrieg gegen die Ochrana behaupten. Es wird zu fragen sein, in welcher Weise sich dieser Umstand in der organisatorischen Praxis der PSR niederschlug, ob der Zwang zur Konspiration in ähnlicher Weise zu einem „ultrazentralistischen" und undemokratischen Parteiaufbau führte, wie das einer verbreiteten Interpretation zufolge bei den Bol'ševiki der Fall war[2]. Zweitens mußte die PSR Mittel und Wege finden, um die alte Kluft zwischen Intelligenz und Masse zu überwinden, an der schon die populistische Bewegung der 70er Jahre gescheitert war. Diese Aufgabe stellte zumal die Sozialrevolutionäre vor besondere Probleme, weil sie nicht nur das städtische Proletariat, sondern vor allem auch die Bauernschaft erfassen wollte, die sich jedoch infolge der erwähnten strukturellen Hemmnisse politischer Partizipation in rückständigen Agrargesellschaften und anderer erschwerender, spezifisch russischer Umstände einer organisatorischen Integration weitgehend entzog[3]. Drittens schließlich mußte die PSR trotz

---

1) Daß die PSR im Unterschied zur RSDRP durch die gewaltsame Unifizierung sehr heterogener Gruppen „von oben" und nicht auf demokratische Weise von unten entstanden sei, betonen insbesondere menschewistische Kommentare. Obgleich diese These einen richtigen Kern trifft, unterschlägt sie doch die eigenständige neopopulistische Sammlungsbewegung an der Basis zu sehr. Vgl. T. Dan, The Origins of Bolshevism. Ed. and transl. from the Russian by J. Carmichael. Kingswood/Surrey 1964 S. 267; Maslov, Narodničeskie Partii S. 96 ff.

2) Vgl. Keep, Rise of Social Democracy S. 94; Geyer, Lenin S. 345. Auch Lenin selbst verwies häufig auf diesen Zusammenhang, wenn er in der Beseitigung der alten „Handwerkelei" und der Schaffung einer disziplinierten Kaderpartei aus Berufsrevolutionären, die „nicht schlechter geschult" sein sollte als die Ochrana, eine unverzichtbare Voraussetzung für den Sieg im Kampf gegen die Autokratie erblickte. Vgl.: W. I. Lenin, Was tun (1902)?. In: LW 5 S. 355–551, hier S. 482.

3) Vgl. oben S. 28 ff.

staatlicher Repression und äußerst begrenzter Kommunikationsmöglichkeiten einen regelmäßigen Austausch zwischen dem In- und Ausland, zwischen Parteiperipherie und Parteizentrum sicherstellen. Zu prüfen ist, ob die Kluft, die die sozialrevolutionären Intellektuellen im Exil von den Praktikern in Rußland und allgemein die „bewußte" Elite von der „dumpfen" Masse trennte, durch die Struktur des Parteiaufbaus verringert oder erweitert wurde, ob eine durchlässige Organisation innerparteiliche Mobilität förderte oder eine starre Hierarchie eine nennenswerte Fluktuation zwischen den Funktionsebenen verhinderte.

1. Die territoriale Expansion der sozialrevolutionären Gruppen und Komitees in Rußland

Studentenunruhen signalisierten im Jahre 1899 den Beginn einer neuen Phase politischer Mobilisierung in breiteren Kreisen der Bevölkerung. Von dieser Welle wachsender Unruhe und Unzufriedenheit getragen, konnte die PSR die Zahl ihrer Stützpunkte in raschem Tempo vermehren. Dies umso eher, als die Gründung der neuen Gesamtpartei die revolutionäre Szene Rußlands polarisiert hatte und alle politischen Gruppen dazu zwang, sich organisatorisch zu binden. Versuche, eine unabhängige Existenz zu wahren, mußten über kurz oder lang scheitern. Bereits im Mai 1903 war daher, wie Sletov in einem Tätigkeitsbericht des CK festhielt, der Anschluß aller politischen Zirkel „links von der orthodoxen Sozialdemokratie" an den einzigen „Kristallisationspunkt" in diesem Lager, die PSR, vollzogen und das Gerüst der Parteiorganisation errichtet[4].

Aus Sletovs Angaben und anderen Quellen geht hervor, daß die PSR um diese Zeit ungefähr in all jenen Städten Fuß gefaßt hatte, in denen bereits in den 90er Jahren neopopulistische Zirkel existiert hatten. Ihre eigentliche Expansion fand dagegen erst in den folgenden Jahren 1903 und 1904 statt, als sich die Zahl der sozialrevolutionären Lokalorganisationen auf knapp 40 verdoppelte. Nicht nur gelang es, das Netz der sogenannten „Gruppen" auszudehnen, d. h. loser Vereinigungen sozialrevolutionär

---

4) Kratkij očerk dejatel'nosti P.S.-R. za 1903—04 gg. pročitannyj na 2-om s-ezde Z. O. P.S.-R. v ijule 1904 g. ot imeni C. K. P.S.-R., sostavlen St. N. S-vym /S. N. Sletov/, Archiv PSR 514. — Dieser Polarisierung fielen auch die beiden einzig nennenswerten Kooperationsversuche zwischen RSDRP und PSR zum Opfer: der „Bund der Sozialrevolutionäre und Sozialdemokraten im Ural", der trotz seiner relativen Ferne vom Zentrum des politischen Geschehens und der Sonderbedingungen im Ural nicht länger als ein Jahr Bestand hatte, und die „Vereinigte Gruppe der Sozialrevolutionäre und der Sozialdemokraten von Saratov", die so stark zur PSR tendierte, daß sie von der „Iskra" aufgegeben und heftig attackiert wurde. Vgl.: Ural'skij ob-edinennyj sojuz S.R. i S.D.: Programma Ural'skogo Sojuza Socialdemokratov i Socialistov-revoljucionerov, 1901 god, Archiv PSR No 474; Golos Truda No 1 u. 2. Izd.: Saratovskaja ob-edinennaja gruppa Socialistov-revoljucionerov i Social-demokratov, Archiv PSR 521/I. Dazu: Iskra No 21 (1. Juni 1902) S. 8.

Gesinnter, die in der Regel lediglich unter sich „stille" Propaganda betrieben, sondern darüber hinaus auch relativ festgefügte und straff organisierte Komitees zu gründen, die in Fabriken agitierten und mit Flugblättern und Broschüren an die Öffentlichkeit traten. Von besonderer Bedeutung war, daß man auch die Zahl der parteieigenen Druckereien von vier im Jahre 1902 auf zehn im Jahre 1903 erhöhen konnte[5]. Umfaßte die PSR laut Tätigkeitsbericht des CK im Mai 1903 Komitees in St. Petersburg, Kiev, Odessa, Char'kov, Saratov, Ekaterinoslav, Volynien, Voronež, Penza, Smolensk und Nižnij-Novgorod sowie Gruppen in Tula, Poltava und Moskau, so kamen bis zum Juli 1904 Komitees in Tambov, Brjansk, Nikolaev und Cherson, Gruppen in Belostok, Vitebsk, Berdičev, Astrachan', Tver', Černigov, Gomel', Vil'no, Minsk, Kursk, Samara, Baku, Sevastopol', Kazan', Kaluga sowie in einigen weiteren, unbedeutenderen Orten hinzu[6]. Bis Ende 1904 hatte die neopopulistische Erneuerungspartei somit ihre Einflußzone auf alle Gebiete des europäischen Rußland mit Ausnahme des Baltikums, Polens und Finnlands sowie auf den Kaukasus ausgedehnt.

Allerdings fand dieser Prozeß nicht überall zu gleicher Zeit und mit gleichem Erfolg statt. Am frühesten festigte sich die PSR in ihrem Stammgebiet, den „kulturellen Zentren des südlichen und des südöstlichen Rußland", in Kiev, Char'kov, Saratov und Voronež[7], von wo sie weiter nach Süden, nach Ekaterinoslav, Odessa, Žitomir und Penza ausgriff. Erst danach konnte sie im Norden Rußlands Wurzeln schlagen. So wurde Azef im Sommer 1902 nach St. Petersburg entsandt, um dort einen zentralen Umschlagplatz für die illegale sozialrevolutionäre Literatur aus dem Ausland einzurichten. Es gelang ihm auch, Arbeiterschulungszirkel zu gründen und St. Petersburg nach langer Zeit wieder zu einem Zentrum sozialrevolutionärer Agitation zu machen[8]. Freilich erhält das Lob, mit dem Breškovskaja das erfolgreiche Wirken Azefs in ihrem Tätigkeitsbericht bedachte, im Lichte von dessen späterer Entlarvung als Polizeiagent eine bittere Note. Von St. Petersburg aus wurden insbesondere die Gouvernements Novgorod und Pskov mit Broschüren versorgt und Kontakte nach Kostroma, Kazan', Simbirsk, Vladimir und Nižnij-Novgorod geknüpft, wobei „einer der hervorragendsten Sozialrevolutionäre" der Frühzeit, der populistische Veteran Panev, eine bedeutende Rolle spielte.

---

5) Vgl. den Wochenbericht der Ochrana No 7 vom 11. November 1902 S. 4, OA XIII c (2) f. 1; Spiridovič, Partija S.-R. S. 113.
6) Vgl. Kratkij očerk dejatel'nosti P.S.-R. za 1903—04 gg., Archiv PSR 514; ebenso den von E. K. Breško-Breškovskaja vor der Gründungskonferenz der ZO im August 1903 verlesenen ersten Tätigkeitsbericht des CK: Zasedanija učreditel'nogo s-ezda Zagraničnoj Organizacii P.S.-R., 15. avg. 1903 g., Archiv PSR 125. Weitere Angaben über die Entwicklung der sozialrevolutionären Organisation finden sich in: Sletov, Očerki S. 45; Spiridovič, Partija S.-R. S. 62, 66 u. 93; Ochrana-Bericht No 7 v. 11. November 1902, OA XIII c (2) f. 1 S. 1 f; Rapport 1904 S. 34 f.
7) Vgl. Kratkij očerk dejatel'nosti P.S.-R. za 1903—04 gg., Archiv PSR 514.
8) Dazu: M. O. Levin, Moi vospominanija ob Azefe, NC No 7 No 104 S. 10 ff.

Mit Unterstützung von St. Petersburg lebte im Winter 1902/03 auch die sozialrevolutionäre Tätigkeit in Moskau auf; freilich in so bescheidenem Maße, daß Breškovskaja noch im August 1903 lediglich hoffen konnte, Moskau möge „endlich in den Kreis der aktiven Gruppen" der Partei eintreten[9]. Warum das erst im Februar 1904 durch die Bildung eines Komitees geschah, erschien bereits der PSR erklärungsbedürftig. Zum einen wies man auf das Wirken des Polizeichefs Zubatov und der von ihm gelenkten Gewerkschaften hin[10]; zum anderen auf die besondere Sozialstruktur des Moskauer Proletariats, das noch in starkem Maße an das Dorf gebunden sei, zum großen Teil nur im Winter in der Stadt lebe und daher „weniger entwickelt" sei als etwa die Arbeiterschaft von St. Petersburg[11]. Aber nicht nur in Moskau ging das Wachstum der sozialrevolutionären Organisationen „bedeutend langsamer" vor sich als im Süden, sondern, wie Sletov feststellte, im zentralen Industriegebiet und im Norden Rußlands insgesamt sowie auch in Weißrußland, wo die PSR erst im Laufe des Jahres 1903 von der Ukraine aus Fuß fassen und Gruppen in Smolensk, Brjansk, Vitebsk und Belostok gründen konnte[12].

Trotz solcher Verzögerungen wird man Geršuni zustimmen, wenn er den organisatorischen Aufbau der PSR als „einfach erstaunlich" bezeichnete, ein Urteil, dem sich die Ochrana anschloß[13]. Beide bestätigten, was bereits am Umsichgreifen des terroristischen Fiebers deutlich wurde — daß dieser Vormarsch der Sozialrevolutionäre sich nicht zuletzt auf Kosten der Sozialdemokratie vollzog. Insbesondere im Süden, schrieb Geršuni, finde eine „Massenflucht" aus den sozialdemokratischen Organisationen in die PSR statt. Die „Iskra" sei nicht mehr gefragt, umso mehr die „Revoljucionnaja Rossija", und die Arbeiter würden sagen: „Mit den Sozialdemokraten rechnet die Regierung im Augenblick nicht; sie fürchtet sie nicht, ... aber die Sozialrevolutionäre fürchtet sie wie echte Revolutionäre. Seht, man steckt sie alle ins Gefängnis". Deshalb zahle die Polizei für den Verrat eines Mitgliedes der sozialrevolutionären Kampforganisation tausend Rubel, für einen sozialrevolutionären „intelligent" hundert, für einen sozialrevolutionären Arbeiter fünfundzwanzig, — aber für einen sozialdemokratischen höchstens drei! Geršuni wagte sogar die Behauptung, daß die Sozialdemokratie die PSR mehr fürchte als den autokratischen Staat[14]. Ähnlich, wenngleich

---

9) Vgl. den Tätigkeitsbericht Breškovskajas in: Zasedanija učreditel'nogo s-ezda Zagraničnoj Organizacii, Archiv PSR 125.
10) Zur „Zubatovščina" vgl. Kap. 1, Anm. 47.
11) Očerki rabot v Central'noj Oblasti, Archiv PSR 676. — Zum „Arbeiterbauern" s. auch Kap. 1, Anm. 42.
12) Kratkij očerk dejatel'nosti P.S.-R. za 1903—04 gg., Archiv PSR 514.
13) Brief Geršunis an die Redaktion der „Revoljucionnaja Rossija" /Ende Februar 1903/, Archiv PSR 502/4; auch in: NC No 7 No 95. — Ochranawochenbericht No 7 vom 11. Nov. 1902 S. 1, OA XIII c (2) f. 1.
14) Brief Geršunis an den ersten Kongreß der ASL vom Juli 1902, Archiv PSR 502/1.

nüchterner beurteilte ein interner Wochenbericht der Ochrana die Situation, wenn er verzeichnete, daß „viele ernsthafte Sozialdemokraten" zur PSR überliefen[15].

2. Die Zentrale in Rußland

Genaueres über die Struktur und Funktionsweise der sozialrevolutionären Organisation in Rußland zu ermitteln, fällt schwer. Daran dürfte vor allem der Umstand Schuld tragen, daß die PSR es offensichtlich nicht vermochte, eine dauerhafte Kommunikation zwischen den lokalen Gruppen herzustellen, geschweige denn geregelte Aktivitäten zu entfalten. Von Anfang an gelang es der Ochrana immer wieder, zentrale Schaltstellen lahmzulegen und lebenswichtige Druckereien auszuheben. Konnte der Zarismus auch den Aufbau eines Netzes lokaler sozialrevolutionärer Zellen nicht unterbinden, so war er allerdings in der Lage, ihn empfindlich zu stören und temporär zu paralysieren. Das spiegelte sich nicht nur in der Tatsache, daß die PSR ihren Gründungsparteitag bis 1905 verschieben mußte, sondern auch darin, daß sie keine permanente Zentralinstanz in Rußland einrichten konnte. Die Leitungsfunktion wechselte vielmehr je nach Vorhandensein qualifizierter Revolutionäre und günstiger Arbeitsmöglichkeiten. Demgemäß mangelte es der sozialrevolutionären Tätigkeit an Koordination und vollzog sich auch der Aufbau einer Parteiorganisation nicht nach Plan, sondern als Kette von Improvisationen und ad-hoc-Regelungen. Im Prinzip galt für die gesamte vorrevolutionäre Periode, was Sletov mit Bezug auf 1902 schrieb: „Genau besehen gab es gar keine Organisation. Es gab lediglich eine Gruppe von Leuten, die durch persönliche Bekanntschaft, ohne bestimmte Rechte, ohne Pflichten, miteinander Verbindung hatten"[16]. Deshalb konnte man auch noch nicht daran denken, die Parteiämter durch reguläre Wahlen zu besetzen. Für die Praktizierung demokratischer Spielregeln ließ die Ochrana keinen Raum. Den konspirativen Zwängen angemessen war allein das informelle Kooptationsverfahren, das daher, soweit nachprüfbar, bis zur Revolution ohne Ausnahme Anwendung fand.

Auf diesem Wege kam bereits Anfang 1902 die erste zentrale Gruppe in Rußland zu ihrem Amt, nachdem sich Geršuni mit Černov und Goc in Genf darüber geeinigt hatte, daß die PSR außer der Redaktion ihrer publizistischen Organe im Ausland als theoretischem Zentrum auch einer Koordinierungsinstanz für die praktische Tätigkeit im Inland bedürfe. Als provisorische Lösung schlug Geršuni vor, eines der bestehenden Komitees mit dieser Aufgabe zu betrauen, wofür nach dem Zusammenbruch des Nordbundes

---

15) Wochenbericht der Ochrana No 7 vom 11. Nov. 1902 S. 5, OA XIII c (2) f. 1. — Zu ähnlichen Ergebnissen kommt auf der Basis von Archivmaterialien auch: Katuškin, Bor'ba V. I. Lenina protiv melkoburžuaznogo revoljucionnizma v ‚iskrovskij' period.
16) Iz pokazanija Sletova 22-go aprelja 1910 g., ZP No 4432 f. 1 S. 3.

im Herbst 1901 nur noch eine Gruppe in Frage kam: die von Saratov, die mit acht bis zehn Kernmitgliedern nicht nur zahlenmäßig zur Wahrnehmung dieser Funktion in der Lage war, sondern darüber hinaus in Bulanov, dem Ehepaar Rakitnikov, Al'tovskij, Kraft, Mel'nikov, der nachmaligen Terroristin S. G. Klitčoglu-Mežovaja, dem Ökonomen und „obščina"-Spezialisten K. R. Kačorovskij sowie nicht zuletzt in Breškovskaja und Geršuni als sogenannte „Reiseagenten" auch über genügend qualifizierte Kräfte verfügte[17]. Zwar hielten die Saratover es grundsätzlich immer noch für „etwas gewagt", als Partei aufzutreten[18], schlugen aber dennoch Geršunis Bitte nicht ab. Indessen konnten sie als erstes „CK" der PSR keine große Wirksamkeit entfalten: Bereits im November 1902 landete die Ochrana einen ersten schweren Schlag gegen die neue Partei und hob nahezu das gesamte Saratover Komitee aus[19].

An seiner Stelle übernahmen die Sozialrevolutionäre von Ekaterinoslav unter der Leitung Al'tovskijs, der dem Saratover Debakel entkommen konnte, und des Geršuni-Vertrauten A. Vejcenfel'd die Aufgaben einer zentralen Koordinierungsinstanz. Zum einen verfügten sie mit über dreißig Mitgliedern ebenfalls über die notwendige personelle Kapazität, zum anderen — wichtiger noch — waren sie mit zwei Druckereien auch technisch bestens ausgerüstet. Freilich konnte die zaristische Polizei auch dieses zweite „CK" nach kurzer Zeit aufspüren und dafür sorgen, daß der günstige Boden Ekaterinoslavs für die sozialrevolutionäre Agitation bis 1905 beinahe brachlag[20].

Wohl nicht ohne Lehre aus solchen Fehlschlägen gezogen zu haben, ging die PSR im Frühjahr 1903 zu einer anderen Organisationsform der russischen Zentrale über. Statt ein seßhaftes Komitee mit der Oberleitung der Arbeit zu betrauen, bildete man laut Sletov ein „bewegliches" Gremium aus vier Bevollmächtigten des CK, denen je bestimmten Regionen Rußlands zugeteilt wurden und deren Hauptaufgabe darin bestand, durch häufige Reisen den Kontakt zwischen den dortigen sozialrevolutionären Gruppen herzustellen. Jedoch blieb auch diesem provisorischen CK, dem Geršuni, dessen enger Helfer M. Rozenbljum, Rakitnikov und Seljuk angehörten, ein

17) Vgl. diese Mitgliederliste in einem Brief von V. M. Černov an B. I. Nicolaevsky o. D. /ca. 1930/, NC No 132 No 23; und bei /N. I. Rakitnikov/ Iz pokazanij N. I. Rakitnikova 16.-go marta 1910 g., NC No 7 No 100. — S. ferner: O. Bulanova-Trubnikova, Leonid Petrovič Bulanov. In: KiS No 5 (54) S. 158—169 und No 6 (55) M. 1929 S. 152—167.
18) So Rakitnikov, Iz pokazanij N. I. Rakitnikova, NC No 7 No 100.
19) Vgl. Obzor važnejšich doznanij proizvodivšichsja v žandarmskich upravlenijach za 1902 god. Rostov-na-Donu 1906 S. 12 ff (neugedr. als: Letopis' revoljucionnogo dviženija v Rossii za 1902 god. Pod. red. V. Dobrova. Saratov 1924).
20) Zur Frühgeschichte des sozialrevolutionären Komitees von Ekaterinoslav vgl.: G. Novopolin, Iz istorii Socialistov-revoljucionerov v Ekaterinoslave. 1892—1903. In: Puti revoljucii. Char'kov 1926 kn. 4 (7) S. 64—71; Obzor važnejšich doznanij . . . za 1902 god S. 73—78. — Zu Versuchen, die sozialrevolutionäre Agitation zu erneuern: Ochrana Wochenberichte No 32 vom 7. Mai 1903 S. 2 ff und No 72 vom Februar 1904 S. 3 f, OA XIII c (2) f. 2 u. 4.

baldiges Fiasko nicht erspart. Noch im Mai 1903 wurde die Mehrheit seiner Mitglieder, Geršuni und Rakitnikov eingeschlossen, verhaftet, so daß „damals keinerlei Zentrum mehr in Rußland existierte"[21]. Lediglich in Saratov gelang es trotz mehrfacher Interventionen der Ochrana dank der Fähigkeiten von I. Ju. Starynkevič und I. I. Rakitnikova sowie der Existenz einer großen Peripherie von Sympathisanten in der „lernenden Jugend", die sozialrevolutionäre Organisation am Leben zu erhalten. Infolgedessen verlagerte sich der Schwerpunkt der innerrussischen Aktivitäten der PSR für den Rest des Jahres 1903 erneut nach Saratov[22].

Etwa zur Zeit der Verhaftung der zentralen Gruppe reiste Sletov im Auftrage der sozialrevolutionären Exilführung nach Rußland, wo er zunächst sämtliche bedeutenden Komitees zwischen Minsk und Saratov inspizierte und ein „Bild der Verwüstung" vorfand. Danach ließ er sich in Kiev nieder, um dort gemeinsam mit Seljuk einen Umschlagplatz für die illegale Literatur aus dem Ausland, die in doppelwändigen Kühlschränken und sonstigen ausgeklügelten Verstecken über die Grenze geschmuggelt wurde, einzurichten und diese Stadt vorübergehend zum Knotenpunkt des organisatorischen Netzes der PSR zu machen[23]. Bereits im Februar 1904 mußte Sletov jedoch sein Tätigkeitsfeld wieder räumen, um einer drohenden Verhaftung vorzubeugen. Er siedelte nach Odessa über, wo sich unter der Schirmherrschaft der ehemaligen „narodovol'cy" Ivanov-Ochlonin[24] und N. M. Osipovič seit langem ein reges sozialrevolutionäres Leben entfaltet hatte und wo Anfang 1904 einige der führenden Persönlichkeiten der damaligen PSR ansässig waren, unter anderem so bekannte Narodniki wie L. V. Frejfel'd und Gedeonovskij[25]. In Odessa hielt sich auch Azef auf, der den Auftrag hatte, das seit einem halben Jahr zerfallene CK zu reorganisieren. Dabei kam es zu einem Zwischenfall, der ein Schlaglicht auf die nicht eben geordneten Zustände an der Spitze der innerrussischen PSR wirft und daher Aufmerksamkeit verdient.

Seit langem war das Verhältnis Azefs zu Sletov belastet, da dieser kein Hehl aus seiner Abneigung gegen den organisierten Terror machte, dessen Leitung jener nach Geršunis Verhaftung übernommen hatte[26]. Dennoch konnte Azef nicht umhin, Sletov und Seljuk als erfahrene Revolutionäre und Kenner des konspirativen Geschäfts zuerst zu kooptieren. Danach ernannte er außerdem einige Vertreter der älteren populistischen Generation, namentlich A. Ju. Fejt und Frejfel'd. Mit diesem Verfahren waren

---

21) Vgl. Iz pokazanija Sletova, ZP No 4432 f. 1 S. 6 u. 3, Zitat S. 3.
22) Vgl. dazu die Ochrana Wochenberichte No 50 vom 11. Sept. 1903 S. 16–18 und No 82 vom April 1904, OA XIII c (2) f. 2 u. 4; Iz pokazanija Sletova, ZP No 4432 f. 1 S. 6.
23) Vgl. A. Kubov /A. A. Argunov/, in: Pamjati S. N. Sletova S. 12.
24) Vgl.: Materialy dlja biografii N. I. Ivanova-Ochlonina, Archiv PSR 560.
25) Vgl. N. Osipovič, Rasskazy o sekretnych sotrudnikach. In: Kandal'nyj zvon. Istoriko-revoljucionnyj sbornik No 1 Odessa 1925 S. 155–134.
26) Vgl. unten S. 361.

Sletov und Seljuk jedoch nicht einverstanden. Sie verlangten als bereits amtierende CK-Mitglieder Mitspracherecht bei jeder neuen Kooptation, ein Ansinnen, das Azef unter Berufung auf seine alleinige Vollmacht, die ihm von „zwei - drei" übriggebliebenen CK-Mitgliedern übertragen worden sei, strikt ablehnte. Der Streit konnte nicht geschlichtet werden, und man bat die Exilführung, d. h. Goc und Černov, um Vermittlung. In dem Bemühen, eine für beide Seiten akzeptable Lösung zu finden, billigten diese Sletovs und Seljuks Begehren „im Prinzip", ließen aber die „formale Seite" der Streitfrage offen, da man sich doch über das Wesentliche, die Personen selbst, einig sei. Kurzsichtig umgingen die Schiedsrichter damit eine grundsätzliche Stellungnahme zu dem eigentlichen Kernproblem des Streits: zur Gültigkeit demokratischer Spielregeln in der Parteiführung. Sletov, der erkannte, daß ein solcher Kompromiß Azefs diktatorisches Gebaren de facto unterstützte, legte aus Protest seine CK-Mitgliedschaft nieder. Darüber hinaus erklärte er der ausländischen Parteizentrale, daß er „angesichts einer Reihe grundlegender Meinungsverschiedenheiten" eine neue Tätigkeit nur mit Vorbehalten übernehmen und insbesondere „jeden Auftrag des CK in allgemeinorganisatorischen Angelegenheiten" ablehnen werde[27]. Das CK antwortete auf solche Gehorsamsverweigerung, die ihm als trotzige Rechthaberei erscheinen mochte, mit der Androhung eines Parteiverfahrens. Um eine Zuspitzung des Konflikts zu vermeiden, lenkte Sletov ein und trat seine Mission an. Beim Grenzübertritt wurde er jedoch am 4. September 1904 überraschend verhaftet: Azef hatte sich für die Bedrohung seiner Position gerächt und seinen Widersacher an die Ochrana verraten[28].

3. Schwerpunkte der Agitation

Wer Form und Inhalt der sozialrevolutionären Agitation vor der ersten Revolution betrachtet, wird kaum einen Unterschied zum Muster der 80er und 90er Jahre finden. Nach wie vor betrieb man politische Schulung und allgemeine Bildungsarbeit in den Betrieben und verteilte daneben Flugblätter, Broschüren sowie an einigen wenigen Orten auch erste lokale Parteizeitungen[29]. Kurz, im großen und ganzen setzte man, mit Lenin zu sprechen, die alte „Handwerkelei" nahezu unverändert fort. Der Erfolg war unterschiedlich.

---

27) Vgl. zu diesem Konflikt einen Brief Černovs an B. I. Nicolaevsky o. D., NC No 132 No 23; Pamjati Sletova S. 13 f u. 15.
28) Vgl. Azefs Briefe an den Polizeichef L. A. Rataev in: P. E. Ščegolev (Hrsg.), Provokator. Vospominanija i dokumenty o razoblačenii Azefa. L. 1929 S. 137 ff; Ochrana-Wochenbericht No 103 vom 16. Sept. 1904 S. 3–6, OA XIII C (2) f. 4; Pamjati Sletova S. 15.
29) Die ersten solcher periodischen Publikationen der PSR erschienen in Saratov: Vgl. „Neprimirimyj" 1901; „Krest'janskoe delo" 1903; „Listok Saratovskogo Komiteta" 1903, Archiv PSR 519 u. 689.

Im Sturmlauf wurde die *Studentenschaft* genommen, der in der russischen revolutionären Bewegung stets eine wichtige Katalysatorfunktion zugefallen war und um deren Mitarbeit sich auch die PSR von Anfang an nach Kräften bemühte. Bereits während der Parteigründung spielte sie insbesondere in Kiev und Char'kov sowie, von dort ausgehend, in der gesamten Ukraine eine bedeutende Rolle und ließ es auch in den folgenden Jahren nicht an Sympathiebezeugungen für die PSR fehlen. Mit Genugtuung konnte daher Sletov in seinem Tätigkeitsbericht des CK ein „äußerst intensives Wachstum" der sozialrevolutionären Studentenorganisation feststellen und auf St. Petersburg, Odessa, Moskau, Char'kov und andere Städte als Beispiele verweisen[30]. Darüber hinaus tendierten offenbar auch große Teile der nicht parteilich gebundenen Landsmannschaften zu der neopopulistischen Sammlungspartei, so daß die Studenten zumindest vor 1905 die übergroße Mehrheit der Aktiven in den sozialrevolutionären Komitees stellten, in Moskau z. B. „nicht weniger als 75 %"[31]. Breškovskaja mahnte nicht vergebens: „Studenten! Studenten! Rußland ist gewohnt, stolz auf euch zu sein; und es ist nicht die Zeit, es durch Teilnahmslosigkeit zu betrüben"[32].

Was für die „lernende Jugend" galt, traf in nicht geringerem Maße auf die *Intelligenz* insgesamt zu und insbesondere auf den Teil von ihr, der fern der großen Städte in der Provinz lebte. Gerade dieser „Landintelligenz" hatte die PSR als agrarsozialistische Partei von Anfang an erhöhte Aufmerksamkeit geschenkt. Die Mitarbeit des „Dorflehrers", einer beinahe mythischen Figur der sozialrevolutionären Literatur, schien unerläßlich, wollte man Einfluß auf die Landbevölkerung gewinnen und den „allgemeinen Volksaufstand" herbeiführen. Die Sozialrevolutionäre werteten es daher als einen großen Schritt vorwärts, daß sich 1903 zahlreiche Dorflehrer gewerkschaftlich zusammenschlossen, und verbuchten es als strategisch bedeutsamen Erfolg, als diese Organisation bald darauf der PSR offiziell beitrat[33].

„Von gleichem, wenn nicht größerem Erfolg", berichtete Sletov der zweiten Konferenz der sozialrevolutionären Auslandsorganisation im Juli 1904, war „die Bekanntmachung" der *Arbeiter* mit dem Programm der PSR gekrönt. Insbesondere habe man in Moskau, Jaroslavl', Tver', St. Petersburg, Belostok, Berdičev und Odessa ein lebhaftes Echo gefunden. Die meisten Versammlungsteilnehmer freilich schenkten solchem Selbstlob keinen Glauben. Sie warfen dem Referenten in zum Teil hitziger Polemik fahrlässige Schönfärberei und Irreführung vor. Was sie aus eigener Erfahrung über

30) Kratkij očerk dejatel'nosti P.S.-R. za 1903—04 gg., Archiv PSR 514.
31) Vgl. Otvety V. M. Zenzinova na voprosy O. H. Radkey, NC No 232 No 58 (4) Frage 7.
32) E. K. Breškovskaja, K molodoj intelligencii. 30. marta 1907. Archiv PSR 168.
33) Vgl.: K voprosu o roli narodnych učitelej v social'no-revoljucionnom dviženii. In: RR No 40 (15. Januar 1904) S. 6—8; E. Breškovskaja, K sel'skoj intelligencii. In: RR No 28 (15. Juli 1903) S. 6—7; Otčet Komiteta Sojuza Narodnych Učitelej Partii Socialistov-revoljucionerov. In: RR No 40 (15. Januar 1904) S. 22.

den Zustand der sozialrevolutionären Agitation in den Städten zu sagen hatten, klang in der Tat sehr anders: daß nämlich die Beziehungen zwischen Parteiintelligenz und Masse, wie ein Delegierter in vorsichtigen Worten formulierte, „anormal" seien. Die Arbeiter, schilderte man beispielsweise die Situation in Odessa, seien „unzufrieden" mit dem Wissen, das man ihnen in den „kružki" vermittle, weil es ihren Horizont nicht erweitere. Außerdem habe es die PSR versäumt, eine Arbeiterkonferenz in Kiev (Juni 1904), die „von verschiedenen Orten Rußlands" beschickt worden sei und daher einen überregionalen Charakter angenommen habe, angemessen zu unterstützen. Als Vertreterin des CK mochte Breškovskaja diese Kritik nicht akzeptieren. „Da die Arbeiter die Angelegenheit nun mal auf ihr eigenes Risiko begonnen" hätten, gab sie unwirsch zurück, dürften sie „keine Hilfe erwarten". Sie hätten versäumt, um Beistand zu bitten und müßten daher „die Schuld bei sich selbst suchen, nicht bei den sozialrevolutionären Komitees".

Wie gerade die Diskussionen der zweiten Konferenz der ZO zeigten, wäre es verfehlt, solch geringe Bereitschaft, den Bedürfnissen der Arbeiterschaft entgegenzukommen, auf die gesamte PSR zu übertragen. Dessenungeachtet bestätigte Breškovskajas Reaktion, daß die einfachen Parteigenossen offenbar guten Grund hatten, sich immer wieder über fehlende Kooperationsbereitschaft seitens der Komiteemitglieder sowie den generellen „Mangel an Demokratisierung" der Parteiorganisation zu beschweren[34]. Fern davon, eine dumpfe, bloß rezeptive Masse zu sein, forderten zumindest Teile der Arbeiterschaft unüberhörbar *mehr Partizipation*. „Warum", fragte man etwa in einem Brief an das Zentralorgan, „solche inhaltslosen Flugblätter, warum beriet man sich nicht, warum lud man die Arbeiter nicht ein . . . Warum, schließlich, sind keine Arbeiter in den Komitees und vertraut man ihnen nicht verantwortungsvollere Aufgaben an?"[35] „Die Arbeiter fordern die Demokratisierung unserer Organisationen", bestätigte auch ein Delegierter der erwähnten Konferenz der ZO, „und daraus entstehen Konflikte"[36]. Entgegen der euphorischen Darstellung Sletovs dürfte daher auch 1904 noch weitgehend gegolten haben, was Spitzel der Ochrana

---

34) Vgl. Kratkij očerk dejatel'nosti P.S.-R. za 1903–04 gg., Archiv PSR 514; Protokoly II-go s-ezda Z. O. P.S.-R. (22.–28. Juli 1904), Archiv PSR 364 b.
35) K tovariščam-rabočim (Ob otnošenijach meždu rabočimi i intelligentami). In: RR No 51 (25. August 1904) S. 7–11, hier S. 9.
36) Vgl. Protokoly II-go s-ezda Z. O. P.S.-R., Archiv PSR 364 b. — Daß eine nicht minder tiefe Kluft zwischen Arbeitern und „intelligenty" auch die Sozialdemokratie zerriß, hat insbesondere A. K. Wildman dargelegt. „Gegen Ende der ‚Iskra'-Periode 1903", so faßt er zusammen, „war der Bruch ein Faktum: Die Arbeiter versuchten entweder, gänzlich ohne die Unterstützung der ‚intelligencija' auszukommen, oder sie kehrten sich verzweifelt von der Bewegung ab". „Die Arbeiterführer machten sich deren /der Arbeiter/ Haltung zu dieser Sachlage oft genug klar, aber die neue Generation der ‚praktiki', inspiriert von großen politischen Visionen und umerzogen durch die ‚Iskra', zeigte sich äußerst nachlässig gegenüber dem Wunsch der Arbeiter nach Partizipation an Parteiangelegenheiten". Vgl. Wildman, The Making of a Workers' Revolution S. 90 u. 250.

im Herbst 1902 berichtet hatten: daß die PSR „sich unter den Arbeitern noch keiner Erfolge rühmen" könne[37]. Immer noch krankte ihre Agitation an dem alten Übel, das die revolutionäre Bewegung in Rußland stets gelähmt hatte: an der Kluft zwischen Intelligenz und Masse, zwischen Revolutionären und Agitierten, zumal — will man einem Propagandisten aus Südrußland glauben — auch der Inhalt der sozialrevolutionären Propaganda das Begriffsvermögen eines durchschnittlichen Arbeiters überstieg[38].

Zu einer weitergehenden Annäherung zwischen Partei und städtischen Massen scheint es lediglich kurzfristig während der Streikwelle in den Städten Südrußlands im Sommer 1903 gekommen zu sein. Insbesondere in Ekaterinoslav konnten Sozialrevolutionäre wie Sozialdemokraten — ohne jegliche Kooperation übrigens — die Unruhe der Arbeiterschaft schüren und zum Teil auch lenken. Allerdings sah sich der offizielle Bericht der PSR über diese Ereignisse zu der außerordentlich vorsichtigen Formulierung veranlaßt, daß das Parteikomitee von Ekaterinoslav „in nicht schlechten Beziehungen zur Arbeiterorganisation" gestanden habe[39].

Agitation unter der *Bauernschaft* betrieb die frühe PSR vor allem in den Gouvernements Vjatka, Brjansk, Saratov, Orenburg, Ekaterinoslav, Tver', Kiev, Novgorod, Tula, Mogilev, Char'kov, Kursk, Belostok, Berdičev, Tambov und im unteren Dongebiet[40]. Diese Tätigkeit beschränkte sich jedoch in aller Regel auf die Verteilung von Flugblättern und populären Traktaten, die man vielfach den Bauern nicht einmal in die Hand zu geben wagte, sondern einfach am Straßenrand oder zur Erntezeit auf den Feldern deponierte. Schulungszirkel wie in den Städten gab es nur in äußerst geringer Zahl. Ebenso erwies es sich zumeist als unmöglich, Versammlungen abzuhalten oder ähnliche Formen direkter Propaganda zu praktizieren. Die Nachfrage nach Literatur diente denn auch Breškovskaja als letztlich einziges Argument, um den Erfolg der sozialrevolutionären Arbeit unter der Bauernschaft zu belegen: Wo Broschüren verteilt worden seien, behauptete sie, habe man auch amtliche Warnungen vor Unruhen gefunden[41]. Aller-

---

37) Vgl. den Ochrana-Wochenbericht No 7 vom 7. Nov. 1902 S. 4, OA XIII c (2) f. 1.
38) Vgl. Propagandist, K voprosu o zanjatijach v rabočich kružkach. In: RR No 49 (1. Juli 1904) S. 7—10. Gegenstand der Kritik war: Programma zanjatij v rabočich kružkach. (Izd. Saratovskim komitetom P.S.-R. 1903 g.). In: RR No 28 (15. Juli 1903) S. 21—23. Vgl. auch ähnliche Anleitungen in Archiv PSR 340 und in: RR No 49 (15. Juni 1904) S. 22.
39) Vseobščaja zabastovka v Ekaterinoslave. In: RR No 33 (1. Oktober 1903) S. 12—18; Bericht von M. F. Seljuk über diese Ereignisse in: Archiv PSR 374. Vgl. auch: O. A. Parasun'ko, Massovaja političeskaja zabastovka v Kieve 1903 g. Kiev 1953; F. E. Los', Formirovanie rabočego klassa na Ukraine i ego revoljucionnaja bor'ba v konce XIX i v načale XX st. Kiev 1955 S. 241 ff; Rabočee dviženie v Rossii v 1901— 1904 gg. Sbornik dokumentov. L. 1975 S. 161 ff.
40) Vgl. Kratkij očerk dejatel'nosti P.S.-R. za 1903—04 gg., Archiv PSR 514.
41) E. K. Breškovskaja, Rabota Socialistov-revoljucionerov sredi krest'jan i voprosy vremeni. In: RR No. 31 (1. September 1903) S. 4—7.

dings sprachen andere Zeugnisse gegen solchen Optimismus. So wußten „Stimmen vom Lande" zu berichten, daß die Bauern nicht an Aufständen interessiert seien und immer noch dem Glauben anhingen, alles würde besser, „wenn der Zar erführe, wie schlecht" sie lebten[42]. Und obgleich die Bauern solches Vertrauen in die legitime Herrschaft keineswegs auf deren lokale Repräsentanten, die Grundherren übertrugen, sondern diese im Gegenteil beschuldigten, ihnen die Früchte angeblicher Beweise des autokratischen Großmuts vorzuenthalten, gelang es der PSR im allgemeinen nicht, daraus Kapital zu schlagen. Auch ein so optimistischer Anhänger der Bauernrevolution wie Sletov mußte diesen Mißerfolg Mitte 1904 eingestehen, wenn er feststellte, daß die sozialrevolutionäre Arbeit auf dem Dorfe noch „keine bestimmte Gestalt angenommen" habe, daß die Agitationsmethoden noch ineffektiv, weil mangelhaft durchdacht seien, daß es allenthalben noch an Literatur und Propagandisten fehle; kurz, daß die „organisatorische Arbeit unter der Bauernschaft überhaupt noch schwach" sei[43].

Anders bot sich die Lage, soweit ersichtlich, lediglich im Gouvernement Saratov dar. Insbesondere im Balašovsker Bezirk, der zum leuchtenden Exempel sozialrevolutionärer Bauernagitation in ganz Rußland wurde, gelang es dank eines starken Rückhalts der PSR unter den Schülern der örtlichen Landwirtschaftsschule, über bloße Literaturverteilung hinaus „eine lebendige Propaganda durch das Wort" zu betreiben. Nicht zufällig konnte gerade das Saratover Komitee im Frühjahr 1902 den erwähnten ersten Bauernbund der PSR ins Leben rufen, wobei neben den „intelligenty" Rakitnikov, Breškovskaja und Kraft auch zwei echte Bauern, die immer wieder als Verkörperung des idealen Sozialrevolutionärs gepriesen Aref'evs, Pate standen[44].

Will man die innerrussische Tätigkeit der PSR vor der ersten russischen Revolution insgesamt beurteilen, so ergibt sich demnach ein widersprüchliches Bild. Positiv schlug zu Buche, wie Breškovskaja den Auslandssozialrevolutionären in ihrem Tätigkeitsbericht anpries, daß die Partei sich in kürzester Zeit über ganz Rußland ausbreiten konnte, daß es ihr mit relativer Leichtigkeit gelang, Druckereien einzurichten, große Mengen an propagandistischer Literatur unters Volk zu bringen, und daß es nicht schwer fiel, illegale Mitarbeiter zu werben sowie beachtliche Geldquellen zu erschließen. Auf der anderen Seite aber wurden solche Erfolge durch ernsthafte Mängel beeinträchtigt, laut Breškovskaja vor allem durch die „geringe Zahl der Organisatoren", durch die „Größe der Bevölkerung und des Territoriums", die die Kräfte der PSR überforderte, und schließlich durch den „Kampf der

---

[42] Vgl. RR No 18 (15. Februar 1903) S. 17–18.
[43] Kratkij očerk dejatel'nosti P.S.-R. za 1903–04 gg., Archiv PSR 514.
[44] Vgl. I. I. Rakitnikova, Revoljucionnaja rabota v krest'janstve v Saratovskoj gubernii v 1900–1902 gg. In: KiS 1928 No 10 (47) S. 7–17; Brief von G. A. Geršuni an die 1. Sitzung der ASL (Juni 1902), Anmerkungen, NC No 7 No 95. Ausführlich dazu, Perrie, Agrarian policy S. 34 ff.

Regierung gegen die PSR", d. h. durch die Interventionen der Ochrana[45]. Sletov kam ein Jahr später im zweiten Rechenschaftsbericht des CK zu einem ähnlichen Resultat, wenn er einen Mangel an fähigen Revolutionären, aber auch an finanziellen Mitteln und an Literatur beklagte. Die tiefere Ursache der Mißstände erblickte er jedoch eher in eigenen Versäumnissen: im „Fehlen von Planmäßigkeit der Arbeit, . . . im Mangel an Kooperation und Arbeitsteilung, mit einem Wort: in der Unzulänglichkeit der *Organisation* unserer Arbeit", die sich nicht zuletzt in dem Unvermögen geäußert habe, eine funktionsfähige Zentrale in Rußland aufzubauen[46]. Wenn Sletov dennoch ein überwiegend positives Fazit zog und rühmte, daß es der PSR gelungen sei, einen „einheitlichen parteilichen Organismus" aufzubauen, so kam darin sicherlich eine gute Dosis Zweckoptimismus zum Ausdruck, wenngleich seine Bewertung einen richtigen Kern enthielt. In jedem Falle dürfte die Behauptung, daß in der PSR „überall ein und dieselbe breite synthetische sozialrevolutionäre Weltanschauung" sichtbar sei, in einer Situation, die die ersten Unmutsbekundungen der Maximalisten sah, wenig Überzeugungskraft besessen haben.

4. Die Beziehungen zwischen der innerrussischen PSR und der Auslandsorganisation

Wie ihre wichtigste Vorgängerin, die ASL, setzte sich auch die 1903 geschaffene Auslandsorganisation der PSR zum Ziel, den russischen Sozialrevolutionären materielle und personelle Hilfe zu leisten. Laut Organisationsstatut sollten die dazu nötigen finanziellen Mittel in erster Linie durch regelmäßige Abgaben der lokalen Gruppen herbeigeschafft werden. Um möglichst viele Mitglieder zu gewinnen, reduzierte man die Aufnahmebedingungen daher auf ein Minimum und verlangte von den Kandidaten außer der Beitragszahlung lediglich ein Bekenntnis zum „Geist des Programms" der PSR, ein Umstand, der dazu beigetragen haben mag, daß bereits 1904 zweiundzwanzig Gruppen in Frankreich, Großbritannien, Deutschland und der Schweiz zur ZO zählten[47]. Die oberste Leitung der Tätigkeiten, d. h. vor allem die Unterhaltung von Kontakten zur innerrussischen Führung der PSR und zur Redaktion des Zentralorgans im Ausland, wurde einem

---

45) Zasedanija učreditel'nogo s-ezda Z. O. P.S.-R., Archiv PSR 125.
46) Kratkij očerk dejatel'nosti P.S.-R. za 1903—04 gg., Archiv PSR 514.
47) Vgl Ustav zagraničnoj organizacii P.S.-R., Avgust 1903, Archiv PSR 791/5; Ustav Z.O. P.S.-R. (vom zweiten Kongreß der ZO im Juli 1904 überarbeitet), Archiv PSR 514. 1904—05 existierten sozialrevolutionäre Gruppen in: London, Lüttich, Nancy, Paris, Zürich, Bern, Lausanne, Genf, Dresden, Freiberg, Leipzig, Halle, Mittweida (Sachsen), Heidelberg, Darmstadt, Karlsruhe, Freiburg, Berlin, München, Köthen sowie in New York und New Haven; vgl. eine Liste bei den Materialien zum zweiten Kongreß der ZO, Archiv PSR 125, s. auch: Archiv PSR 18, 858 u. verstreute Berichte einzelner Gruppen in: Archiv PSR 514.

geschäftsführenden Gremium, dem Auslandskomitee (Zagraničnyj komitet, ZK), anvertraut, das von der Vollversammlung der ZO, bestehend aus Vertretern aller lokalen Gruppen, jährlich gewählt werden sollte. Seit der zweiten Konferenz der Auslandsorganisation im Juli 1904 gehörten ihm sämtliche bedeutenden Gestalten der sozialrevolutionären Emigration wie Černov, Šiško, Volchovskij, Lazarev, Minor sowie als Repräsentant des russischen CK Breškovskaja an, so daß das ZK de facto mit der bisherigen sozialrevolutionären Exilführung, der Redaktion der „Revoljucionnaja Rossija", verschmolz[48].

Die ZO konnte ihre Aufgaben dennoch nicht in der gewünschten Weise erfüllen. So beklagte ein interner Bericht, daß die lokalen Gruppen mit Ausnahme der Zentren der sozialrevolutionären Emigration in Genf, Paris und London völlig untätig seien. In der Regel fehle es an begabten Rednern und theoretisch versierten Köpfen, so daß eine „systematische Propaganda" in Form von Referaten, Diskussionsabenden oder Versammlungen nicht stattfinden könne und der „Einfluß auf die lokale / Emigranten, M. H. / Kolonie entweder gar nicht" existiere oder „außerordentlich schwach" sei „im Vergleich zum Einfluß der Sozialdemokraten und des Bundes"; selbst die Verteilung des Zentralorgans lasse zu wünschen übrig. Insgesamt biete sich daher „ein trauriges Bild"[49].

Nicht minder wurde die Arbeit der ZO dadurch beeinträchtigt, daß ihre Beziehungen zum russischen CK „getrübt waren"[50]. Mochten dafür auch zum Teil die Kommunikationsprobleme und Informationslücken verantwortlich gewesen sein, die sich aus dem Zwang zur Konspiration ergaben, so scheint doch der Kern des Übels, zumindest bis etwa zur Mitte des Jahres 1904 in Meinungsverschiedenheiten und Kompetenzstreitigkeiten zwischen der inländischen und ausländischen Führung der PSR bestanden zu haben. Das jedenfalls legen die Diskussionen darüber nahe, ob man dem CK Sitz und Stimme im Auslandskomitee geben sollte, die die Sitzungen der zweiten Konferenz der ZO anläßlich einer Revision des Organisationsstatuts beherrschten. In erstaunlicher Heftigkeit prallten die Meinungen aufeinander: Verwahrten sich einige der Delegierten ausländischer Gruppen gegen jegliche Beteiligung des CK, weil dieses „die Stimme der ZO ersticken" und ihre Autonomie zerstören würde, so bestand Breškovskaja im Namen des CK mit gleichem Nachdruck darauf, daß es keine Sitzung der ZO „ohne CK-Mitglieder geben" könne[51]. Wie stets bemühte sich Černov um Vermittlung, indem er vorschlug, das Stimmrecht der CK-Mitglieder auf allgemeine Parteiangelegenheiten zu beschränken, und darlegte, daß im übrigen die Ver-

---

48) Vgl. Protokoly Sobranij Zagraničnogo Komiteta s 30. ijulja 1904 g. po 10. sentj. 1905 g., Archiv PSR 18; auch Protokoll vom 30. Juli 1904, Archiv PSR 262.
49) Vgl. den zit. Überblick über die Größe und Tätigkeit der ZO, Archiv PSR 125.
50) Otpravka ljudej, Archiv PSR 18.
51) Protokoly II-go s-ezda Z.O. P.S.-R. (22.–28. Juli 1904), Archiv PSR 364 b, sowie Materialien zu dieser Konferenz in: Archiv PSR 514.

treter der Auslandsgruppen im ZK laut geltendem Statut stets in der Lage seien, die Repräsentanten des CK zu überstimmen[52].

In der Tat waren die Befürchtungen der ausländischen Delegierten durch nichts begründet, und man wird vermuten dürfen, daß sie eher der Kaschierung eines tiefverwurzelten Partikularismus dienten, den die sozialrevolutionäre Führung zumal unter den ausländischen Intellektuellen nie auszurotten vermochte. Andererseits provozierte jedoch Breškovskaja solche Tendenzen, indem sie unverblümt und in brüskem Ton einen Herrschaftsanspruch des russischen CK über die ZO anmeldete: „Das Auslandskomitee", drohte sie, sei „auf Vorschlag aus Rußland geschaffen" worden, und „im Konfliktfalle" werde „das russische CK" daher „sein eigenes Auslandsbüro" einrichten[53].

Blieb diese Erpressung auch bloßes Wortgeklingel, so offenbarte sie doch die Herablassung, mit der die russischen Praktiker nach wie vor auf die ausländischen Theoretiker blickten. In den drei Jahren ihrer Existenz war es der PSR noch nicht in ausreichendem Maße gelungen, ein Einheitsbewußtsein zu entwickeln. Hartnäckig hielten sich Animositäten zwischen Inlands- und Auslandsrevolutionären, die auch in der Parteiführung zu Mißverständnissen führten.

Nachteilige Folgen für die sozialrevolutionäre Tätigkeit in Rußland konnten nicht ausbleiben und wurden bald auf beiden Seiten der Grenze beklagt. Nicht genug damit, daß man kaum Nachricht aus dem Ausland erhalte, beschwerte sich etwa Rakitnikov in einem äußerst aufschlußreichen Brief aus Saratov, richte die Exilführung durch Vorhaben, die ohne Situationskenntnis am grünen Tisch ausgeheckt worden seien, großes Unheil an. Ihre Direktiven würden Verwirrung stiften und das autoritär-despotische Gebaren ihrer Sonderbeauftragten zahlreiche Konflikte mit den Lokalkomitees provozieren:

„Die von Euch gesandten Personen", schrieb Rakitnikov, „kommen mit überaus bestimmten Instruktionen, die zur Annahme zwingen, daß die ausländischen Genossen die Leitung der Dinge in Rußland übernehmen wollen, und die uns in eine ungeschickte ... Lage versetzen. Der eine kommt, ‚den Ural zu agitieren' und blickt auf uns wie auf das Tor, durch das er geht, um seine Sache in Angriff zu nehmen; der andere, um Kampfbrüderschaften auf dem Dorfe zu organisieren, oder, noch schlimmer, das Komitee ‚zu straffen'. Solche überflüssigen Anweisungen führen nicht selten zu Unsinn von der Art, einen Mann zur Agitation des Ural zu kommandieren, wenn dort noch keinerlei solide Parteiorganisationen bestehen. Dies ist der Boden für schwerste Enttäuschungen. Aber selbst wenn die Anweisungen völlig richtig sind und den Erfordernissen der Lage entsprechen, muß man vermeiden, den Leuten falsche Ansichten zu suggerieren, die sie in Konflikt mit den lokalen Organisationen bringen können." Das aber, empfahl Rakitnikov weiter, „kann man nur auf einem Wege erreichen: die Leute dem russi-

---

52) Laut Statut (ustav Z.O. P.S.-R., Archiv PSR 514) sollte das ZK aus sieben Mitgliedern und drei Kandidaten sowie drei Repräsentanten des CK bestehen.
53) Protokoly II-go s-ezda Z.O. P.S.-R., Archiv PSR 364 b.

schen CK zu unterstellen, oder, in *Übereinstimmung mit ihm* direkt in die Lokalkomitees zu entsenden. In den Besprechungen mit den nach Rußland Reisenden muß alles vermieden werden, was sie auf den Gedanken bringen kann, daß sie in den Lokalkomitees nicht als gleichberechtigte Genossen, sondern als Personen mit irgendwelchen besonderen ‚Vollmachten' arbeiten werden. *Es darf daher nur ein einziges leitendes Zentrum geben — das CK in Rußland*". Auch wenn dessen Führungsrolle größtenteils reine Fiktion sei, könne man darauf nicht verzichten, weil nur das CK „wirklich zur Organisierung einer geschlossenen, einheitlichen, starken Partei dienen kann. Die Führung im Ausland kann die Sache nur verderben . . . Die ausländischen CK-Mitglieder können nur im Namen des CK oder *nach Absprache mit ihm* handeln. Es soll kein anderes Komitee, kein Kampfkomitee oder was auch immer und keinen Bauernbund außerhalb der lokalen und zentralen Komitees der Partei geben"[54].

Obwohl von der russischen Zentrale bezichtigt, Urheber der Mißstände zu sein, hatte die Exilführung der PSR für solche Klagen ein offenes Ohr. Zumindest in der Situationsanalyse war man sich einig. Auch die mit der Verschickung von Revolutionären nach Rußland beauftragte Kommission der ZO bemängelte, daß die russischen Genossen nicht selten widersprüchliche Direktiven „von zwei verschiedenen Zentren" erhielten, was Verwirrung stifte und eine einheitliche Aktionsplanung verhindere. Ferner bestätigte sie, daß die Abgesandten der Auslandsorganisation sich in der Regel allein mit ihren Auftraggebern absprächen und auf diese Weise „die russischen Komitees ignorieren" würden; mehr noch, daß sie häufig unter Berufung auf die Autorität des Auslandskomitees den normalen Arbeitsablauf in den Lokalkomitees störten, kurz, eine „anormale Situation" schüfen[55].

Freilich scheint der Führung der ZO weniger zugesagt zu haben, was Rakitnikov zur Abhilfe vorschlug. Jedenfalls trat, soweit ersichtlich, bis zum Ausbruch der Revolution keine spürbare Änderung ein. Dem CK wurde *nicht* die alleinige Kompetenz in allen innerrussischen Parteiangelegenheiten übertragen, obwohl auch Breškovskaja diese Maßnahme in einem Brief an die Exilführung vom Juni 1904 nachdrücklich befürwortet hatte[56]. Nach wie vor sandte die ZO Freiwillige an die revolutionäre Front[57], mittelmäßige Kräfte überdies, die dem CK eher zur Last fielen, als daß sie ihm nützten[58]. Und nach wie vor kam es — wie spätere Klagen bezeugen[59] — zu

---

54) Brief von N. I. Maksimov /N. I. Rakitnikov/ o. D. /ca. Anfang 1905/, Archiv PSR 311 (Sperrungen i. Or.). Die Antwort des Auslandskomitees, erwähnt in dessen Sitzungsprotokoll vom 5. Juni 1905 (Archiv PSR 18) ist leider nicht auffindbar.
55) Otpravka ljudej, Archiv PSR 18. Die Kommission bestand aus F. V. Volchovskij, V. M. Černov und D. A. Chilkov.
56) Brief von E. K. Breškovskaja, 20. Juni 1904, Archiv PSR 118.
57) Zwischen Juli 1904 und Juni 1905 insgesamt 67 Personen. Vgl. Protokoly sobranija ZK, 6. Juni 1905, Archiv PSR 18.
58) Vgl. Protokoly sobranija ZK, 5. März 1905, Archiv PSR 18.
59) Vgl. unten S. 206 ff.

Friktionen und Konflikten mit den lokalen Parteiorganisationen. Das konnte auch kaum anders sein, lag doch die tiefere Ursache des Übels *in der Existenz zweier Zentren selbst*, in jenem organisatorischen Dualismus, von dem Černov die PSR freisprach und den er der Sozialdemokratie zum Vorwurf machte[60]. Die Chance, diesen Zustand zu beseitigen und eine einheitliche Parteiführung zu errichten, bot sich erst im Oktober 1905, als der Zar den russischen Parteien unter dem Druck der revolutionären Unruhen das Recht auf freie Betätigung gewähren mußte und die große Kolonie der exilierten russischen Revolutionäre aus Westeuropa in ihre Heimat zurückkehren konnte.

---

60) /V. M. Černov/, Organizacionnyj vopros. In: RR No 68 (1. Juni 1905) S. 6—9; RR 69 (15. Juni 1905) S. 2—5; auch unter dem Pseudonym Ju. Gardenin in: Sbornik statej Antonova, Bacha . . . S. 345—353, hier: S. 352 f.

Viertes Kapitel

DIE MAXIMALISTISCHE HÄRESIE (1904—1906)

Opposition gegen die sozialrevolutionäre Führung beschränkte sich nicht auf Wortgefechte und ideologisch-programmatischen Kampf. Naturgemäß drängte sie zur praktisch-organisatorischen Umsetzung ihrer Argumente und bedrohte damit die Einheit der Partei. Die Gegensätze verhärteten sich in dem Maße, wie die revolutionäre Gärung in Rußland voranschritt. Die junge Partei sah sich einer ersten Zerreißprobe ausgesetzt, die sie nicht bestand: Die Revolution erwies sich als ein allzu wirksamer Katalysator der spalterischen Kraft des *Maximalismus*[1]. Revolution und Maximalismus waren unzertrennlich miteinander verbunden.

1. Die Agrarterroristen

Wann sich die ersten Vorläufer der Maximalisten, die sogenannten „agrarniki" („Agraristen") zu einer oppositionellen Fraktion in der PSR formierten, läßt sich nicht genau ausmachen. Fest steht, daß bereits die zweite Konferenz der sozialrevolutionären Auslandsorganisation ihre Existenz im Juli 1904 als „bekannte Tatsache" voraussetzte und Čajkovskij in erster Linie auf sie anspielte, wenn er an dem von Sletov vorgelegten Tätigkeitsbericht des russischen CK bemängelte, daß dieser „nicht das Bild des Kampfes zwischen den verschiedenen Schattierungen des revolutionären Denkens" in der Partei wiedergegeben habe[2]. Ebenso ist bekannt, woran sich der Konflikt entzündete: an der Frage des sogenannten „Agrarterrors", worunter man terroristische Anschläge gegen Grundbesitzer verstand und den man gemeinsam mit dem sogenannten „Fabrikterror" zur häretischen Abart des seit 1902 offiziell legitimierten „politischen Terrors" erklärte. Eine interne

1) Vgl. allgemein zum Folgenden: V. M. Černov, K charakteristike maksimalizma. (Gr. Nestroev, Iz dnevnika maksimalista. S. predisl. V. L. Burceva. Pariž 1910). In: Socialist-Revoljucioner No 1 (1910) S. 175—307; ders., Maksimalizm, kak predteča bol'ševizma. In: Ders., Konstruktivnyj socializm. Prag 1925 S. 134—162; A. Rudin /A. I. Potapov/, O ‚Masimalizme'. in: Kollektivist. Sbornik statej. M. 1907 S. 1—35; B. I. Gorev, Apolitičeskie i antiparlamentskie gruppy. In: Obščestvennoe dviženie v Rossii v načale XX-go veka. Pod red. L. Martova, P. Maslova i. A. Potresova. Tom III, kn. 5: Partii — ich sostav, razvitie i projavlenie v massovom dviženii, na vyborach i v dume. SPb. 1914 S. 473—334; ders., Anarchizm v Rossii. M. 1930. — A. F. Žukov, Bor'ba bol'ševikov protiv melkoburžuaznych vzgljadov éserov-maksimalistov na charakter, celi i dvižuščie sily socialističeskoj revoljucii. In: VMGU 1970 No 14, vyp. 3 S. 18—26; Perrie, Agrarian policy S. 91 ff.
2) Protokoly II-go s-ezda ZO P.S.-R., Archiv PSR 364 b.

Resolution des sozialrevolutionären Zentrums gegen die „agrarniki" gab folgende genauere Definition:
„Unter ökonomischem Terror verstehen wir ein System gewaltsamer Mittel, die unmittelbar gegen die Person oder das Eigentum der Ausbeuter gerichtet sind, aber nicht gegen die Organisation ihrer Herrschaft im Staat . .
. . . Unter Agrarterror verstehen wir ausschließlich den *ökonomischen* Terror, der auf dem Boden der Landbeziehungen erwächst"[3].

Seit der Parteigründung war die PSR mit diesem Problem konfrontiert worden. Sie hatte sich dabei in langen Diskussionen zu einer Haltung durchgerungen, die eine beträchtliche Unsicherheit verriet. Seinem Wesen nach, so argumentierte man, sei ökonomischer Terror in Stadt und Land eine spontane Erscheinung und stelle die unmittelbare Reaktion der Unterdrückten auf Ungerechtigkeit und Knechtschaft dar. Eben dieser unberechenbare organisationsfeindliche Charakter machte es der PSR schwer, eindeutig Stellung zu beziehen. Einerseits gebot ihr revolutionäres Selbstverständnis, Arbeitern und Bauern das Recht zur Selbstverteidigung zuzubilligen. Andererseits konnte sie aber als Partei, deren Aufgabe in der Lenkung und Zentralisierung revolutionärer Aktivitäten bestand, nicht zu spontanen, vereinzelten und unkoordinierten Aktionen aufrufen, die letztlich nichts anderes als revolutionäre Lynchjustiz bedeuteten, zumal begründete Furcht bestand, daß sich agrarterroristische Ausschreitungen nicht würden kontrollieren lassen[4]. Aus diesem Zwiespalt befreite sich die sozialrevolutionäre Führung durch eine Scheinlösung: durch die Empfehlung, den Agrarterror politisch-agitatorisch zu nutzen, ihn zu lenken und ihm eine „politisch-moralische Grundlage" zu geben, wie Šiško und Žitlovskij bereits auf der ersten Sitzung der ASL im Juli 1902 vorschlugen, ihn aber *nicht* ins Parteiprogramm aufzunehmen[5]. Zweifellos haftete dieser Haltung eine Ambivalenz an, die den Widerspruch, namentlich von seiten der jungen Generation, die an den Debatten der ersten Stunde nicht teilgenommen hatten, geradezu herausforderte.

Das trat erstmals in vollem Maße auf einer Konferenz der Genfer Gruppe der ZO zutage, die im Oktober 1904 stattfand und auf der alle bedeutenden Exilpolitiker der PSR zugegen waren. Zur Diskussion standen zwei Resolutionen zur Frage des Agrarterrors. Die der sozialrevolutionären Führung, verfaßt von Černov und Šiško, mitunterzeichnet von Volchovskij, Minor und M. Goc[6], mahnte zu planender Vorausschau und langfristiger Organisierung der Bauernagitation. Aufgabe der Gegenwart, hieß es darin, müsse „eine allgemeine Bestandsaufnahme und die Konsolidierung der schon auf

---

3) Naši zadači v derevne. Tol'ko dlja členov P.S.-R., Archiv PSR 791/6; ähnlich: Protokoly 1906 S. 333.
4) Vgl. einen Brief Geršunis vom 23. II. 1906, ZP No 455 S. 2.
5) Vgl. Protokoly I-go s-ezda ASL (20. VII. 1902), Archiv PSR 451; Pervyj s-ezd Agrarno-socialističeskoj Ligi. o. O. o. J.; Protokoly I-go s-ezda ZO P.S.-R., Archiv PSR 125; Protokoly II-go s-ezda ZO P.S.-R., Archiv PSR 364 b.
6) So Černov, K charakteristike maksimalizma S. 193.

dem Lande existenten bewußten revolutionären Kader" sein. Als taktische Mittel wurde nur solche empfohlen, die „die Notwendigkeit eines kollektiven und planmäßigen Handelns der bäuerlichen Massen auf größtmöglichem Raum" sichtbar werden lassen, „dadurch die Idee der organisierten revolutionären Handlung" popularisieren, kurz, die der Bauernschaft eine breite und feste Basis geben würden. Allein solche Maßnahmen könnten dem Hauptübel in der revolutionären Agitation der Bauernschaft abhelfen: der „mangelnden Vereinigung in größeren Gruppen" und der lokalen Begrenztheit des Horizonts. Geeignet dazu seien gemeinsame Streiks der landwirtschaftlichen Arbeiter, Boykotte gegen die Grundherren, systematische und allgemeine Steuer- und Rekrutenverweigerung sowie alle Arten gegenseitiger Hilfeleistung. Unmißverständlich schloß Černovs und Šiškos Resolution daher, daß der „systematische, organisierte, von Parteikräften durchgeführte Agrarterror nicht ins Aktionsprogramm der PSR" aufgenommen werden könne, weil er geeignet sei, die Partei zu diskreditieren, und vor allem weil er die „parteiliche Regulierung und Kontrolle" spontaner terroristischer Aktionen erschwere. Zugleich beeilten sich die Verfasser jedoch, die Notwendigkeit des politischen Terrors auf breitester Front zu betonen und, mehr noch, zu erklären, daß die PSR auch gewaltsame Racheakte der Bauernschaft „prinzipiell *nie* abgelehnt" habe[7].

Solche Erläuterungen waren Wasser auf den Mühlen der Argumentation zugunsten der zweiten Resolution, verteidigt und verfaßt von E. Ju. Lozinskij („Ustinov"), dem theoretischen Kampf der jungen Aufständischen, der als begabter Pamphletist und Journalist bereits zum Kern der Redaktion der „Revoljucionnaja Rossija" zählte. Mit dem allzu simplen Einmaleins der maximalistischen Logik begründet dieser seine Position: Wie der politische diene auch der ökonomische Terror zur Einschüchterung und Vernichtung der herrschenden Klasse. Die Bauernschaft müsse daher durch Flugblätter und Broschüren aufgerufen werden, das ihre dazu beizutragen, d. h. den unmittelbaren Kampf gegen die Grundbesitzer aufzunehmen, und der Partei obliege es, lokale Kampfbrüderschaften als Instrumente dieses Kampfes zu organisieren. Auf keinen Fall dürfe sie versuchen, die Agrarrevolution durch Beharren auf friedlichen Mitteln oder durch irgendeine Kontrolle einzudämmen, sondern müsse im Gegenteil die bäuerliche Spontaneität fördern. Nicht den geringsten argumentatorischen Trumpf konnte Lozinskij ausspielen, wenn er die unentschlossen schwankende Haltung Černovs und des CK als „doppelte Buchführung" brandmarkte. Es gehe nicht an, führte er aus, den Agrarterror nicht ins Programm aufzunehmen, „aber den Parteimitgliedern eine carte blanche zu geben." Die Mehrheit der Konferenzteilnehmer machte sich diesen Vorwurf zu eigen und fügte der CK-Position eine blamable Niederlage zu: Lozinskijs Resolution wurde mit 24 gegen 16 Stim-

---

7) Naši zadači v derevne, Archiv PSR 791/6 S. 2 u. 4; Ženevskaja gruppa /Protokolle der Sitzung vom 28. Oktober 1904/, Archiv PSR 125.

men angenommen, mochte der „sanior pars" der Partei auch auf der gegnerischen Seite stehen[8].

Freilich blieb dieser Triumph der Opposition eine Ausnahme. Der Gründungsparteitag der PSR bewies anderhalb Jahre später, daß die Meinung der Genfer Exilintellektuellen keineswegs die der Gesamtpartei repräsentierte, indem die Delegierten beinahe einmütig der Auffassung der Parteiführung ihr Plazet gaben. Zur endgültigen offiziellen taktischen Linie der PSR wurde damit erhoben, was Rakitnikov im Namen der Kommission für Fragen der Agrartaktik unter Wiederholung der alten CK-Argumentation erläuterte: daß man den „Agrar- und Fabrikterror eindeutig negativ" beurteile, weil er nicht zur organisierten revolutionären Landnahme führe, weil er als „eine Reihe zerstreuter Akte" keine erzieherische Wirkung auf die Massen ausübe, sondern sie im Gegenteil desorganisiere, und weil es schwierig sein werde, ihn zu kontrollieren; daß man ihn aber andererseits als bäuerliche Abwehrmaßnahme gegen Gewalttaten der Grundbesitzer für „unerläßlich und unausweichlich" halte. Analog bewerteten die Parteitagsdelegierten den „Fabrikterror", d. h. terroristische Akte der Arbeiter gegen besonders ausbeuterische Unternehmer. Auch er wurde im Prinzip als bloß individueller Vergeltungsakt, der dem Ziel des revolutionären Kampfes, der „vollen Zerstörung der kapitalistischen Ordnung", nicht förderlich sei, verworfen, in Ausnahmefällen jedoch geduldet, ja sogar ermutigt[9].

Während die theoretischen Gefechte im Genfer Exil andauerten, wurden die neuen Prinzipien in Rußland bereits praktiziert. Schon im Sommer 1904 hatte das CK grünes Licht für dieses auch finanziell von ihm unterstützte Experiment gegeben und eine Gruppe von „agrarniki" über die Grenze geschickt. Sie stand unter der Leitung von M. I. Sokolov, einem noch jungen, aber bereits erfahrenen Bauernagitator aus dem Gouvernement Saratov, der als kraftvolle, charismatische Persönlichkeit von ungehemmter Radikalität und Verwegenheit rasch zum unumstrittenen und beinahe legendären Führer der Maximalisten avancierte[10]. Wie Černov zurückblickend gebührend hervorhob[11], war diese Toleranz der Parteizentrale in erster Linie der Sympathie zu verdanken, die manche der älteren Sozialrevolutionäre wie Sletov, Chilkov und Breškovskaja für die Bestrebungen des Nachwuchses hegten. Namentlich die „Großmutter der Revolution" teilte dessen Ansich-

---

8) Vgl. Ženevskaja gruppa, Archiv PSR 125.
9) Vgl. Protokoly 1906 S. 332 f; auch: Ot Central'nogo Komiteta. Po voprosu ob agrarnom i fabričnom terrore. In: ZT No 3 (1. August 1907) S. 12; Po povodu fabričnogo terrora. In: Revoljucionnoe delo. Organ Donskoj oblasti P.S.-R. No 1 (März 1908), S. 4–6, Archiv PSR 623; K voprosu o fabričnom terrore. in: Trud. Rabočaja gazeta. Izd. Peterburgskogo Komiteta P.S.-R. No 17 (Oktober 1907) S. 7–9, Archiv PSR 472.
10) Vgl. I. Petrov, Pamjati M. I. Sokolova. In: Sbornik ‚Volja Truda'. M. 1907 S. 155–179, I. I. Rakitnikova, Revoljucionaja rabota v krest'janstve v Saratovskoj gubernii v 1900–1902 gg.
11) Černov, K charakteristike maksimalizma S. 195.

ten in essentiellen Punkten: Wie die jüngsten Populisten pochte sie auf die Notwendigkeit der „Initiative der Minderheit", schreckte sie dabei vor isolierten Aktionen nicht zurück, plädierte sie dafür, die Bauernschaft nicht nur durch friedliche Agitation, sondern vor allem auch durch terroristische Aktivitäten zu „wecken", und empfahl sie, anstelle der zentralen Kampforganisation ein dezentralisiertes Netz lokaler Terrorbrigaden aufzubauen[12]. Da ihr revolutionäres Engagement außerdem eine ebenso extrem emotionale Färbung trug wie das der jungen Generation, wurde sie zu deren natürlichem Protektor in der Parteiführung. Bei aller Verbundenheit teilte Breškovskaja jedoch die Radikalität ihrer Protégés nicht uneingeschränkt und mahnte sie darum zu „reifer Tätigkeit"[13].

Solche Ratschläge bewirkten wenig. Bereits die ersten Flugblätter der „agrarniki" in Ekaterinoslav überschritten die Toleranzschwelle des Parteizentrums erheblich, da sie den „ökonomischen Terror" unverhohlen ermutigten. Sogar Gerüchte von Erpressungen drangen ins Ausland. Das Faß zum Überlaufen brachte eine Proklamation Sokolovs in Minsk vom November 1904, in der es hieß: „Schlage die zaristischen Beamten, die Kapitalisten und Grundbesitzer! Schlage kräftiger und fordere Land und Freiheit". Sicherlich nicht ohne Berechtigung nannte Černov den Stil solcher Aufrufe „pogromartig"[14]. Ihr Verfasser wurde ins Ausland zitiert, erhielt aber nach einer Loyalitätserklärung die Erlaubnis zur Fortsetzung der Arbeit in Rußland. Um neue Exzesse zu verhindern, gab man ihm zusätzlich Sletov als Aufpasser mit, der jedoch beim Grenzübertritt verhaftet wurde[15] und seine Aufgabe somit nicht wahrnehmen konnte. Sokolov selbst ging der zaristischen Polizei erst ein halbes Jahr später, im April 1905, ins Netz[16].

Die radikale, des Programms der PSR spottende Agitation der Sokolovgruppe in Weißrußland und der Ukraine konnte keine andere Wirkung haben, als den Konflikt in der ausländischen Führung auf die Spitze zu treiben, schickten sich die „agrarniki" damit doch an — wie Volchovskij im Januar 1905 seiner alten Mitstreiterin Breškovskaja schrieb — , „eine Partei in der Partei" zu bilden und eine Position „außerhalb jeder Parteidisziplin" zu beziehen[17]. Endgültig wurden die Weichen zur Spaltung gestellt, als Breškovskajas Schützlinge außerdem im Mai 1905 mit der Begründung, daß die etablierte Parteipresse sich geweigert habe, Artikel zum Agrarterror zu drucken, und Meinungsfreiheit mithin nicht mehr gewährleistet sei, ein eigenes Organ, den „Vol'nyj Diskussionnyj Listok" („Freies Diskussions-

---

12) Vgl. Kap. II, Anm. 97. Ferner: Briefe der „agrarniki" an Breškovskaja, Archiv PSR 799, sowie: E. K. Breško-Breškovskaja, Primečanie No 1/1904/, Archiv PSR 118.
13) Vgl. Černov, K charakteristike maksimalizma S. 186 und 196.
14) Černov, K charakteristike maksimalizma S. 198.
15) Vgl. Kap. III, Anm. 28.
16) Vgl. Spiridovič, Partija S.-R. S. 310 ff; Černov, K charakteristike maksimalizma S. 198 ff.
17) Vgl. Briefe F. V. Volchovskijs an E. K. Breško-Breškovskaja vom 8. 1. und 21. 1. 1905, Archiv PSR 779.

blatt"), herausbrachten und Lozinskij bald darauf aus der Partei austrat[18]. Die Parteiführung stand nunmehr vor der Frage, ob sie die neue Publikation als Ausdruck einer Strömung innerhalb der Partei anerkennen oder sie als häretisch ausstoßen sollte. Insbesondere Černov verfolgte eine ungewohnt harte Linie, während viele der alten „Narodnaja Volja"-Kämpfer, angesteckt vom revolutionären Fieber in Rußland, den organisierten Massenterror einzusegnen bereit waren. Beispielhaft stellte B. G. Bilit[19] die Überlegung an, im Parteiprogramm stehe nicht, daß man „weiter als bis zur Sozialisierung des Grund und Bodens nicht gehen" dürfe, und plädierte für die Verbreitung des „Vol'nyj Diskussionnyj Listok" wie jedes andere Parteiorgan auch[20]. Obwohl sich Černov diesmal durchgesetzt zu haben scheint, war damit der maximalistischen Strömung keinesfalls Einhalt geboten. Im Gegenteil, sie erhielt Ende 1905 durch eine andere Dissidentengruppe in der PSR, die gemeinhin als zweite Wurzel des Maximalismus betrachtet wird, durch die sogenannte „Moskauer Opposition", noch Verstärkung.

2. Die Moskauer Opposition

Seit Ende 1904 hatte sich das Moskauer Komitee infolge der außerordentlichen Fähigkeiten eines neuen Führungskollektivs zum solidesten und größten Stützpunkt der Partei in Rußland entwickelt[21]. Seine Arbeit war vorbildlich: Man erschloß reichliche Finanzquellen, kurbelte die Literaturproduktion an, und, besonders wichtig, man rekrutierte einen großen Kreis begabter Agitatoren, die in der Lage waren, die zahlreiche sozialrevolutionäre Anhängerschaft unter den Arbeitern Moskaus enger an die Partei zu binden. Trotz aller Umsicht versäumte es die Führung jedoch, die Neuzugänge aus der Intelligenz an der Leitung der Parteitätigkeit zu beteiligen und sie in die bestehende Organisation zu integrieren. Stattdessen entstand eine Kluft zwischen beiden, und formierte sich in den Rajons an der Parteibasis um V. Mazurin, M. Uspenskaja, D. V. Vinogradov, S. Ja. Ryss, O. Klimova und andere eine energische Opposition, die auf große Resonanz stieß und sich rasch festigte. Sie protestierte gegen die Oligarchie des amtierenden Komitees, verunglimpfte es nicht ohne Berechtigung als „einen Haufen an Geld und Beziehungen reicher Leute, der die Masse der Parteimitglieder"

---

18) Vgl. Kopija ... zajavlenija Evg. Ustinova /E. Ju. Lozinskij/ v Centr. i Zagr. Kom. PSR ot 20. noj. 1905 g. OA X c f. 1; Doklad V. M. Černova o „Vol'nom Diskussionnom Listke" /und die Antwort Lozinskijs/, 29.—30. Sept. 1905, Archiv PSR 258. – Vol'nyj diskussionnyj listok. Izdanie gruppy Socialistov-revoljucionerov. Paris No. 1—3 (Mai—Juli 1905); Antonov, Po povodu 'Vol'nogo Diskussionogo Listka. In: Sbornik statej Antonova S. 376 f.
19) Pseud. „Borisov", Auflösung für diese Periode nicht ganz gesichert.
20) Vgl. Protokoly zasedanija Ženevskoj gruppy, 29. Sept. 1905, Archiv PSR 258; Handschrift Černovs zum „Volnyj Diskussionnyj Listok", Archiv PSR 18; auch: Protokoly III-ej konferencii ZO, 25.—31. /!/ September 1905, Archiv PSR 654.
21) Vgl. unten S. 251 ff.

völlig ignoriere[22], und forderte die vollständige Demokratisierung der gesamten Organisation, die Abschaffung des Kooptationsprinzips und die Heranziehung der Parteiperipherie zu Leitungsfunktionen[23]. Nicht zuletzt trug zu diesem Schisma auch der Umstand bei, daß unter den Nachwuchskräften ein neuer, willensbetonter, radikalerer und intellektuellenfeindlicher Typus des Revolutionärs dominierte[24].

Bereits im November 1905 erzwang die Opposition entscheidende Konzessionen, als sie „auf revolutionärem Wege" die Schließung der Rajonversammlungen für Abgesandte des Komitees durchsetzte, der lokalen Parteiführung somit jegliche Einflußmöglichkeiten auf die Rajons entzog und diese zu sicheren eigenen Bastionen ausbaute. Für die Dauer des Dezemberaufstandes, in dem Opposition und Komitee Seite an Seite kämpften, sistiert, brach der Konflikt bald darauf erneut aus, als zu entscheiden war, wer die Moskauer Organisation auf dem Gründungsparteitag in Imatra vertreten sollte. Regulär hätten die Delegierten von einer Mitgliederversammlung gewählt werden müssen. Da sich dies in der gegebenen Situation als unmöglich erwies, bestimmte das Komitee aus eigener Vollmacht zwei seiner Mitglieder und einen Vertreter der Opposition. Laut Černovs nicht unvorbelasteter Darstellung war dieser jedoch nicht auffindbar, so daß die Moskauer Delegation zu guter Letzt ausschließlich aus Anhängern des Komitees bestand[25].

Bei den Übergangenen rief dieses Ergebnis naturgemäß einen Empörungssturm hervor. Man wertete den Vorfall als ein weiteres eklatantes Beispiel für die Manipulation seitens der lokalen „Parteidiktatoren" und weigerte sich, die Beschlüsse eines Parteitages, an dem man nicht teilgenommen hatte, anzuerkennen. Vermittlungsversuche des Oblastkomitees (OK) des Zentraloblasts scheiterten, da die Opposition so unannehmbare Forderungen stellte wie die Anerkennung der uneingeschränkten Autonomie der Moskauer Organisation in inneren Angelegenheiten, die Erneuerung der bestehenden Organisation von Grund auf und die Streichung des Interventionsrechts, das dem CK im Falle von Verstößen gegen das Parteistatut und die Parteidisziplin zustand[26]. Die Gegensätze vertieften sich zur unüberbrückbaren Kluft.

Kurze Zeit später konnte eine „Kampfbrüderschaft" unter der Führung Mazurins bei einem aufsehenerregenden Banküberfall die enorme Summe von 800 000 Rubeln „expropriieren". Mit einem derart soliden Finanzpolster

---

22) Uspenskaja laut Černov, K charakteristike maksimalizma S. 205.
23) Vgl. eine „platforma" der Moskauer Opposition, Archiv PSR 333; Černov, K charakteristike maksimalizma S. 204.
24) Černov, K charakteristike maksimalizma S. 203.
25) Černov, K charakteristike maksimalizma S. 206 (Zitat) u. 209; G. Nestroev, Maksimalizm pered sudom V. Černova. Paris 1910 S. 31. – Delegiert wurden I. I. Fundaminskij (wohl „Karskij"), V. V. Rudnev („Roščin") und M. V. Višnjak („Pomorcev"). Vgl. Višnjak, Dan' prošlomu S. 119 ff; Zenzinov, Perežitoe S. 266 ff.
26) Vgl. „platforma", Archiv PSR 333.

ausgestattet, glaubte sich die Opposition stark genug, der Mutterpartei den Rücken kehren zu können, und gründete eine eigene, die „Moskauer Organisation der PSR". Zugleich versuchte sie, ihren Einfluß durch massive „Spenden" auf andere sozialrevolutionäre Komitees auszudehnen. Insbesondere in Stavropol', das zu einer verläßlichen Bastion des Maximalismus wurde, aber auch in Ekaterinoslav und Rjazan' blieben diese Bemühungen nicht ohne Erfolg. Sicherlich brandmarkte das Parteizentrum solche Aktionen zu Recht als schlichte Bestechung. Andererseits darf aber nicht übersehen werden, daß sich die genannten Organisationen auch korrumpieren ließen, sei es, weil sie es mit der revolutionären Moral nicht so genau nahmen, oder sei es, weil in ihnen verwandte politische Strömungen bereits existierten bzw. sogar vorherrschten[27].

Die organisatorische Verselbständigung und die Expansionsversuche der Moskauer Opposition gaben dem Streit eine neue, überregionale Dimension. Das CK selbst sah sich zum Eingreifen genötigt und beauftragte Černov höchstpersönlich, zum Zwecke der Schlichtung im April 1906 eine Gesamtkonferenz der Moskauer Stadtorganisation einzuberufen. Die Opposition lehnte jedoch eine Teilnahme ab, da sie sich weigerte, das auf dem ersten Parteitag gewählte CK anzuerkennen. Stattdessen fand sie sich lediglich bereit, zwei Vertreter zur ersten Sitzung des Parteirats der PSR zu entsenden. Auch hier konnte aber keine Einigung erzielt und der endgültige Bruch nicht verhindert werden. Die Mehrheit der hauptstädtischen Dissidenten organisierte sich unter der Führung Mazurins im „Moskovskij sojuz socialistov-revoljucionerov maksimalistov" (Moskauer Bund der maximalistischen Sozialrevolutionäre) und schloß sich im Dezember 1906, als ihre Reihen freilich schon arg gelichtet und sämtliche Führer verhaftet waren, den Maximalisten Sokolovs an. Lediglich eine Minderheit schreckte vor solcher Konsequenz zurück, bildete die kurzlebige „gruppa pervogo maja" (Gruppe des 1. Mai) und kehrte schon bald, etwa im Sommer 1906, zur PSR zurück[28].

3. Organisation, Theorie und Verbreitung des Maximalismus

Unmittelbar nach dem ersten Parteitag rief Sokolov eine Konferenz zusammen, auf der der Grundstein einer selbständigen maximalistischen Organisation gelegt werden sollte. Wenngleich dieses Vorhaben nicht gelang und auch eine anschließende Rundreise des obersten Maximalisten keine konkreten Resultate erbrachte, kam es immerhin als Ersatzlösung zur Bil-

---

27) Vgl. Černov, K charakteristike maksimalizma S. 210 ff; Spiridovič, Partija S.-R. S. 309 ff. Den Korruptionsvorwurf gibt Nestroev, Maksimalizm pered sudom V. Černova S. 32 an die PSR zurück.
28) Vgl. Spiridovič, Partija S.-R. S. 310.

dung einer großen „Kampforganisation". Gewiß nicht zufällig gab sich der Maximalismus damit die Form eines Terrorkommandos[29].

Attentate, Erpressungen und Raub machten denn auch den wesentlichen, ja einzigen Inhalt der Tätigkeit der Sokolovschen Gruppe aus. Sie absorbierten alle fähigen Kräfte und ließen der „friedlichen" Agitation unter den Massen keinen Raum[30]. Im Frühjahr 1906 überfiel man — um nur die spektakulärsten Taten zu nennen — die Moskauer Kaufmannsbank und erbeutete eine erkleckliche Summe; am 12. August unternahm man einen Anschlag auf Stolypin, der zweiunddreißig Anwesenden das Leben kostete, dem Ministerpräsidenten selbst jedoch kein Haar krümmte; und am 14. Oktober füllte man durch „Expropriierung" von knapp 400 000 Rubeln ein letztes Mal seine Kassen auf. Gestützt auf diesen Erfolg, konnte Sokolov im gleichen Monat den lang erstrebten maximalistischen Gesamtverband, den „Sojuz socialistov-revoljucionerov maksimalistov" (Bund der maximalistischen Sozialrevolutionäre), doch noch ins Leben rufen, der freilich nur kurze Zeit Bestand hatte, da es der Ochrana schon bald gelang, Sokolov und seine wichtigsten Kampfgefährten zu verhaften. Führerlos geworden, zerfiel die wenig solide Organisation so gründlich, daß alle Wiederaufbauversuche vergeblich blieben[31].

Solch spurloser Untergang wirft ein bezeichnendes Licht auf die *Organisationsstruktur* des „Bundes". Laut Statut und maximalistischem Credo zeichnete sie sich durch die uneingeschränkte Praktizierung demokratischer Grundsätze und durch extremen Antizentralismus aus. Das „Zentrale Exekutivbüro" sollte von einer regelmäßig tagenden Vollversammlung gewählt werden und selbst die Führung der Kampforganisation trotz des Zwanges zu absoluter Geheimhaltung nicht ohne Zustimmung der Basis amtieren dürfen[32]. Indes entsprach, wie im Falle der Moskauer Opposition[33], die Wirklichkeit dem Buchstaben in keiner Weise. Alle Entscheidungen wurden letztlich von Solokov getroffen, alle Fäden liefen bei ihm zusammen: „Medved' /i. e. Solokov, M. H./", gab selbst der Maximalist G. Nestroev zu, „war ein geborener Diktator, . . . alles wurde gemacht, wie er es wollte"[34], auch wenn seine Vorschläge wie im Falle der Ver-

---

29) Vgl. Spiridovič, Partija S.-R. S. 312 f.

30) Vgl. Nestroev, Maksimalizm pered sudom V. Černova S. 63, der in diesem Versäumnis eine der wichtigsten Ursachen für das Scheitern des Maximalismus erblickt.

31) Vgl. Spiridovič, Partija S.-R. S. 313 ff. — Zum Anschlag auf Stolypin auch: M. M. Engel'gardt, Vzryv na Aptekarskom ostrove. (Po dokumentam Leningradskogo istor.-revoljucionnogo archiva). In: KiS No 7 (20) 1925 S. 67—94; Obvinitel'nyj akt po delu o . . . Nikolae . . . Pumpjanskom, . . . Ljudmile Emeljanovoj . . . In: Byloe. Paris 1909 No 9—10 S. 106—157. — Die Gründung des „Bundes" wurde offiziell bekanntgegeben in Suščnost' maksimalizma. SPb. 1906 S. 5 ff.

32) Vgl. Suščnost' maksimalizma. S. 15 f; G. Nestroev, Iz dnevnika maksimalista. S. predisloviem V. L. Burceva. Paris 1910 S. 64.

33) Zu deren Organisation kritisch: Černov, K charakteristike maksimalizma S. 211.

34) Nestroev, Iz dnevnika maksimalista S. 64; Černov, K charakteristike maksimalizma S. 302.

selbständigung des Terrorkommandos zu einer autonomen Organisation auf heftigen Protest stießen. Die Monopolisierung der Leitungsfunktionen bei Sokolov ging so weit, daß das Zentrale Exekutivbüro nach dessen Verhaftung „absolut nicht wußte, wo sich was befand"[35], vor allem nicht, wo der größte Teil der in St. Petersburg erbeuteten 400 000 Rubel abgeblieben war, von denen man nur noch 60 000 aufspüren konnte. Bei den Maximalisten selbst herrschte eben jene Symbiose aus Zentralismus und Korruption, die man der PSR vorwarf, und nicht zu Unrecht, wenngleich in apologetischer Absicht, nannte Černov den „Bund der maximalistischen Sozialrevolutionäre" eine „Finanzoligarchie"[36].

In dem Maße wie sich die maximalistische Bewegung als eigenständige Partei etablierte, wurde es auch notwendig, ein Programm zu entwickeln und die Ziele zu definieren. Daß sich die Dissidenten zunächst um neue *Aktionsformen* zusammenfanden und deren Begründung erst nachlieferten, ist sicherlich symptomatisch. Theorie blieb ihnen stets fremd, und ihr Beitrag auf diesem Gebiet beschränkte sich im wesentlichen auf eine Radikalisierung der sozialrevolutionären Positionen. Er läßt sich in wenigen Punkten zusammenfassen[37].

Das grundlegende Gebot für den Maximalisten besagte, daß die sozialistische Revolution *unmittelbar* zu verwirklichen sei. „Nur derjenige darf ein Sozialist genannt werden", formulierte einer der einflußreichsten maximalistischen Theoretiker, „der an die Realisierbarkeit des Sozialismus *jetzt* glaubt"[38]. Dementsprechend gab die Gründungskonferenz des Bundes der Maximalisten als Tagesparole aus, „den unmittelbaren sozialen Umsturz" in Angriff zu nehmen. Dabei ging man davon aus, daß das „werktätige Volk", das „ökonomisch und psychologisch zur Verwirklichung" der neuen Gesell-

---

35) Nestroev, Iz dnevnika maksimalista S. 64.
36) Černov, K charakteristike maksimalizma S. 222. Allerdings stand Černov die Pose eines Hüters der revolutionären Moral schlecht an, mußte er doch trotz aller Ausflüchte zugeben, daß die PSR einen stattlichen Anteil aus der Beute von Mazurins Beinahe-Millionenraub (laut I. Žukovskij-Žuk, Vladimir Mazurin. In: KiS 9 (1924) S. 248 immerhin 100 000 Rubel) in ihre eigenen Kassen leitete. Ferner beharrte Nestroev auf der Behauptung, daß das CK auch an Sokolovs Expropriation in St. Petersburg (Oktober 1906) beteiligt gewesen sei. Vgl. Nestroev, Iz dnevnika maksimalista S. 80 ff; ders., Maksimalizm pered sudom V. Černova S. 34, 73 ff; Černov, K charakteristike maksimalizma S. 224 ff.
37) Vgl. zum Folgenden aus einer umfangreichen Literatur: Suščnost' maksimalizma. Sbornik statej. M. 1907; Sbornik ‚Volja Truda'. M. 1907; Volja Truda. Sbornik statej. SPb. 1907; M. M. Engel'gardt, Zadači momenta. SPb. 1906; ders., Vrednye i blagorodnye rasy. SPb. 1908; E. Ju. Lozinskij, Čto že takoe, nakonec, intelligencija? Kritiko-sociologičeskij opyt. SPb. 1907; ders., Itogi parlamentarizma. Čto on dal i možet li on čto-nibud' dat' rabočim massam? SPb. 1907; ders., Itogi i perspektivy rabočego dviženija. SPb. 1909; ders., Sovremennyj anarchizm. M. 1906; E. Ustinov /ders./, Kakova dolžna byt' programma russkoj revoljucii; /G. Rivkin/, Trudovaja respublika. SPb. 1907; /ders./, Prjamo k celi. 1907; Tag-in /A. G. Troickij/, Otvet Viktoru Černovu. SPb. 1906; ders., Principy trudovoj teorii.
38) Tag-in, Principy trudovoj teorii S. 94.

schaftsordnung, d. h. der „vollen Entwicklung der werktätigen Persönlichkeit" berufen sei, bereits existiere[39]. Ob es freilich auch zum Umsturz bereit sei, interessierte wenig, bemerkte doch ein repräsentativer Sammelband zur maximalistischen Theorie: „Es ist völlig überflüssig, daß die Mehrheit der Proletarier aus Sozialisten besteht". Was man für nötig hielt, um eine Revolution herbeizuführen, war lediglich recht allgemein ein „vom Bewußtsein der Werktätigen (trudovaja psichika) durchdrungenes Volk" und vor allem „eine geschlossene, energische, initiative Minderheit"[40].

Auch die Maximalisten bemühten sich zwar, die „Reife" der Situation nachzuweisen, wie beispielsweise Nestroev, der in seltsamer Logik aus der Beobachtung, daß es in Deutschland mehr Kleinbetriebe gebe als in Rußland und die Revolution trotzdem auf der Tagesordnung stehe, das Argument gewann, daß der Sturz der Autokratie deshalb umso eher fällig sei[41]. Im Grunde jedoch erübrigten sich solche Überlegungen, da es einzig und allein um die sofortige Übernahme der Herrschaft ging und man den Sozialismus, wie Černov einwandte, auf den zu jeder Zeit möglichen Akt der „Besitzergreifung" reduzierte[42]. Um solch kruden Aktionismus zu begründen, scheute man sich nicht einmal, bei rassistischen Gedanken Zuflucht zu suchen. So erklärte eine maximalistische Broschüre die Herrschenden allen Ernstes zur „räuberischen Rasse", deren boshafter Ausbeutungstrieb sich vererbe wie die Hautfarbe und die folgerichtig gnadenlos zu vernichten sei, sollte der Sozialismus möglich werden. Klassenkampf geriet zum Rassenkampf, und Ausrottung der Kapitalisten wie Kakerlaken – um Černovs beißenden Spott zu übernehmen – wurde zu seinem natürlichen Mittel[43].

Aus solcher Version der „Aktualität der Revolution" (Lukács) leitete man auch die einzige, relativ konkrete programmatische Forderung ab, die der Delegierte aus Vitebsk auf dem ersten Parteitag der PSR so vehement artikulierte und die auch Lozinskijs „Vol'nyj Diskussionnyj Listok" immer wieder erhob: daß die Revolution sich nicht auf Minimalwünsche im Rahmen der bürgerlichen Ordnung beschränken dürfe, sondern unmittelbar „zur Sozialisierung der Fabriken und Unternehmen" übergehen müsse[44]. Wie der Aufbau einer neuen Gesellschaft freilich konkret aussehen sollte, darüber konnte die kleine Gruppe der Maximalisten ebensowenig Konsens erzielen wie die große PSR. Zumindest vier Auffassungen lassen sich unterscheiden,

---

39) Suščnost' maksimalizma S. 6
40) G. Nestroev, Beglye zametki (Ot minimalizma k maksimalizmu). In: Sbornik ‚Volja Truda' S. 64.
41) Nestroev, Maksimalizm pered sudom V. Černova S. 43.
42) Černov, K charakteristike maksimalizma S. 259; vgl. auch: ders., Anarchizm i programma-minimum. In: Soznatel'naja Rossija. Sbornik na sovremennye temy. No IV SPb. 1906 S. 46.
43) Vgl. I. Pavlov, Očistka čelovečestva. M. 1907; Černov, K charakteristike maksimalizma S. 231.
44) Vgl. oben S. 108 ff, sowie: E. Ustinov /E. Ju. Lozinskij/, Kakova dolžna byt' programma russkoj revoljucii S. 7; Nestroev, Iz dnevnika maksimalista S. 6.

die je eine eigene Strömung im vielfach zersplitterten Lager der extremen neopopulistischen Linken repräsentierten. Einen „absoluten Maximalismus" vertrat M. M. Engel'gardt (M. Aleksandrovič), der die Notwendigkeit einer Übergangsphase zum Sozialismus leugnete und die Befürworter einer Unterscheidung zwischen „sozialer" und „sozialistischer" Revolution als „Minimalisten im Maximalismus" denunzierte. Seine Radikalität stieß allerdings auf geringe Resonanz. Anders eine Auffassung, die nach der „Sozialisierung der Fabriken und Unternehmen" ein Stadium der Transformation vorsah und dafür den Begriff der „Republik der Werktätigen" (trudovaja respublika) prägte. Diese Richtung zerfiel wiederum in zwei Varianten, eine syndikalistische, die Land und Fabriken in die Verfügung lokaler Selbstverwaltungsorgane geben (Artel'-Maximalismus), und eine kommunalistische, die es umfassenderen Territorialverbänden übertragen wollte. Letzterer standen die Anhänger Lozinskijs, die „Ustinovcy", nahe, die die „kommunalistische Methode der Revolution" als erste vertreten hatten, sich jedoch bald von den Maximalisten trennten und zu den Machaevisten übergingen. Unschwer ist zu erkennen, daß sich in diesen Fraktionsbildungen die Frontstellungen der einschlägigen Diskussionen in der PSR wiederholten[45].

Ähnliches zeigte sich an der Haltung der Maximalisten zur Duma. Wie die Sozialrevolutionäre lehnten sie eine Teilnahme an dieser verkrüppelten Volksvertretung ab. Anders als jene wandten sie sich damit jedoch zugleich prinzipiell gegen jeglichen Parlamentarismus, in dem sie nichts anderes als einen „Ableiter . . . der Unzufriedenheit", als Betrug am Volke erblickten[46].

Obgleich der Maximalismus als theoretische Strömung und als Organisation wenig Beachtung verdiente und die PSR ihn zu Recht als unoriginelle Spielart des Anarchismus[47] wertete, darf er nicht als bloßer Sturm im Wasserglas abgetan werden. Der linke Radikalismus im neopopulistischen Lager existierte nicht nur in Gestalt der Moskauer Opposition und des Agrarterrorismus, sondern bildete vor allem auch eine *spontane Massenbewegung* an der sozialrevolutionären Basis, war exzesshafter Ausdruck der destruktiven Gewalt der Revolution. Als solcher manifestierte er sich in extensiver Prak-

---

45) Vgl. Černov, K charakteristike maksimalizma S. 263 ff und die Literatur von Anm. 37 dieses Kap. — Zu den Machaevisten: M. S. Shatz, The Makhaevists and the Russian Revolutionary Movement. In: IRSH 15 (1970) S. 235—265.
46) Suščnost' maksimalizma S. 13; Kakovo naše otnošenie k parlamentarizmu? In: Vol'nyj Diskussionnyj Listok No 1 (Mai 1905) S. 4—5.
47) Vgl. Černov, K charakteristike maksimalizma S. 174 ff; ders., Anarchizm i programma-minimum pass. Die Maximalisten ihrerseits betrachteten den Anarchismus freilich keineswegs als verwandte Strömung, sondern waren im Gegenteil bemüht, sich von ihm zu distanzieren. Vgl.: E. Ustinov /E. Ju. Lozinskij/, Kakovo naše otnošenie k anarchizmu? In: Vol'nyj Diskussionnyj Listok No 2 (10. Juli 1905) S. 1—5. Zur Haltung der Anarchisten zur PSR vgl.: Anarchisty i Socialisty-Revoljucionery. In: Chleb i Volja No 9 (Mai 1904) S. 1—3; Agrarnyj terror. In: ebenda No 1 (August 1903) S. 3—4.

tizierung des politischen Terrors, in der Mißachtung des Verbots des „ökonomischen Terrors", in pseudorevolutionärem Rowdytum, in Erpressungen und insbesondere in *Expropriationen*. Die Maximalisten scheuten sich nicht, auch diese „Taktik", der Mazurins Millionenraub einen publikumswirksamen Einstand gegeben hatte, als legitimes Mittel des sozialistischen Befreiungskampfes anzupreisen: „Die Konfiszierung privater Kapitale", rühmte ein Nachruf auf Mazurin in hahnebüchener Logik, „das ist die Revolution selbst"[48]. Ähnlich, wenngleich nicht gar so grobschlächtig, argumentierte ein offizieller „revolutionstheoretischer" Begründungsversuch, wenn er Expropriationen zum zweckmäßigsten Mittel erklärte, „den Fetisch Eigentum" zu zerstören. Allerdings war der Verfasser ehrlich genug, ihre wichtigste Leistung nicht zu verschweigen: „die Kassen aufzufüllen"[49]. In der Tat war damit der nervus rerum ohne Vernebelungen benannt. Die Maximalisten brauchten wie alle revolutionären Gruppen Geld, viel Geld sogar. Und da sie mangels einer Organisation den üblichen Weg der Selbstfinanzierung durch Mitgliedsbeiträge nicht beschreiten konnten — falls man das überhaupt gewollt hätte — und aus wohlhabenden Gesellschaftsschichten zu allerletzt Spenden erhielten, boten sich Expropriationen als bequemste Lösung des Problems an. Maximalismus in dieser Form breitete sich während der Revolution wie eine Epidemie aus und verschonte kaum ein sozialrevolutionäres Komitee. Ihn hatte die Führung der PSR allerdings ernst zu nehmen und aufs energischste zu bekämpfen.

Wo diese Bemühungen vergeblich waren und die Dissidenten festen Fuß fassen konnten, ist nicht genau auszumachen. Nur selten kam es in den Lokalorganisationen zu einer formellen Spaltung. Dennoch lassen sich einige Zentren der sezessionistischen Bewegung nennen. Der Maximalismus entstand in Weißrußland, wohin sich bereits Sokolov 1904 begeben hatte, um erstmals offen zum Agrar- und Fabrikterror aufzurufen. Zu einem wichtigen Zentrum wurde insbesondere Belostok, dessen Sozialrevolutionäre sich schon vor dem ersten Parteitag von der PSR trennten. Selbständige maximalistische Organisationen entstanden bis Ende 1906 ferner in Pinsk, Grodno, Brjansk, Minsk, Wilna, Vitebsk und Dvinsk. Obgleich die große Mehrzahl dieser Stützpunkte nur sehr kurze Zeit existierte, stellte eine Oblastkonferenz der PSR noch im Februar 1907 mit Besorgnis fest, daß der Einfluß der Maximalisten im Westen Rußlands „rasch wachse"[50]. Unverkennbar maximalistische Töne wurden auch aus der Ukraine hörbar, insbe-

---

48) Pamjati Vladimira Mazurina. Ispolnitel'nyj Komitet Oppozicionnoj frakcii Socialistov-revoljucionerov, Archiv PSR 621.
49) Gr. S., Taktika ‚ekspropriacij'. In: Sbornik statej. M. 1907 S. 45–64, S. 51, 63.
50) Vgl. Koe-čto o maksimalistach. (Pis'mo iz Smolenska). In: Partinyje Izvestija. Izd. Central'nogo Komiteta Partii Socialistov-Revoljucionerov (zit.: PI) SPb. No 8 (12. April 1907) S. 3–5; Protokoly konferencii predstavitelej Bežickogo, Brjanskogo . . . rabočich sojuzov PSR (23. Dezember 1907), Archiv PSR 426; Zitat: Protokoly Severo-Zapadnogo oblastnogo s-ezda /Februar 1907/, Archiv PSR 483; sehr instruktiv: Michajl Ivanovič, Anarchizm v Rossii. In: Socialist-Revoljucioner No 3 (1911) S. 75–94.

sondere aus Ekaterinoslav, Černigov, Kiev und Char'kov[51]. Desgleichen immer wieder aus dem Ural. Hier war insbesondere die Idee des terroristischen Partisanenkampfes äußerst populär und wurde selbst von einer offiziellen sozialrevolutionären Oblastkonferenz befürwortet[52]. Im Norden Rußlands machten sich maximalistische Tendenzen in Vologda, Pskov und Archangel'sk geltend, wenngleich sie wenig Resonanz fanden[53]. Im zentralen Industriegebiet wurde, wie erwähnt, Moskau zur wohl bedeutendsten Bastion der neuen Strömung überhaupt.

Deutlicher als regional läßt sich der Maximalismus sozial eingrenzen. Alle sozialrevolutionären Kommentare waren sich darin einig, daß er seine Einflußzone „ausschließlich in der Arbeiterschicht" fand. In Brjansk beispielsweise trat der gesamte, mehr als tausend Mitglieder zählende „Arbeiterbund der PSR" aus der Mutterpartei aus. Wenig Anziehungskraft scheint die linke Opposition dagegen auf die Bauernschaft und die Intelligenz ausgeübt zu haben. Der Maximalismus kann somit als *plebejischer* radikaler Neopopulismus gelten[54].

Um diese soziale und geographische Distribution zu erklären, rekurrierte Černov in einem interessanten Interpretationsversuch auf die sozioökonomische Rückständigkeit Rußlands. Der unreife Kapitalismus, erläuterte er, integriere neben Handwerkern vor allem Bauern „mit einer guten Dosis gesunden Barbarentums und völliger psychologischer Fremdheit der neuen Ordnung" gegenüber. Anstelle des „im Produktionsprozeß vergesellschafteten Arbeiters" erzeuge die russische Industrialisierung daher „häufiger als anderswo" den „nichtvergesellschafteten, vereinzelten, unruhigen Rebellen". Nicht zufällig habe gerade Rußland in Bakunin und P. A. Kropotkin die Apostel des internationalen Anarchismus hervorgebracht[55]. Maximalismus und Anarchismus erscheinen damit als ‚vorproletarischer' Sozialprotest, als „primitive Sozialbewegungen"[56], die in der Anfangsphase des Industrialisierungsprozesses auftraten und in deren Merkmalen sich die geringe organisierende Leistung des rückständigen Kapitalismus spiegelte.

51) Vgl. Rezoljucii E./katerinoslavskogo/ komiteta po voprosu ob ėkonomičeskom terrore i boevych družinach, Archiv PSR 553/I; Iz Černigova: K voprosu ob izmenenii partijnoj programmy, Archiv PSR 482; I. Šklovskij, Nakanune 1905 g. In: Iz ėpochi bor'by s carizmom No 5, Kiev 1926, S. 124–138; K. Galkin, Anarchistskie i terrorističeskie gruppy v Char'kove (Po dannym ochranki). In: Puti revoljucii No 1 S. 51–63; No 2 S. 64–79; No 3 S. 136–151, Char'kov 1925.
52) Vgl. Ural'skij Oblastnoj s-ezd. (16. September 1907). In: ZT No 7 (27. Oktober 1907) S. 14–16.
53) Vgl. Protokoly III-go Severn. oblastnogo s-ezda (Oktober 1906), Archiv PSR 208.
54) Vgl. Koe-čto o maksimalistach. In: PI No 8 S. 3; Protokoly Sev.-Zap. Oblastn. s-ezda, Archiv PSR 483.
55) Vgl. Černov, K charakteristike maksimalizma S. 177.
56) Vgl. zu Begriff, sozioökonomischer Einordnung und Typologie der „primitiven", „archaischen" Sozialbewegungen: Hobsbawm, Sozialrebellen. S. auch: P. Lösche, Anarchismus – Versuch einer Definition und historischen Typologie. In: Politische Vierteljahrsschrift 15 (1974) S. 53–73.

Černovs Interpretation deckt jedoch nicht alle Aspekte des Maximalismus. Vor allem vernachlässigt sie den wichtigen Tatbestand, daß die linke Protestbewegung in der PSR, wie beispielhaft eine Oblastkonferenz in Weißrußland feststellte, fast ausschließlich von der sozialrevolutionären *Jugend* getragen wurde[57]. Der sozioökonomischen wäre somit eine generationssoziologische Deutung an die Seite zu stellen.

---

[57] Vgl. Protokoly Sev.-Zap. oblastn. s-ezda /Februar 1907/, Archiv PSR 483; ähnlich: Protokoly II-go Severn. oblastn. s-ezda, Archiv PSR 208.

Fünftes Kapitel

DIE TAKTISCHE LINIE DER PSR IN DER ERSTEN RUSSISCHEN REVOLUTION: ZWISCHEN AUFSTANDS-AGITATION UND FRIEDLICHER OPPOSITION (1905–1907)

Als Soldaten des Zaren am 9. Januar 1905 einen friedlichen Demonstrationszug von Arbeitern vor dem Winterpalast in St. Petersburg gewaltsam auseinanderjagten und etliche der Bittsteller töteten, die dem Monarchen lediglich eine Petition hatten überreichen wollen, gaben ihre Schüsse zugleich das Startzeichen für die erste russische Revolution. Die Arbeiterschaft beantwortete dieses sinnlose Blutvergießen mit einer Welle von Streiks, Massendemonstrationen und Unruhen, die ganz Rußland erfaßte und die Staatsmacht, ohnehin geschwächt durch den verlorenen Krieg gegen Japan (1904/05), in den Grundfesten erschütterte. Dies umso eher, als sich die liberalen Kreise der Intelligenz, des Bürgertums und des Adels den Protesten anschlossen und die Schwäche der Autokratie nutzten, um ihre Forderungen nach demokratischen Grundrechten sowie einer Konstituierenden Versammlung durchzusetzen. Die geknebelte russische Gesellschaft verlangte nach Partizipation und begann, sich auf allen Ebenen zu organisieren: in Parteien, in Gewerkschaften und Berufsverbänden und nicht zuletzt in den Arbeiterräten als Organen der proletarischen Revolution[1].

1) Vgl. S. Harcave, First Blood. The Russian Revolution of 1905. London 1965. – Der Pope G. A. Gapon, der den Demonstrationszug vom 9. Januar anführte, nahm bald darauf engere Beziehungen zur RSDRP und insbesondere, vermittelt durch den sozialrevolutionären Sympathisanten P. M. Rutenberg, zur PSR auf. Im Herbst 1905 trat er außerdem in den Dienst der Ochrana. Bereits Anfang Januar 1906 wurde ihm jedoch der Versuch zum Verhängnis, auch Rutenberg, der sich inzwischen der BO der PSR angeschlossen hatte, zum Verrat zu überreden. Rutenberg informierte das CK, das Anweisung gab, Gapon zu verhaften. Azef, der Kontaktmann Rutenbergs, hielt diese Entscheidung für unzureichend, da er in dem Popen einen potentiell gefährlichen Mitspion sah, und wandelte den Beschluß der Parteiführung eigenmächtig in einen Mordbefehl um. Im März wurde Gapon von Rutenberg in einen Hinterhalt gelockt und getötet. Vgl.: B. Nikolajewsky /B. I. Nikolaevskij/, Asew. Die Geschichte eines Verrats. Berlin 1932 S. 127 ff. Delo Gapona. In: Byloe 1909 No 10–12 S. 29–122; P. M. Rutenberg, Ubijstvo Gapona. L. 1925; W. Sablinsky, The Road to Bloody Sunday. Father Gapon and the Petersburg Massacre of 1905. Princeton 1977. – Zur Revolution insgesamt als erste Information: S. M. Schwarz, The Russian Revolution of 1905. The Workers' Movement and the Formation of Bolshevism and Menshevism. Chicago, London 1967; A. E. Healy, The Russian Autocracy in Crisis. 1905–1907. Hamden/Conn. 1967. – Die sowjetische Literatur ist umfangreich, kann aber in diesem Zusammenhang weitgehend außer Acht gelassen werden, da sie die Sozialrevolutionäre bestenfalls in Nebenbemerkungen erwähnt. Gesamtdarstellungen geben: A. M. Pankratowa, Die erste russische Revolution von 1905–1907. Berlin 1953 (russ. 1951); A. V. Pja-

Von den Städten griff die Erhebung rasch auf die russischen Dörfer über und entfachte die Agrarrevolution, die die Bauernunruhen in den Gouvernements Char'kov und Poltava 1902 angekündigt hatten. Akuter Landmangel, Hunger und Mißernten, die Opfer des Japankrieges, die Politisierung, die die Berichte der heimkehrenden Soldaten bewirkten, — um nur die wichtigsten Ursachen zu nennen — all das bestärkte die Bauernschaft in weiten Teilen des europäischen Rußlands, insbesondere in der Schwarzerdzone, ein weiteres Mal in der Überzeugung, daß nur die Vertreibung der Grundherren ihrer Not ein Ende bereiten könne, und brachte latente Unzufriedenheit zum offenen Ausbruch[2]. Dem Hang zum Agrarterror auf dem Dorfe, berichtete Rakitnikov Anfang 1905 beispielhaft aus Saratov, sei kaum mehr Einhalt zu gebieten. Man warte nur noch auf ein Startzeichen, und die Bauern kämen in die Städte, „auf ihren Gesichtern der Abglanz der Feuer der letzten Nacht" und würden fragen: „Nun, was gibt's in Piter, was gibt's bei euch, ist's nicht Zeit[3]?"

Schneller als erwartet bescherten diese Ereignisse den revolutionären Parteien die Chance, die Richtigkeit ihrer theoretischen Konzepte und ihrer taktischen Überlegungen zu prüfen. Dabei konnten die Sozialrevolutionäre der Bewährungsprobe optimistisch entgegensehen, machte die Wirklichkeit doch alle Anstalten, das Axiom ihrer Revolutionstheorie zu bestätigen: Daß nur der *gemeinsame* Aufstand von Proletariat und Bauernschaft die Autokratie in die Knie zwingen könne. Weil die PSR in Stadt *und* Land agierte und dabei den unterdrückten agrarischen Massen besondere Aufmerksamkeit schenkte, fiel ihr in einer Revolution, deren Schicksal sich — wie das Ausbleiben der erwarteten heftigen Bauernunruhen im Frühsom-

---

skovskij, Revoljucija 1905—1907 gg. v Rossii. M. 1966; G. M. Derenkovskij et al., Revoljucija 1905—1907 gg. v. Rossii. M. 1975; vgl. auch den Jubiläumsband 95 der IZ (1975). Die neuere Literatur ist verzeichnet bei: G. M. Derenkovskij et al., Osnovnye itogi izučenija istorii pervoj russkoj revoljucii za poslednie dvadcat' let. In: ISSSR 1975 No 5, S. 42—60. Als aufschlußreich für die Geschichte der PSR erwiesen sich einzig einige der zum zwanzigsten Jahrestag der ersten russischen Revolution erschienenen Lokalstudien, die zum Teil auf Materialien der Regionalarchive basieren und sich weniger einseitig auf die Bol'ševiki konzentrieren. Sie finden sich verzeichnet in: Pervaja russkaja revoljucija. Ukazatel' literatury. M. 1930. Leider war mir einer der vermutlich interessantesten Bände: 1905 god v Saratovskoj gubernii. Sbornik statej. Saratov 1926, nicht zugänglich.

2) Vgl. zur Agrarrevolution: S. M. Dubrovskij, Krest'janskoe dviženie v revoljucii 1905—1907 gg. M. 1956; ders., B. Grave (Hrsg.): Agrarnoe dviženie v 1905—1907 gg. Materialy Departamenta policii. M. 1925; A. Šestakov, Krest'janskaja revoljucija 1905—1907 gg. v. Rossii. M., L. 1926 (informativ): S. Mazurenko, Krest'jane v 1905 godu. M. 1925. Eine erstrangige Quelle ist: Agrarnoe dviženie v Rossii v 1905—1906 gg. In: Trudy imperatorskogo vol'nogo ėkonomičeskogo obščestva. SPb. 1908 No 3 u. 4/5. Weitere Literatur, insbes. Lokalstudien, vgl. bei: Derenkovskij, Osnovnye itogi S. 52 sowie bei: M. S. Simonova, Krest'janskoe dviženie 1905—1907 gg. v sovetskoj istoriografii. In: IZ 95 (1975) S. 204—253.

3) Vgl. Brief N. I. Maksimovs (N. I. Raktinikov), Archiv PSR 311.

mer 1906 zeigen sollte — vor allem auf dem Dorfe entschied[4], eine Schlüsselrolle zu. Inwieweit sie diese auszufüllen vermochte, soll im folgenden zunächst anhand ihrer taktischen Entscheidungen, vor allem ihrer Haltung zum Problem des Aufstandes, zur Duma und zu den Gewerkschaften, sodann anhand ihrer Organisation und lokalen Praxis untersucht werden.

1. Militante Aufstandsagitation

Wie alle revolutionären Parteien jubelte auch die PSR über die Reaktionen der Massen auf den Blutsonntag im Januar. Von Anfang an erblickte sie in den Demonstrationen mehr als herkömmliche Streiks, mehr als bloßen ökonomischen Kampf: Sie erkannte in ihnen, wie die „Revoljucionnaja Rossija" im Siegestaumel formulierte, „die Schwelle der Revolution". Es schien eingetreten, worauf die sozialrevolutionäre Agitation seit Jahr und Tag hingearbeitet hatte: der „Volksaufstand", der Anfang vom Ende des Zarismus[5]. Abwarten und Zögern sei der Tod der jungen Bewegung, mahnte darum das Zentralorgan. Die Chance müsse genutzt werden, man dürfe nicht nach Art der Sozialdemokraten bei ökonomischen Streiks stehenbleiben. Vielmehr gelte es, „zur Taktik des Terrors, des individuellen wie des Massenterrors, . . . der bewaffneten Demonstrationen . . . , zur Taktik, die auf direktem Wege zum Aufstand führt", zu greifen. Und in markigem Tone schloß man: „Fort mit den Bedenken und Vorurteilen gegen militante Mittel"[6].

Dementsprechend versuchten die Sozialrevolutionäre zu handeln. Man schuf bewaffnete Milizen, die sog. „Kampfbrüderschaften", bei den Lokalkomitees[7]; man dezentralisierte die terroristischen Aktivitäten und griff

---

4) Daß die Erhebung der Bauernschaft einen Agrarstaat wie die zaristische Autokratie, deren Soldaten aus den Dörfern kamen und deren Steuern größtenteils von der agrarischen Bevölkerung aufgebracht wurden, letztlich stärker erschütterte als die Arbeiterstreiks, dürfte kaum zu bestreiten sein. Dennoch bemüht sich die sowjetische Forschung, die „Hegemonie des Proletariats", die in der Oktoberrevolution zutage getreten sei, auch bereits für die erste russische Revolution nachzuweisen. Zweifel an diesem Dogma, die Ende der 60er Jahre laut wurden und von einem temporären Verlust der Vormachtstellung der Arbeiterschaft sprachen (vgl. Rossijskij proletariat: oblik, bor'ba, gegemonija. M. 1970, bes. S. 21 und 51 ff) konnten die orthodoxe Lehrmeinung nicht verdrängen und wurden einer scharfen Kritik unterzogen. Vgl.: M. S. Volin, G. M. Derenkovskij, D. A. Kolesnikov: O gegemonii proletariata v pervoj russkoj revoljucii. In: ISSSR 1973 No 4, S. 46–67; Problemy gegemonii proletariata v demokratičeskoj revoljucii (1905 - fevral' 1917 gg.). M. 1975 S. 7 f u. pass.
5) Preddverie revoljucii. In: RR No 58 (20. Januar 1905) S. 1–2, hier S. 1.
6) Boevoj moment. In: RR No 59 (10. Februar 1905) S. 1–2.
7) Vgl. Proėkt instrukcii o podgotovitel'noj rabote i boevoj taktike P.S.-R. Priloženie k No 67 „RR" (15. Mai 1905) S. 1–3. Auch: Ustav Gorodskoj milicii P.S.-R. In: PI No 1 (22. Oktober 1906) S. 6–7; Ustav krest'janskoj boevoj družiny P.S.-R. In: PI No 1 S. 7–9; Statute lokaler und regionaler Kampfbrüderschaften und Terrorbrigaden in: Archiv PSR 124.

die Staatsmacht auf breiter Front durch Attentate auf ihre lokalen Repräsentanten an[8]; man erließ allgemeine Verhaltensmaßregeln für den Aufstandsfall[9]; man kaufte mit Hilfe japanischer Gelder eine ganze Schiffsladung voller Waffen und arbeitete detaillierte Pläne für eine Erhebung in St. Petersburg aus[10]. Alle diese Initiativen blieben jedoch erfolglos; die sozialrevolutionäre Praxis entsprach den militanten Appellen der Parteiführung nicht in gewünschtem Maße. Die „John Grafton" lief im August auf ein Riff vor der finnischen Küste auf, die Waffen gingen verloren, und die Aufstandspläne mußten aufgegeben werden. Die terroristischen Anschläge blieben zwar nicht ohne Wirkung, lösten jedoch keine Massenerhebungen aus. Schließlich zeitigten auch die militanten Demonstrationen nicht die erwarteten Resultate, da die Sozialrevolutionäre Polizeiquellen zufolge nur in Smolensk, Nižnij-Novgorod und Dvinsk eine führende Rolle innehatten. Selbst die Kundgebungen zum 1. Mai fanden außer in Brjansk nicht das erhoffte Echo. Wenig nützte angesichts dessen der Umstand, daß sich die PSR in Odessa, wo es im Juni 1905 nach der Meuterei auf dem Panzerkreuzer „Potemkin" zu Straßenkämpfen kam, hervortat, da sie als einzige Partei über Waffen verfügte[11].

Diese Kluft zwischen Anspruch und Wirklichkeit der sozialrevolutionären Agitation hatte seine Ursache. Zwar griff der Vorwurf Čajkovskijs, die Führung der PSR lehne „die Notwendigkeit eines bewaffneten Aufstandes" in Wahrheit ab, sicherlich zu weit. M. Goc protestierte zu Recht gegen solch „unverdienten Hohn", indem er darauf hinwies, daß man Azef bereits zu Sondierungen nach St. Petersburg gesandt habe und ein Aufstand mit den anderen Parteien abgesprochen werden müsse[12]. Ebenso hieß es Eulen nach Athen tragen, wenn Breškovskaja die Redaktion der „Revoljucionnaja Rossija" aufforderte, der Bauernbewegung mehr Aufmerksamkeit zu

---

8) Die Zahl der lokalen Terrorakte stieg 1905 sprunghaft an. Vgl. Pamjatnaja knižka socialista-revoljucionera. Vyp. II Paris 1914 S. 8—20.
9) Vgl. Ot Partii Socialistov-revoljucionerov. Nakaz, Archiv PSR 330. (Telefonleitungen zerstören, Polizeiquartiere besetzen, Eisenbahnen übernehmen usw.).
10) Die Waffen beschaffte mit Einverständnis der sozialrevolutionären Exilführung der finnische Revolutionär K. Cilliacus (vgl. einen Brief von F. V. Volchovskij an K. Cilliacus vom 3. Juli 1904, Archiv PSR 789/10; A. Fischer, Russische Sozialdemokratie und bewaffneter Aufstand im Jahre 1905. Wiesbaden 1967 S. 107 nach: M. Futrell, Northern Underground. Episodes of Russian Revolutionary Transport and Communications through Scandinavia and Finland 1863—1917. London 1963 S. 66 ff). Den Transport leiteten von London aus Čajkovskij und der sozialrevolutionäre Sprengstoffexperte B. G. Bilit (Černov, Pered burej S. 234 f). Laut Černov finanzierte man die Transaktion mit Spenden, die Breškovskaja auf einer triumphalen Werbereise durch die USA im Jahre 1904 gesammelt hatte. Daß Cilliacus auch von Japan, dem Kriegsgegner Rußlands, Gelder erhalten hatte und für den Waffenkauf verwendete, war der PSR laut Zenzinov (Brief V. M. Zenzinovs an M. M. Šneerov, N' ju Iork, 4.Dezember 1952, NC No 7 No 109) unbekannt.
11) Vgl. Spiridovič, Partija S.-R. S. 166 ff; zu den Ereignissen in Odessa: RR No 73 (15. August 1905) S. 21—24; RR No 74 (September 1905) S. 16—17.
12) M. R. Goc an N. V. Čajkovskij /12. August 1905/, NC No 115 No 14.

schenken, weil „die russische Revolution . . . die Organisierung und Bewaffnung der Bauern" sei[13].

Andererseits aber taktierte die sozialrevolutionäre Führung hinter den Kulissen entgegen ihrer verbalen Militanz tatsächlich eher abwartend, weil sie nur zu gut wußte, daß die russischen Organisationen nicht in der Lage waren, einen Aufstand durchzuführen. Hatte das Zentralorgan bereits im Januar feststellen müssen, daß die Streiks *ohne Zutun* der revolutionären Parteien ausgebrochen seien und nicht von ihnen gelenkt würden[14], so war es der PSR bis zum Herbst offenbar nicht gelungen, daran Entscheidendes zu ändern und ihren Einfluß in der Arbeiter- und Bauernschaft solide zu verankern. Deutlich brachten die Diskussionen der dritten Konferenz der ZO im September 1905 diesen Mißstand zur Sprache. Zwar malte Černov im Rechenschaftsbericht des CK die Lage in den leuchtendsten Farben, indem er betonte, daß es in Rußland keine Stadt mehr gebe, in der die PSR nicht aktiv sei. Bei der Mehrheit der Delegierten stieß er damit jedoch auf taube Ohren. Ihrer Meinung nach hatte das CK „beinahe nichts" für die Kampfbereitschaft der Partei getan, konnte man nicht, wie das CK behauptete, auf eine erfolgreiche Tätigkeit im Wolgagebiet zurückblicken, da die Bauern „oft völlig zufällig" dem einen oder anderen Redner *ohne* Ansehen der Parteizugehörigkeit zujubeln würden, und mußte man in Südrußland sogar einen merklichen Rückschlag hinnehmen. Das CK, klagte man, habe sich der Situation nicht gewachsen gezeigt, und eine „Desorganisation der Partei" sei nicht zu übersehen. Mochte Černov solche Vorwürfe im einzelnen auch zurückweisen, so gestand er doch ebenso wie sein Mitstreiter Minor ihre Berechtigung letztlich zu und reduzierte den überschwenglichen Optimismus seines Berichts auf den mageren Trostspruch: Wenn die organisatorischen Mängel beseitigt seien, werde man „riesige Efolge" erleben, weil das Programm der Partei die Massen anziehe[15].

2. Legalistisches Experiment: die Kooperation zwischen PSR und legalem Populismus

Bereits einige Wochen nach der zweiten Konferenz der Auslandsorganisation trat ein entscheidender Wandel auf der russischen politischen Szene ein. Durch eine neue Welle von Streiks und Demonstrationen gezwungen, versprach der Zar am 17. Oktober 1905 die Einberufung einer Konstituierenden Versammlung und die Gewährung der bürgerlichen Freiheitsrechte. Welche Konsequenzen aus diesem Ereignis für die sozialrevolutionäre Taktik zu ziehen waren, wurde einige Tage später vom erweiterten Kreis der

---

13) Brief von E. K. Breško-Breškovskaja, 2. Juli 1905: Dlja svedenija predstavitelej C. K. zagranicej, Archiv PSR 616.
14) Nekotorye uroki janvarskich dnej. In: RR No 59 (10. Februar 1905) S. 2–5.
15) Vgl. Protokoly III-go s-ezda ZO P.S.-R. (25.–31. September/!/ 1905), Archiv PSR 654.

Redaktion der „Revoljucionnaja Rossija", bestehend aus Goc, Černov, Šiško, Minor, Azef und B. V. Savinkov, in einer eilends anberaumten Zusammenkunft im Genfer Exil diskutiert[16]. Die Mehrzahl der Anwesenden mißtraute dem neuerlichen Versprechen des Zaren gründlich. Sie erblickte in ihm lediglich ein weiteres Beschwichtigungsmanöver nach Art jener rechtlosen Duma, die der Innenminister A. G. Bulygin kurz zuvor vorgeschlagen hatte. Insbesondere M. Goc äußerte seine Skepsis. Šiško, Minor und Černov stimmten ihm grundsätzlich zu, plädierten jedoch dafür, die Schwäche der zaristischen Staatsmacht auszunutzen und die Möglichkeiten legaler Tätigkeit wahrzunehmen, soweit dies den konspirativen Kern der Partei nicht gefährde. Dementsprechend modifizierte man auch die terroristische Taktik. Bis auf weiteres sollten Attentate ausgesetzt, die BO aber „unter Waffen" gehalten werden[17]. Černov, der schon Anfang Oktober nach Ausbruch der Streiks den Entschluß gefaßt hatte, nach Rußland zu gehen, erhielt den Auftrag, ein *legales* Zentralorgan, „eine große politische Zeitung", als Koordinationszentrum der friedlichen, dem Geist des Oktobermanifests konformen Tätigkeiten ins Leben zu rufen. Das war umso eher nötig, als die im Ausland hergestellte „Revoljucionnaja Rossija" infolge des Informationsverzugs und der langen Transportwege die sich überstürzenden Ereignisse in Rußland nicht mehr rechtzeitig kommentieren konnte und dadurch gegenüber den legalen Tageszeitungen an Boden verlor, zumal diese immer brisantere Themen aufgriffen[18].

Es lag nahe, daß sich Černov mit solchen Plänen zunächst an die Redaktion des „Russkoe Bogatstvo" in St. Petersburg wandte. Zum einen fand er hier einen Stab hervorragender Literaten mit langjährigen Erfahrungen im legalen Journalismus. Zum anderen betrachteten PSR und legaler Populismus einander trotz fundamentaler Meinungsverschiedenheiten immer noch als verwandte politische Strömungen, und war der Kontakt zwischen ihnen nicht abgerissen, hatte doch Pešechonov bei der Gründung der „Revoljucionnaja Rossija" geholfen und auch später noch einige programmatische Artikel im Zentralorgan der PSR veröffentlicht[19].

Zur angenehmen Überraschung Černovs ließ sich die Kooperation mit den Erben Michajlovskijs gut an. Wenngleich das „Russkoe Bogatstvo"

---

16) Zum Folgenden: M. V. Černov, Ot „Revoljucionnoj Rossii" k „Synu otečestva". In: Letopis' Revoljucii. Kn. I-aja. Berlin /1923/ S. 66–99; ders., Pered burej S. 237 ff; A. V. Pešechonov, Počemu my togda ušli. (K voprosu o političeskich gruppirovkach v narodničestve). Petrograd 1918; Erofeev, Liberal'nye narodniki žurnala „Russkoe bogatstvo" v 1905 g.
17) Černov, Ot „Revoljucionnoj Rossii" S. 75 f.
18) Černov, Ot „Revoljucionnoj Rossii" S. 78. – Zu den Oktoberstreiks: Harcave, First Blood S. 199 ff; Fischer, Russische Sozialdemokratie S. 137 ff; L. M. Ivanov, Bojkot Bulyginskoj Dumy i stačka v oktjabre 1905 g. (K voprosu o rasstanovke borjuščichsja sil). In: IZ 83 (1969) S. 159–195; I. V. Spiridonov, Vserossijskaja političeskaja stačka v oktjabre 1905 g. M. 1955.
19) Z. B.: P. Novobrancev /A. V. Pešechonov/, Osnovnye voprosy russkoj revoljucionnoj programmy. In: RR No 32 (15. September 1903) S. 4–7.

selbst seinem Charakter nach nicht als legales Organ der PSR in Frage kam, fand man bereits bei der ersten Besprechung im linkspopulistischen „Syn otečestva" (Sohn des Vaterlandes) ein geeignetes Blatt. Schwierigkeiten türmten sich indes auf, als die inhaltlich-programmatische Linie des neuen Organs zur Debatte stand. Insbesondere Annenskij machte aus seiner tiefen Skepsis gegenüber der PSR von Anfang an keinen Hehl. Pešechonov und Mjakotin gaben sich kooperationswilliger, teilten aber im Grundsatz die Position ihres Freundes[20].

Die Auseinandersetzungen betrafen vor allem zwei Probleme von weitreichender taktischer Bedeutung. Zum einen mißbilligten die Vertreter des „Russkoe Bogatstvo", daß die PSR spontane Landnahmen der Bauern guthieß. Solche Eigenhilfe verstieß ihrer Meinung nach gegen das Gesetz und verhinderte eine ordnungsgemäße gerechte Landreform. Es gelang Černov jedoch, den Streit beizulegen, indem er sich ebenfalls im Prinzip gegen die „Schwarze Umteilung" aussprach, sie nur in Ausnahmefällen befürwortete und einen gemeinsamen Standpunkt konstruierte, wenn er darauf hinwies, daß die PSR voll und ganz unterstütze, was Pešechonov als Losung an die Bauern ausgegeben habe: das Land in *provisorischen* Besitz zu nehmen[21].

Zum anderen bestand Annenskij auf der sofortigen Gründung einer für alle populistischen Richtungen offenen, demokratischen Partei und scheute sich nicht, die Auflösung der PSR als einer konspirativen Organisation zu fordern. Dieser Vorschlag überstieg die Konzessionsbereitschaft Černovs, der ein solches Manöver zumal in einer Situation, „wo jeden Augenblick ein konterrevolutionärer Schlag geführt werden" könne, als gefährlichen Unfug zurückwies[22]. Die Gespräche drohten zu scheitern, und die bereits anberaumten endgültigen Verhandlungen mit der Redaktion des „Syn otečestva" schienen überflüssig. Erst in letzter Minute lenkten beide Seiten ein, um trotz aller Schwierigkeiten wenigstens den Versuch einer Kooperation zu unternehmen. Möglich wurde der Kompromiß dadurch, daß auch Černov einer Demokratisierung der PSR grundsätzlich zustimmte. Freilich machte er die Verwirklichung dieser Absicht von der weiteren politischen Entwicklung abhängig und betrachtete als *Experiment*, was seine Gesprächspartner als Konsequenz einer bereits vollzogenen grundlegenden taktischen Kehrtwende verstanden wissen wollte. Obwohl das Kollegium des „Syn otečestva" die geplante Umwandlung mit großer Mehrheit billigte und obwohl sich insbesondere der Herausgeber S. P. Juricyn und der Chefredakteur G. I. Srejder als fähige und zuverlässige Mitarbeiter erwiesen, konnte sich Černov daher über Gocens Gratulation zum Erfolg seiner Mission nicht recht freuen. Von Pešechonovs und Mjakotins Teilnahme hing das Gelingen des Projekts in erster Linie ab — und die galt auf Widerruf.

20) Pešechonov, Počemu my togda ušli S. 3.
21) Vgl. A. V. Pešechonov, Agrarnaja problema v svjazi s krest'janskim dviženiem. SPb. 1906 S 5 ff, 34 ff.
22) Černov, Ot „Revoljucionnoj Rossii" S. 92.

Schon bald häuften sich denn auch Meinungsverschiedenheiten und Konflikte bei der redaktionellen Arbeit. Laut Pešechonov resultierten sie in erster Linie daraus, daß weitere Sozialrevolutionäre anreisten und „Methoden und Gebräuche der Untergrundtätigkeit" einführten, mit denen sich die Legalisten des „Russkoe Bogatstvo" nicht anfreunden wollten[23]. So konnte es nicht ausbleiben, daß die nur dürftig verdeckten programmatischen Differenzen erneut zutage traten. Die Fronten verhärteten sich zudem noch durch die Erfahrung des Moskauer Dezemberaufstandes, lehrte dieser doch, daß die Autokratie keineswegs besiegt war. Zumindest in der PSR schwand selbst der bescheidene Optimismus, mit dem man die Möglichkeit künftiger legaler Betätigung betrachtet hatte. Damit aber zerschmolz auch die Basis des Kompromisses zwischen legalem und revolutionärem Populismus. Als der erste Parteitag der PSR zusammentrat, war die Vernunftehe faktisch bereits geschieden; Annenskij, Mjakotin und Pešechonov reisten „ohne Hoffnung" nach Imatra[24].

Bereits beim ersten Diskussionsgegenstand, der Organisationsfrage, kam es zur offenen Auseinandersetzung, als die legalistische Troika ultimativ die Umwandlung der PSR in eine nichtkonspirative demokratische Massenpartei forderte. In der gegenwärtigen Form, begründete Mjakotin dieses Ansinnen, verdiene die Partei nicht, als solche bezeichnet zu werden, weil sie lediglich eine der öffentlichen Kontrolle entbehrende „Organisation von Kämpfern" sei, deren Willensbildung sich von oben nach unten vollziehe[25]. Sie gewähre allerlei räuberischem Gesindel und moralisch zweifelhaften Elementen Zutritt, wie die Expropriationsepidemie beweise, und verfehle das Hauptziel einer jeden populistischen Erneuerungsbewegung, die zahlreichen Sympathisanten unter der Intelligenz zu integrieren. Andererseits waren die Oppositionellen auf dem rechten Flügel realistisch genug, nicht mehr die Selbstauflösung der PSR zu verlangen. Pešechonov stellte deshalb den Vorschlag zur Debatte, zwei parallele Organisationen, eine konspirative und eine legale zu schaffen, wobei er allerdings ausdrücklich zur Bedingung machte, daß diese jener nicht untergeordnet sei. Die Parteitagsdelegierten, in ihrer Mehrzahl langjährige Untergrundarbeiter aus Rußland, dürften solche Ideen für eine riskante Utopie gehalten haben und lehnten Pešechonovs Antrag bei nur einer Gegenstimme ab[26].

Damit war der endgültige Bruch besiegelt. Annenskij, Pešechonov und Mjakotin wollten den Parteitag verlassen, blieben jedoch auf Bitten der Parteiführung noch bis zur Programmdiskussion, mit dem Ergebnis, daß sich der Graben zwischen Sozialrevolutionären und nachmaligen Volkssozialisten noch vertiefte. Denn der erwähnte Streit um Nationalisierung und Sozialisierung hatte nur oberflächlich verschiedene Konzepte einer noch

---

23) Pešechonov, Počemu my togda ušli S. 3.
24) Pešechonov, ebenda S. 3.
25) Protokoly 1906 S. 47; Pešechonov, Počemu my togda ušli S. 4 ff.
26) Protokoly 1906 S. 65 f.

in nebelhafter Zukunft liegenden sozialistischen Transformation der Gesellschaft zum Gegenstand. Hinter ihm verbarg sich vielmehr ein höchst aktuelles taktisches Problem: die Frage, wie man sich zur „Schwarzen Umteilung" verhalten solle. Mochte Černov spontane Besitzergreifungen in den Verhandlungen mit der „Russkoe Bogatstvo"-Gruppe auch als Übel bezeichnet haben, so billigte er sie doch ebenso wie die Praxis der lokalen Agraragitation, die letztlich auf nichts anderes zielte, als die Bauern zum Krieg gegen die Grundherren aufzurufen. Unmißverständlicher hatte er die wahre Haltung der PSR vor den Delegierten des Allrussischen Bauernbundes (Vserossijskij Krest'janskij Sojuz, VKS) im November 1905 formuliert, als er sagte: „Die Partei kann nicht damit einverstanden sein, daß man die Entscheidung aller reifen Fragen auf die Konstituierende Versammlung verschiebt. Die Arbeiter und die Intelligenz warten nicht auf die Verwirklichung ihrer Rechte durch die Konstituierende Versammlung, sondern verwirklichen diese Rechte selbst"[27].

Eben dagegen verwahrte sich Annenskij, indem er die Landreform allein „durch den organisierten Volkswillen auf rechtmäßigem Wege" durchgeführt wissen wollte. Nur die Konstituierende Versammlung sollte das Recht haben, die bestehende Eigentums- und Gesellschaftsordnung auf dem Lande zu verändern. Gefragt, wie er die Anwendung revolutionärer Gewalt beurteile, antwortete Annenskij daher: „Auf revolutionärem Wege kann man einen Volksstaat schaffen, der auch das Land nimmt; aber man darf bei den Bauern nicht die Illusion wecken, daß sie durch direkte Inbesitznahme irgendetwas erreichen"[28]. Zwischen dieser und der sozialrevolutionären Position war in der Tat kein Kompromiß möglich.

Kurz nach dem ersten Parteitag gründeten die Literaten des „Russkoe Bogatstvo" ihre eigene, die „Volkssozialistische Partei". Mochte sie auch offen, demokratisch und nichtkonspirativ sein, so übte sie doch auf ihre Zielgruppe, die liberale populistische Intelligenz, offensichtlich wenig Anziehungskraft aus und kam über die Bedeutung eines Intellektuellenzirkels nicht hinaus: Sie blieb, was der legale Populismus laut Černov stets war, „ein glänzender literarischer Stab ohne Armee"[29]. Deshalb auch verdient

---

27) Vgl. Protokoly delegatskogo soveščanija Vserossijskogo Krest'janskogo Sojuza. M. 1906 S. 88.
28) Protokoly 1906 S. 91 „Korenev".
29) Černov, Ot „Revoljucionnoj Rossii" S. 90. — Zu Programm und weiterer Geschichte der „Narodno-socialističeskaja partija" s. vor allem: Trudovoj Narod. Narodno-socialističeskoe obozrenie.Vyp. I, II, SPb 1906; Trudovoj Narod. Pod red. V. A. Belaeva. SPb No 1–11 (1906–1907); Narodnyj Trud. Narodno-socialističeskoe obozrenie. Vyp. I, SPb 1906; Narodno-socialističeskoe obozrenie. Vyp. I, II. SPb 1906; A. V. Pešechonov, Na očerednye temy. Naša platforma. — Zur sozialrevolutionären Kritik: Černov, Zemlja i pravo S. 221 ff; P. A. Vichljaev, Narodno-socialističeskaja partija i agrarnyj vopros. In: Sbornik statej. No 1. SPb 1907 S. 74–93. — Ferner N.D. Erofeev, Narodnye socialisty v izbiratel'noj kampanii vo II Gosudarstvennuju dumu. In: VMGU 1976 No 6 S 46–62.

der Abbruch des Kooperationsexperimentes[30] nicht die Bezeichnung einer Parteispaltung. Er markierte vielmehr lediglich das endgültige Scheitern der ehrwürdigen, immer wieder aufgefrischten, aber unzeitgemäßen Illusion einer populistischen Einheitspartei.

3. Probe aufs Exempel: die sozialrevolutionäre Bauernagitation und der verpaßte Aufstand im Sommer 1906

Die Hoffnung der revolutionären Parteien auf legale Betätigung und politische Freiheit starb in den Barrikadenkämpfen, die der Aufruf des Moskauer Sowjets zu einem neuen Generalstreik vom 7. Dezember 1905 auslöste. Die Moskauer Revolutionäre blieben isoliert. Der lokal begrenzte Ausstand der Eisenbahner konnte nicht verhindern, daß zaristische Truppen herangeschafft wurden. Auch die vereinten bewaffneten Kräfte von Sozialdemokraten und Sozialrevolutionären, die das gewagte Unternehmen gemeinsam beschlossen hatten, reichten nicht aus, um der Übermacht zaristischer Gewehre und Kanonen über längere Zeit Widerstand zu leisten: Innerhalb einer Woche erlitt die Revolution ihre erste und bereits entscheidende Niederlage[31]. Die Ereignisse bewiesen, wie berechtigt die Skepsis war, die die sozialrevolutionäre Führung trotz allem militanten Waffenklirren hegte, und wie nüchtern Černov die Kräfte der Revolution eingeschätzt hatte, als er bereits im Oktober die Zugeständnisse der Staatsmacht mit den Worten kommentierte: „Die Angst hat große Augen"[32]. Das oppositionelle Rußland, erkannte er realistisch, habe seine Anfangserfolge nur „auf Kredit" errungen[33], und in Übereinstimmung mit einem Votum der PSR im St. Petersburger Sowjet warnte er die Delegierten des Allrussischen Eisenbahnerkongresses, der Anfang Dezember in Moskau tagte, vor einer selbstüberheblichen Kraftprobe mit der Autokratie. Die Moskauer Sozialrevolutionäre mißachteten jedoch die Weisung ihres CK, weil sie darauf vertrauten, daß sich die Arbeiter von St. Petersburg dem Aufstand anschließen würden. Ihre Hoffnung wurde enttäuscht. Trotz eines Aufrufs zum Generalstreik geschah in der Hauptstadt „so gut wie nichts"[34] — eine

---

30) Der „Syn otečestva" erhielt eine neue, rein sozialrevolutionäre Redaktion und konnte trotz vieler Verbote bis zur Auseinanderjagung der ersten Staatsduma im Sommer 1906 weiter erscheinen. Vgl.: Syn otečestva. Vychodit ežednevno. Obščestvenno-političeskaja i literaturnaja gazeta. SPb. 1905–1906. Dazu: Černov, Pered burej S. 264; A. Argunov, Azef v partii S.-R. In: Na čužoj storone. Istoriko-literaturnyj sbornik. Berlin, Prag Bd. 6 (1924) S. 157–200, 7 (1924) S. 47–79, hier 6, S. 189.
31) Dazu: Harcave, First Blood S. 232 ff; Fischer, Russische Sozialdemokratie, S. 172 ff; N. N. Jakovlev, Vooružennye vosstanija v dekabre 1905 g. M. 1957. Vgl. auch unten S. 272 ff.
32) Černov, Ot „Revoljucionnoj Rossii" S. 95.
33) Protokoly 1908 S. 95.
34) Černov, Pered burej S. 259; ders., K charakteristike maksimalizma S. 207.

Fehleinschätzung mit fatalen Konsequenzen für die Kämpfenden in Moskau und die Revolution insgesamt. Welche Lehren aus den Dezemberereignissen zu ziehen waren und welche Taktik man in Zukunft einschlagen sollte, darüber konnte die PSR schon kurze Zeit nach dem Waffengang Ende Dezember auf ihrem ersten Parteitag ausgiebig beraten. Nicht von ungefähr stritt man über diesen Tagesordnungspunkt mit besonderer Heftigkeit. Die Meinung der Mehrheit der Kommission, die den Resolutionsentwurf zur Einschätzung der politischen Lage erarbeitete, begründete Černov. Für ihn stand außer Zweifel, daß das unglückliche Ende der Moskauer Erhebung die abwartende Taktik des CK vollauf bestätigt habe und diese daher fortzusetzen sei. Zwar habe die Revolution keine Niederlage erlitten, aber sie sei in eine neue, schwierige Phase eingetreten. Černov erinnerte ferner daran, daß der revolutionäre Gedanke das Bewußtsein der Bauernschaft noch keineswegs in ausreichendem Maße durchdrungen habe. Noch immer müsse man so widersprüchliche Vorkommnisse registrieren wie „auf der einen Seite das Singen unserer Bauernmarseillaise, auf der anderen die Verprügelung von Lehrern und ‚roten Intelligenzlern'"[35]. Auch regional sei das Bild uneinheitlich: Kampfbereitschaft hier, völlige Indifferenz dort. Černov folgerte daher: „Wir können und dürfen nicht zum bewaffneten Aufstand aufrufen, weil es noch keine Garantie seines Erfolges gibt", weil, wie Minor assistierte, „wir nicht über genügend Kräfte verfügen, um eine Bewegung lenken" zu können[36]. Vielmehr müsse sich die PSR vorerst darauf beschränken, die *organisatorischen* Grundlagen für einen Aufstand zu schaffen und den politischen Terror zu intensivieren. Die Partei solle sich geistig und technisch darauf vorbereiten, bei Ausbruch spontaner Unruhen einzugreifen und sich an deren Spitze zu setzen. Sie dürfe jedoch in keinem Falle va banque spielen und verfrühte Erhebungen inszenieren.

Auf solch unverantwortlichen Blanquismus aber liefen die Vorschläge hinaus, die der zweite Referent, der Moskauer Delegierte V. V. Rudnev[37], im Namen der Kommissionsminderheit vorbrachte. Er wurde unterstützt von den Sprechern des maximalistischen Parteiflügels, dem radikalen Vertreter aus Vitebsk und dem gemäßigten Rakitnikov, sowie von dem Altnarodniken und Vertreter des Londoner Komitees Volchovskij[38]. Sie alle gingen von einer anderen Einschätzung der politischen Kräfteverhältnisse als Černov aus: Wo dieser eine relative Konsolidierung des zaristischen Staates erblickte, sahen jene nur Trümmer. „Die Regierungsmaschinerie", behauptete beispielsweise Ginzburg, „ist völlig desorganisiert, die Bourgeoisie teilweise noch nicht organisiert, teilweise desorganisiert; Unzu-

---

35) Dobavlenie k protokolam pervogo s-ezda Partii Socialistov-revoljucionerov. o. O. 1906 S. 32.
36) Protokoly 1906 S. 309 u. 323.
37) Pseudonym „Roščin".
38) Pseudonym „Glazov." Die Auflösung dieses Decknamens ist nicht ganz gesichert, jedoch aufgrund mehrerer Hinweise wahrscheinlich. Unzutreffend dürfte dage-

friedenheit herrscht in breiten Bevölkerungskreisen"[39]. Durch die Dezemberniederlage ließ man sich dabei nicht irre machen. Im Gegenteil, die Straßenschlachten, die offenen Kämpfe zwischen Zarismus und Revolution bestärkten die Maximalisten in der Auffassung, daß, wie Rakitnikov bemerkte, man „am Vorabend einer ganz entscheidenden Krise stehe". Das Tempo der russischen Revolution sei ungewöhnlich schnell, schneller als das der französischen. Die PSR müsse diese günstige Situation nutzen und zum sofortigen Massenaufstand aufrufen. Andernfalls begebe man sich einer einmaligen historischen Chance, denn noch sei eine „unmittelbare Realisierung" der sozialrevolutionären „Forderungen auf revolutionärem Wege möglich". Wenn man „aber den gegenwärtigen Moment" verpasse, dann sei es „sehr wahrscheinlich, daß sich eine *solche* Möglichkeit niemals mehr bieten und der Weg zur Sozialisierung des Grund und Bodens ein völlig anderer" sein werde, „ein langsamer und nicht revolutionärer, . . . keine Revolution, sondern eine Reform"[40]. Rakitnikov und seine Mitstreiter konzedierten, daß die Bauernschaft sich das Programm der PSR noch nicht in ausreichendem Maße angeeignet habe und daß sie nur sporadisch in die Parteiorganisationen integriert sei. Aber sie begegneten solchen Hindernissen mit einem ungebrochenen Glauben an die Spontaneität der Massen: „Die Bewegung", verkündete man, „wird sich ausbreiten, und mit dieser Unausweichlichkeit müssen wir rechnen und uns darauf vorbereiten"; „das Leben selbst" werde die Aufstandsfrage im Frühjahr entscheiden. Gänzlich zu einem irrationalen, selbstmörderischen Heroismus spitzte Volchovskij diese Position zu, indem er ausrief: Und wenn zur Sozialisierung des Grund und Bodens „ein Verzweiflungsversuch nötig ist — möge die Partei untergehen, aber es lebe die Agrarrevolution"[41].

Die Mehrheit der Delegierten ließ sich von solcher Barrikadenmentalität nicht mitreißen. Sie sprach sich, wenngleich bei zahlreichen Gegenstimmen, für Černovs gemäßigte Resolution aus. Freilich redete auch diese keinem Quietismus das Wort, sondern kündigte im Gegenteil die Fortsetzung der „Kampftaktik", die Intensivierung des Terrors und sogar erstmals die Eröffnung eines Partisanenkrieges an[42].

Das voller Spannung und Aktionsbereitschaft herbeigesehnte Frühjahr 1906 bescherte der PSR nichts als eine herbe Enttäuschung und eine Blamage obendrein. Denn nicht nur blieb die erwartete Agrarrebellion, die das zaristische Joch endgültig hinwegfegen sollte, aus. Schlimmer noch, die

---

gen meine bisherige Annahme (vgl. M. Hildermeier, Neopopulismus und Industrialisierung S. 373) sein, daß es sich bei diesem Redner um M. A. Natanson handelte.
[39]) Protokoly 1906 S. 320. Dazu Černov, Zemlja i pravo S. 202 ff.
[40]) Protokoly 1906 S. 327, 325 und 329; vgl. auch Rudnev, ebenda S. 316.
[41]) Protokoly 1906 S. 322 („Glazov").
[42]) Vgl. Protokoly S. 331. Die Resolution wurde mit 32 zu 19 Stimmen angenommen. Sie ist abgedruckt bei: A. Kubov /A. A. Argunov/, Svod postanovlenij obščepartijnych sovetov i s-ezdov. In: Pamjatnaja knižka socialista-revoljucionera. Vyp. I, Paris 1911 S. 15—70, hier: S. 64.

„große Mehrheit" der Bauernschaft nahm sogar an den Wahlen zur ersten Duma teil, obwohl die PSR und der Allrussische Bauernbund zum totalen Boykott aufgerufen hatten[43]. Mochte der Streit zwischen Maximalisten und sozialrevolutionärer Orthodoxie damit auch nicht liquidiert sein, so verlor er doch seine Aktualität. Statt weiter der Chimäre eines Massenaufstandes nachzujagen, mußte die PSR nun einen Ausweg aus der taktischen Niederlage suchen. Sie konnte nicht umhin, die Duma mit ihrer unerwarteten kadettischen Mehrheit als oppositionelles, wenn nicht gar revolutionäres Organ anzuerkennen, und sich einzugestehen, daß dieses Parlament großen Einfluß auf die Bauernschaft haben würde. Man hatte sich einer groben Fehleinschätzung der politischen Stimmung auf den Dörfern schuldig gemacht und das eigene Wunschbild mit der Realität verwechselt.

Aus dieser taktischen Sackgasse wurde die PSR durch die Auflösung der ersten Duma befreit, die der Zar am 9. Juli 1906 verfügte. Das ruhmlose Ende, das man dem konstitutionellen Experiment vorausgesagt hatte, war eingetreten und die Boykottlösung am Ende doch gerechtfertigt. Auch einer breiteren Öffentlichkeit bewies der Wortbruch des Monarchen, daß man mit der Autokratie nicht verhandeln und nur ihre restlose Beseitigung die ersehnte politische Befreiung bringen könne. Der Gewaltstreich des Zaren goß deshalb Wasser auf die Mühlen der sozialrevolutionären Agitation. Es ließ sich kein besserer Zeitpunkt denken, um ohne Vorbehalte zur Angriffs- und Aufstandstaktik zurückzukehren und den politischen Terror, den man für die Dauer der ersten Sitzungsperiode der Duma sistiert hatte[44], wiederzueröffnen. Das CK der PSR unterstützte die Protesterklärung der entlassenen Dumaabgeordneten (Vyborger Manifest); es bereitete, zum Teil in Zusammenarbeit mit den Sozialdemokraten, eine bewaffnete Erhebung in den Marinehäfen Kronstadt, Sveaborg und Reval vor[45], und es entwarf eine Strategie für einen koordinierten Aufstand

---

43) Vgl. diese resignierende Feststellung bei Černov, Zemlja i pravo S. 218. Zum Verhältnis von Bauernschaft und Duma: Dubrovskij, Krest'janskoe dviženie S. 117 ff; A. I. Nil've, Prigovory i nakazy krest'jan vo II gosudarstvennuju dumu. In: ISSSR 1975 No 5 S. 99—110.

44) Laut Beschluß des ersten Parteirates vom Mai 1906. Vgl. Pamjatnaja knižka I, S. 65. Auch: Sawinkow, Erinnerungen S. 153; Nikolajewsky, Asew S. 150.

45) Dazu unten S. 164 ff. Die Kooperation blieb jedoch sehr begrenzt. Überhaupt ist anzumerken, daß Sozialdemokraten und Sozialrevolutionäre ihre erbitterte Fehde auch während der Revolution fortsetzten und es nur in ganz seltenen Fällen zu gemeinsamen Aktionen gegen die Autokratie kam. Daran trug die PSR, soweit ersichtlich, am wenigsten Schuld. Sie hatte stets für eine Einheitsfront aller oppositionellen Kräfte Rußlands plädiert und die Ernsthaftigkeit ihrer Absichten durch Teilnahme an einer Einigungskonferenz, die unter Mitwirkung des liberalen „Sojuz osvoboždenija" (Bund der Befreiung) Ende 1904 in Paris stattfand, sowie an einem zweiten weniger bedeutenden Versuch im Frühjahr 1905 dokumentiert. Beiden Konferenzen waren die Sozialdemokraten, wohl auf Betreiben Lenins, ferngeblieben (Vgl. dazu: Černov, Pered burej S. 209 ff; Dokumenty mežduparijnoj konferencii. In: RR No 65 (25. April 1905) S. 1—3 und 3—7).

der Arbeiter- und Bauernschaft, der sich der Meuterei anschließen und den ein Generalstreik der Eisenbahner flankieren sollte[46]. Abermals hielten die Sozialrevolutionäre die entscheidende Auseinandersetzung mit der Autokratie für gekommen, und abermals konzentrierten sie ihre Kräfte darauf, die Bauernschaft zu wecken. Ungelöst blieb aber die Frage, *wie* das zu erreichen sei.

In den Anfangsjahren hatte sich die Bauernagitation der PSR, wie erwähnt, auf bloße Literaturverteilung beschränken müssen; den Revolutionären waren die Dörfer noch weitgehend verschlossen geblieben. Das änderte sich, als der Funke der städtischen Unruhen auch auf dem Lande zündete: Seit Herbst 1905, in abgelegenen Provinzstädten vielfach auch erst seit Anfang 1906, verfügte nahezu jedes sozialrevolutionäre Lokalkomitee über seinen ‚Bauernspezialisten' oder sogar über eine „Bauernkommission"[47]. Die Faktoren, die diese Wende herbeiführten, sind leicht ersichtlich. Zum einen bescherte der Ausbruch der Revolution der PSR die personelle und finanzielle Kapazität, die zur Durchführung regelmäßiger Reisen durch die endlose Weite der russischen Provinz — und darin bestand die Bauernagitation hauptsächlich — nötig war. Zum anderen gewährte das Oktobermanifest die für diese Tätigkeit unerläßliche politische Bewegungsfreiheit, konnte man doch auf den Dörfern anders als in den Städten nicht unmittelbar sozialrevolutionäre Anschauungen propagieren und konspirativ

---

Unter Ausschluß der Liberalen nahmen die Sozialrevolutionäre durch Vermittlung Natansons Anfang 1905 Kontakte zu den Men'ševiki auf. Sie führten zu einem „Einigungsprojekt", das eine Zusammenarbeit bei der Agitation und Bewaffnung der Massen sowie bei „Massenaufständen" und „terroristischen Attacken" vorsah (Proekt soglašenija). März 1905, auf sozialdemokratischer Seite unterzeichnet von Plechanov, P. B. Aksel'rod und L. G. Dejč, NC No 125 No 3). Freilich scheint dieses Abkommen, sieht man vom Moskauer Dezemberaufstand (den das CK der PSR nicht billigte) ab, kaum realisiert worden zu sein. Auch in der Flut der Berichte der sozialrevolutionären Lokalkomitees finden sich nur äußerst selten Hinweise auf eine Zusammenarbeit mit der RSDRP (z. B. /Tverskoj Komitet PSR/ Herbst 1907, Archiv PSR 428; Kratkij očerk razvitija s.-r. organizacii v g. Šue Vladimirsk. gub., Archiv PSR 563; 1905 god v Samarskom krae. Materialy po istorii R.K. P. (b) i revoljucionnogo dviženija. Pod red. N. Speranskogo. Samara 1925 S. 327).

46) Vgl. die ausführliche Erläuterung dieser Strategie in der Rede des CK-Vertreters (vermutlich Černov) auf der ersten allrussischen Konferenz der sozialrevolutionären Bauernagitatoren im September 1906, abgedruckt in: Volja. Političeskaja, obščestvennaja i literaturnaja gazeta. Nagasaki. No 90—91 (6. Januar 1907) S. 5—11; Original in: Protokoly S-ezda krest'janskich rabotnikov P.S.-R. v sentj. 1906 g., Archiv PSR 133. S. auch: Vyborgskij Manifest i ego lozungi. In: Trud No 3 (Oktober 1906) S. 1—4. — Dazu insgesamt sehr materialreich: G. M. Derenkovskij, Vseobščaja stačka i sovety v ijule 1906 g. In: IZ Bd. 77 (1965) S. 108—153, zur Taktik der PSR S. 125 ff.

47) Vgl. z. B.: Ustav južnoj-russkoj oblastnoj krest'janskoj komissii P.S.-R., Archiv PSR 546/1. — Fast ausnahmslos datierten die sozialrevolutionären Lokalkomitees den Beginn ihrer Bauernagitation auf diesen späten Zeitpunkt. Vgl. insbesondere die Antworten auf eine Enquete des Organisationsbüros beim CK der PSR vom Februar 1907, verstreut in Archiv PSR 327, 328, 208, 623, 326, 426, 171, 320, 471, 487, 553/I, 553/II, 482, 486, 463, 460, 682. Dasselbe Resultat erbrachte eine Umfrage unter der Bauernschaft Ende 1907, Archiv PSR 799.

arbeiten, sondern mußte sich in der Regel hinter der Flagge der Unparteilichkeit verbergen. Drittens schließlich wurde die agrarische Bevölkerung erst jetzt für antizaristisch-oppositionelle, wenngleich noch lange nicht für revolutionäre Ideen empfänglich, wozu insbesondere der verlorene Krieg gegen Japan beitrug. Exemplarisch schrieb man aus dem Gouvernement Poltava: „Man sah die Ergebnislosigkeit des Krieges und die beständigen Niederlagen des russischen Heeres zu Lande und zur See, ebenso die von den Soldaten aus dem Kriege gesandten Briefe, in denen ihre schwere Lage, das Fehlverhalten der Obrigkeit, die beständige Unterernährung, die schlechte Kleidung und das schlechte Schuhwerk beschrieben wurden — das alles zusammengenommen rief Murren und Unzufriedenheit hervor"[48].

Um diese rasche politische Mobilisierung der Bauernschaft nutzen zu können, brauchte die PSR neue Organisationen. Der alte Bauernbund aus dem Jahre 1902 führte anscheinend nur noch ein Kümmerdasein und war der neuen Aufgabe nicht gewachsen. An seine Stelle trat im Juni 1905 der „Zentrale Bauernbund der PSR", an dessen Spitze das „Zentrale Bauernbüro", seit Sommer 1906 die „Zentrale Bauernkommission beim CK" (Central'naja Krest'janskaja Komissija pri CK PSR, CKK) stand[49]. Auf der unteren Parteiebene ergänzte man diese Maßnahme, zumindest auf dem Papier, durch die Bildung einer Hierarchie ländlicher Parteizellen, angefangen bei den Bauernbrüderschaften über die Volostkomitees bis zu den Gouvernementkomitees. Mit besonderem Nachdruck wurde dabei die Notwendigkeit hervorgehoben, die Stadt-Land-Differenz abzubauen und „eine große Repräsentanz der niederen Organisationen in den höheren sowie eine stärkere Beteiligung der Parteimitglieder aus den Kreisen /uezdy/ am Parteileben" zu erreichen, wie die CKK in einem Papier zur Organisation der Bauernschaft formulierte. Als Fernziel schwebte ihr sogar vor, daß die uezd-Delegierten in den Gouvernementkomitees, vornehmlich Bauern, ständig in der Stadt leben sollten, da nur bei völliger Informiertheit und bei *gleichberechtigter* Teilnahme der Parteigenossen aus den umliegenden Dörfern die PSR „der wahre Vertreter der Interessen und Träger der Ideale aller Schichten des werktätigen Volkes sein", nur so eine tatsächliche Demokratisierung der Parteiorganisation erreicht werden könne[50]. Allerdings erwiesen sich solche Überlegungen, die die Achillesferse der sozialrevolutionären Arbeit in der Provinz sehr genau trafen, in der Realität als undurchführbar.

Der „Zentrale Bauernbund" begann im August mit der Herausgabe eines eigenen Periodikums, das programmatisch die alte populistische Losung „Zemlja i Volja" (Land und Freiheit) im Titel führte und damit auch für

---

48) Poltavskaja gubernija, Archiv PSR 799.
49) Vgl. Central'nyj krest'janskij Sojuz P.S.-R. In: RR No 72 (1. August 1905) S. 20—21; Pamjatnaja knižka I S. 19; O Central'noj Krest'janskoj Komissii, Archiv PSR 691.
50) Kratkie zamečanija po voprosu ob organizacii krest'jan i krest'janskich rabotnikov PSR, Archiv PSR 122.

die wenig informierte Bauernschaft in der politischen Landschaft eindeutig identifizierbar war[51]. Auf populäre Weise legte man in ihm Ziele und Taktik der sozialrevolutionären Bauernagitation dar. Dabei wurde an erster Stelle immer wieder dazu aufgerufen, die verstreuten, vereinzelten Gewaltausbrüche, die Brandlegungen und Plünderungen, von denen die Lokalkomitees im ganzen Lande berichteten, zu koordinieren und zu einer gemeinsamen Aktion zu verschmelzen. „Planmäßigkeit" und „Organisation", hielten Černov und Šiško der maximalistischen Forderung nach „Agrarterror" entgegen und wiederholten die Aufrufe des „Bauernbundes", müßten die Nahziele der sozialrevolutionären Arbeit auf den Dörfern und die Kriterien für die Wahl ihrer Mittel sein[52].

Solchen Appellen widersprach freilich eine andere Taktik, die der erste Parteitag der PSR offiziell billigte und die in den Revolutionsjahren große Verbreitung fand: der „massenhafte", d. h. vor allem der bäuerliche „Partisanenkrieg"[53]. Darunter verstand man den „selbständigen Kampf der organisierten Bauernschaft gegen die Regierung" mit dem Ziel, alle „Volksfeinde" wie „Polizisten und andere Regierungsbeamte in Stadt und Land", „alle Regierungseinrichtungen, Papiere und Dokumente, aber auch Kasernen und Domänen, die dem Heer und den Beamten dienen", zu vernichten[54]. Es zeigte sich jedoch sehr bald, daß solche Aktionen der revolutionären Bewegung in keiner Weise dienlich waren, sondern ihr im Gegenteil schadeten. Die Parteiführung mußte erkennen, daß die Losung des Partisanenkrieges faktisch eine Legalisierung des verbotenen Agrarterrors bedeutete. Um den dysfunktionalen Enthusiasmus der „Genossen aus der Provinz", den sie selbst hervorgerufen hatte, wieder zu dämpfen, band sie die Durchführung von Partisanenaktionen daher Mitte 1907 an die Zustimmung der Oblastkomitees[55]. Zu einem Verbot konnte sich das CK allerdings nicht durchringen.

Der PSR war bewußt, daß sie trotz der Intensivierung ihrer organisatorischen Arbeit, trotz anschwellender Propagandistenkader und militanter Taktik nur die vergleichsweise dünne Schicht der agrarischen Bevölkerung ansprechen konnte, die bereits über ein gewisses Minimum an revolutionärem Bewußtsein verfügte. Wo dieses nicht gegeben war, stieß sie immer

---

51) Vgl. Zemlja i Volja. Izd. Krest'janskogo Sojuza P.S.-R. SPb. No 1 (August 1905), dann: Izd. Central'nogo Komiteta P.S.-R. Paris No 1 (20. Januar 1907)—No. 26 (April 1912), Archiv PSR 511.
52) Naši zadači v derevne, Archiv PSR 791/6.
53) Resolution des ersten Parteitages, Pamjatnaja knižka I S. 64 f.
54) Rezoljucii Char'kovskogo gubernskogo s-ezda krest'jan i krest'janskich rabotnikov P.S.-R. 23. okt. 1906 g. In: PI No 5 (15. Februar 1907) S. 10; Rezoljucii krest. s-ezda Saratovsk. gub. In: PI No 4 (5. Januar 1907), pribavlenie S. 6. Auch: Partizanskaja vojna i vooružennoe vosstanie. In: Trud No 4 (Oktober 1906) S. 4—6, Archiv PSR 472).
55) Vgl. O. /rganizacionnoe/ B. /juro/ pri C.K. P.S.-R.: Rundschreiben No 10 v. 23. August 1907, Archiv PSR 197, laut Beschluß des CK vom 16. August (Protokoly zasedanij C.K. P.S.-R., Archiv PSR 203).

noch auf Indifferenz und vor allem auf eine ausgeprägte Aversion gegen
Parteien. Die Masse der Bauernschaft wollte ihre Bedürfnisse nicht dem
„Parteienstreit"geopfert sehen und wandte sich mit ihren Beschwerden, in
der Regel mit der Bitte um Land, an die Duma als der Wiedergeburt der
mystifizierten „Ständeversammlung" (zemskij sobor) *insgesamt*, nicht an einzelne Gruppen[56]. Um dieses „dunkle Volk" für die revolutionäre Sache zu
gewinnen, bedurfte es anderer Parolen und einer anderen, zumindest äußerlich „neutralen", primär bedürfnisorientierten Agitationsweise, für die eine
Partei wenig geeignet war.

Die Sozialrevolutionäre unterstützten daher im Sommer 1905 nach Kräften die Gründung einer Organisation, die sich als parteilich nicht gebundene,
gewerkschaftliche Interessenvertretung der Bauernschaft verstand. In ihr,
dem „Allrussischen Bauernbund", erblickte sie ein willkommenes Komplement zur eigenen Partei und den idealen Träger der revolutionären Arbeit
unter den rückständigen Teilen der Dorfbevölkerung. Eine solche Aufgabenteilung entsprach der Realität, da der Bund trotz seiner formellen Unabhängigkeit und trotz seiner weniger radikalen Zielsetzung der PSR zweifellos sehr nahe stand. Wie diese forderte er die Enteignung des staatlichen
und privaten Großgrundbesitzes und seine Übergabe an lokale Selbstverwaltungsorgane. Wie diese vertrat er ein Programm, das die Wiederbelebung der
„obščina" und, über sie vermittelt, die Errichtung eines demokratischen
Agrarsozialismus anstrebte[57]. Dementsprechend sympathisierte die erdrückende Mehrheit der Delegierten des Gründungskongresses des VKS —
unter denen sich nicht wenige sozialrevolutionäre Parteimitglieder befanden — offen mit der neopopulistischen Partei. Die sozialdemokratischen
Redner hatten dagegen einen schweren Stand[58].

Doch trotz aller Verbundenheit gestaltete sich das Verhältnis zwischen
Bauernbund und PSR nicht nach deren Plänen. Anstatt Unparteilichkeit
lediglich zu fingieren, in praxi aber der PSR in die Hände zu arbeiten, wie
die sozialrevolutionären Strategen wünschten, pochte das Zentrale Exekutivbüro des VKS auf seine Autonomie und sperrte sich gegen die Aufnahme
ständiger Vertreter der zentralen sozialrevolutionären Bauernkommission.
Obgleich der Bund dem Einfluß der Bruderpartei an der *Spitze* der Organisation auf diese Weise Grenzen setzte, konnte er die Durchdringung der

---

56) Diese vorpolitische Einstellung der Bauernschaft kommt beispielhaft in ihren
„Aufträgen" an die Dumaabgeordneten zum Ausdruck: Vgl. Nakazy deputatam
P.S.-R., Archiv PSR 52 I–IV. A., Nakazy deputatam s.-r. gruppy. In: Narodnyj golos.
Obščestvenno-političeskaja i literaturnaja gazeta. No 1 (13. April 1907) S. 5. — A. I.
Nil've, Prigovory i nakazy krest'jan vo II gosudarstvennuju dumu S. 100 u. pass.
57) Vgl. Protokoly delegatskogo soveščanija Vserossijskogo krest'janskogo Sojuza
S. 141 ff. Eine gemäßigtere Position als die PSR bezog der Bauernbund vor allem in der
Frage der Entschädigung für enteigneten Besitz und des bewaffneten Aufstandes. S. dazu Perrie, Agrarian policy S. 107 ff, auch: E. I. Kirjuchina, Vserossijskij krest'janskij
sojuz v 1905 g. In: IZ Bd. 50 (1955) S. 95–141.
58) Vgl. Protokoly delegatskogo soveščanija S. 80 ff.

Basis nicht verhindern. In dem Maße wie die Wiedererstarkung der zaristischen Staatsmacht alle politischen und gewerkschaftlichen Verbände erneut zu konspirativer Tätigkeit zwang, gewannen die Sozialrevolutionäre in den lokalen Dependancen des VKS Oberhand. Die „Flauen", d. h. die Kadetten, und die „Unehrlichen", d. h. die Sozialdemokraten, begründete die CKK diese Entwicklung, desertierten und überließen den an Illegalität gewöhnten Berufsrevolutionären der PSR das Feld. Der Allrussische Bauernbund zerfiel in eine „überparteiliche" Spitze und eine „parteiliche" Basis. Deren Druck konnte das Zentrale Exekutivbüro nicht lange standhalten. Bereits im März 1906 mußte es einem Plan zur Errichtung sogenannter „Hilfsbüros" des VKS zustimmen, die zu zwei Dritteln aus sozialrevolutionären Parteimitgliedern bestehen sollten. Trotz unerwarteter Hindernisse setzte die PSR damit ihre Absicht durch, die Bauernorganisation ihrer Kontrolle zu unterwerfen und sich eine Monopolstellung bei der Agitation der Bauernschaft zu erwerben, die weder die Sozialdemokratie noch eine andere revolutionäre Partei ernstlich gefährden konnte[59].

Angesichts dieser recht günstigen organisatorischen Voraussetzungen und der vielversprechenden politischen Situation begnügte sich das CK der PSR im Juli 1906 nicht mit unverbindlichen Appellen an die revolutionäre Spontaneität und den üblichen, bloß verbalen Aufrufen zur „allgemeinen Volkserhebung", sondern gab erstmals den Parteikomitees *konkrete* Order, den Aufstand vorzubereiten. Die Empörung, die die Auflösung der Duma hervorgerufen habe, und das Echo des Vyborger Manifests, führte ein internes Rundschreiben aus, veranlasse das CK der PSR, „der Regierung den offenen Krieg zu erklären und diesen unverzüglich zu beginnen"[60]. Das Proletariat sollte unter Führung der zu reaktivierenden Sowjets in den Generalstreik treten, ein Ausstand der Eisenbahner, deren Gewerkschaft fast überall fest in der Hand der PSR war, das Eingreifen zaristischer Truppen verhindern, und die Armee, auf deren aktive Unterstützung man nicht zu hoffen wagte, wenigstens zur Neutralität veranlaßt werden. Da man die Arbeiterschaft aufgrund der vielen vorangegangenen Streiks für ausgezehrt hielt und sie, wie Černov in einem charakteristischen Gedankengang erläuterte, infolge der Gefahr, ausgehungert zu werden, ohnehin prinzipiell nur zu *kurzfristigen* Erhebungen fähig sei, sollte die Revolution ihren stärksten Rückhalt auf dem Dorfe finden. „Alle vorhandenen Kräfte", schrieb das CK, „müssen aufs Land verlegt und die Bauern *zum offenen Aufstand aufgerufen werden*. Alle Land- und Volostgewalten müssen entlassen, verjagt und bei gewaltsamem Widerstand vernichtet werden. Alle Landeinrichtungen müssen durch die aufständischen Bauern besetzt und das Staats-

---

59) Vgl. zu diesen Vorgängen ein Ms. in den Materialien der ersten allrussischen Konferenz der sozialrevolutionären Bauernagitatoren im September 1906, Archiv PSR 122, sowie Bemerkungen in: Protokoly vtorogo s-ezda PSR 1907 S. 142.
60) Obraščenie Central'nogo Komiteta k mestnym komitetam, Archiv PSR 168; K partijnym organizacijam, zit. bei Spiridovič, Partija S.-R. S. 248. Auch: Derenkovskij, Vseobščaja stačka S. 126.

eigentum sowie die Staatsgelder . . . für die Bedürfnisse des Aufstandes konfisziert werden. . . . Es ist notwendig, daß der Bauernaufstand Angriffscharakter trägt und sich nicht auf die Grenzen der gegebenen Region beschränkt"[61].

Das Unternehmen scheiterte gänzlich. Die Meuterei in den Hafenstädten wurde in wenigen Tagen unterdrückt[62], und die Rebellion der Bauernschaft fand gar nicht erst statt. Zwar kam es vielerorts, vor allem in der nordöstlichen Ukraine und im Wolgagebiet, zu Unruhen und Gewalttaten; aber es fehlte nach wie vor an Koordination und Lenkung. Zumeist konnten die Sozialrevolutionäre, wie ein Bericht aus der Südukraine vermerkte, nur post festum versuchen, sich an die Spitze der Bewegung zu stellen, und das „gelang selten"[63]. Hatten die Sozialdemokraten mit dem Scheitern der Generalstreiks im Oktober und Dezember 1905 ihre eigentliche Niederlage erlitten, so kam dieser Augenblick für die Sozialrevolutionäre im Sommer 1906: Nichts konnte die Richtigkeit der sozialrevolutionären Strategie gründlicher in Frage stellen, nichts ihrer agitatorisch-organisatorischen Leistung ein schlechteres Zeugnis ausstellen, als das abermalige Ausbleiben des Bauernaufstandes.

Welche genauen Ursachen der Kalamität zugrunde lagen, versuchte eine allrussische Konferenz der sozialrevolutionären Bauernagitatoren zu eruieren, die im September 1906 im finnischen Imatra zusammentrat[64]. Ausnahmslos bestätigten die Berichte der Delegierten, daß die Lokalkomitees der PSR in keiner Weise auf den Aufstand vorbereitet waren, daß es ihnen sowohl an organisatorischer Handlungsfähigkeit als auch, ungeachtet zahlreicher „Kampfbrüderschaften", an militärischer Kraft fehlte. So aussichtslos schien den örtlichen Parteiinstanzen das Unterfangen, daß sie sich in der Regel gar nicht erst darum bemühten, die CK-Direktive in die Tat umzusetzen. Selbst an der mittleren Wolga, wo Bauernunruhen endemisch waren und die Sozialrevolutionäre die größte Popularität genossen, verhall-

---

61) Vgl. Protokoly s-ezda krest'janskich rabotnikov P.S.-R. v sentjabr' 1906 g., Archiv PSR 133; Volja No 90–91 (6. Januar 1907) S. 5–11; Zitat Spiridovič, Partija S.-R. S. 248. — Zur Rolle der Eisenbahner in der Revolution: M. B-v /M. I. Bogdanov/ Očerki po istorii železnodorožnych zabastovok v Rossii. M. 1906; V. N. Pereverzev, Pervyj vserossijskij železnodorožniki sojuz 1905 goda. In: Byloe 1925 No 4 S. 36–69, hier S. 65 f; Puškareva, Železnodorožniki S. 75 ff, hier S. 236 ff. S. auch: W. Sablinsky, The All-Russian Railroad Union and the Beginning of the General Strike in October, 1905. In: A. und I. Rabinovitch (Hrsg.), Revolution and Politics in Russia. Essays in Memory of B. I. Nicolaevsky. Bloomington 1972 S. 113–133.
62) Vgl. unten S. 168 ff.
63) Položenie del v jugo-zapadnoj časti Ukrainy, Archiv PSR 482.
64) Vgl. die umfangreichen und höchst informativen Materialien dieser Konferenz in Archiv PSR 122 u. 133 sowie einen offiziellen Bericht über die Verhandlungen: Izveščenie o sostojavšemsja s-ezde krest'janskich rabotnikov Partii Socialistov-revljucionerov. In: PI No 1 (22. Oktober 1906) S. 12–14 (Originale in Archiv PSR 485 u. 691).

te ein entsprechender Aufruf des OK von Ende Juli[65] ohne Wirkung. Desgleichen in der Ukraine, wo man eine Erhebung zum gegebenen Zeitpunkt für „kaum wünschenswert" hielt, da die Parteiorganisationen zu schwach und die Bauern bei der Feldarbeit seien[66]. Nur aus zwei Gouvernements berichteten die Delegierten von Aufstandsvorbereitungen — aber auch von kläglichen Ergebnissen. In Penza entwickelten die Sozialrevolutionäre eine „fieberhafte Tätigkeit". Reiseagenten wurden in die Dörfer entsandt, „Kampfbrüderschaften" organisiert und Versammlungen abgehalten. Die Bauernschaft war aufgebracht, vielerorts begann „insbesondere die Jugend, sich im Glauben an die Nähe des entscheidenden Momentes offen zu erheben"[67]. Doch da sich die sozialrevolutionäre Stadtorganisation dem Kampf noch nicht gewachsen fühlte und ein isoliertes Vorgehen in der Provinz aussichtslos schien, war man gezwungen, die Agitatoren zurückzubeordern, die erhitzten Gemüter wieder zu besänftigen und den Aufstand zu vertagen. Ähnliches geschah in Voronež. Hier wie dort wartete man darauf, daß „irgendeiner als erster begänne"[68]. Es begann jedoch keiner. In der Zwischenzeit konnte die Staatsmacht ihre Kräfte sammeln und zur Gegenoffensive übergehen, indem sie den Zugriff auf die Organisationen der PSR verschärfte und die Bauernschaft durch Strafexpeditionen zu „pazifizieren" suchte. Zu allem Überfluß erfuhren die Sozialrevolutionäre von Penza einige Wochen später, daß die Instruktion des CK gar nicht zum sofortigen Aufstand habe aufrufen wollen, sondern lediglich als eine neuerliche Mahnung gedacht gewesen sei, den bäuerlichen „Partisanenkampf" nicht zu vergessen. Die Mühen und die Opfer waren nicht nur vergeblich gewesen, sondern beruhten obendrein auf einem Mißverständnis.

So deutlich und offen die lokalen Delegierten dem Vertreter des CK und den Repräsentanten der zentralen Bauernkommission diese kaum erfreulichen Ereignisse vortrugen, so wenig Bedenken hatten sie auch, den Schuldigen zu benennen. Die Parteileitung, konstatierte exemplarisch der Abgeordnete aus Char'kov, müsse die Misere verantworten, weil sie in völliger Unkenntnis der Situation an der Basis eine undurchführbare und somit falsche Direktive erlassen habe. Dagegen verwahrte sich der CK-Vertreter, wohl Černov, aufs energischste, indem er seinerseits die Lokalorganisationen anklagte, im entscheidenden Augenblick versagt und eine situationsangemessene Anweisung nicht befolgt zu haben. Mochte die Schuldfrage auch ungeklärt bleiben, so wird man die Argumentation der Partei-

---

65) Vgl. Povolžskaja oblastnaja organizacija. Načalo obrazovanija P. O. organizacii, Archiv PSR 468 S. 264; Rezoljucii IV-go oblastn. s-ezda P. O. P.S.-R. (1.—4. Juli 1906), Archiv PSR 468 S. 6.
66) Položenie del v jugo-zapadnoj časti Ukrainy, Archiv PSR 482.
67) Penzenskaja gubernija. Febr. 1907, Archiv PSR 471. Vgl. auch: Otčet Penzenskoj gubernii, Archiv PSR 122; sowie: Povolžskaja oblastn. organizacija, Archiv PSR 468.
68) Voronežskij komitet. Doklad na s-ezd krest'janskich rabotnikov, Archiv PSR 122.

spitze nicht überzeugend finden, da sich die Richtigkeit einer taktischen Entscheidung nicht zuletzt an ihrer Realisierbarkeit bemißt[69].
Auch über die weitere Strategie der bäuerlichen Revolution konnten die Konferenzteilnehmer keine Einigung erzielen. Die Anhänger kompromißloser Militanz verwiesen darauf, daß die Dorfbevölkerung immer noch und gerade nach der Dumaauflösung willens sei, für „Land und Freiheit" zu kämpfen. Da die Partei und nicht die Bauernschaft versagt habe, sei ein bewaffneter Aufstand nach wie vor „unausweichlich". Wenngleich man seinen genauen Zeitpunkt nicht voraussagen könne, müsse er in jedem Falle durch die unmittelbare Entfaltung eines „Partisanenkampfes auf breiter Front" und durch verstärkte terroristische Aktivitäten vorbereitet werden. Kurz, man ließ sich von dem Fehlschlag, dessen Ursachen man soeben analysiert hatte, nicht beirren und empfahl, die alte Taktik fortzusetzen. Auch die Verfechter einer „gemäßigteren" Politik gingen davon aus, daß die Bauernschaft immer noch im Vollbesitz ihrer „revolutionären Energie" sei. Aber sie bemühten sich, aus der Lektion des Sommers zu lernen, indem sie die Notwendigkeit betonten, „Formen des organisierten Kampfes" zu finden und dadurch der „Gefahr einer fruchtlosen Verausgabung von Volksenergie" vorzubeugen. Erneut standen sich in der PSR die Befürworter einer blanquistischen, den Aufstand um jeden Preis anstrebenden und die einer besonneneren, auf Organisierung und Planung drängenden Taktik gegenüber. Wenn sich im Herbst 1906 erstmals die radikale Position durchsetzte[70], so trat darin noch sichtbarer als in der CK-Instruktion vom Juli zutage, daß in der PSR ein irrationaler Mut der Verzweiflung um sich griff und die Partei in dem Maße von der maximalistischen Logik des „Jetzt oder nie" infiziert wurde, wie sich das Ende der Revolution abzeichnete.

Das weitere Schicksal der sozialrevolutionären Bauernagitation gab den Skeptikern unter den Konferenzteilnehmern recht. Zwar dauerten die Bauernunruhen auch im Herbst 1906 und im Frühjahr 1907 noch an. Sie verleiteten einige Komitees der Ukraine und des Wolgagebietes dazu, weiterhin bedenkenlos zum Aufstand aufzurufen. Eine ukrainische Oblastkonferenz billigte im April 1907 sogar die vom CK verbotenen sogenannten

---

69) Protokoly s-ezda krest'janskich rabotnikov P.S.-R., Archiv PSR 133.
70) Mit 17 zu 14 Stimmen. Für die Mehrheitsresolution votierten die Delegierten aus St. Petersburg, Novgorod, Vologda, Moskau, Vladimir, Tver', Smolensk, Simbirsk, Kazan', Stavropol', Ekaterinodar sowie die des Ural und des Kaukasus, d. h. die Komitees aus Zentralrußland, Weißrußland und dem Ural. Für die Minderheitsresolution entschieden sich die Vertreter aus Archangel'sk, Petrozavodsk, Orel, Voronež, Kiev, Saratov, Penza, Tambov, Simferopol' sowie die des Nordoblast, Südrußlands, des Schwarzmeergebietes und der CKK. Gerade in den Regionen, in denen die Bauernunruhen am stärksten waren, im zentralen Landwirtschaftsgebiet und an der mittleren Wolga, mahnte man also zur Vorsicht. Vgl.: Izveščenie o sostojavšemsja s-ezde krest'-janskich rabotnikov Partii Socialistov-revoljucionerov. In: PI No 1 S. 12–14. Zur Besonnenheit rief auch ein offiziöser Artikel im Zentralorgan auf: P. Nov-cev, K voprosu o našej taktike v krest'janskom dviženii. In: PI No 1 (22. Oktober 1906) S. 14–18. Er sollte den Konferenzbeschlüssen offenbar entgegenwirken.

„Teilaufstände", d. h. regional begrenzte, isolierte Insurrektionsversuche ohne Unterstützung paralleler Aktionen in ganz Rußland[71]. In Voronež schritt man auch zur Tat und verursachte dadurch die Verhaftung von mehreren Tausend Bauern[72]. Jedoch blieben solche Aktionen vereinzelt. Sie waren eher verzweifelte Versuche zu retten, was schon verloren war, als Ausdruck tatsächlicher Stärke. Obgleich zu realitätsfernem Optimismus nur allzu bereit, konnte die sozialrevolutionäre Führung nicht umhin, sich einzugestehen, daß die Agrarrevolution beendet war. Als der Zar am 3. Juni 1907 auch die zweite Duma vorzeitig auflöste, um sich durch Änderung des Wahlgesetzes eine gehorsame „Volksvertretung" maßzuschneidern, dachte das CK denn auch nicht mehr ernsthaft an bewaffnete Gegenwehr. Der dritte Parteirat, der Anfang Juli zur Lagebesprechung einberufen wurde, protestierte zwar mit gewohnter Schärfe gegen den neuerlichen Wortbruch des Monarchen. Aber er konnte den Worten keine Taten folgen lassen. Die Stimmung im Lande, berichteten die Delegierten beinahe einmütig, sei „niedrig" bzw. bestenfalls „gemischt"; und dort, wo die Empörung die Massen, wie in Südrußland und in St. Petersburg, auf die Straße treibe, mangele es an den organisatorischen Voraussetzungen, um die Unruhen zu lenken[73]. Der Parteirat bestätigte, was kurz zuvor auch das CK konstatiert hatte: daß „man nicht zum Aufstand aufrufen" könne[74]. Wenn die sozialrevolutionäre Führung dennoch den offenen Kampf gegen die Staatsmacht herbeizuführen suchte, indem sie das Verbot isolierter Erhebungen partiell aufhob[75], dann tat sie das ohne ernstliche Hoffnung auf Erfolg und nur, weil ihr ein aussichtsloser Protest immer noch besser schien als gar keiner.

Daß die Chance, die Autokratie zu stürzen, vorerst vertan sei, machte vollends eine Umfrage unter der Bauernschaft klar, die Ende 1907 durchgeführt wurde. Sie untermauerte zwar die sozialrevolutionäre These, daß Staatsgewalt und Gutsbesitzer den Bauern verhaßt seien; daß das Vertrauen in den Zaren, welches jahrhundertelang eine Säule sozialer Stabilität auf dem Lande gewesen war und die agrarischen Unruhen, wenn nicht verhindert, so doch gezähmt hatte, nunmehr auf einen Tiefstand gesunken sei; und daß die Zahl der „bewußten" Bauern zugenommen habe. Die Enquete

---

71) Vgl. Oblastnoj ukrainskij s-ezd P.S.-R. (27.—28. April /1907/); Rezoljucii oblastnogo Ukrainskogo s-ezda 29.—30. ijuna 1907 g.; Doklad o sostojanii Ukrainskoj oblasti; alle: Archiv PSR 482. S. auch: Izveščenie o gubernskom s-ezde Penzenskogo Krest'-janskogo Sojuza P.S.-R., Oktober 1906; Archiv PSR 471.
72) Vgl. die Rüge N. D. Avksent'evs („Vronskij") auf der Londoner Gesamtkonferenz der PSR: Protokoly 1908 S. 103.
73) Materialy III-go Soveta Partii /S.-R./ 8.—11. Juli 1907, Archiv PSR 679. Auch: Iz materialov /III-go/ Soveta P.S.-R. In: ZT No 4 (30. August 1907) S. 13—14; Izveščenie o 3-m Sobranii Soveta Partii. SPb. 8. Juli /1907/.
74) Protokoly sobranij Central'nogo Komiteta P.S.-R., undatierte Sitzung vor dem 1. Juni 1907, Archiv PSR 203, sowie ein Zirkular des Organisationsbüros, Archiv PSR 197.
75) Vgl. die Resolution des 3. Parteirats in: Pamjatnaja knižka I S. 68. Dazu unten S. 318 ff.

zeigte aber auch, daß von einer Homogenität des politischen Verhaltens der agrarischen Bevölkerung weniger als zuvor die Rede sein konnte; daß es in den Dörfern kaum Parteiorganisationen gab, und — schlimmer noch — daß die Bauernschaft den Glauben an die revolutionäre Sache verloren habe. „Die Mehrheit", schrieb man beispielhaft aus dem Gouvernement Tambov, „läßt den Kopf hängen und hofft auf nichts"[76]. Die Revolution war zum Stillstand gekommen.

Zusammenfassend wären als Ursachen für den Mißerfolg der sozialrevolutionären Bauernagitation folgende Faktoren zu nennen:

1. Mochten viele der aufständischen Bauern auch mit der PSR sympathisieren, so waren sie darum noch lange keine überzeugten Sozialrevolutionäre oder gar aktive Parteimitglieder. Vielmehr blieb ihre Loyalität oberflächlich und ihr Engagement bestenfalls kurzfristig. Um die komplexen Inhalte der neopopulistischen Theorie scherten sie sich wenig und verstanden die Forderung nach Sozialisierung des Grund und Bodens, wie ein Propagandist nachdenklich bemerkte, nach Art der Maximalisten in eng syndikalistischem Sinne oder gar als Eigentumsversprechen[77]. Von einem politischen Bewußtsein der Bauernschaft wird man daher in aller Regel nur mit den größten Vorbehalten sprechen können.

2. Neopopulistische und revolutionäre Propaganda überhaupt erreichten nur eine vergleichsweise schmale Schicht der Bauernschaft. Dabei hing der Erfolgsgrad nicht nur vom sozioökonomischen Status, sondern in nicht geringem Maße auch vom Alter der Adressaten ab. Beispielhaft berichtete man aus der Südukraine, daß vor allem die bäuerliche Jugend die sozialrevolutionären Ideen bereitwillig aufnehme. Unter den Angehörigen der mittleren Generation dagegen erreiche man nur diejenigen, die den Japankrieg als Reservisten miterlebt hätten. Und vollends konservativ verhielten sich die älteren Bauern, die dem Zaren nach wie vor ergeben seien und jegliches Aufbegehren als Verstoß gegen die gottgewollte Ordnung ansähen. Zwar betonte der Bericht weiter, daß die mittlere Generation, die das politische Verhalten des Dorfes bestimme, durch die Auflösung der ersten Duma von ihren tiefverwurzelten konstitutionalistischen Illusionen geheilt worden und zu spontanen Protestaktionen übergegangen sei. Aber er bemerkte auch, daß selbst diese vergleichsweise „bewußten" Bauern zunächst die *Abgeordneten* und nicht die Regierung beschuldigt hätten. Erst das Vyborger Manifest habe ihnen klargemacht, wer der wahre Zerstörer der

---

76) Tambovskaja gubernija, Archiv PSR 799. Die Auswertung dieser Umfrage bei I. Ritina /I. I. Rakitnikova/, Iz materialov krest'janskoj ankety. In: ZT No 26 (Februar 1910) S. 4—12 u. No 27 (April 1910) S. 13—19, verfährt höchst selektiv und vermittelt ein viel zu optimistisches Bild.

77) „Auf dem Dorfe", befand dieser Beobachter, „haben wir bisher . . . nicht so sehr ‚bewußte' sozialrevolutionäre Bauern als vielmehr potentielle Maximalisten herangezogen; unter ihnen macht sich eine Tendenz bemerkbar, die Sozialisierung des Grund und Bodens zu verstehen als: das Land den Bauern und die Fabriken den Arbeitern." (Protokoly zasedanij oblastnogo soveščanija Severo-Zapadnoj Oblasti. 11.—13. November 1907, Archiv PSR 426.)

Volksvertretung sei[78]. Wenn die Verfasser darin einen Erfolg der revolutionären Agitation erblickten, so kontrastierte ihr optimistisches Urteil offensichtlich mit dem Umstand, daß die PSR vergeblich zum Aufstand aufrief.

3. Die sozialrevolutionären Lokalkomitees waren in keiner Weise für einen bewaffneten Aufstand gerüstet. Daran trug in erster Linie der chronische Mangel an qualifizierten Revolutionären Schuld, daneben aber, worauf der Delegierte des Wolgaoblasts auf der Konferenz der sozialrevolutionären Bauernagitatoren in Imatra hinwies, in kaum geringerem Maße auch die auffallende „Disproportion zwischen den Parteikräften in Stadt und Land"[79]. Denn obgleich die Sozialrevolutionäre ihr Hauptziel in der Politisierung der Dorfbevölkerung sahen, widmeten sich nur wenige dieser Tätigkeit[80]. Nicht zuletzt spiegelten sich darin die erwähnten Eigenheiten der sozioökonomischen Struktur Rußlands: Gerade die Arbeit der PSR unter der Bauernschaft wurde durch die unermeßliche Weite der Provinz, die Unterentwicklung der Kommunikationsbeziehungen, den Gegensatz zwischen dem städtischen und dem agrarischen Sektor sowie anderen Manifestationen der wirtschaftlichen und gesellschaftlichen Rückständigkeit in entscheidender Weise behindert.

4. Zwischen Parteispitze und Parteibasis mangelte es in eklatantem Maße an Kooperation. Daß das CK seine folgenschwere Entscheidung im Juli 1906 ohne Konsultation eines repräsentativen Gremiums der Gesamtpartei (beispielsweise des Parteirates) fällte, mag aus der Situation zu verstehen sein. Daß es aber die Handlungsfähigkeit der Lokalkomitees so offensichtlich überschätzte, läßt auf ernste Schwächen der sozialrevolutionären Organisation schließen[81].

4. Mißlungene Putschversuche: die sozialrevolutionäre Armeeagitation

Keine Revolution kann siegen, wenn es ihr nicht gelingt, die Armee auf ihre Seite zu ziehen, zu neutralisieren oder eine überlegene eigene militärische Macht aufzubauen. Černov war es, der die PSR als erster auf diese Grundwahrheit aufmerksam machte. Dabei erblickte er die zentrale Bedeutung der Streitkräfte für die Revolutionäre nicht so sehr in ihrer Bewaffnung als vielmehr „in ihrer hervorragenden Organisiertheit". Soldaten und Matrosen, kalkulierte er, könnten Disziplin und Ordnung in den „allgemeinen Volksaufstand" tragen, könnten die Spontaneität der Massen lenken und dem elementaren Ausbruch zu Effizienz verhelfen. Im Idealfall bestand die

---

78) Vgl. Položenie del v jugo-zapadnoj časti Ukrainy, Archiv PSR 482.
79) Protokoly s-ezda krest'janskich rabotnikov PSR, Archiv PSR 133; Kratkie zamečanija po voprosam ob organizacii krest'jan i krest'janskich rabotnikov P.S.-R., Archiv PSR 122.
80) Vgl. Perrie, Social Composition S. 246 Tab. 17, die zeigt, daß die Mehrzahl der Sozialrevolutionäre der Beteiligung an terroristischen Aktivitäten den Vorzug gab.
81) Vgl. dazu unten S. 195 ff, 305 ff.

Revolution für Černov daher in der Gleichzeitigkeit einer breiten Massenerhebung in Stadt und Land und einem gut geplanten Putsch der „bewußten" Teile der Armee[82].

Obgleich die PSR der Agitation unter Soldaten und Matrosen somit eine Schlüsselrolle beim Sturz der Autokratie zuwies, tat sie auf diesem Gebiet vergleichsweise wenig. Bei der großen Mehrzahl der sozialrevolutionären Lokalorganisationen fristete die „Armeearbeit" auch während der Revolution ein kümmerliches Dasein. Nur einige größere Komitees meldeten in ihren Antworten auf eine Umfrage des Organisationsbüros (OB) beim CK vom Februar 1907, daß in den Garnisonen „systematische" Propaganda betrieben werde, und noch seltener wurde die Existenz einer besonderen Kommission für diesen Tätigkeitsbereich vermerkt[83]. Solche Spezialabteilungen bestanden namentlich in den bedeutenden Kriegshäfen des zaristischen Reiches, da die unzufriedenen Matrosen für die Sozialrevolutionäre ein besonders fruchtbares Agitationsfeld darstellten. Hier, in den Flottenstützpunkten des Baltikums und des Schwarzen Meeres, in Kronstadt, Sveaborg, Reval und Sevastopol', unternahm die PSR verstärkte Anstrengungen, auch die Streitkräfte mit revolutionären Zellen zu durchsetzen[84]; und hier ließ es das CK nicht an großzügiger finanzieller Hilfe fehlen, wie aus der Tatsache hervorgeht, daß die „Armeeorganisation" des St. Petersburger Militärbezirks über ein größeres Budget verfügte als das Oblastkomitee Nordrußlands und das hauptstädtische Komitee zusammen[85].

Von den übrigen Tätigkeiten der PSR unterschied sich die Agitation unter Soldaten und Matrosen nicht nur dadurch, daß sie später entstand, sondern vor allem auch durch ihre organisatorische Sonderstellung. Unter der Leitung des „Zentralen Militärbüros" („Central'noe Voennoe Bjuro", CVB) wurde sie von Anfang an straff von oben dirigiert und koordiniert. Dem CVB stand die alleinige Weisungsbefugnis für alle Armeeagitatoren zu, es konnte die vorhandenen Kräfte nach eigenem Ermessen ohne Absprache mit dem Organisationsbüro und den betroffenen Lokalkomitees einsetzen und verfügte über eine separate Kasse. Vor allem diese finanzielle Unabhängigkeit trug dazu bei, daß sich die „Militärorganisation" sowohl der Kontrolle des CK wie der Einflußnahme der regionalen Führungsgremien weitgehend entzog und ein Eigenleben gewann, das zunehmend bemängelt wurde. Dazu dürfte nicht unwesentlich beigetragen haben, daß die gesamte sozialrevolutionäre Propagandatätigkeit in Heer und Flotte das

---

82) /V. M. Černov/, Vojsko i revoljucija. In: RR No 21 (1. April 1903) S. 1–3, auch in: Sbornik statej Antonova u. a. S. 337–344. Vgl. auch: K voprosu o voennych vosstanijach i podgotovke k nim. /o. J. ca. 1905–06/, Archiv PSR 666.
83) Vgl. die in Anm. 47 dieses Kap. erwähnte Enquete des OB.
84) „Voennye komissii" gab es ferner in Nižnij-Novgorod, Ekaterinoslav, Kazan', Moskau, Kursk, Tver', Voronež, Irkutsk, Tiflis und natürlich in St. Petersburg.
85) Vgl. Častnoe soveščanie C.K.-ta i gruppych voennych rabotnikov iz Južnoj, Ukrainskoj obl., Peterburgskogo okruga i Finljandii. November 1907, Archiv PSR 700; Protokoly 1908 S. 60.

Werk eines Mannes, des Altnarodniken und Sibirienverbannten S. F. Michalevič, war[86]. Die Hauptursache aber bestand zweifellos in den besonderen Bedingungen, denen die Armeeagitation unterlag: darin, daß sie sich auf wenige Städte beschränkte, daß sie ein außergewöhnlich hohes Maß an konspirativer Vorsicht erforderte und daß sie ihre eigenen spezifischen Arbeitsmethoden besaß.

Die Debatten der ersten, von Michalevič Ende Juni 1906 im finnischen Terioki einberufenen Konferenz der Armeeagitatoren zeigten freilich, daß selbst auf dem Höhepunkt der Revolution noch weitgehend Uneinigkeit über die Form der Militärarbeit herrschte. Aus Penza berichtete man, daß die „Tendenz zur Unparteilichkeit sehr groß" sei und schlug deshalb eine Propaganda ohne spezifisch sozialrevolutionäre Inhalte vor. Sogar eine Kooperation mit den Sozialdemokraten hielt der Delegierte nicht für ausgeschlossen. Auf der anderen Seite erntete auch der Moskauer Vertreter Beifall, als er eine solche Strategie als schlicht „undenkbar" ablehnte. Zwischen beiden Positionen konnte nicht vermittelt werden, und auch die Abstimmung brachte keine Entscheidung. Eine der wichtigsten Fragen revolutionärer Taktik im militärischen Bereich mußte daher als „ungenügend überdacht" zur nochmaligen Beratung an die Lokalorganisationen zurückverwiesen werden[87].

Mehr Konsens konnte die Konferenz in der eingehenden Diskussion über den sogenannten „Militärterror" erzielen. Die Mehrheit der Delegierten war sich darin einig, daß man bei Attentaten auf Offiziere, Generäle und andere verhaßte Unterdrücker der Soldaten „sehr vorsichtig" zu Werke gehen müsse und daß man, wie Minor als CK-Vertreter formulierte, „nur dann" zu diesem Mittel greifen dürfe, wenn es „dem ganzen Volk verständlich" sei. Dem pflichtete Rakitnikov mit der Bemerkung bei, daß Militärterror nur ein Racheakt sei und als solcher von der Partei nicht gebilligt werden könne. Andererseits blieb die kritische Frage des Moskauer Delegierten unbeantwortet, warum die PSR nicht gegen „Soldatenschinder" mit der gleichen Waffe wie gegen die „Volksunterdrücker" kämpfen könne, da der Soldat doch „ein Teil des Volkes" sei. Obgleich die taktische Linie der Parteiführung in der Schlußabstimmung gebilligt wurde, zeigte die erstaunlich große Zahl von Gegenvoten, daß sich ein beträchtlicher Teil der Konferenzteilnehmer diesem Argument nicht verschließen konnte. Offenbar erschien ihnen die Ablehnung des Militärterrors ebenso als ein Messen mit zweierlei Maß wie den Maximalisten die Zurückweisung des ökonomischen Terrors.

---

86) Pseudonym „Jan". Vgl. zu seiner Biographie: „Jan". In: Za narod. Izd. Central'-nogo Komiteta P.S.-R. No 54 (März 1913) S. 4—7.
87) Vgl. zu dieser Konferenz vom 29. Juni 1906, auf der außer dem CK elf sozialrevolutionäre Organisationen repräsentiert waren, eine protokollartige Mitschrift in: Archiv PSR 700. Bei der Abstimmung sprachen sich 10 Delegierte für und 11 gegen eine „überparteiliche" Agitation aus. Vgl. ferner: Resoljucii soveščanija predstavitelej voennych organizacij P.S.-R. In: PI No 1 (22. Oktober 1906) S. 11—12, sowie Spiridovič, Partija S.-R. S. 258 f, der über die sozialrevolutionäre Tätigkeit in der Armee gut informiert war.

Die Armeeagitation

Nicht von ungefähr fand diese erste Zusammenkunft der sozialrevolutionären Armeeagitatoren zu einer Zeit statt, als sich die Auflösung der ersten Duma bereits abzeichnete, war sie doch eigens zu dem Zweck anberaumt worden, die militärischen Kräfte der PSR zu mustern und zu sondieren, ob die Partei im Eventualfall zu einem Aufstand in der Lage sei. Die Berichte der Lokaldelegierten zeichneten ein eher betrübliches Bild, das Michalevič in der Feststellung resümierte: „Der Moment ist für einen Aufstand nicht geeignet. Nur Teile /der Armee, M. H./ sind vorbereitet. Wenn man jetzt losschlägt, wird es eine Niederlage geben"[88]. Anders beurteilten vor allem die Abgesandten aus Penza und Sevastopol' die Situation, indem sie auf die vielen spontanen Protestaktionen im ganzen Land verwiesen. Ihrer Meinung nach herrschte eine solche Spannung, daß man eine Erhebung „nur mit Mühe" würde eindämmen können. Einige CK-Vertreter wollten sogar schon einen genauen Termin für den Sturm auf die letzten Bastionen der Autokratie festlegen. Doch was die Kräfteverhältnisse in der Armee betraf, zweifelten auch diese optimistischen Stimmen nicht an der Richtigkeit der zurückhaltenden Einschätzung von Michalevič. Man einigte sich daher auf eine Schlußresolution, die die sozialrevolutionären Komitees zwar anwies, sich an die Spitze spontaner Empörungen zu stellen, aber davon abriet, sie zu provozieren oder isolierte Aktionen zu planen.

Trotz der wenig optimistischen Lageberichte der Armeeagitatoren ließ sich die Führung der PSR nicht davon abhalten, einen zentral geplanten Aufstand, der sich auf Kronstadt und Sveaborg konzentrieren sollte, in die Wege zu leiten. Dabei ging sie von der Überlegung aus, „daß die Besetzung der Küstenfestungen des finnischen Meerbusens und der Baltischen Flotte es ermöglichen" werde, „St. Petersburg völlig zu entwaffnen und zu besetzen" und daß die Einnahme der Hauptstadt „gleichzeitig den Sieg der bewaffneten Erhebung bedeuten" würde, einer, wie Černov kommentierte, „in der Tat ... auf den ersten Blick einfach(en) und richtig(en)" Strategie[89].

Mit den Vorbereitungen der Aktion betraute man Michalevič, der der sozialrevolutionären Militäragitation in Kronstadt vorstand und hier einen großen Kreis begabter Propagandisten um sich gesammelt hatte. Als Brückenkopf ihrer Tätigkeit diente ein Garnisonskomitee, das sich aus Repräsentanten der revolutionären Soldaten und Matrosen in den einzelnen Kompanien und Schiffsmannschaften zusammensetzte und dem im Juni

---

88) Konferenz der sozialrevolutionären Armeeagitatoren vom 29. Juni 1906, Archiv PSR 700. — Um diese Zeit begann die PSR auch mit der Herausgabe einer speziellen Zeitung für die Armee: Soldatskaja gazeta. Izd. Central'nogo Komiteta P.S.-R. Paris No 1–7 (1906–07), fortges. als: Za narod. Paris No 1–60 (2. April 1907–Mai 1914). Eine Sammlung der sozialrevolutionären Agitationsliteratur für Soldaten und Matrosen findet sich in Archiv PSR 184; s. auch: Voennyj Listok. Izd. Tavričeskogo Sojuza P.S.-R. No 4–10 (1. Sept. 1906–1. März 1907), 14–16 (1. Mai 1907–4. Juni 1907), Archiv PSR 546/II.
89) Viktor Voennyj /V. M. Černov/, K voprosu o pričinach neudač voennych vosstanij. In: Socialist-Revoljucioner No 2 (1910) S. 195–226, hier S. 201.

1906 je fünf Mitglieder der PSR und der RSDRP angehörten. In den unteren Rängen der Marine, berichtete ein sozialrevolutionärer Augenzeuge, herrsche so große Unzufriedenheit, daß stündlich mit dem Ausbruch spontaner Gewaltakte gerechnet werden könne. Sogar zwischen den Sozialrevolutionären im Militärkomitee und den Matrosen kam es zu Konflikten, weil diese entgegen der offiziellen Taktik der PSR auf der sofortigen Ermordung der Offiziere, d. h. auf Militärterror, bestanden[90]. Die Bol'ševiki sahen sich angesicht der explosiven Stimmung gezwungen, ihre anfängliche kategorische Ablehnung eines Aufstandes zu revidieren. Hatten sie den Sozialrevolutionären zunächst vorgeworfen, gewissenlose „Verschwörer" zu sein, „ein haltloses Abenteuer anzetteln" und „die Leute in den Abgrund" stürzen zu wollen[91], so mußten sie sich nach einer Sondersitzung des St. Petersburger Komitees der RSDRP bereitfinden, „so aktiv wie möglich an der Führung der Bewegung teilzunehmen"[92].

Dennoch scheiterte der zweite Anlauf der Revolution zu einem bewaffneten Aufstand ebenso wie die Insurrektionsversuche vom Dezember 1905. Zwar gaben die Minenpioniere in Sveaborg das Startzeichen zur Erhebung, als sie sich weigerten, Vorkehrungen zu treffen, um meuternden Kriegsschiffen die Einfahrt in den Hafen zu verwehren. Zwar wehte die rote Flagge der Aufständischen am 18. Juli 1906 über den wichtigsten Festungen Sveaborgs. Aber bereits anderntags war die Regierung wieder Herr der Lage, und am 20. Juli mußten sich die Empörer den Kanonen eines zarentreuen Panzerkreuzers ergeben. Wenig anders verliefen die Unruhen in Kronstadt. Als die Nachrichten von den Ereignissen in Sveaborg hier eintrafen, war man zum Losschlagen noch nicht bereit. Statt zu handeln, wurde endlos und hektisch darüber diskutiert, ob man das Risiko eines Putsches eingehen könne. Da keine andere Wahl blieb, erhoben sich schließlich in der Nacht vom 19. zum 20. Juli die Matrosen einer Garnison, auf die die Revolutionsstrategen ihre größten Hoffnungen gesetzt hatten. Auch sie waren aber so schlecht bewaffnet und den regierungstreuen Truppenteilen zahlenmäßig so hoffnungslos unterlegen, daß sie bereits am nächsten Morgen kapitulieren mußten. Zur gleichen Zeit konnte auch eine Meuterei auf dem Panzerkreuzer „Pamjat' Azova" im Keim erstickt werden[93]. Die Autokratie errang

---

90) Vgl. N. Egorov, Kronštadtskoe vosstanie. Rasskaz učastnika. In: Byloe No 4 (26) Oktober 1917 S. 90–99.
91) Vgl. den wohl informativsten Augenzeugenbericht: Daša /Ju. Zjubelevič/, Kronštadt v 1906 godu. (Vospominanija revoljucionerki). Bd. 1–3 Kronstadt o. J. Bd. 3 S. 20, zit. nach Spiridovič, Partija S.-R. S. 263.
92) So Lenins Instruktion laut L. Boguckaja, Očerki po istorii vooružennych vosstanij v revoljucii 1905–1907 gg. M. 1956 S. 205. Vgl. auch: Voenno-boevaja rabota partii bol'ševikov 1903–1917 gg. Pod obšč̌ej red. N. R. Pankratova. M. 1973 S. 125 ff; Derenkovskij, Vseobščaja stačka S. 127 ff.
93) Vgl. Viktor Voennyj, K voprosu o pričinach S. 201 f; Spiridovič, Partija S.-R. S. 260 ff; Ferner: I. V. Egorov, Vosstanija v Baltijskom flote v 1905–1906 gg. v Kronštadte, Sveaborge i na korable ‚Pamjat' Azova'. Sbornik statej. L. 1926; F. Kogan, Kronštadt v 1905–06 gg. M. 1926; I. Kogan, Sveaborgskoe vosstanie 18.–20. ijulja 1906 g. M. 1927; V. N. Sokolov, Sveaborg. Voennoe vosstanie v 1906 godu. M. 1933.

Die Armeeagitation 169

einen leichten und schnellen Sieg, weil der Aufstand isoliert blieb, weil es den Revolutionären nicht gelungen war, ihre Aktionen zu koordinieren, weil — wie Černov nachträglich analysierte — „ein *strategischer Plan*" und eine „*zentrale Führung*" fehlten[94].

Als Lehre aus diesen Ereignissen dürfte zu werten sein, wenn sich die sozialrevolutionäre Militäragitation in der Folgezeit vor allem darum bemühte, den Kreis ihrer Adressaten zu erweitern. Laut Michalevič konnte das Ziel der Arbeit vorerst noch nicht in der Heranziehung bewußter Revolutionäre, sondern lediglich in *allgemeiner* Politisierung der Streitkräfte bestehen. „Tiefenwirkung" sollte weitgehend hinter der „Breitenwirkung" zurücktreten. Nur auf diesem Wege schien es ihm auch möglich, verstärkt auf das Offizierskorps einzuwirken, ohne dessen Mitarbeit — dies hatte der gescheiterte Aufstandsversuch ebenfalls gezeigt — eine gezielte Aktion der revolutionären Truppenteile nicht durchgeführt werden konnte. Als Instrument dieser nicht eigentlich neuen, aber nunmehr forcierten „überparteilichen", weitgehend *legalen* Strategie gründete Michalevič im Herbst 1906 den „Allrussischen Bund der Offiziere" (Vserossijskij Oficerskij Sojuz), der bereits im Dezember zu einer ersten Gesamtkonferenz zusammentrat, und kurz darauf den „Allrussischen überparteilichen Soldaten- und Matrosenbund" (Vserossijskij bespartijnyj sojuz soldatov i matrosov)[95]. Beide Organisationen wurden faktisch von der PSR kontrolliert, knüpfte doch das CK seine Zustimmung zu der neutralen Fassade ausdrücklich an die Auflage, daß die „Anwesenheit anderer Parteien" verhindert werden müsse[96]. Dementsprechend stammten auch die nicht geringen Finanzmittel der Bünde, die hauptsächlich in publizistische Unternehmen investiert wurden, aus der zentralen

94) Viktor Voennyj, K voprosu o pričinach neudač S. 203. Zu einem ähnlichen Urteil kamen die meisten sozialrevolutionären Augenzeugenberichte über den Aufstand in Sveaborg (Archiv PSR 681/I). So sah ein Teilnehmer die Ursache des Mißerfolges darin, „daß die Erhebung spontan begann, weil sie /die Matrosen, M. H./ ihren Haß nicht zügeln konnten". Andererseits wurde aber auch die Unentschlossenheit der Sozialdemokraten verantwortlich gemacht und behauptet: „Wenn das CK der Sozialdemokratie diese Taktik /des Aufstandes, M. H./ nicht gebremst hätte und wirklich revolutionär gewesen wäre, dann wäre der Aufstand anders ausgegangen."
95) Vgl. „Jan". In: Za narod No 54 (März 1913) S. 5—6; Pervyj s-ezd Vserossijskogo Oficerskogo Sojuza. In: PI No 4 (5. Januar 1907) pribavlenie S. 2; Ob oficerskom sojuze i o rabote sredi oficerov, Archiv PSR 456; Proekt programmy Oficerskogo Sojuza. In: Volja No 92 (13. Januar 1907) S. 15—16. — Ustav Vserossijskogo Sojuza Soldat i Matrosov, Archiv PSR 700. Für „Überparteilichkeit" plädierten auch zwei Statuten einer „Militärorganisation" in: PI No 7 (30. März 1907) S. 10—11; Volja No 95 (21. Januar 1907) S. 14—15. — Vgl. ferner: S. Mstislavskij, Iz istorii voennogo dviženija (Po ličnym vospominanijam). „Oficerskij" i „Boevoj" Sojuzy. 1906—1908 gg. In: KiS No 6 (55) 1929 S. 7—31. Der Verfasser war Herausgeber der Zeitung des Offiziersbundes: Voennyj Sojuz. Organ severnogo organizacionnogo komiteta Oficerskogo Sojuza. SPb. No 1—2 (Dezember 1906), fortges. als: Narodnaja Armija. Izd. Vserossijskogo Oficerskogo Sojuza. SPb. No 1—7 (1907).
96) So ein Vertreter des Organisationsbüros auf einer Konferenz von Militäragitatoren in Moskau, Februar 1907: Protokoly Moskovskogo s-ezda voennych rabotnikov, Archiv PSR 700.

Kasse der PSR[97]. Es zeigte sich jedoch schon sehr bald, daß die „überparteiliche" Agitationsweise große Nachteile mit sich brachte, so daß man nach neuen Wegen suchen mußte.

Das mag die völlige Kehrtwende der sozialrevolutionären Taktik im militärischen Bereich erleichtert haben, die der dritte Parteirat im Juli 1907 als Reaktion auf die Auflösung der zweiten Duma vollzog. Obgleich die Parteiführer, wie erwähnt, hatten einsehen müssen, daß sich die Bauernschaft nicht erheben würde, wollten sie den Staatsstreich nicht einfach hinnehmen. Man bemühte sich daher mit allen Mitteln, einen Aufstand doch noch herbeizuführen. Da als dessen Träger und Initiator unter den gegebenen Umständen einzig die Armee in Betracht kam, entschied sich die Konferenz entgegen der bisherigen Taktik, isolierte Putschversuche und Meutereien einzelner Truppenteile zu billigen und sogar anzuspornen. „Im militärischen Bereich", begründete ein programmatischer Artikel diese unvermutete Neuerung, „sind die sogenannten ‚Teilaufstände' unausweichlich. Wenn man Erhebungen nicht organisieren kann, dann werden sie trotzdem spontan ausbrechen, mit schlechteren Resultaten und vielleicht sogar mit großen Opfern"[98]. Wenngleich in den Diskussionen des Parteirates auch zahlreiche besonnene Stimmen laut wurden[99], die zwar zur Unterstützung, nicht aber zur Inszenierung von Einzelaktionen rieten, trug die Schlußresolution eine eindeutig militante Handschrift. „Die Verstärkung der . . . Arbeit auf diesem Gebiete /der Armeeagitation, M. H./", formulierte sie unmißverständlich, „darf in den Fällen, wo die revolutionäre Stimmung der Soldaten spontane Erhebungen erwarten läßt und wo Organisation und ein ausgearbeiteter Plan ernsthafte Aussichten auf einen wenn auch lokalen und temporären, so doch großen Erfolg eröffnen, auch nicht vor bewaffneten Einzelaufständen zurückschrecken"[100]. Bewußt nahm die Konferenz damit das Risiko von Fehlschlägen in Kauf, ja provozierte sie geradezu, weil die revolutionäre Bewegung im Unterschied zum Sommer 1906 bereits abgeebbt war.

Hatte die sozialrevolutionäre Führung eben diesen Tatbestand in blindem Starrsinn und realitätsfernem Zweckoptimismus durch ihre taktische Neubesinnung Lügen strafen wollen, so mußte sie sich bald eines Besseren belehren lassen. Zwar begrüßte die Parteibasis die neue Handlungsfreiheit überschwenglich und beinahe einmütig. Aber alle Versuche, sie zu nutzen, endeten in einem Fiasko und richteten großen Schaden an. So wurde eine sozialrevolutionär beeinflußte Pioniereinheit in Kiev, die sich noch im Juni 1907 unter dem frischen Eindruck der Dumaauflösung erhob, bereits nach wenigen Stunden zur Aufgabe gezwungen. Nicht nur fehlte, wie ein parteiinterner Bericht selbstkritisch analysierte, auch hier ein „ausgearbeiteter

---

97) Mstislavskij, Iz istorii voennogo dviženija S. 20.
98) Čto že teper'? In: ZT No 1 (1. Juli 1907) S. 11.
99) Vgl. Materialy III-go soveta partii (8.–11. Juli 1907), Archiv PSR 679; ähnlich: Protokoly konferencii voennych rabotnikov Baltijskogo flota. 31. Juli 1907, Archiv PSR 700.
100) Pamjatnaja knižka I S. 68.

Aufstandsplan", sondern man hatte vor lauter spontaner Entrüstung außerdem die Begrenztheit der eigenen Kräfte einfach „vergessen" und „nur losschlagen und der Regierung antworten" wollen[101]. Ähnliches galt im Prinzip für eine Rebellion in Vladivostok im Oktober, obgleich die Empörer hier zahlreicher waren und immerhin einige Tage für Unruhe sorgen konnten[102].

Näher verdient eine Erhebung betrachtet zu werden, die im September 1907 in Sevastopol' stattfand, da sie unter unmittelbarer Beteiligung des CK der PSR geplant wurde und somit als Exempel der sozialrevolutionären Armeeagitation und Aufstandstaktik in der Schlußphase der Revolution gelten kann. Getreu den Beschlüssen des dritten Parteirates, so schilderte der Bevollmächtigte des Zentralen Militärbüros in Sevastopol' den Hergang[103], habe das CK im Juli eine allgemeine „carte blanche" für lokale Erhebungen ausgegeben und das CVB ihn ermächtigt, auch den strategisch bedeutsamsten Kriegshafen im Schwarzen Meer „zum Einzelaufstand vorzubereiten". Dem Emissär der Parteispitze, wohl G. I. Glinskij [104], kam dabei zupaß, daß das sozialrevolutionäre Komitee von Sevastopol' mit der örtlichen Kampfbrüderschaft im Streit lag, da diese bereits zur Rebellion aufrief, jenes aber an der ihm einzig bekannten taktischen Linie der Partei, dem Verbot isolierter Aktionen, festhielt. Aus Mitgliedern der Brüderschaft bildete der Beauftragte einen Vorbereitungsausschuß, der vom CVB die alleinige Befugnis erhielt, „das Banner des Aufstandes zu erheben", wenn ihm die Situation reif erscheine. Gegen den vereinigten Widerstand der lokalen Parteiführung, des sozialrevolutionären Arbeiterbundes von Sevastopol' und des Bevollmächtigten des CK[105] beim Oblastkomitee Südrußlands, die allesamt die Revision der alten Strategie als unverantwortlich betrachteten, bestand der Ausschuß auf seinen Plänen und leitete eine Meuterei in den Garnisonen in die Wege. Die Opponenten beschlossen daraufhin, sich mit der Bitte um Aufklärung an das CK zu wenden. Das erübrigte sich jedoch, als drei weitere Abgesandte des Zentralen Militärbüros in Sevastopol' erschienen, die erneut Spezialvollmachten des CK bei sich führten und den Aufstandswilligen endgültig den Weg freimachten. Zwei sozialrevolutionäre Offiziere aus Odessa, die man als strategische Berater hinzugezogen hatte, prophezeiten dem Unter-

---

101) Vgl. Vosstanie saper v Kieve 1907 g., Archiv PSR 83.
102) Vgl. dazu: Izvlečenie iz doklada C.K.-tu PSR o Vladivostokskom vosstanii v oktjabre 1907 goda, Archiv PSR 171; S. E. Lifšic, Voennoe vosstanie vo Vladivostoke 16.–17. oktjabrja 1907 g. In: KiS 20 (1925) S. 102–122.
103) Vgl. zum Folgenden: Dokladnaja zapiska Central'nomu Komitetu PSR o popytke k vooružennomu vystupleniju v Sevastopole v sentjabre 1907 g., Archiv PSR 553/II. Ferner: Aleksandrov, Dva narodnych geroja. In: Za Narod No 36 (Januar 1910) S. 9–12; Sevastopol'skie geroi. In: Za Narod No 41 (Juli 1911) S. 5–7; Maksimov, Popytka vosstanija v Sevastopole v noč. s 14 na 15 sentjabrja 1907 goda (Vospominanija oficera). In: Byloe 3 (25) September 1917 S. 15–32.
104) So Spiridovič, Partija S.-R. S. 398. Zu Glinskij: Pis'ma G. I. Glinskogo, Archiv PSR S. 702–704.
105) Zu dieser Institution s. u. S. 208 f.

nehmen einen völligen Fehlschlag. Der Arbeiterbund sowie das örtliche Parteikomitee verweigerten jegliche Hilfeleistung, und auch die Stimmungsberichte aus den Kasernen gaben wenig Anlaß zu Optimismus. Von alledem ließ sich der Vorbereitungsausschuß indes wenig beeindrucken. Im Alleingang beschloß er auf Anraten der Abgesandten der Parteizentrale — die allein über die Hälfte der Stimmen verfügten —, einen Aufstand zu wagen: Vor der Alternative, die „relativ /!/ revolutionäre Stimmung" nicht zu nutzen, erläuterte der Berichterstatter wörtlich, oder „va banque zu spielen", habe man sich für das letztere entschieden. Die Erhebung wurde im Keim erstickt und scheiterte kläglich, wie die Berater vorausgesagt hatten.

Den Einsichtigen, denen die Intervention des CK die Hände gebunden hatte, blieb lediglich, post festum bei der Parteispitze energisch zu protestieren und ihr die Folgen der Katastrophe vorzuhalten: „eine fürchterliche Demoralisierung", Arreste und bittere Feindseligkeit der Soldaten gegenüber der PSR. Die Organisation, klagten sie, liege in Trümmern, man müsse „völlig neu" anfangen. An alledem aber trage allein die Parteiführung Schuld: weil „der Vertreter des Zentralen Militärbüros und die übrigen Bevollmächtigten wenig" getan hätten, um den Aufstand „ideell und praktisch" vorzubereiten; weil sie „unzureichend über die Stimmung der soldatischen Massen informiert" gewesen seien und „von sich aus nichts" getan hätten, „um sich damit bekannt zu machen"; weil „unter den Soldaten nie eine organische Arbeit" geleistet worden und die „Masse" in den Garnisonen „daher nicht organisiert" gewesen sei. Mit Nachdruck verwahrte sich das Komitee von Sevastopol' außerdem dagegen, daß es vom CK entgegen dem Geist der Parteistatuten übergangen worden und die Rebellion gegen seinen Willen angezettelt worden sei. Als Fazit ließ es sich schließlich nicht entgehen, die Parteiführung an die revolutionäre Binsenwahrheit zu erinnern, die bis zum Juli 1907 auch in der PSR beherzigt worden sei: daß ein bewaffneter Aufstand nur „in einer Atmosphäre des intensiven Klassenkampfes" entstehen und „nicht willkürlich auf Initiative einzelner Gruppen oder Organisationen hervorgerufen" werden könne. Man halte das Geschehen daher für „einen groben Verstoß gegen die Prinzipien des sozialistischen Kampfes und die Grundlagen der Parteitaktik"[106].

Bilanz zu ziehen aus den Erhebungsversuchen seit Juni 1907 oder, was auf dasselbe hinauslief, die Scherben der sozialrevolutionären Agitation in Heer und Flotte einzusammeln, war die Aufgabe einer Konferenz der

---

106) Doklad o vooružennom vosstanii, Archiv PSR 553/II. Nicht minder deutliche Kritik am Verhalten des CK wurde insbesondere auf dem fünften Parteirat im Mai 1909 geübt. Das CK, bemängelte ein Delegierter, habe einen „unfähigen Beauftragten" nach Sevastopol' gesandt und „einen sehr großen Fehler begangen", indem es ein so „unsinniges" Unternehmen guthieß. Demgegenüber gab das CK-Mitglied N. D. Avksent'ev dem Bevollmächtigten die Schuld, da dieser nur Order gehabt habe, die Lage zu sondieren, nicht aber einen Aufstand anzuzetteln. Ähnlich wies Černov wie schon auf der Londoner Gesamtkonferenz der PSR im August 1908 die Vorwürfe aus Sevastopol' als übertrieben zurück. Vgl.: Stenografičeskie otčety 11-go zas. V-go soveta P.S.-R. (6. Mai 1909), Archiv PSR 792 S. 17—20; Protokoly 1908 S. 63.

„Militärarbeiter", die im November 1907 stattfand. Ihre Ursachenforschung bestätigte die Analyse des Sevastopoler Komitees und beklagte ein weiteres Mal die Mißstände, die man bereits ein Jahr zuvor, nach dem Debakel von Kronstadt, angeprangert hatte: Überschätzung des revolutionären Engagements der Massen; fehlende Eigeninitiative und „mangelndes intellektuelles" wie „moralisches Niveau" der verantwortlichen Parteimitglieder; gravierende Defekte der propagandistischen Tätigkeit in der Armee und, nicht zuletzt, „Unzulänglichkeiten der Parteiorganisation allgemein" wie „Abgeschnittenheit vom Zentrum". Nicht allein in eigenen Versäumnissen machten die Konferenzteilnehmer die Gründe für ihre Erfolglosigkeit aus, sondern nicht minder in Defiziten der *gesamten* Parteiarbeit und -struktur[107].

Daß agitatorische Fehlleistungen aufs engste mit organisatorischen Mißständen zusammenhingen, war auch die Lehre, die das Organisationsbüro der PSR aus den Aufstandsversuchen zog. Schon lange war ihm die Sonderstellung des Zentralen Militärbüros ein Dorn im Auge gewesen. Nun sah man die Zeit gekommen, sie endgültig zu beseitigen. Die Armeepropagandisten, begründete das OB, hätten ihre eigenen lokalen Gruppen aufgemacht und sich der Aufsicht der örtlichen Komitees entzogen. Das habe zu einer unzulässigen Verselbständigung und zu Konflikten geführt, zumal das finanziell autonome CVB seine Handlungen „in keiner Weise" mit der Parteizentrale koordiniert und die „Ideologie von der Autonomie der militärischen Initiativen" bewußt gefördert habe. Zur Abhilfe schlugen die Delegierten der Parteiführung vor, das Zentrale Militärbüro analog zu den Leitungsgremien der Arbeiter- und der Bauernagitation dem Organisationsbüro anzugliedern und die Armeepropagandisten den jeweiligen Lokalkomitees zu unterstellen. Obgleich dessen Weisungsbefugnis ausdrücklich auf allgemeine Parteiangelegenheiten beschränkt werden, die Militäragitatoren auf ihrem speziellen Arbeitsfeld also weiterhin Autonomie genießen sollten, mochte die überwältigende Mehrheit der Konferenzteilnehmer solche Pläne nicht akzeptieren. Stattdessen beharrte sie, durchaus im Widerspruch zu ihren Klagen über die mangelnde Koordination zwischen den Parteigremien, auf ihrem Sonderstatus und verlangte im Gegenzug sogar eine formell separate, demokratisch gewählte eigene Organisation. Das OB gab jedoch nicht nach und setzte eine Resolution nach seinen Vorstellungen durch[108].

107) Soveščanie CK-ta s gruppoj voennych rabotnikov (November 1907), Archiv PSR 758/6 (identisch mit: Častnoe soveščanie CK-ta i gruppy voennych rabotnikov . . . , Archiv PSR 700); vgl. dazu einen Brief v. 15. November 1907, Archiv PSR 200. Als wenig zufriedenstellend wurde der Zustand der sozialrevolutionären Militäragitation auch auf anderen Konferenzen in der zweiten Jahreshälfte 1907 bezeichnet. Vgl.: Protokoly konferencii voennych rabotnikov Baltijskogo flota (31. Juli 1907); Častnoe soveščanie predstavitelej Vyborgskoj, Peterburgskoj, Kronštadtskoj i Revel'skoj Voennych Organizacij P.S.-R. (2. August 1907); Častnoe soveščanie voennych rabotnikov (7. Oktober 1907) und weitere Dokumente in: Archiv PSR 700.

108) Soveščanie CK-ta s gruppoj voennych rabotnikov, Archiv PSR 758/6. Noch auf dem fünften Parteirat 1909 rief dieses Vorgehen der Parteiführung erregte Debatten hervor und wurde das CK beschuldigt, das CVB in einem „autoritären" Handstreich liquidiert zu haben. Vgl. Stenogr. otč. 11-go zas. V-go soveta, Archiv PSR 792 S. 19.

Die Konferenz unterzog auch die Taktik der sozialrevolutionären Arbeit in der Armee einer eingehenden Revision. Man beschloß, den bisher untersagten „Militärterror" als „eines der Mittel des revolutionären Kampfes gegen die ärgsten und schädlichsten Vertreter der zaristischen Staatsmacht"[109] nunmehr zuzulassen. Bedenken, daß man mit solchen Gewaltakten die ohnehin schwachen revolutionären Zellen im Heere gefährde, wurden zugunsten des Arguments, daß Terror „zur Initiative erziehe" und die „Hypnose der Disziplin" durchbreche, zurückgestellt. Freilich wagten die Delegierten nicht, den Soldaten selbst die Entscheidung über die Anschläge anzuvertrauen, sondern übertrugen sie den jeweiligen Lokalkomitees bzw., wenn möglich, dem Oblastkomitee. Mochte man damit auch blindwütigen, politisch sinnlosen Terrorismus zu unterbinden suchen, so dokumentiert doch die Billigung gewaltsamer Methoden, daß die PSR immer noch hoffte, die negative Bilanz ihrer Militäragitation durch größere Militanz aufbessern zu können.

Zugleich versuchte man, die begrenzten Kräfte gezielter als bisher einzusetzen. Unter den Konferenzteilnehmern herrschte kein Zweifel, daß das Experiment einer legalen, „überparteilichen" Arbeit unter Soldaten und Matrosen gescheitert war. Es hatte sich erwiesen, daß man mit einem allgemein demokratischen Programm, mit Forderungen nach Einberufung einer Konstituierenden Versammlung und Gewährung bürgerlicher Freiheitsrechte, zwar eine inhaltlich diffuse Politisierung bewirken, aber kein revolutionäres Engagement erzeugen konnte. Größer als der Nutzen solcher Tätigkeit, warnte eindringlich ein Delegierter, seien ihre schädlichen Folgen: nämlich „Kurzlebigkeit der Organisationen, von denen nach Verhaftungen keine Spur" bleibe, „eine sich der Berechenbarkeit und der Einflußnahme durch die Partei entziehende Spontaneität der Bewegung" und „die Entmutigung nach Mißerfolgen". Anders charakterisierte derselbe Redner dagegen in einem für die PSR wenig schmeichelhaften Vergleich die Militäragitation der Sozialdemokraten: Da diese „ausschließlich die Heranziehung bewußter Parteigruppen unter der Soldatenmasse" anstrebten, gehe „ihre Arbeit in die Tiefe". Deshalb höre, „wie sehr auch immer die sozialdemokratischen Parteiorganisationen in Mitleidenschaft gezogen" würden, „die Arbeit unter den Soldaten nicht auf", sondern werde „von den Soldaten selbst weitergeführt"[110]. Aufgrund dieser Einsicht gingen auch die sozialrevolutionären Propagandisten in der Armee seit Herbst 1907 dazu über, nur noch parteispezifische Inhalte zu vermitteln[111]. „Tiefenwirkung" und die Rekrutierung bewußter Kader sollten nun „Breitenwirkung" ersetzen, man wollte lieber

---

109) Vgl. diese Definition in: Protokoly Moskovskogo s-ezda voennych rabotnikov (1. Februar 1907), Archiv PSR 700.
110) Soveščanie CK-ta s gruppoj voennych rabotnikov, Archiv PSR 758/6.
111) Vgl. den entsprechenden Beschluß des 5. Parteirats 1909: Pamjatnaja knižka I S. 44 f. In der Diskussion hatten sich freilich auch Verfechter der „überparteilichen" Agitation zu Wort gemeldet: Stenogr. otč. 9-go, 11-go zas. V-go soveta, Archiv PSR 792.

weniger, aber bessere Revolutionäre heranziehen. Dem mochte auch Černov zugestimmt haben, sah er doch rückblickend die entscheidende Ursache für das Scheitern der bewaffneten Erhebungen während der Jahre 1905–1907 in der Unkenntnis der Akteure selbst. Als Männer des Wortes, als Theoretiker und Intellektuelle ohne militärische Erfahrung – und dieser Vorwurf richtete sich nicht zuletzt an die PSR selbst – hätten sich die Revolutionäre unfähig gezeigt, den Unruhen einen planmäßigen Ablauf und eine straffe Führung zu geben. „*Einen Aufstand*" aber, so faßte Černov seine kritische Revue mit Blick auf die Zukunft zusammen, müsse „*man organisieren*"[112]. Freilich war es 1907 bereits zu spät, um diese Lehre zu beherzigen und die neue Form der konzentrierten Agitation zu erproben, weil revolutionäre Arbeit in der Armee, welcher Art auch immer, kaum mehr betrieben werden konnte.

5. Boykott aus Prinzip: die Haltung der PSR zur Staatsduma

Als Partei, die die sofortige sozialistische Revolution auf ihre Fahnen schrieb und die militanteste Taktik unter den revolutionären Gruppen verfolge, stand die PSR konstitutionalistischen Konzessionen des alten Regimes äußerst skeptisch gegenüber. Zumal eine Volksvertretung mit beschränkten Kompetenzen, die die Machtvollkommenheit der Autokratie nicht ernstlich beeinträchtigen konnte, muße ihr als ein Hohn auf die Ziele erscheinen, die sie tatsächlich verfolgte, und als ein bloßes Ablenkungsmanöver, das die Kapitulation der alten Ordnung hinauszögern sollte. Statt die knappen Kräfte im scheinkonstitutionalistischen Spiel zu vergeuden, zogen es die Sozialrevolutionäre daher zunächst allemal vor, die Revolution voranzutreiben.

Das machte bereits die erste einschlägige Stellungnahme der PSR aus Anlaß der Bulyginschen Duma im August 1905 unmißverständlich klar, hatte man doch für dieses Projekt, das einer rechtlosen Travestie auf die Idee des Parlamentarismus in der Tat sehr ähnlich sah, nur Spott und Hohn übrig. Man decouvrierte das Vorhaben als eine „Verfälschung des Volkswillens" und empfahl den totalen Boykott. „An diesen Wahlen teilzunehmen" begründete die „Revoljucionnaja Rossija", „würde für die Partei bedeuten, sich zu kastrieren". Um der Autokratie den wirklichen Volkswillen vor Augen zu führen, rief das Zentralorgan außerdem dazu auf, in den Dörfern und „volosti" Protestversammlungen, d. h. einen sogenannten „aktiven" Boykott zu organisieren[113].

112) Viktor Voennyj, K voprosu o pričinach neudač S. 225, gesp. i. Or.
113) Vnešnij mir i vnutrennjaja vojna. In: RR No 73 (15. August 1905) S. 1–5, Zitat S. 4; Ešče o Gosudarstvennoj Dume. In: RR No 76 (15. Oktober 1905) S. 1–6. – Zur Bulyginschen Duma vgl.: M. Szeftel, The Legislative Reform of August 6, 1905 (The „Bulygin Duma"). In: Mélanges Antonio Marongiu. Etudes présentées à la Commission Internationale pour l'histoire des assemblées d'états. Palermo 1967 S. 137–183; Ivanov, Bojkot Bulyginskoj Dumy.

Auch die neue Duma, die das Oktobermanifest des Zaren angekündigt hatte, betrachteten die Sozialrevolutionäre mit äußerster Zurückhaltung. Wenngleich sie erheblich größere Rechte genießen sollte als ihre verkrüppelte Vorgängerin, galt sie den meisten Delegierten des ersten Parteitages ebenfalls nur als ein Spielball der Autokratie. Die Revolution, argumentierte man ungeachtet der Niederlage vom Dezember, habe es nicht nötig, Brosamen vom Tische der alten Herrschaft anzunehmen. Einstimmig wurde daher eine Resolution verabschiedet, die nicht nur zum abermaligen Boykott aufrief, sondern entgegen den wortreichen Ausführungen Černovs sogar darauf verzichtete, zur Agitation gegen die Duma aufzurufen. Selbst darin erblickte der Parteitag einen Kniefall vor der zaristischen Regierung und einen Verrat an den eigenen Prinzipien[114]. Nicht die umsichtige Taktik des anerkannten theoretischen Führers der Partei fand Unterstützung, sondern jener blindwütige Extremismus, der aus Minors bezeichnendem Ausruf sprach: „Möge sie /die Duma, M. H./ erzfaschistisch /archičernosotennaja/ sein, mögen dort nur Schurken sitzen; das ist besser für uns, weil es dann keine Illusionen geben kann"[115].

Wie sich bald herausstellte, beherrschten nicht die Rechten und die Schwarzhunderter[116] die erste Staatsduma, sondern die Kadetten, denen auch die Sozialrevolutionäre zu dieser Zeit trotz vieler Vorbehalte nicht die Qualität einer oppositionellen Gruppierung absprachen. Da man diese Volksvertretung auf keinen Fall als serviles Erfüllungsinstrument der Autokratie und Komplizin des Unrechtsstaates denunzieren konnte, geriet der Boykottbeschluß ins Wanken. Vollends wurde ihm der Boden entzogen, als sich herausstellte, daß gerade die Bauernschaft entgegen den gemeinsamen Aufrufen der PSR und des Allrussischen Bauernbundes zu den Wahlurnen gedrängt hatte. Die sozialrevolutionäre Führung hatte allen Anlaß, sich der energischen Schelte zu erinnern, mit der die größte Autorität der Partei, Geršuni selbst, die Entscheidung vom Januar kommentiert hatte. „Voller Befremden", schrieb er im Februar 1906 aus Sibirien, habe er die Boykottlosung zur Kenntnis genommen. Eine völlige Ignorierung der Duma sei anarchistisch; „wenigstens" hätte man eine „breite und energische" Agitation gegen das zaristische Betrugsmanöver durchführen müssen[117].

114) Vgl. Protokoly 1906 S. 10 ff, bes. S. 16, 22 ff.
115) Protokoly 1906 S. 15.
116) Vgl. zu dieser rechtsradikalen, partiell präfaschistischen Bewegung: H. Rogger, The Formation of the Russian Right, 1900—1906. In: Californian Slavic Studies 3 (1964) S. 66—94; ders., Was there a Russian Fascism? The Union of Russian People. In: JMH 36 (1964) S. 398—415; D. C. Rawson, The Union of the Russian People, 1905—1907: A Study of the Radical Right. Ph. D. Diss. Washington 1971.
117) Brief von G. A. Geršuni, 23. Februar 1906, ZP No 4552 f. 2. Diese Meinung hinderte Geršuni allerdings nicht daran, eine unversöhnliche Politik gegenüber der ersten Duma zu fordern. Man müsse, schrieb er im Sommer an Černov, „eine Reihe von Gesetzesentwürfen radikalster Art" einbringen und insbesondere die Kadetten „anfallen", nicht bloß „kritisieren", wenngleich man auf einen offenen „Konflikt" noch „nicht vorbereitet" sei. Vgl. einen Brief Geršunis an V. M. Černov v. 7. Mai 1906, ZP No 4552 f. 2.

Der veränderten Situation versuchte der erste Parteirat im Mai 1906 gerecht zu werden. Jedoch gab es keine Möglichkeit, den Fehler sofort zu korrigieren, da der Eintritt in die Duma versperrt war. Man konnte sich lediglich darum bemühen, mit der verwandten Gruppe der Trudoviki[118] engeren Kontakt aufzunehmen, um auf diese Weise doch noch, wenngleich nur vermittelt, am Geschehen im Parlament teilzuhaben und von seiner agitatorischen Wirkung zu profitieren. Faktisch lief diese Empfehlung auf eine Annullierung des Parteitagsbeschlusses hinaus. Mochte der Parteirat das auch verbal leugnen, so gestand er die taktische Neuorientierung doch indirekt ein, wenn er der Duma nunmehr ausdrücklich bescheinigte, „rein proletarische und der werktätigen Bauernschaft zugehörige Elemente" in sich zu haben[119].

Die Chance zur offiziellen und vollständigen Revision der verfehlten Strategie kam, als der Zar die erste Duma im Sommer 1906 auflösen und Neuwahlen ausschreiben ließ. Um die schwerwiegende Entscheidung von einem repräsentativen Parteigremium diskutieren und fällen zu lassen, beraumte die sozialrevolutionäre Führung für Oktober eine weitere Parteiratssitzung an, auf der acht Oblastdelegierte, je ein Abgesandter aus Moskau und St. Petersburg sowie fünf Mitglieder des CK vertreten waren[120]. Das Meinungsbild in der Partei schien eindeutig. Ein Referendum, das freilich nur mit mäßiger Beteiligung durchgeführt werden konnte, hatte ergeben, daß die Sozialrevolutionäre des Süd-, Nord-, Nordwest- und Zentraloblasts, Moskaus, St. Petersburgs und des Kaukasus für und nur die der Ukraine gegen eine Beteiligung an den Dumawahlen plädierten. Im Ural und im Wolgagebiet zeigte man sich unentschieden. Die Parteiratsdebatten offenbarten jedoch, daß dieses Resultat die tatsächliche Stimmung in der Partei nur unzulänglich wiedergab und der Sieg der Einsichtigen und Kompromißbereiten in Wirklichkeit erheblich bescheidener ausfiel. Denn die Behauptung einiger Delegierter blieb unwidersprochen, daß sich die Partei in der Dumafrage in zwei Lager gespalten habe, deren Trennlinie eine soziale sei: Die Mehrheit der Mitglieder, d. h. die Arbeiter- und Bauernschaft und die „Organisationen niederer Ordnung (Arbeiterbünde, Bauernkomitees)", votiere „fast überall" gegen einen Boykott, die lokalen Parteiführer aus der Intelligenz dagegen würden ebenso geschlossen auf der alten Position beharren[121].

118) Dazu: D. A. Kolesničenko, Agrarnye proekty Trudovoj gruppy v I-oj Gosudarstvennoj Dume. In: IZ 82 (1968) S. 40–88; dies., Vozniknovenie i dejatel'nost' Trudovoj gruppy. In: ISSSR 1967 H. 4 S. 76–89; dies., K voprosu o političeskoj èvoljucii trudovikov v 1906 g. in: IZ 92 (1973) S. 84–108. – Zur ersten Duma: S. M. Sidel'nikov, Obrazovanie i dejatel'nost' pervoj Gosudarstvennoj Dumy. M. 1962.
119) Pamjatnaja knižka I S. 56.
120) Zum Folgenden: Protokoly /vtorogo/ Soveta Partii Socialistov-revoljucionerov (26.–30. Oktober 1906); Vtoroe sobranie Soveta P.S.-R. Izvlečenie iz protokolov, Archiv PSR 489.
121) Vgl. Sovet partii o Gosudarstvennoj Dume. In: Trud No 5 (November 1906) S. 3 sowie die Protokolle des zweiten Parteirats in Archiv PSR 489. – Teilergebnisse des Referendums aus dem Zentralen Industriegebiet finden sich verstreut in: Archiv PSR 169, 193, 676, 127, 763; eine Zusammenfassung s. in: PI No 4 (5. Januar 1907) S. 10.

Daraus leiteten die Dumagegner sogar die Drohung ab, daß die Partei zerfallen werde, wenn sich der Parteirat zugunsten einer Wahlteilnahme ausspreche. Mochte das auch übertrieben sein, so traf doch ohne Zweifel zu, daß eine legale Taktik vielen aktiven Untergrundkämpfern nach wie vor als Verstoß gegen die unverzichtbaren Grundsätze, als Sakrileg der revolutionären Politik galt. Beispielhaft hatte Breškovskaja noch im September 1906 behauptet: „Die Partei kann *aus Prinzip* nie in die Duma gehen"[122]. Auf der anderen Seite erklärten die Dumabefürworter das Problem für eine Angelegenheit *taktischer* Opportunität und eine Pflicht gegenüber der Parteibasis. Weil „die Masse eine Teilnahme" bejahe, argumentierten sie, müsse die PSR sich wie die übrigen revolutionären Parteien bemühen, die Duma als Agitationstribüne zu nutzen. Lakonisch warnte der Delegierte des Südoblast: „Wenn wir die Boykottaktik annehmen, dann können wir den Laden dicht machen"[123]. Die Konferenz schloß sich dieser Meinung an und entschied mit dreizehn gegen zwei Stimmen für ein weiteres Experiment mit legaler Politik.

Allerdings beeilte sich der Parteirat, zugleich zu betonen, daß der Kurswechsel die bisherige „Kampftaktik" in keiner Weise beeinträchtige. Als eine „Frage der Zweckmäßigkeit und nicht des Prinzips" lasse er sich vielmehr bruchlos mit dieser vereinbaren. Dies umso eher, als sich die Bevölkerung nach der Erfahrung mit der ersten Duma keinen konstitutionalistischen Illusionen mehr hingebe. Auch und gerade während die Partei von der Dumatribüne aus die Autokratie mit den Mitteln bekämpfe, die diese zugelassen habe, dürfe sie auf revolutionäre Aktionen nicht verzichten. Das müsse sie schon vor den Wahlen beweisen, indem sie trotz der zu erwartenden Verfolgungen, wo immer möglich, eigene Kandidaten durchzusetzen versuche. Wahlblöcke, so legte die Parteiratsresolution fest, seien nur mit verwandten sozialrevolutionären Gruppen der nichtrussischen Nationalitäten wie den armenischen „Dašnakcutjun", der „Armenischen Revolutionären Föderation" (Armjanskaja Revoljucionnaja Federacija) oder der „Grusinischen Partei der Sozialrevolutionären Föderalisten" (Gruzinskaja Partija Socialistov-Federalistov Revoljucionerov) erlaubt. In bezug auf andere Parteien, „so sozialistisch sie auch sein" mochten, sollten nur Absprachen für bestimmte Kandidaten getroffen werden[124]. Intern gab sich die PSR freilich weniger selbstbewußt. Wo die Wahl eines Sozialrevolutionärs nicht gesichert sei, wies etwa das Oblastkomitee des Zentraloblasts seine untergebenen Organisationen an, solle man mit den Trudoviki oder den Sozialdemokraten koalieren, „im äußersten Falle" sogar mit den Kadetten[125]. In der Praxis scheint die PSR eine Zusammenarbeit mit den Liberalen weitgehend vermie-

---

122) Vgl. Pis'mo po voprosu o vyborach vo vtoruju Dumu, Černigov o.D. /ca. Oktober 1906/, Archiv PSR 758/9.
123) Vtoroe sobranie soveta P.S.-R., Archiv PSR 489.
124) Pamjatnaja knižka I S. 57 ff, Zitat S. 57.
125) Oblastn. Komitet Central'noj Oblasti, Anweisung für die Wahlen zur zweiten Staatsduma, Archiv PSR 676.

den zu haben, da sie deren Gesprächsbereitschaft gegenüber der Autokratie zutiefst mißbilligte und Stimmenverluste in der Arbeiterkurie fürchtete. Dagegen fand sie sich zu einem Wahlbündnis mit der RSDRP und den Volkssozialisten bereit, das am 25. Januar 1907 formell besiegelt wurde und unter anderem in St. Petersburg, Nižnij-Novgorod, Perm', Ekaterinoslav, Saratov, Astrachan', Samara,Voronež und Tula zur Bildung von Linksblöcken führte. Daneben gründete das CK gemeinsam mit den Volkssozialisten eine eigene Wahlorganisation, die „Zemlja i Volja", die ein gemäßigteres konstitutionalistisches, bauernfreundliches Programm verkündete und speziell um die Stimmen der liberalpopulistischen Intelligenz werben sollte[126].

Der Wahlkampf selbst ist nur spärlich dokumentiert. Die wenigen verstreuten Bemerkungen vermitteln indes den Eindruck, daß so gut wie keine der sozialrevolutionären Lokalorganisationen der neuen Aufgabe gewachsen war. Die Wahlkampagne verlief in völliger Planlosigkeit und dürfte wenig erfolgreich gewesen sein. Jedenfalls zeigte sich kaum ein Komitee mit seiner Arbeit zufrieden[127].

Die sozialrevolutionäre Führung maß der Dumafrage eine solche Bedeutung zu, daß sie für Februar 1907 noch einen außerordentlichen Parteitag einberief, der die Entscheidung des zweiten Parteirates bestätigen und die Grundzüge der Politik in und außerhalb des Parlamentes festlegen sollte. Allem voran war zu prüfen, ob der neue Kurs mit der Fortsetzung der terroristischen Attentate zu vereinbaren sei. Im Namen des CK plädierte Černov für Konsequenz und empfahl, den politischen Terror, wie schon im Frühsommer 1906 während der ersten Duma, auch für die Dauer der Sitzungsperiode der zweiten Duma auszusetzen. Richtig erkannte er, daß Aktivitäten, die von der Regierung als Kapitalverbrechen eingestuft wurden, die Arbeit der sozialrevolutionären Abgeordneten praktisch unmöglich machen würden. Zum einen sähen diese sich, erläuterte Černov, der beständigen Gefahr ausgesetzt, der Immunität beraubt und verhaftet zu werden; zum anderen würde die unverzichtbare Kooperation mit den übrigen linken Dumafraktionen erschwert, die Attentate ebenfalls ablehnten. Man könne Legalismus und Terrorismus nicht versöhnen[128].

Die Mehrheit der Delegierten ließ sich von dieser Argumentation nicht überzeugen. Trotz der Entscheidung des zweiten Parteirates und trotz einer intensiven Aufklärungskampagne der zentralen Parteipresse[129] betrachtete

---

126) Vgl. Levanov, Iz istorii S. 124, dem zufolge sich in insgesamt 38 Städten Linksblöcke zur Wahl stellten, und Erofeev, Narodnye socialisty S. 54, 57, 59 u. pass. Im Archiv der PSR finden sich, soweit nachprüfbar, außer einem gemeinsamen Wahlaufruf von PSR und RSDRP (No 485) keine Dokumente zu diesem Problem. Zur „Zemlja i Volja" s. Argunov, Azef v partii S.-R., VI S. 198.
127) Vgl. Protokoly 1908 S. 160 sowie Dokumente in Archiv PSR 426, 483, 303.
128) Protokoly PSR 1907 S. 15 ff.
129) Vgl. unter anderem: Naša taktika na vyborach. In: PI No 2 (25. November 1906) S. 3—4; C.K. P.S.-R.: K graždanam. In: PI No 2 (25. November 1906) S. 4—7; K charakteristike našej pozicii v dumskom voprose. In: Trud No 5 (November 1906) S. 2—3; Duma i revoljucija. In: Trud No 6 (Dezember 1906) S. 1—5. Ein vollständiges Exemplar des „Trud" findet sich in Archiv PSR 472.

sie die neue Politik nach wie vor mit äußerster Skepsis. Zwar billigte sie, gezwungen durch die Stimmung der Bauernschaft, das Experiment; aber keineswegs war sie bereit, dem revolutionären, und das hieß für sie vor allem: dem terroristischen Kampf zu entsagen. Wie Ende 1905, als der Übergang zu demokratisch-legaler Organisation zur Debatte gestanden hatte, zeigte die sozialrevolutionäre Parteibasis wenig Bereitschaft zum Risiko, rechnete sie doch damit, daß der zweiten Duma das Schicksal der ersten über kurz oder lang nicht erspart bleiben würde. Die meisten Redner plädierten daher für die Fortsetzung der militanten Taktik: Sie mahnten die Partei, sich auf das unveränderte Kampfziel, den sozialistischen Umsturz, zu besinnen; sie wiesen die künftigen Dumaabgeordneten an, die Regierung zu „entlarven", wo immer dies möglich sei; sie riefen erneut zum Partisanenkrieg auf und, mehr noch, sie stellten erstmals sogar einen Anschlag auf den Zaren zur Debatte, den selbst die PSR bis dahin öffentlich zu diskutieren sich gescheut hatte[130].

Um zwischen dem CK und der radikalen Fronde der Parteitagsdelegierten zu vermitteln, bedurfte es der Autorität des soeben aus Sibirien im Triumphzug durch die USA heimgekehrten Geršuni. Dieser warnte davor, an der Grundsatzentscheidung des zweiten Parteirates zu rütteln. Das „Volk", erinnerte er, habe seine Meinung durch die Teilnahme an den Wahlen zur ersten Duma unmißverständlich kundgetan, und die Parteiführung habe diesem Umstand Rechnung getragen. Wenn aber „die Stimme der organisierten Partei des Proletariats und der Bauernschaft klar und deutlich entscheide", in die Duma zu gehen, dann sei es Aufgabe der „Komitees und zentralen Einrichtungen der Partei . . . , diesen Beschluß auszuführen". In der Terrorfrage dagegen zeigte sich Geršuni versöhnlicher und bot als Kompromiß die Zauberformel an: „Bei einer guten Duma ist auch eine schlechte Bombe eine ungeschickte Sache; bei einer schlechten Duma ist eine gute Bombe eine unausweichliche Sache". Einerseits bestätigte der Parteigründer mit diesem Wortspiel die prinzipielle Notwendigkeit politischer Attentate. Andererseits aber machte er ihre Angemessenheit von der Arbeit des Parlamentes abhängig und empfahl daher, „alle zentralen und lokalen terroristischen Akte" von größerer Bedeutung der „vollständigen Kontrolle" der Partei, d. h. der Leitung des CK, zu unterstellen[131].

Auf der Basis von Geršunis gefeierter Rede wurde die Schlußresolution des Parteitages verfaßt, die von den sozialrevolutionären Dumamitgliedern einen wahrhaft akrobatischen politischen Balanceakt, eine Gratwanderung

---

130) Vgl. Protokoly 1907 S. 15, 21 u. pass. — Ein Brief von „2n + 1" aus Rußland an das Organisationsbüro hatte die Parteiführung auf diese Opposition vorbereitet: „In der Partei", hieß es darin, „gibt es eine sehr starke Strömung, die meint, daß die Entscheidung des /zweiten, M. H./ Parteirates über die Teilnahme an der Duma eine Entscheidung der Oberen, eine der Partei aufgezwungene, sei". Vgl. Archiv PSR 303. Vgl. auch einen Überblick über die Haltung der Lokalorganisationen in: Pered s-ezdom. In: PI No 7 (30. März 1907) S. 5–7; PI No 8 (12. April 1907) S. 5–8.
131) Protokoly 1907 S. 81 ff, Zitate S. 84, 88, 93.

zwischen unverantwortlicher Konfrontationssuche und falscher Kompromißbereitschaft, verlangte. Einerseits sollten sie die Duma nicht gefährden, andererseits aber die Regierung, wo immer möglich, „entlarven" und in gemeinsamer Front mit den übrigen „sozialistischen und linksextremen Parteien" für die wahren Interessen des Volkes eintreten[132].

Die sozialrevolutionäre Fraktion der zweiten Staatsduma bestand aus vierunddreißig Abgeordneten. Im großen und ganzen verfolgten diese eine Politik, die den Anweisungen des außerordentlichen Parteitages entsprach. Sie lehnten den Regierungsetat ab; sie verweigerten ihre Zustimmung zur Rekrutenaushebung, da das Heer „nur der Unterdrückung des eigenen Volkes" diene; sie unternahmen gemeinsam mit den Sozialdemokraten eine Initiative zugunsten von Hilfsmaßnahmen für die von Hungersnöten heimgesuchten Gebiete[133]; und sie wagten es sogar, sich offen zum Terror ihrer Partei als legitimem Mittel des Widerstandes gegen die „Träger von Willkür und Gewalt" zu bekennen[134]. Als Krönung ihrer Tätigkeit brachten sie einen Gesetzentwurf zur Agrarreform ein, der die „Sozialisierung des Grund und Bodens" in Paragraphen faßte und von der PSR allenthalben als ihr konkreter Vorschlag für die Lösung der wirtschaftlichen und sozialen Probleme Rußlands gepriesen wurde. Obgleich er erwartungsgemäß von der Regierung und der Dumamehrheit abgelehnt wurde, konnte er doch dank der Unterstützung durch die Trudoviki immerhin 104 Stimmen auf sich vereinigen[135].

Andererseits aber ließen sich die sozialrevolutionären Deputierten auch zu manchen Kompromissen herbei. So unterstützten sie, um nur zwei wichtige Entscheidungen zu nennen, die Wahl des Kadetten F. A. Golovin zum Dumapräsidenten und verzichteten bei der Beratung der Regierungserklärung auf ein Mißtrauensvotum gegen Stolypin, um keine Auflösungsorder

132) Pamjatnaja knižka I S. 59 ff, Zitate S. 60, 61.
133) Vgl. den „Bericht der Sozial-Revolutionären Fraktion" der zweiten Duma in: Bericht 1907 S. 66 ff, Zitat S. 80. Dazu ferner: Protokoly zasedanij Dumskoj Gruppy Socialistov-revoljucionerov und statistische Daten über die Mitglieder der Fraktion, Archiv PSR 800 b. — Zur zweiten Dume: A. Levin, The Second Duma. A Study of the Social-Democratic Party and the Russian Constitutional Experiment. Hamden/Conn. 1966 (zur PSR knapp S. 37 f); G. Tokmakoff, P. A. Stolypin and the Second Duma. In: SEER 50 (No 118, January 1972) S. 49—62; S. G. Tomsinskij, Bor'ba klassov i partij vo vtoroj gosudarstvennoj Dume. M. 1924.
134) Vgl. die Rede eines Abgeordneten, zit. bei Spiridovič, Partija S.-R. S. 344 f.
135) Der Text ist abgedruckt in: Bericht 1907 S. 93 ff. Dieser Gesetzentwurf ist nicht zu verwechseln mit dem vergleichsweise gemäßigten Projekt einer staatlich bzw. kommunal geregelten Agrarreform, das 104 Abgeordnete der Trudoviki in der ersten Duma einbrachten. Ebensowenig ist er identisch mit dem radikalen, von der Idee einer revolutionären Nivellierung der Landnutzung getragenen „Projekt der 33", das eine sozialrevolutionär gesinnte Gruppe der Trudoviki in derselben Sitzungsperiode vorlegte. Der von der PSR offiziell abgesegnete und der zweiten Duma zur Beratung unterbreitete Gesetzesvorschlag stellte vielmehr einen Kompromiß der beiden vorangegangenen Entwürfe dar, der jedoch insofern eher sozialrevolutionäre Vorstellungen zum Ausdruck brachte, als er im Gegensatz zu den Vorschlägen der Trudoviki die Forderung nach entschädigungsloser Enteignung enthielt. Vgl. dazu Perrie, Agrarian policy S. 174; Kolesničenko, Agrarnye poekty; Levanov, Iz istorii S. 59 ff.

zu provozieren. Kontakt zur Wählerschaft und zur Partei hielt die Fraktion durch zahlreiche Proklamationen und die kontinuierlich erscheinenden „Briefe der Deputierten". Nicht wenige Lokalkomitees der PSR gründeten sogar besondere Periodika für die Berichterstattung über die Duma, ein Indiz dafür, daß das Interesse der Parteibasis an der „Volksvertretung" unvermindert anhielt[136].

Als der Zar die zweite Duma am 3. Juni 1907 schließen ließ, setzte er den legalen Gehversuchen der PSR erneut ein abruptes Ende. Aber auch ohne diesen Willkürakt mußte die Kompromißpolitik, die der zweite Parteirat eingeleitet hatte, als gescheitert gelten. Den Sozialrevolutionären war es, wie Argunov auf der Londoner Gesamtkonferenz im August 1908 in einem kritischen Resümee zugab, „nicht, wie es nötig gewesen wäre", gelungen, die parlamentarische Tribüne zu nutzen[137]. Rein oberflächlich betrachtet, lag das zweifellos an der personellen Zusammensetzung der Dumafraktion. Ihr gehörte nicht ein einziges Parteimitglied von Rang und auch keiner der zahlreichen qualifizierten Sympathisanten aus der breiten populistischen Intelligenzschicht, keiner der bekannteren Literaten und Journalisten, an. Stattdessen ließ sich die PSR durch bestenfalls drittklassige Kräfte vertreten, unter die sich außerdem noch viele „unerwünschte Elemente" gemischt hatten, Personen, von deren politischer Position sich die Partei distanzieren mußte[138]. Dieses kompromittierende und peinliche Mißgeschick aber verweist auf tiefere Ursachen für den geringen Erfolg des parlamentarischen Experiments: auf Versäumnisse der Lokalkomitees im Wahlkampf und in letzter Konsequenz auf das bloß halbherzige Bekenntnis der unteren und mittleren Parteikader zur ‚versöhnlerischen' Politik. Entgegen ihrer eigenen Überzeugung hatten die sozialrevolutionären „intelligenty", die eigentlichen Träger der Organisation und der Aktivitäten an der Basis, der taktischen Kehrtwende, wenn überhaupt, nur zugestimmt, weil ihre Gefolgschaft einen Boykottaufruf nicht beachtet hätte. Dementsprechend gering, so darf man annehmen, war ihr Engagement. Der konspirative Kern der Partei betrachtete die Wahlen als lästige Pflicht, als Nebensache. Ähnliches galt genau besehen, allen anderslautenden Beteuerungen zum Trotz, auch für die obere Parteiebene. Nicht allein bei den Abgeordneten darf man die Schuld dafür suchen, daß die Dumafraktion, soweit ersichtlich, kaum enger mit der Partei verbunden war als Ende 1905 die legalen Populisten.

Unter diesen Umständen ist es nicht verwunderlich, daß die sozialrevolutionäre Führung keinerlei Mühe hatte, die Partei zu einer geschlossenen Front gegen die dritte Duma, diese „ungesetzliche Ausgeburt eines konterrevolutionären Staatsstreichs"[139], zu vereinen. Nach der Wahlgesetzände-

---

136) Vgl. unter anderem: Dumskoe Ècho. Izd. Sevastopol'skogo Komiteta P.S.-R. No 1, 2 (März–April 1907), Archiv PSR 488; Narod i Duma, Izd. Severo-Zapadnogo Oblastnogo Komiteta PSR. No 1 (April 1906), No 2 (April 1907), Archiv PSR 442.
137) Protokoly 1908 S. 160 „Golubev".
138) Vgl. Protokoly 1908 S. 160.
139) Čto že teper'? In: ZT No 1 (Juli 1907) S. 8. – Dazu: A. Levin, The Third Duma, Election and Profile. Hamden/Conn. 1973; ders., June 3, 1907: Action and

rung, die der Autokratie die gewünschte fügsame „Volksvertretung" garantierte, war eine neuerliche Wahlteilnahme für kaum eine Lokalorganisation mehr diskutabel. Auch die politisch „Rückständigsten", stellte der dritte Parteirat mit Befriedigung fest, hätten nun ihre Hoffnungen auf eine evolutionäre Systemveränderung fahren lassen. Einstimmig beschlossen die Delegierten daher, der Duma wieder mit der alten Losung des „aktiven Boykotts" zu begegnen[140].

Durch diesen abermaligen Kurswechsel kehrte die PSR zu einer Strategie zurück, die dem subjektivistischen Grundzug ihrer Theorie und dem radikalen, voluntaristischen Charakter ihrer Praxis zweifellos am ehesten entsprach. Wenn die Sozialdemokratie sich im Gegensatz dazu für einen Verbleib in der Duma entschied[141], dann wurde das nicht zuletzt durch ihre Konzeption einer bürgerlichen Etappe der russischen Revolution ermöglicht, während der die revolutionären Parteien als Minderheit ausharren müßten, bis die Zeit für einen sozialistischen Umsturz gekommen sei. Die sozialrevolutionäre Revolutionsperspektive gewährte ein solches Moratorium nicht. Sie verband den Konstitutionalismus unauflöslich mit wirklicher Demokratie, d. h. mit uneingeschränkter Selbstbestimmung der „werktätigen" Massen. Jede Volksvertretung, die nicht durch die sozialistische Revolution eingesetzt war, mußte daher eine bloße „Operettenduma" sein. Sie durch Wahlteilnahme faktisch anzuerkennen, war gleichbedeutend mit einem Verrat an der sozialistischen Sache, mit „Liquidatorentum". Indem die PSR die Frage, ob Boykott oder Nichtboykott, zum Kriterium für wahrhaft revolutionäre Politik erhob, wies sie ihr trotz gegenteiliger Behauptungen im Grunde doch einen *prinzipiellen* und keinen bloß taktischen Stellenwert zu. Deshalb mußte ihr Dumaauftritt nur ein kurzes Zwischenspiel bleiben.

6. „Kampftaktik" statt Gewerkschaftlerei: die sozialrevolutionäre Arbeiteragitation

Obgleich die PSR der Landbevölkerung in Theorie und Praxis besondere Aufmerksamkeit schenkte, erweist sich die gängige Meinung, daß sie die Partei der Bauernschaft, die Sozialdemokratie aber die der Arbeiterschaft gewe-

---

Reaction. In: A. D. Ferguson, A. Levin (Hrsg.): Essays in Russian History. Hamden/Conn. 1964 S. 231–273; A. Ja. Avrech, Carizm i tret'eijun'skaja sistema. M. 1966; ders., Stolypin i Tret'ja Duma. M. 1968.
140) Materialy tret'ego Soveta partii, Archiv PSR 679; Iz materialov Soveta P.S.-R. in: ZT No 4 (30. August 1907) S. 13–14; Tret'ej Dume – bojkot. In: Trud No 16 (August 1907) S. 1–4.
141) Vgl. Lenins Kritik an der sozialrevolutionären Boykottentscheidung: W. I. Lenin, Wie die Sozialrevolutionäre aus der Revolution Bilanz ziehen und wie die Revolution den Sozialrevolutionären Bilanz zog (1909). In: LW 15 S. 328–343, insbes. 334 ff. – Allgemein zur legalen Taktik der RSDRP nach 1907: R. C. Elwood, Russian Social Democracy in the Underground. A Study of the RSDRP in the Ukraine, 1907–1914. Assen 1974 S. 173 ff.

esen sei, als unzulässige Vereinfachung. Auch die Sozialrevolutionäre gingen davon aus, daß eine Revolution ohne Mitwirkung des städtischen Proletariats erfolglos bleiben mußte und schrieben diesem in der Einheitsfront aller Unterdrückten, die die Autokratie in einem bewaffneten Massenaufstand hinwegfegen sollte, eine unersetzbare Funktion zu. Mehr noch, ihrem sozialen Gehalt nach repräsentierte die PSR eher eine Vorhut der proletarischen als der agrarischen Revolution, entstammte doch die Mehrheit ihrer Mitglieder — ein Paradox, das noch zu erläutern sein wird[142] — der städtischen Arbeiterschaft. Daher entbrannte der Konkurrenzkampf zwischen Sozialrevolutionären und Sozialdemokraten nicht so sehr auf den Dörfern als vielmehr in den *Städten*.

Angeregt durch ausgedehnte Arbeiterunruhen, die im Sommer 1903 den Süden Rußlands ergriffen, kreisten auch die theoretischen Überlegungen der PSR zur Arbeiteragitation vor der Revolution in erster Linie um die Bewertung von Streiks. Dabei bemühte sie sich, ausgehend von der Idee des Volksaufstandes, vor allem um eine Distanzierung von der sozialdemokratischen Praxis. Wenn alle unterdrückten sozialen Schichten gemeinsam die Revolution hervorbringen sollten, dann mußten Mittel und Ziele dieses Kampfes einen allgemeinen und keinen gruppenspezifischen Charakter tragen. Das Ringen um die Verbesserung der materiellen Lebensbedingungen konnte bestenfalls ein Mittel der Auseinandersetzung sein, das dem höheren *politischen* Zweck jedoch stets unterzuordnen war. Streiks wurden von der PSR daher nur gebilligt, insofern sie geeignet waren, als Auftakt einer breiteren Massenbewegung zu dienen, und wenn diese Mobilisierungsfunktion beabsichtigt war. Jede Manifestation der Arbeiter, hielt Černov den Sozialdemokraten entgegen, nehme „unvermeidlich einen politischen Charakter an, ganz gleich, ob die Teilnehmer das wollen oder nicht". Man müsse dieses Potential aber nutzen und dürfe es nicht bei ökonomischer Zielsetzung bewenden lassen. „Nicht *anstelle*, sondern *gemeinsam mit* anderen Mitteln", d. h. vor allem unterstützt durch terroristische Anschläge, könnten Streiks ihre größte Wirksamkeit entfalten[143]. Dementsprechend setzte sich auch die Propaganda der PSR zum Ziel, der Arbeiterschaft zu einem umfassenden *politischen* Bewußtsein zu verhelfen. Insbesondere bemühte sie sich, ihr klar zu machen, daß sie „nur mit Hilfe der Revolution, des allgemeinen Aufstandes", eine Verbesserung ihrer Lage erreichen könne[144] und nicht, wie die Sozialdemokratie behaupte, bereits durch die Erzwingung bloß

142) S. unten S. 299 ff.
143) /V. M. Černov/, Vseobščaja stačka. In: RR No 29 (5. August 1903) S. 1—3, hier S. 1, 2; auch in: Sbornik statej Antonova u. a. S. 123—131. Vgl. ferner: ders., Rabočee dviženie i naši taktičeskie zadači. In: RR No 10 (August 1902) S. 3—7, auch in: Sbornik statej Antonova S. 90—102; Nasuščnye voprosy sovremennoj revoljucionnoj strategii. In: RR No 50 (1. August 1904) S. 3—8; Marksizm i vseobščaja stačka. In: RR No 49 (1. Juli 1904) S. 1—5.
144) Programma zanjatij v rabočich kružkach. (Izd. Saratovskim Komitetom Partii Socialistov-revoljucionerov 1903 g.). In: RR No 28 (15. Juli 1903) S. 21—23, zit. S. 21 f.

materieller Konzessionen. Unschwer ist zu erkennen, daß sich hinter dieser Abgrenzung immer noch der Vorwurf des Ökonomismus an die russischen Marxisten verbarg und daß die Trennlinie zwischen beiden Parteien wie in den 80er und 90er Jahren entlang der Front zwischen „politiki" und „ėkonomiki" verlief[145], zwischen politischer Agitation und Nur-Gewerkschaftlerei, um beliebte Formulierungen der PSR zu übernehmen.

Hatte sich diese Taktik, wie gezeigt, vor der Revolution insofern nicht bewährt, als die PSR unter der Arbeiterschaft keinen festen Fuß fassen konnte, so schien das Jahr 1905 eine Wende zu bringen. Manche Hindernisse und Nachteile gegenüber der Sozialdemokratie wurden durch die neuen politischen Verhältnisse beseitigt. Die Sozialrevolutionäre litten nicht mehr an einem überproportionalen Mangel an Agitatoren, der nicht zuletzt durch den Umstand verursacht worden war, daß die Ochrana sie, die Terroristen, für gefährlicher gehalten hatte als ihre friedlichen marxistischen Konkurrenten. Es gelang diesen auch nicht mehr, ihre Zirkel wie zuvor systematisch von den Sozialrevolutionären abzuschirmen[146]. Und es war nicht länger ein Hemmnis, daß sich der Begriff „Sozialrevolutionär" in der Vorstellung der Arbeiterschaft mit dem Anliegen der Bauernrevolution verband, sah man doch tagtäglich die Notwendigkeit eines Bündnisses zwischen Stadt und Land. Umgekehrt schlug die zunehmende Radikalisierung und die Kampfstimmung in den Städten gerade zugunsten der PSR zu Buche, da sie ihr in der Aufstandsagitation und der terroristischen Taktik den angemessensten Ausdruck verlieh[147].

Allerdings verhalfen auch diese günstigen Veränderungen dem Werben der Sozialrevolutionäre um die Arbeiterschaft zu keinem durchschlagenden Erfolg. Ein politischer Erdrutsch fand nicht statt, die PSR konnte den Vorsprung der Sozialdemokratie nicht einholen. Daß diese Ende 1905 im Arbeiterdeputiertenrat die führende Rolle spielte, während die Sozialrevolutionäre auf den Kongressen des Allrussischen Bauernbundes dominierten, gab die Kräfteverteilung im großen und ganzen korrekt wieder. Die RSDRP behauptete ihre Position, weil, wie ein informativer Artikel aus dem Umkreise des CK der PSR Anfang 1906 analysierte, zu den Sozialrevolutionären lediglich die „graue Masse" und insbesondere die „Jugend" überlaufe. Die „alten, in der Fabrik bekannten, angesehenen und einflußreichen Arbeiter, deren Überzeugung sich unter dem monopolistischen Einfluß der früher ausschließlichen Herrschaft der sozialdemokratischen Zirkel gefestigt" habe, blieben ihr jedoch fern. Deshalb könne es geschehen, daß sozialrevolutionäre Resolutionen von Fabrikbelegschaften verabschiedet

---

145) Dazu: Wildman, Making of a Workers' Revolution pass.
146) Vgl. Prošloe i nastojaščee. In: Bjulleten' Central'nogo Komiteta Partii Socialistov-revoljucionerov o. O. No 1 (März 1906) S. 1—8, hier S. 4.
147) Vgl. eine Äußerung, die auf einer Oblastkonferenz des Südoblasts vom November 1906 fiel: „Unsere Kampftaktik — das ist der Boden, auf dem die Samen der gegenwärtigen Organisation allmählich wuchsen." (Južnaja oblast') /November 1906/, Archiv PSR 424.

würden, welche Sozialdemokraten in Rajonkomitees und Arbeiterräte delegieren und deren Versammlungen stets von Sozialdemokraten geleitet würden. Die PSR erringe agitatorische Siege, ziehe aus ihnen aber nur geringen organisatorischen Nutzen. In der aktuellen Situation, faßte der Autor zusammen, stünden die sozialrevolutionären Sterne daher günstig, aber um die Zukunft müsse man sich sorgen, weil die Partei nicht über genügend Kräfte verfüge, die die Bewegung in den Städten führen könnten[148].

Als diese nüchterne Bestandsaufnahme angestellt wurde, sahen sich die sozialrevolutionären Parteioberen noch nicht veranlaßt, ernsthafte Anstrengungen zu unternehmen, um die aufgezeigten Fehlentwicklungen zu korrigieren und den vorausgesagten schädlichen Folgen vorzubeugen. Solange die Unruhe im Lande anhielt, konzentrierte man sich darauf, die Feuer des Aufstandes zu schüren. Außerdem hatte die Partei über mangelnde Resonanz bei der städtischen Arbeiterschaft nicht zu klagen und konnte sogar mit Befriedigung vermerken, daß sich zwei Gewerkschaften von zentraler strategischer Bedeutung unter ihrer Kontrolle befanden: der Allrussische Bund der Eisenbahnarbeiter und -angestellten, in dessen Zentralbüro Ende 1905 neben einem Bolschewisten, einem Menschewisten, einem fraktionslosen Sozialdemokraten und einem Anarchisten drei Sozialrevolutionäre vertreten waren und ein bekanntes Parteimitglied aus dem Kreis des Moskauer Komitees, V. N. Pereverzev, den Vorsitz führte[149], sowie der „Bund der Post- und Telegraphenangestellten", dessen Lokalorganisationen fast überall zur PSR tendierten.

Der Besitz dieser Brückenköpfe und der zweifellos beeindruckende Massenzulauf verdeckten die organisatorischen Schwächen der sozialrevolutionären Arbeit in den Städten und verleiteten die Führung zu sorgloser Kurzsichtigkeit. Erst als die Unruhen abklangen und sich die Revolution ihrem Ende zuneigte, öffnete sich ihr Blick für die wirkliche Lage. Die PSR mußte erkennen, daß sie es weitgehend unterlassen hatte, sich in der seit 1905 entstandenen Gewerkschaftsbewegung eine feste Position zu erobern. Da die „Logik des Lebens", begründete eine sozialrevolutionäre Regionalzeitung diesen Tatbestand, „unermüdlich diktiert" habe, „alle Kräfte und alle Aufmerksamkeit der Bauernschaft und dem Agrarprogramm" zu widmen, sei die Arbeiterfrage völlig aus dem Bewußtsein geschwunden. Nun sehe man, daß nicht einmal Agitationsliteratur in ausreichender Menge und Qualität zur Verfügung stehe und auch das Programm veraltet sei[150]. Seit Anfang

---

148) Prošloe i nastojaščee S. 4.
149) Vgl. Sablinsky, The All-Russian Railroad Union S. 117; Puškareva, Železnodorožniki S. 109 f; Pereverzev, Pervyj vserossijskij železnodorožnyj sojuz 1905 goda, der allerdings betont, daß der Allrussische Eisenbahnerbund trotz seiner engen Allianz mit der RSDRP und der PSR einen „überparteilichen" Charakter besessen habe (S. 44).
150) Izvestija Bakinskoj organizacii PSR No 1 (18. April 1908) S. 1—2, Archiv PSR 553/II. Versäumnisse gestand auch Černov ein: K pereživaemomu momentu. In: ZT No 8 (Dezember 1907) S. 1—6, hier S. 3. Scharfe Kritik übte: B. Voronov /B. N. Lebedev/, K voprosu ob osnovach rabočej programmy. In: Socialist-Revoljucioner No 2

1907 verstärkte das CK der PSR seine Bemühungen, das Versäumte aufzuholen. Nachdem man bereits durch die Teilnahme an der zweiten Duma vom „Kampfprinzip" abgewichen war, gab man nun auch, vollends nach dem Staatsstreich vom 3. Juni, der „friedlichen" Arbeiteragitation mehr Raum. Dabei kam den Gewerkschaften, als der neben dem Parlament wohl bedeutendsten Errungenschaft der Revolution[151], eine Schlüsselrolle zu.

Eine erste offizielle Stellungnahme der PSR zu Funktion und Zielen der Gewerkschaften und zum Verhältnis zwischen ihnen und den politischen Parteien formulierte im Juli 1907 der dritte Parteirat. Auch die Sozialrevolutionäre, so ging daraus hervor, schrieben den Arbeiterverbänden in Anlehnung an die übliche sozialdemokratische Aufgabenverteilung primär die Pflicht zu, den ökonomischen Kampf zu führen und für materielle Verbesserungen zugunsten der Arbeiterschaft zu streiten, während die Partei in erster Linie den Auftrag erhielt, die politische Auseinandersetzung voranzutreiben. Von ihren marxistischen Rivalen unterschieden sie sich aber dadurch, daß sie als Kernanliegen immer wieder hervorhoben, die Gewerkschaften müßten „überparteilich" sein und dürften nicht in die Fehden zwischen den sozialistischen Lagern hineingezogen werden. Andererseits hatten nicht zuletzt die Sozialrevolutionäre stets die unauflösliche Einheit von Politik und Ökonomie, von politischen und ökonomischen Zielen betont. „Überparteilichkeit" meinte daher nicht ideologische Indifferenz oder das Verbot politischer Stellungnahmen, sondern lediglich formale Neutralität: Die Arbeiterorganisationen sollten weder zur Sozialdemokratie noch zur PSR gehören. Dieser Auffassung entsprechend verurteilte der Parteirat einerseits „jeden Versuch, das Tätigkeitsfeld der Gewerkschaften nur auf die Wirtschaft zu begrenzen", schlug aber andererseits auch vor, „daß sich die notwendige Synthese von berufsbezogener Arbeit und Politik . . . nicht in der Einschließung . . . irgendeines völlig konkreten Minimums an politischen Forderungen" als „Aufnahmebedingung" ausdrücken dürfe. Stattdessen müsse das Ziel der Gewerkschaftsarbeit „allgemeiner, als Kampf für die materiellen, rechtlichen und geistigen Interessen der Arbeiter" sowie gegen Ausbeutung und Unterdrückung formuliert wer-

---

(1910) S. 127–150. Nicht als Zufall wird man ferner die Tatsache werten dürfen, daß die Pläne, analog zur Zentralen Bauernkommission und zum Zentralen Militärbüro eine oberste Koordinierungsinstanz für die Arbeit im Proletariat zu schaffen, von wenigen Monaten abgesehen, nicht realisiert wurden. Vgl. unten S. 204 ff.

151) Zu den Anfängen der Gewerkschaftsbewegung vgl.: D. Antoškin, Professional'-noe dviženie v Rossii. Posobie dlja samoobrazovanija i kursov po professional'nomu dviženiju. 3-e izd. M. 1925 S. 70 ff, der die Rolle der PSR bewußt „bei Seite" läßt (S. 130); W. Grinewitsch, Die Gewerkschaftsbewegung in Rußland. Bd. I: 1905–1914. Berlin 1927 sowie E. Mil'štejn, Političeskie tečenija v rossijskom profdviženii 1905–1907 gg. In: Proletariat v revoljucii 1905–1907 gg. K 25-letiju revoljucii 1905 g. M., L. 1930 S. 443 ff mit jeweils knappen Bemerkungen zur PSR (S. 149 f bzw. S. 470 ff). Ein Manuskript in Archiv PSR 635/II zur „istorija professional'nogo dviženija v Rossii" blieb leider ein Bruchstück.

den[152]. Lokale Kommentatoren erläuterten, daß es für die Berufsverbände daher auch unumgänglich sei, an der Lösung kommunalpolitischer Aufgaben mitzuwirken. Andernfalls könnten sie keine Schule des Kampfes „für die allgemeine Sache", i. e. den Sozialismus, sein[153].
In der Praxis freilich fanden die Vorstellungen des dritten Parteirates kaum Niederschlag. Die PSR wies zwar in der Tat den Wunsch des Eisenbahnerbundes nach formeller Aufnahme in die Partei zurück[154] und unterstrich 1908 erneut, daß die Gewerkschaften „alle Arbeiter, ohne Ansehen ihrer politischen Meinung", umfassen sollten[155]. Das hinderte sie aber nicht daran, zugleich an dem zähen Kampf um Einflußsphären und Machtpositionen in den proletarischen Organisationen teilzunehmen. Die Sozialrevolutionäre warfen sich zu „Verteidigern der Selbständigkeit und Autonomie" der Berufsgenossenschaften auf und konnten den Sozialdemokraten nicht oft genug vorhalten, diese für ihre egoistischen Zwecke zu mißbrauchen und sie dadurch, mit Černov zu reden, zu „kastrieren"[156]. Aber so berechtigt diese Anklagen auch sein mochten[157], so stand doch die Pose des Neutralitätswächters einer Partei, die den Allrussischen Bauernbund gegen dessen hartnäckigen Widerstand systematisch seiner Unparteilichkeit beraubt hatte, schlecht an. Die Forderung des Parteirates erwies sich als eine verbrämende ideologische Waffe für den Angriff auf die Vormachtstellung der Sozialdemokratie in der Arbeiterschaft.

Diese Absicht machten auch die praktischen Schritte offenbar, die die Führung der PSR im Sommer 1907 einleitete. Um dem bisherigen „mehr oder weniger zufälligen Charakter" der sozialrevolutionären Tätigkeit in den Arbeiterorganisationen ein Ende zu bereiten und ein „planmäßiges" Vorgehen einzuleiten[158], wurden alle Parteimitglieder angewiesen, „aus prinzipiellen Motiven" den Gewerkschaften ihres Berufszweiges beizutreten. Dort sollten sie keineswegs nur für deren Stärkung arbeiten, sondern vor allem auch für die PSR „werben", was „nicht ohne Einfluß auf die Gewerkschaftskollegen und die Tätigkeit der Gewerkschaft insgesamt bleiben" könne[159]. Konkretere Instruktionen noch erteilte das Organisationsbüro in einer inter-

---

152) Pamjatnaja knižka I S. 33 f. Vgl. dazu die Diskussion in: Materialy III-go Soveta PSR, Archiv PSR 679. Grundlegend: /V. M. Černov/, Naša pozicija v professional'nom dviženii. In: ZT No 2 (12. Juli 1907) S. 1—4. Ferner: Sašin, K voprosu o partii i professional'nych sojuzach. In: Sbornik „Na očerednye temy". SPb. 1906 S. 3—16; Professional'nye sojuzy i P.S.-R. In: Trud No 17 (Oktober 1907) S. 3—6; K zakonoproektu s.-r. gruppy o professional'nych sojuzach. In: Trud No 13 (April 1907) S. 5—7.
153) Staryj raboČij, K voprosu o professional'nych sojuzach. In: Trud No 11 (März 1907) S. 1—5, hier S. 4.
154) Vgl. Naša pozicija v professional'nom dviženii S. 4.
155) So eine Resolution des im August 1908 tagenden vierten Parteirates der PSR: Pamjatnaja knižka I S. 31 f.
156) Naša pozicija v professional'nom dviženii S. 4.
157) Vgl. Antoškin, Professional'noe dviženie S. 139 ff.
158) Sovet partii o professional'nych sojuzach. In: Trud No 16 (August 1907) S. 4—6, hier S. 4.
159) Naša pozicija v professional'nom dviženii S. 3.

nen Direktive an die Lokalkomitees. Aus aktuellem Anlaß hielt es die Genossen an der Basis insbesondere dazu an, für Leitungsfunktionen zu kandidieren, „weil sich die Führung fast aller Berufsverbände . . . in den Händen von Sozialdemokraten" befinde. Wenn sich die Partei nicht „sehr energisch" und „aktiv" um Abhilfe bemühe, warnte das OB eindringlich, dann drohe die für Oktober/November 1907 anberaumte allrussische Gewerkschaftskonferenz eine „einseitige" Veranstaltung „ausschließlich von Sozialdemokraten" zu werden[160].

Ob diese späte Besinnung der PSR auf die grundlegende Bedeutung der Gewerkschaftsarbeit langfristig hätte wettmachen können, was seit 1905 versäumt worden war, muß offen bleiben. Der Partei blieb nicht mehr genügend Zeit, die neue Taktik mit vollen Kräften zu praktizieren, da ihre Organisation um die Jahreswende 1907–08 bereits weitgehend zerstört und ihre Tätigkeit faktisch lahmgelegt war. Es steht aber fest, daß die Intensivierung der Agitation in der Arbeiterschaft im Laufe des Jahres 1907 keine nennenswerten Früchte trug. Die Sozialrevolutionäre beherrschten zwar nach wie vor den Eisenbahnerbund sowie den Bund der Post- und Telegraphenangestellten und konnten beide Stellungen offenbar noch ausbauen. Auch verfügten sie über beträchtlichen Einfluß auf die Organisation der Verkäufer und Ladenangestellten (Sojuz prikaščikov)[161]. Der Einbruch in die Reviere der Sozialdemokratie fand jedoch nicht statt, und die Marxisten gaben in der großen Mehrzahl der Gewerkschaften weiterhin den Ton an. Gültig blieb, was Černov als Referent des CK zur Arbeiterfrage vor den Delegierten des dritten Parteirates eingeräumt hatte: „Die Sozialdemokraten haben mittels der Gewerkschaften Breschen in die Sache der Sozialrevolutionäre geschlagen und ihre Bewegung gestärkt, indem sie sich auf ein ausgedehntes organisatorisches Netz" und „viele erfahrene Revolutionäre" stützten[162].

Eine Konferenz sozialrevolutionärer Arbeiteragitatoren, die im August 1907 in Simferopol' auf der Krim tagte, fand dieses Urteil bestätigt. Das Bild, das die Berichte der Delegierten vom Zustand der Tätigkeit des „Taurischen Bundes" der PSR in den Gewerkschaften zeichneten und dem exemplarischer Charakter beigemessen werden darf, wurde von einem Delegierten in folgenden Bemerkungen zusammengefaßt:

---

160) Organizacionnoe Bjuro pri C.K. P.S.-R. 2. August /1907/, Archiv PSR 197. Auch ein an die Parteiführung gerichteter Brief vom 5. Mai 1907 vermerkte, daß sich die Gewerkschaften „mehr und mehr unter ausschließlichem Einfluß der Sozialdemokraten" befänden, und fordert die PSR auf, etwas dagegen zu tun (Archiv PSR 596/ VI).
161) Eine besonders gefestigte, wenngleich wohl kaum eine allzu bedeutende Bastion besaß die PSR außerdem in der „Organisation der Wolgaschiffer", auf die man häufig mit Stolz verwies. Vgl.: Razvitie Volžskoj Sudochodnoj Organizacii P.S.-R. In: Izvestija V.S. O. P.S.-R. No 2 (März 1907) S. 2–3, Archiv PSR 177, auch 64; O Volžskoj Sudochodnoj Organizacii P.S.-R. In: PI No 8 (12. April 1907) S. 8–9, sowie weitere Dokumente in Archiv PSR 177 u. 124.
162) Materialy III-go soveta, Archiv PSR 679.

„a) Die Arbeit der Sozialrevolutionäre in den Gewerkschaften ist schwach organisiert infolge eines Mangels an Agitatoren, infolge von Unerfahrenheit der lokalen Organisationen auf diesem Gebiete und infolge der ganzen Desorganisation des Taurischen Bundes der PSR;
b) starker Einfluß der Sozialrevolutionäre ist in bestimmten Gewerkschaftsgruppen festzustellen wie den Baugewerkschaften, den Hafengewerkschaften und den Eisenbahngewerkschaften;
c) alle übrigen Gewerkschaften sind fest in der Hand der Sozialdemokraten;
d) fast alle Zentralverbände /central'nye sojuzy, die gewerkschaftlichen Leitungsgremien, M. H./ sind fest in der Hand sozialdemokratischer Organisationen."

Zur Abhilfe empfahl der Vertreter aus Simferopol', verwandte lokale Gewerkschaften zusammenzuschließen und die Agitation auf diejenigen zu konzentrieren, in denen man bereits Fuß gefaßt habe. Dabei hatte er insbesondere die Vereinigung der Eisenbahner im Auge, die zu einem Brückenkopf für die Eroberung anderer Arbeiterverbände werden sollte. Dieser Schachzug stieß jedoch auf den Widerstand des Repräsentanten des Oblastkomitees von Südrußland, der ihn als Verletzung der Autonomie der Gewerkschaften wertete. In peinlich genauer Auslegung der taktischen Richtlinien des dritten Parteirates erklärte er eine Gesamtstrategie zum Ausbau der sozialrevolutionären Position für unstatthaft. Vielmehr müsse sich die Partei an den Zielen der einzelnen Gewerkschaften orientieren und den je spezifischen Besonderheiten Rechnung tragen. Wohl eher aus Gründen der Parteiräson als aus Überzeugung stimmte die Konferenz den recht eigenwilligen theoretischen Ausführungen des „oblastnik" zu und unterstrich in ihrer Schlußresolution, daß die Tätigkeit in den Arbeiterorganisationen „überparteilich" geführt werden müsse, weil die Mehrheit der Mitglieder politisch noch „blaß" und unentschieden sei. Das hinderte sie aber nicht, der künftigen Praxis die Vorschläge des Delegierten aus Simferopol' zugrunde zu legen und insbesondere dazu aufzurufen, mehr Sozaialrevolutionäre in die gewerkschaftlichen Führungsorgane zu lancieren. Die Parteibasis, so scheint es, kopierte die taktische Linie der Führung selbst in der Inkongruenz von Theorie und Praxis[163].

Auch was der Hauptorganisator der sozialrevolutionären Gewerkschaftsarbeit an der Wolga berichtete, war wenig geeignet, der Arbeiteragitation der PSR ein gutes Zeugnis auszustellen. Berufsverbände, schrieb er der Parteiführung, schössen wie Pilze aus dem Boden; in keiner Stadt gebe es

---

163) Protokoly zanjatij konferencii rabotnikov po professional'nomu dviženiju Tavričeskogo Sojuza P.S.-R. (5.—7. August 1907), Archiv PSR 596/V; Iz Simferopolja v „Znamja Truda". O professional'noj konferencii Kryma, Archiv PSR 749 (zur Veröffentlichung bestimmte Zusammenfassung der Konferenzergebnisse); Rezojucii konferencii rabotnikov po professional'nomu dviženiju Tavričeskogo Sojuza PSR, Archiv PSR 546/I, abgedr. in: ZT No 9 (Januar 1908) S. 13—15. — Vgl. auch einen Brief über eine Konferenz der „Parteikader" in den Gewerkschaften von St. Petersburg: Archiv PSR 596/V.

weniger als sechs. Aber alle würden sie von den Sozialdemokraten kontrolliert, die sie in Parteizellen verwandelten und „keine Unparteilichen sowie insbesondere keine Sozialrevolutionäre" zuließen. Das sei nicht zuletzt deren eigene Schuld, denn, so klagte der Verfasser bitter: „Leider kämpfen die Sozialrevolutionäre nicht nur nicht dagegen, sondern sie interessieren sich überhaupt nicht für das Bestreben der Arbeiter, sich in den Gewerkschaften zu organisieren. Als Folge ergibt sich, daß die Arbeiter . . . sich an uns vorbei organisieren, wir aber in den Arbeiterzentren und Rajongruppen leere Formen gründen . . . Die völlig bewußten Arbeiter können sich nicht mit Literaturverteilung und unbestimmter Propaganda und Agitation zufrieden geben. Damit befassen sich nur unsere Arbeiter der Zentren und der Rajons. Was sich daraus ergibt? Das: Diese Gruppen sind in höchstem Maße nichtig, und zerplatzen wie Seifenblasen. Wo sind unsere besten Arbeiter geblieben? Sie suchen neue Wege, und finden sie. Leider geben sie ihre edlen Köpfe meistens für die *verfluchten Expropriationen* her; viele aber finden auch den richtigen Weg: sie rufen proletarische Massenorganisationen ins Leben. Leider entfernt diese wichtige Arbeit *diese Arbeiter* von uns. Und was noch beklagenswerter ist — wir selbst sind schuld daran, daß sie sich von uns trennen"[164]. Ähnliches berichtete man, um ein letztes Beispiel zu nennen, aus der Ukraine. Auch hier stünden die aktiven Parteimitglieder den Gewerkschaften „ziemlich gleichgültig" gegenüber und lehnten, wie in Char'kov und Voronež, eine Mitarbeit nicht selten ab[165]. Ein Inspekteur des CK traf sogar auf „prinzipielle Gegner der gewerkschaftlichen Arbeit"[166].

Mochte es auch nicht überall so schlecht um die sozialrevolutionäre Tätigkeit in der Arbeiterschaft bestellt sein und verfügte die PSR in vielen großen Städten zweifellos über eine beachtliche Anhängerschaft wie sogar noch nach 1907 in Baku und St. Petersburg, so mußte sie sich im großen und ganzen doch mit sporadischen und lokalen Erfolgen zufrieden geben, und selbst die waren selten genug. Es gelang der Partei nicht, wie B. N. Lebedev, einer der zukünftigen Kritiker des sozialrevolutionären Zentrums aus der „Počin"-Gruppe 1909 resümierte, die „Isolation" ihrer Agitatoren „von der Arbeitermasse" zu beseitigen, vor allem weil die Annäherung an die Gewerkschaften nur von kurzer Dauer war und man in ihnen nur „episodisch, auf Initiative einzelner Personen" tätig geworden sei[167]. Die PSR habe die Arbeiterfrage „immer . . . irgendwo an das äußerste Ende gestellt"[168].

---

164) Petr Petrovič /Pseud./, Professional'noe dviženie /1907/, Archiv PSR 596/I; Auszug: S Povolž'ja, Archiv PSR 468.
165) Materialy III-go soveta Partii, Archiv PSR 679.
166) Brief über das sozialrevolutionäre Komitee von Ekaterinoslav vom 14. April /1907?/, Archiv PSR 758/9.
167) A. Voronov /B. N. Lebedev/, Rabočaja organizacija (Zametka propagandista). In: ZT No 16 (4. März 1909) S. 5—8, hier S. 6.
168) So Lebedev als Referent zur Arbeiterfrage auf dem fünften Parteirat im Mai 1909: Stenogr. otčety zasedanij V-go soveta Partii, 22-oe zas. S. 1, Archiv PSR 792.

Zusammenfassend sind folgende tiefere Gründe für diese negative Schlußbilanz festzuhalten:

1. Die PSR räumte der Bauernagitation trotz ihres Bekenntnisses zur gemeinsamen Revolution der Unterdrückten in Stadt und Land eindeutig Priorität ein und unterschätzte lange Zeit die Bedeutung der neuen Gewerkschaftsbewegung.

2. Die Startbedingungen der sozialrevolutionären Arbeit unter den städtischen Massen waren ungünstig, da die neue Partei fast überall auf konsolidierte sozialdemokratische Zirkel traf und sich einer übermächtigen Konkurrenz ausgesetzt sah.

3. Konzentriert auf die Inszenierung eines Massenaufstandes und fasziniert vom offenen Kampf, betrachteten große Teile der lokalen Parteikader „friedliche" Mittel der Massenmobilisierung und -politisierung als unrevolutionär. Dementsprechend taten sie eine Agitation, die sich auf die wirtschaftlichen Bedürfnisse der Arbeiter gründete, als objektivistisch-ökonomistischen Irrweg ab und zeigten wenig Neigung, sich in der gewerkschaftlichen Tätigkeit zu engagieren.

Sechstes Kapitel:

DIE SOZIALREVOLUTIONÄRE PARTEIORGANISATION IN DEN REVOLUTIONSJAHREN 1905—1907

In einem rückständigen Lande wie dem Zarenreich, wo die Hauptschwierigkeit der revolutionären Bewegung stets darin bestanden hatte, die ausgeprägte Kluft zwischen Elite und Masse zu überwinden, kam der Frage der Parteiorganisation ein besonderes Gewicht zu. Nicht von ungefähr bildete sie im Jahre 1903 den Anlaß, wenngleich sicherlich nicht die Ursache, für die Spaltung der Sozialdemokratie[1]. Umso mehr muß es erstaunen, daß der erste grundsätzliche theoretische Beitrag der PSR zu diesem Problem erst im Juni 1905 erschien. Gewiß, auch in der sozialrevolutionären Führung hatte man über die formale Struktur der neuen Partei diskutiert. Aber eine „besondere, prinzipielle, organisatorische Frage . . . im sozialdemokratischen Sinne" tauchte, wie Černov als Verfasser des erwähnten Pionierartikels bemerkte, dabei nicht auf. Während die Marxisten, und namentlich Lenin, der Organisation der revolutionären Kräfte als, mit Lukács zu sprechen, „Form der Vermittlung zwischen Theorie und Praxis"[2] einen zentralen theoretischen Stellenwert zuerkannten, betrachtete der Neopopulismus sie auf rein *pragmatischer* Ebene: „Unsere organisatorische Frage", erläuterte Černov weiter, „war etwas einfacher: Sie reduzierte sich vor allem auf den praktischen quantitativen Mangel an Kräften für die allseitige Zusammenfassung der lokalen Organisationen, Gruppen und Arbeiter sowie die Erfüllung ihrer Bedürfnisse". Mochte das Problem in dieser Dimension auch seit der Parteigründung präsent gewesen sein, so stellte es sich doch erst in dem Maße mit größerer Dringlichkeit, wie die revolutionären Unruhen in Stadt und Land um sich griffen und einen Massenansturm auf die sozialrevolutionären Komitees auslösten, der die Organisation der PSR beinahe zum Bersten brachte. Deshalb erschien Černovs Artikel, wenngleich spät, zur rechten Zeit.

Freilich wurden auch in ihm die Grundzüge der sozialrevolutionären Organisationsstrategie nur in sehr vagen und allgemeinen Zügen umrissen. Längst überfällige konkrete Vorschläge, wie der Parteiaufbau an die Erfordernisse der neuen revolutionären Situation anzupassen sei, blieben aus. Stattdessen wehrte sich der Verfasser mit Nachdruck dagegen, die Partei in ein Korsett von „Erfindungen irgendwelcher müßiger Phantasten" zu zwän-

---

1) Vgl. Geyer, Lenin S. 368 ff; Keep, Rise of Social Democracy S. 107 ff.
2) G. Lukács, Geschichte und Klassenbewußtsein. Neuwied 1970 S. 457.

gen und formulierte als Ideal, daß sie Produkt des „Lebens selbst, der praktischen Tätigkeit" sein sollte. Wenn es überhaupt ein allgemeines Prinzip des Parteiaufbaus geben konnte, dann das der Angemessenheit an die Erfordernisse der jeweiligen konkreten Arbeit und lokalen Verhältnisse. Auch den organisatorischen Aufbau betrachtete Černov vom „synthetischen Gesichtspunkt" aus: Konspiration und Demokratie sollten ebenso miteinander verbunden werden wie Föderalismus und Zentralismus, die Errichtung von Oblastorganisationen und die Zusammenfassung gleicher Tätigkeitsbereiche genauso vorangetrieben werden wie die Stärkung der Zentrale. Vor allem aber, betonte er, müsse die *Einheitlichkeit* der Parteiführung gewährleistet sein, damit der PSR eine Doppelherrschaft von CK und Zentralorgan nach Art der Sozialdemokratie, die er abschätzig eine „Pedantokratie" der ‚Iskra' nannte, erspart bleibe. Wie freilich all diese Grundsätze in praxi zu vereinbaren wären und wie insbesondere das Kernanliegen der sozialrevolutionären Organisationskonzeption, die *Kombination von Konspiration und demokratischem Öffentlichkeitsprinzip*, verwirklicht werden könnte, das vermochte Černov nicht anzugeben. Ein Schwall von Epitheta und paradoxen Stilfiguren, daß die Partei „Massencharakter" tragen und doch „terroristisch", „unsichtbar" und doch „allgegenwärtig", „lebendig" und doch „konzentriert" sein sollte, half da wenig[3].

1. Der Entwurf: zentrale und lokale Parteistatuten

Die Gelegenheit, diese Vorstellungen zu realisieren und eine Reform der Parteiorganisation vorzunehmen, eröffnete einige Monate später die Verkündung des Oktobermanifestes. Gerade in der „Zeit der Freiheit", in der sich die revolutionären Parteien einerseits begründete Hoffnungen auf die Möglichkeit konstitutionell abgesicherter legaler politischer Betätigung machen konnten, andererseits aber der Sieg der Revolution noch nicht gefestigt war und Rückschläge befürchtet werden mußten, bot sich das Černovsche Konzept einer Verbindung autoritärer und demokratischer Elemente als geeignetste Lösung an. Auch der Entwurf eines Parteistatuts, der dem ersten Parteitag im Dezember 1905 vorlag, sah dementsprechend eine *gemischte* Organisationsform vor und erlaubte beide Wege der Besetzung von Parteigremien: Wahl, wo immer möglich und sinnvoll, Kooptation, d. h. die Fortsetzung der bisherigen Praxis, wo sie geraten und unumgänglich schien[4]. Die Mehrheit der Delegierten billigte diese Doppelstrategie. Dagegen widersetzte sie sich einem weitergehenden Vorschlag, der für die Trennung von legaler und illegaler Organisation plädierte, mit der Begründung, daß er die Einheit der Partei zerstöre[5]. Wie das CK sprachen sich

---

3) /V. M. Černov/. Organizacionnyj vopros. In: RR No 68 (1. Juni 1905) S. 6—9, No 69 (15. Juni 1905) S. 2—5; hier No 68, S. 7—8.
4) Vgl. Protokoly 1906 S. 29, 38 ff.
5) Vgl. ebenda S. 32.

sämtliche Redner der Lokalkomitees für eine vorsichtige Einführung der Prinzipien Wahl, Verantwortlichkeit und Öffentlichkeit aus, beurteilten aber zugleich die Chancen ihrer Realisierbarkeit entschieden skeptischer als Rakitnikov, Černov und andere prominente Sozialrevolutionäre. Zugunsten eines völligen Verzichts auf konspirative Verfahrensweisen stritt, wie erwähnt, lediglich die eloquente Riege der künftigen Volkssozialisten. Sie erblickte in dem Entwurf einen klaren Bruch des Demokratisierungsversprechens, das Černov bei den Verhandlungen über die Gründung des „Syn otečestva" gegeben habe. Jedoch stieß sie mit ihrem Protest auf taube Ohren, während Rubanovič stürmischen Applaus erntete, als er sich sehr energisch gegen die Absicht zur Wehr setzte, eine revolutionäre und notwendigerweise konspirative Partei in „irgendeine völkische" zu verdrehen[6].

Ganz im Sinne der Černovschen Ausführungen formulierte die endgültige Fassung des Organisationsstatuts der PSR daher:

„Die Grundsätze, welche allen Parteiorganisationen als gemeinsame Basis dienen, sind folgende:

1) Durchgängige Wahlen, neben welchen nur zeitweilig und nur insofern sie im Interesse der konspirativen Tätigkeit notwendig wird, die Kooptation bestehen bleibt.

2) Tätiger Zusammenschluß sämtlicher Parteigenossen durch fortwährende Benachrichtigung über die Lage der Partei und ihrer einzelnen Zweige; wechselseitige Kontrolle von oben nach unten und von unten nach oben.

3) Zusammenschluß der Partei auf der Basis strikter Unterwerfung unter die Parteidisziplin bei Entwicklung der Grundlage für die Selbständigkeit einzelner Elemente der Partei"[7].

Ohne den Begriff explizit zu nennen, beschrieben diese Leitgedanken die sozialrevolutionäre Version des *demokratischen Zentralismus*, ließen sich die Urheber des Statuts doch, wie Černov den Parteitagsdelegierten noch einmal erläuterte, von der Absicht leiten, „den Teufelskreis der Gegenüberstellung abstrakt-konträrer Organisationsprinzipien" zu sprengen und Zentralismus mit Demokratie zu versöhnen[8].

Der organisatorische Aufbau

Das Organisationsschema[9], das im Parteistatut niedergelegt wurde, unterschied sich kaum von dem anderer revolutionärer Parteien und sah zumal

---

6) Vgl. ebenda S. 38.
7) Protokoly 1906 S. 366; Absatz 1 und 2, übersetzt in Bericht 1907 S. 34. Obgleich vom ersten Parteitag ausdrücklich als „provisorisch" bezeichnet, blieb das Organisationsstatut bis zum Dezember 1917 gültig. Erst der vierte Parteitag der PSR nahm eine Revision vor. Vgl.: Kratkij otčet o rabotach četvertogo s-ezda S. 135 ff.
8) Protokoly 1906 S. 40.
9) Vgl. das Schaubild nach S. 196.

dem sozialdemokratischen zum Verwechseln ähnlich[10]. Zu Grundeinheiten wurden territorial definierte städtische und ländliche Zellen, die „Rajongruppen" bzw. die bäuerlichen „Brüderschaften" (bratstva) bestimmt, die zusammen die nächst höheren Einheiten, in den Städten die „Stadtgruppen" und auf dem Lande die „Kreisgruppen" (uezdnye gruppy) bildeten. Städtische und ländliche Organisationen gemeinsam konstituierten die Bezirksorganisationen („okružnye organizacii") oder, da diese selten existierten, sogleich die „Gouvernementsorganisationen", welche ihrerseits zu „Regionalorganisationen" (oblastnye organizacii) verbunden wurden. Die Tätigkeit all dieser Verbände sollte ausschließlich bei den jeweiligen Komitees, d. h. den Rajon-, Stadt-, Gouvernements- und den Oblastkomitees, den höchsten Gremien unterhalb des CK, konzentriert sein. Dem hierarchischen Prinzip gemäß bedurfte die Bildung einer neuen Gruppe der Zustimmung der nächst höheren.

Wie die innere Struktur der Lokalorganisationen beschaffen sein sollte, ließ das Statut offen. Ausdrücklich verzichtete es angesichts der höchst unterschiedlichen örtlichen Gegebenheiten darauf, einen gleichförmigen Typus vorzuschreiben. Freilich zahlte sich diese Maßnahme nicht aus. Statt Flexibilität und Effizienz bescherte sie Chaos. An der Spitze, beklagte ein Bericht aus dem Wolgaoblast Ende 1906, sei der Aufbau der Partei „auf die eine oder andere Weise" noch vorangegangen, hier könne man den Begriff „Organisation" noch sinnvoll verwenden. „In den Lokalkomitees und besonders an der Peripherie" dagegen herrsche „babylonische Verwirrung". Nicht nur gebe man Gremien mit unterschiedlicher Zusammensetzung und Funktionen dieselben Namen. Mancherorts zähle man gar alle Arbeiter, die je an sozialrevolutionären Massenveranstaltungen teilgenommen hätten, als organisierte Parteimitglieder. In der Regel könne daher von einer systematischen Tätigkeit, von kontinuierlicher Kommunikation zwischen den untergeordneten Einheiten einer lokalen Organisation (Arbeiterbund, Propagandistenbund usw.) oder gar von einer geregelten Arbeitsteilung nicht die Rede sein. Vielmehr verliere der Zusammenschluß aller Sozialrevolutionäre an einem Ort oft „die letzten Merkmale organisatorischer Verbundenheit".

Um diesen Mißständen abzuhelfen, diskutierte die vierte, im Juli 1906 tagende Oblastkonferenz des Wolgagebietes ein Projekt, das der Veröffentlichung im Zentralorgan der Partei für wert befunden wurde und dem man daher offiziösen Charakter zubilligen darf. In ihm wurde den lokalen Gruppen der PSR zur Auflage gemacht, ihre Organisationsstruktur an drei Grundsätzen auszurichten. Erstens sollte auf allen Ebenen, auch der untersten, ein formelles Aufnahmeverfahren eingeführt und neuen Mitgliedern nur bei Einstimmigkeit Zutritt gewährt werden. Zweitens sollte das direkte Stimmrecht bei den Wahlen der Komitees allein Mitgliedern zustehen, die auf diesem Wege in die Partei gelangt seien, „Massenmitgliedern" aber lediglich ein „zwei- oder dreistufig" indirektes Votum. Drittens schließlich sollten

---

10) Vgl. Elwood, Russian Social Democracy S. 88 ff.

alle Organisationszentren gewählt werden. Damit trotz dieser rigorosen Abschließung der Partei die Verbindung zu nichtkonspirativen revolutionären Tätigkeiten nicht verlorengehe, wurde eine intensive Mitarbeit der Sozialrevolutionäre in Gewerkschaften, dem Allrussischen Bauernbund und ähnlichen Organisationen empfohlen[11].

Zum obersten Exekutivorgan auf lokaler Ebene bestimmte der Entwurf das *Gouvernementskomitee*, das je zur Hälfte aus gewählten und kooptierten Mitgliedern bestehen sollte. Ihm oblag die Kontrolle der gesamten Arbeit im Gouvernement, es hatte die Rechenschaftsberichte der unteren Parteizellen entgegenzunehmen und insbesondere den Informationsaustausch zwischen der oberen und unteren Parteiebene sowie zwischen den lokalen Gruppen selbst sicherzustellen. Auch die Organisationsstrategen aus dem Wolgaoblast erblickten in mangelnder Kommunikation die ernsteste Gefahr für die Funktionsfähigkeit der Partei, zumal sie sie zu Recht als Ausdruck eines objektiven Hindernisses, der Kluft zwischen Stadt und Land, deuteten. „Der Grundkader der Parteiarbeiter in den Zentren /den Komitees, M. H./ sowie in der Organisation selbst", schrieben sie, „wird in der Stadt ansässig sein, die Masse aber auf dem Lande". Um beide Bereiche miteinander zu verklammern, schlugen sie die Bildung gemischter uezd-Gruppen vor. Das dürfte freilich kaum ausgereicht haben, um die erstickende Dominanz der Gouvernementshauptstadt in nennenswertem Maße abzubauen, sollte doch nach wie vor das Gouvernementskomitee hier ebenso seinen Sitz haben wie der „Bund der Propagandisten", der die Agitation im gesamten Umkreis koordinierte, die Redaktion der lokalen sozialrevolutionären Publikationen, der „Bund der Organisatoren", der für die Bereitstellung konspirativer Quartiere, die Unterhaltung geheimer Druckereien und für andere technische Aufgaben zuständig war, und dergleichen zentrale Einrichtungen mehr[12].

Die Gouvernementskomitees waren den *Oblastkomitees* unterstellt, deren Mitglieder ebenfalls zur Hälfte von der Oblastkonferenz, bestehend aus Delegierten der Gouvernements-, Stadt- und Bezirksorganisationen, gewählt und zur anderen Hälfte von den Gewählten kooptiert werden sollten[13]. Als höchste Instanzen der mittleren Parteiebene übertrugen ihnen sowohl das Parteistatut als auch der Entwurf aus dem Wolgaoblast alle Tätigkeiten, die die Kräfte der kleineren Komitees und Gruppen überschritten. Insbesondere

---

11) Proekt ustava mestnych organizacij. Doklad IV-mu Povolžskomu Oblastnomu s-ezdu /1.—4. Juli 1906/. In: PI No 3 (5. Dezember 1906) S. 6—16, hier S. 6. Ähnliche Klagen vgl. in Cirkuljar O. B. pri C.K. P.S.-R. No 17 vom 7. Dezember 1907, Archiv PSR 582.
12) Proekt ustava mestnych organizacij, Zitat S. 8. Vgl. ferner: Protokoly 1906 S. 366; Organizacionnyj ustav, prinjatyj 3-m s-ezdom C./entral'noj/ O/blasti/P.S.-R. In: PI No 2 (25. November 1906) S. 8—9; Ustav Nižegorodskoj Organizacii P.S.-R. In: PI No 4 (5. Januar 1907) S. 7; Vremennyj ustav sel'skich organizacij Partii Socialistov-Revoljucionerov. Serdobskij uezdnyj komitet /Saratovsk. gub./, Archiv PSR 521/II und weitere ähnliche Statuten.
13) Protokoly 1906 S. 367.

fiel es in ihre Kompetenz, für die Erscheinung einer regionalen Parteizeitung zu sorgen und finanziell-technische Hilfe bei der Herausgabe lokaler Periodika zu leisten, da die unteren Parteizellen in aller Regel bestenfalls in der Lage waren, in unregelmäßigen Abständen und zu bestimmten Anlässen Broschüren oder Flugblätter herzustellen. Darüber hinaus mußten die Oblastkomitees ganz allgemein für die Verteilung der Finanzmittel und der personellen Ressourcen sorgen sowie als Bindeglied zwischen dem CK und der Parteiperipherie fungieren[14].

Auf der oberen Parteiebene war die Exekutivgewalt beim *CK* zusammengefaßt. Es sollte den Oblast- und den Lokalkomitees bei der Organisation neuer Parteizellen Hilfe leisten, die Redaktion des Zentralorgans und den Vertreter der PSR beim Büro der Zweiten Internationalen bestimmen, als letzte Schlichtungsinstanz für parteiinterne Konflikte dienen, untergeordnete Organisationen bei groben Verstößen gegen die Parteidisziplin auflösen[15] und die Oberaufsicht über die Verteilung der Finanzen und der personellen Kräfte wahrnehmen; kurz, es war mit der „ideellen und praktischen Führung der Partei auf der Basis der vom Parteitag ausgearbeiteten Direktiven" betraut. Die Zahl seiner Mitglieder wurde auf zehn festgelegt, wobei wiederum die Hälfte vom Parteitag zu wählen war und die restlichen kooptiert wurden. Da ein derart begrenzter Personalbestand jedoch nicht ausreichte, die seit 1905 enorm angewachsenen Aufgaben zu erfüllen, sah das Parteistatut als Hilfsorgane der Parteizentrale spezielle Kommissionen für die Leitung der Bauern-, Arbeiter- und Militäragitation sowie der Literaturproduktion und -verschickung vor[16].

Bei Fragen von besonders weitreichender Bedeutung sollte das CK den *Parteirat* (sovet partii) konsultieren, der aus fünf CK-Mitgliedern und Vertretern aller Oblastkomitees sowie der Komitees von Moskau und St. Petersburg bestand und der auf Antrag des CK oder der Hälfte der Oblastdelegierten bei Bedarf tagte. Die Entscheidungen des Parteirates waren bindend, solange sie nicht vom *Parteitag* (s-ezd partii) widerrufen wurden. Dieser setzte sich aus demokratisch, d. h. von einer ordnungsgemäß konstituierten Oblastkonferenz gewählten Repräsentanten aller anerkannten sozialrevolutionären Organisationen zusammen und gab in sämtlichen Fragen von Programm, Taktik und Organisation letztgültige, nicht revisionsfähige Anweisungen[17].

---

14) Vgl. eine Resolution des ersten Parteirates (Mai 1906) über die Aufgaben der Oblastkomitees: Pamjatnaja knižka I S. 17 f. Ferner: Organizacionnyj ustav prinjatyj 3-m s-ezdom C.O. P.S.-R. S. 8—9.

15) Dem betroffenen Komitee stand Appellationsrecht an den Parteirat zu, der gemeinsam mit dem CK die endgültige Entscheidung fällte.

16) Protokoly 1906 S. 367 f. Das Amt des sozialrevolutionären Repräsentanten beim Büro der Zweiten Sozialistischen Internationalen nahm seit 1904 I. A. Rubanovič wahr.

17) Protokoly 1906 S. 368.

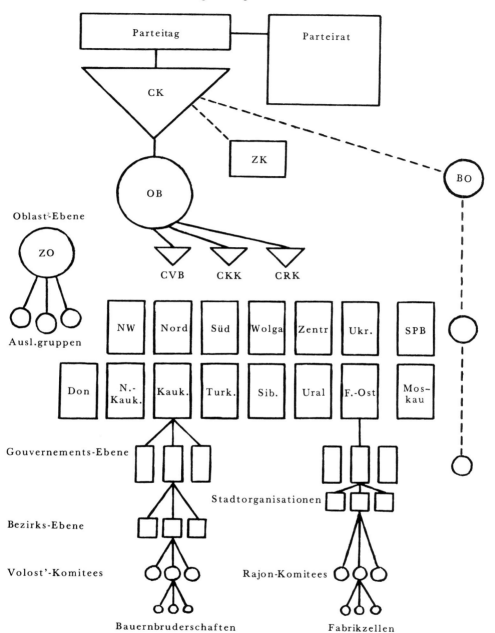

Schematische Darstellung der Organisationsstruktur der PSR

Mitgliedschaft

Obgleich der Definition der Mitgliedschaft entscheidende Bedeutung für den Charakter der Parteiorganisation zukam, rief diese Frage auf dem ersten Parteitag der PSR keinerlei Debatten hervor. Ohne nennenswerten Widerspruch billigten die Delegierten folgende, recht allgemeine Formulierung: „Als Mitglied der Partei gilt jede Person (Bürger oder Bürgerin), welche sich zu Programm und sämtlichen Beschlüssen der Partei bekennt und irgend einer Parteiorganisation als Mitglied angehört"[18].

Indes hatte man die Diskussion nur aufgeschoben, nicht aufgehoben. Es zeigte sich, daß die organisatorischen Mißstände in den Lokalkomitees nicht zuletzt in der unscharfen Grenzziehung zwischen aktiven Parteiangehörigen und sympathisierender Peripherie begründet waren. Bereits der zweite Parteitag sah sich daher im Februar 1907 veranlaßt, die Beschreibung der Mitgliedschaft zu präzisieren und erneut die Frage nach dem demokratischen Charakter der PSR aufzuwerfen. Zu entscheiden war, ob man die Partei durch restriktivere Zugehörigkeitsbedingungen vollends in eine Kaderorganisation von Berufsrevolutionären umwandeln oder ihre im Abbau begriffenen nichtkonspirativen Strukturen aus prinzipiellen Erwägungen und trotz aller schädlichen Auswirkungen bewahren sollte.

Die Referentin zur Organisationsfrage plädierte für eine „strenge Trennung zwischen Parteimitgliedern, die einer Organisation angehören, und den Elementen, die sich nur in ihrer Einflußsphäre befinden"[19]. Obwohl sie sich damit eindeutig zugunsten einer weiteren Schließung der PSR aussprach, fiel ihre Korrektur an der bisherigen Definition der Parteizugehörigkeit recht gemäßigt aus. Sie beschränkte sich auf die zusätzliche Erwähnung einer Beitragspflicht. Weitergehende Änderungen regten insbesondere die Delegierten der Komitees von Moskau und St. Petersburg an. Sie wollten — wie analog Lenin auf dem zweiten Parteitag der RSDRP den menschewistischen Formulierungen entgegengehalten hatte — nur denjenigen als Mitglied anerkannt wissen, der „eine bestimmte Funktion in der Organisation" ausübe und der Partei „bestimmte Dienste" leiste[20]. Nicht wenige Redner, namentlich solche aus Rußland, unterstützten diese Auffassung. Im Gouvernement Vitebsk, begründete dessen Abgeordneter die Notwendigkeit strengerer Aufnahmebedingungen, sei es sogar vorgekommen, daß sechs von elf mit Hilfe der „Bauernbrüderschaften" gewählten und als sozialrevolutionäre Parteimitglieder geltenden Wahlmännern auf den Wahlversammlungen zum

---

18) Bericht 1907 S. 34. Im Original (Protokoly 1906 S. 367) heißt der letzte Satz wörtlich: „... und an einer ihrer Organisationen teilnimmt".
19) Protokoly 1907 S. 109.
20) Protokoly 1907 S. 113 f. Dementsprechend hatten einige lokale Parteigremien bereits beschlossen, von ihren Mitgliedern eine „faktische Teilnahme an der Parteiarbeit" zu fordern. Vgl.: Otčet o dejatel'nosti Zakavkazskogo Oblastnogo Komiteta P.S.-R. s 15. avg. po 15. okt. 1906 g., Archiv PSR 628; Zitat aus: Proekt ustava Kurskoj organizacii P.S.-R. In: Izvestija Kurskogo Komiteta P.S.-R., Archiv PSR 324, sowie ein Dokument aus Tambov, Archiv PSR 541.

Entsetzen des Parteikomitees begonnen hätten, „faschistische /černosotennye/ Reden zu führen"[21]. Auf der anderen Seite erhoben sich aber auch Stimmen, die keinerlei Änderungen für nötig hielten und in Nachfolge der legalen Populisten argumentierten, daß die PSR „ihre Tore öffnen" müsse, wenn sie eine „Massenpartei" sein wolle, die Masse sich aber „nur die Grundprinzipien" von Parteiprogramm und -taktik aneignen könne[22].

Da beide Positionen einander blockierten, blieb eine gründliche Reformulierung der Mitgliedschaftsdefinition aus. Man ersetzte lediglich den alten Wortlaut, daß einer sozialrevolutionären Lokalorganisation „anzugehören" habe, wer als Sozialrevolutionär gelten wolle, durch die neue Bestimmung, daß er formell „aufgenommen" worden sein müsse. Ferner empfahl der Parteitag, „wo immer möglich", Mitgliedsbeiträge zu erheben. Jedoch sah er bereits davon ab, diese Forderung verbindlich zu machen, weil einige Delegierte überzeugend darlegten, daß viele Parteiangehörige, insbesondere die Bauern, zu keinerlei finanziellen Opfern in der Lage seien und man sie durch die vorgeschlagene Änderung aus der PSR ausschließen würde. Ebenso wurde die Anregung zurückgezogen, Eintrittswillige nur mit Zweidrittelmehrheit in die Organisationen aufzunehmen. Noch weniger Chancen schließlich hatte die Einführung eines inhaltlichen Kriteriums der Mitgliedschaft, wie es die Vertreter aus Moskau und St. Petersburg verlangt hatten[23]. Indem sich der Parteitag stattdessen mit verbalen Korrekturen begnügte, verzichtete er auf die Möglichkeit, überzeugte Revolutionäre von bloßen Sympathisanten zu sondern und den Mißständen abzuhelfen, die die Diskussion ins Rollen gebracht hatten. Auch dort, wo Mitgliedsbeiträge erhoben wurden — und das war selten genug der Fall[24] —, blieb in der Regel alles beim alten, weil die Zahlungsmoral sehr zu wünschen übrig ließ und die erhoffte disziplinierende Wirkung schon deshalb nicht eintreten konnte. Es verwundert daher nicht, daß bereits kurze Zeit nach dem zweiten Parteitag die alten Klagen wieder laut wurden und beispielsweise eine Oblastkonferenz Nordrußlands das CK erneut aufforderte, näher zu umschreiben, welche Pflichten ein Sozialrevolutionär gegenüber der Partei

---

21) Protokoly 1907 S. 166.
22) Protokoly 1907 S. 113, 114.
23) Die Neuformulierung des § 1 des provisorischen Organisationsstatuts lautete demnach: „Als Mitglied der PSR gilt jeder, der das Programm und die Taktik der Partei billigt, sich den Anordnungen der Partei und der Parteidisziplin unterwirft und in eine der Parteiorganisationen aufgenommen wurde. Anmerkung 1: Wo möglich, erheben die örtlichen Organisationen einen Mitgliedsbeitrag" (Protokoly 1907 S. 132). Eine ähnliche Fassung beschloß eine Oblastkonferenz des Nordkaukasusoblast: Severo-Kavkazskij OK. Iz materialov k II s-ezdu /Partii, Februar 1907/, Archiv PSR 759. Noch der vierte Parteitag der PSR 1917 übernahm diese Definition, obgleich die enorme Flut von Sympathisanten, die seit März in die Partei drängte, schärfere Aufnahmebestimmungen erforderlich gemacht hätte. Vgl.: Chernov, Great Russian Revolution S. 393; Radkey, Agrarian Foes S. 454; Kratkij otčet o rabotach četvertogo s-ezda P.S.-R. S. 135 ff.
24) Vgl. unten S. 277 ff.

2. Die Praxis an der Parteispitze

Ebensowenig wie auf der unteren gelang es der PSR auf der oberen, der nationalen Parteiebene, die Bestimmungen des Organisationsstatuts zu verwirklichen. An allen Institutionen läßt sich im Gegenteil zeigen, daß Ideal und Realität weit auseinanderklafften.

Was den *Parteitag* anbetrifft, so darf als symptomatisch gelten, daß der Gründungskongreß der PSR erst vier Jahre nach der offiziellen Parteibildung im Dezember 1905 stattfinden konnte. Auch in den folgenden Jahren war man nicht in der Lage, den Vorschriften des Statuts Genüge zu tun. Statt jährlich zusammenzutreten, wie dieses verlangte, konnte sich der Parteitag vor 1917 nur noch ein einziges Mal, im Februar 1907, zu einer außerordentlichen Sitzung, versammeln. Bereits ein Jahr später kam nur mehr eine „Gesamtkonferenz" zustande, d. h. ein Rumpfkongreß, der lediglich von wenigen Komitees beschickt wurde und dessen Teilnehmer in aller Regel über kein demokratisches Mandat verfügten. Weniger als je zuvor repräsentierten die Abgeordneten in London das sozialrevolutionäre Fußvolk[26]. Noch schmerzlicher aber wurde ein Jahr später die Tatsache empfunden, daß selbst die schwerste Krise der PSR, die Entlarvung Azefs als Polizeispitzel, nicht, wie es sich gehört hätte, durch einen Parteitag diskutiert werden konnte. Nicht einmal die provisorische Lösung von 1908 schien im Bereich des Möglichen, und man mußte sich auf die Einberufung eines erweiterten Parteirates beschränken, an dem statt achtundvierzig wie im Vorjahr ganze sieben stimmberechtigte Abgesandte aus Rußland teilnahmen[27]. Als Gründe für dieses seltene Zusammentreten des Parteitages sind die großen organisatorischen Anstrengungen zu nennen, die vor allem die Wahl der Delegierten verlangte, ferner die hohen Kosten für deren Anreise und Unterhalt und nicht zuletzt die Wachsamkeit der Staatsmacht, die solch auffällige Kongresse mit Ausnahme der Revolutionsjahre nicht zuließ. Allerdings vermögen diese Erklärungen nicht ganz zu befriedigen, da die Sozialdemokratie, deren Arbeit ähnlichen Restriktionen unterworfen war, erheblich mehr analoger Veranstaltungen abhalten konnte[28].

---

25) Vgl. Protokoly oblastnogo s-ezda Severnoj oblasti P.S.-R. (30. Juni—2. Juli 1907), Archiv PSR 208.

26) Laut Bericht eines offenbar neutralen Beobachters befanden sich unter den 48 russischen Delegierten etwa sechzehn, die über enge Verbindungen zum CK verfügten. Nimmt man die Gäste und Delegierten mit beratender Stimme hinzu, so gab es unter den 63 Anwesenden dieser Quelle zufolge sogar dreißig Personen, die der Parteiführung „unbedingt" ergeben waren. Vgl. Archiv PSR 731.

27) Stenografičeskie otčety zasedanij V-go soveta P.S.-R., Archiv PSR 792.

28) Immerhin vier Parteitage zwischen 1903 und 1907. Nach dem Ende der Revolution konnte allerdings auch die Sozialdemokratie keinen ordnungsgemäßen Partei-

Der *Parteirat* der PSR trat vor dem Ersten Weltkrieg insgesamt fünfmal zusammen: erstmals im Mai 1906, um die sozialrevolutionäre Strategie gegenüber der ersten Staatsduma zu planen; zum zweiten Mal im Oktober 1906, um die Taktik des Wahlboykotts zu revidieren und die innerparteiliche Krise zu bereinigen, die der Rücktritt Azefs und Savinkovs als Leiter der Kampforganisation ausgelöst hatte[29]; zum dritten Mal im Juli 1907, um die Antwort der PSR auf die Auflösung der zweiten Duma zu beratschlagen; zum vierten Mal im August 1908, um parallel zur Londoner Gesamtkonferenz über Maßnahmen gegen den alarmierenden Verfall der sozialrevolutionären Organisationen in Rußland nachzudenken; und zum fünften Mal im Mai 1909, um die Azef-Affäre zu beenden und die Partei aus der katastrophalen Situation hinauszuführen, die dieses Debakel verursacht hatte. Unzweideutig belegt diese Übersicht, daß der Parteirat zum wichtigsten Gremium neben dem CK wurde: Er traf alle politischen Entscheidungen von größerer Tragweite, legte bedrohliche interne Konflikte bei und wurde in der Stunde der höchsten Not auch als einzig verfügbarer Krisenhelfer eingesetzt. Damit erfüllte er nicht nur seine eigenen Aufgaben, sondern nahm darüber hinaus auch Funktionen wahr, die das Parteistatut dem Parteitag vorbehielt. Der Parteirat verdrängte diesen, weil er kleiner war, nicht gewählt zu werden brauchte, kurzfristiger einberufen werden konnte und insgesamt weniger Aufwand erforderte. Freilich taugte er aus denselben Gründen auch wenig dazu, das CK zu kontrollieren. Im Gegenteil, als ein Organ, das sich aus den sozialrevolutionären Spitzenpolitikern des In- und Auslandes zusammensetzte und im Grunde lediglich ein um potentielle bzw. ehemalige Mitglieder erweitertes CK darstellte, leistete der Parteirat der Exekutive zumindest bis 1909 überwiegend Hilfestellung. Gerade er verkörperte am reinsten das kooptative und *oligarchische* Element in der PSR. Seine Dominanz bedeutete daher auch zugleich den Abbau der demokratischen, durch den Parteitag verkörperten Strukturen der sozialrevolutionären Parteiorganisation.

Hatte es in der vorrevolutionären Periode an einer zentralen Koordination der neopopulistischen Aktivitäten in Rußland weitgehend gemangelt, weil die Ochrana immer wieder zuschlagen konnte und weil es zu Mißverständnissen zwischen der inländischen und der ausländischen Führung kam, so entfielen beide Hindernisse spätestens nach der Verkündung des Oktobermanifestes. Zumal die Rückkehr der Emigranten schuf die Voraussetzungen für den Aufbau einer neuen einheitlichen *Parteizentrale*, wie sie Černov gefordert hatte. Dennoch verschlimmerte sich das alte Übel zunächst eher, als daß es beseitigt werden konnte; Improvisation und Konfusion nahmen kein Ende.

Dafür sorgte bereits der Umstand, daß sich die führenden Politiker unter den Heimkehrern nicht an einem Ort, sondern in *beiden* Metropolen des

---

tag mehr veranstalten, und zerfiel ihre Organisation ebenso wie die sozialrevolutionäre. Vgl. Elwood, Russian Social Democracy S. 113 ff.
29) Dazu unten S. 374.

Die Praxis an der Parteispitze 203

zaristischen Reiches niederließen: die Mehrheit um Černov, Natanson, Kraft, Rakitnikov, Argunov und Azef in St. Petersburg, eine weniger bedeutende Gruppe um Sletov, Seljuk, Fejt, V. V. Leonovič sowie die begabten Nachwuchstalente I. I. Fundaminskij („Bunakov") und N. D. Avksent'ev — um nur die bekanntesten Namen zu nennen — in Moskau[30]. Das CK spaltete sich und hielt getrennte Sitzungen ab[31]. Die PSR wurde abermals von zwei Zentren dirigiert. Mochte das angesichts der gegebenen Umstände unumgänglich sein, so konnte diese Entschuldigung kaum für die Tatsache geltend gemacht werden, daß das Führungsgremium außerdem infolge wahlloser ad-hoc-Kooptationen eine hypertrophe Größe annahm und ihm gegen Ende 1905 an die dreißig Personen angehörten[32]. Vor allem dadurch geriet die Arbeitsfähigkeit der sozialrevolutionären Zentrale ernstlich in Gefahr. Man verlor den Überblick, keiner wußte mehr recht, wer zum CK zählte, zumal die Hälfte seiner Mitglieder ohnehin andauernd in Haft oder verreist war, jedenfalls nicht zur Verfügung stand, und es kam sogar vor, daß man, wie Argunov berichtet, einige Angehörige zu Sitzungen einzuladen vergaß[33].

Licht in dieses Chaos brachte erst der Gründungsparteitag der PSR, als er die Größe des CK auf zehn Personen begrenzte und durch die Wahl der Hälfte die erste ordnungsgemäße, demokratische Inauguration eines sozialrevolutionären Führungsgremiums vornahm. Berufen wurden Černov (56 Stimmen), Natanson (52), Rakitnikov (49), Argunov (48) und Azef (46). Noch auf dem Parteitag kooptierte man Kraft, später Sletov[34]; die übrigen Mitglieder des ersten CK sind nicht auszumachen. Deutlich reflektieren die Namen das Bemühen, fähige Vertreter unterschiedlicher Aufgabenbereiche in der Führungsspitze zu versammeln. So waren Černov und Raktinikov für die journalistischen und theoretisch-programmatischen Arbeiten zuständig und Natanson, Argunov, Sletov und Kraft für die organisatorischen Geschäfte; Azef repräsentierte die zentrale Kampforganisation.

Der zweite Parteitag der PSR nahm im Februar 1907, wie vom Statut vorgesehen, Neuwahlen des CK vor. Er bestätigte vier der bisherigen Mitglieder und ersetzte Argunov durch Geršuni, der unter schier endlosen Ovationen vor den überraschten Delegierten erschienen war und sich damit erstmals der Parteiöffentlichkeit zeigte. Kooptiert wurden, soweit ersicht-

---

30) Brief von V. M. Černov an B. I. Nikolaevskij, NC No 132 No 23. In Moskau arbeiteten laut Černov ferner Frejfel'd, Fridenson, der Altnarodnik A. V. Pribylev sowie A. Bel'skij, I. I. Majnov und Potapov aus dem Kreise der örtlichen Organisation der PSR. Spiridovič, Partija S.-R. S. 267 u. pass. nennt ferner: Breškovskaja, Goc, Gedeonovskij, Tjutčev, Savinkov, Zenzinov, Bonč-Osmolovskij, den Polizeiagenten N. Ju. Tatarov, die Veteranin und Terroristin A. V. Jakimova-Dikovskaja und den ehemaligen „narodovolec", Chemieprofessor und nachmaligen Angehörigen der Akademie der Wissenschaften der UdSSR A. N. Bach.
31) Vgl. Argunov, Azef, IV S. 178.
32) Vgl. Černov, Iz istorii Partii S.-R., Novyj Žurnal 101 S. 179.
33) Argunov, Azef, IV S. 178.
34) Vgl. Zenzinov, Perežitoe S. 268; Pamjati Sletova S. 16. Spiridovič, Partija S.-R. S. 245 gibt die Abstimmungsergebnisse, vermutlich aus Versehen, in umgekehrter Reihenfolge an.

lich, unter anderem Avksent'ev, Argunov, Rudnev, Minor, Fejt, Breškovskaja sowie zwei führende Figuren des Moskauer Komitees der PSR, Zenzinov und Potapov[35]. Insgesamt verzeichnen die Protokolle der CK-Sitzungen für die Zeit zwischen Juni und November 1907 sogar dreizehn Mitglieder[36], was darauf schließen läßt, daß die Fluktuation in der sozialrevolutionären Führung aufgrund der verstärkten Repression durch die Staatsmacht seit dem Frühsommer merklich zunahm. Freilich zeigt die häufige Wiederkehr der bekannten Namen auch, daß diese Zirkulation innerhalb einer kleinen Elite stattfand. Letztlich lagen die Geschicke der PSR in den Händen einiger weniger herausragender Revolutionäre: in denen von Černov, Rakitnikov, Sletov, Argunov, Natanson, Minor, Breškovskaja, Azef und M. Goc[37].

Die organisatorische Tätigkeit des CK, sein Tagesgeschäft jenseits der dramatischen Entscheidungen der großen Politik, ist spärlich dokumentiert und kaum zu rekonstruieren. Ein Rückblick auf die erste Jahreshälfte (Januar bis Juli) 1906 verzeichnete als bedeutendste Leistung die Einrichtung einer Literaturkommission, die ab März 1906 den „Narodnyj Vestnik" (Volksbote), eine Tageszeitung in der Art des „Syn otečestva", und das „Bjulleten' Central'nogo Komiteta Partii Socialistov-Revoljucionerov" (Bulletin der Sozialrevolutionären Partei) herausgab. Letzteres war offenbar als neues Zentralorgan gedacht, konnte jedoch nur kurz erscheinen, so daß der „Syn otečestva" erst im Herbst 1906 mit der Herausgabe der „Partijnye izvestija" (Parteinachrichten) einen wirklichen Nachfolger fand. Daneben war das CK hauptsächlich darum bemüht, die Lokalkomitees mit Geld und Leuten zu versorgen und „auf dem Wege persönlicher Verbindungen" den Informationsaustausch mit der Parteibasis herzustellen. Es gelang ihm aber eigenem Bekunden zufolge nicht, die „Unorganisiertheit, das Fehlen einheitlicher Aktionen und die Isolation" in der Partei zu beenden[38].

Nur mit Verzögerung konnten die im Organisationsstatut vorgesehenen Spezialabteilungen für die zentrale Leitung der wichtigsten Parteiaktivitäten gebildet werden. Am raschesten entstand die Zentrale Bauernkommission (CKK) unter Leitung Sletovs, die bereits im September 1906 ihren ersten allrussischen Kongreß veranstaltete[39]. Um die gleiche Zeit richtete Michalevič das Zentrale Militärbüro (CVB) ein. Es trug freilich, wie erwähnt, wenig zur Effektivierung der sozialrevolutionären Tätigkeit bei und konnte erst

---

35) Vgl. Černov, Iz istorii Partii S.-R., Novyj žurnal 101 S. 179; Spiridovič, Partija S.-R. S. 342; Argunov, Azef, VII S. 47.
36) Protokoly zasedanij C.K. P.S.-R. (1. Juni–18. November 1907), Archiv PSR 203. Die Initialen, die die vollen Namen ersetzen, waren zum Teil nicht auflösbar.
37) Geršuni kann dieser Führungsgruppe nur bedingt zugerechnet werden, da er die entscheidenden Jahre in der Gefangenschaft zubrachte und schon 1908 starb. Auch Goc erlag seiner schweren Krankheit, wie erwähnt, früh.
38) Materialy dlja otčeta za janv.-ijul' 1906, Archiv PSR 623. – Narodnyj Vestnik. Političeskaja i literaturnaja ežednevnaja gazeta. SPb. No 8–20 (17.–30. Mai 1906).
39) Vgl. O Central'noj Krest'janskoj Komissii, Archiv PSR 691, sowie eine Resolution des ersten Parteirates in: Pamjatnaja knižka I S. 19.

im Herbst 1907 stärker in die Organisation der PSR integriert werden. Die oberste Koordinationsinstanz für die Arbeiteragitation schließlich, die „Zentrale Arbeiterkommission" (Central'naja rabočaja komissija), scheint sehr kurzlebig gewesen zu sein, falls sie überhaupt existiert hat. Aber auch die CKK und das CVB hatten über die Revolutionsjahre hinaus keinen Bestand, sah sich doch das CK schon im Juni 1907 erneut veranlaßt, das Fehlen solcher Leitungsgremien zu bemängeln[40].

Größere Wirksamkeit konnte das *Organisationsbüro* beim CK entfalten, das als bedeutendste institutionelle Neuerung in der sozialrevolutionären Parteiführung während der Revolutionsjahre gelten kann. Aus dem Vorbereitungskomitee für den ersten Parteitag hervorgegangen, nahm das OB Anfang 1906 seine Arbeit auf. Es stand unter der Leitung von Kraft, Leonovič und Argunov und hatte seinen Sitz in St. Petersburg. Daneben unterhielt es eine Zweigstelle in Moskau, die im wesentlichen aus dem Ehepaar Potapov bestand[41]. 1907 ging die Leitung des OB an Vertreter der jüngeren sozialrevolutionären Generation, namentlich an I. N. Kovarskij, N. A. Ul'janov und A. B. Šimanovskij („Savin") über[42].

In den Aufgabenbereich des Büros fiel zunächst ganz allgemein die zentrale Leitung der administrativen Geschäfte an der Spitze der PSR. Insbesondere diente es als Umschlagplatz für den Austausch zwischen Parteizentrum und Parteiperipherie: Es dirigierte den Literaturtransport, teilte die Finanzmittel zu, leitete die taktischen Instruktionen des CK weiter, informierte die Lokalorganisationen durch monatliche Rundbriefe, später auch durch ein eigenes Hausblatt[43], über wichtige Parteiinterna, gab in Konfliktfällen Auslegungen des Parteistatuts, sammelte die lokalen sozialrevolutionären Publikationen, nahm die Tätigkeitsberichte der Komitees entgegen, kurz, es fungierte als rechte Hand und Sekretariat des CK. Daneben wurden dem OB aber mehr und mehr auch Kontrollaufgaben übertragen. Einem Statut von 1907 zufolge sollte es nicht nur für eine „strengere Auswahl neuer Mitglieder", mehr Disziplin und die Befolgung der CK-Direktiven sorgen, sondern auch das „Maß der Nützlichkeit einzelner Genossen" klären und die „Beseitigung von Elementen, die die Partei schwächen" könnten, vornehmen[44]. Zu diesem Zweck wurde eigens ein „Büro von Agenten" geschaffen, die die Lokalkomitees in regelmäßigen Abständen bereisten und nach dem Rechten sahen. Die Parteibasis empfand

---

40) Protokoly zasedanij CK, Sitzungen vom Juni und August 1907, Archiv PSR 203.
41) Vgl. Protokoly zasedanij predvaritel'no-sledstvennoj komissii pri CK po delam o provokacii v Partii S.-R. s 24. fevr. po 10. apr. 1909 g., NC No 224, box I, Heft 1 S. 11.
42) Vgl. V. M. Zenzinov, Pamjati V. V. Rudneva. In: Za svobodu No 1 (Mai 1941) S. 58.
43) Iz partijnych materialov. Izd. Organizacionnogo Bjuro pri Central'nogo Komiteta Partii Socialistov-Revoljucionerov o. O. No 1–5 (Januar–Mai 1907), No 7 (Juni 1908).
44) Vgl. das Gründungsstatut des OB in den Materialien des zweiten Parteitages der PSR vom Februar 1907, Archiv PSR 193.

eine solche Praxis vielfach als autoritäre Bevormundung und unrechtmäßige Einmischung in ihre inneren Angelegenheiten und unterzog sie heftiger Kritik[45]. In gewisser Hinsicht scheint sich das OB daher aus einer dienenden Institution, der es oblag, die Parteiorganisation durch die zentrale Koordination aller Aktivitäten durchlässiger zu machen, in ein bürokratisches Überwachungsorgan verwandelt zu haben, das eine weitgehend einseitige Kommunikation von oben nach unten durchsetzte und das CK von den lokalen Parteigruppen abschirmte.

3. Zentralismus versus Föderalismus: das Verhältnis zwischen Parteizentrum und Parteiperipherie

In den Jahren vor der Revolution hatte es die PSR nicht vermocht, die ererbte Kluft zwischen Intellektuellen im Exil und Praktikern in Rußland, zwischen ausländischer und inländischer Führung, zu überwinden. Stattdessen verfestigte sich ein Dualismus, der Kompetenzunklarheiten verursachte und in einigen Fällen auch zu ernsteren Auseinandersetzungen führte. Die Rückkehr der sozialrevolutionären Exilpolitiker nach der Verkündung des Oktobermanifestes eröffnete die Chance, auch diesen unguten Zustand zu ändern. Inwieweit sie genutzt und das Schisma überwunden werden konnte, läßt sich am ehesten an der Intensität der Kommunikation sowie an den Konflikten zwischen Parteizentrum und -peripherie ablesen.

Als elementares Medium des Austausches zwischen dem CK und den Lokalorganisationen diente allem voran die zentrale *Parteiliteratur*, insbesondere das Zentralorgan. Ihm konnten die Sozialrevolutionäre an der Basis die Auslegung der theoretisch-programmatischen Grundsätze ihrer Partei, Kommentare zur aktuellen politischen Situation und die Begründung der jeweiligen taktischen Schritte entnehmen. Im großen und ganzen gelang es der „Transportkommission beim CK" auch, selbst unbedeutende Komitees mit diesen Informationen zu versorgen. Dennoch bestand allenthalben reichlich Grund zu Klagen. Am häufigsten beschwerten sich die Lokalorganisationen in einer Kette von Eingaben, die nicht abriß, solange die Partei existierte, über unzureichende Mengen von Gedrucktem[46]. Ebenso oft wurde bemängelt, daß Periodika und Broschüren mit derart großer Verzögerung eintrafen, daß ihr Inhalt jegliche Aktualität verloren hatte. Nicht selten scheint es schließlich auch vorgekommen zu sein, daß sogar wichtige Komitees über längere Zeit gar keine Sendungen von der Parteizentrale erhielten. So schrieb man Ende 1906 aus Černigov: „Bis jetzt hatten wir nicht nur keine Möglichkeit, Informationen zum Zentrum zu schicken, wir wußten nicht einmal, daß *seit Oktober dieses Jahres die*

---

45) Vgl. Protokoly 1908 S. 72 f.
46) Zur Entschuldigung wies das Organisationsbüro unter anderem auf die Transportprobleme und Druckschwierigkeiten hin. Vgl.: Pis'mo O. B. pri C.K. P.S.-R. No 10 (23. August 1907), Archiv PSR 197.

‚Partijnye Izvestija' erscheinen"[47]. Mochte solche Unkenntnis auch, zumindest in den Stammgebieten der PSR, ein Extremfall sein, der nicht zuletzt aus dem notorisch chaotischen Zustand des ukrainischen Regionalverbandes zu erklären war, so wirft sie doch ein Schlaglicht auf einen Defekt, der in der einen oder anderen Form die Funktionsfähigkeit der sozialrevolutionären Organisation vielerorts beeinträchtigte.

Ein weiteres Kommunikationsmittel bildeten die *Direktiven* des CK, in denen der Parteibasis wichtige taktische Entscheidungen mitgeteilt wurden. Wie den Antworten auf die erwähnte Fragebogenaktion des Organisationsbüros vom Februar 1907 zu entnehmen ist, erreichten diese Anweisungen ihre Adressaten in der Regel ebenso wie die Parteiliteratur[48]. Aber auch sie trafen mit großer Verspätung und vielfach über recht zufällige Kanäle an ihren Bestimmungsorten ein. Überraschenderweise war das nicht nur in entfernten Organisationen, wie denen von Irkutsk oder Perm'[49], der Fall, sondern auch in solchen, von denen man annehmen sollte, daß sie in engster Verbindung mit dem CK gestanden hätten. So berichteten selbst die Sozialrevolutionäre von Nižnij-Novgorod, wo immerhin eines der bedeutendsten Komitees der PSR existierte, daß sie die Anweisungen von oben „nicht ein einziges Mal rechtzeitig" erhalten hätten. Ähnliches verlautete aus Voronež, Orel und einigen kleineren Gruppen des europäischen Rußland[50]. Da die Direktiven häufig kurzfristige Verhaltensmaßregeln enthielten, konnten derartige Übermittlungshindernisse gegebenenfalls die Aktionsfähigkeit der Partei ernstlich gefährden. Auch dies mag erklären, daß die Aufstandsversuche der PSR vor allem an mangelnder Koordination scheiterten.

Institutionen, die die Parteiperipherie mit dem Zentrum verbanden, stellten ferner die Parteitage und Parteiratssitzungen dar. Allerdings traten beide viel zu selten zusammen, als daß sie diese Funktion anders als punktuell hätten wahrnehmen können. Einem interessanten Beitrag zur Organisationsfrage aus Černigov zufolge verfügte der Parteirat außerdem über keine hinreichende Rückkoppelung an die Parteibasis. Insbesondere die Entscheidung des zweiten Parteirates zugunsten einer Teilnahme an den Dumawahlen, so bemängelte man, sei „völlig überraschend" ohne Konsultation der Lokalorganisationen gefällt worden und illustriere „sehr klar die Richtigkeit des Vorwurfes, ... daß in ihr /der Partei, M. H./ taktische Direk-

---

47) K voprosu o defektach partijnoj organizacii. In: PI No 5 (15. Februar 1907) S. 3–5, hier S. 3.
48) Vgl. die in Kap. 5 Anm. 47 genannten Fundstellen.
49) Irkutskij Komitet P.S.-R., Bericht an das CK vom 23. November 1908, Archiv PSR 171; Permskij Komitet PSR, Archiv PSR 478.
50) Nižegorodskaja gubernija, Archiv PSR 320; Voronežskij Komitet, anketa OB Februar 1907, Archiv PSR 487; Mcenskaja gruppa /Orlovsk. gub./, Archiv PSR 433; Caricynskaja oblast', anketa OB Februar 1907, Archiv PSR 623; Kazanskaja gruppa S.R., anketa OB Februar 1907, Archiv PSR 463; Kostroma, anketa OB Februar 1907, Archiv PSR 553/I.

tiven in Form von einlinigen Befehlen von oben ausgegeben werden." Denn obgleich im Oktober zwei Oblastkonferenzen in Anwesenheit des Bevollmächtigten des CK stattgefunden hätten, sei die Dumafrage nicht diskutiert worden, mehr noch, man habe den Delegierten nicht einmal mitgeteilt, daß sich die nächste Parteiratssitzung damit befassen würde. Gewiß trafen die Vorwürfe in solcher Schärfe nicht zu. Sie nahmen keine Notiz davon, daß das CK im Herbst 1906 ein Referendum veranstaltete, um sich ein Bild von der Stimmung in der Partei zu machen. Doch rechtfertigte das nicht die erstaunliche Arroganz und Lakonie, mit der die Redaktion des Zentralorgans die Beschwerde aus Černigov kommentierte: Das Leben warte nicht, belehrte man die lästigen Kritiker, man habe eben unverzüglich handeln müssen[51]. Ohne Zweifel bestätigte dieses Verhalten die Berechtigung der Anklagen eher, als daß es ihnen den Boden entzog.

Größere Bedeutung für die innerparteiliche Kohäsion kam den persönlichen Kontakten zwischen der Parteizentrale und den Lokalorganisationen zu. In der Frühphase der PSR wurden sie durch die Mitglieder des innerrussischen CK selbst hergestellt. Seit 1905 ging man dazu über, sie in dem Amt des *Bevollmächtigten des CK* zu institutionalisieren, das zwar im Parteistatut keine Erwähnung fand, aber in den Revolutionsjahren, soweit ersichtlich, bei jedem Oblastkomitee eingerichtet wurde. Die oberste Aufgabe des Bevollmächtigten bestand, wie Černov auf der Londoner Gesamtkonferenz der PSR formulierte, darin, „verbindendes Glied zwischen der Oblastorganisation und dem CK" zu sein. Einerseits habe er die Autonomie der lokalen Sozialrevolutionäre zu achten, andererseits aber sei er gehalten, als „Hüter des Zentralismusprinzips" aufzutreten[52]. In der Praxis dürfte die letzte Funktion von größerer Wichtigkeit gewesen sein, sollten die Beauftragten der Parteiführung doch, wie das Gründungsstatut des Organisationsbüros deutlich machte, die Arbeit der Lokalkomitees überwachen und an der Basis nach dem Rechten sehen[53]. Sie waren das einzige Kontrollinstrument des CK; sie repräsentierten es vor Ort und durften in Konfliktfällen in seinem Namen entscheiden, wenngleich die Betroffenen Berufung einlegen konnten. Daneben gehörte es zu den bedeutendsten Tätigkeiten der Bevollmächtigten, von der Ochrana heimgesuchte und arbeitsunfähige Komitees zu erneuern, d. h. die Routinegeschäfte der Konspiration wieder in Gang zu bringen, Quartiere zu besorgen, Druckereien einzurichten, Finanzquellen zu erschließen und anderes mehr[54]. Nicht zuletzt bildeten die Emissäre des CK daher auch eine mobile Rettungstruppe der Parteizentrale. Solche Vielfalt der Aufgaben stellte hohe Anforderungen an ihre Qualifikation, verlangte in der Tat, wie Černov emphatisch formulierte, sowohl Gewandtheit und Verhandlungsgeschick als auch Standhaftigkeit und Autorität von

---

51) K voprosu o defektach partijnoj organizacii S. 4.
52) Protokoly 1908 S. 58.
53) Gründungsstatut des OB, Archiv PSR 193.
54) Vgl. den Bericht Minors („Solomin") über seine Bevollmächtigtentätigkeit in Baku, Protokoly 1908 S. 77.

ihnen[55]. In der Regel kamen deshalb nur prominente Parteipolitiker aus dem engeren Kreis der sozialrevolutionären Führung für dieses Amt in Frage und, nach den wenigen bekannten Namen wie Sletov, Minor und Leonovič zu urteilen, zumal solche, die außerdem über große Erfahrungen in illegaler Arbeit verfügten. Die Bevollmächtigten dürfen somit als Kern der Berufsrevolutionäre gelten, die, ähnlich ihren Gegenspielern in der sozialdemokratischen Partei, auch in der PSR die Hauptlast der organisatorischen Arbeit trugen und die Stützpfeiler der Partei bildeten.

Wie sich die Beziehungen zwischen der sozialrevolutionären Führung und der Parteibasis konkret gestalteten, ist schwer auszumachen und läßt sich lediglich anhand einiger *Konflikte* und Reibungen rekonstruieren. Diese, die vor allem aus der Konfrontation des Zentralismus des CK mit tief verwurzelten föderalistischen Strömungen in vielen Lokalorganisationen entstanden, werfen zugleich Licht auf die Entscheidungsmechanismen in der PSR.

Das Organisationsstatut hatte beide Grundsätze zu vereinen gesucht: Im allgemeinen, so schrieb es vor, sollten die Oblastkomitees autonom handeln und sämtliche Tätigkeiten in ihrem Hoheitsgebiet selbständig in eigener Verantwortung leiten. Dem CK stand ein Interventionsrecht nur für den Fall zu, daß eine Lokalorganisation die Parteidisziplin verletzte oder vom Programm abwich. Analog regelte man die Beziehungen zwischen den Oblast- und den ihnen untergebenen Komitees, mit dem Unterschied freilich, daß das OK lediglich feststellen durfte, ob Gründe für die Auflösung eines Lokalkomitees bestanden und dem CK gegebenenfalls Mitteilung davon zu machen hatte, das Sanktionsrecht selbst aber diesem allein vorbehalten blieb[56].

Die Realität wich von diesem Idealzustand in beiden möglichen Richtungen ab. Einerseits hatte die Parteizentrale gegen vielerlei Manifestationen von lokalem Egoismus zu kämpfen. Insbesondere geizten die unteren Organisationen mit der Abführung des dem CK zustehenden Anteils von ihrem Budget. Häufig verweigerten sie auch die Herausgabe expropriierter Gelder, herrschte doch zumal bei den zweifelhaften „Helden" des örtlichen Terrors nur allzu oft eine offen „antiparteiliche" Stimmung vor, die da meinte, daß „sich dem CK zu unterwerfen", auf dasselbe hinauslaufe, wie „sich Stolypin zu unterwerfen"[57]. Selbst ein Vertreter des St. Petersburger Komitees äußerte auf einer Versammlung sozialrevolutionärer Studenten die gewiß häretische Ansicht, daß die Studenten „eher" der lokalen Führung „als dem CK gehorchen sollten, da sie sich auf einem Territorium befänden, das unmittelbar" von dieser „verwaltet werde"[58].

55) Protokoly 1908 S. 58.
56) Gegen diese Regelung protestierte das OK des Nordwestoblasts, jedoch, wie es scheint, erfolglos. Vgl.: Pis'mo O.B. pri C.K. P.S.-R. No 15 (1. November 1907), Archiv PSR 197; Protokoly zasedanij oblastnogo soveščanija Severo-Zapadnoj Oblasti (11.–13. November 1907), Archiv PSR 426.
57) Vgl. einen Bericht über die Expropriation eines Postamtes in Sevastopol' 1907, Archiv PSR 488.
58) Vgl. Ju. N., 12. Oktober 1907, Archiv PSR 168.

Andererseits stand die Autonomie der Basisorganisationen oft genug bloß auf dem Papier. Nicht nur waren sie in der Regel personell wie finanziell zu schwach, um ihre Arbeit selbständig leisten zu können. Darüber hinaus griffen die Bevollmächtigten des CK offenbar auch rigoros in die lokalen Angelegenheiten ein und maßten sich Rechte an, die ihnen nicht zustanden. So mußte selbst das Organisationsbüro, ansonsten ein energischer Verfechter des zentralistischen Prinzips, im November 1907 zugeben, „daß die Lokal- und Oblastkomitees sich in einigen Fällen mehr oder weniger berechtigt übergangen fühlen könnten". Insbesondere habe das Verhalten von Abgesandten der zentralen Bauernkommission und des zentralen Militärbüros zu Klagen Anlaß gegeben, da sie über „eigene, von den Lokalkomitees völlig unabhängige Quellen der materiellen Existenz" verfügt und sich deshalb um die Meinungen und Pläne der örtlichen Sozialrevolutionäre nicht geschert hätten. Um solche Unstimmigkeiten in Zukunft zu vermeiden, gab das OB eine verbindliche Auslegung der Bestimmungen des Organisationsstatuts, die die Hoheitsrechte der Lokalkomitees in besonderem Maße akzentuierte: „Die vom Zentrum geschickten Parteiarbeiter vor Ort", schrieb es, „haben sich unbedingt den allgemeinen Regeln zu unterwerfen, insbesondere aber folgender: Im Bereich ihrer speziellen Tätigkeit können sie den Grad an technischer Autonomie in Anspruch nehmen, der durch das allgemeine Parteirecht am gegebenen Ort festgelegt ist; aber sie stehen in derselben Beziehung zum Komitee wie alle anderen Parteiarbeiter auch." Zugleich warnte das Organisationsbüro die Hauptschuldigen, die CKK und das CVB, davor, sich als „Organisationszentren" mißzuverstehen. Vielmehr bestehe ihre Aufgabe lediglich in der „Ausarbeitung allgemeiner Arbeitspläne und Projekte". Die Leitung und Koordination aller Parteiaktivitäten bleibe dagegen allein dem OB vorbehalten, das seine Absichten und Pläne, vor allem die Inspektionsreisen der Bevollmächtigten, fortan besser als bisher mit den Oblast- und Lokalkomitees absprechen wolle[59].

Obgleich Reibungen dieser Art an der Tagesordnung waren, scheinen sie sich doch recht selten zu offenen Konflikten zugespitzt zu haben. Selbst rigorose Eingriffe der Zentrale, wie die Auflösung des Moskauer Komitees im Herbst 1907 oder die Rüge an das Oblastkomitee des Wolgagebietes im Juli 1906, das für schuldig befunden wurde, das Saratover Komitee grundlos seines Amtes enthoben zu haben[60], wurden ohne größeren Widerspruch hingenommen. Lediglich in einem Fall ist eine längere Auseinandersetzung bezeugt, die auch als einzige den Parteifrieden zumindest regional gefährdete.

Im Nordkaukasus, insbesondere in Stavropol', hatten sich 1906 dank massiver finanzieller Unterstützung durch die Moskauer Opposition maximalistische Anschauungen verbreitet und eine Welle von Expropriationen und Erpressungen hervorgerufen. Um solche pseudo-revolutionären

---

[59] Pis'mo O. B. pri C.K. P.S.-R. No 16 vom 15. November 1907, Archiv PSR 168.
[60] Zinaida Žučenko. Iz vospominanij A. V. Pribyleva. Izd. Byloe. o. O. o. J. S. 23, 42; Rospusk Saratovskogo komiteta P.S.-R., Juli 1906, Archiv PSR 521/II.

Entartungserscheinungen, die der Partei argen Schaden zufügten, wirksam bekämpfen zu können, beschloß das Oblastkomitee, sie mit der Todesstrafe zu ahnden. Als diese jedoch im Herbst 1907 an dem Sekretär des OK, der der Erpressung überführt war, vollzogen werden sollte, intervenierte der Bevollmächtigte des CK mit Hinweis darauf, daß das CK die Todesstrafe verboten habe. Das Oblastkomitee weigerte sich, das Veto anzuerkennen, weil ihm die CK-Entscheidung nicht bekannt sei, weil die Parteiführung laut Statut nur bei Disziplinverletzungen eingreifen dürfe und schließlich, weil sie nicht gegen die Einführung der Todesstrafe durch eine Oblastkonferenz des Nordkaukasus protestiert habe, dieser Beschluß also rechtskräftig sei. Der Bevollmächtigte des CK bestand auf seinem Einspruch und setzte das OK wegen Gehorsamsverweigerung ab. Beide Seiten riefen das CK um Schlichtung an. Dieses entschied zugunsten seines Repräsentanten, bestätigte dessen Anordnungen und löste das Oblastkomitee auf. Wohl hatte die Parteiführung somit auch in diesem Konflikt seine unumstrittene Autorität und Durchsetzungsfähigkeit unter Beweis gestellt. Doch konnte die Rechtmäßigkeit seines harten Urteils mit gutem Grund bezweifelt werden. Denn zum einen fand die Amtsenthebung des OK durch den Bevollmächtigten im Statut keine Stütze. Zum anderen, gravierender noch, berief sich das CK auf einen Beschluß über die Unzulässigkeit der Todesstrafe, der der Partei laut eigenem Eingeständnis *nicht* mitgeteilt worden war, weil man ihn nicht für aktuell hielt. Da es darüber hinaus auch die gleichsam selbstherrliche Einführung solch drakonischer Maßnahmen durch die Sozialrevolutionäre des Nordkaukasus unbeanstandet durchgehen ließ, zeugte sein dezidiertes Vorgehen kaum von Souveränität und Unparteilichkeit. Vielmehr wurde in ihm ein extrem zentralistischer Führungsstil manifest, dem der Ruch autoritärer Willkür anhaftete[61].

Eine ähnliche Haltung bewies das CK im September 1907 bei dem erwähnten Aufstandsversuch in Sevastopol'. Weit davon entfernt, die Autonomie des örtlichen Komitees zu respektieren, gab die Parteispitze, in diesem Falle das Zentrale Militärbüro in Absprache mit dem CK, sogar ausdrücklich Order, die lokalen Sozialrevolutionäre beiseite zu schieben. Etwa zwei Drittel, so informierte man den Bevollmächtigten des CVB, würden der Erhebung zustimmen. Wenn der Rest Widerspruch einlege, so sei dem „keine wesentliche Bedeutung" beizumessen; und „was das Oblastkomitee des Südoblast angehe", so könne „man es gänzlich ignorieren". Die geplante Meuterei verdient daher nicht nur als Dokumentation der politischen Blindheit der sozialrevolutionären Führung in der Endphase der Revolution Aufmerksamkeit, sondern vor allem auch als Illustration eines beinahe diktatorisch zu nennenden Gebarens, das die im Parteistatut verankerten Rechte der Lokalorganisationen rigoros mißachtete. Es war nur allzu verständlich, wenn die Sozialrevolutionäre von Sevastopol' den Glauben an die inner-

---

61) Vgl. eine Darstellung des Konflikts durch den Bevollmächtigten des CK sowie einen Brief des OK an das CK und die Entscheidung der Parteiführung in Archiv PSR 623. Dazu Protokoly 1908 S. 59.

parteiliche Demokratie verloren und verbittert ankündigten, fortan lieber ihre eigenen egoistischen Interessen „mit allen Mitteln" verteidigen zu wollen, als sich erneut den Anweisungen von oben zu beugen[62].

Angesichts solcher Vorfälle konnte es nicht ausbleiben, daß zwischen den Sozialrevolutionären an der Parteispitze und denen an der Basis eine ähnliche Spannung entstand, wie sie in vielen Lokalorganisationen zwischen den einfachen Parteimitgliedern und den „komitetčiki" herrschte[63]. Der Oligarchievorwurf, dem die Moskauer Opposition erstmals vehement Ausdruck verliehen hatte, fand zunehmend Gehör, und die Empfindlichkeit gegenüber jeder Art von Kontrolle und Bevormundung seitens der Führung wuchs. Eine sibirische Oblastkonferenz sprach gewiß nicht nur für sich allein, wenn sie das CK in recht scharfer Form aufforderte, um einer „breiteren Demokratisierung" willen die Reisen seiner Bevollmächtigten „zur Überprüfung der lokalen Tätigkeiten gänzlich einzustellen" und „die Vollmachten aller Vertreter der zentralen Organisation zu beschneiden"[64]. Gleiches galt für eine Empfehung der Sozialrevolutionäre von Simferopol', die den Parteioberen nahelegte, die Funktionen der Abgesandten des Zentrums zu durchleuchten und diese zu „einfachen Mittlern" herunterzustufen[65].

Welches Ausmaß der Unmut in den unteren Rängen der PSR angenommen hatte, brachten erstmals die Äußerungen eines vom CK geladenen Gastes auf der Londoner Gesamtkonferenz im August 1908 voll zu Bewußtsein. Hinter dem Rücken des CK und des Organisationsbüros, so wußte er zu berichten, gebe es allerlei Gerede, das aber nicht an die Öffentlichkeit dringe, weil sich die Partei in „eine bürokratische Organisation" pervertiert habe, „wo man hinterrücks die Obrigkeit" beschimpfe, „aber unter ihren Augen" schweige. Insbesondere das OB sei Stein des Anstoßes: „Nicht ein Brief, nicht ein Genosse, nicht ein Papier", klagte der Gast, „entgeht dem Organisationsbüro. . . . Es ist Auge, Ohr und Hand des CK. Das CK behielt allein den Kopf, einen guten zwar, aber er reicht nicht aus. Und die Mitglieder des Organisationsbüros sind nicht zahlreich. Sie können nicht alles erledigen, und daraus ergibt sich eine formale Verhaltensweise . . . Man nennt sie Autokraten, Hausmeier; man sagt, daß das Organisationsbüro dem CK über den Kopf gewachsen sei."

Die Bevollmächtigten, diese „Beamten des CK für besondere Aufträge", schließlich spielten sich in den unteren Parteigruppen als „Generalgouverneure" auf. Gegen ihre Handlungen zu protestieren sei aber nur auf einem Wege möglich: „allein über das Organisationsbüro". All diese Mißstände

---

62) Dokladnaja zapiska Central'nomu Komitetu P.S.-R. o popytke k vooružennomu vystupleniju v Sevastopole v sentjabre 1907 g. und: Doklad o vooružennom vosstanii, beide Archiv PSR 553/II.
63) Vgl. dazu unten S. 265 f.
64) Postanovlenie konferencii Sibirskoj oblasti /o. D./, Archiv PSR 756.
65) Simferopol'. Doklad po organizacionnomu voprosu, zaslušennyj na gubernskom s-ezde Tavričeskogo Sojuza, Archiv PSR 749.

könne man beseitigen, wenn die Mitglieder des OB in Zukunft nicht mehr vom CK ernannt, sondern vom Parteitag gewählt würden[66].

Wie so oft antwortete Černov auf diese Kritik mit einer Mischung aus inhaltsleerer, wenngleich glanzvoller Rhetorik und echten Argumenten. Es heiße Eulen nach Athen tragen, führte er aus, indem er den Sollzustand ohne Umschweife für die Wirklichkeit ausgab, wenn man dem Organisationsbüro ankreide, daß es dem CK die Schreibarbeit abnehme und den Austausch mit den sozialrevolutionären Gruppen an der Basis regle. Schließlich sei es seine Aufgabe, die Parteiführung zu entlasten. Er wisse aber von keinem Fall, daß das OB ein Gesuch an das CK abgeblockt habe. Vollends treffe der Formalismusvorwurf ins Leere, leide die PSR doch wahrlich nicht an zu viel, sondern umgekehrt an zu wenig Reglementierung. Aufs energischste widersprach Černov daher dem Vorschlag, das Organisationsbüro in Zukunft zu wählen, indem er darauf hinwies, daß man auf diese Weise erst recht ein zweites Zentrum in der Partei schaffe[67].

Welche der beiden Seiten die Parteiwirklichkeit angemessener beschrieb, ist nicht genau auszumachen. Immerhin werden die Beschwerden des CK-Antipoden, der zwar dem linken Parteiflügel angehörte, aber nicht zur Pariser Opposition[68] zu zählen sein dürfte, durch zahlreiche Vorkommnisse gestützt. Andererseits argumentierte Černov aber zu Recht, daß in der PSR nicht von einer Überformalisierung die Rede sein könne, sondern eher vom Gegenteil. Nur wäre dem hinzuzufügen, daß das Fehlen formaler Verfahren die Entstehung autoritärer Strukturen keineswegs ausschloß. Gerade weil das Parteistatut weitgehend Papier blieb, die Instanzenhierarchie nur allzu viele Lücken aufwies und die Eigenaktivität der Basis zu schwach war, verteilten sich die Gewichte in der Partei eindeutig zugunsten der Zentrale und wurde die Organisation kopflastig. Der Mangel an Partizipation der unteren Parteigruppen resultierte in gleichem Maße aus *unzulänglicher* Institutionalisierung wie aus der erstickenden Dominanz des CK.

Diese Ambivalenz begriff der Autor eines klugen Aufsatzes, der sich auf dem Höhepunkt der organisatorischen Misere, nach der Entlarvung Azefs Anfang 1909, die Frage stellte, woran die PSR leide: „an Zentralismus, oder an seinem Fehlen". Er antwortete: an beidem. Einerseits habe die Partei „als eine Organisation, die von oben entstand, Tendenzen zu außergewöhnlichem Zentralismus" bewahrt, was insbesondere für die hauptstädtischen und die dem CK nahen Komitees gelte. Andererseits aber sei die Masse der sozialrevolutionären Organisationen in den entfernten Provinzen Rußlands unabhängig von der Parteiführung aus eigenem Antrieb gegründet worden. Ihr Kontakt zum CK habe sich nie gefestigt, und nicht selten seien sie selbst über Parteiratssitzungen erst zwei, drei Tage zuvor informiert worden. Infolgedessen, resümierte der Verfasser, „lebten das Zentrum und

---

66) Protokoly 1908 S. 73.
67) Vgl. Protokoly 1908 S. 89 f.
68) Dazu s. unten S. 324 f.

die Organisationen, die ihm nahe standen, ein Leben für sich, als ob sie den Grundkern der Partei darstellten; aber alle anderen zahlreichen sozialrevolutionären Organisationen, die von unten entstanden, verstreut über das ganze Antlitz der russischen Erde, lebten, obgleich sie sich zur Partei zählten, nicht das Leben der Gesamtpartei." Das CK habe nicht nur getrennt von den Massen existiert, sondern in gleichem Maße auch von den innerparteilichen marginalen Gruppen. Es sei diesem doppelten Mißstand anzulasten, daß die PSR, wie der Autor sehr treffend beobachtete, bereits *vor* der Azef-Affäre „gleichsam einfror"[69], daß sie, anders gesagt, den angeborenen Dualismus zwischen Zentrum und Peripherie auch in den Revolutionsjahren *nicht* überwinden konnte.

---

69) E. R. /Evgenija Ratner?/, Organizacionnye nedočety. In: Izvestija Oblastnogo Zagraničnogo Komiteta (zit.: IOZK) No 11 (Mai 1909) S. 2—8, Zitate S. 5, 6. Das CK konzedierte die Berechtigung dieser Kritik aus Rußland ohne Vorbehalte und bestätigte namentlich die Existenz einer doppelten Kluft zwischen den verschiedenen Ebenen der Parteiorganisation einerseits und zwischen der Partei und der Masse andererseits. Allerdings wies es jede Verantwortung dafür von sich und behauptete, daß die Isolation „ein Mangel der Organisation, ein Versäumnis der Partei, nicht aber das eines Teils von ihr" sei (Archiv PSR 758/9).

Siebtes Kapitel:

DIE PSR VOR ORT: TÄTIGKEIT UND ORGANISATION DER SOZIALREVOLUTIONÄREN LOKALKOMITEES WÄHREND DER ERSTEN RUSSISCHEN REVOLUTION (1905—1907)

Vor 1905 eine kleine Verschwörerorganisation, numerisch, wenngleich sicherlich nicht politisch, eine kaum ins Gewicht fallende Größe, verwandelte sich die PSR nach dem „Blutsonntag" in eine Massenbewegung. Eine wahre Flut neuer Mitglieder ergoß sich in die sozialrevolutionären Lokalorganisationen, die ihr vielfach kaum standhalten konnten. Die Partei wuchs gleichsam „über Nacht", „in Stunden, nicht in Tagen"[1] und profitierte eher mehr denn weniger als ihre sozialdemokratische Konkurrentin von der politischen Mobilisierung, von der neu erwachten Bereitschaft breiter Bevölkerungskreise zu revolutionärem Engagement, die die Krise der Staatsmacht auslöste.

Abgesehen von den Hochburgen des Neopopulismus datierte die große Mehrheit der sozialrevolutionären Komitees den Beginn ihrer „systematischen Arbeit" dementsprechend auf die erste Hälfte des Jahres 1905. Erst seit dieser Zeit bekam das Wort Organisation an der Basis der PSR einen wirklichen Inhalt, da nunmehr die Aufgaben wuchsen, die Bildung von Spezialkommissionen nötig wurde und eine allgemeine Funktionsdifferenzierung eintrat. Sichtbarster Ausdruck und bedeutendste Errungenschaft dieses Prozesses war die Entstehung der Regionalverbände („oblastnye organizacii" bzw. „sojuzy", kurz „oblasti"), von denen insgesamt zwölf gegründet wurden: die Oblastorganisationen des Nordens (1906), des Nordwestens (1904), des zentralen Industriegebietes (1906), der Ukraine (1906), Südrußlands (1906), des Don-Azov-Gebietes (1906), des nördlichen und hinteren Kaukasusgebietes (1906), der Wolgaregion (1905), des Ural (1906), Sibiriens (1906) und Turkestans (1906); eine Sonderexistenz führte der kurzlebige „Fernöstliche Bund der PSR"[2].

Naturgemäß konnten die lokalen Parteiorganisationen nicht in allen Gebieten die gleiche Wirksamkeit entfalten. Je nach den geographischen Bedingungen, der sozioökonomischen Struktur, der politischen Tradition, der Stärke der Sozialdemokratie — um nur die wichtigsten Variablen zu nennen — konzentrierte man sich auf unterschiedliche Arbeitsbereiche. Leider weisen die vorhandenen Quellen trotz ihrer schier erdrückenden

---

1) So ein führender Sozialrevolutionär laut Spiridovič, Partija S.-R. S. 165.
2) Vgl. zur regionalen Gliederung der PSR Karte I.

Fülle erhebliche chronologische Lücken auf. Sie vermitteln zumeist nur Momentaufnahmen von dem äußerst wechselhaften Geschehen an der Basis der PSR (Daten über Mitgliederbestand, Zahl der agitierten Dörfer bzw. Fabriken usw.). Fortlaufende, zusammenhängende Berichte und Darstellungen der Tätigkeitsinhalte sind die Ausnahme. Dennoch soll versucht werden, die vorhandenen Informationen zu einem halbwegs konsistenten Bild zusammenzufügen und dabei vergleichend drei Aspekte in den Vordergrund zu rücken: den Zustand der Arbeiter- und der Bauernagitation sowie die innere Struktur der lokalen Organisationen. Gerade diese verursachte vielfach Konflikte, da das Anschwellen der Mitgliederzahlen auch der Frage der innerparteilichen Demokratie, des Verhältnisses zwischen Komitee und Massenbasis, größere Brisanz als zuvor verlieh.

1. Die Agitation in Stadt und Land: Ein Überblick

1.1. Das Wolgagebiet

Der erste Platz in der Rangliste der bedeutendsten sozialrevolutionären Regionalorganisationen gebührte zweifellos dem Wolgaoblast. In seinem Zentrum, am westlichen Ufer der mittleren Wolga, in den Gouvernements Saratov, Penza und Tambov lag das Gebiet, das man am ehesten als die eigentliche Kernzone der PSR bezeichnen könnte. Hier stand die Wiege der neopopulistischen Bewegung, von hier stammte die Mehrzahl der Parteiführer wie Argunov, Avksent'ev, Černov, Kraft, Lazarev, Minor, Rakitnikov und Sletov. Hier verschafften ihr die Lebendigkeit einer langen agrarrevolutionären Tradition, die Verbreitung der „obščina" und eine landwirtschaftliche Strukturkrise[3] beinahe eine Monopolstellung in der Agitation der Bauernschaft und eine Position in den Städten, die so gefestigt war wie nirgendwo sonst in Rußland; hier befanden sich die Regionen mit der dichtesten Streuung sozialrevolutionärer Bauernorganisationen, und hier rekrutierte die PSR auch die meisten Mitglieder[4]. Dem Wolgaoblast fiel somit im sozialrevolutionären Parteileben insgesamt eine Schlüsselrolle zu, und seine Stimme wog in allen Parteigremien und bei allen Entscheidungen besonders schwer.

Vorbereitungen für die Gründung einer Regionalorganisation der PSR im Wolgagebiet liefen bereits seit Ende 1904 und führten im März 1905 zur Einberufung der ersten Oblastsitzung, an der die Komitees von Kazan',

---

3) Vgl. Nötzold, Wirtschaftspolitische Alternativen, S. 29 ff; oben S. 13 f.

4) Bei der Verteilung der Mandate für den zweiten, außerordentlichen Parteitag, die proportional zur Mitgliederstärke vorgenommen wurde, entfiel auf den Wolgaoblast, der 30 Delegierte entsenden durfte, die höchste Zahl. Es folgten: der Zentraloblast – 20 Delegierte; die Ukraine – 18; der Südoblast – 14; der Nordwestoblast – 14; der Nordoblast – 8; das hintere Kaukasusgebiet – 6; der Nordkaukasus und Turkestan – je 4; die Stadtkomitees von St. Petersburg und Moskau – 6 bzw. 5 Delegierte. Vgl.: Protokoly /vtorogo/ soveta partii, Archiv PSR 489.

Simbirsk, Samara, Saratov, Astrachan', Penza, Tambov, Orenburg und Nižnij-Novgorod teilnahmen[5]. Die endgültigen Grenzen legte, wie für alle „oblasti", der erste Parteitag der PSR Ende 1905 fest. Sie umfaßten die Gouvernements Saratov, Samara, Simbirsk, Kazan', Astrachan', Penza, Tambov und Orenburg[6]. Laut Stand vom Oktober 1906 befand sich die größte sozialrevolutionäre Organisation an der Wolga mit 1050 Mitgliedern in Penza. Es folgten Saratov mit 1018 Mitgliedern und in deutlichem Abstand Simbirsk (597), Tambov (580) sowie Samara (500). Nimmt man freilich die Anzahl der „intelligenty" als Indikator für die Aktionsfähigkeit eines Komitees — und dafür spricht Vieles —, dann rückt Saratov an die Spitze der Liste (200 intelligenty) vor Penza (150), Kazan' (140) und Samara (100)[7]. Obgleich diese Angaben mit Vorsicht zu benutzen sind, da die jeweiligen Kriterien für die Definition eines Mitgliedes außerordentlich variiert haben dürften, vermögen sie dennoch eine grobe Orientierung über die Größenverhältnisse der lokalen Stützpunkte der PSR zu vermitteln.

Die Arbeit in den Städten

Die Arbeiteragitation nahm nur geringe Kräfte der Sozialrevolutionäre des Wolgagebiets in Anspruch. Zum einen gab es in dieser kaum industrialisierten Region lediglich in wenigen größeren Städten der westlichen Provinzen ein nennenswertes Proletariat. Zum anderen stieß man dort, wo der Boden vergleichsweise günstig schien, zumeist auf starke Konkurrenz der RSDRP. Mochten beide Hindernisse auch nicht unüberwindbar sein, so veranlaßten sie die PSR doch, ihre Anstrengungen hauptsächlich auf die für wichtiger erachtete und ertragreichere Arbeit in der Bauernschaft zu konzentrieren. Dennoch war die Partei natürlich auch in den Städten, sowohl in den Unter- als auch vor allem in den Mittelschichten präsent.

Die Sozialrevolutionäre von *Kazan'* gaben an, etwa hundert Arbeiter in drei Fabriken, drei Druckereien und einigen Werkstätten organisiert und ein beträchtliches Gefolge in der städtischen Schülerschaft aufgeboten zu haben. Insgesamt machten sie daher „einen ziemlich großen Einfluß" auf die lokale „Gesellschaft" geltend[8]. Auch in *Penza* bemühte sich die PSR

---

5) Vgl. Ot povolžskogo Sojuza P.S.-R., Mai 1905, Archiv PSR 468, sowie die französische Ausgabe des Berichtes der PSR an den Stuttgarter Kongreß der Zweiten Internationalen 1907, der eine Zusammenfassung der Tätigkeitsberichte der Lokalorganisationen an den zweiten Parteitag der PSR vom Februar 1907 enthält: Rapport du Parti Socialiste Révolutionnaire de Russie au Congrès Socialiste International de Stuttgart (août 1907). Gent 1907 S. 53—192, hier S. 85 ff. Grundlegend zur Geschichte des Wolgaoblasts ferner: Povolžskaja oblastnaja organizacija. Načalo obrazovanija P. O. organizacii, Archiv PSR 468.
6) Protokoly 1906 S. 308.
7) Vgl. Volga: Čislo členov partii, po dannym soobščennym predstaviteljami organizacij na oblastnom s-ezde, in den Materialien des zweiten Parteirates der PSR vom Oktober 1906, Archiv PSR 489.
8) Kazanskaja gruppa S.R., Antwort auf die Umfrage des OB vom Februar 1907, Archiv PSR 463, und weitere Dokumente in Archiv PSR 122, 463.

mit gewissem Erfolg um die Sympathien der Arbeiterschaft, obgleich die Bauernagitation hier in besonderem Maße im Vordergrund stand. Man gründete in drei Fabriken Schulungszirkel und verschaffte sich maßgeblichen Einfluß auf die Handwerker der Stadt sowie auf den Bund der Ladenangestellten und Verkäufer. Vor allem aber baute man die Eisenbahndepots, in denen man mehr als zweihundert Arbeiter organisieren konnte, zu uneinnehmbaren Festungen des Neopopulismus aus. Bei den Wahlen zur zweiten Duma konnten die Sozialrevolutionäre mehr Stimmen auf sich vereinen als die Sozialdemokraten, wenngleich diese auf Gouvernementsebene letztlich die Wahlmänner stellten[9]. Bedeutend schwerer tat sich die PSR in *Simbirsk*. Da es hier keine Fabriken gab, mußte man sich darauf beschränken, Handwerker zu agitieren sowie in der städtischen Mittelschicht, unter den „meščane", zu werben[10].

In *Caricyn* war die PSR bei „allen Handwerkern" und in den „meisten Fabriken" vertreten, verfügte über zehn Fabrikkomitees, zahlreiche „kružki" und reklamierte insgesamt 245 organisierte Arbeiter für sich. „Bei völligem Fehlen der Sozialdemokraten" übte sie nicht nur maßgeblichen Einfluß in sechs lokalen Gewerkschaften aus, sondern stellte ausnahmsweise sogar deren Führungspersonal. Insbesondere das Exekutivkomitee des Eisenbahnerbundes war „fast ganz sozialrevolutionär". Freilich beruhten diese Erfolge nicht so sehr auf den Anstrengungen der lokalen Parteimitglieder, sondern verdankten sich der Energie „herbeireisender Professioneller", da die einheimischen Aktiven „unzureichende Kenntnisse" besaßen[11]. Auch in Caricyn stimmten bei den Wahlen zur zweiten Duma mehr Arbeiter für die Sozialrevolutionäre als für die Sozialdemokraten, die meisten allerdings für die Kadetten[12]. Eine ähnlich positive Bilanz zogen die Sozialrevolutionäre *Astrachans*. Nicht nur konnten sie auf 170 organisierte Arbeiter verweisen, sondern darüber hinaus auch auf ihren „ausschließlichen Einfluß" auf die örtlichen Gewerkschaften, insbesondere die der Maurer, Zimmerleute, der Post- und Telegraphenarbeiter und der Ladenangestellten. Dem entsprach ihr gutes Abschneiden bei den Wahlen zur zweiten Duma, die ihnen in den städtischen und ländlichen Wahlkreisen die Mehrheit der Wahlmänner einbrachten[13].

In *Saratov*, der heimlichen Hauptstadt und dem Mekka des Neopopulismus, verfügten die Sozialrevolutionäre auch in den städtischen Rajons über solide Stützpunkte. Freilich scheint ihr Einfluß dennoch nicht so dominant

---

9) Povolžskaja oblastnaja organizacija, Archiv PSR 468; Penzenskaja gubernija, Antwort auf die Umfrage des OB, Februar 1907, Archiv PSR 471; sowie weitere Dokumente in Archiv PSR 471, 758/9.
10) Kratkij otčet, Februar 1907, Simbirskij komitet, Archiv PSR 623. S. auch: Simbirskij komitet. Otvety po voprosam ankety O. B., Archiv PSR 623 und weitere Dok. ebenda.
11) Caricynskaja oblast', anketa O. B. pri C. K., Februar 1907, Archiv PSR 623.
12) Caricyn. Vyborščiki, Archiv PSR 623.
13) Povolžskaja oblastnaja organizacija, Archiv PSR 468.

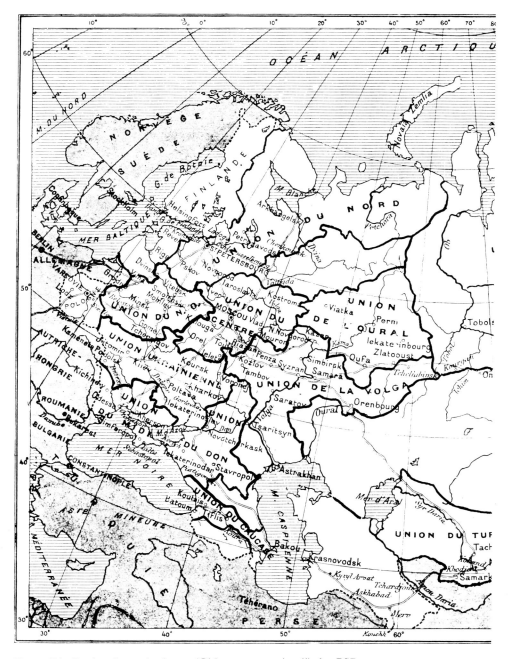

Karte: Die Regionalorganisationen (Oblastnye organizacii) der PSR

Quelle: Rapport du Parti Socialiste Revolutionnaire de Russie au Congrès Socialiste Internationale de Stuttgart (août 1907). Gent 1907.

gewesen zu sein, wie man angesichts der Bedeutung und der Tradition der Saratover Organisation der PSR erwarten könnte. Immerhin mußten sie während der Arbeiterunruhen im Januar 1905 die Streikkomitees weitgehend den Sozialdemokraten überlassen[14]. Überdies konnten selbst hier erst 1906 ein Arbeiterzentrum, ein Bund der Propagandisten und ähnliche Gruppen als Voraussetzung einer geregelten Agitation gegründet werden. Noch im Mai 1906 betrachtete man daher lediglich neunzig Arbeiter und 75–100 Handwerker als organisiert[15], eine Zahl, die Anfang 1907 auf insgesamt etwa 300 Angehörige der städtischen Unterschicht anstieg[16].

Konnte die PSR in Saratov trotz allem noch mit den Resultaten ihrer Tätigkeit in der Arbeiterschaft zufrieden sein, so bestand dazu in *Samara* kein Anlaß. Hier, im größten Industriezentrum an der mittleren Wolga, vermochten die Sozialrevolutionäre erstaunlicherweise in keiner Fabrik Fuß zu fassen, und mußten sie ihre Aktivitäten auf „einige große Werkstätten" sowie die „Wurstmacher und Tischler" beschränken[17]. Breitere Sympathien genossen sie lediglich in den Eisenbahndepots[18]. Dieser Befund überrascht umso mehr, als die allgemeine Agitation der PSR „ziemlich effektiv" war[19] und ihr Einfluß dank der außergewöhnlichen propagandistischen Fähigkeiten der drei führenden Figuren S. N. Kallistov, V. P. Troickij und M. A. Vedenjapin[20] zumindest Ende 1905 in den Reihen der revolutionären Intelligenz, der Schüler, der kleinen Angestellten, des „revolutionären Kleinbürgertums" und der Bauernschaft „ohne Zweifel überwog"[21]. Es waren die Sozialrevolutionäre, die das politische Leben Samaras auf dem Höhepunkt der Revolution prägten, zumal insbesondere die überwältigende Mehrheit der Soldaten der örtlichen Garnison auf ihrer Seite stand[22]. In der Arbeiterschaft Samaras dagegen stießen sie auf nur geringe Resonanz, hier konnten sie die sozialdemokratische Vormacht nicht im mindesten bedrohen. Freilich verblaßte auch der Glanz der sozialrevolutionären Erfolge in der „Gesellschaft" sehr bald, da beinahe das gesamte Komitee den Vergeltungsmaßnahmen der Staatsmacht für terroristische Anschläge zum Opfer fiel: die Schüsse der lokalen „Rächerhelden" „desorganisierten" die eigenen

---

14) Vgl. Čemu učit Saratovskaja zabastovka. Saratovskij Komitet. 27. Januar 1905, Archiv PSR 521/II, und weitere Flugblätter des „Saratovskij Rabočij Sojuz P.S.-R.", ebenda, sowie Dokumente in 521/I.
15) Protokol Gubernskogo s-ezda prestavitelej organizacii S. R., konec maja 1906, Archiv PSR 521/II.
16) Rapport 1907 S. 96.
17) Samarskij komitet, Bericht an den zweiten Parteirat, Oktober 1907, Archiv PSR 623, sowie weitere Dokumente in 623.
18) Speranskij, 1905 god v Samarskom krae S. 162.
19) Ebenda S. 326.
20) Vedenjapin stieg bald in die sozialrevolutionäre Führungsspitze auf und zählte vor allem in den Jahren 1917 bis 1922 zu den prominentesten Politikern der Partei. Vgl. RR No 21–22 (Oktober–November 1922) S. 25–26.
21) Speranskij, 1905 god S. 162.
22) Dazu sehr detailliert: ebenda S. 198 ff.

220 Die sozialrevolutionären Lokalkomitees 1905—1907

Reihen[23]. So gründliche Arbeit leistete die Ochrana, daß die PSR in Samara, soweit ersichtlich, für die restliche Dauer der Revolution ein kümmerliches Dasein fristete[24].

Bauernagitation

Abgesehen vom Steppengebiet um Astrachan' an der unteren Wolga, dem wenig bedeutenden Gouvernement Orenburg[25] und der Region um Kazan', wo der große Anteil nichtrussischer Nationalitäten wie Tataren und Tschuwaschen die PSR vor besondere Probleme stellte[26], erbrachte die sozialrevolutionäre Bauernagitation im Wolgaoblast so günstige Resultate wie nirgendwo sonst. Einer Statistik zufolge, die von der allrussischen Konferenz der sozialrevolutionären „Bauernarbeiter" in Imatra (September 1906) angefertigt wurde, umfaßte die „Einflußzone" der PSR sämtliche „uezdy" der Gouvernements Samara, Saratov und Simbirsk sowie acht von zehn „uezdy" des Gouvernements Penza. Die absolut größten Zahlen von „volosti" und Siedlungen, „wo Arbeit geleistet" wurde, wiesen dabei die Gouvernements Penza, Saratov und Simbirsk auf, während sich die bei weitem meisten bäuerlichen Organisationen, d. h. „Brüderschaften" und „Volostkomitees", im Gouvernement Saratov fanden; an zweiter Stelle folgte Penza[27].

[23] Vgl. ebenda S. 372.
[24] Povolžskaja oblastnaja organizacija, Archiv PSR 468.
[25] Vgl. Orenburg, Antwort auf die Umfrage des OB., Februar 1907, Archiv PSR 460; ZT No 36 (Juni 1911) S. 29; Povolžskaja oblastnaja organizacija, Archiv PSR 468.
[26] Vgl. Rapport 1907 S. 89 f.
[27] Vgl. eine Tabelle in: Otčety o rabote v krest'janstve, predstavlennye na s-ezde krest'janskich rabotnikov v sentjabre 1906 g, Archiv PSR 122.

	1	2	3	4	5	6	7	8	9	10	11
Kazan-sk.gub	—	4	4	iz	42- 51	—	6	108	—	—	650
Sam. gub.	1	6	7	iz	7	—	266	31	—	600- 700	—	—
Penz. gub.	—	8	8	iz	119- 188	—	—	19	—	46	870
Sarat. gub.	2	8	10	iz	97- 115	378	193	23	—	—	—
Simb. gub.	4	4	8	iz	80- 135	33	4	7	—	—	—

1 = „uezdy", in denen agitiert wird und Kontakte bestehen.
2 = „uezdy", in denen Bauernorganisationen existieren.
3/4 = wieviele aller „uezdy" eines Gouvernements in die sozialrevolutionäre „Einflußsphäre" einbezogen sind.
5 = „volosti" und „Siedlungen", in denen agitiert wird.
6 = „Siedlungen", in denen agitiert wird.
7 = „Volosti", in denen „Brüderschaften" oder „Volostkomitees" bestehen.
8 = Zahl der Bauernbrüderschaften.
9 = Zahl der organisierten Bauern.
10 = Zahl der Kampfbrüderschaften.
11 = Zahl der Mitglieder in ihnen.

Ein genauerer Blick freilich enthüllt, daß solche Daten die wirklichen Zustände vielfach retuschierten und auch die sozialrevolutionären Aktivitäten in den Wolgaprovinzen noch viele Wünsche offen ließen. Denn betrachtet man nicht mehr die größeren Verwaltungseinheiten wie Gouvernements und „uezdy", sondern steigt herab zu den „volosti" und Dörfern, so ergibt sich, daß selbst in *Penza* lediglich in einem „uezd" Kontakte zu fast allen „volosti" bestanden. Schon in dem nächstbesten Kreis aber konnte man nur noch zu kaum mehr als der Hälfte und in den übrigen lediglich zu 65 %, 64 %, 37 % und 36 % der „volosti" Verbindung halten. Geht man noch eine Stufe tiefer, verlieren die vordem beeindruckenden Zahlen vollends ihren Glanz. Auch in dem „uezd" mit den meisten sozialrevolutionären Stützpunkten — der symptomatischerweise zugleich der Gouvernementshauptstadt am nächsten lag — wurden nur 38 % aller „besiedelten Punkte", kaum mehr als ein Drittel also, mit den Ideen der PSR bekannt gemacht, und in den vier nächstbesten „uezdy" waren es mit 25 %, 26 %, 26 % und 27 % noch weniger. Im Durchschnitt wurden gar nur 17,5 % aller Dörfer des Gouvernements Penza von sozialrevolutionärer Agitation „berührt", ein in der Tat geringer Prozentsatz. Angesichts dessen kann die Beobachtung nicht mehr erstaunen, daß sich unter den 53 Mitgliedern aller sozialrevolutionären „uezd"-Gruppen ganze *vier* Bauern befanden, von denen drei zudem noch einer einzigen angehörten[28]. Auch im Gouvernement Penza, so darf aus diesen Daten geschlossen werden, galt, was in den übrigen Regionen Rußlands noch deutlicher zutage trat: daß die PSR die Bauernschaft bestenfalls agitieren, nicht aber in ihre Organisation integrieren und für aktive Mitarbeit gewinnen konnte. Die Komitees bestanden überall und nahezu ausschließlich aus „intelligenty".

Vorteilhafter noch als in Penza stellte sich der Zustand der sozialrevolutionären Bauernagitation dem oberflächlichen Betrachter im Gouvernement *Saratov* dar. Parteipropagandisten und Reiseagenten konnten sich hier sogar nationaler ‚Bestleistungen' rühmen. So wies der Atkarsker „uezd" laut Bericht an eine Gouvernementskonferenz im Mai 1906 mit 25 Brüderschaften die größte Dichte sozialrevolutionärer Bauernorganisationen in ganz Rußland auf. Ihm stand der „uezd" Balašov mit fünfzehn Brüderschaften nicht viel nach, zumal hier außerdem ein Komitee mit zwanzig Agitatoren bestand. Andere „uezdy" brüsteten sich, die Dorfbevölkerung mancherorts bis zu neunzig Prozent „bewußt" gemacht zu haben[29]. Häufig scheinen die lokalen Parteiorganisationen sogar von Bauern selbst geleitet worden zu sein,

---

28) Vgl. eine detailliertere Tabelle in: Otčet o Penzenskoj gubernii /auf der allrussischen Konferenz der sozialrevolutionären Bauernagitatoren in Imatra im September 1906/, Archiv PSR 122.
29) Vgl. Protokol Gubernskogo s-ezda predstavitelej organizacii S.-R. Konec maja 1906, Archiv PSR 521/II mit sehr detaillierten und instruktiven Berichten über den Stand der Arbeit in den einzelnen „uezdy". Auch: Saratovsk. gub., Bericht auf der allruss. Konferenz der sozialrevolutionären Bauernagitatoren in Imatra, September 1906, Archiv PSR 122.

wie ein ehemaliger „Reiseagent" im Atkarsker „uezd" zu berichten wußte[30].

Und dennoch — trotz solch fortgeschrittener Mobilisierung der agrarischen Bevölkerung, trotz vergleichsweise beeindruckender Erfolge und insgesamt günstiger Voraussetzungen bestand auch im Gouvernement Saratov noch im Sommer 1906 mehr Ursache zur Klage über Mißstände als zur Freude über Erreichtes. Im Atkarsker „uezd" mangelte es an Komitees, im Petrovsker an Reiseagenten und im Saratover hörte man nichts als „traurige Nachrichten über die Organisiertheit der Bauern"[31]. Vollends traten solche Mängel in der Endphase der Revolution zutage und veranlaßten die Aktiven zu einer kritischen Retrospektive. Denn wo es bereits 1907, wie im Atkarsker Kreis, „der im ganzen Gouvernement Saratov als der erste nach seiner Organisiertheit" galt, nicht mehr möglich war, „Antworten auf Fragebögen zu erhalten, weil kein Bauer mehr zu schreiben riskierte"[32], wo es die Agitatoren selbst auf dem Höhepunkt der Revolution vielerorts nicht wagen konnten, den Zaren offen anzuklagen[33], da mußten die Ursachen tiefer liegen als bloß in polizeilicher Repression. Die Atkarsker Sozialrevolutionäre fanden sie in der „oberflächlichen Bekanntschaft der Dorfbevölkerung mit den revolutionären Ideen" und in „übertriebenen Vorstellungen über die Kräfte, Mittel und Arbeitsbedingungen seitens der Partei." Genau besehen, so schrieb man, habe die PSR keinerlei Einfluß auf die agrarrevolutionäre Bewegung der Jahre 1905—1906 nehmen können. Diese sei vielmehr spontan als Produkt der Unzufriedenheit insbesondere über den Japankrieg entstanden. Die Partei habe sich lediglich nachträglich angehängt, ihre Agitation sei „nicht tief in die Köpfe der Bauern" eingedrungen. Aus diesem Versagen und dem rückständigen Bewußtsein der Bauern erkläre sich der „vollständige Zusammenbruch" der dörflichen sozialrevolutionären Organisationen 1907[34].

In der Tat scheint die PSR im Wolgagebiet außerordentlich rasch zerfallen zu sein. Bereits im Februar 1907 meldete das Komitee von Penza, daß „fast keine"[35] bäuerlichen Gruppen mehr existierten, und ein Bevollmächtigter des CK fand auf einer Inspektionsreise im Oktober desselben Jahres nur mehr „Arreste und Zusammenbrüche" vor oder „Organisationen, die gerade mit Müh und Not begonnen" hätten, „sich von Aushebungen zu erholen"[36].

30) A. Studencov, Saratovskoe krest'janskoe vosstanie 1905 goda. Iz vospominanij raz-ezdnogo agitatora. Penza 1926 S. 18 ff. Allgemeinere Beobachtungen vgl. auch bei: T. Galynskij, Očerki po istorii agrarnoj revoljucii Serdobskogo uezda, Saratovskoj gubernii. Serdobsk 1924 S. 53, 55 u. pass.
31) Protokol Gubernskogo s-ezda..., Archiv PSR 521/II S. 3.
32) Doklad o položenii raboty v krest'janstve, Atkarskoj Gruppy P.S.-R., 20. Februar 1908, Archiv PSR 125.
33) Studencov, Saratovskoe krest'janskoe vosstanie S. 5.
34) Doklad o položenii raboty, Archiv PSR 125.
35) Penzenskaja gubernija, Februar 1907, Archiv PSR 471.
36) S Povolž'ja. In: ZT No 8 (Dezember 1907) S. 11—12; auch: Kratkij očerk sostojanija partijnych organizacij v Povolž'e. In: ZT No 8 (Dezember 1907) S. 12—13.

Ungeachtet aller Mängel der sozialrevolutionären Tätigkeit gilt indes —
und das sollte nicht übersehen werden —, daß die RSDRP außerhalb der
Städte des Wolgagebietes noch viel weniger ausrichten konnte, ja eigentlich
gar nicht präsent war. Als beispielsweise sozialdemokratische Agitatoren
auf einer Bauernkonferenz im Saratover „uezd" die Errichtung einer unparteilichen Bauernorganisation verlangten, antwortete man ihnen, „daß die
Sozialdemokraten nicht an der Organisation teilnehmen" könnten, „da sie
nicht die Grundprinzipien des Bauernbundes teilten, daß das Land kein
Privateigentum sein könne"[37].

1.2. Die Ukraine

Die Regionalorganisation der Ukraine wurde im April 1905 auf Initiative
des CK der PSR durch Zusammenschluß der Komitees von Kiev, Char'kov,
Voronež, Poltava und Volynien gegründet und umfaßte die Gouvernements
Kiev, Poltava, Char'kov, Ekaterinoslav, Černigov, Volynien, Kamenec-
Podol'sk, Kursk und Voronež[38]. An numerischer Stärke, innerparteilichem
Gewicht und allgemein strategischer Bedeutung für die sozialrevolutionäre
Sache stand sie der des Wolgagebietes nur wenig nach. Denn nicht nur verfügte die neopopulistische Bewegung hier, wo Ende der 90er Jahre der
„Südbund" als eine der beiden Keimzellen der PSR entstanden war, ebenfalls über eine lange Tradition. In der Ukraine, insbesondere in den Gouvernements Černigov, Poltava, Kursk und Voronež, befand sich auch das
eigentliche Zentrum der Argrarrevolution, wie die Unruhen von Poltava
und Char'kov 1902 bereits angedeutet hatten. Hier, im zentralen Landwirtschaftsgebiet, waren Bevölkerungsdruck und Landknappheit am größten,
hatten die Bauern 1861 eine überdurchschnittliche Verminderung des zuvor
von ihnen bearbeiteten Landes hinnehmen müssen, bestanden im System
der „Abarbeitung", bei dem der Bauer das Land, das ihm die Agrarreform
zuerkannt hatte, das er aber in der Regel nicht bezahlen konnte, durch
Tagedienste für den ehemaligen Besitzer nach und nach erwarb, faktisch
auch nach der Bauernbefreiung die alten Fronleistungen fort; kurz, hier
lag das chronische Krisengebiet der russischen Landwirtschaft[39]. Da zudem
die Umteilungsgemeinde in der Ukraine ebenfalls weit verbreitet war, fiel
die sozialrevolutionäre Propaganda auf einen äußerst günstigen Boden: Niemandem konnte die „Sozialisierung des Grund und Bodens" ein lebensnotwendigeres Bedürfnis sein als dem landarmen, von Hunger, Not und Ausbeutung besonders geplagten nord-ukrainischen „obščina"-Bauern.

37) Protokol Gubernskogo s-ezda, Archiv PSR 521/II S. 4.
38) Protokoly 1906 S. 304; vgl. auch die Gründungsproklamation: Oblastnaja
organizacija na Ukraine P.S.-R., Archiv PSR 482, sowie: RR No 73 (15. August 1905)
S. 27. Zur Geschichte der ukrainischen Oblastorganisation der PSR grundlegend:
Voznikovenie i rabota v Ukrainskoj oblasti, Archiv PSR 482; Rapport 1907, S. 149 ff.
39) Vgl. Nötzold, Wirtschaftspolitische Alternativen S. 44 ff; sehr informativ:
Bensidoun, L'agitation paysanne S. 21 ff. Zur Verbreitung der „obščina": Watters,
Peasant and the Village Commune S. 147 u. Tab. III; Atkinson, The Russian Land
Commune S. 4.

Andere Verhältnisse traf die PSR in der Südukraine um Ekaterinoslav an. Zum einen befand sich hier ein bedeutendes Zentrum der Schwerindustrie und des Bergbaus. Zum anderen unterschied sich auch die Struktur der Landwirtschaft erheblich von der der nördlichen Provinzen, da der große städtische Markt und die günstigen Standortbedingungen, d. h. vor allem die Nähe des Schwarzen Meeres, zur Herausbildung einer verhältnismäßig kräftigen Schicht marktproduzierender Mittelbauern geführt hatten[40].

Die Agitation in den Städten

Im großen und ganzen rangierte die Arbeiteragitation auch in der Tätigkeit der ukrainischen Sozialrevolutionäre an untergeordneter Stelle. Vor allem die Komitees der nördlichen Gouvernements konzentrierten ihre Anstrengungen fast ausschließlich auf die Propaganda in der Provinz. So berichtete man aus *Černigov*, daß die städtische Organisation der PSR dort „keine Rolle" spiele[41] und man außer Schülern und der Intelligenz mangels großer Fabriken in erster Linie die zweitausend Handwerker und die kleinen Ladenangestellten der Stadt anzusprechen suche. Daneben widme man Wanderarbeitern wie Maurern und Zieglern, die im Winter in die Stadt kämen, besondere Aufmerksamkeit. Zwar hatte man auch in Černigov einen „Arbeiterbund" ins Leben gerufen. Mit etwa 150—200 Mitgliedern blieb er jedoch selbst in der zweiten Hälfte des Jahres 1906 noch „recht schwach"[42]. Gleiches galt für *Kursk*, wo die PSR ebenfalls hauptsächlich unter „kleinen Handwerkern" und Eisenbahnarbeitern warb und Anfang 1907 knapp neunzig Arbeiter als organisiert bezeichnete. Außerdem war sie hier in der Druckergewerkschaft präsent und konnte mit mehr Erfolg als in Černigov auch die Soldaten der örtlichen Garnison bis zu einem gewissen, sicherlich noch bescheidenen Grade, politisieren[43].

„Vieler Kontakte" zur Armee rühmten sich dagegen die Sozialrevolutionäre von *Char'kov*. Auch generell bezeichneten sie ihren Einfluß auf die ‚progressiven' Elemente der Stadt als „groß", wußten sie doch im Sommer 1906 fast fünfhundert organisierte Arbeiter in ihren Reihen[44]. Besondere Sympathien genoß die PSR bei den Eisenbahnern und den Post- und Telegraphenangestellten, ferner bei Handwerkern wie Schustern und Hutmachern sowie bei den Druckern[45]. Freilich meldete schon der Tätigkeits-

---

40) Nötzold, Wirtschaftspolitische Alternativen S. 80 ff.
41) Vozniknovenie i rabota v Ukrainsk. obl., Archiv PSR 482.
42) So Ukraincev, 7. Juli /1906?/, Archiv PSR, Archiv 482. Vgl. vor allem: Otčet o dejatel'nosti Černigovskogo Komiteta P.S.-R. i o položenii del v gubernii (k 1. janv. 1907 g). In: PI No 5 (15. Februar 1907) S. 12—13, Original: Archiv PSR 482; ähnlich: Vozniknovenie i rabota v Ukrainsk. obl., Archiv PSR 482.
43) Vozniknovenie i rabota v Ukrainsk. obl., Archiv PSR 482. Vgl. auch eine Antwort auf die Umfrage des OB vom Februar 1907 und Berichte in der Izvestija Kurskogo Komiteta No 1 (1. Februar 1907) in Archiv PSR 482 u. 324.
44) Char'kov, 29. Juni /1906?/, Archiv PSR 482.
45) Konferencija Char'kovskij Gubernskoj organizacii P.S.-R., Dezember 1907, Archiv PSR 623.

bericht, der dem zweiten Parteitag im Februar 1907 vorlag, nur noch wenig Positives. Dazu mag nicht zuletzt der Umstand beigetragen haben, daß die sozialrevolutionäre Organisation von Char'kov von besonders heftigen Auseinandersetzungen mit den Maximalisten zerrissen wurde[46]. In *Voronež* schließlich, wo eine neopopulistische Gruppe bereits seit 1895 existierte, hatte die PSR ebenfalls einige Stützpunkte in Fabriken errichten und einen „Arbeiterbund" ins Leben rufen können, der Anfang 1907 ca. achtzig Mitglieder zählte. Ferner übernahm sie auch hier faktisch die Leitung der Gewerkschaften der Eisenbahner und der Post- und Telegraphenangestellten[47].

Die Sozialrevolutionäre der Südukraine und der Hauptstadt widmeten der Agitation der Arbeiterschaft mehr Aufmerksamkeit. Zumal die *Kiev*er PSR konnte auf eine lange Tradition in diesem Tätigkeitsbereich zurückblikken, hatte doch schon der erste neopopulistische Zirkel um D'jakov vor allem das Proletariat anzusprechen gesucht. Daran anknüpfend führten Geršuni und S. V. Balmašev die größte sozialrevolutionäre Organisation der Ukraine zu einer ersten Blütezeit, die allerdings insbesondere infolge der Umsicht des örtlichen Ochranachefs und späteren persönlichen Sicherheitsbeauftragten des Zaren, General A. I. Spiridovič, bereits 1902 zuende ging[48]. Erst zwei Jahre später setzte, überwiegend von der sozialrevolutionär orientierten Studentenschaft getragen, ein neuer Aufschwung ein. Es entstand eine starke Arbeitsgruppe aus ca. dreißig Angehörigen, man warb Gefolgsleute unter den Schülern, der Intelligenz, den Soldaten sowie insbesondere den Eisenbahnern und ging gut gerüstet in die stürmischen Herbst- und Wintermonate 1905. Auch in Kiev spielte die PSR in den Unruhen dieser Zeit eine bedeutende Rolle, wobei sich namentlich K. A. Suchovych, der zum Hauptkontrahenten des sozialdemokratischen Führers A. G. Šlichter wurde, sowie die nachmals bekannten Agitatoren I. Priležaev und M. B. Ratner hervortaten[49]. Laut Angaben einer Stadtkonferenz vom Oktober 1906 konnte das Kiever Komitee als Resultat seiner Anstrengungen die Existenz von 27 „kružki" mit insgesamt ca. 450 organisierten Arbeitern verzeichnen[50].

Wenig ist über die zweite primär auf Arbeitsagitation ausgerichtete sozialrevolutionäre Organisation, die von *Ekaterinoslav*, zu erfahren. Fest steht lediglich, daß die PSR in dieser Stadt, in der bereits die RPPOR einen

---

46) Vgl. K. Galkin, Anarchistskie i terroristićeskie gruppy v Char'kove; L. Tkačukov, Kak likvidirovalsja 1905 god v Char'kove. In: Puti revoljucii. Char'kov 1925 No 1 S. 27–36 mit Angaben über Personal und Zusammensetzung der sozialrevolutionären Organisation von Char'kov.
47) Antwort des Komitees von Voronež auf die Umfrage des OB, Februar 1907, Archiv PSR 487; Iz otčeta Voronežskogo Komiteta. In: PI No 5 (15. Februar 1907) S. 6–7.
48) Šklovskij, Nakanune 1905 g. S. 124. Allgemein zu dieser Periode: Flugblätter in Archiv PSR 623.
49) Šklovskij, Nakanune 1905 g. S. 128 f, eine Liste der „komitetčiki" S. 129.
50) Protokoll Kiev, 18. Oktober/1906?/, Archiv PSR 489; Vozniknovenie i rabota v Ukrainsk. obl., Archiv PSR 482.

starken Rückhalt besessen hatte, seit Herbst 1905 einen enormen Zulauf aus der Arbeiterschicht verbuchen konnte und insbesondere in den großen metallverarbeitenden Fabriken sowie in den Eisenbahndepots große Popularität genoß. Zumal die Eisenbahnarbeiter stellten den Großteil der Massen, die den Regierungstruppen im Dezember unter Führung des Sozialrevolutionärs und Lehrers P. S. Dijnega erbitterte Straßenkämpfe lieferten und einen Widerstand organisierten, der dem der Moskauer Revolutionäre am ehesten vergleichbar war[51].

In allen Städten der Ukraine traf die PSR indes auf eine entschieden stärkere sozialdemokratische Konkurrenz als an der Wolga[52]. Inwieweit sie ihr gewachsen war, läßt sich nicht genau ausmachen. In Kiev jedenfalls verfügte die RSDRP über eine so gefestigte Position in der Arbeiterschaft, daß sie in der Person Šlichters „fast pausenlos" den Vorsitz der Streikversammlungen im Herbst 1905 beanspruchen konnte[53].

Bauernagitation

Ohne Zweifel erbrachte die Agitation der ukrainischen Sozialrevolutionäre in den Dörfern erheblich größeren Ertrag als ihre Arbeit in den Städten. Die Erfolge entsprachen aber dennoch in keiner Weise den Erwartungen der Parteiführung und blieben, gemessen an der Verbreitung regulärer sozialrevolutionärer Bauernbrüderschaften und -komitees, trotz gewiß nicht ungünstigerer Voraussetzungen bei weitem hinter denen der PSR im Wolgagebiet zurück. Mag kaum verwundern, daß im unbedeutenden Gouvernement *Kamenec-Podol'sk* praktisch „keine organisatorische Arbeit" betrieben wurde[54], so muß allerdings erstaunen, daß ähnlich negative Berichte auch aus weniger marginalen Regionen kamen, in denen überdies solide und traditionsreiche sozialrevolutionäre Gruppen bestanden. In *Ekaterinoslav* etwa war es um die Tätigkeit der PSR im Gouvernement laut Eingeständnis der dortigen Bauernagitatoren noch im Sommer 1906 „schlecht" bestellt[55]. Als „sehr schwach" bezeichnete ein Inspekteur des CK 1907 auch den Zustand der sozialrevolutionären Organisationen im Gouvernement *Char'-kov*, wo trotz großer Anstrengungen nicht einmal ein Drittel der „volosti" propagandistisch erreicht werden konnte, weil die personelle Kapazität des Stadtkomitees nicht ausreichte[56]. Und bestenfalls mäßig waren die

---

51) Vgl.: Brief über das Komitee von Ekaterinoslav v. 14. April /wohl 1907/, Archiv PSR 758/9; Ekaterinoslav, 5. Oktober 1905, Archiv PSR 553/I; A. Tonin, P. S. Dijnega i ‚gorlovskij boj'. Ms., Archiv PSR 195.
52) So ein instruktiver Bericht über die Gouvernements Kiev, Černigov und Bessarabien; Položenie del v jugozapadnoj časti Ukrainy, Archiv PSR 482.
53) Šklovskij, Nakanune 1905 g. S. 129.
54) Kursk 25. Juli /1906?/, Archiv PSR 482.
55) Ekaterinoslavskaja gubernija, Bericht an die allruss. Konferenz der sozialrevolutionären Bauernagitatoren, September 1906, Archiv PSR 122.
56) Doklad o sostojanii Ukrainskoj oblasti, Archiv PSR 482; Char'kovskaja gubernija (k koncu 1906 g.), Tabelle, Archiv PSR 623; Char'kovskaja gubernija, Bericht an die

Die Ukraine 227

Resultate der Arbeit im *Kiever* Gouvernement zu nennen, obgleich man hier immerhin seit Mai 1906 „regelmäßig" agitieren[57] und zwei Drittel aller „uezdy" erfassen konnte[58].

Eine erheblich bessere Note verdienten da schon die Sozialrevolutionäre *Černigovs*, die die „außerordentlich revolutionäre" Stimmung der Bauernschaft zu nutzen verstanden und in elf von fünfzehn „uezdy" gefestigte, „ernsthafte" Brüderschaften bzw. Volostkomitees errichteten. Dementsprehend verwandten sie 25 %—30 % ihres Budgets allein für Reisen in die Provinz und waren offenbar auch personell in der Lage, hier kontinuierlich zu agitieren[59]. Ähnlich günstig stand es um die Arbeit der Sozialrevolutionäre von *Kursk*, wie der erwähnte Bericht eines CK-Bevollmächtigten noch 1907 lobend hervorhob[60].

Ungeschmälertes, beinahe überschwengliches Lob wurde freilich nur einem Komitee zuteil: dem von *Voronež*. Mit 65 Aktiven verfügte es über einen Stab von Revolutionären, der es ihm ermöglichte, nicht nur in der Stadt, sondern vor allem auch auf dem Lande effektive Arbeit zu leisten. Man schuf ein Gouvernementskomitee aus je zwei „intelligenty", Arbeitern und Bauern sowie acht Reiseagenten und konnte mit Hilfe weiterer 75 Agitatoren laut Stand vom November 1906 ca. 6000 Bauern in nähere Berührung mit der Partei bringen, ja sogar eine funktionsfähige Pyramide von ländlichen Parteizellen errichten. Das Gouvernement Voronež, „in seiner Organisiertheit eine herausragende Erscheinung in der Ukraine . . . und in ganz Rußland"[61], nahm auf diese Weise die Position ein, die das Gouvernement Saratov im Wolgaoblast innehatte. Freilich konnte sich die Parteiführung über solche Leistungen der Voronežer Genossen nicht so recht freuen, nutzten diese doch ihren Einfluß auf die Bauernschaft nicht immer im Sinne des CK. Seit Herbst 1906 kam es insbesondere anhand der Aufstandsfrage zu ernsten Konflikten, da die Sozialrevolutionäre von Voronež entgegen der offiziellen Parteilinie auch regional begrenzte und isolierte Erhebungen für notwendig hielten, ihre Kollegen der umliegenden Gouver-

---

allruss. Konferenz der sozialrevolutionären Bauernagitatoren, Archiv PSR 122; Rapport 1907 S. 155.

57) Kievskaja gubernija, Bericht an die allruss. Konferenz der sozialrevolutionären Bauernagitatoren, September 1906, Archiv PSR 122.

58) Doklad o sostojanii Ukrainskoj oblasti, Archiv PSR 482; Vozniknovenie i rabota v Ukrainsk. obl., Archiv PSR 482.

59) Doklad o sostojanii Ukrainsk. obl., Archiv PSR 482; Ukraincev, 7. Juli /1906?/, Archiv PSR 482; Vozniknovenie i rabota Ukrainsk. obl., Archiv PSR 482; Rapport 1907 S. 155 ff.

60) Doklad o sostojanii Ukrainsk. obl., Archiv PSR 482; Vozniknovenie i rabota v Ukrainsk. obl., Archiv PSR 482.

61) Doklad o sostojanii Ukrainsk. obl., Archiv PSR 482 S. 5. Ferner: Vozniknovenie i rabota v Ukrainsk. obl., Archiv PSR 482; Voronežskij komitet, Bericht an die allrussische Konferenz der sozialrevolutionären Bauernagitatoren, September 1906, Archiv PSR 122; Antwort auf die Umfrage des OB, Februar 1907, Archiv PSR 487; Rapport 1907 S. 150 f; Istorija odnogo bratstva. In: Bor'ba i žizn' No 4 (20. Februar 1908). Izd. Voronežskogo Komiteta P.S.-R., Archiv PSR S. 487 S. 4.

nements davon zu überzeugen suchten und schließlich sogar, mit verheerenden Folgen, auf eigene Faust losschlugen[62]. Insgesamt betrachtet, wird das Urteil über die Bauernagitation der ukrainischen PSR somit eher negativ ausfallen. Abgesehen von Voronež vermochten die Sozialrevolutionäre der nördlichen Gouvernements nicht, mit den Pfunden zu wuchern, die ihnen zur Verfügung standen. „Die revolutionäre Stimmung der Bauernschaft" wachse, bei geringster Anstrengung seien wahre „Wunder an Organisation" zu vollbringen, faßte der CK-Bevollmächtigte seine Eindrücke zusammen, aber erreicht werde in der Regel äußerst wenig[63]. Umso mehr traf das im Süden der Ukraine zu, wo die Bedingungen bei weitem schlechter waren. Was er in dieser Region vorfand, beschrieb ein anderer Emissär der Parteispitze wie folgt: „Die Parteiorganisation ist schwach." Es herrscht ein „Mangel an Mitteln und Kräften . . . Der Einfluß der Partei ist nicht groß; die Arbeit isoliert; die Politik abwartend und verhalten. Die Aktivisten treten nur selten hervor. Eine organisierte Teilnahme am Aufstand kann man nicht erwarten. . . . Eine Welle spontaner Bewegungen kann die Bauernschaft mitreißen. Man wird an den Dumawahlen teilnehmen. Rekruten und Steuern werden nicht verweigert"[64].

1.3. Das zentrale Industriegebiet

Der Zentraloblast der PSR umfaßte die Gouvernements Moskau, Tver', Jaroslavl', Kostroma, Vladimir, Rjazan', Tula, Kaluga, Orel und Nižnij-Novgorod und vereinte die sozialrevolutionären Organisationen der Gouvernementshauptstädte sowie solche in Murom und Elec[65]. Er deckte somit annähernd das zentrale Industriegebiet Rußlands, eine Region, deren ökonomische und soziale Struktur sich grundsätzlich von der der sozialrevolutionären Stammregion unterschied. Zum einen traf die PSR vor allem in den Gouvernements Tver', Jaroslavl' und Kostroma auf ein verhältnismäßig stark entwickeltes, vorwiegend in der Textilindustrie beschäftigtes Proletariat. Zum anderen fand sie in den übrigen Gouvernements eine Bauernschaft vor, die vergleichsweise wenig unter Landmangel und Bevölkerungsdruck zu leiden hatte, die im Gegenteil einen ungewöhnlich hohen Anteil des gesamten Grund und Bodens besaß und die ihr Einkommen durch weit verbreitetes Heimgewerbe (Kustarindustrie) und Saisonarbeit in den nahen Industriezentren aufbessern konnte[66]. Auch im Zentraloblast gehörte die

---

62) Vgl. oben Kap. 5, Anm. 72.
63) Doklad o sostojanii Ukrainsk. obl., Archiv PSR 482. Sehr pessimistisch äußerte sich auch der Bericht des ukrainischen Delegierten auf der dritten Parteiratssitzung vom Juli 1907. Archiv PSR 679. Vgl. ferner einen Brief über die sozialrevolutionäre Arbeit in den Gouvernements Char'kov, Voronež, Kiev und Kursk vom 25. Oktober /1906?/, Archiv PSR 758/9.
64) Položenie del v jugo-zapadnoj časti Ukrainy, Archiv PSR 482 S. 20.
65) Protokoly 1906 S. 302 f. Zu Moskau s. gesondert unten S. 251 ff.
66) Vgl. V. Z. Drobižev, I. D. Koval'čenko, A. V. Murav'ev: Istoričeskaja geografija SSSR. M. 1973 S. 223 ff; Nötzold, Wirtschaftspolitische Alternative Karte 2.

Mehrzahl der Dorfbevölkerung der „obščina" an. Aber anders als im Schwarzerdgürtel der Ukraine und des Wolgagebietes gab es hier keine ausgeprägte agrarrevolutionäre Tradition und fehlte jener latente, äußerst zugespitzte Dauerkonflikt zwischen Bauern und Grundherren, der sie dort lebendig erhielt. Dazu trug nicht zuletzt die Tatsache bei, daß die Frondienste seit langem in Geldzahlungen (obrok) abgegolten wurden[67].

Die Arbeit in den Städten

An den eigenen Zielen und am Erfolg der Sozialdemokraten gemessen, scheint die Resonanz der sozialrevolutionären Agitation in den Städten des zentralen Industriegebietes im großen und ganzen recht bescheiden gewesen zu sein. Klagen über akuten Mangel an fähigen Revolutionären, Geld und Literatur — die freilich zu jeder Zeit und allerorts von den Lokalorganisationen erhoben wurden — sowie resignierende Feststellungen über schwache Kontakte zu den Fabriken und zur „Gesellschaft" waren besonders häufig; Tätigkeitsberichte, die sich mit der geleisteten Arbeit zufrieden zeigten, außerordentlich selten. Wenig konnten die Sozialrevolutionäre in *Vladimir* ausrichten, „weil die Bevölkerung ihre Aktivitäten gar nicht wahrnahm"[68]; wenig auch in *Kostroma*, wo selbst Ende 1906 lediglich in vier Fabriken sozialrevolutionäre Zirkel bestanden, in *Jaroslavl'* und *Rjazan'*, von wo überhaupt kaum Kunde an das Oblastkomitee drang, sowie in *Kaluga*, wo ihre Agitation nur in zwei Fabriken Anklang fand, „weil in allen anderen schon lange sozialdemokratische Organisationen existierten". Zumal in der letztgenannten Stadt vermochte man bestenfalls einige „intelligenty", vornehmlich Seminaristen und Realschüler, zu mobilisieren, und kommentierte man die eigene Tätigkeit recht selbstkritisch: „Die Einwirkung auf die Gesellschaft ist schwach, da die Organisation aus Schülern besteht und über keine Personen verfügt, die Popularität in der Gesellschaft genössen"[69]. Gewiß spiegelte das Ausmaß dieses Dilemmas spezifische Hindernisse der sozialrevolutionären Agitation in Kaluga. Im Kern aber dürfte es für nicht wenige andere Organisationen der PSR in ganz Rußland gegolten haben, da man nur allzu oft lediglich die „lernende Jugend" zu wirklichem, tatkräftigem Engagement motivieren konnte.

Mit welchen Hindernissen die PSR in den Städten des zentralen Industriegebietes zu kämpfen hatte und wie sich ihre Arbeit, ihr tagtäglicher Klein-

---

67) Vgl. Nötzold, Wirtschaftspolitische Alternativen S. 31.
68) Položenie vo Vladimirskoj gubernii, Archiv PSR 553/I. Vgl. auch: Vladimirskij gubernskij Komitet, Archiv PSR 127; A. N. Asatkina (Hrsg.), O rabočem dviženii i social-demokratičeskoj rabote vo Vladimirskoj gubernii v 1900-ch godach. Vyp. I. Po archivnym materialam i ličnym vospominanijam. Vladimir 1926 S. 148. — Grundlegend zur sozialrevolutionären Arbeit im Zentraloblast: Očerki rabot v Central'noj oblasti, Archiv PSR 676; Rapport 1907 S. 53 ff.
69) Vgl.: Antwort des Kostromskoj komitet P.S.-R. auf die Umfrage des OB vom Februar 1907, Archiv PSR 553/I; Kratkij otčet o dejatel'nosti Kostromskoj gruppy. Oktober 1906, Archiv PSR 489. — Jaroslavskaja gruppa /Ende 1906/, Archiv PSR

krieg gegen die sozialdemokratischen Rivalen gestaltete, illustriert in einzigartiger Weise ein Bericht über das Schicksal des Komitees von Šuja, einer mittelgroßen Stadt im Gouvernement Vladimir, der wegen seines Informationsgehaltes und seiner Anschaulichkeit ausführlich wiedergegeben zu werden verdient. Šuja war ein Zentrum der Textilindustrie mit zehn Fabriken und ca. 12 000 Arbeitern, deren Lebensbedingungen bei einem Arbeitstag von neun Stunden und einem Verdienst von fünfzehn bis dreißig Rubeln als überdurchschnittlich gelten konnten. Zwanzig Werst von Šuja entfernt befand sich die große Industriestadt Ivanovo-Voznesensk. Sie bildete einen bedeutenden Mittelpunkt der revolutionären Bewegung, von wo aus sich die politischen und sozialen Unruhen in die umliegenden Städte ausbreiteten. In Šuja selbst gab es seit 1900 einige sozialdemokratische Zirkel. Mit zehn bis fünfzehn Mitgliedern fristeten sie jedoch eine kärgliche Existenz. Im Mai 1905 brach der erste „grandiose spontane" Streik in Ivanovo-Voznesensk aus, der 72 Tage andauerte und an dem 40 000 Arbeiter teilnahmen. Binnen kurzem sprang der Funke auch nach Šuja über, und 12 000 Arbeiter traten in den Ausstand. Aber während in Ivanovo-Voznesensk „die ganze Stadt in Feuer" stand, war in Šuja bereits nach wenigen Tagen alles wieder „friedlich und still".

Im Herbst 1905 schritten beide revolutionären Parteien Šujas zum Aufbau einer Organisation in größerem Maßstab. Die Sozialdemokraten gründeten Fabrikkomitees und riefen eine zentrale Ortsgruppe ins Leben. Sie stand unter der Leitung des erfahrenen Arbeiters Arsenij und setzte sich aus Personen zusammen, die — in den Worten des sozialrevolutionären Berichterstatters — „ihre Weltanschauung schon zwei, drei Jahre lang ausgearbeitet und sich auf eine disziplinierte ... Tätigkeit ... vorbereitet hatten". Der PSR dagegen, dem Neuling auf der lokalen revolutionären Szene, standen solche einheimischen, gedienten Kräfte nicht zur Verfügung. Ihr erster Arbeiterzirkel wurde von zugereisten „intelligenty", zwei Schülern aus Saratov, gegründet und hatte dementsprechend wenig Erfolg. Erst im Januar 1906 zeigten sich ihr die Sterne günstiger, als der Student Bernikov aus Moskau eintraf und die Leitung der Organisation übernahm. Rasch begeisterte dieser talentierte Agitator die städtische Intelligenz für die sozialrevolutionäre Sache und vermochte sogar, „viele Arbeiter" zum Frontwechsel zu bewegen, weil er seinem sozialdemokratischen Rivalen Arsenij in den Streitgesprächen vor den Fabriktoren, die bald zur beliebtesten politischen Veranstaltung wurden, an rhetorischer Kunst und argumentatorischem Geschick überlegen war. Massenveranstaltungen wurden zum sicheren Sieg der PSR, die neopopulistische Agitation zeigte erstmals Breitenwirkung. So konnte man schon bald ein zentrales Komitee aus sieben Mitgliedern ins Leben rufen, die Zahl der „kružki" vergrößern und die Arbeit in ihnen mit Hilfe eines Programms systematisieren.

127. — Kalužskij Komitet, Antwort auf die Umfrage des OB vom Februar 1907, Archiv PSR (Zitat dort) sowie weitere Dokumente dort und in Archiv PSR 328.

Indessen wurde diese unbestrittene Leistung Bernikovs durch gravierende Versäumnisse mehr als aufgewogen. Insbesondere kreidete ihm der Berichterstatter drei Unterlassungen an:
„a) Es wurde keine feste Organisation gegründet, die sowohl auf die Tätigkeit der Arbeiter als auch auf Zentralisation gegründet gewesen wäre;
b) es bildete sich eine maximalistische Gruppe, die die Organisation . . . spaltete;
c) es entstand der Eindruck, daß sich die Organisation ohne Zentralisierung halten könne. In Wahrheit lebte sie allein vom Zauber einer Person" und schlichen sich unter der Hand „anarchistische Gewohnheiten" ein.

Lange Zeit blieben diese Mängel verdeckt, zumal die Sozialdemokraten, von Fraktionskämpfen zwischen Men'ševiki und Bol'ševiki zerrissen[70], weiter an Boden verloren. Als jedoch kurz darauf, etwa Mitte 1906, ähnliche Auseinandersetzungen auch die Sozialrevolutionäre Šujas spalteten, Bernikov sich den Maximalisten, für die er von Anfang an Sympathie gezeigt hatte, anschloß und die Stadt verließ, da trat in vollem Ausmaß zutage, wie armselig seine Hinterlassenschaft in Wirklichkeit war: „eine Bibliothek für die Propagandisten, eine für die Arbeiter, einige Revolver, Kontakte mit zwei - drei Dörfern und fünf bis sieben Fabriken, einige sympathisierende Studenten. Auf den Versammlungen erschien niemand, es gab keine ordentliche, systematische Organisation". Selbst die Versorgung mit Literatur war unterbrochen, da sie allein über Bernikovs Kontakte zum Moskauer Komitee gelaufen war. Zwar führte ein neuer Agitator aus Ivanovo-Voznesensk die sozialrevolutionäre Arbeit in Šuja noch einmal zu kurzer Blüte, aber der Schaden war nicht gutzumachen, das Terrain in der Arbeiterschaft unwiederbringlich verloren. Wo nicht die Ochrana revolutionäre Agitation unmöglich machte, da dominierten die Sozialdemokraten unangefochten. Zusammenfassend führte der sozialrevolutionäre Berichterstatter diesen Ausgang vor allem auf zwei Faktoren zurück: (1) darauf, daß es die Marxisten Šujas verstanden hätten, die „politische Selbständigkeit der Basisorganisationen mit dem Prinzip strengster Zentralisierung und Parteidisziplin" zu vereinbaren; (2) darauf, daß sie als erste Gewerkschaften gegründet und die Chance zu legaler ökonomischer Agitation genutzt hätten. Mag man das Beispiel Šujas auch nicht ohne weiteres verallgemeinern wollen, so traf doch die Hauptkritik ohne Zweifel eine verbreitete Schwäche der sozialrevolutionären Arbeit im zentralen Industriegebiet und in ganz Rußland: ihre Zufälligkeit und den Mangel an organisatorischer Festigkeit. Vieles spricht dafür, daß der fast ehrfurchtsvolle Neid, mit dem der Berichterstatter auf die straffe Führung und die Solidität der sozialdemokratischen Gruppe blickte, nicht nur in Šuja wohlbegründet war[71].

70) Dabei wurden die Men'ševiki dem sozialrevolutionären Berichterstatter zufolge von den Agitatoren, die Bol'ševiki von den Arbeitern unterstützt. Diese Beobachtung stimmt mit den Ergebnissen von D. Lane, The Roots of Russian Communism. A Social and Historical Study of Russian Social-Democracy 1898—1907. Assen 1969 S. 212 u. pass. überein.
71) Kratkij očerk razvitija s. r. organizacii v g. Šue Vlad. gub., Archiv PSR 563.

Günstiger stand es in den übrigen Städten des Zentraloblasts um die Tätigkeit der PSR. Schon Ende 1902 hatten die Sozialrevolutionäre von *Tula* einige Zirkel an den Gymnasien einrichten und ein Jahr später sogar Kontakte zur Parteiführung in Genf knüpfen können. Ihr Arbeit galt als sehr erfolgreich. Freilich zwangen Arreste im Herbst 1903 auch sie zu einer längeren Pause, die erst im April 1905 endete, als drei professionelle Agitatoren anreisten und die Aktivitäten auf höherem Niveau erneuerten. Man gründete Schulungszirkel, drei „uezd"-Komitees und konnte sogar ein Gouvernementskomitee wählen. Auf dem Höhepunkt der Revolution, Mitte 1906, zählten insgesamt etwa 330 Mitglieder — 30 „intelligenty", 40 Schüler, der Rest Arbeiter — zur sozialrevolutionären Organisation von Tula, und gehörten den „uezd"-Gruppen ca. 170 Personen an, unter ihnen 30 Lehrer. Zur Zeit der intensivsten Tätigkeit tagten etwa fünfzehn bis zwanzig „kružki", in denen 150—200 Arbeiter erfaßt waren. Man sicherte sich einen gewissen Einfluß auf die Gewerkschaften der Schuster und Drucker und konnte für kurze Zeit sogar „energische" Agitation in der Garnison betreiben[72]. Dennoch waren auch die Sozialrevolutionäre von Tula mit ihrer Leistung offenbar nicht zufrieden, da sie ihre Aktivitäten im Oktober 1905 sogar als „sehr schwach" bezeichneten. Zu keiner Zeit konnte der Mangel an qualifiziertem Personal und an Geld behoben werden, und schon früh lähmte ein Konflikt zwischen Maximalisten und Mehrheitssozialrevolutionären die Arbeit. Im Oktober 1906 schließlich führte ein Großangriff der Ochrana zur Verhaftung aller „komitetčiki" sowie aller sozialrevolutionären Mitglieder des örtlichen Sowjets und vernichtete die lokale Organisation vollständig. Erst im Juli 1907 konnte sie von auswärtigen Agitatoren für einige Monate erneuert werden. Im Herbst desselben Jahres gelang es sogar, eine städtische Gesamtkonferenz abzuhalten, was zu jener Zeit bereits eine bemerkenswerte Leistung darstellte. An dem allgemein „traurigen Bild" freilich änderte das nichts. Als Gesamteinschätzung der Tätigkeit der letzten Jahre formulierte daher der Delegierte von Tula auf einer Oblastkonferenz des Zentraloblasts im September 1907: „Der Boden war fruchtbar, aber die Zahl der Aktiven gering"[73].

In *Tver'*, einem weiteren bedeutenden Zentrum der Textilindustrie, traf die sozialrevolutionäre Agitation bei 30- bis 32 000 Arbeitern ebenfalls auf günstige Bedingungen[74]. Obgleich die Sozialdemokraten auch hier tiefe Wurzeln geschlagen hatten, konnte die PSR daher schon 1902 ihre Tätigkeit aufnehmen. Zunächst war sie „der Arbeitermasse noch wenig bekannt".

---

[72] Očerki rabot v Central'noj Oblasti, Archiv PSR 676; Doklad na oblastnoj s-ezd 14. Sept. 1907, Archiv PSR 326; Tul'skaja organizacija, otčet 1906—1908, Archiv PSR 127, sowie weitere Dokumente in Archiv PSR 127.

[73] Alle Zitate aus: Doklad na oblastnoj s-ezd, Archiv PSR 326. Zu demselben Ergebnis kam der Delegierte des Zentraloblasts in seinem Bericht an den dritten Parteirat im Juli 1907, Archiv PSR 679.

[74] Tverskoj Komitet PSR, Herbst 1907, Archiv PSR 428; Ocerki rabot v Central'noj oblasti, Archiv PSR 676.

Seit 1905 aber entfalteten sie eine Wirksamkeit, die ihre marxistischen Rivalen ernst nehmen mußten und die insbesondere zwischen Oktober und Dezember zu häufigen gemeinsamen Aktionen Anlaß gab. Im folgenden Jahr gelang es ihr außerdem, in einigen Gewerkschaften Fuß zu fassen, ca. 150—200 Arbeiter und 40 „intelligenty" zu organisieren[75], ein Gouvernementskomitee zu wählen und im Verein mit der RSDRP, die allerdings ihre Mitarbeit schon bald aufkündigte, eine Zweigstelle des Matrosen- und Soldatenbundes einzurichten. Andererseits hatten die Sozialrevolutionäre von Tver' nicht wenige Rückschläge hinzunehmen. So mußte sich das Komitee im Dezember 1905 nach einem Attentat auf einen hochgestellten Staatsbeamten faktisch auflösen, um den Verfolgungen der Polizei zu entgehen, ein Vorgang, der abermals den selbstzerstörerischen Effekt des politischen Terrors krass beleuchtet. Noch gravierender schlug zu Buche, daß die Kontakte zur Arbeiterschaft offenbar nicht besonders zahlreich waren, wurde doch die Agitation in den Fabriken durch die Verhaftung eines einzigen Mannes auf Monate unterbrochen. „Weite Entfernungen zwischen den Fabriken", begründeten die Tverer Sozialrevolutionäre dieses Manko, würden sie an regelmäßiger Veranstaltung der Schulungszirkel hindern. Deshalb könne es geschehen, daß ein sozialdemokratischer Arbeiter im Namen vieler anderer bekenne, „Programm und Taktik der Sozialrevolutionäre" zu teilen, daß er aber gleichwohl „nicht zu ihnen übertrete", weil es in seiner Fabrik „keine Organisation" der PSR gebe[76].

Ihre größten Erfolge verzeichnete die sozialrevolutionäre Arbeiteragitation des zentralen Industriegebiets in *Nižnij-Novgorod*. 1902 von dem Altnarodniken Panov ins Leben gerufen, expandierte die neopopulistische Gruppe dieser wichtigen Handelsstadt an der Wolga in raschem Tempo und wuchs zu der nach Moskau zweitgrößten Organisation der PSR im Zentraloblast heran[77]. Von Anfang an konzentrierte sie ihre propagandistische Tätigkeit auf den Industrievorort Sormovo, da man hier laut Bericht der sozialrevolutionären Lokalzeitung sowohl im Proletariat als auch bei den umliegenden Bauern auf ein lebhaftes Echo stieß. Stolz konnte man dem Organisationsbüro im Sommer 1906 berichten, ca. 280 Arbeiter für die Sache der Revolution gewonnen zu haben. Als Ursache für solch starke Resonanz agrarsozialistischer Ideen führte man an, daß sechzig Prozent der in den Fabriken der Stadt Ausgebeuteten noch enge Verbindung zu ihrer dörflichen Heimat unterhielten. In Sormovo meinte man jenen oft beschworenen idealen Adressaten der sozialrevolutionären Anschauungen, den „Arbeiter-Bauern", in besonders großer Zahl gefunden zu haben. Diese Gunst der Sozialstruktur verhinderte jedoch nicht, daß die PSR der Sozialdemokratie auch in Sormovo numerisch unterlegen war. Laut Angaben der sozialrevolutionären „Sormover Zeitung" verfügte diese nicht nur über

---

75) Tverskaja gubernija, Archiv PSR 127.
76) Tverskoj Komitet PSR, Archiv PSR 428.
77) Nižegorodskaja gubernija, Februar 1907, Archiv PSR 320; Očerki rabot v Central'noj oblasti, Archiv PSR 676.

doppelt so viele, nämlich 550 Arbeiter, sondern konnte darüber hinaus auch bei den Wahlen zur Arbeiterkurie im Wahlgang zur zweiten Duma etwa die dreifache Stimmenzahl für ihre Kandidaten verbuchen[78].

Bauernagitation

Der Zustand der sozialrevolutionären Bauernagitation im zentralen Industriegebiet war, wie der Delegierte des Zentraloblasts auf der erwähnten Konferenz der Bauernagitatoren der PSR im September 1906 zusammenfassend bemerkte, „außerordentlich unterschiedlich". Wenig Erfolg hatte man insbesondere in den Gouvernements Kostroma, Kaluga, Tula und Jaroslavl'[79], ebenso in Rjazan' — obgleich hier infolge einer rein agrarischen Struktur und relativ großer Landnot günstige Voraussetzungen bestanden[80] — und Vladimir, wo die PSR erst im Frühjahr 1906 lose Kontakte zur Bauernschaft knüpfen konnte[81]. Besser standen die Dinge offenbar im Gouvernement *Tver'*, rühmte man sich hier doch „produktiver" Arbeit[82] und äußerst „solider", teilweise von den Bauern selbst initiierter Organisationen[83]. Freilich scheinen solche Elogen nicht die ganze oder zumindest nur eine momentane Wahrheit wiedergegeben zu haben, da ein Inspekteur des CK im November 1906 das genaue Gegenteil berichtete: daß es fast überall „nur Keime einer Organisation", bestenfalls „Kontakte und Bekanntschaften" gebe und er allerorten ernste Mängel habe bemerken müssen. Trotz einiger vielversprechender Ansätze sei die sozialrevolutionäre Intelligenz von Tver' daher noch vollständig vom Lande isoliert[84].

Eine andere Situation dürfte am ehesten im Gouvernement *Nižnij-Novgorod* bestanden haben, das gerade in bezug auf die Bauernagitation als das quantitativ wie qualitativ „bestorganisierte im ganzen Zentraloblast" der PSR galt[85]. Hier arbeiteten mehr als zwanzig „Reiseagenten" — eine ungewöhnlich große Zahl —, existierten „nicht weniger als 80 Organisationen" auf den Dörfern, und hier beanspruchte man Anfang 1907, in 206 „volosti" rund 1500 Mitglieder erfaßt zu haben[86].

78) Sormovskaja organizacija rabočich PSR, Archiv PSR 320. Auch: Nižegorodskaja gubernija, Archiv PSR 127, und weitere Dokumente in Archiv PSR 320.
79) Otčety o rabote v krest'janstve, predstavlennye na s-ezde rabotnikov v sentjabre 1906 g., Archiv PSR 122. Ferner: Kostroma, Antwort auf die Umfrage des OB, Februar 1907, Archiv PSR 553/I; Jaroslavskaja gruppa P.S.-R., Archiv PSR 127 und weitere Dokumente in Archiv PSR 489 u. 127.
80) Otčety o rabote v krest'janstve . . ., Archiv PSR 122.
81) Asatkina, O rabočem dviženii i social-demokratičeskoj rabote S. 148; Otčety o rabote v krest'janstve . . ., Archiv PSR 122.
82) Tverskoj gubernskij s-ezd, 25. April 1907, Archiv PSR 428.
83) Očerki rabot v Central'noj oblasti, Archiv PSR 676; ähnlich: Rapport 1907 S. 73; Tverskoj Komitet. In: ZT No 2 (12. Juli 1907) S. 21—22.
84) Poezdka po gubernii, 25. Okt.—2. Nov. 1906, Archiv PSR 127.
85) Otčety o rabote v krest'janstve . . ., Archiv PSR 122.
86) Nižegorodskaja gubernija, Antwort auf die Umfrage des OB Februar 1907, Archiv PSR 320; Očerki rabot v Central'noj Oblasti, Archiv PSR 676. S. auch: Izvestija

Ähnlich positiv wurde lediglich die Arbeit der PSR im Gouvernement *Orel* beschrieben, wo unter der Leitung eines Gouvernementkomitees ebenfalls eine stattliche Anzahl von Agitatoren tätig war. Freilich enthüllt eine Tabelle, die Ausmaß und Erfolgsgrad der Propaganda unter den Bauern zeigen soll, zugleich auch deren Schwächen. Denn obwohl man insgesamt 130 sozialrevolutionäre Stützpunkte und 45 Brüderschaften mit etwa 50–85 Mitgliedern verzeichnete, entrichteten nur acht Gruppen einen Mitgliedsbeitrag, konnten nur zwölf Versammlungen veranstaltet und lediglich zehn bis zwanzig Flugblätter verteilt werden. Die Zahl der aktiven Parteigenossen bezifferte man gar nur auf vierzehn, ein deutlicher Beweis dafür, daß die überwältigende Mehrzahl der angeblich Organisierten eher als Sympathisanten einzustufen war. Außerdem zeigen die Daten, daß eigentlich nur zwei „uezdy" intensiver agitiert wurden, und gewiß nicht zufällig waren es erneut die dem Gouvernementszentrum am nächsten gelegenen[87]. Zu den übrigen konnten die städtischen „komitetčiki" nur zufällige Kontakte knüpfen. Deshalb geschah es selbst in einem Gebiet wie dem Gouvernement Orel, das verhältnismäßig tief von sozialrevolutionären Organisationszellen durchdrungen war, daß „aus der Provinz Genossen kamen, die nicht wußten, daß fünf Tage zuvor ein Mitglied des Oblastkomitees bei ihnen war"[88].

1.4. Weißrußland

Als erste Regionalorganisation der PSR überhaupt entstand im April 1904 die des „Nordwestens" durch Zusammenschluß der Komitees von Belostok, Vil'no, Dvinsk, Vitebsk, Smolensk, Brjansk, Gomel' und Minsk[89]. In ihren endgültigen Grenzen umfaßte sie die Gouvernements Smolensk, Minsk, Vil'no, Vitebsk, Mogilev und Grodno sowie außer den genannten Komitees das von Mogilev[90]. Im Oktober 1906 beschloß eine Oblastkonferenz, zwischen dem Oblast- und den Lokalkomitees gemäß dem Parteistatut eine Mittelebene einzurichten und den gesamten Oblast in zwölf neue Bezirke einzuteilen: Smolensk, Brjansk, Vitebsk, Gomel', Minsk, Dvinsk, Vil'no, Grodno, Mogilev, Pinsk sowie den „polnischen Rajon" um Kovno

---

Nižegorodskogo Gubernskogo Komiteta P.S.-R. No 3 (7. Juni 1907), ebenda No 2 (Mai 1907) S. 2; Protokol Nižegorodskogo gubernskogo s-ezda organizacii P.S.-R., alle: Archiv PSR 320; Nižegorodskaja gubernija Archiv PSR 127; Protokol Nižegorodskogo gubernskogo s-ezda P.S.-R. In: PI No 4 (5. Januar 1907) S. 14–15, und zahlreiche weitere Dokumente in Archiv PSR 320.

87) Vgl. eine Tabelle in Archiv 433. Ferner: Orlovskaja gubernija. Protokol Gubernskogo Delegatskogo s-ezda P.S.-R., 22. Juli 1906, Archiv PSR 122; Orlovskoe gubernskoe Bjuro P.S.-R., Sever Orlovskoj gubernii und andere Dokumente in: Archiv PSR 433, sowie: Očerki rabot v Central'noj Oblasti, Archiv PSR 676.

88) Mcenskaja gruppa /Orlovskoj gub./, Archiv PSR 433.

89) Ko vsem, Oblastnoj Komitet Severo-Zapadnoj organizacii P.S.-R., Juli 1904, Archiv PSR 442; RR No 31 (25. August 1904) S. 23. Zum Nordwestoblast insgesamt: Rapport 1907 S. 120 ff.

90) Protokoly 1906 S. 304.

und den Kreis Novozybkov im Gouvernement Černigov[91]. Die mitgliederstärkste unter diesen Organisationen war die von Vitebsk; an zweiter und dritter Stelle folgten Gomel' und Brjansk[92].

Der russische Nordwesten war keine Schwerpunktzone sozialrevolutionären Einflusses. Bei der Verteilung der Parteitagsmandate auf die einzelnen Oblastorganisationen, die proportional zu Personalbestand und Bedeutung vorgenommen wurde, rangierte er hinter der Wolgaregion, dem zentralen Industriegebiet und der Ukraine erst an vierter Stelle[93]. Andererseits aber zeichnete sich der Nordwestoblast durch eine außergewöhnliche Funktionstüchtigkeit, insbesondere auf der obersten Ebene, aus. Nicht nur konnten sechs Oblastkonferenzen anberaumt werden; das Oblastkomitee verfügte darüber hinaus auch über die erste Oblastdruckerei und vermochte als einziges eine informative, niveaureiche Oblastzeitung herauszugeben[94].

Der sozioökonomischen Struktur nach zerfiel der Nordwestoblast in zwei deutlich verschiedene Hälften: eine partiell industrialisierte, durch seine hofwirtschaftliche Agrarverfassung eher dem ostmitteleuropäischen Raum zugehörige Region im Westen und eine fast ausschließlich landwirtschaftlich bestimmte, eher der Ukraine verwandte östlich-südöstliche[95]. Dementsprechend konzentrierte sich die sozialrevolutionäre Agitation im Westen hauptsächlich auf die städtische Arbeiterschaft, im Osten und Südosten dagegen auf die Bauernschaft.

Arbeiteragitation

Im gesamten weißrussischen Gebiet traf die PSR nicht so sehr auf eine industrielle Arbeiterschaft als vielmehr auf ein Handwerkerproletariat, das zudem in seiner großen Mehrheit jüdisch war. Daher rekrutierte sich der Arbeiterbund des sozialrevolutionären Komitees von Smolensk, der ältesten Bastion der PSR in diesem Teil Rußlands, beispielsweise „vornehmlich" aus „Handwerkern", namentlich aus Bäckern und Druckern[96], und registrierte man in Minsk eine positive Aufnahme der Propaganda vor allem unter den Schneidern, in Mogilev unter den Gerbern[97]. Ähnliches galt für Novozybkov, Gomel', Vitebsk und Pinsk, wo die Sozialrevolutionäre sogar aus-

---

[91] Protokoly 6-go oblastnogo s-ezda Severo-Zapadnoj oblastnoj organizacii P.S.-R., 12. Oktober /1906/, Archiv PSR 426 No 43.
[92] Vgl. eine Statistik in den Materialien des zweiten Parteirates, Archiv PSR 489.
[93] Protokoly /vtorogo/ soveta partii, Archiv PSR 489.
[94] Izvestija Sev.-Zap. Oblastnogo Komiteta, dann: Oblastnye Izvestija. Izd. Severo-Zapadnogo Komiteta P.S.-R. No 1—4 (April—Juli 1907), Archiv PSR 442.
[95] Vgl. den sehr instruktiven Beitrag: Ob osobennostjach raboty v Sev.-Zap. krae. In: PI No 8 (12. April 1907) S. 12—13.
[96] Otčet Smolenskogo Komiteta k oktj. 1906 g., Archiv PSR 426 No 35; Antwort auf die Umfrage des OB vom Februar 1907, Archiv PSR 426; Otčet po Smolenskoj gubernskoj organizacii P.S.-R., 30. Juni 1907, Archiv PSR 623; Bericht über die 2. Gouvernementskonferenz vom Mai 1907, Archiv PSR 442.
[97] Otvety Minskogo Komiteta P.S.-R., Februar 1907, Archiv PSR 426; Mogilevskaja gubernija, April 1906, Archiv PSR 623.

schließlich unter den vorindustriellen städtischen Unterschichten tätig waren[98]. Besonders große Popularität genoß die PSR außerdem fast überall unter den Eisenbahnern. In Minsk etwa war nach den Worten eines CK-Beauftragten der Eindruck verbreitet, daß „die Sozialrevolutionäre und der Eisenbahnerbund ein- und dasselbe" seien[99].

Ein nennenswertes Fabrikproletariat im eigentlichen Sinne fanden die Neopopulisten lediglich in zwei Städten vor. Zum Zentrum der Sozialrevolutionären Arbeiteragitation im Nordwestoblast scheint *Brjansk* geworden zu sein, wo die PSR seit 1903 öffentlich präsent war. Hier bezifferte man die Stärke der städtischen Organisation im Jahre 1906 auf die erstaunliche Zahl von ca. 1000 Mitglieder, unter Einschluß der Rajongruppen sogar auf 1400. Es existierten neun Arbeiterbünde mit ca. 460 Aktiven und ein zentraler Arbeiterbund, dem einhundert Personen angehörten. Alle Gruppen finanzierten sich durch Mitgliedsbeiträge selbst, ein in der PSR ganz außergewöhnlicher Fall[100]. Vom CK-Bevollmächtigten erhielten die Sozialrevolutionäre in Brjansk daher unter allen Organisationen im Nordwestoblast die beste Note, nicht zuletzt, weil es der PSR nur hier gelang, sogar die Sozialdemokraten, den jüdischen „Bund" eingeschlossen, auszustechen[101]. Ende 1907 allerdings war der Optimismus bereits verflogen. Zu dieser Zeit gab es, wie ein Bericht des Brjansker Rajonkomitees feststellen mußte, „nicht einen Arbeiterzirkel" mehr[102].

Ähnlich günstig war es um die Tätigkeit des Komitees von *Dvinsk* bestellt, das einer Organisation aus etwa 450 Mitgliedern vorstand. Insbesondere hob man die Tatsache hervor, daß die gesamte Agitation und Propaganda von den Arbeitern selbst getragen werde und es im ganzen Rajon nur einen „intelligent" gebe. Zwar sei man der Konkurrenz des „Bundes" nicht gewachsen, stehe ihm aber an Einfluß auf die „Gesellschaft" kaum nach, da die Mitglieder der sozialrevolutionären Gruppen sämtlich „ehemalige Bundisten" seien[103].

Brjansk und Dvinsk bildeten indes rühmliche Ausnahmen, die das insgesamt trübe Bild der sozialrevolutionären Arbeit in den Städten Westrußlands nicht aufzuhellen vermochten. Mit zumeist nur 70—250 Angehörigen aus

---

98) Novozybkov, Antwort auf die Umfrage des OB, Februar 1907, Archiv PSR 426; Novozybkov k 15. janv. 1907 g., Archiv PSR 426. — Gomel', Oktober 1906, Archiv PSR 426. — Vitebskaja organizacija, mehrere Berichte für die 8. Oblastkonferenz des Nordwestoblast, Juli 1907, Archiv PSR 426. — Pinsk, 27. Januar 1907, Archiv PSR 483.
99) Minsk, Bevollmächtigtenbericht, Archiv PSR 435.
100) Protokoly Sev.-Zap. oblastnogo s-ezda, Februar 1907, Archiv PSR 483. Ferner: Dokumente in Archiv PSR 321 und 426.
101) Ob osobennostjach raboty v Sev.-Zap. krae S. 12.
102) Protokoly konferencii predstavitelej Brjanskogo ... rabočich sojuzov P.S.-R., Archiv PSR 426.
103) Protokoly Severo-Zapadnogo oblastnogo s-ezda, Februar 1907, Archiv PSR 483 (Zitat hier); Protokoll einer Konferenz des Dvinskij komitet nach Juni 1907, Archiv PSR 623; Dvinskaja organizacija, Oktober 1906, Archiv PSR 426.

dem Handwerkerproletariat, zahlreichen Schülern und bei generell dürftiger Organisiertheit enthüllte die große Mehrheit der Komitees, so jedenfalls klagte ein CK-Bevollmächtigter im April 1907, „äußerste Schwäche"[104].

Bauernagitation

Wie in den Städten hatte die Agitation der PSR auch auf den Dörfern Nordwestrußlands mit erschwerenden Besonderheiten zu kämpfen. Ein Hindernis bildete vor allem der Umstand, daß die „obščina" in dieser Region weitgehend fehlte und stattdessen Kleineigentum und Hofwirtschaft vorherrschten[105]. Mochten die Sozialrevolutionäre auch immer wieder betonen, daß „sich die Ansichten der Hofbesitzer über das Land in nichts von denen der großrussischen ‚obščinniki' " unterschieden[106], oder gar behaupten, daß „die moralischen Instinkte . . . der weißrussischen Bauernschaft für die Beständigkeit und Entwicklung der Hofwirtschaft ungünstig" seien[107], so versuchte man damit doch bloß, auf durchsichtige und gewaltsame Art aus der Not eine Tugend zu machen. Letztlich konnten auch solche Stimmen nicht leugnen, daß die Anschauungen der PSR für die bäuerlichen Kleineigentümer — obgleich man sich diesen mehr und mehr öffnete[108] — nicht attraktiv waren, daß deren Bedürfnisse in dem Programm der Sozialisierung des Grund und Bodens, das ja ausdrücklich an die kollektivistische Tradition der großrussischen Bauernschaft anknüpfte, nicht aufgehoben waren.

Den agitatorischen Bemühungen der PSR auf dem Lande war dementsprechend wenig Erfolg beschieden. Kaum ein Komitee hatte Positives zu berichten. „Man muß sich eingestehen", resümierten beispielhaft die Sozialrevolutionäre von Smolensk den Stand ihrer Tätigkeit im Gouvernement, „daß die Parteiarbeiter in der Revolutionierung der Bauernschaft sehr wenig getan haben, selten mehr, als zwei, drei Versammlungen zu arrangieren"[109]. Führte man dieses Ergebnis hier in erster Linie auf Personalmangel zurück[110], so machte man andernorts die finanzielle Misere[111] und insgesamt das „äußerst niedrige Bewußtseinsniveau" der Bauernschaft verantwortlich[112]. Nicht ganz so entmutigend fielen die Berichte aus Minsk, Novo-

---

104) Ob osobennostjach raboty v Sev.-Zap. krae S. 13.
105) Vgl. Watters, The Peasant and the Village Commune S. 147.
106) Mogilevskaja gubernija, Archiv PSR 442.
107) Zemel'nyj vopros v Belorossii, Archiv PSR 483. S. auch: Ob osobennostjach raboty v Sev.-Zap. krae S. 13.
108) Dazu unten S. 348 ff.
109) Doklad o položenii raboty v Smolenskoj gubernii. Januar 1907, Archiv PSR 426.
110) Otčet Smolenskogo Komiteta k oktj. 1906 g., Archiv PSR 426 No 35; Bericht über die 2. Gouvernementskonferenz im Mai 1907, Archiv PSR 623, auch 442.
111) Dvinskaja organizacija, Oktober 1906, Archiv PSR 426.
112) Doklad Bobrujskoj gruppy Sev.-Zap. Oblastnoj organizacii P.S.-R., 12. Februar 1907, Archiv PSR 426.

zybkov und Gomel' aus[113]. An dem negativen Gesamturteil über die sozialrevolutionäre Agraragitation in Weißrußland änderte das freilich nichts. Selbst dort, wo der Boden eigenen Angaben zufolge wie in Mogilev „sehr günstig" war, erreichte man kaum mehr, als daß sich in „jedem Dorf zwei, drei Leute als Sozialrevolutionäre bezeichneten." Nicht zuletzt dürften daran auch die riesigen Entfernungen und schlechten Kommunikationsmöglichkeiten Schuld gewesen sein. „Es gibt Organisationen", meldeten resignierend die Sozialrevolutionäre von Mogilev, „die zweihundert Werst entfernt liegen, und zu ihnen zu gelangen ist teuer; das . . . bremst die Arbeit"[114].

1.5. Südrußland

Zur südrussischen Regionalorganisation der PSR, gegründet im August 1905, rechnete der erste Parteitag die Gouvernements Cherson, Bessarabien und Taurien mit Organisationen in Odessa, Nikolaev, Kišinev und Cherson. Eine besondere Stellung als „Unterrajon" erhielt der „Taurische Bund", dem die Komitees von Jalta, Simferopol' und Sevastopol' angehörten[115]. Die Tätigkeit der Sozialrevolutionäre des Südoblasts wandte sich vornehmlich an Arbeiter und Matrosen und konzentrierte sich daher in den großen Hafenstädten Odessa[116] und *Sevastopol'*. Schon 1902 hatte sich in diesem bedeutenden Flottenstützpunkt auf der Krim eine sozialrevolutionäre Gruppe gebildet. Doch blieb ihr Einzugsbereich bis zur Revolution auf Intellektuelle und einige Matrosen beschränkt, während die sozialdemokratische Konkurrenz bereits 1904 über eine gefestigte Organisation verfügte. Noch Mitte 1905 bestand das sozialrevolutionäre Komitee lediglich aus zwei „intelligenty". Der große Einbruch gelang erst nach dem Oktobermanifest, als die wachsende Militanz der Massen zugunsten der PSR zu Buche schlug, die Sozialdemokraten dagegen infolge ihrer friedlichen Taktik zahlreiche Anhänger verloren, obgleich sie laut anerkennendem Zeugnis ihrer Gegner „die Helden jener Tage" waren. „Unsere Kampfestaktik", analysierten die Sozialrevolutionäre rückblickend, „war der Boden, auf dem die Samen der jetzigen Organisation beständig wuchsen". Im ersten Revolutionsjahr den Arbeitern noch fast unbekannt, repräsentierten sie daher Anfang 1906 bereits eine bedeutende politische Kraft, die sich auf einen „Arbeiterbund" aus fast zweihundert Mitgliedern und etwa 3000 Eisenbahner stützen konnte. Wie populär die PSR geworden war, zeigte sich Anfang 1907 bei den Wahlen zur zweiten Duma, als sie alle acht Wahl-

---

113) Antwort des Minskij Komitet auf die Umfrage des OB, Februar 1907, Archiv PSR 426. — Antwort aus Novozybkov, Archiv PSR 426, Novozybkov k 15. janv. 1907 g., Archiv PSR 426. — Doklad Gomel' Oktober 1906, Archiv PSR 426.
114) Mogilevskaja gubernija, April 1906, Archiv PSR 623. Ähnlich: Otčet po Smolenskoj gubernskoj organizacii, 10. November 1907, Archiv PSR 426.
115) Protokoly 1906 S. 304. Insgesamt zum Folgenden: Rapport 1907 S. 161 ff.
116) Über die Tätigkeit des Komitees von Odessa während der Revolution liegen, soweit ersichtlich, keine erwähnenswerten Informationen vor.

männer der Arbeiterkurie stellen und mit 2000 zu 80 Stimmen die Sozialdemokraten in der Tat, wie man freudig vermerkte, mit „erdrückender Mehrheit" schlagen konnte. Doch trotz dieses Erfolges und obgleich man die Arbeiter als „in höchstem Maße revolutioniert" betrachtete[117], waren sich die Sozialrevolutionäre ihrer Gefolgschaft nicht sicher. Sie mißtrauten der außerordentlich raschen Mobilisierung und dem momentanen Enthusiasmus. Daß Ursache dazu bestand, zeigte sich spätestens im Herbst 1907, als man konstatieren mußte, daß die Gewerkschaften „fast ausschließlich" von Sozialdemokraten beherrscht würden[118] und in den übrigen Tätigkeitsbereichen nur noch „Stillstand und Zerfall" anzutreffen sei[119].

Bauernagitation betrieb die südrussische PSR in Bessarabien, auf der Krim und in einigen Regionen des Gouvernements Cherson. Hier war man eigenen Angaben zufolge sogar recht erfolgreich, konnte in der Hälfte aller „uezdy" Parteizellen errichten und 50—75 % der Bevölkerung „bewußt" machen[120]. Insgesamt gesehen kam dieser Arbeit aber nur ein sehr geringer Stellenwert zu.

1.6. Das Dongebiet

Die Regionalorganisation Don-Azov der PSR war verhältnismäßig unbedeutend. Erst spät, im August 1906 gegründet, umfaßte sie die Provinzen Don, Azov sowie Teile der Gouvernements Kuban und Ekaterinoslav. Auf der konstituierenden Sitzung waren unter anderem sozialrevolutionäre Gruppen und Komitees aus Rostov, Taganrog, Novočerkassk und Bachmut vertreten[121].

Nennenswerte Aktivitäten konnte die Partei hier lediglich in zwei Städten verzeichnen. In der ersten Hälfte des Jahres 1905 wandten sich die Sozialrevolutionäre von *Rostov*, dem größten industriellen Zentrum des Oblasts, an eine breitere Öffentlichkeit, als es gelang, „mit bedeutenden Geldmitteln" eine Druckerei einzurichten und sogar eine regionale Zeitung herauszugeben. Doch reichte diese Offensive nicht aus, um eine solide Organisation zu gründen und in den proletarischen Vierteln Fuß zu fassen. Dies umso mehr, als das sozialrevolutionäre Komitee den Säuberungen nach den Dezemberereignissen 1905 zum Opfer fiel und seine vorherige Stärke bis zum Ende der Revolution nicht wieder erreichte. Obgleich man im

---

117) Južnaja oblast' /Protokolle einer Oblastkonferenz vom November 1906/, Archiv PSR 424 (alle Zitate dort). Auch: Sevastopol'skij Komitet, Bericht an den zweiten Parteitag, Februar 1907, Archiv PSR 488.
118) Južnaja oblast', Archiv PSR 424; Protokoly zanjatij konferencii rabotnikov po professional'nomu dviženiju Tavričeskogo sojuza, Archiv PSR 596/V.
119) A. N., Pis'mo upolnomočennogo C. K. južnoj oblasti, 14. August /1907?/, Archiv PSR 424.
120) Južnaja oblast', Archiv PSR 424; Tabellen über einige „uezdy" des Gouvernements Cherson, Archiv PSR 424.
121) Protokoly 1906 S. 305; Protokolle der Gründungskonferenz vom August 1906, Archiv PSR 623; dazu: Konferencija Donskoj oblasti. In: PI No 1 (22. Oktober 1906) S. 20—22 und Trud No 1—2, (September 1906) S. 22.

Dezember ca. 1000 Arbeiter hatte mobilisieren können und bald darauf einen kurzlebigen „Arbeiterbund" ins Leben rufen konnte, blieb die Stadt, was sie vor Erscheinen der PSR war: eine uneinnehmbare Hochburg der Sozialdemokratie[122].

Länger hatte die sozialrevolutionäre Gruppe von *Taganrog* Bestand. Im Oktober 1905 gegründet, konnte sie sich im März 1906 ein Statut geben und in ein Komitee umwandeln, das finanziell sogar in der Lage war, einige professionelle Revolutionäre zu unterhalten. Auch die Taganroger PSR mußte gegen eine starke sozialdemokratische Konkurrenz antreten. Eigenen Angaben zufolge vermochte sie jedoch ausnahmsweise, die Mehrheit der Arbeiterschaft für sich zu gewinnen. Noch im April 1907 zählte man daher in der städtischen Organisation fünfzig Mitglieder, unter ihnen außer Arbeitern auch Büroangestellte, Telegraphisten und Schüler[123].

1.7. Nordrußland

Zur „nördlichen Oblastorganisation" der PSR wurden die Gouvernements St. Petersburg, Novgorod, Pskov, Olonec, Vologda, Archangel'sk, Livland und Estland zusammengeschlossen[124]. Ihre Gründungssitzung, an der Vertreter der Komitees von St. Petersburg, Novgorod, Vologda, Archangel'sk und Riga teilnahmen, fand im März 1906 statt. Drei weitere Oblastkonferenzen konnten im Oktober 1906 sowie im März und Juni 1907 abgehalten werden[125].

Ogbleich der russische Norden mit Ausnahme der Regionen um St. Petersburg und die baltischen Hauptstädte ein reines Agrarland war, zählte er zu den Gebieten, in denen die PSR am wenigsten Fuß fassen konnte.

Arbeiteragitation

Wie in Weißrußland traf die PSR auch in den Städten des Nordoblasts vor allem auf Handwerker und „Handwerkerarbeiter"[126] in kleinen Werkstätten; ein nennenswertes Fabrikproletariat existierte nicht. In Novgorod gehörten ihr neben Schülern und „intelligenty" insbesondere Schuster, Schneider, Bäcker und „Metallarbeiter", d. h. Dreher an; in Archangel'sk außerdem Holzfäller, in Vologda Buchbinder, Maurer und Setzer[127]. In

---

122) Protokolle der Gründungskonferenz vom August 1906, Archiv PSR 623.
123) Ebenda, und: Oblastnoj s-ezd Azovsko-Donskoj oblasti, 28.–29. Juni 1907, Archiv PSR 623.
124) Protokoly 1906 S. 302.
125) Istorija proischoždenija i dejatel'nosti Severnogo Oblastnogo Komiteta, Archiv PSR 553/I; Rapport 1907 S. 103 ff. Zu St. Petersburg s. gesondert unten S. 257 ff.
126) Južnyj rajon Novgorodsk. gubernii, Antwort auf die Umfrage des OB, Archiv PSR 208.
127) Istorija proischoždenija ..., Archiv PSR 553/I; Bericht an den zweiten Parteirat aus Vologda, Archiv PSR 208; Otčet po Severnoj Oblasti P.S.-R., Januar 1907, Archiv PSR 208.

Pskov, Riga und Vologda gewann sie ferner, wie fast überall in Rußland, einen dominanten Einfluß auf die Eisenbahnarbeiter und -angestellten[128]. Was die Stärke der Organisation anging, so rangierte *Novgorod* an erster Stelle. Hier beanspruchten die Sozialrevolutionäre Ende 1906, ca. 120 Handwerker oder ein Zehntel der gesamten arbeitenden Bevölkerung der Stadt organisiert zu haben. Auch ihre Agitation in der Garnison scheint auf eine gewisse Resonanz gestoßen zu sein[129]. In *Pskov*, wo neben den Handwerkern eine besonders große Zahl von Schülern die Organisation füllte, zeigte man sich ebenfalls zufrieden[130]. Aus *Vologda* wurden zwar Klagen über den uneinholbaren Vorsprung der Sozialdemokraten laut. Das örtliche sozialrevolutionäre Komitee konnte aber seit 1905, als die sporadische Aufklärungstätigkeit populistischer Veteranen, die hier das Ende ihrer Verbannung abwarteten, in eine systematische Agitation umgewandelt wurde, einige Erfolge verbuchen und laut eigenen Angaben Ende 1906 gut 800 Arbeiter um sich scharen[131]. Auch aus *Archangel'sk* wurde eine große Zahl von Organisierten gemeldet, wenngleich ansonsten von dort wenig positive Nachricht ans Oblastkomitee drangen[132]. *Riga* und das gesamte Baltikum dagegen blieben für die PSR, die hier im Vergleich zur litauischen sozialdemokratischen Partei R. Luxemburgs[133] nur eine verschwindende Splittergruppe darstellte, völlig ohne Bedeutung.

Bauernagitation

Den sozioökonomischen Gegebenheiten und ihrem Selbstverständnis gemäß räumten alle sozialrevolutionären Organisationen des Nordoblasts der „Weckung" der Bauernschaft Priorität ein. Dem entsprach jedoch die Resonanz ihrer Tätigkeit in keiner Weise. Von wenigen Ausnahmen abgesehen dürfte die Bauernagitation sogar noch weniger Ertrag gebracht haben als die ohnehin vergleichsweise fruchtlose Arbeit in den Städten. Das galt nicht nur für die Gouvernements Archangel'sk und Olonec hoch im Norden, wo man die Bauernbrüderschaften an den Fingern einer Hand

---

128) Istorija proischoždenija ..., Archiv PSR 553/I.
129) Istorija proischoždenija ..., Archiv PSR 553/I; Rapport 1907 S. 106. Auch: Otčet po Severnoj oblasti P.S.-R., Januar 1907, Archiv PSR 208; Protokol gubernskogo soveščanija uezdnych organizacij Novgorodskoj gubernii P.S.-R. (Oktober 1906), Archiv PSR 208.
130) Istorija proischoždenija ..., Archiv PSR 553/I; Iz protokola Pskovskogo Gubernskogo S-ezda P.S.-R., 1907, Archiv PSR 430.
131) Vologda, Bericht an den zweiten Parteirat, Archiv PSR 208; Otčet Vologodskogo delegata ob oblastnom s-ezde, Oktober 1906, Archiv PSR 208.
132) Istorija proischoždenija ..., Archiv PSR 553/I; Otčet po Severnoj oblasti P.S.-R., Archiv PSR 208 sowie eine Tabelle über die Zahl der Organisierten im Nordoblast, Archiv PSR 489.
133) Brief über die Geschichte der PSR in Riga, Archiv PSR 45. — Zur litauischen Sozialdemokratie vgl.: G. W. Strobel, Die Partei Rosa Luxemburgs, Lenin und die SPD. Der polnische ‚europäische' Internationalismus in der russischen Sozialdemokratie. Wiesbaden 1974.

abzählen konnte, sondern auch für die Gouvernements Vologda, Novgorod und Pskov. Obgleich die PSR es hier an Mühen nicht fehlen ließ, kam sie über bloße Literaturverteilung bestenfalls, wie in der Novgoroder Region, im stadtnächsten „uezd" hinaus. In den übrigen Gebieten mußte man sich mit „wenigen Kontakten" begnügen[134]. Die Existenz einer beim St. Petersburger Komitee eingerichteten speziellen Bauernkommission für den gesamten Nordoblast vermochte daran nichts zu ändern. Ebensowenig der Überfluß an qualifizierten Revolutionären in der Hauptstadt, da diese sich, wie beanstandet wurde, allein auf die städtischen Aufgaben konzentrierten[135].

Der Mißerfolg der sozialrevolutionären Agitation im Norden Rußlands nahm ein solches Ausmaß an, daß sich der Delegierte des Nordoblasts auf der allrussischen Konferenz der „Bauernarbeiter" im September 1906 zu einer eingehenden Ursachenanalyse veranlaßt sah. Dabei beklagte er nicht nur, wie üblich, den Mangel an geeigneten personellen Kräften und Finanzmitteln, sondern wies darüber hinaus auf eine Reihe spezifischer, erschwerender geographischer und sozialer Eigenheiten der von ihm repräsentierten Region hin, namentlich auf die „riesigen Entfernungen, die schlechten Verbindungswege, die Bedeutungslosigkeit der Siedlungen (kleine Dörfer), die Ungebildetheit der Bevölkerung" und „das Fehlen einer ausgeprägten Bodenknappheit." Negativ schlage ferner zu Buche, daß es in den nordrussischen Gouvernements keine ländliche Intelligenz gebe, da die wenigen Dorfbewohner, die in den Genuß höherer Bildung kämen, in der Regel nicht in ihre Heimat zurückkehrten. Mithin falle der geeignetste Vermittler revolutionärer Anschauungen aus, und müsse die Agitation über „zugereiste" Zemstvoangestellte, Lehrer, Ärzte usw. geführt werden[136], deren Engagement freilich, wie man aus dem Gouvernement Novgorod zu berichten wußte, häufig äußerst rasch nachlasse. Da die Bauernschaft des Nordens überdies eine besonders „dunkle Masse" darstelle, da „Zar und Gott noch tief in ihren Köpfen" säßen[137], stellten sich dem Übergang von Propaganda zur Organisierung fast unüberwindliche Barrieren in den Weg: Zwar habe man Brüderschaften „sehr leicht" ins Leben rufen können, aber weil es nicht gelungen sei, „sie untereinander zu verbinden", seien sie allemal „von selbst gestorben"[138].

1.8. Der Ural

Trotz seiner Abgelegenheit entstanden im Ural schon früh sozialrevolutionäre und sozialdemokratische Zirkel. Insbesondere die Arbeiter des Kohle-

---

134) Konferencija južnogo rajona Novgorodskoj gubernskoj organizacii P.S.-R., November 1907, Archiv PSR 208; Protokol Gubernskogo soveščanija uezdnych organizacij Novgorodskoj gub. Partii s.-r., Oktober 1906, Archiv PSR 208.
135) Otčety o rabote v krest'janstve, predstavlennye na s-ezde krest'janskich rabotnikov v sentjabre 1906 g., Archiv PSR 122.
136) Otčety o rabote v krest'janstve, Archiv PSR 122.
137) Iz žizni Tichvinskogo uezda Novg. gub., Archiv PSR 483.
138) Otčety o rabote v krest'janstve, Archiv PSR 122.

bergbaus und der Schwerindustrie bildeten ein ergiebiges Rekrutierungsfeld. Freilich mußte die Agitation infolge des extrem niedrigen Kenntnisstandes der Adressaten zunächst auf sehr allgemeiner Ebene ansetzen und sich weitgehend auf parteiunspezifische, generelle Politisierungsversuche beschränken. Die theoretischen Differenzen zwischen beiden Parteien blieben weitgehend außer Betracht, einer Kooperation stand nichts im Wege. Ende 1901 wurde daher im Ural die erste gemeinsame Organisation von russischen Marxisten und Neopopulisten, der „Bund der Sozialdemokraten und Sozialrevolutionäre im Ural", ins Leben gerufen. Seine Programmplattform begnügte sich mit sehr allgemeinen Ausführungen. Man sagte der „bürgerlichen Struktur" generell den Kampf an und proklamierte als Ziel „die politische Herrschaft des Proletariats". Als Mittel der Auseinandersetzung wurden „Streiks, Manifestationen und andere Arten des Protestes" anerkannt. In der Terrorfrage handelte man eine Kompromißformel aus, indem man Attentate zwar nicht zur offiziellen Taktik erklärte, es aber einzelnen Gruppen und Personen freistellte, Anschläge auf eigenes Risiko zu verüben. Dennoch trug das Programm, insgesamt gesehen, zweifellos eher den Stempel sozialdemokratischer Anschauungen als den sozialrevolutionärer, zumal sich die PSR auch mit der Strategie des ökonomischen Kampfes abfand[139].

Die Uraler Koalition hielt zwei Jahre und hatte damit erheblich länger Bestand als der einzige ähnliche Kooperationsversuch in Saratov[140]. Erfolge zeitigte die Agitation insbesondere in Perm' und dem nahegelegenen Motovilichinskij zavod. Erstaunlich früh gelang es außerdem, eine kontinuierlich erscheinende Zeitung herauszugeben[141]. 1903 wurde der „Bund" von der Polizei ausgehoben. Den Wiederaufbau begannen beide Parteien getrennt[142].

Die Regionalorganisation der PSR im Ural selbst wurde im Februar 1906 gegründet. Sie umfaßte die Gouvernements Ufa, Vjatka und Perm'. Bedeutendere sozialrevolutionäre Komitees existierten in den jeweiligen Gouvernementshauptstädten sowie in den Industrieorten Zlatoust und Motovilichinskij zavod[143]. Seiner sozioökonomischen Struktur nach zerfiel der Uraloblast in zwei Hälften: Einen vorwiegend agrarischen Charakter besaßen die Gouvernements Ufa und Vjatka, während das Gouvernement Perm' zu den industrialisierten Regionen des zaristischen Reiches zählte. Im Gesamtverband der PSR kam dem Ural, an Mitgliederstärke und allgemeinpolitischer Bedeutung gemessen, lediglich eine Mittelposition zu[144]. Seine Dele-

139) Programma Ural'skogo Sojuza Social-demokratov i socialistov-revoljucionerov. 1901. Archiv PSR 474; Ural'skij letučij listok No 1 (1902), Archiv PSR 486.
140) Dazu: Golos Truda. No 1, 2 (1902). Izd. Saratovskoj ob-edinennoj gruppy socialistov-revoljucionerov i social-demokratov, Archiv PSR 521/I und weit. Dokumente dort.
141) Ural'skij letučij listok. No 1—17 (1902—03), Archiv PSR 474
142) Perm'. In:RR No 18 (15. Februar 1903) S. 15; 1905. Revoljucionnye sobytija 1905 g. v g. Ufe i Ural'skich zavodach. Ufa 1925 S. 17—21.
143) Protokoly 1906 S. 304; Rapport 1907 S. 142 ff; Očerk dejatel'nosti Ural'skoj oblasti P.S.-R., Archiv PSR 486 sowie — leider wenig brauchbare — statistische Daten in Archiv PSR 489.
144) Protokoly /vtorogo/ soveta Partii. Archiv PSR 489.

gierten verschafften sich jedoch nicht selten auf den Parteikonferenzen durch wenig parteikonforme taktische Stellungnahmen in besonderem Maße Gehör.

Bauernagitation

Die sozialrevolutionäre Tätigkeit unter der Bauernschaft des Gouvernements *Vjatka* galt als sehr erfolgreich. Zum Beweis führte man die außergewöhnliche Eigeninitiative und den großen Kooperationswillen der Bauern an, wenngleich die Leitung der Arbeit natürlich auch hier in den Händen der „intelligenty" lag. Auf der Konferenz der Bauernagitatoren im September 1906 begründete der Delegierte aus Vjatka solche positiven Resultate damit, daß sein Gouvernement über einen der besten Zemstva ganz Rußlands verfüge, das Bildungsniveau der Bauern daher ungewöhnlich hoch und die Schicht der Landintelligenz außerordentlich breit sei[145]. Allerdings hatten die Sozialrevolutionäre Vjatkas auch mit Faktoren zu kämpfen, die ihre Arbeit hemmten. Dazu zählte allem voran der Umstand, daß die Bauern als ehemalige Staatsbauern kaum Landmangel kannten und auch nicht unter drückenden Frondiensten für den Grundherren gelitten hatten. Deshalb ging, wie die dritte Oblastkonferenz des Ural im Juni 1906 feststellte, „die oppositionelle Haltung", die man durch allgemeine Aufklärungsarbeit zu erzeugen vermochte, „noch lange nicht in eine revolutionäre über"[146]. Analog wurde auf einer Gouvernementskonferenz in Vjatka angemerkt, daß nicht alle Mitarbeiter ohne Einschränkungen als Parteimitglieder gelten könnten, weil sie sich häufig „nicht mit der Propagierung unseres Programms" befaßten, sondern sich lediglich bemühten, „unter den Bauern eine kritische Haltung zum politischen Leben zu wecken"[147]. Nicht von ungefähr kam es vor, daß Agitatoren wegen heftiger Angriffe auf den Zaren in den Dörfern verprügelt wurden[148].

Arbeiteragitation

Zentrum der sozialrevolutionären Tätigkeit im Ural allgemein und der Arbeiteragitation insbesondere war *Perm'*, wo eine städtische Organisation aus 30—40 Mitgliedern und einer Peripherie von 200—300 Sympathisanten bestand. Kontakte stellte man vor allem zu den Elektrizitätswerken,

---

145) Otčety o rabote v krest'janstve, predstavlennye na s-ezde krest'janskich rabotnikov v sentjabre 1906 g., Archiv PSR 122.
146) Postanovlenija III-go s-ezda Oblastnoj Ural'skoj Organizacii P.S.-R. (25. Juni 1906). In: PI No 1 (22. Oktober 1906 g.) S. 23—24, hier S. 24.
147) Vjatskoe gubernskoe soveščanie rabotnikov P.S.-R. Protokol sobranija, 1. Juli /1907?/, Archiv PSR 682. Ferner: Antworten des Komitees von Vjatka auf die Umfrage des OB vom Februar 1907, Archiv PSR 548/I und 682; Očerk dejatel'nosti Ural'skoj oblasti P.S.-R., Archiv PSR 486, und weitere Dokumente in Archiv PSR 480 u. 548/I.
148) Postanovlenija III-go s-ezda Oblastnoj Ural'skoj Organizacii S. 24.

Druckereien, Bäckerbetrieben und Eisenbahnwerkstätten her. Allerdings verlief die Arbeit in letzteren „völlig unorganisiert", so daß die Eisenbahnergewerkschaft ausnahmsweise nicht von der PSR, sondern von den Sozialdemokraten kontrolliert wurde. Wie überall gewannen die Sozialrevolutionäre auch in Perm' bedeutenden Anhang in der städtischen Intelligenz und unter der „lernenden Jugend"[149].

Von intensiver Agitation in Fabriken und Werkstätten berichtete ferner das sozialrevolutionäre Komitee von *Ufa*. Es konnte nicht nur die Existenz vieler „kružki" und Zellen mit 300 regelmäßigen Teilnehmern melden, sondern darüber hinaus als Erfolg verbuchen, daß bei den Wahlen zur zweiten Duma sieben Sozialrevolutionäre in die Arbeiterkurie delegiert wurden[150].

1.9. Sibirien

In Sibirien war populistisches Ideengut durch das Wirken zahlreicher politischer Verbannter weit verbreitet und das Feld für eine neue Partei dieser Couleur bestens bestellt. Schon 1900 konnte die PSR infolgedessen auch östlich des Ural Fuß fassen. Allerdings unterschied sich ihre Tätigkeit vor der Revolution, in der Phase des Generationswechsels, wenig von der der 80er und 90er Jahre. Nur langsam und nicht ohne heftige Konflikte zwischen den „stariki" und den „Jungen" gelang es den Sozialrevolutionären, neue Methoden einzuführen, die Agitation über die Intelligenz hinaus auf Arbeiter, Bauern und Soldaten auszudehnen und damit gegen die Sozialdemokraten anzutreten, die auch in den wichtigsten Städten Sibiriens bereits über relativ konsolidierte Gruppen verfügten[151].

Die sozialrevolutionäre Regionalorganisation Sibiriens wurde im Juli 1906 gegründet und umfaßte die Gouvernements Tobol'sk, Tomsk, Irkutsk, Enisej und Transbajkal[152]. Größere Komitees befanden sich in Irkutsk, Krasnojarsk, Čita und Tomsk. Allgemein galt, daß sich die Tätigkeit der PSR in Sibirien stärker als im übrigen Rußland auf die Städte beschränken mußte, da die Bauernschaft sowohl entfernungsmäßig kaum zu erreichen als auch politisch unansprechbar war. In der Arbeiterschaft kam den Eisenbahnen als dem wohl größten Kontingent eine besonders bedeutende Rolle zu. Nicht zufällig folgte die Expansion beider revolutionären Parteien, wie

---

149) Otčet Permskogo Komiteta P.S.-R. s vesnoj 1906 g. do vesnoj 1907 g., Archiv PSR 478. Ferner: Vpered. Izd. Permskogo Komiteta P.S.-R. No 2 (Oktober 1907); Bor'ba. Izd. Motovilichinskoj rabočej organizacii P.S.-R. No 1—4 (1907), beide Archiv PSR 478.

150) Antwort des Ufimskij Komitet auf die Umfrage des OB vom Februar 1907, Archiv PSR 486. Ferner: Znamja Urala. Organ Ufimskogo gorodskogo i Zlatoustovskogo okružnogo komitetov P.S.-R. No 3—6 (1908) und zahlreiche andere Dokumente in Archiv PSR 479. Zu Zlatoust: Materialien in Archiv PSR 480.

151) Očerk dejatel'nosti s.-r. v Sibiri, Archiv PSR 201. Sehr informativ ebenso: Obzor revoljucionnogo dviženija v okruge Irkutskoj sudebnoj palaty za 1897—1907 gg. SPb. 1908.

152) Protokoly 1906 S. 305; Rapport 1907 S. 186 ff.

ein Polizeibericht hervorhob, dem Bau der transsibirischen Eisenbahnlinie[153]. Im übrigen wandte sich die PSR in Sibirien an die gleiche Zielgruppe wie im europäischen Rußland, d. h. vor allem an Handwerker, kleine Ladenbesitzer, Angestellte und Verkäufer, die Beschäftigten des Post- und Telegraphendienstes, die Drucker sowie an Schüler und „intelligenty".

Das bedeutendste sozialrevolutionäre Komitee Sibiriens bestand in *Irkutsk*. Erst Ende 1904 durch Zusammenschluß mehrerer Agitationszirkel formell konstituiert, konnte es schon Anfang 1905 gemeinsam mit den Sozialdemokraten einen „grandiosen Streik" der Verkäufer und der Eisenbahner organisieren und bereits im Juli darangehen, einen eigenen Arbeiterbund zu gründen sowie den gewerkschaftlichen Zusammenschluß der Ladenangestellten in die Wege zu leiten. Fest in der Hand der Sozialrevolutionäre befanden sich ferner der Bund der Eisenbahnangestellten und der Eisenbahntelegraphisten. Freilich ruhte die Arbeit des Irkutsker Komitees offenbar auf den Schultern eines Mannes, dessen Verhaftung Anfang 1906 zum Stillstand der gesamten Tätigkeit führte. Die nachfolgende „junge Generation" war nicht nur unerfahren, sondern ließ sich darüber hinaus von den „Ideen des Partisanenkampfes und der Expropriationen" hinreißen. In deren Gefolge fanden „Elemente, die nichts mit dem Sozialismus gemein hatten", gewöhnliche Diebe und Revolutionsgewinnler, Eingang in die Reihen der Sozialrevolutionäre. Das erleichterte die Arbeit der Ochrana, die schon kurze Zeit später das gesamte Komitee von Irkutsk ausheben konnte, beträchtlich[154].

Kaum zufriedenstellend verlief die Tätigkeit der Sozialrevolutionäre von *Krasnojarsk*, wo erst nach Auflösung der erste Duma im Sommer 1906 eine noch lose und zahlenmäßig schwache Gruppe entstand. Lediglich die Bauernagitation scheint gewisse Erfolge gezeigt zu haben, vermerkte doch der Polizeibericht, daß es der PSR gelungen sei, die Bauern der umliegenden Dörfer über ein Jahr lang zu Steuerverweigerungen zu veranlassen[155]. Auch in *Čita* konnten die Sozialrevolutionäre erst im Juni 1906 eine organisierte Arbeit beginnen, und nur „langsam, wenngleich beständig" wuchs ihr Einfluß in den Gewerkschaften, namentlich unter den Eisenbahnern[156]. In den Studenten der Universitätsstadt *Tomsk* schließlich fand die PSR einen vielversprechenden Adressaten ihrer Propaganda vor. Sie mußte sich jedoch

153) Obzor revoljucionnogo dviženija S. 6.
154) Alle Zitate aus: Otčet Irkutskogo Komiteta P.S.-R. O položenii dela v dannyj moment /April 1907/, Archiv PSR 171. Vgl. dort auch: Revoljucionnoe slovo. Izd. Irkutskogo Komiteta P.S.-R. No 2 (Juli 1906). Ferner: Obzor revoljucionnogo dviženija S. 55 f; Očerk dejatel'nosti s.-r. v Sibiri, Archiv PSR 201.
155) Otčet o rabote Krasnojarskogo Komiteta P.S.-R. za 1906 g., Archiv PSR 171, auch in: PI No 5 (15. Februar 1907) S. 5–6; Očerk dejatel'nosti ..., Archiv PSR 201. – Obzor revoljucionnogo dvizenija S. 44.
156) Čita. Otčet Sibirskomu oblastnomu s-ezdu v aprele 1907 g., Archiv PSR 171; Očerk dejatel'nost s.-r., Archiv PSR 201. Auch: Sibirskie partijnye izvestija No 1 (5. Juli 1907) S. 6–7. Archiv PSR 756.

mit bescheidenen Resultaten begnügen und auch dieses Feld weitgehend den Sozialdemokraten überlassen[157].

1.10. Der Kaukasus

Von Anfang an bemühte sich die PSR, das Netz ihrer Organisationen auf das bis dahin von populistischer Propaganda verhältnismäßig wenig berührte Kaukasusgebiet auszudehnen. Gerade hier aber traf sie auf äußerst gefestigte sozialdemokratische, zumeist zum Menschewismus neigende Komitees, die die sozialrevolutionäre Agitation — wie immer wieder betont wurde — noch stärker behinderten als im übrigen Rußland. Andererseits verfügte die PSR auch über einflußreiche Helfer, namentlich die armenische Partei der „Dašnakcutjun"[158] und die grusinische „Partei der föderalistischen Sozialrevolutionäre". Außer in gelegentlichen finanziellen Zuwendungen[159] und personeller Assistenz bestand die Unterstützung dieser Gruppen laut Meinung des Bevollmächtigten des CK im Kaukasus vor allem darin, daß erstere das armenische Proletariat vor exklusiver Infiltration durch die Sozialdemokratie bewahrte und letztere die nichtmarxistische Intelligenz um sich sammelte sowie Agitationsliteratur in grusinischer Sprache verbreitete[160].

Mit Ausbruch der Revolution festigten sich auch die sozialrevolutionären Organisationen im Kauskasusgebiet so weit, daß man im Mai 1905 daran gehen konnte, einen Regionalverband zu gründen. Er umfaßte die Gouvernements Baku, Tiflis und Kutaisk und schloß die Komitees dieser Städte sowie das von Batum zusammen. Bis Ende 1907 fanden drei Oblastkonferenzen statt, die jeweils ein kooptationsberechtigtes Oblastkomitee aus drei Mitgliedern wählten[161].

Die kaukasische PSR agitierte in Stadt und Land. Jedoch spielte ihre Tätigkeit in der Bauernschaft eine höchst untergeordnete Rolle. Auch von den städtischen Organisationen kam lediglich der von *Baku* eine größere Bedeutung für die Gesamtpartei zu. Nach einem kurzfristigen Versuch zu systematischer Tätigkeit im Jahre 1903, dem die Ochrana während eines Vergeltungsschlages für ausgedehnte Streiks ein baldiges Ende bereitete, markierte erst die Ankunft Minors als Bevollmächtigter des CK im Herbst 1905 einen Neubeginn. Binnen weniger Monate erstarkte die sozialrevolutionäre Organisation so weit, daß sie „einen ernsthaften und großen Einfluß

---

157) Tomskij Komitet, Bericht an die Oblastkonferenz vom April 1907, Archiv PSR 171; Ocerk dejatel'nosti s.-r., Archiv PSR 201.

158) Vgl. ein umfangreiches Ms. über Entstehung und Geschichte dieser Partei in Archiv PSR 623.

159) Das OK des Kaukasusoblast erhielt 1906 immerhin fast ein Sechstel seines Budgets von den „Dašnakcutjun". Vgl.: Otčet o dejatel'nosti Zakavkazskogo Oblastnogo Komiteta P.S.-R. (15. Aug.–15. Okt. 1906), Archiv PSR 628.

160) Zakavkazskaja oblast'. Iz doklada upolnomočennogo C.K. o rabote v Zakavkazskoj Oblasti. In: PI No 9 (5. Mai 1907) S. 11–13, hier S. 11.

161) Protokoly 1906 S. 305; RR No 67 (15. Mai 1905) S. 12–13; Rapport 1907 S. 180 ff. Allgemein auch: F. Macharadze, Očerki revljucionnogo dviženija v Zakavkaz'e. 1927. S. 317 ff, 393 ff.

auf das Proletariat von Baku" ausüben konnte. Dennoch war auch diese Blütezeit zunächst nur von kurzer Dauer, da „innere Mißstände", vor allem eine überaus leichtsinnige Vergeudung der finanziellen Mittel, bereits Anfang 1906 zum Stillstand der Arbeit führten. Erst im Sommer desselben Jahres gelang es, eine längere Periode erfolgreicher Tätigkeit einzuleiten, als man „dank eines ziemlich bedeutenden Geldbetrages vom OK" fünfzehn professionelle Parteiarbeiter anheuern und eine eigene Zeitung, den „Molot" (Der Hammer), herausgeben konnte. Laut Bericht des Bevollmächtigten des CK erschreckte dieser Aufschwung die Sozialdemokraten so sehr, daß sie ihre Zentrale ebenfalls um Verstärkung baten[162]. Freilich war die Aufregung insofern umsonst, als die Sozialrevolutionäre noch keineswegs in der Lage waren, die Vormacht der RSDRP zu brechen. Denn obgleich die PSR in Baku Anfang 1907 über mehr als sechzig Fabrikzellen verfügte, standen ihren eigenen Angaben zufolge im Herbst 1907 ca. 1800 organisierten sozialdemokratischen Arbeitern, davon 1200 Bol'ševiki und 600 Men'ševiki, nur ca. 1200–1300 Sozialrevolutionäre und 625 Mitglieder der „Dašnakcutjun" gegenüber[163]. Mit Neid blickte man überdies auf die „geregelte und straffe Organisation" der marxistischen Konkurrenz[164]. Andererseits aber sammelte die PSR nicht nur in Baku, sondern im gesamten Kaukasus eine erstaunlich große Masse von Sympathisanten um sich. Registrierte man Anfang 1907 im gesamten Oblast nur 717 eingeschriebene Parteiangehörige, so belief sich die Zahl der Mitläufer auf ca. 18 000. Und auch dieses Mißverhältnis entsprach der Wirklichkeit noch nicht, mußte man doch laut Erläuterung des Oblastkomitees die Zahl der bloßen Anhänger „um einige Male" vergrößern, die der „aktiven Mitglieder" dagegen halbieren, da viele Genossen nur eine „Gastrollentätigkeit" ausübten, um sich nach kurzer Zeit in die Zentren der sozialrevolutionären Arbeit nach Moskau und St. Petersburg abzusetzen. Man dürfe nicht übersehen, deutete das OK diesen Befund, „daß der Prozeß der Einbeziehung" des Anhangs in die Organisation „völlig planlos" verlaufe und „die Masse nicht organisiert" sei[165]. Wenn die kaukasische PSR trotz beträchtlicher Erfolge auch in Baku nicht zur stärksten Kraft im revolutionären Lager werden konnte, dann hatte das nicht zuletzt in dieser Disproportion zwischen aktivem Kern und Mitläufern, zwischen lokalem Zentrum und amorpher Peripherie, seine Ursache.

1.11. Das nördliche Kaukasusgebiet

Die 1906 gegründete Regionalorganisation des Nordkaukasus umfaßte mit den Gouvernements Stavropol', Kuban, Terek und der Schwarzmeerprovinz Gebiete, die keine nennenswerte landwirtschaftliche oder

---

162) Zakavkazskaja oblast'. in: PI No 9 S. 11–13, Zitate pass.; Molot. Izd. Bakinskoj organizacii P.S.-R. No 2 (1907), Archiv PSR 553/II.
163) Baku. September, Archiv PSR 553/II.
164) Zakavkazskaja oblast'. In: ZT No 5 (12. September 1907) S. 13–14.
165) Otčet o dejatel'nosti Zakavkazskogo oblastnogo Komiteta P.S.-R., Archiv PSR 628. Vgl. auch eine Tabelle in Rapport 1907 S. 181. Zu Baku ferner: Materialy po

industrielle Bedeutung besaßen. Dementsprechend begrenzt war das Ausmaß ihrer Tätigkeit und ihr Stellenwert innerhalb der PSR[166].

In *Stavropol'*, einer Stadt ohne größere Fabriken, agitierten die Sozialrevolutionäre hauptsächlich unter den Handwerkern, ohne diese jedoch organisieren zu können. Man erwarb sich Einfluß auf den Bund der Ladenangestellten und die Gewerkschaft der Maurer. Der Kern der Aktiven und die Mehrzahl der zweihundert Personen, die man als Mitglieder verzeichnete, bestand allerdings aus Schülern. In *Ekaterinodar* existierte seit 1904 eine kleine Gruppe, die noch am ehesten von sich reden machte, da sie eine Zeitung herausgeben und in bescheidenem Maße auf die Arbeiterschaft der Stadt einwirken konnte. Insgesamt zählte man hier 1906 etwa fünfzig Parteiangehörige. In der Schwarzmeerprovinz konzentrierte sich die Tätigkeit der PSR auf *Novorossijsk*, in der Provinz Terek auf *Vladikavkaz*. In beiden Städten war die Partei als politische Kraft präsent. Größere Aktivitäten entfaltete man jedoch nicht. „In keiner Weise", urteilten die Sozialrevolutionäre des Nordkaukasus selbst über ihre Arbeit, habe man „in die Arbeitermassen einzudringen", geschweige denn die Monopolstellung, die die Sozialdemokratie auch in diesem Gebiet genoß, zu bedrohen vermocht. Noch weniger erreichte man auf den Dörfern, da die sozialrevolutionäre Agitation sich hier auf bloße Literaturverteilung beschränken mußte[167].

1.12. Der „Fernöstliche Oblastbund der PSR"

Der „Fernöstliche Oblastbund der PSR" wurde in der Endphase der Revolution als Ergänzung zur sibirischen Regionalorganisation, die nicht das gesamte Territorium des Zarenreiches östlich des Ural deckte, gegründet und umfaßte unter anderem die sozialrevolutionären Gruppen von Vladivostok, Nikol'sk-Ussurijsk, Chabarovsk und Charbin. Vom Zentrum der Partei weitgehend unabhängig, besaß er in der „Volja" (Freiheit, Wille) eine Art Zentralorgan, das seine Keimzelle bildete und mit dessen Geschichte die seine identisch war[168].

Die „Volja" entstand im April 1906 auf Initiative des exilierten Narodniken N. Russel'. Niveau und politische Ausrichtung dieses in Nagasaki erscheinenden „unparteilichen revolutionären Organs" fanden die Zustimmung des CK der PSR. Es begrüßte daher den Plan eines Teils der Redaktion, die Nagasaki-Gruppe in die PSR einzugliedern und sie als Initia-

---

3-mu Zakavkazsk. Oblastn. s-ezdu, 25.–30. März 1907, Archiv PSR 628; Iz doklada upolnomočennogo C.K. o rabote v Zakavkazsk. Oblasti, Archiv PSR 628. – Zur Tätigkeit der PSR in anderen Städten des Kaukasus, vor allem in Tiflis, außerdem Dokumente in Archiv PSR 553/II.

166) Vgl. als Gesamtüberblick: Severo-Kavkazskij Oblastnoj Komitet, Archiv PSR 759; darauf basierend: Rapport 1907 S. 171 ff.

167) Angaben nach: Severo-Kavkazs. OK, Archiv PSR 759. Vgl. ferner einige verstreute Dokumente in Archiv PSR 623 u. 553/I.

168) Vgl. eine Liste der Mitgliedergruppen in Archiv PSR 200. – Volja. Političeskaja, obščestvennaja i literaturnaja gazeta. Izd. Socialistov-revoljucionerov. 1906–07. Tokio-Nagasaki 1906–1907.

tivzentrum für den Zusammenschluß der neopopulistischen Organisationen Ostsibiriens zu benutzen. Anfang 1907 wurde die Fusion durch Übersiedlung des „Ausländischen Autonomen Komitees der PSR", wie sich die sozialrevolutionären Emigranten Japans seit Mitte 1906 nannten, auf den Kontinent vollzogen. Der Gründer der „Volja" protestierte gegen dieses Vorgehen, da er weder seine politische Unabhängigkeit verlieren, noch auf die Alleinherrschaft über seine Zeitung verzichten wollte. Seine Gegenorganisation wurde jedoch vom CK der PSR nicht anerkannt[169].

Über die Tätigkeit des „Fernöstlichen Bundes" ist nichts Genaueres auszumachen. Im wesentlichen konzentrierte sie sich auf Vladivostok, wo sozialrevolutionäre Ideen unter der Arbeiterschaft und den Matrosen seit längerem viele Anhänger gefunden hatten und wo man zweitausend organisierte Mitglieder zählte. Nicht von ungefähr gelang es, im Herbst 1907 einen Aufstand zu inszenieren, der zwar von den Sozialdemokraten mitgetragen wurde, dessen Leitung aber die Sozialrevolutionäre für sich reklamierten[170]. In gewissem Widerspruch dazu steht freilich die Meldung, daß sich bei den Wahlen zur zweiten Duma in Vladivostok drei Sozialdemokraten durchsetzen konnten, aber kein Sozialrevolutionär eine Stimmenmehrheit erhielt, während die PSR im gesamten fernöstlichen Oblast zwei Wahlmänner mehr stellte als die RSDRP[171].

1.13. Turkestan

Die Regionalorganisation von Turkestan entstand im Sommer 1906 und umfaßte die zentralasiatischen Provinzen. Eine bedeutendere Gruppe von Sozialrevolutionären war hier lediglich in Taškent, insbesondere unter den Eisenbahnern, tätig[172].

1.14. Moskau

Hatte Breškovskaja als Sprecherin des innerrussischen CK noch 1903 monieren müssen, daß Moskau ein weißer Fleck auf der sozialrevolutionären Landkarte sei, so bestand dazu bereits ein Jahr später kein Grund mehr. Im Gegenteil, Ende 1904 verfügte die PSR in der zweiten Hauptstadt des Reiches über eine Organisation, die als größte und beste in ganz Rußland gelten

---

169) Kratkij očerk dejatel'nosti „Voli". Priloženie k vtoromu vypusku sbornika statej. Anhang zu: Volja No 98—99 (23. Februar 1907); Idejnye tečenija i vnutri partii posledstvija ich; incident s obrazovaniem novoj gruppy P.S.-R. v Nagasaki, sowie weitere Ms. u. Briefe in Archiv PSR 200.
170) Doklad CK-tu P.S.-R. predstavitelja Oblastn. Kom. Dal'nevostočnogo sojuza P.S.-R., byvšogo Vostočnogo Zagraničnogo Komiteta P.S.-R., Vladivostok, 29. Juni 1907, Archiv PSR 200; Brief an „Boris Dmitrievič" v. 25. Juni 1907, Archiv PSR 200, sowie weitere Dokumente ebenda.
171) Dal'novostočnaja oblast', predvybornaja kampanija, Archiv PSR 172. Zur Arbeit des „Bundes" insgesamt: Otčet Dal'no-Vostočnych organizacij, April 1907, Archiv PSR 201 sowie weitere Dokumente in Archiv PSR 200 und 171.
172) Doklad predstavitelja Turkestanskogo O. K. i mestnych Taškentskogo i Aschabadskogo Komitetov, sowie weitere Dokumente in Archiv PSR 623.

konnte. Keine andere trat so gut gerüstet in die revolutionären Ereignisse ein, und keine spielte eine so wichtige Rolle in ihnen. Den Beginn dieses außergewöhnlichen Aufschwungs markierte im Januar 1904 die Ankunft Zenzinovs, der zur führenden Figur der Moskauer Sozialrevolutionäre wurde[173].

Zenzinov, Sohn eines Kaufmannes aus der Moskauer Finanzaristokratie, hatte sich während seines Studiums in Deutschland 1900—1904 einem sozialrevolutionären Zirkel russischer Kommilitonen angeschlossen. Namentlich mit vier Mitgliedern dieses Kreises, die eine bedeutende Rolle in der weiteren Geschichte der PSR spielen sollten, mit Avksent'ev, Fundaminskij, Rudnev und A. R. Goc[174], verbanden ihn enge freundschaftliche Beziehungen. Zum Teil kannten sie sich bereits aus ihrer Jugendzeit, da auch Fundaminskij und Goc aus äußerst wohlhabenden Moskauer Familien stammten[175]. Vor allem aber führte sie, außer ihrer politischen Grundüberzeugung, eine gemeinsame *philosophische* Weltanschauung, der Neokantianismus, zusammen, den sie voller Begeisterung bei seinen führenden Vertretern in Heidelberg und Halle studierten. In besonderem Maße tat sich auf diesem Gebiet Avksent'ev hervor, laut Černov nicht nur ein russischer Adeliger von vollendeter Erscheinung, sondern auch ein überaus begabter spekulativer Geist und gewandter Redner, der „nicht nur Lavrov und Michajlovskij in das sozialrevolutionäre politische Programm einbauen wollte, sondern auch Kant und /seinen Lehrer/ Riehl". An intellektueller Potenz stand ihm Fundaminskij, „Vertreter eines optimistischen Romantizismus" und ein kapriziöser, unsteter Geist, den es vom Neukantianismus bald zu den „Christen des dritten Testaments", bald zum „Orden der russischen Intelligenz", bald zu den „Jungrussen" und anderen scheinbar progressiven sektiererischen Bewegungen trieb, nicht viel nach. Nannte man

---

173) Die Geschichte des Moskauer Komitees (MK) ist auch bei weitem am besten dokumentiert. Vgl. zum Folgenden allgemein: Rapport 1907 S. 53 ff; Očerki rabot v Central'noj oblasti, Archiv PSR 676; Zenzinov, Perežitoe S. 107 ff u. pass.; Višnjak, Dan' prošlomu S. 102 ff; Zenzinov, Pamjati V. V. Rudneva S. 52—62.

174) Sie bildeten die Nachwuchsriege der sozialrevolutionären Führung, rückten nach 1907 ins CK auf und waren die politischen Figuren, die die Geschicke der Partei zwischen Februar und Oktober 1917 maßgeblich bestimmten, namentlich Avksent'ev als Vorsitzender des allrussischen Bauernsowjets, A. Goc als Führer der sozialrevolutionären Fraktion im Allrussischen Arbeiter- und Soldatensowjet, Zenzinov, als einer der organisatorischen Stützen des rechten Flügels und Rudnev als Bürgermeister von Moskau. Daß sie alle 1911—12 der legalpopulistischen „Počin"-Gruppe und 1917 dem rechten Parteiflügel angehörten, dürfte nicht zuletzt aus ihrer gemeinsamen philosophischen Herkunft zu erklären sein. Eben dieser Umstand aber machte aus der privaten Tatsache ihrer Studienfreundschaft ein für die weitere Entwicklung der PSR höchst relevantes Faktum. Vgl. unten S. 290, 335 ff. u. Anhang II.

175) Vgl. Zenzinov, Perežitoe S. 65 ff; Černov, Pered burej S. 194 ff. Zu diesem illustren Kreis gehörten ferner D. O. Gavronskij, „Musterschüler" von H. Cohen in Marburg und später Philosophieprofessor in Bern, dessen Schwester A. O. Gavronskaja, M. O. Cetlin, A. Tumarkina und A. D. Vysockij. Daß die meisten dieser Freunde Millionenerben waren, dürfte für die finanzielle Situation der frühen PSR nicht unerheblich gewesen sein. Vgl. unten S. 272 f.

den scharfsinnigen Begriffsjongleur Avksent'ev spöttisch seinen Chomjakov, so den feierlich-pathetischen Fundaminskij seinen Konstantin Aksakov. Zenzinov, der eine korrekte, von „moskowitisch-sibirischer Altgläubigkeit" geprägte Strenge mit einer guten Dosis „Sentimentalität" verband, Rudnev, die Führernatur „mit der rauhen Hand im Samthandschuh" und A. Goc zeichneten sich, obgleich theoretisch ebenfalls nicht unversiert, eher durch organisatorisch-praktische Fähigkeiten aus[176].

Die auffallenden Talente der Heidelberger und Hallenser Freunde zogen schon früh die Aufmerksamkeit der sozialrevolutionären Exilführung auf sich. Dies umso mehr, als zwischen beiden Gruppen, vermittelt durch A. Goc, den jüngeren Bruder von M. Goc, enge persönliche Kontakte bestanden[177]. Bereits 1903 bat man die „Deutsch-Sozialrevolutionäre" daher, nach Rußland zu gehen und dort die Funktion eines CK zu übernehmen. Die Angesprochenen lehnten ab, kündigten jedoch an, daß sie der Partei nach Abschluß ihres Studiums zur Verfügung stehen würden. Als erster löste Zenzinov dieses Versprechen ein. Er wurde im Januar 1904 nach Moskau beordert, um den Aufbau der dortigen Organisation in Angriff zu nehmen. Rudnev, sein wichtigster Helfer, und die übrigen Mitglieder des Kreises folgten bald nach.

In Moskau fand Zenzinov „zwei, drei Leute vor, die sich als sozialrevolutionäre Gruppe bezeichneten und die von Zeit zu Zeit in beschränkter Auflage (nicht mehr als 500 Exemplare) Aufrufe und Flugblätter, hektographiert oder mimeographiert, an Arbeiter, Studenten und die Gesellschaft verteilten." In ihrem Umkreis waren zwölf bis fünfzehn Propagandisten tätig, von denen jeder zwei bis drei Kreise mit sechs bis zwölf Teilnehmern leitete. Die Agitation fand in zwei Stufen statt. In „kružki" des ersten Typs wurde elementare politische Bildung vermittelt, während in den fortgeschrittenen die theoretischen Differenzen zwischen Sozialdemokraten und Sozialrevolutionären, vor allem die Agrarfrage und der politische Terror, zur Diskussion standen. In erster Linie wandte man sich an Arbeiter, versuchte aber auch, Bauern anzusprechen. Getragen wurde die Arbeit von Studenten, die dementsprechend mehr als Dreiviertel der Aktiven ausmachten. Den Rest stellten Lehrer, Arzthelfer, „zwei, drei Mädchen aus gutbürgerlichen Familien" und „einige Arbeiter"[178].

Schon bald konnten die Moskauer Sozialrevolutionäre dank der neuen „energischen, initiativen und mutigen" Leitung[179] deutliche Fortschritte ihrer Tätigkeit verzeichnen. Man reorganisierte das Komitee und intensivier-

---

176) Zitate Černov, Pered burej S. 194–195.
177) Außerdem war I. I. Fundaminskij ein Bruder von M. I. Fundaminskij, der ebenfalls zum weiteren Umkreis der Gründerväter der PSR zählte und insbesondere mit M. Goc seit den Tagen gemeinsamer revolutionärer Arbeit in der Moskauer „Narodnaja Volja" befreundet war. Vgl. Černov, Pered burej S. 191 f.
178) Otvety V. M. Zenzinova na voprosy O. H. Radkey, NC No 232 No 68 (4), Zitate aus Antwort 2 und 1.
179) Očerki rabot v Central'noj oblasti, Archiv PSR 676.

te die Agitation in den Fabriken, die insbesondere in den Prochorov-Werken, wo mehr als 6000 Arbeiter beschäftigt waren, große Resonanz fand. Man richtete trotz periodischer Interventionen der Ochrana eine geheime Druckerei ein und erreichte es auf diesem Wege, Flugblätter erstmals in mehr als tausend Exemplaren unters Volk zu bringen. Anfang Dezember 1904 fühlten sich Zenzinov und seine Freunde stark genug, eine große Kundgebung anzuberaumen. Dem Moskauer Polizeipräfekten D. F. Trepov, und dem Generalgouverneur, dem Großfürsten Sergej Aleksandrovič, kündigten sie sogar unbarmherzige Vergeltung an, falls sie, wie kurz zuvor in St. Petersburg geschehen, mit Gewalt gegen die Demonstranten vorgehen würden. Obgleich sich die Arbeiterschaft, die man eigentlich hatte auf die Straße bringen wollen, fernhielt, wurde die Veranstaltung ein voller Erfolg. Zahlreiche „intelligenty", unter ihnen vor allem Schüler, Studenten, Ärzte und Lehrer, sorgten für eine so eindrucksvolle Dokumentation sozialrevolutionärer Stärke, daß sich die Polizei, wie befürchtet, zum Einschreiten veranlaßt fühlte, auf die Protestierenden einschlug und viele verhaftete. Erst recht aber wuchs das Prestige der Moskauer PSR, als sie am 2. Januar 1905 einen Anschlag auf Trepov verübte und als einige Wochen später Sergej Aleksandrovič, gegen den die zentrale Kampforganisation seit langem ein Attentat vorbereitet hatte, der Bombe Kaljaevs zum Opfer fiel – wurde doch damit die angekündigte Rache in der Tat vollzogen[180].

Dieser erste große öffentliche Auftritt legte den Grundstein für den enormen Aufschwung, den die Arbeit des Moskauer Komitees nach den Januarunruhen nahm. Studenten boten sich „in Massen" als Agitatoren an; die gebildete Gesellschaft gab Geld und stellte ihre Wohnungen für Beratungen und Versammlungen zur Verfügung; die Zahl der aktiven Arbeiter schnellte auf 400–500 empor. Der Ansturm neuer Mitglieder war so groß, daß man die Organisation untergliedern mußte und das Stadtgebiet in Rajons aufteilte, von denen jeder eine eigene Zentrale mit eigenen Agitatoren und Propagandisten besaß. Nicht der geringste Erfolg bestand schließlich darin, daß man neue, leistungsfähige Druckmaschinen besorgte und erstmals in der Lage war, eine sozialrevolutonäre Lokalzeitung herauszugeben[181].

Nach einer Verhaftungswelle begannen die Moskauer Sozialrevolutionäre im Juni 1905 außerdem mit dem Aufbau bewaffneter „Kampfbrüderschaften". Im August konnte erstmals eine Versammlung im Schutze von fünfzig Angehörigen dieser revolutionären Miliz stattfinden. Ferner intensivierte man die Agitation unter den Soldaten, festigte die Kontakte zu den Organi-

---

180) Vgl. Očerki rabot v Central'noj oblasti, Archiv PSR 676; Rapport 1907 S. 55 f; Otvety Zenzinova, NC No 232 No 68 (4) Frage 4. Trepov wurde allerdings nur leicht verletzt.
181) Očerki rabot v Central'noj oblasti, Archiv PSR 676; Rapport 1907 S. 56 f. – Rabočaja gazeta. Izd. Moskovskogo Komiteta P.S.-R. No 1, 3, 4 (Dez. 1904, Mai 1905, März 1906), Archiv PSR 333. Wie ersichtlich, erschien diese Zeitung allerdings sehr unregelmäßig; auch ihre Qualität ließ viel zu wünschen übrig.

sationen der Intelligenz[182] und sicherte sich insbesondere einen maßgeblichen Einfluß auf die örtliche Sektion des Allrussischen Eisenbahnerbundes, die im September gegründet wurde[183].

Im Herbst erreichten die revolutionären Ereignisse in Moskau einen weiteren Höhepunkt. Nachdem schon im September die Lehrer und Studenten unter führender Beteiligung der PSR gestreikt hatten, traten am 2. Oktober die ebenfalls sozialrevolutionär orientierten Drucker in den Ausstand. Am 9. Oktober schlossen sich die ersten Eisenbahner an. Am 13. Oktober kam der gesamte Schienenverkehr auf den Strecken um Moskau zum Erliegen, und am nächsten Tag sagten laut Darstellung der PSR 60 000 Arbeiter durch eine gewaltige Kundgebung in der Moskauer Universität, auf der Sozialrevolutionäre und Sozialdemokraten sprachen, der Autokratie den Kampf an. Offene Auseinandersetzungen standen unmittelbar bevor. Das Moskauer Komitee der PSR kaufte Waffen und erweiterte die Kampfstärke der von A. A. Jakovlev befehligten Brüderschaften auf ca. 300 Mann[184]. Zur gleichen Zeit wurde das Streikkomitee in den Arbeitersowjet umgewandelt, in dem 21 Sozialrevolutionäre vertreten waren, unter ihnen Zenzinov und Rudnev, die ihre Partei zugleich im Exekutivkomitee des Sowjets repräsentierten[185].

All diese Ereignisse von überregionaler Bedeutung verliehen den Handlungen der lokalen Parteiführung besonderes Gewicht und machten einen intensiveren Kontakt zur Zentrale nötig, als er in der Regel bestand. Über häufige Besuche durch CK-Größen, wie Černov und Azef, hinaus wurde er vor allem durch Personalunion gewährleistet, da drei der Moskauer „komitetčiki", Zenzinov, Fundaminskij und A. Goc, zugleich dem Zentralkomitee angehörten. Die formale Unterordnung der Moskauer Organisation war de facto weitgehend aufgehoben. Die Zusammenarbeit verlief, so beschrieb es zumindest Zenzinov rückblickend, „freundschaftlich, und niemals gab es irgendwelche Konflikte oder Streitigkeiten"[186].

Zur selben Zeit vollzog sich in der Organisation der Moskauer Sozialrevolutionäre ein weiterer entscheidender Wandel. Da der Mitgliederstrom anhielt und man bald 1300 bis 1500 „mehr oder weniger" eng an die Partei gebundene Arbeiter zählte[187], wurde erneut eine Reform nötig. Man teilte das Stadtgebiet in zehn bis fünfzehn autonome Rajongruppen, deren Vertreter nach Bestätigung durch eine Stadtkonferenz das örtliche Komitee

---

182) Stolz vermerkte das OK des Zentraloblast, daß die im April 1905 in Moskau tagende „Allrussische Konferenz der Ärzte" die sozialrevolutionäre Losung „Land und Freiheit" übernommen habe. Vgl.: Očerki rabot v Central'noj oblasti, Archiv PSR 676.
183) Rapport 1907 S. 59.
184) Zum größten Teil wurden die Waffen aus einer Spende Fundaminskijs bezahlt, der die stattliche Mitgift seiner Frau A. Gavronskaja von 10 000–20 000 Rubel zur Verfügung stellte. Vgl. Otvety Zenzinova, NC No 232 No 68 (4) Frage 10.
185) Rapport 1907 S. 61.
186) Otvety Zenzinova, NC No 232 No 68 (4) Frage 3; auch in: ZP No 4121.
187) Rapport 1907 S. 62.

bildeten. Erstmals wurde dieses Gremium, das inzwischen auf etwa 20—25 Mitglieder angewachsen war und um das sich weitere 30—35 Propagandisten sammelten, somit auf demokratische Weise gewählt[188]. In diesem Zustande der vollen Kraftentfaltung, geleitet von einer großen Anzahl fähiger Revolutionäre[189], ausgestattet mit mehr als reichlichen Geldmitteln und getragen von einer breiten Peripherie von Sympathisanten, trat die Moskauer Organisation in die Dezemberereignisse ein. Deren Ablauf ist bekannt[190]; er sei nur kurz rekapituliert: Am 3. Dezember hatte der Zar das gesamte Exekutivkomitee des St. Petersburger Sowjets verhaften lassen. Die revolutionären Parteien riefen daraufhin für den 7. Dezember zum Generalstreik auf. In St. Petersburg geschah wenig. In Moskau dagegen, wo Men'ševiki, Bol'ševiki und Sozialrevolutionäre den Aufstandsbeschluß in seltener Einmütigkeit gefaßt hatten, schritt man auch wirklich zur Tat. Am festgelegten Tag standen Eisenbahnen und Straßenbahnen still, blieben die Apotheken geschlossen und arbeiteten die Druckereien und andere Betriebe nicht. Die Regierung setzte Soldaten ein, die am 8. Dezember eine Streikversammlung umzingelten und einige Teilnehmer verhafteten. Dasselbe wiederholte sich am nächsten Tag in größerem Maßstabe, als Angehörige sozialrevolutionärer und sozialdemokratischer „Kampfbrüderschaften" in der Fidler-Schule eingesperrt und 118 von ihnen verhaftet wurden. Die Konfrontation spitzte sich zu. Am 10. Dezember tauchten die ersten Barrikaden in den Straßen der Stadt auf, der offene Kampf begann. Zähen Widerstand leistete namentlich der Bezirk Presnja, in dem die PSR besonders zahlreiche, ca. 400—500 Mann starke und gut bewaffnete „Kampfbrüderschaften" unter der Führung Sokolovs unterhielt[191]. Dennoch war die Überlegenheit der regulären Truppen bereits nach zwei Tagen offenkundig und die Kraftprobe zugunsten der Staatsmacht entschieden. Ohne Zweifel hatten die Moskauer Revolutionäre ihre Stärke überschätzt. Das galt vor allem für die lokale Führung der PSR, die unter Mißachtung der Warnungen des eigenen CK am lautesten mit den Ketten gerasselt und am ungestümsten zum Aufstand, jenem Fetisch sozialrevolu-

188) Otvety Zenzinova, NC No 232 No 68 (4) Frage 2.
189) Außer den ehemaligen Heidelberger Studienfreunden gehörten dem Moskauer Komitee 1905 unter anderem L. M. Armand, E. M Ratner, Kovarskij, Jakovlev, M. V. Višnjak, N. N. Gimmer (Suchanov) sowie die Maximalisten Mazurin und Sokolov an. Vgl.: Otvety Zenzinova, NC No 232 No 68 (4) Frage 1. Armand tat sich später als Untergrundarbeiterin im Wolgagebiet hervor. E. Ratner wurde 1922 im Prozeß gegen die PSR verurteilt und starb im Gefängnis (vgl. Dvenadcat' smertnikov). Kovarskij war 1917 Vorsitzender der Moskauer Stadt-Duma und Višnjak Sekretär der Konstituierenden Versammlung. Gimmer trat zu den Men'ševiki über und wurde insbesondere durch seine Geschichte der Revolution bekannt (vgl.: N. N. Suchanov, Zapiski o revoljucii. Bd. 1—7. Berlin 1922—1923. Gekürzt in dt. Fass. hrsg. v. N. Ehlert: 1917. Tagebuch der russischen Revolution. München 1967). Zu Višnjaks Tätigkeit in beiden Revolutionen s.: Ders., Dan' prošlomu S. 91 ff. u. 245 ff.
190) Vgl. Harcave, First Blood S. 232 ff; Zenzinov, Perežitoe S. 222 ff. Details auch bei: V. Zenzinov, Svet i teni (Iz revoljucionnych vospominanij). In: Delo Naroda No 241 (24. Dez. 1917), ZP No 4122 f. 6.
191) Spiridovič, Partija S.-R. S. 213.

tionärer Politik, aufgerufen hatte. Eine der zentralen Figuren dieser Ereignisse, Zenzinov selbst, rechtfertigte dieses Verhalten noch Jahrzehnte später als „unvermeidlich"[192].

Die den Dezembertagen folgenden polizeilichen Vergeltungsmaßnahmen fügten der Moskauer Organisation der PSR, die durch den anhaltenden Bruderzwist mit der maximalistischen Opposition ohnehin geschwächt war, großen Schaden zu. Erst im Sommer 1906 gelang es unter der Leitung eines Bevollmächtigten des CK — zunächst Lebedevs, dann Sletovs —, die Agitation in wirkungsvoller Weise zu erneuern und den Personalbestand auf 1500—3000 Mitglieder anzuheben[193]. Dennoch erreichte die Tätigkeit nicht mehr das Niveau und das Ausmaß der Herbstmonate. Das Moskauer Komitee mußte seine führende Stellung unter den sozialrevolutionären Lokalorganisationen an St. Petersburg abgeben. Bereits Anfang 1907 setzte ein rascher Zerfall ein. Der Propagandistenstab schrumpfte auf zehn bis zwölf Angehörige, die Zahl der organisierten Arbeiter auf 1000[194]. Vollends bedeutete es einen vernichtenden Schlag, von dem sich die Moskauer PSR vor dem Ersten Weltkrieg nicht mehr erholte, daß es der Ochrana im Sommer 1907 gelang, sämtliche Teilnehmer einer Oblastkonferenz des Zentraloblasts zu verhaften. Die Führung des Komitees ging an zweitrangige Kräfte über; Polizeispitzeln standen Tür und Tor offen. Bereits im Herbst mußte das CK eingreifen; es löste das amtierende Leitungsgremium wegen Arbeitsunfähigkeit und Provokationsverdacht auf und setzte zum Wiederaufbau eine Organisationskommission ein, der unter anderem Armand und Vedenjapin angehörten[195]. Auch deren Arbeit aber wurde immer wieder von Verhaftungen unterbrochen, illegale Aktivitäten erwiesen sich als nahezu unmöglich. Im Herbst 1909 gelang es der Ochrana schließlich, das gesamte Moskauer Komitee auszuheben und auch die restlichen Mitglieder seines harten Kerns, namentlich Potapov und den ehemaligen „narodovolec" A. V. Pribylev, in Gewahrsam zu nehmen. Die bedeutendste Lokalorganisation der PSR fand damit ein unrühmliches Ende, erwies sich dieser Gnadenstoß doch als das Werk der Polizeiagentin Z. F. Žučenko, die seit Ende 1907 eine Schlüsselstellung im Sekretariat des Oblastkomitees des Zentraloblasts innehatte und erst nach dem Desaster, im August 1909, entlarvt werden konnte[196].

1.15. St. Petersburg

Erstaunlicher- und bedauerlicherweise sind die Aktivitäten der PSR in St. Petersburg außerordentlich dürftig dokumentiert. Auch eine offizielle

---

192) Otvety Zenzinova, NC No 232 No 68 (4) Frage 13.
193) Rapport 1907 S. 63. Der detaillierte Bericht des OK, Očerki rabot v Central'noj oblasti, Archiv PSR 676, bricht leider mit den Dezemberereignissen ab.
194) Ms. aus Moskau, datiert Sommer 1907, Archiv PSR 333.
195) Protokoly zasedanij CK P.S.-R., Sitzung vom 21. August 1907, Archiv PSR 203; Ms. aus Moskau, Archiv PSR 333; Pribylev, Zinaida Žučenko S. 39 ff.
196) Pribylev, Žučenko S. 46.

Zusammenstellung lokaler Tätigkeitsberichte konnte als Ersatz lediglich auf die Ausführungen des CK verweisen[197]. Daran dürfte soviel richtig sein, daß die Leitung der Geschehnisse in der Hauptstadt des Zarenreiches seit Herbst 1905 weitgehend in den Händen der Parteizentrale lag, wie die Namen der wenigen bekannten Mitglieder des St. Petersburger Komitees belegen[198]. Andererseits aber verfügte die Metropole über eine eigene Organisation, die ihre spezifischen Probleme zu lösen hatte. Diese spiegeln sich zum Teil in den Beiträgen der seit September 1906 erscheinenden, als lokales Parteiorgan konzipierten Zeitung „Trud" (Die Arbeit).

1902 von Azef gegründet, konnte die sozialrevolutionäre Gruppe der Hauptstadt erst seit 1904 spürbare Erfolge in der Arbeiterschaft verbuchen. Es entstand ein „Arbeiterbund", der bald stark genug war, der Intelligenz einen Teil der Führungsaufgaben abzunehmen und nicht selten sogar in Konkurrenz zu ihr zu treten[199]. Mit Beginn der revolutionären Unruhen wuchs die Mitgliederzahl so rasch, daß man auch in St.Petersburg ein differenziertes Organisationsschema bis hinunter zu den Fabrikzellen mit Leben füllen konnte. Die Zahl der Aktiven reichte aus, auf allen Ebenen jeweils Exekutivkomitees zu bilden und eine demokratische Willensbildung von unten zu verwirklichen. Als Indiz für die Selbständigkeit und Eigenaktivität der niederen Parteigruppen darf gelten, daß man sich gezwungen sah, zwischen den Fabrikzellen und den Rajons auch sogenannte „Unterrajons" einzuschalten[200]. Zumal im Herbst 1906 überwogen auf den Konferenzen des Zentralrats des Arbeiterbundes die positiven Berichte. Einer „starken und mächtigen Organisation" mit mehr als 1000 Angehörigen rühmte sich etwa der Nevskij-Rajon; solide Verhältnisse meldete der Petersburger Rajon; im Moskauer Rajon meinte man feststellen zu können, daß „die Sozialrevolutionäre in fast allen Fabriken" überwögen; nur aus dem Vyborger Bezirk kamen weniger optimistische Nachrichten[201]. Was den Einfluß auf die Gewerkschaften anbetraf, so setzte auch die St. Petersburger PSR ihre größten Hoffnungen auf die Eisenbahner[202]. Außerhalb der Arbeiterschaft fand man große Resonanz bei den Studenten, von denen etwa 800 in 21 Organisationen erfaßt waren[203]. Noch im März 1907 konnten die hauptstädtischen Sozialrevolutionäre – ganz im Gegensatz zu ihren Moskauer Genossen – eine eindrucksvolle Stadtkonferenz abhalten, an der 97 Delegierte und Gäste des Komitees, des Eisenbahnerbundes, der Bauern- und Militäragitatoren, der Studenten, der Gewerkschaften und vieler anderer

---

197) Vgl. Rapport 1907 S. 104.
198) 1906 gehörten ihm unter anderem Leonovič und Sletov an.
199) Sovet St. Peterburgskogo Raboček Sojuza P.S.-R. In: Trud. No 1–2 (Sept. 1906), Archiv PSR 472, S. 15–18.
200) Vgl. Trud No 3 (Oktober 1906) S. 12–13.
201) Zasedanie Soveta Raboček Sojuza. In: Trud No 4 (Oktober 1906) S. 10–13; Auch: No 5 (November 1906) S. 8–9 u. No 8 (Januar 1907) S. 13–14.
202) Vgl. Trud No 9 (Februar 1907) S. 8–10.
203) Trud No 9 (Februar 1907) S. 14–15.

Teil- bzw. Nachbarorganisationen der PSR sowie allein 45 gewählte Rajonvertreter teilnahmen. Wenngleich man einen wachsenden Fehlbedarf an Propagandisten beklagte, fielen auch die Berichte der Stadtbezirke im großen und ganzen positiv aus[204]. Sogar Monate später bezifferte man die gesamte Mitgliederzahl der St. Petersburger Organisation der PSR noch auf über 6000[205].

Dem entsprach das außerordentlich gute Abschneiden der hauptstädtischen Sozialrevolutionäre bei den Wahlen der Arbeiterkurie im Wahlgang zur zweiten Duma. Die Sozialdemokraten siegten zwar mit deutlichem Abstand und dokumentierten damit ihre gefestigte Position im St. Petersburger Proletariat. Doch wurde das Gesamtergebnis von beiden sozialdemokratischen Fraktionen mit gutem Grund als schlimme Blamage empfunden, da die PSR einen unerwartet hohen Stimmenanteil auf sich vereinen konnte und in den größten Fabriken, deren Arbeiterschaft als die fortschrittlichste und als Avantgarde der marxistischen Revolution galt, paradoxerweise sogar eine Stimmenmehrheit errang[206]. Freilich wäre die Annahme verfehlt, daß sich dieses vorteilhafte Wahlergebnis ohne weiteres in organisatorischer Stärke ausgezahlt hätte. Auch die PSR von St. Petersburg litt darunter, „sehr viele" Mitläufer, aber „sehr wenige Aktive"[207] zu haben. Andererseits konnte sie sich ohne Zweifel auf eine solide Massenbasis stützen, die es ihr im Gegensatz zu fast allen anderen sozialrevolutionären Organisationen auch nach 1907 unter schwierigsten Bedingungen noch ermöglichte, nennenswerte Aktivitäten zu entfalten.

2. Organisatorische Probleme und interne Konflikte

Mängel und Versäumnisse, die in der agitatorischen Tätigkeit der sozialrevolutionären Lokalkomitees so zahlreich zutage traten, verwiesen auf tieferliegende organisatorische Schwierigkeiten. Daß diese in der Tat erdrückend waren, zeigen die Quellen trotz ihres fragmentarischen Charakters in aller Deutlichkeit.

Innerparteiliche Demokratie

In Anlehnung an die Beschlüsse des ersten Parteitages sprachen sich alle Lokalorganisationen der PSR für die Einführung demokratischer Grundsätze aus. Am konsequentesten scheint man dabei im *Nordkaukasus* verfahren zu sein, wo eine Oblastkonferenz sogar „kategorisch aus Prinzip gegen die

---

204) Obščegorodskaja konferencija Peterburgskoj organizacii P.S.-R. In: Trud No 12 (April 1907) S. 13—14; auch No 17 (Oktober 1907) S. 12—14.
205) Brief aus St. Petersburg an A. A. Argunov, 13. 9. /1907/, Archiv PSR 758/9.
206) A. Michajlov, Vybory vo vtoruju Dumu v Peterburgskoj rabočej kurii. In: Otzvuki. August 1907. SPb. 41—53. Dazu genauer unten S. 299 ff.
207) Trud No 11 (März 1907) S. 14.

Möglichkeit der Kooptation" votierte und nur in Ausnahmefällen eine begrenzte Anwendung dieses Verfahrens erlaubte[208]. Ähnlich strikt gingen die Sozialrevolutionäre im benachbarten *Taganrog* (Don-Oblast) vor, wo der ungewöhnliche Fall bezeugt ist, daß ein Komitee wegen Verschwendung von Parteigeldern, d. h. wegen Vernachlässigung seiner Amtspflichten, abgewählt wurde[209]. Auch im *Nordwestoblast* wurden die Leitungsgremien der Parteiorganisationen in der Regel und zumeist auf massiven Druck von Seiten der Parteibasis durch demokratische Abstimmung bestellt[210]. Eine nachgerade vorbildliche Kontrolle von unten scheinen schließlich, zumindest seit 1906, die Sozialrevolutionäre von St. Petersburg institutionalisiert zu haben[211].

In den übrigen Regionen Rußlands dagegen sorgte insbesondere die Wachsamkeit der Ochrana dafür, daß die eher geduldete als gewünschte Kooptation zur üblichen Praxis wurde. So mußte die Hälfte aller sozialrevolutionären Gruppen im Gouvernement Nižnij-Novgorod auf Wahlen völlig verzichten und sah sich eine Gouvernementskonferenz sogar zur vorbeugenden Einsetzung eines Gremiums veranlaßt, das die Funktion einer vollberechtigten Gouvernementsversammlung ausüben sollte, falls auch diese nicht mehr auf reguläre Weise einberufen werden könne[212]. Im *Ural* wurde zwar das Komitee von Perm' je zur Hälfte gewählt und kooptiert. Jedoch dürfte ein solches Verfahren nicht die Regel gewesen sein, da die Organisationen der PSR in dieser Region stark maximalistisch unterwandert waren und zu einer dezidierten Betonung konspirativer, d. h. autoritär-zentralistischer Verfahren neigten. Die Sozialrevolutionäre von Ufa etwa machten sogar den Vorschlag, den gesamten regionalen Parteiaufbau „auf terroristische Grundsätze" umzustellen und „allen Bereichen der friedlichen Vorbereitung" des Aufstandes „lediglich in dem Maße einen Stellenwert" zuzubilligen, „wie sie die Kräfte der Parteiarbeiter nicht von der Hauptaufgabe des Kampfes" abhielten[213]. In *Sibirien* konnte kaum ein Komitee gewählt werden; fast alle kamen wie das von Čita durch Ernennung zustande[214]. Im *Wolgagebiet* fand das Wahlprinzip zwar in Simbirsk und

[208] Severo-Kavkazskij Oblastnoj Komitet. Iz materialov k vtoromu s-ezdu, Archiv PSR 759; Rezoljucii 4-go Oblastn. s-ezda Sev.-Kavkazskogo Sojuza P.S.-R. In: PI No 9 (5. Mai 1907) S. 14—15.
[209] Protokolle einer Oblastkonferenz vom August 1906, Archiv PSR 623; Oblastnoj s-ezd Azovsko-Donskoj oblasti, 28.—29. April 1907, Archiv PSR 623.
[210] Vgl. Berichte aus Minsk, Smolensk, Dvinsk und Kovno; die Antworten aus Minsk u. Kovno auf die Umfrage des OB, Archiv PSR 426 u. 623; Bericht über die zweite Gouvernementskonferenz von Smolensk, Archiv PSR 623 u. Dvinskaja organizacija, Oktober 1906, Archiv PSR 426.
[211] Vgl. u. a.: Trud No 1—2 (Sept. 1906) S. 15—18, Archiv PSR 472.
[212] Protokol Nižegorodskogo gubernskogo s-ezda P.S.-R. In: PI No 4 (5. Januar 1907) S. 14 f.
[213] Vgl. Vremennyj ustav Ufimskoj Organizacii P.S.-R. Sommer 1906, Archiv PSR 479; auch: PI No 1 (22. Oktober 1906) S. 10—11.
[214] Vyderžki iz doklada Oblastnogo Komiteta na Sibirskij Oblastnoj s-ezd P.S.-R. v aprele 1907 g., Archiv PSR 201; Čita. Otčet Sibirskomu oblastnomu s-ezdu, April 1907, Archiv PSR 171.

Penza, wenngleich durch Kooptation modifiziert, „unbedingt" Anwendung[215]. Die Mehrzahl der weniger bedeutenden Komitees aber, namentlich die von Astrachan', Caricyn und Kazan', verzichteten auf demokratische Verfahrensweisen, nicht weil man diese mißachtete, sondern, wie die Sozialrevolutionäre von Caricyn begründeten, „aus Mangel an Arbeitern im Zentrum"[216]. Ähnliche Hemmnisse, mochten es von außen oktroyierte oder intern verursachte sein, veranlaßten eine Oblastkonferenz Südrußlands zu der wohl radikalsten, aber auch ehrlichsten Konsequenz, wenn sie bereits im November 1906 feststellte, daß „das Prinzip der direkten und vollen Wählbarkeit der leitenden Parteiorgane ... unter den gegebenen polizeistaatlichen Bedingungen undurchführbar sei"[217]. Innerparteiliche Demokratie, wie sie der erste Parteitag in bescheidenen Ansätzen und vorbehaltlich weiterer Siege der Revolution anvisiert hatte, so hieß das in anderen Worten, habe sich auf absehbare Zeit als gefährliche Chimäre erwiesen. Stellvertretend für die große Mehrheit der Lokalorganisationen trug man im Südoblast ein weiteres demokratisches Experiment der PSR zu Grabe. Dieses aber war nicht an mangelndem Einsatz, sondern an objektiv unüberwindlichen Hindernissen gescheitert.

Funktionsfähigkeit der Oblastverbände

Als erster, allgemeiner Indikator für die Funktionstüchtigkeit der „oblasti" kann die Zahl der Gesamtkonferenzen gelten. Vor allem diese sollten den überregionalen Zusammenhang zwischen den lokalen Organisationen konstituieren und als Medium für die innerparteiliche Willensbildung auf der mittleren Ebene dienen. Soweit sich feststellen läßt, konnten solch aufwendigen, demokratisch legitimierten Veranstaltungen in allen „oblasti" anberaumt werden. Freilich fanden sie zumeist, wie in Sibirien, im Ural, im Nordoblast, im Nordkaukasus, im Kaukasus, im Dongebiet und auch im zentralen Industriegebiet, nur selten, in der Regel zwei- bis dreimal, statt. In der Ukraine vermochte man sogar nur eine einzige Zusammenkunft abzuhalten, und auch die erst anderthalb Jahre nach der offiziellen Gründung des Oblastverbandes. Ausnahmen bildeten Weißrußland und das Wolgagebiet, wo jeweils sechs und mehr Konferenzen durchgeführt wurden[218].
Im großen und ganzen entsprach die Tatkraft der *Oblastkomitees* dem Gesamtzustand der jeweiligen Regionalorganisationen. Kaum arbeitsfähig

---

215) Simbirskij Komitet, Antwort auf die Umfrage des OB, Archiv PSR 623; dass. aus Penza, Archiv PSR 471, Zitat dort.
216) Povolžskaja oblastnaja organizacija, Archiv PSR 468; Antwort aus Kazan' auf die Umfrage des OB, Archiv PSR 463, sowie aus Caricyn, Archiv PSR 623, Zitat dort.
217) Rezoljucii 3-go Južno-Russkogo oblastnogo s-ezda P.S.-R. In: PI No 2 (25. Nov. 1906) S. 9.
218) Vgl. Rapport 1907 S. 53 ff pass. und die zitierten zusammenfassenden Berichte über die einzelnen oblasti in Archiv PSR 676, 553/I, 426, 483, 482, 623, 424, 468, 759, 628, 201.

scheint die Parteizentrale im *Norden* Rußlands gewesen zu sein. Sie hatte alle Hände voll zu tun, ihre bloße Existenz zu sichern. Ein Schlaglicht auf diesen gewiß nicht untypischen Zustand wirft die Tatsache, daß von fünf Mitgliedern des im März 1906 gewählten ersten OK trotz Kooptation von fünf weiteren Mitgliedern im August desselben Jahres nur noch zwei übrig geblieben waren[219]. In Nordrußland, so darf man daraus schließen, war die Ochrana schon, als die Revolution ihren Höhepunkt noch kaum überschritten hatte, auf dem besten Wege, die Tätigkeit der PSR zu paralysieren. Auch im zentralen Industriegebiet besaß die sozialrevolutionäre Regionalorganisation wenig Leben. Nicht von ungefähr klagte das OK über eine „schreckliche Abgerissenheit" von den lokalen Gruppen. Um diesen Riß zu kitten und zugleich die Erfahrung der „oblastniki" der örtlichen Agitation stärker als bis dahin zugute kommen zu lassen, schlug es daher im Juli 1907 sogar vor, daß die Zentrale in Zukunft nicht mehr an einem Ort residieren, sondern an der Basis selbst arbeiten und sich nur in größeren Zeitabständen versammeln sollte[220]. Im *Ural* klagte selbst das größte Parteikomitee, das von Perm', über „unstete" Beziehungen zum OK und über schlechte Versorgung mit Literatur[221]. Nicht besser stand es in *Sibirien*, fehlten hier doch die Grundvoraussetzungen für den Aufbau einer überregionalen Organisation nahezu vollständig. Das Land war noch dünner besiedelt als das europäische Rußland, seine Ausdehnung noch unermeßlicher, das „dunkle Volk" noch unaufgeklärter, die Kommunikation zwischen städtischen Zentren und ihrer Umgebung noch sporadischer. Beispielhaft klagte das Komitee von Čita, daß die Arbeit im Gouvernement kaum „planmäßig" verlaufe, weil die personelle Kapazität es einfach nicht erlaube, „den ganzen ... riesigen Transbajkaloblast zu erfassen"[222]. Die Provinzgruppen, die man trotzdem ins Leben rufen konnte, erwiesen sich überdies als „Totgeburten". Sie waren zu autonomer Existenz nicht fähig, und die städtischen Komitees mußten alle wichtigen Aufgaben selbst übernehmen[223]. Mögen solche Defekte angesichts der besonders erschwerenden Verhältnisse in Sibirien verständlich erscheinen, so zeigte sich doch auch das Oblastkomitee der *Ukraine*, einer Region völlig anderen geographischen und sozioökonomischen Zuschnitts, seinen Aufgaben keineswegs besser gewachsen. Im Gegenteil, gerade dieser strategisch wichtige Oblast war, wie sein Abgesandter auf der Londoner Parteikonferenz 1908 konzedieren

---

219) Otčet Severnogo Oblastnogo Komiteta, in: Otčet po Severnoj Oblasti P.S.-R., März 1906-1. Januar 1907, Archiv PSR 208.
220) Zirkular des OB pri CK P.S.-R. No 5, 24. Juli 1907: Plan postanovki raboty v Central'noj Oblasti, Archiv PSR 197; auch: Očerki rabot v Central'noj Oblasti, Archiv PSR 676.
221) Otčet Permskogo Komiteta P.S.-R., Frühj. 1906 — Frühj. 1907, Archiv PSR 478.
222) Čita. Otčet Sibirskomu oblastnomu s-ezdu, April 1907, Archiv PSR 171.
223) Sibirskaja oblast'. Iz materialov 3-go Sibirskogo oblastnogo s-ezda. In: ZT No 2 (12. Juli 1907) S. 19—21 (Zitat dort); Vyderžki iz doklada O. K. na Sibirskij Obl. s-ezd, April 1907, Archiv PSR 201.

mußte, „in organisatorischer Hinsicht nie auf der Höhe"[224]. 1906 bestand das Oblastkomitee beispielsweise aus ganzen zwei Personen, die mit der Aufgabe, acht Gouvernements zu bedienen, hoffnungslos überfordert waren. Selbst ein so erfahrener Revolutionär wie Minor, der kurzfristig als Bevollmächtigter des CK in der Ukraine wirkte, konnte die Misere nicht beheben. Zwar gelang es ihm, seinen Auftrag zu erfüllen und die Herausgabe einer Oblastzeitung in die Wege zu leiten. Doch kaum war er abgereist, brach das ganze, mühsam vorbereitete Unternehmen, wie viele andere vor ihm, auch schon zusammen[225]. Angesichts solcher Zustände kann es nicht wundernehmen, daß sich zahlreiche Komitees über mangelnde Kontakte zum OK beschwerten und die Sozialrevolutionäre von Ekaterinoslav sogar den Vorwurf erhoben, dieses erfülle seine Pflichten „in keiner Weise"[226]. Die Ursachen für solch chronische Desorganisation auszumachen, fällt schwer. Jedenfalls kann der Mangel an qualifizierten Revolutionären, auf den der Delegierte auf der Londoner Gesamtkonferenz entschuldigend hinwies, kaum als zureichende Begründung gelten.

Zufriedenstellende Arbeit leisteten, soweit ersichtlich, nur wenige Oblastkomitees. Lobend hob ein Emissär des CK die straffe und effektive Führung des *Südoblasts* hervor und hielt sie den säumigen Genossen der Ukraine als Vorbild vor Augen[227]. Auch im *Kaukasus* vermochte die regionale Parteizentrale, obgleich sich das erste OK als unfähig erwies und das zweite durch Arreste dezimiert wurde, allem Anschein nach eine kontinuierliche Tätigkeit zu entfalten[228]. Durch besondere Umsicht und Tatkraft zeichnete sich ferner das OK des *Nordwestoblast* aus. Das äußerte sich nicht zuletzt darin, daß die lokalen Gruppen fast ausnahmslos gute Verbindungen zu ihrem Führungsgremium meldeten[229].

Aber gerade im Falle Weißrußlands lehrt eine ungewöhnlich gute Dokumentation der internen Vorgänge, daß auch ein äußerst energisches Oblastkomitee angeborene Schwächen der Parteiorganisation nicht beseitigen konnte. Insbesondere fand es keinen Weg, die Unselbständigkeit der Sozialrevolutionäre an der Basis zu überwinden. Dem Ideal einer demokratischen Willensbildung entsprechend sollten diese die jeweils übergeordneten Gremien sowohl finanziell als auch personell durch Anregungen und Initiativen tragen. In Wirklichkeit aber war das Gegenteil der Fall: Das OK stellte

---

224) Protokoly 1908 S. 51.
225) Protokoly 1908 S. 51 f; E. Lazarev über O. S. Minor. In: Socialist-Revoljucioner No 6 (April 1932) S. 16–18.
226) Rezoljucija Ekaterinoslavskogo Rabočego Soveta P.S.-R., 22. Juli /1907?/, Archiv PSR 553/I. S. auch: Antwort des Voronežskij komitet auf die Umfrage des OB, Archiv PSR 487.
227) Položenie del v jugo-zapadnoj časti Ukrainy, Archiv PSR 482.
228) Zakavkazskaja oblast'. Iz doklada upolnomočennogo C. K. . . . , PI No 9 S. 11–13.
229) Vgl. u. a. die Antworten auf die Umfrage des OK aus Smolensk, Archiv PSR 426, Minsk, Archiv PSR 426, Kovno, Archiv PSR 623 und Novozybkov, Archiv PSR 426.

den lokalen Gruppen die nötigen Geldmittel zur Verfügung, leistete organisatorische Hilfe, sorgte für die Verteilung der Literatur und lieh Berufsrevolutionäre aus. Die Notrufe von unten waren so zahlreich, daß sie die Kräfte der regionalen Parteiführung überforderten und diese sich zu einem Protest veranlaßt sah. Wenngleich es die Aufgabe des OK sei, die Aktivitäten der Lokalorganisationen zu unterstützen, hieß es in einem Rundschreiben vom November 1906, gelte das doch nur in Ausnahmefällen und soweit es sich um Vorhaben handele, die für den gesamten Oblast von Bedeutung seien. Die Regel dagegen müsse bleiben, daß die Parteibasis das Parteizentrum unterhalte[230].

Mit Bedauern konstatierte das OK Weißrußlands überdies, daß die Hilfsgesuche allzu oft schädliche, lokalegoistische Motive offenbarten. Insbesondere bei der Jagd nach den knappen personellen Ressourcen gehe „die Sache bis zu rein kommerziellem Handel"[231]. „Unsere Partei", mahnte es daher Anfang 1907 eindringlich, „hat die Periode chaotischer Beziehungen, als einzelne, gerade in die Organisation eingetretene Gruppen isoliert voneinander existierten, hinter sich. In dieser Periode war lokaler Patriotismus natürlich. Jetzt aber, wo jeder einzelne Kern Teil eines großen Ganzen ist, wird eine gesamtparteiliche Gesinnung unabdingbar"[232].

Nicht genug damit, bereiteten die örtlichen Sozialrevolutionäre dem OK auch durch eine Vielzahl kleinerer Sünden erhebliche Sorgen. Zu leichtfertig ging man mit konspirativen Parolen und Adressen um und setzte dadurch die Existenz vieler Gruppen aufs Spiel. Zu häufig tauchten unqualifizierte Genossen in die Illegalität unter, wo sie nichts leisteten, aber der Parteikasse zur Last fielen, die sie als „Professionelle" nicht zuletzt aus humanitären Erwägungen unterstützen mußte. Nur zu oft auch versuchten die Lokalkomitees, „sich von lästigem Ballast" zu befreien, indem sie unbrauchbare Mitarbeiter vorgeblich um effektiver Kräfteverteilung willen, ans OK abschoben[233].

Auf der anderen Seite hatte auch die Parteibasis des Nordwestoblasts Klagen anzumelden. Insbesondere warf sie ihrer Führung vor, untaugliche Genossen zu schicken und es an Energie im Kampfe gegen innerparteiliche Dissidenten fehlen zu lassen. Allerdings waren dem OK, was den letzten Punkt anbetraf, weitgehend die Hände gebunden, da das Parteistatut allein dem CK das Recht vorbehielt, Komitees aufzulösen. Die regionale Zentrale befinde sich daher, wie ein „oblastnik" auf einer Oblastkonferenz im November 1907 überzeugend argumentierte, in einer „mißlichen Situation":

230) Pis'mo OK-ta Sev.-Zap. Oblasti k mestnym komitetam, 15. November 1906, Archiv PSR 483, auch in: PI No 5 (15. Februar 1907) S. 7–9.
231) Iz pisem Sev.-Zap. O.K. k mestnym komitetam. PI No 5 S. 7.
232) Pis'mo O.K.-ta Sev.-Zap. Oblasti k mestnym komitetam, 6. Januar 1907, Archiv PSR 483.
233) Pis'mo Sev.-Zap. O.K.-ta k mestnym komitetam. o. J., Archiv PSR 483; Sev.-Zap. Oblastnoj Komitet P.S.-R. In: Oblastnye Izvestija. No 3 (Juni 1907) S. 2–3, Archiv PSR 442.

„Auf der einen Seite" sei sie „die ‚Obrigkeit', auf der anderen — ein Nichts". Deshalb habe beispielsweise eine stark maximalistisch infiltrierte Rajonorganisation von Brjansk das OK systematisch fernhalten können und seine Mitglieder nicht einmal zu Rajonversammlungen zugelassen. Dieser Zustand sei „anormal" und müsse durch eine neue Auslegung des Parteistatuts geändert werden[234].

Bei wem auch immer die Schuld liegen mochte, einig waren sich die lokalen Gruppen und das OK Weißrußlands über die gravierenden Mißstände in ihrem Oblastverband, die man im Februar 1907 wie folgt zusammenfaßte:

„1. Unbeständigkeit der rein städtischen sozialrevolutionären Organisationen, hervorgerufen durch Kräftemangel, das Fehlen eines Elementes, das die peripheren Organisationen mit dem Zentrum verbindet, und durch allgemeine Bedingungen der Nordwestregion" wie vor allem den Umstand, daß das jüdische Proletariat „vollständig unter dem Banner der sozialdemokratischen Partei" steht;

„2. äußerst schwache Bauernagitation im östlichen Teil des Oblasts und ihr völliges Fehlen im westlichen";

3. Tatenlosigkeit der Terrorbrigaden;

„4. Die Existenz von Organisationen, die völlig unfähig sind, die Arbeit mit eigenen Kräften zu führen und Unterstützung von außen brauchen;

5. äußerste Knappheit an materiellen Mitteln bei völligem Mangel an Beschaffungsquellen;

6. schlechte organisatorische Verbindungen zwischen den einzelnen Parteigruppen, wodurch ein rein lokales Bewußtsein entsteht, welches sich schädlich auf die allgemeine Parteiarbeit auswirkt;

7. eine falsche Vorstellung vieler Organisationen über die Rechte und Pflichten, die den einzelnen Organisationen in ihrem Verhältnis zum Ganzen obliegen"[235].

Konflikte

Neben äußeren Umständen wie vor allem der Repression seitens der Autokratie und widrigen geographischen Bedingungen schränkten auch interne Auseinandersetzungen vielerorts die Arbeitsfähigkeit der lokalen Organisationen der PSR ein. Zum einen wurzelten sie in der Expansion der maximalistischen Häresie, die, wie erwähnt, im Laufe des Jahres 1906 beinahe alle größeren sozialrevolutionären Komitees erreichte und insbesondere in Weißrußland und der Ukraine viel Unruhe stiftete[236]. Zum

---

234) Protokoly zasedanij oblastnogo soveščanija Sev.-Zapadn. Oblasti. 11.–13. Nov. 1907, Archiv PSR 426.
235) Ėkstrennyj s-ezd predstavitelej organizazij Sev.-Zap. Oblasti P.S.-R., Februar 1907, Archiv PSR 442; abgedruckt in: Iz otčeta Sev.-Zap. Oblastnogo Komiteta. In: PI No 7 (30. März 1907) S. 11–12, Zitat S. 11.
236) S. oben S. 138.

anderen aber wurde auch eine weniger radikale, eher demokratisch zu nennende Opposition laut, die trotz gemeinsamer Front mit der extremen Linken durchaus auf dem Boden des Parteiprogramms und der offiziellen Taktik stand. In der Regel von den „arbeitenden Massen" sowie der Intelligenz getragen[237], richtete sie ihre Kritik vor allem gegen die verbreiteten autoritären Methoden etablierter lokaler Führungsgremien, insistierte auf Wahlen und bemühte sich, die Kontrolle von unten wirksamer zu gestalten. So kam es in *Tula* zu heftigen Protesten des „Parteivolkes" gegen die eingesessenen „komitetčiki", da diese sich offensichtlich aus Furcht um ihre Pfründe gegen Wahlen sperrten. Der Streit endete mit dem Sieg der „Aufrührer" und der Einführung der Wählbarkeit aller Parteigremien vom Rajonbis zum Stadtkomitee[238]. In *Dvinsk* setzten die Arbeiter kurzfristig eine Art Kurienwahlsystem durch, d. h. sie wählten den Delegierten des „Arbeiterbundes" „unabhängig von der /Stadt-, M. H./ Konferenz und dem Rajonkomitee", da „anders die Masse ... übergangen" werde „und ihr Verhältnis zur Arbeit erkalten" könne[239]. In *Kursk* klagte der „Arbeiterbund" über mangelnde Partizipation und brachte die alte Parteileitung im Verein mit den Bauernagitatoren, die sich „im Eifer jugendlicher Begeisterung" zu einem Komplott bereitfanden, zu Fall[240]. Lautstark beschwerten sich schließlich auch die sozialrevolutionären Arbeiter von *St. Petersburg* über die „Abgerissenheit der werktätigen Massen" von den „Parteioberen"[241] und setzten durch, daß ihr „Bund", der anfangs nur beratende Funktion besaß, 1906 volles Stimmrecht im Stadtkomitee erhielt. Damit machten sie sich zum dominierenden Element in der sozialrevolutionären Organisation der Hauptstadt[242].

Diese Beispiele belegen, daß sich die Arbeiterschaft in der PSR eine Partizipation an den Führungsgeschäften der Lokalkomitees mühsam erkämpfen mußte. Damit werfen sie zugleich Licht auf die sozialen Risse, die das Strukturgefüge der Partei nach wie vor durchzogen. Ebensowenig wie die Kluft zwischen Zentrum und Peripherie konnte der Gegensatz zwischen Intelligenz und Masse, der organisatorisch im Nebeneinander von örtlichem Komitee und dem Exekutivgremium des „Arbeiterbundes" zum Ausdruck kam[243], während der Revolutionsjahre abgebaut werden. Daran trug aber *nicht* länger die viel beklagte Passivität der Agitierten Schuld, wie das für die Anfangsphase der russischen revolutionären Bewegung gegolten

---

237) Otvety Kalužskoj gruppy P.S.-R. na predložennye voprosy po punktam, Archiv PSR 327.
238) Tul'skij Komitet PSR, Doklad na oblastnoj s-ezd, 14. Sept. 1907, Archiv PSR 326.
239) Protokoly 7-go očerednogo s-ezda Severo-Zapadnoj oblasti P.S.-R., 1. Juli 1907, Archiv PSR 426.
240) Doklad predstavitelja Gubernskogo Komiteta. In: Izvestija Kurskogo Komiteta No 1 (1. Februar 1907) S. 7–8, Archiv PSR 324.
241) Trud No 1–2 (September 1906) S. 15, Archiv PSR 472.
242) Trud No 12 (April 1907) S. 13–14; No 17 (Oktober 1907) S. 12–14.
243) Vgl. Wildman, Making of a Workers' Revolution S. 92.

haben mochte und in Bezug auf die Bauernschaft wohl immer noch zutraf. Vielmehr wurden die städtischen Arbeiter in der PSR durch eine ausgeprägte Neigung zur Hierarchiebildung, manifeste oligarchische Tendenzen und wohl auch durch eine Art revolutionärer Amtsschimmelei von angemessener Beteiligung am Parteileben ausgeschlossen. Nicht von ungefähr forderte man auf einer Gouvernementskonferenz in Char'kov 1908, um die akute Krise der Partei zu beheben, „eine reine Arbeiterorganisation, die sich nicht auf die ‚intelligenty' stützt"[244].

3. Mitgliederstärke und soziale Geographie der PSR

Angaben über die Mitgliederstärke der PSR vor 1905 fehlen. Die lokalen Tätigkeitsberichte bezeugen jedoch ausnahmslos, daß die neue Partei nur eine sehr begrenzte Zahl aktiver Anhänger gewinnen konnte. In welchem Maße die Revolution diesen Zustand änderte, versuchte zum ersten und einzigen Mal der zweite Parteirat im Oktober 1906 in Erfahrung zu bringen. Der Erfolg war bescheiden, da aus Sibirien, Nordrußland und der Ukraine keine Informationen eintrafen und sich auch die übrigen Lokalkomitees zum Teil mit recht groben Schätzungen begnügten. Dennoch wird man auf diese Daten zurückgreifen müssen.

In den zehn berücksichtigten Oblast- und Stadtorganisationen der PSR belief sich die Zahl der Parteimitglieder auf rund 34 200 (s. Tab. 1). Wenn man annimmt, daß die Partei in der Ukraine annähernd die gleiche personelle Stärke besaß wie im Wolgagebiet, d. h. ungefähr 5100 Mitglieder zählte, und ferner unterstellt, daß die beiden anderen Regionen ohne Angaben, Nordrußland und Sibirien, je über bestenfalls ein Viertel davon verfügten, da sie allgemein als sozialrevolutionäre Randzonen galten, käme man auf einen Gesamtbestand von ca. 42 000 organisierten Anhängern. Dabei ist noch großzügig darüber hinweggesehen, daß der weißrussische Oblast in dieser Zahl mit stattlichen 12 500 Mitgliedern vertreten ist, d. h. mit doppelt so vielen wie die Wolgaregion, was kaum der Realität entsprochen haben dürfte. Wenn die Parteiführung die Zahl der Parteiangehörigen im Februar 1907 sogar auf 50 000 bezifferte und obendrein anmerkte, daß darin die ukrainischen Sozialrevolutionäre noch nicht enthalten seien, wird man diese Angabe daher als überaus optimistisch ansehen müssen[245]. Ein Mitgliederbestand von 42 000—45 000 darf als wahrscheinlicher gelten.

Auch die offizielle Schätzung, daß sich im näheren Umkreis der Partei weitere 300 000 Sympathisanten befunden hätten, bedarf einer Korrektur,

---

244) Iz protokola očerednogo Char'kovskogo gubernskogo s-ezda P.S.-R., sost. v ijune 1908 g., Archiv PSR 623.
245) Protokoly 1907 S. 120; Bericht 1907 S. 105. — Erst recht dürfte Perrie, die diese Angaben übernimmt, den interpolierten Personalbestand des ukrainischen Oblastes hinzurechnet und so eine Gesamtmitgliederzahl von 55 000—60 000 erhält, die Größe der PSR überschätzen. Vgl.: Perrie, Social Composition S. 224.

Tabelle 1: Regionale und soziale Herkunft der sozialrevolutionären Parteimitglieder und Sympathisanten 1907

	1	2	3	4	5	6	7	8	9	10	11	12	13	14	15	16
Nordoblast	6	–	–	–	–	–	–	–	–	–	–	–	–	–	8	6
Nordwestoblast	10	213	54	4685	5932	1061	697	–	120	12500	233	–	–10500–	–	17	–
Zentraloblast	10	–	–	–	–	–	–	–	–	5000a	–	–	–	–	22	–
Südoblast	3	138	25	356	1455	83	–	215	270	2451	–	26	3650	600	12	–
Ukraine	9	–	67	–	–	–	–	–	–	–	–	–	–	6280	17	–
Ural	3	–	6	–	1760	270	–	–	–	2130	–	–	–	–	14	–
Wolgaoblast	9	–	13	2760	1460	880	–	–	273	5100	–	10850	9600	–	40	30
Nordkaukasus	3	78	9	1142	780	148	–	–	64	1565b	–	11900	5300	155	11	–
Kaukasus	5	–	–	155	305	164	–	29	–	750	–	–	–	220	5	–
Sibirien	5	–	–	–	–	–	–	–	–	–	–	–	–	–	–	–
Turkestan	6	–	11	–	–	98	–	–	150	320	–	–	200	–	4	–
St. Petersburg	1	–	–	200	3000	200	–	–	–	3400	–	–	–	–	6	–
Moskau	1	–	–	–	–	–	–	–	–	2000	–	–	–	–	3	–

Legende:
1 – Zahl der Gouvernements im Oblast
2 – Zahl der niederen Organisationen
3 – Zahl der höheren Organisationen
4 – Zahl der Mitglieder unter den Bauern
5 – Zahl der Mitglieder unter den Arbeitern
6 – Zahl der Mitglieder unter der Intelligenz
7 – Zahl der Mitglieder unter den Eisenbahnern
8 – Zahl der Mitglieder unter den Schülern
9 – Zahl der Mitglieder unter den Soldaten
10 – Zahl der Mitglieder insgesamt
11 – Zahl der Sympathisanten auf dem Dorfe
12 – Zahl der Sympathisanten in den Städten
13 – Zahl der Sympathisanten in den Rajons
14 – übrige
15 – Zahl der Delegierten, maximal
16 – Zahl der Delegierten, minimal

Quelle: Materialien des zweiten Parteirates, Oktober 1906, Archiv PSR 489
Anmerkungen: a) in einer separaten Statistik des Zentraloblasts (ebenda, Archiv PSR 489) nur 2000.
b) in einer separaten Statistik des Nordkaukasus-Oblast nur 830.
Die Statistik enthält noch weitere Daten, die jedoch unwichtig erscheinen und überdies noch unvollständiger sind.

da die Statistik des zweiten Parteirats nur 65 000 ausweist. Zwar deckt diese Zahl lediglich fünf von dreizehn Oblast- und Stadtorganisationen; dennoch ist eine fünffach höhere Ziffer sicherlich nicht bescheiden veranschlagt. Andererseits unterstreichen die lokalen Tätigkeitsberichte die Feststellung von Rubanovič, daß sich gerade in der PSR „zwischen der Zahl derer, die die Oblastkomitees für echte Mitglieder halten und derer, die man als Peripherie betrachtet, die nur unser Programm teilen, aber nicht wirklich in unsere Organisationen eintreten, eine riesige Kluft" auftat[246].

Wie groß diese auch immer gewesen sein mag, in jedem Falle war die PSR der Sozialdemokratie, die über ca. 81 000 Mitglieder verfügte, zumindest numerisch deutlich unterlegen. Berücksichtigt man die Spaltung, dann ergibt sich freilich, daß Bol'ševiki und Men'ševiki, die jeweils etwa 40 000 Gefolgsleute gewinnen konnten[247], je für sich etwas schwächer waren als ihre neopopulistische Konkurrenz. Gerechterweise müßte man dann allerdings auch von den 42 000 sozialrevolutionären Parteiangehörigen einige Tausend Maximalisten abziehen. Obgleich sich dadurch des Verhältnis weiter zu Ungunsten der PSR verschiebt, wird sich die Behauptung Radkeys, die Sozialdemokraten hätten über eine dreifach größere organisierte Anhängerschaft verfügt, kaum halten lassen[248].

Infolge ihrer Lückenhaftigkeit gewähren die Daten des zweiten Parteirats nur begrenzte Einblicke in die *regionale Verteilung* der sozialrevolutionären Mitgliederschaft. So widerspricht es den lokalen Tätigkeitsberichten, wenn der Nordwesten Rußlands die Liste der stärksten Oblastverbände anführt. Plausibler scheinen die übrigen Zahlen, die dem Wolgagebiet mit 5100 aktiven Parteiangehörigen den ersten Platz zuweisen; ihm folgen das zentrale Industriegebiet mit 5000, St. Petersburg mit 3400, der Südoblast mit 2450 und Moskau mit 2000 Mitgliedern.

Aufschlüsse über den geographischen Einzugsbereich der PSR im allgemeinen vermögen ferner die Ergebnisse der Wahlen zur zweiten Duma zu vermitteln. Allerdings wird man berücksichtigen müssen, daß die PSR vielerorts keine eigenen Kandidaten aufstellen konnte und Wahlbündnisse mit den Trudoviki, den Volkssozialisten sowie den Sozialdemokraten einging, so daß zwischen den Stimmen für diese Parteien kaum zu scheiden ist. Außerdem läßt sich auch die Fraktionszugehörigkeit der Dumaabgeordneten nicht immer genau feststellen[249]. Man mag es daher als Zufall betrachten, daß sich die PSR nur in den Gouvernements Kursk, Èrivan' und Vjatka als die stärkste der oppositionellen Parteien links von den Kadetten erwies. Berücksichtigt man jedoch auch die Gebiete, in denen sie gemeinsam

---

246) Protokoly 1907 S. 120.
247) Laut Lane, Roots of Russian Communism S. 13.
248) Radkey, Agrarian Foes S. 63.
249) So verzeichnet A. Smirnov, Kak prošli vybory vo 2-ju Gosudarstvennuju Dumu. SPb. 1907 S. 257–279, 28, Tomsinskij, Bor'ba klassov S. 167–169 dagegen 38 Sozialrevolutionäre in der zweiten Duma. Die PSR selbst gab die Stärke ihrer Fraktion ebenfalls mit 38 Abgeordneten an (vgl. Bericht 1907 S. 68 f).

mit den Trudoviki eine Mehrheit von linkspopulistischen Abgeordneten in die Duma entsandte, d. h. u. a. die Gouvernements Černigov, Voronež, Taurien, Saratov, Samara, Astrachan' und Tver', sowie die Regionen, in denen die Trudoviki allein einen beträchtlichen Stimmenanteil erreichten wie in den Gouvernements Kiev, Char'kov und Stavropol', dann lassen sich grob drei Großregionen als Schwerpunkte sozialrevolutionär-neopopulistischer Aktivitäten umreißen: (1) der Schwarzerdgürtel zwischen Char'kov im Westen und Samara im Osten; (2) der Ural, insbesondere die Gouvernements Perm' und Vjatka, und (3) Südrußland. *Keine* tieferen Wurzeln vermochte die PSR dagegen im Baltikum sowie in Weißrußland, im zentralen Industriegebiet, in der Südukraine und im Kaukasus zu schlagen, obgleich sie in den letztgenannten Regionen über einige bedeutende Stützpunkte verfügte. Im großen und ganzen bestätigen somit beide Indikatoren, die Daten des zweiten Parteirats sowie die Ergebnisse der Dumawahlen, die soziogeographische Physiognomie, die sich aus dem Überblick über die Tätigkeit der sozialrevolutionären Lokalorganisationen ergab.

Zu fragen wäre, ob es eine allgemeine Erklärung für eine solche Verteilung der sozialrevolutionären Einflußzonen gibt. Dabei bieten sich insbesondere drei Hypothesen zur Überprüfung an.

1) Zum einen verwies man auf die Tatsache, daß das Stammgebiet der PSR mit jenen Provinzen des russischen Reiches identisch war, die bereits den Nährboden für die großen Bauernaufstände des 17. und 18. Jahrhunderts bildeten[250], in denen sich auch die agrarischen Proteste während der Revolution 1905—1906 konzentrierten, kurz: in denen Bauernrebellionen endemisch waren[251]. In der Tat förderte eine solche Tradition die Wirksamkeit der sozialrevolutionären Agitation, zumal diese bewußt daran anknüpfte und den Geist der „Pugačevščina" wiederzuerwecken suchte. Jedoch reicht ihre Erklärungskraft nicht aus, da die Latenz des agrarischen Sozialprotests selbst der Begründung bedarf.

2) Zum anderen bietet sich eine sozioökonomische Deutung an. Es ist offensichtlich, daß die Ankündigung eines militanten Kampfes für „Land und Freiheit" und gegen Ausbeutung dort ein starkes Echo fand, wo Hunger und Not am drückendsten auf der Bauernschaft lasteten. Das galt insbesondere für die zentrale Schwarzerdzone, dem chronischen Krisengebiet der russischen Landwirtschaft. Hier hatte die Reform von 1861 den Bauern am

---

250) Vgl. dazu: P. Avrich, Russian Rebels. 1600—1800. N.Y. 1972; J. T. Alexander, Autocratic Politics in a National Crisis: The Imperial Russian Government and Pugachev's Revolt (1773—1775). Bloomington 1969; V. V. Mavrodin, Krest'janskaja vojna v Rossii v 1773—1775 gg. Vosstanie Pugačeva. Bd. 1—3, L. 1961, 1966, 1970.

251) Vgl. kartographische Übersichten bei: Šestakov, Krest'janskaja revoljucija 1905—07 gg. v Rossii S.13; Dubrovskij, Krest'janskoe dviženie S. 36 ff; S. N. Prokopovič, Kartogrammy agrarnogo dviženija v 1905 g. In: Trudy Imperatorskogo vol'nogo ėkonomičeskogo obščestva. SPb. No 1—3 (Januar—Juni 1906); M. Perrie, The Russian Peasant Movement of 1905—1907. Its Social Composition and Revolutionary Significance. In: Past and Present No 57 (November 1972) S. 123—155; dies., Agrarian policy S. 118 ff.

meisten Land entrissen, hier vermehrte sich die bäuerliche Bevölkerung bis 1905 fünfmal so stark wie der in ihrem Besitz befindliche Boden, hier war „bei minimaler Entwicklung der Industrie und der Urbanisierung die Marktlosigkeit am höchsten"[252]. Daraus ließe sich die Annahme ableiten, daß die PSR die Bevölkerung der rückständigsten, marktfernen und noch am wenigsten vom Kapitalismus durchsetzten agrarischen Regionen mobilisieren konnte.

Obwohl diese Hypothese einige Plausibilität für sich in Anspruch nehmen kann und erklärt, warum die PSR gerade in den nördlichen Provinzen der Ukraine und den nordwestlichen des Wolgagebietes (Penza, Tambov) das größte Reservoir an Mitgliedern und Sympathisanten besaß, erweist sie sich bei näherer Betrachtung doch als zu grob. Denn sozialrevolutionäre Anschauungen fanden auch in Gebieten Verbreitung, in denen kein Landmangel herrschte, in denen die Bauern vielmehr über die größten Landanteile in ganz Rußland verfügten wie im Ural oder in den Gouvernements Saratov und Samara[253]. Gerade für die Stammregion der PSR an der mittleren Wolga träfe somit eine rein sozioökonomische Deutung nicht zu, zumal hier auch der Versuch Stolypins, ein marktproduzierendes Mittelbauerntum zu schaffen, recht positive Resultate zeitigte[254].

3) Sozialrevolutionäre wie Sozialdemokraten gleichermaßen sahen schließlich in dem Vorhandensein der „obščina" den ausschlaggebenden Faktor für die Popularität der PSR[255]. In der Tat deckte sich der neopopulistische Einzugsbereich in auffallender Weise mit den Regionen, in denen die Landumteilungsgemeinde vorherrschte, i. e. dem ganzen europäischen Rußland mit Ausnahme von Weißrußland, der südlichen Ukraine und dem Baltikum[256]. Diese Korrelation vermag auch am ehesten zu erklären, warum die Sozialrevolutionäre in einigen Gebieten des Ural großen Anklang fanden. Letztlich scheint demnach *die bäuerliche Sozial- und Wirtschaftsverfassung die politische Parteinahme außerhalb der städtischen industriellen Zentren bestimmt zu haben*. Da jedoch gerade die „obščina" zur landwirtschaftlichen Strukturkrise des Zarenreiches beitrug, ist auch die sozioökonomische Dimension in dieser Hypothese aufgehoben. Die Untersuchung der geographischen Verbreitung der PSR erweist diese somit als agrarsozialistisch-populistische Partei im oben definierten Sinne: als politische Interessenvertretung vor allem der rückständigen Teile des agrarischen Sektors in Gesellschaften, die sich im Modernisierungs- und Industrialisierungsprozeß befinden.

---

[252] Nötzold, Wirtschaftspolitische Alternativen S. 34, 42, Zitat S. 44.
[253] Vgl. Drobižev, Koval'čenko, Murav'ev: Istoričeskaja geografija S. 224.
[254] Vgl. Karte 2 bei Nötzold, Wirtschaftspolitische Alternativen.
[255] Vgl. Rapport 1907 S. 241; Maslov, Narodničeskie Partii S. 102.
[256] Zur Verbreitung der Landumteilungsgemeinde vgl. die Tabellen bei Watters, The Peasant and the Village Commune S. 147 (nach: K. R. Kačorovskij, Russkaja obščina. M. 1906 S. 74) und Atkinson, Russian Land Commune S. 4.

Achtes Kapitel

DIE PARTEIFINANZEN

Die Herstellung und Verschickung revolutionärer Literatur, die Reisen der Agitatoren und Propagandisten in die Provinzen, die Unterhaltung von Berufsrevolutionären und Druckereien, die Veranstaltung überregionaler Zusammenkünfte, die Beschaffung geheimer Quartiere und viele andere Tätigkeiten der revolutionären Alltagspraxis kosteten Geld, viel Geld sogar. Wirkungsvolle und kontinuierliche Arbeit konnte nur geleistet werden, wenn es über die Anwerbung fähiger personeller Kräfte hinaus auch gelang, den großen und stetig wachsenden finanziellen Bedarf zu decken. Zeit ihrer Existenz bereitete es der PSR als einer revolutionären Partei, die den Reichen und Mächtigen den Kampf ansagte, erhebliche Mühe, diese Aufgabe zu lösen. Ungeachtet dessen und entgegen zahlreichen Klagen der Lokalorganisationen dürfte die Feststellung von Beobachtern aus anderen politischen Lagern zutreffen, daß die neopopulistische Partei insbesondere vor 1905, aber auch während der Revolution, gerade an materiellen Ressourcen den geringsten Mangel litt[1]. Wie der rasche organisatorische Aufbau und die schon frühzeitig außerordentlich umfangreiche Literaturproduktion[2] anzeigen, waren ihre Geldquellen im Gegenteil verhältnismäßig ergiebig, ergiebiger wohl als die ihrer Konkurrenten.

Was die *vorrevolutionäre Periode* angeht, so läßt sich nur ungefähr, wenngleich mit einiger Wahrscheinlichkeit ausmachen, woher die PSR ihre finanziellen Mittel bezog. Zum einen warf die editorische Tätigkeit der Agrarsozialistischen Liga und der Partei selbst einigen, wenn auch bescheidenen Gewinn ab[3], da ein Großteil der Literatur in der ausgedehnten Emigrantenkolonie verkauft werden konnte. Stärker dürften das internationale Prestige sowie die weitreichenden Beziehungen der populistischen „stariki" ins Gewicht gefallen sein und der neuen Partei über einen Sympathievorschuß hinaus auch nicht unbeträchtliche Spenden eingebracht haben. Vor allem aber profitierte die PSR von der Tatsache, daß ungewöhnlich viele ihrer führenden Mitglieder aus der Finanzaristokratie stammten. Die Familie

---

1) Vgl. Maslov, Narodničeskie partii S. 108.
2) Spiridovič, Partija S.-R. S. 109, 111 f führt einige illustrative Zahlen an: Bereits 1902 gaben ASL und PSR gemeinsam elf Broschüren in einer Auflage von 80 000 Exemplaren heraus, die PSR allein zusätzlich 46 Titel in einer Auflage von 237 000 Exemplaren; 1903 PSR und ASL zusammen vier Broschüren in 30 000 Exemplaren, die PSR 30 Titel in 350 000 Exemplaren.
3) Für 1903 verbuchte die ASL einen Gewinn von 3500 Rubeln. Vgl. RR No 40 (15. Januar 1904) S. 22–23.

Goc zählte zu den wohlhabendsten des russischen Reiches. Die Fundaminskijs standen ihr nicht viel nach, und auch der Vater Zenzinovs besaß ein Vermögen von mehr als einer Million Rubel. In engster Beziehung zur ausländischen Parteizentrale standen ferner der Erbe des größten russischen Teeimperiums, A. D. Vysockij, und die Millionärstochter — und spätere Frau I. Fundaminskijs — A. O. Gavronskaja, die beide dem Kreis der „Deutschsozialrevolutionäre" angehörten. Sie alle bezogen reichliche, wenn nicht fürstliche Apanagen, und es ist bezeugt, daß große Summen davon in die Parteikassen der PSR flossen[4]. Insbesondere tat sich dabei M. Goc hervor. Ohne seine revolutionären Talente zu bestreiten, wird man die zentrale Bedeutung, die ihm als organisatorischem Rückgrat der Partei zukam, nicht zuletzt aus der Tatsache erklären dürfen, daß er die frühen Aktivitäten der PSR zum großen Teil finanzierte[5].

Eine erwähnenswerte Rolle für das sozialrevolutionäre Budget spielten ferner die russischen Emigranten in den USA, deren Zahl auf über eine Million geschätzt wurde. Welche Bedeutung man ihnen beimaß, geht aus der Tatsache hervor, daß die PSR hier schon 1903 eine Gruppe sozialrevolutionärer Sympathisanten ins Leben rief, die auch formell der Auslandsorganisation angehörte, und 1905 einen so renommierten Mann wie Žitlovskij an ihre Spitze stellte[6]. Geldüberweisungen an die zentrale Kasse der PSR sind ebenfalls seit 1903 belegt. Bis Mitte 1904 beliefen sie sich auf etwa 800 Dollar und erreichten in den beiden ersten Revolutionsjahren 1905–06 die beträchtliche Summe von 400 000 französischen Francs[7]. Die Sympathie der Nordamerikaner mit der russischen Revolution versprach soviel finanziellen Ertrag, daß die PSR 1904 ihre populärste Gestalt und Symbolfigur der revolutionären Bewegung, Breškovskaja selbst, zu einer good-will-tour in die USA sandte. Die Reise geriet zum Triumphzug und bescherte der Partei 50 000 Dollar[8]. Um die Jahreswende 1906–07 wiederholte Geršuni dieses Unternehmen, allerdings, wie es scheint, mit geringerem Erfolg[9].

Mit dem Ausbruch der *Revolution* verbesserte sich die ohnehin verhältnismäßig günstige Finanzlage der PSR weiter. Die Etats der sozialrevolutionären Lokalorganisationen wuchsen zwischen 1904 und Ende 1905 durchschnittlich um das Dreifache, in einigen Fällen, wie in Penza und Moskau, sogar um das Fünffache[10]. So betrug beispielsweise das Monatsbudget der

---

4) Vgl. z. B. die Spende Fundaminskijs an das Moskauer Komitee im Herbst 1905 (Otvety Zenzinova, NC No 232 No 68 (4) Frage 10).
5) Diesen Hinweis verdanke ich Prof. O. H. Radkey.
6) Vgl. Amerikanskaja organizacija P.S.-R. In: ZT No 2 (12. Juli 1907) S. 24, sowie Briefe im Archiv PSR 144 u. 654.
7) Brief von Ch. Rayevsky, 14. Mai 1904, Archiv PSR 262; Amerikanskaja organizacija. In: ZT No 2 S. 24.
8) E. Lazarev, Babuška Breškovskaja. In: RR No 33–34 (Januar–Februar 1924) S. 33. Auch: A. W. Thompson, R. A. Hart: The Uncertain Crusade. America and the Russian Revolution of 1905. Amherst/Mass. 1970 S. 38 ff.
9) Vgl. die Briefe Geršunis aus den USA, 1906–07, NC No 7 No 95.
10) Otčet Penzenskogo Komiteta P.S.-R. In: RR No 39 (1. Jan. 1904) S. 24; Spiridovič, Partija S.-R. S. 413; zwei Kassenberichte aus Moskau, Archiv PSR 333; auch: Otčet Novgorodsk. gruppy P.S.-R. (August 1905–August 1906), Archiv PSR 208.

Moskauer Sozialrevolutionäre im Januar 1905 ca. 2300 Rubel, konnten die Saratover schon 1904 etwa 220 Rubel pro Monat ausgeben, vergleichbare Organisationen 1906 etwa 600 Rubel und stiegen die Summen, die den Oblastkomitees zur Verfügung standen[11], in gleichem Maße. Das Ausgabevolumen des CK, das bereits 1905 einen Umfang von 100 000 Rubeln erreicht hatte, belief sich 1906 sogar auf 250 000 Rubel, eine Summe, die ein kompetenter sozialdemokratischer Kommentator neidvoll als enorm hoch bezeichnete[12]. Allein 120 000 davon, beinahe die Hälfte also, stammten aus Spenden[13] russischer Sympathisanten, 25 000 Rubel trugen die nordamerikanischen bei, und 62 000 Rubel brachten die sozialrevolutionären Parteimitglieder selbst auf[14].

Dennoch, trotz solch beträchtlicher Budgets und großer Zuwachsraten, waren die Kassen der meisten sozialrevolutionären Lokalorganisationen leer. Die Ausgaben für Literatur, Reisen und insbesondere für den Unterhalt der sprunghaft wachsenden Zahl professioneller Parteiarbeiter stiegen im Gefolge der Revolution erheblich schneller als die Einnahmen. Neue Geldquellen waren nur schwer zu erschließen, und immer mehr Komitees führten in finanzieller Hinsicht, wie das von Caricyn, eine „elende Existenz"[15]. Umso beliebter wurde ein Mittel der Geldbeschaffung, das ebenso einträglich wie einfach war: die *Expropriation*. Zwar schloß sich die Mehrheit der Lokalkomitees, ihren Resolutionen nach zu urteilen, der offiziellen Parteilinie an und erlaubte nur die „Enteignung" staatlichen Besitzes. Aber nicht selten widersetzte man sich den Beschlüssen der Führung auch oder machte doch zumindest aus seinen Vorbehalten keinen Hehl. So vermochte immer-

---

11) Otčet Saratovskogo Komiteta P.S.-R. In: RR No 39 (1. Jan. 1904) S. 22; Južnaja oblast' /November 1906/, Archiv PSR 424. Die gedruckten Kassenberichte hat Spiridovič, Partija S.-R. S. 412 ff zusammengestellt. Ungedruckte finden sich in großer Anzahl unter anderem im Archiv PSR 80, 127, 164, 201, 208, 262, 269, 318, 320, 321, 333, 324, 326, 426, 430, 433, 435, 436, 437, 438, 441, 442, 445, 451, 489, 623.

12) Maslov, Narodničeskie partii S. 108. Vgl. auch Elwood, Russian Social Democracy S. 98 f u. 169 ff, der zeigt, daß die RSDRP die gleichen Probleme hatte wie die PSR und sich auf ähnliche Art und Weise, nicht zuletzt durch Expropriationen, finanzierte.

13) Unter anderem stand der PSR als Mitglied der zweiten Internationalen auch ein Anteil aus einer Sammlung der deutschen Sozialdemokraten zugunsten der russischen Revolution zu. Aber während der Spender den Bol'ševiki und Men'ševiki je 20 %, dem „Bund" und der litauischen Sozialdemokratie je 15 % zubilligte, sollte die PSR nur 10 % erhalten. Diese fühlte sich benachteiligt und als sozialistische Partei nicht anerkannt. Die dritte Konferenz der sozialrevolutionären Auslandsorganisation erwog daher sogar, auf das Geld gänzlich zu verzichten. Vgl.: Otčet Zagraničnogo Komiteta, Archiv PSR 18; Vytiska iz pis'ma upolnomočennogo CK v Berline, Archiv PSR 654; Protokol III-go s-ezda Zagraničnoj Organizacij P.S.-R. (Ende September 1905), Archiv PSR 654, sowie Briefe in Archiv PSR 758/11.

14) Kratkij denežnyj otčet C.K. P.S.-R. za 1906 g. In: PI No 6 (8. März 1907) S. 4.

15) Antwort auf die Umfrage des OB, Februar 1907, aus Caricyn, Archiv PSR 623. Ähnliche Klagen kamen aus Penza (471), Ufa (486), Simbirsk (623), Smolensk (426), Kaluga (327), Tula (326), Voronež (487) und Kazan' (463).

hin die Hälfte einer Versammlung Kiever Sozialrevolutionäre „keine wesentliche Differenz" zwischen staatlichen und privaten Expropriationen zu entdecken, „weil die staatlichen Gelder letztlich Gelder derselben Spießbürger" seien, und votierte gegen die Entscheidung des Parteirats[16]. Auf einer Rajonkonferenz in St. Petersburg schloß sich sogar eine Mehrheit dem Argument an, daß Überfälle jeglicher Art angesichts steigender Arbeitslosigkeit das einzig wirksame „Mittel gegen den Hunger" darstellten[17].

Dieser ebenso radikalen wie nüchternen Einsicht entsprechend avancierten staatliche wie private Expropriationen gleichermaßen zur wichtigsten Finanzquelle der sozialrevolutionären Lokalorganisationen in den Revolutionsjahren. Aus Perm' etwa berichtete man, daß die dortigen Parteiaktivitäten sogar ein ganzes Jahr aus erbeuteten Geldern bestritten worden seien[18]. Aber nicht nur die örtlichen Komitees füllten ihre Kassen auf diese Weise. Am Segen zumindest der erlaubten Überfälle wollten auch die übergeordneten Instanzen teilhaben. Freilich führte die Bestimmung, daß der größte Teil der Beute nach einem festgelegten Schlüssel an die Oblastkomitees und das CK abzuführen sei[19], keineswegs zur Sanierung der regionalen und zentralen Parteietats, sondern lediglich dazu, daß viele Lokalorganisationen ihre Unternehmungen verheimlichten[20] oder sich strikt weigerten, der Abgabepflicht zu genügen[21]. Lokalegoismus siegte über Parteiräson.

Konnten die Expropriationen der Finanzkrise der PSR schon deshalb auf die Dauer nicht abhelfen, so waren sie dazu umso weniger geeignet, als sie eine Entwicklung beschleunigten, die gegen Ende des Jahres 1905 immer deutlicher zutage trat und der Partei großen Schaden zufügte: Die Distanzierung der liberalen Intelligenz vom revolutionären Neopopulismus. Die gebildete Gesellschaft, so diagnostizierte ein interessanter Beitrag im

16) Protokolle einer Konferenz des Kiever Komitees der PSR vom 19.–23. Oktober 1906, Archiv PSR 489.
17) Rezoljucii, vynesennye na sobranii gorodskogo rajona Peterburgskogo Komiteta P.S.-R., Sommer 1907, Archiv PSR 441.
18) Otčet Permskogo Komiteta P.S.-R., Frühjahr 1906–Frühjahr 1907, Archiv PSR 478.
19) Pis'mo OB pri C.K. P.S.-R. No 14 v. 27. Oktober 1907, Archiv PSR 197; Pamjatnaja knižka I S. 52. Über Summen unter 500 Rubel sollte das OK verfügen. Aus größeren Beuten waren drei Viertel an das CK abzuführen; dem OK wurden 25 Prozent, aber maximal 20 000 Rubel belassen.
20) Dies bedauerte Černov in seinem Rechenschaftsbericht des CK auf der Londoner Gesamtkonferenz der PSR 1908: Protokoly 1908 S. 60.
21) So lehnte ein Überfallkommando des Komitees von Sevastopol' die Herausgabe von 17 000 expropriierten Rubeln mit der Begründung ab, daß ihm das OK und das CK „nie" geholfen hätten und man beide „nicht kenne" (vgl.: Sevastopol'skaja gorodskaja konferencija, 25. Mai 1907, Archiv PSR 448). Zu Streitigkeiten kam es auch 1908, als es um die Verteilung von 261 185 Rubeln ging, die bei einer vom CK gebilligten Expropriation in Taschkent erbeutet worden waren. Zwar lieferte das OK 105 700 Rubel beim CK ab, doch behielt es den stattlichen Rest eigenmächtig für sich, obgleich ihm laut Beschluß des vierten Parteirates maximal 20 000 Rubel zustanden. Vgl.: Protokoly IV-go soveta partii (August 1908) Archiv PSR 649.

Zentralorgan der Partei, habe in dem Maße, wie sich der „soziale Charakter" der Revolution enthüllt habe, Angst vor ihrer eigenen Courage bekommen. Sie fürchte, daß die Bewegung, die sie anfänglich unterstützt habe, zum Zauberlehrling werden könne und lasse ihre Hilfe daher nunmehr anderen politischen Gruppen, namentlich den Kadetten, zukommen[22]. Es entstand ein circulus vitiosus, den Geršuni in einer Philippika gegen das maximalistische Enteignungsfieber auf dem zweiten Parteitag der PSR wie folgt beschrieb: „Die Organisationen haben kein Geld, darum sind Expropriationen nötig. Aber die Expropriationen schrecken breite Kreise von Sympathisanten ab und ihre Spenden schrumpfen immer mehr". Was als kurzfristiges Instrument zur Sanierung gedacht war, riß langfristig noch tiefere Löcher in die Parteifinanzen. Auch in diesem und nicht nur im gemeinten ethischen Sinne galt Geršunis Mahnung, daß „keine Millionen" den moralischen Schaden der Expropriationen wiedergutmachen könnten[23].

Und selbst wenn erfolgreiche Beutezüge solche nachteiligen Folgewirkungen ausnahmsweise mehr als ausglichen, verschafften sie den Lokalorganisationen nur eine *temporäre* Atempause. Denn Gelder aus „revolutionären Enteignungen" trafen wie die Spenden zufällig ein, waren nicht im voraus kalkulierbar, verhinderten langfristige Planung und führten zwangsläufig zu einer „Arbeit in Sprüngen"[24]. Darauf verwies ein umsichtiger Beitrag zur finanziellen Lage der PSR aus Kursk:

„Man muß sich eingestehen", hieß es darin, „daß das Fehlen regelmäßiger Einkunftsquellen der gegenwärtigen alltäglichen Arbeit stark schadet: (1) Es nimmt ihr die Kontinuität der materiellen Sicherung der laufenden Angelegenheiten, und (2) es bremst die Planmäßigkeit der Organisationsentwicklung auf Schritt und Tritt. Wenn alles von zufälligen Beiträgen abhängt, läßt sich häufig folgende Erscheinung beobachten: Es trifft von irgendwo eine ordentliche Summe ein, und es bricht eine heftige, fieberhafte Tätigkeit an diesem Ort aus . . . Aber sobald das Geld Stück für Stück wegtaut, beginnt die Zeit der Massenzusammenbrüche"[25].

Fortführen ließ sich die Arbeit in solchen Fällen nur, wenn die übergeordneten Parteigremien finanziell und personell aushalfen, ein Umstand, der die oft bemängelte Abhängigkeit der lokalen Gruppen verstärkte und ihre Initiativelosigkeit förderte. Treffend kritisierte das Zentralorgan daher:

22) Griv., Sredstva Partii. (K rezoljucii soveta o denežnych delach). In: PI No 3 (5. Dezember 1906) S. 3–6, hier S. 3; Djadja, Vopros o sredstvach. In: Izvestija Kurskogo Komiteta P.S.-R. No 1 (1. Febr. 1907) S. 4, Archiv PSR 324, teilweise abgedr. in: PI No 10 (24. Sept. 1907) S. 9–10.
23) Protokoly 1907 S. 149 ff, zit., nach: G. A. Geršuni, Ob ėkspropriacijach, NC No 7 No 95, auch: ZP No 4552 f. 1. Vgl. auch Breškovskajas Ausführungen zum selben Thema in Protokoly 1907 S. 134 ff. Indem Geršuni den Lokalorganisationen vorwarf, die Ermahnungen des Parteirates „mit einem Lächeln quittiert" und Expropriationen in „rein formaler" Weise abgelehnt zu haben, bestätigte er im übrigen, daß viele dieser Überfälle privaten Vermögen galten, d. h. zur verbotenen Kategorie gehörten.
24) So die Antwort des Penzaer Komitees der PSR an das OB, Archiv PSR 472.
25) Djadja, Vopros o sredstvach, PI No 10 S. 10.

„Die Finanzen der Partei stehen bis jetzt sozusagen Kopf. Nicht die Partei unterhält ihr Zentrum, sondern umgekehrt, das Zentrum unterhält in großem Maße die Partei"[26]. Eine grundlegende Reform erschien unumgänglich.

Dieser Notwendigkeit trug der zweite Parteirat der PSR im Oktober 1906 Rechnung, indem er durch die Einführung von *Mitgliedsbeiträgen* eine regelmäßige Einnahmequelle zu erschließen suchte und ferner festlegte, daß jede anerkannte Parteieinheit zehn Prozent ihrer Einkünfte an das CK abzugeben habe[27]. Ähnliche Bestimmungen auf regionaler Ebene sahen vor, daß weitere zehn bis fünfzehn Prozent der lokalen Budgets den nächsthöheren Komitees bis hin zum OK zufließen sollten[28]. Dagegen blieb es den einzelnen Gruppen freigestellt, die Höhe der Mitgliedsbeiträge zu fixieren. In der Regel lagen sie zwischen ein bis zwei Prozent des Monatslohnes, wobei nicht selten rigide Progressionen für höhere Lohngruppen verankert wurden[29].

So geeignet und sinnvoll diese Reformmaßnahme sein mochte, so bewirkte sie doch wenig. Nur in wenigen Gruppen — vornehmlich übrigens in den jeweiligen „Arbeiterbünden" — herrschte soviel Disziplin, daß die Mitgliedsbeiträge auch wirklich eingezogen werden konnten[30]. Die große Mehrzahl der Komitees dagegen lebte nach wie vor von Spenden[31], die durch eigenes Aufkommen in unbedeutendem Maße ergänzt wurden[32]. So wies ein Finanzbericht des OK der Nordwestregion für die Zeit von Oktober 1906 bis Februar 1907 exemplarisch aus, daß die unteren Organisationen ganze 98 Rubel zu den Gesamteinnahmen von 1124 Rubeln beigesteuert hatten. Auch diese Summe wurde noch als „schönfärberisch" bezeichnet,

---

26) Griv., Sredstva Partii, PI No 3 S. 3. Um einige Illustrationen zu geben: Zum Etat des Komitees von Nižnij-Novgorod im Juni 1907 von 376 Rubeln steuerte das CK 205 Rubel bei (Archiv PSR 320). Von den 1171 Rubeln, die dem St. Petersburger Komitee zwischen Februar und April 1905 zur Verfügung standen, kamen 933 Rubel aus dem Ausland (Archiv PSR 436). Beim Budget des Komitees von Tula im April 1906 von 964 Rubeln half das OK des Zentraloblast mit 509 Rubeln aus (Archiv PSR 326) und zum Budget der Sozialrevolutionäre von Kursk, das im November—Dezember 1906 955 Rubel betrug, tat das OK der Ukraine immerhin noch 300 Rubel (Archiv PSR 324) hinzu.
27) Pamjatnaja knižka I S. 52 f.
28) Vgl. z. B.: Protokoly zasedanij oblastn. soveščanija Sev.-Zapadn. Oblasti, 11.–13. Nov. 1907, Archiv PSR 426; Proekt ustava Nižegorodskoj gubernskoj organizacii, Archiv PSR 320; Organizacionnyj ustav Smolenskoj organizacii, Archiv PSR 623.
29) Vgl. z. B.: Otčet Permskogo komiteta P.S.-R., Archiv PSR 478; Južnaja oblast', Archiv PSR 424.
30) Dies war in Nižnij-Novgorod (Protokoly 1908 S. 45), Brjansk (Ob osobennostjach raboty v Sev.-Zap. krae. In: PI No 8 S. 12) sowie laut Umfrage des OB vom Februar 1907 in Tver' (Archiv PSR 428), Vladimir (553/I) und im Ural (486) der Fall.
31) So laut Umfrage des OB die Organisationen von: Fedosja (Archiv PSR 553/II), Voronež (487), Tula (326), Smolensk (426), Ufa (486) und Penza (471).
32) So laut Umfrage des OB in: Kaluga (Archiv PSR 327, 328), Tula (326), Smolensk (426), Caricyn (623), Simbirsk (623) und Minsk (426).

und das OK klagte, daß es wie zuvor „zufällig" von Mitteln des CK lebe[33]. Vielfach mochten die Lokalkomitees an dieser Zählebigkeit der alten Misere Schuld tragen, sei es, weil sie eine laxe Beitragsmoral duldeten oder weil sie ihrer Abgabepflicht nicht nachkamen. Andererseits konnten die Sozialrevolutionäre der Parteibasis plausible Argumente gegen die Möglichkeit der Selbstfinanzierung überhaupt geltend machen, wenn sie auf die hohen Arbeitslosenzahlen, die niedrigen Löhne der meisten städtischen Parteimitglieder und die kärgliche Existenz der Bauern hinwiesen. Dagegen verschlug die sicherlich ebenfalls nicht unbegründete Antwort der oberen Parteiinstanzen wenig, daß die Befreiung eben Opfer koste und man den Massen abgewöhnen müsse, „auf jemanden zu warten, der ihnen Land und Freiheit bringt"[34].

Auch dem Vorschlag, die lokalen Parteifinanzen durch Literaturverkauf und die Einrichtung von Verlagen zu sanieren, war kein Erfolg beschieden. Kaum ein Komitee beschritt diesen vielversprechenden und organisatorisch nicht übermäßig aufwendigen Weg der Geldbeschaffung, weil, wie das Zentralorgan rügte, die Revolutionäre an der Basis derartige Geschäfte als kleinbürgerliche, eines wahrhaften Revolutionärs unwürdige Krämertätigkeit verachteten. Da half auch nicht, daß die Parteiführung solche Überheblichkeit zu Recht als gefährlichen Anachronismus, als Verhaltensüberhang aus Zeiten, da „die legale Literatur die Ideen der Partei nicht ausdrücken konnte und die legale Verbreitung von Literatur eine Form des ‚kulturničestvo' war . . .", anprangerte. Gewöhnt, revolutionäre mit konspirativer Arbeit zu identifizieren, dachten die Praktiker des Untergrundes auch während der Revolution nicht um. So ausgeprägt und tief verwurzelt war ihr Desinteresse am legalen Buchverkauf, daß dieses Geschäft der Partei sogar „in beträchtlichem Maße aus den Händen" glitt und an kommerzielle Unternehmen überging. Häufig müsse man das „traurige Bild" sehen, beklagte daher der erwähnte Artikel, daß Parteimitglieder in privaten Läden Parteiliteratur kauften: Die „Schwarzhunderter" verdienten an der Revolution[35].

Da die Reformen nicht anschlugen, die Spenden versiegten und die „Zeit der Expropriationen vorbei war"[36], blieben den sozialrevolutionären Lokalorganisationen gegen Ende der Revolution nur mehr Sammlungen, Referate, Vorträge, gesellige Abende und ähnliche Veranstaltungen als Einnahmequellen[37]. Die Summen, die dadurch einkamen, deckten jedoch auch einen inzwischen schon reduzierten Bedarf nicht. Die Parteibasis fiel

---

33) Severo-Zapadnyj Oblastnoj Komitet, otčet, Archiv PSR 442.
34) N. M., K voprosu o material'nom položenii našich organizacij. In: Izvestija S.-Z. O.K. P.S.-R. No 4 (Juli 1907) S. 2–3; Griv., Sredstva partii, PI No 3 S. 3.
35) Griv., Sredstva partii, Zitate S. 4 u. 5.
36) So ein weißrussischer „oblastnik" bedauernd auf einer Oblastkonferenz im November 1907 (Protokoly zasedanij oblastn. soveščanija Sev.-Zap. Oblasti, 11.–13. Nov. 1907, Archiv PSR 426).
37) Vgl. die zitierten Antworten auf die Umfrage des OB im Februar 1907 Kap. 5, Anm. 47.

Finanzielle Krise 279

der zentralen Parteikasse noch mehr als zuvor zur Last, bis auch deren Vorräte erschöpft waren. Bereits im Juni 1907 teilte das Organisationsbüro in einem Rundschreiben mit, daß es die Reisekosten für die Delegierten des dritten Parteirates nicht mehr übernehmen werde[38]. Im August ließ das CK verlauten, daß es überhaupt keinerlei Auslandsreisen russischer Genossen mehr bezuschussen könne[39], und im Oktober mußte es bereits eine Reduktion seiner Tätigkeiten androhen: „Die zentrale Kasse der Partei", erfuhren die Genossen an der Basis, „befindet sich in einem höchst traurigen Zustand. Es ist nötig, unverzichtbare gesamtparteiliche Funktionen einzuschränken oder sogar einzustellen; von Hilfe für die Lokalorganisationen kann nicht die Rede sein". Abermals rügte die Parteispitze ferner die „äußerst ungleiche Verteilung" finanzieller Mittel in der Partei: „Während in einigen ‚oblasti' buchstäblich Hunger und völliger Stillstand der Arbeit" herrschten, hielten „andere die von ihnen z. B. durch Expropriationen erlangten Geldmittel im Widerspruch zu den Grundsätzen der Partei und den Anordnungen des Parteirates für Eigentum nur des jeweiligen Oblasts und der jeweiligen Organisation"[40].

Allerdings fruchtete solche Kritik wenig. Bereits im Dezember 1907, nachdem auch Rücklagen, die man „fast ausschließlich durch persönliche Kontakte" erhalten hatte, aufgezehrt waren, mußten die Zeitungen „Narodnaja Armija" (Die Volksarmee), „Za Narod" (Für das Volk) und „Trud" eingestellt werden[41]. Die Krise verschärfte sich 1908, als das Monatsbudget des CK von ca. 30 000 Rubel im Jahre 1907 auf ganze 7000 Rubel fiel. Ein solcher Tiefstand ließ sogar den verzweifelten Gedanken aufkommen, die CK-Mitglieder nach Rußland auszusenden, um von den Lokalorganisationen, die zumeist selbst keine Kopeke mehr besaßen, Almosen für die „sterbende Parteikasse" zu erbitten[42]. Zwar stiegen die Einkünfte der sozialrevolutionären Führung im Sommer 1908 wieder auf immerhin 23 000 Rubel, aber Černovs Jubel auf der Londoner Gesamtkonferenz kam verfrüht: Die Rekonvaleszens war nicht von Dauer, die finanzielle Lage der Partei besserte sich ebensowenig wie die organisatorische, und das Budget des CK schrumpfte sogar auf den vorrevolutionären Stand. Auch die Geldquellen waren wieder dieselben wie in der Frühphase. Spätestens seit 1909 stammten die wenigen noch vorhandenen Mittel, soweit ersichtlich, vor allem aus Spenden befreundeter Magnaten — namentlich von dem erwähnten Moskauer Teemillionär Vysockij sowie von einem gewissen Krasnikov, der seit 1910—11 offenbar zum wichtigsten Mäzen der PSR wur-

---

38) Brief des OB vom Juni 1907, Archiv PSR 197.
39) Ot CK. In: ZT No 3 (1. August 1907) S. 13.
40) Pis'mo O.B. pri C.K. P.S.-R. No 14 (27. Oktober 1907), Archiv PSR 197, auch: NC, unsortiert.
41) Pis'mo O.B. pri C.K. P.S.-R. No 17 vom 7. Dez. 1907, Archiv PSR 582.
42) Protokoly 1908 S. 60. Auch: Letučij Listok. Izd. Parižskoj gruppy sodejstvija P.S.-R. No 2 (16. Jan. 1908), NC unsortiert.

de[43] —, ferner aus Sammlungen in den USA[44] und aus der Privatschatulle begüterter führender Sozialrevolutionäre selbst. Sie reichten aus, um der PSR das Überleben auf der politischen Szene zu gestatten, aber zu mehr nicht. Auch die Tatsache, daß seit 1912 sogar das Zentralorgan „Znamja Truda" nur mehr zweimonatlich erscheinen konnte, dürfte vor allem auf die finanzielle Dürre zurückzuführen sein[45]. Die Sozialrevolutionäre mußten publizistisches Terrain räumen zu einer Zeit, als in den russischen Städten neue Unruhen ausbrachen, als sich eine zweite Revolution anbahnte und, zum Vergleich, Lenin sich an das aufwendige Unternehmen wagte, die erste sozialdemokratische Tageszeitung, die „Pravda", ins Leben zu rufen[46].

43) Krasnikov finanzierte unter anderem den seit 1910 erscheinenden „Socialist-Revoljucioner" und ermöglichte die Herausgabe von Černovs neuem theoretischen Organ „Zavety" (Das Vermächtnis). Vgl.: OA XVI b (3) f. 1B u. XVII i f. 3c. — Außerdem nannten die Polizeiagenten die Moskauer Millionäre Šachov und M. J. Cejtlin als Geldgeber der PSR. Letzterer gehörte ebenfalls zum Heidelberger Freundskreis. Vgl.: OA XXV b f. 2 doc. i, f. 3 doc. e und c.
44) Vgl.: OA XXV a f. 2 doc. d, wo die Summe der 1911—13 eingegangenen Spenden auf 21 000 Dollar beziffert wird.
45) Das legen verschiedene Dokumente in OA XVI b (3) f. 1B nahe.
46) Dazu Elwood, Russian Social Democracy S. 231 ff; V. T. Loginov, Leninskaja „Pravda" (1912—1914 gg.). M. 1972.

Neuntes Kapitel

ZUR SOZIALEN CHARAKTERISTIK DER PSR

Um über Andeutungen in den lokalen Tätigkeitsberichten hinaus nähere Aufschlüsse über die Sozialstruktur der PSR zu gewinnen, wurde versucht, eine repräsentative Auswahl biographischer Daten zu ermitteln. Sie entstammen im wesentlichen folgenden Quellen:
1) den Suchlisten der Ochrana von 1900 bis 1916[1];
2) einem Mitgliederverzeichnis der „Gesellschaft der politischen Zuchthäusler und Verbannten"[2];
3) einer Fülle von Nachrufen in der sozialrevolutionären Presse aus der Zeit vor und nach 1917[3] sowie
4) nicht wenigen biographischen Bemerkungen in Memoiren und dem Buch von Spiridovič[4].

Auf diese Weise kamen Informationen über 942 Personen zusammen. Zusätzliche Angaben lieferten Umfragen, die auf der ersten Gesamtkonferenz der PSR im August 1908 und auf dem dritten Parteitag im Mai 1917 durchgeführt wurden[5].

[1] OA. XIII d (2) f. 20—61. Die übrigen sehr umfangreichen Personalkarteien erwiesen sich als unbrauchbar.

[2] Političeskaja katorga i ssylka. Biografičeskij spravočnik členov obščestva politkartoržan i ssyl'no-poselencev. M. 1929, erheb. erw. Aufl. M. 1934. Dieses Verzeichnis dürfte das einzige revolutionsgeschichtlich-biographische Nachschlagewerk sein, das auch Sozialrevolutionäre in nennenswerter Zahl enthält. Perrie, Social Composition, die darauf ihre Statistik begründet, ermittelte insgesamt 1024 einschlägige Personen. Die Vorteile dieser Daten liegen in ihrer außerordentlichen Vollständigkeit. Jedoch sind auch, stärker als Perrie das zu tun scheint, gravierende Nachteile zu bedenken: „Političeskaja katorga" verzeichnet nur Mitglieder der „Obščestvo politkatoržan i ssyl'no-poselencev", d. h. ehemalige Sozialrevolutionäre, die es für weise hielten, ihre politische Vergangenheit zu verbergen, oder solche, die aus anderen Gründen nicht beitraten, sind nicht erfaßt. Ferner fehlen die PSR-Mitglieder, die die zwanziger Jahre nicht mehr erlebten, mithin alle, die im Ersten Weltkrieg oder im Bürgerkrieg fielen. Schließlich sind auch sozialrevolutionäre Emigranten nicht aufgenommen. Da zu diesen in erster Linie prominentere Politiker der PSR zählten, wird in der Statistik gerade in Bezug auf die höheren Parteiebenen ein „bias" entstehen. Außerdem faßt Perrie die Definition der „local leaders" recht weit, so daß sich deren soziale Merkmale kaum von denen der einfachen Parteimitglieder unterscheiden.

[3] Sie fanden sich namentlich in ZT 1907—14 und RR 1920—31.

[4] Černov, Pered burej; Zenzinov, Iz žizni; Spiridovič, Partija S.-R.

[5] Protokoly 1908 S. 207—208; Tretij s-ezd Partii Socialistov-Revoljucionerov. Petrograd 1917, Anhang. Die Originale der Fragebögen der Londoner Konferenz finden sich in Archiv PSR 649.

Bei der Auswertung dieses Materials stand vor allem die Absicht im Vordergrund, die sozialen und altersmäßigen Unterschiede zwischen den Angehörigen der einzelnen Funktionsebenen der Parteiorganisation aufzuzeigen. Zu diesem Zweck schien es sinnvoll, das Gesamtsample in vier Gruppen zu unterteilen: Zur *Parteibasis* wurden alle Sozialrevolutionäre gerechnet, die nur als einfache Mitglieder vermerkt waren; sie fanden sich insbesondere in den Suchlisten der politischen Polizei. Als *Lokalführer* wurden diejenigen Personen eingeordnet, die einem Stadt- oder Gouvernementskomitee der PSR angehörten. In der Rubrik der *Regionalführer* sind diejenigen zusammengefaßt, die entweder als „oblastniki" fungierten oder andere zentrale Leitungsaufgaben auf regionaler oder gesamtnationaler Ebene wahrnahmen. Zur *Parteiführung* im engeren Sinne wurden die Mitglieder des CK, des Organisationsbüros, der zentralen Bauernkommission und des zentralen Militärbüros sowie ein Kreis von Revolutionären gezählt, der mit dem CK aufs engste verbunden war und aus dem sich die „Bevollmächtigten" rekrutierten. Insgesamt bestand diese Gruppe aus vierzig Personen[6]. Ferner wurden diejenigen Parteiangehörigen ausgesondert, die sich ausschließlich der terroristischen Tätigkeit widmeten und der zentralen „Kampforganisation" angehörten. Diese Rubrik wird durch eine Aufstellung aller sozialrevolutionären Terrorakte und ihrer Ausführenden ergänzt, die von der PSR selbst angefertigt wurde, aber nur wenig Informationen über die soziale Herkunft der Terroristen enthält[7].

Die Repräsentativität der Angaben ist unterschiedlich. Am vollständigsten sind ohne Zweifel die Angehörigen der Parteiführung und der regionalen Organisationsebene erfaßt. Aber auch die Aktiven der lokalen Komitees dürften in angemessener Weise vertreten sein. Bei der Interpretation bot sich ein Vergleich mit den Ergebnissen von Perrie und nicht zuletzt auch mit denen von Lanes Studie über die Sozialdemokratie an[8], da erst eine solche Gegenüberstellung die spezifischen Merkmale der Parteien zum Vorschein bringt.

1. Generationen in der PSR

Eine neuere Studie faßt die Beziehung zwischen Alter und modernen revolutionären Bewegungen in der pointierten Formel zusammen:

6) Namentlich aus: V. K. Agafonov, A. I. Al'tovskij, A. A. Argunov, N. D. Avksent'ev, E. F. Azef, A. N. Bach, B. G. Bilit, S. M. Bleklov, A. O. Bonč-Osmolovskij, E. K. Breško-Breškovskaja, V. M. Černov, D. A. Chilkov, A. Ju. Fejt, I. I. Fundaminskij, A. V. Gedeonovskij, G. A. Geršuni, A. R. u. M. R. Goc, Ja. L. Judelevskij, P. P. Kraft, E. E. Lazarev, V. I. Lebedev, B. N. Lebedev, V. V. Leonovič, S. F. Michalevič, O. S. Minor, M. A. Natanson, V. S. Pankratov, A. I. Potapov, A. V. Pribylev, N. I. Rakitnikov, I. A. Rubanovič, V. V.Rudnev, B. V. Savinkov, M. F. Seljuk, L. È. Šiško, S. N. Sletov, N. S. Tjutčev, F. V. Volchovskij, V. M. Zenzinov. — Soweit ausreichende Angaben vorhanden sind, siehe zu dieser Führungsgruppe die Kurzbiographien in Anhang II.
7) Pamjatnaja knižka socialista-revoljucionera II S. 5—23.
8) Perrie, Social Composition; Lane, Roots of Russian Communism.

„Keine revolutionäre Partei mit autochthonen Zielen überlebt von einer Generation zur nächsten, es sei denn, sie kann die Macht ergreifen und zur herrschenden Partei werden. Jede revolutionäre Partei ist das Instrument *einer* politischen Generation".

Dies gelte namentlich für die sozialistischen Revolutionen der jüngsten Vergangenheit — nicht also für die klassischen bürgerlichen —, weil sich nur innerhalb einer Generation ein ausreichend präziser, aktionsermöglichender Konsens über die Konzeption der nachrevolutionären Gesellschaft herstellen lasse; anders gewendet, weil sich eine politisch operable konkrete Utopie nicht tradieren lasse[9].

Aus Tabelle 2 geht hervor, daß die PSR eine solche These widerlegt (es sei denn, man definiert den Begriff der politischen Generation unbrauchbar weit). In der neopopulistischen Bewegung verschmolzen nicht nur unterschiedliche Strömungen aus der populistischen Tradition. In ihr versammelten sich auch mehrere Altersgruppen und bestand zwischen der ältesten und der jüngsten Generation eine extrem weite Spanne. Faßt man die Jahrgänge zu Gruppen gleicher politischer Sozialisation zusammen, so lassen sich, grob gesehen, vier Generationen unterscheiden: die „narodniki", die „narodovol'cy" sowie die älteren und jüngeren Sozialrevolutionäre im engeren Sinne.

Die Alt*narodniki*, etwa die Jahrgänge 1840—1855, waren die geistigen Väter und Lehrer der PSR. Sie zogen seit Ende der 80er Jahre eine neue populistische Generation heran, sei es als Verbannte an der Wolga, im Ural und in Sibirien, wo sie die Jugend in politischen Zirkeln mit der revolutionären Tradition der 70er Jahre vertraut machten, sei es als Emigranten im Exil, von wo aus sie durch journalistische Tätigkeit auf die nachwachsenden oppositionellen Kräfte einzuwirken suchten. In den 90er Jahren standen sie Pate, als sich die ersten neopopulistischen Gruppen konstituierten, und nicht zuletzt ihnen war die rasche Ausbreitung der sozialrevolutionären Bewegung zu verdanken. Von diesen „stariki" spielten, wie erwähnt, Breškovskaja, Volchovskij, Šiško und Natanson eine besonders prominente Rolle in der PSR; zum Führungskern zählten aber ebenso Tjutčev, Lazarev, Michalevič und wohl auch Bonč-Osmolovskij. Obgleich sie, die ehemaligen Čajkovisten, Lavrovisten und Bakuninisten, insgesamt einen relativ geringen Anteil der Elite der neuen Partei stellten (17,5 % der Parteispitze und etwa 6—8 % der Delegierten der ersten Gesamtkonferenz, vgl. Tabelle 2 und 2.1) und im Gesamtsample sozusagen gar nicht zu Buche schlagen, muß ihre tatsächliche Bedeutung erheblich höher eingeschätzt werden.

Nach Lanes Ergebnissen zu urteilen, fehlte in der RSDRP eine Entsprechung zu diesen ältesten sozialrevolutionären Parteimitgliedern. Nur relativ wenige der bekannten „narodniki" fanden den Weg über Plechanovs „Černyj peredel" (Schwarze Umteilung) in die sozialdemokratische Bewegung, wobei sich die meisten später der menschewistischen Fraktion an-

---

[9] L. S. Feuer, Generations and the Theory of Revolution. In: Survey 18 (1972) No 3 (84) S. 161—188, hier S. 187, Hervorhebung von mir.

Tabelle 2: Altersstruktur der sozialrevolutionären Parteimitglieder

Jahrg.	Alter 1905	Parteibasis N	%	Lokalführer N	%	Regionalführer N	%	Parteispitze N	%	Kampforganisation N	%	gesamt N	%
1840–50	55–65	–	–	–	–	1	2,0	3	8,5	–	–	4	0,4
51–55	50–54	3	0,5	–	–	–	–	4	10,0	2	3,7	9	1,0
56–60	45–49	5	0,8	1	0,7	4	7,8	7	17,5	–	–	17	1,8
61–65	40–44	11	1,7	4	2,8	4	7,8	5	12,5	–	–	24	2,5
66–70	35–39	14	2,1	7	5,0	3	5,9	6	15,0	–	–	30	3,2
71–75	30–34	37	5,6	6	4,3	2	3,9	4	10,0	3	5,5	52	5,5
76–80	25–29	95	14,5	22	15,6	6	11,8	5	12,5	9	16,7	137	14,5
81–85	20–24	180	27,4	30	21,3	11	21,6	5	12,5	7	13,0	233	24,7
86–90	15–19	141	21,5	17	12,1	2	3,9	–	–	–	–	160	17
91–95		23	3,5	2	1,4	–	–	–	–	–	–	25	2,7
96–1900		2	0,3	–	–	–	–	–	–	–	–	2	0,2
unbekannt		145	22,1	52	36,9	18	35,3	1	2,5	33	61,1	249	26,4
gesamt		656	100,0	141	100,1	51	100,0	40	100,0	54	100,0	942	99,9
Median		22 Jahre		23,4 Jahre		27,3 Jahre		38,7 Jahre		26,6 Jahre		22,7 Jahre	

Generationen in der PSR 285

Tabelle 2.1: Altersstruktur der Delegierten der ersten Gesamtkonferenz der PSR 1908

Jahrgang	Alter	N	%
1843–47	61–65	1	1,6
48–53	55–60	4	6,6
53–58	50–55	1	1,6
58–63	45–50	4	6,6
63–68	40–45	5	8,2
68–73	35–40	7	11,5
73–78	30–35	10	16,4
78–83	25–30	19	31,1
83–88	20–25	8	13,1
88–	–20	1	1,6
unbekannt		1	1,6
gesamt		61	99,9
Median	31,8 Jahre		

Quelle: Protokoly pervoj obščepartijnoj konferencii P.S.-R. Avgust 1908. Paris 1908 S. 207

Tabelle 2.2: Altersstruktur der sozialrevolutionären Terroristen

Alter	N	%
15–19	19	24,7
20–24	33	42,9
25–29	11	14,3
30–34	10	13,0
35–39	3	3,9
40–44	–	–
45–49	–	–
50–54	1	1,3
gesamt	77	100,1
Median	22,4 Jahre	

Quelle: Pamjatnaja knižka socialista-revoljucionera. Vyp. II Paris 1914 S. 8–20

Tabelle 2.3: Altersstruktur der Delegierten des dritten Parteitages der PSR vom Mai 1917

Jahrgang	Alter	N	%
1858–61	56–59	4	1,7
62–66	51–55	10	4,1
67–71	46–50	3	1,2
72–76	41–45	11	4,6
77–81	36–40	42	17,4
82–86	31–35	61	25,3
87–91	26–30	83	34,4
92–98	19–25	27	11,2
gesamt		241	99,9
Median	31,7 Jahre		

Quelle: Tretij s-ezd Partii Socialistov-Revoljucionerov. Petrograd 1917, Anhang.

Tabelle 2.4: Mitarbeit der Delegierten der ersten Gesamtkonferenz der PSR (1908) in anderen Parteien vor ihrem Eintritt in die PSR

Organisation	N	Organisation	N
keine andere	36	Schwarze Umteilung („Černyj peredel")	1
Bauernbund („Krest'janskij sojuz")	1	Volkswille („Narodnaja Volja")	11
Soldatenbund („Voennyj sojuz")	1	Čajkovskij-Zirkel („Kružok Čajkovcev")	1
RSDRP	3		
Sozialdemokratie (nicht Mitglied)	1	Agrarsozialistische Liga („Agrarno-socialističeskaja Liga")	1
Dašnakcutjun	2	„alle Stadien der 70er Jahre"	1
Sozialrevolutionärer Bund („Sojuz S.-R.")	2	gesamt	61

Quelle: Protokoly pervoj obščepartijnoj konferencii P.S.-R. Avgust 1908. Paris 1908 S. 207 f.

Tabelle 2.5: Mitarbeit der Delegierten des dritten Parteitages der PSR (Mai 1917) in anderen Parteien vor ihrem Eintritt in die PSR

Organisation	N	%
Zemlja i Volja	1	3,2
Narodnaja Volja	8	25,8
Sozialdemokratie	13	41,9
Maximalisten und Anarchisten	5	16,1
Dašnakcutjun	1	3,2
Volkssozialisten (Narodno-socialističeskaja Partija)	1	3,2
Proletariat	1	3,2
Zionisten-Sozialisten	1	3,2
gesamt	31	99,8

Quelle: Tretij s-ezd Partii Socialistov-Revoljucionerov. Petrograd 1917, Anhang.

Tabelle 2.6: Delegierte der ersten Gesamtkonferenz der PSR (1908) nach Jahren ihrer revolutionären Tätigkeit und nach Jahren der Mitgliedschaft in der PSR

in der revolutionären Bewegung			in der PSR		
Jahre	N	%	Jahre	N	%
2–5	14	24,1	bis 1	–	–
5–10	17	29,3	1–2	3	4,9
10–15	10	17,2	2–3	4	6,6
15–20	3	5,2	3–4	9	14,8
über 20	14	24,1	4–5	13	21,3
			5–7	10	16,4
			über 7	17	27,9
			unbek.	5	8,2
gesamt	58	99,9		61	100,1

Quelle: Protokoly pervoj obščepartijnoj konferencii P.S.-R. Avgust 1908. Paris 1908 S. 207.

Tabelle 2.7: Delegierte des dritten Parteitages der PSR (Mai 1917) nach Jahren der Mitgliedschaft

Parteieintritt	N	%	Parteieintritt	N	%
Narodvol'cy	4	1,6	1910	2	0,8
seit Bestehen der Partei	20	7,9	1911	2	0,8
1901–04	66	26,1	1912	8	3,2
1905	63	24,9	1913	6	2,4
1906	36	14,2	1914	3	1,2
1907	12	4,7	1915	2	0,8
1908	6	2,4	1916	6	2,4
1909	5	2,0	1917	12	4,7
gesamt				253	100,1

Quelle: Tretij s-ezd Partii Socialistov-revoljucionerov. Petrograd 1917, Anhang.

Tabelle 2.8: Delegierte des dritten Parteitages der PSR (Mai 1917) nach Jahren illegaler Tätigkeit

Jahre	N	%
weniger als 1	23	26,7
1	19	22,1
2	20	23,3
3	10	11,6
4	6	7,0
6	4	4,7
8	1	1,7
9	1	1,7
11	2	2,3
gesamt	86	101,1

Quelle: Tretij s-ezd Partii Socialistov-revoljucionerov. Petrograd 1917, Anhang.

Tabelle 2.9: Delegierte des dritten Parteitages der PSR (Mai 1917) nach Jahren in der Emigration

Jahre	N	%
1	3	20,0
2	1	6,7
3	3	20,0
4	1	6,7
5	2	13,3
7	2	13,3
8	2	13,3
9	1	6,7
gesamt	15	100,0

Quelle: Tretij s-ezd Partii Socialistov-revoljucionerov. Petrograd 1917, Anhang.

Tabelle 2.10: Delegierte des dritten Parteitages der PSR (Mai 1917) nach Parteiämtern

Parteiamt	N	%
Komiteemitglied	103	59,9
Komiteevorsitzender	43	25,0
stellvertr. Komiteevorsitzender	9	5,2
Mitglied eines Arbeiter-, Bauern- und Soldatenrates	17	9,9
gesamt	172	100,0

Quelle: Tretij s-ezd Partii Socialistov-revoljucionerov. Petrograd 1917, Anhang.

schlossen. Während 24,1 % der Teilnehmer der ersten Gesamtkonferenz der PSR von 1908 auf mehr als zwanzig Jahre aktiver revolutionärer Tätigkeit zurückschauen konnten (Tab. 2.6), lag der analoge Anteil unter den Delegierten des fünften Parteitages der RSDRP von 1907 nur bei ca. 3 %[10].

Wird man die ehemaligen „narodniki" in der PSR am treffendsten als Inspiratoren kennzeichnen, so übernahmen die Vertreter der folgenden Generation, etwa die Jahrgänge 1855—70, eher die Rolle von Initiatoren. Sie durchliefen ihre politische Sozialisation in der Zerfallsphase der „Zemlja i Volja" und repräsentierten vor allem das Erbe der „Narodnaja Volja", der sie fast ausnahmslos angehörten. Mit einem Anteil von ca. 45 % an den nationalen und etwa 21,5 % an den regionalen Parteiführern stellten diese *narodovol'cy* bereits numerisch eine beträchtliche Größe dar. Ihr tatsächlicher Einfluß muß indes noch höher veranschlagt werden, da dieser Generation solche herausragenden Revolutionäre wie M. Goc, Minor, Rubanovič, Rakitnikov und Argunov angehörten. Ferner wären die Gründer der „Revoljucionnaja Mysl'" (Der revolutionäre Gedanke)[11], Ja. L. Judelevskij und V. K. Agafonov, sowie aus der engeren Umgebung des CK A. N. Bach, Fejt und Bilit zu nennen. Angesichts solch gewichtiger Repräsentanz der ehemaligen „Narodnaja Volja"-Mitglieder in der PSR nimmt es nicht wunder, daß sie selbst auf dem dritten Parteitag im Mai 1917 noch ca. 7 % der Delegierten ausmachten (Tab. 2.3, 2.5, 2.7): Sie bildeten den harten Kern der sozialrevolutionären Elite und prägten die neopopulistische Bewegung in maßgeblicher Weise.

Es wird kaum überraschen, daß auch diese Generation in der RSDRP nicht in vergleichbarem Ausmaße vertreten war[12].

Sozialrevolutionäre im engeren Sinne sind die Parteimitglieder zu nennen, die ihre revolutionäre Laufbahn in keiner der frühen populistischen Gruppen begannen, deren politisches Bewußtsein Ende der 80er und insbesondere in den 90er Jahren erwachte und die durch die Erfahrung der ersten Auswirkungen der Industrialisierung geprägt wurden: durch die Hungersnot und Wirtschaftskrise zu Beginn des Jahrzehnts, die Entstehung eines städtischen Proletariats, zunehmende Not und wachsende Unruhe in der Bauernschaft sowie durch den Streit über die Entwicklungschancen des Kapitalismus in Rußland zwischen Marxisten und Populisten. Sie, etwa die Jahrgänge 1870—1890, waren die *Träger* der Parteiorganisationen an der Basis; sie machten noch 1917 mit rund 75 % das Gros der sozialrevolutionären Parteikader aus (Tab. 2.3) und agierten als eigentliche Kontrahenten der Sozialdemokraten.

Deutlich zerfiel diese Gruppe ihrerseits in mindestens zwei politische Generationen, wobei der Übergang zu den 80er Jahren die Wende markierte. Zur *älteren* zählten unter anderem so prominente Gestalten wie Geršuni,

---

10) Lane, Roots of Russian Communism S. 34, 36.
11) Vgl. dazu unten S. 324 f.
12) Lane, Roots of Russian Communism S. 34.

Černov, Sletov, Seljuk, Kraft, Leonovič und Azef. Insgesamt stellte sie etwa 12,5 % der Angehörigen der Parteispitze, ca. 30 % der Teilnehmer der ersten Gesamtkonferenz, 16 % der regionalen, 20 % der lokalen Führer und 20 % der Parteibasis (Tab. 2 u. 2.1).

Der *jüngeren* sozialrevolutionären Generation gehörten die Revolutionäre an, die die Geschicke der Partei während der Revolution 1917 lenkten. Zumeist gaben sie ihr Debut in der Generalprobe von 1905, und die begabtesten von ihnen bahnten sich seit dieser Zeit den Weg zur Parteispitze. Zu nennen wären hier vor allem die „Deutschsozialrevolutionäre" Zenzinov, Avksent'ev, Fundaminskij, A. Goc und Rudnev, ferner B. N. Lebedev sowie der Armeeagitator und Helfer Volchovskijs bei der Herausgabe der Soldatenzeitung „Za Narod", V. I. Lebedev[13]. Zumindest für diese Vertreter des Nachwuchses lassen sich auch Gemeinsamkeiten der politisch-taktischen Anschauungen ausmachen, die ihre relative Homogenität als Gruppe begründeten: Sie alle traten der rechten Opposition bei, die sich seit 1909 in der Partei herausbildete, plädierten für eine legalistische, antiterroristische Taktik, zählten während des Krieges überwiegend zu den Vaterlandsverteidigern und fanden sich 1917 auf dem rechten Flügel oder im rechten Zentrum der Partei wieder. Es mag offen bleiben, ob diese erstaunlich einheitliche Entwicklung von ungeduldigen Revolutionären und Aposteln des militanten Kampfes — Zenzinov und A. Goc hospitierten in Azefs Kampforganisation, Rudnev profilierte sich in den Debatten des ersten Parteitages durch maximalistische Reden — zu Advokaten gewaltloser Reformen und friedlicher Evolution damit zusammenhing, daß sich die meisten von ihnen der neukantianischen Ethik und Weltanschauung verpflichtet fühlten. Immerhin bestand im internationalen Sozialismus ohne Zweifel eine enge Beziehung zwischen Revisionismus und Neokantianismus[14]. Andererseits gehörten aber auch die Führer der sozialrevolutionären Linken und des Maximalismus überwiegend dieser Generation an, namentlich Sokolov und Mazurin.

Aus den Tabellen 2 und 2.1 geht deutlich hervor, daß die jüngeren Neopopulisten (etwa die Jahrgänge 1880—90) mit einem Anteil von ca. 49 % an der Parteibasis, 33 % an den lokalen, 25 % an den regionalen und 40 % an den Teilnehmern der ersten Gesamtkonferenz den Kern der innerrussischen Kader der PSR bildeten. Lediglich in der Parteispitze waren sie mit 12,5 % kaum vertreten. Zum einen erklärt sich dieser Umstand sicherlich daraus, daß der sozialrevolutionäre Nachwuchs vor dem Ersten Weltkrieg in der Regel noch zu jung war, um zentrale Führungsaufgaben wahrnehmen zu können. Zum anderen wirft er Licht auf ein weiteres Charakteristikum der generationsmäßigen Struktur der Partei: die extrem ausgeprägte Paralleli-

---

13) Vgl.: G. Ja. Aronson u. a., Pamjati V. I. Lebedeva. Sbornik statej. N.Y. 1958.
14) Vgl. H.-J. Steinberg, Sozialismus und Sozialdemokratie. Zur Ideologie der Partei vor dem 1. Weltkrieg. Hannover 1967 S. 98 ff; H. J. Sandkühler, R. de la Vega (Hrsg.): Marxismus und Ethik. Texte zum neukantianischen Sozialismus. Frankfurt 1970.

tät zwischen Stellung im Apparat und Alter. Die PSR insgesamt war außerordentlich jung. So betrug das Durchschnittsalter aller Sozialrevolutionäre laut Tabelle 1, bezogen auf 1905, 22,7 Jahre und das des einfachen Parteimitgliedes an der Basis 22 Jahre. Den sicher verläßlichen Angaben der erwähnten Attentatsstatistik zufolge war der sozialrevolutionäre Bombenwerfer ebenfalls nur 22,4 Jahre alt, ein Beleg für die bekannte Tatsache, daß der politische Terror eine besondere Attraktion auf die Jugend ausübte (Tab. 2.2). Doch schon bei den Lokalführern ergibt sich mit 23,4 Jahren ein höheres Durchschnittsalter, das sich bei den Regionalführern auf 27,3 Jahre und bei den Angehörigen der Parteispitze sogar auf 38,7 Jahre steigert. Die Delegierten der ersten Gesamtkonferenz 1908 waren im Schnitt 31,8 Jahre alt[15]. Solch ausgeprägte Korrelation zwischen Alter und Bedeutung des Parteiamtes indiziert einen geringen Grad an innerparteilicher Mobilität. Sie deutet an, daß die Fluktuation zwischen den Organisationsebenen niedrig war und die Elitenzirkulation durch eine ausgeprägte Distanz zwischen Zentrum und Peripherie gehemmt wurde. In der PSR, so scheint es, bestand eine „Gerontokratie" vor allem der Veteranen der „Narodnaja Volja" und der Sozialrevolutionäre der ersten Stunde. Seniorität eröffnete den Zutritt zur Führungsgruppe. Nicht von ungefähr war sowohl die Abspaltung der Maximalisten als auch die Fraktionsbildung auf der Rechten unter anderem ein Generationskonflikt[16].

Es scheint, daß es eine auf Alter begründete Hierarchie in dieser Weise in der RSDRP nicht gab. Im Gegenteil, insbesondere die bolschewistische Fraktion zeichnete sich durch eine relativ große generationsmäßige Homogenität und durch Durchlässigkeit zwischen den Parteiebenen aus, betrug doch das Durchschnittsalter der leninistischen Delegierten des fünften Parteitages 1907 nur 27,1 Jahre. Auch die menschewistischen Abgeordneten waren mit 29,2 Jahren noch etwas jünger als die am ehesten vergleichbaren Teilnehmer der Londoner Konferenz der PSR[17]. Umso mehr muß die Beobachtung erstaunen, daß die einfachen sozialdemokratischen Parteimitglieder im Durchschnitt merklich *älter* waren als die sozialrevolutionären,

---

15) Auf der Basis der Biographien aus „Političeskaja katorga" kam Perrie, Social Composition zu leicht abweichenden Ergebnissen. Als Durchschnittsalter aller erfaßten Sozialrevolutionäre errechnete sie 21,1 Jahre und als das der Lokalführer 21,8 Jahre. Insbesondere die letzte Angabe dürfte zu niedrig sein und dem erwähnten „bias" ihrer Ausgangsdaten zuzuschreiben sein, da sogar der „gemeine" politische Delinquent zwischen 1901 und 1903 laut einer zuverlässigen Quelle im Schnitt nur 21,6 Jahre alt war (berechnet nach: E. N. Tarnovskij, Statističeskie svedenija o licach, obvinjaemych v prestuplenijach gosudarstvennych. In: Žurnal ministerstva justicii. SPb. 1906 S. 50–99, hier S. 56f, der 7796 Akten auswertete). Die lokalen „komitetčiki" sollten älter gewesen sein. — Als Durchschnittsalter der Terroristen ermittelte Perrie m = 21,1 Jahre und für die Londoner Konferenzteilnehmer m = 30,0 Jahre. Die Abweichungen dürften aus der unterschiedlichen Interpretation der unklaren Klassenbreiten in den Quellenangaben zu erklären sein.
16) Vgl. oben S. 126 ff und unten S. 335 ff; auch Perrie, Social Composition S. 234.
17) Lane, Roots of Russian Communism S. 35.

wobei den Men'ševiki wiederum die Seniorität zukam[18]. Aus solchen Unterschieden Grade der revolutionären Radikalität abzuleiten, wie Lane das andeutet, muß pure Spekulation bleiben. Dennoch verdienen sie Beachtung, weil sie der politischen Physiognomie aller drei revolutionären Parteien ein nicht unwesentliches Merkmal hinzufügen.

2. Bildungs- und Sozialstruktur

Über Schulbesuch und Bildungsniveau geben die biographischen Daten der Ochrana-Suchlisten wenig Auskünfte, wie aus der hohen Unbekanntquote in Tabelle 3 ersichtlich ist. Lediglich Universitätsbildung wurde in der Regel vermerkt. Deren Anteil von 16,9 % kann daher als einigermaßen verläßlich gelten, zumal sich für die Biographien aus „Političeskaja katorga" entsprechend etwa 10 % ergibt. Aus dieser im gegebenen Falle zuverlässigeren Quelle ist ferner zu entnehmen, daß die Masse der PSR-Mitglieder über mittlere Bildung verfügte (40 %), während sich der Prozentsatz derer, die nur die allerersten Anfangsgründe von Lesen und Schreiben beherrschten, mit etwa einem Drittel in Grenzen hielt[19]. Bereits bei den Lokalführern verschieben sich die Proportionen jedoch erheblich, da fast jeder zweite von ihnen eine Universität besuchte (48,2 %) bzw. besucht hatte. Darin schlägt sich in erster Linie die starke Repräsentanz der Studentenschaft in der PSR nieder. Selbst wenn man die Unbekanntquote zum größeren Teil oder ganz dem mittleren Bildungsniveau zurechnete, läge dessen Anteil immer noch unter dem der Lokalführer mit höherer Bildung (etwa 42 %). Noch stärker dominierten die Akademiker unter den Angehörigen der mittleren und oberen Parteiebenen, indem sie fast 70 % der regionalen „komitetčiki", 62,3 % der Delegierten der ersten Gesamtkonferenz und 90 % der sozialrevolutionären Führung (Tab 3. und 3.1)[20] stellten. Es ergibt sich ein der Verteilung der Altersgruppen auf die verschiedenen Parteiebenen analoges Bild: Auch die enge Korrelation zwischen Bildungsgrad und organisatorischer Funktion läßt auf eine ausgeprägte hierarchische Ordnung in der PSR schließen. In ihr herrschten nicht nur die Alten, sondern ebenso unumstritten die Vertreter der Intelligenz.

---

18) Trockij ermittelte in einer Umfrage aus den Jahren 1910—11 ein Durchschnittsalter der Bol'ševiki von 24 Jahren. Vgl.: R. C. Elwood, Trotsky's Questionnaire. In: SR 29 (1970) S. 298.
19) Perrie, Social Composition S. 239. Im Gegensatz zu diesen Ergebnissen finden sich in der Statistik aller politischen Delinquenten zwischen 1901 und 1903 ca. 63 % in den Kategorien „niedere Bildung" und „des Lesens- und Schreibens kundig" („gramotnye") sowie weitere 11,8 % in der Rubrik „Analphabeten". Vgl. Tarnovskij, Statističeskie svedenija S. 67, abgedr. bei Lejkina-Svirskaja, Intelligencija v Rossii S. 317.
20) Zur Kategorisierung in Tab. 3: niedere Bildung — obrazovanie nizšee, sel'skaja načal'naja škola; mittlere Bildung — obrazovanie srednee, gorodskaja, real'naja, tehničeskaja, remeslennaja škola; höhere Bildung — obrazovanie vysšee, universitet, vysšie ženskie kursy.

Tabelle 3: Bildungsgrad der sozialrevolutionären Parteimitglieder

Bildung	Parteibasis N	%	Lokalführer N	%	Regionalführer N	%	Parteispitze N	%	Kampforganisation N	%	gesamt N	%
höhere	111	16,9	68	48,2	35	68,6	37	92,5	33	61,1	284	30,2
mittlere	21	3,2	20	14,2	3	5,9	–	–	6	11,1	50	5,3
niedere	8	1,2	11	7,8	2	3,9	–	–	8	14,8	29	3,1
eigene	–	–	3	2,1	–	–	–	–	–	–	3	0,3
unbekannt	516	78,6	39	27,7	11	21,6	3	7,5	7	13,0	576	61,2
gesamt	656	99,9	141	100,0	51	100,0	40	100,0	54	100,0	942	100,1

Tabelle 3.1: Bildungsgrad der Delegierten der ersten Gesamtkonferenz der PSR 1908

Bildung	N	%	ges. %
höhere	18	29,5	62,3
unvoll.	20	32,8	
mittlere	10	16,4	23,0
unvoll.	4	6,6	
niedere	9	14,8	14,8
gesamt	61	100,1	100,1

Quelle: Protokoly pervoj obščepartijnoj konferencii P.S.-R. Avgust 1908. Paris 1908 S. 207.

Die Aufgliederung der sozialrevolutionären Parteiangehörigen nach *beruflichem und sozialem Status* untermauert und erläutert diese Aussage. Sie zeigt deutlich, daß Personen mit qualifizierten Berufen auf der oberen Parteiebene gleichfalls erheblich zahlreicher vertreten waren als auf der unteren. Befanden sich z. B. unter den einfachen Parteimitgliedern und den Lokalführern der PSR kaum Publizisten, Literaten und Universitätslehrer, so machten sie unter den Regionalführern schon 23,5 % und in der Parteispitze sogar 25 % aus (Tab. 4). Dabei ist noch nicht berücksichtigt, daß viele der als professionelle Parteiarbeiter eingeordneten Revolutionäre mit gleichem Recht dieser Kategorie zuzuschlagen wären; für die nähere Umgebung des CK betrüge die Gesamtquote dann 60 % und für die regionale Parteiprominenz etwa 33 %. Von den Delegierten der ersten Gesamtkonferenz bezeichneten sich ca. 20 % als Literaten; auch ihnen sind einige der als Berufsrevolutionäre rubrizierten Personen hinzuzufügen (Tab. 4.1). Ähnlich stark waren auf der oberen Parteiebene nur noch die Angehörigen der neuen Intelligenz, die Repräsentanten der heranreifenden modernen Industriegesellschaft wie Ingenieure, Agronomen, Juristen und Ärzte, vertreten. Sie stellten 17 % der lokalen, 19,6 % der regionalen und 35 % der obersten Parteiführer. Unter den einfachen Mitgliedern dagegen machten sie nur etwa 7 % aus. Auch der Anteil dieser Berufe stieg somit analog zur Parteiebene[21].

Das Umgekehrte läßt sich folgerichtig bei wenig- und unqualifizierten Berufen beobachten. Belief sich der Anteil von Arbeitern, Bauern, Händlern und einfachen Soldaten unter den einfachen Parteigängern auf etwa 37 %, so zählten nur 13,4 % der lokalen, 4 % der regionalen und gar nur 2,5 % der Parteiführer an der Spitze zu dieser sozialen Schicht. Analog waren die unteren Mittelstandsberufe und die minder qualifizierte Intelligenz mit 5,9 % unter den Regionalführern und bescheidenen 2,5 % unter den Angehörigen der näheren Umgebung des CK auf der oberen Parteiebene merklich schwächer repräsentiert als auf der unteren, wo sie immerhin ca. 17 % der einfachen Mitglieder und 11,3 % der lokalen Aktivisten stellten.

Relativ konstant dagegen scheinen auf fast allen Stufen der Organisationshierarchie die Studenten vertreten gewesen zu sein. Lediglich ins CK konnten sie sich aufgrund ihres Alters offensichtlich noch nicht emporarbeiten.

21) In Tab. 4.1 dürften die Angehörigen der „oberen Intelligenz" in der überproportionierten Gruppe der professionellen Parteiarbeiter versteckt sein.
22) Zur Rubrizierung: profess. Parteiarbeiter — professional'nyj partijnyj rabotnik; Publizisten, Literaten, Professoren — literator, publicist, žurnalist, professor; Studenten, Schüler — student, seminarist, učaščijsja; Angestellte, untere Intelligenz — kontorščik, pis'movoditel', služaščij, telegrafist, buchgal'ter, bibliotekar', fel'dšer u.a.; obere Intelligenz — vrač', inžener, agronom, aptekar'; Lehrer — učitel'; Offizier — oficer, poručik, kapitan, stabskapitan; ungelernte Arbeiter — černorabočij; gelernter Arbeiter, Handwerker — rabočij, slesar', tokar' usw.; Soldaten, Matrosen — soldat, matros; Händler — melkij torgovec.

Bildungs- und Sozialstruktur 295

Tabelle 4: Beruflicher Status der sozialrevolutionären Parteimitglieder

Berufe22	Parteibasis N	Parteibasis %	Lokalführer N	Lokalführer %	Regionalführer N	Regionalführer %	Parteispitze N	Parteispitze %	Kampforganisation N	Kampforganisation %	gesamt N	gesamt %
prof. Parteiarbeiter	–	–	5	3,5	5	9,8	14	35,0	–	–	24	2,5
Publizisten, Literaten, Professoren	11	1,7	5	3,5	12	23,5	10	25,0	–	–	38	4,0
Studenten, Schüler	139	21,2	32	22,7	13	25,5	–	–	22	40,7	206	21,9
Angestellte, untere Intelligenz	98	14,9	11	7,8	3	5,9	1	2,5	4	7,4	130	13,8
	8	1,2	5	3,5	–	–	–	–	–	–	–	–
obere Intelligenz	45	6,9	24	17,0	10	19,6	14	35,0	8	14,8	101	10,7
Lehrer	51	7,8	8	5,7	–	–	–	–	4	7,4	63	6,7
Offiziere	10	1,5	–	–	4	7,8	–	–	2	3,7	16	1,7
ungelernte Arbeiter	61	9,3	5	3,5	1	2,0	1	2,5	10	18,5	215	22,8
gelernte Arbeiter, Handwerker	122	18,6	14	9,9	1	2,0	–	–	–	–		
Bauern	37	5,6	–	–	–	–	–	–	–	–	37	3,9
Soldaten, Matrosen	13	2,0	–	–	–	–	–	–	–	–	13	1,4
kleine Händler	13	2,0	–	–	–	–	–	–	–	–	13	1,4
unbekannt	48	7,3	32	22,7	2	3,9	–	–	4	7,4	86	9,1
gesamt	656	100,0	141	99,8	51	100,0	40	100,0	54	99,9	942	99,9

Zweifellos trifft zu, daß vor allem die „neue" Intelligenz in *allen* revolutionären und oppositionellen Parteien Rußlands, die Kadetten inbegriffen, dominierte. Darin spiegelte sich die besondere Rolle, die ihr als Ersatz des Bürgertums und als Agent des wirtschaftlichen und sozialen Fortschritts in rückständigen Gesellschaften zufiel[23]. Dennoch zeigt ein Vergleich mit der Sozialdemokratie, daß es merkliche Unterschiede zwischen den Parteien gab. Zwar besetzten auch in der RSDRP Revolutionäre mit höherer Bildung die oberen Ränge, und hatten Lane zufolge 44,3 % der bolschewistischen und 38,9 % der menschewistischen „Lokalführer" eine Hochschule besucht. Aber es sollte nicht übersehen werden, daß dieser Anteil erheblich niedriger lag als in der analogen sozialrevolutionären Gruppe (68,6 % der Regionalführer in Tab. 3, 60,3 % der Teilnehmer der Londoner Konferenz in Tab. 3.1). Ob darin ein Indiz für die demokratischere Struktur der RSDRP zu sehen ist, muß dahingestellt bleiben. Dafür spräche immerhin, daß umgekehrt der Anteil der Revolutionäre mit mittlerer Bildung unter den bolschewistischen und menschewistischen „Lokalführern" mit 22,7 % bzw. 23.6 % *niedriger* war als unter den bolschewistischen und menschewistischen Delegierten des fünften Parteitages (32,3 % bzw. 47,5 %)[24].

Auch im *beruflichen* Status unterschieden sich die sozialdemokratischen Führer von ihren sozialrevolutionären Konkurrenten. So fand Lane unter den bolschewistischen Delegierten des fünften Parteitages 36,2 % und unter den menschewistischen 31,9 % „Handarbeiter", während sich nur 8,2 % der Anwesenden der ersten Gesamtkonferenz der PSR zu dieser Kategorie rechneten. Entsprechend schwächer waren andere Berufe vertreten. Beispielsweise stellten die Studenten nur 4,8 % der bolschewistischen und 5,2 % der menschewistischen Abgeordneten, aber etwa 25 % der Teilnehmer der entsprechenden Konferenz der PSR (Tab. 4 u. 4.1). Umgekehrt lag der Anteil der Publizisten, Literaten und Professoren unter den sozialrevolutionären Regionalführern mit 23,5 % merklich höher als unter den vergleichbaren sozialdemokratischen Parteimitgliedern (14.3 % der bolschewistischen, 18,6 % der menschewistischen Parteitagsdelegierten 1907)[25]. Insgesamt, so ist einem Längsschnittvergleich der Repräsentation der Arbeiter auf den Parteikonferenzen der RSDRP zu entnehmen, zeichnete sich die Sozialdemokratie zwischen 1903 und 1912 durch eine kontinuierliche Tendenz zur *Proletarisierung* und zur Verjüngung aus. Diese fand ihren Höhepunkt darin, daß der Anteil von Revolutionären aus der Arbeiter-

---

23) S. Einleitung S. 17.
24) Lane, Roots of Russian Communism S. 38 u. 47. Die Rubrik „local leaders" umfaßt bei Lane offenbar die Revolutionäre an der Spitze der innerrussischen sozialdemokratischen Organisation, meint also die Regionalführer in meiner und Perrie's Terminologie. — Zum Teil mögen diese Unterschiede auch daraus zu erklären sein, daß die Londoner Konferenz der PSR zu einer Zeit stattfand, als viele russische Organisationen bereits keine Delegierten mehr entsenden konnten und die Parteiführung somit überrepräsentiert war.
25) Lane, Roots of Russian Communism S. 38.

Bildungs- und Sozialstruktur 297

Tabelle 4.1: Beruflicher Status der Delegierten der ersten Gesamtkonferenz der PSR 1908

Berufe	N	%	Berufe	N	%
professionelle Parteiarbeiter	30	49,2	Kontoristen Buchhalter	2	3,3
Literaten	12	19,7	Bibliothekar	1	1,6
Ärzte	2	3,3	vor dem Studium	1	1,6
Feldscher	1	1,6	Student	2	3,3
Lehrer	1	1,6	Arbeiter	5	8,2
unbekannt	4	6,6	gesamt	61	100,0

Quelle: Protokoly pervoj obščepartijnoj konferencii P.S.-R.
Avgust 1908. Paris 1908 S. 207

Tabelle 4.2:
Berufe der sozialrevolutionären Terroristen

Berufe	N	%
Student	13	4,9
Schüler	9	3,4
„intelligent"	37	13,9
Offizier	1	0,4
Arzt	1	0,4
Lehrer	3	1,1
Matrose	2	0,7
Soldat	2	0,7
Arbeiter	86	32,3
Bauer	10	3,8
unbekannt	102	38,3
gesamt	266	99,9

Quelle: Pamjatnaja knižka socialistarevoljucionera Vyp. II Paris 1914 S. 8—20.

Tabelle 4.3:
Berufe der Delegierten des dritten Parteitages der PSR, Mai 1917

Berufe	N	%
Arbeiter	36	17,2
Armeeangehörige	30	14,3
Studenten	30	14,3
Genossenschaftler	18	8,6
Literaten	18	8,6
Lehrer	16	7,7
Ärzte	14	6,7
Rechtsanwälte	13	6,2
Zemstvo- und Stadtangestellte	13	6,2
professionelle Revolutionäre	7	3,3
Agronomen	6	2,9
Ingenieure	4	1,9
Bauern	4	1,9
gesamt	209	99,8

Quelle: Tretij s-ezd Partii Socialistov-revoljucionerov. Petrograd 1917, Anhang.

schaft unter den Delegierten der Prager Konferenz 1912 sogar 64 % ausmachte[26]. In der PSR gab es, soweit ersichtlich, einen solchen Prozeß vor dem Ersten Weltkrieg nicht. Er scheint mit Verzögerung und weniger ausgeprägt erst 1917 eingetreten zu sein, als der Zustrom neuer Mitglieder bewirkte, daß Arbeiter und Soldaten auf dem dritten Parteitag im Mai mit rund 33 % die größte Gruppe unter den Delegierten stellten (Tab. 4.3). Dennoch wird man — und dies sei betont — die sozialen und bildungsmäßigen Unterschiede zwischen Sozialdemokraten und Sozialrevolutionären *nicht* überbewerten dürfen. Zum einen sind die vorhandenen Daten nicht immer vergleichbar und erlauben daher keine wirklich fundierten Aussagen. Zum anderen lassen sie keinen Zweifel daran, daß beiden Parteien grundlegende Strukturmerkmale, namentlich die starke Dominanz der Gebildeten und „intelligenty", gemeinsam waren.

Versucht man, die soziale Herkunft der grauen *Masse* der Sozialrevolutionäre näher zu beschreiben, so ist vor allem auf drei Gruppen zu verweisen (Tab. 4): (1) auf Studenten und Schüler, die ca. 21 % der einfachen Parteimitglieder ausmachten; (2) auf die kleinen Angestellten und die untere Intelligenz wie Dorflehrer und Arzthelfer; (3) auf Arbeiter, Handwerker, Bauern, einfache Soldaten und kleine Händler, deren Anteil an der Parteibasis sich insgesamt auf ca. 38 % belief. Dieselben Berufe übte die Mehrzahl der in „Političeskaja katorga" verzeichneten ehemaligen Sozialrevolutionäre aus. Dabei verschiebt sich das Schwergewicht allerdings erheblich zugunsten der Arbeiter, Handwerker und Bauern, aus denen sich dieser Quelle zufolge ca. 53 % der sozialrevolutionären Mitgliederschaft rekrutierte, während Ladenangestellte sowie die untere Intelligenz 25 % und Studenten nur 16,5 % stellten[27].

Wenngleich zu bedenken ist, daß *alle* revolutionären Parteien ihre Basis vornehmlich in diesen Schichten fanden[28], zeigen die Daten dennoch einige Besonderheiten des sozialen Einzugsbereichs der PSR. Als spezifisches Merkmal ist vor allem die überaus starke Repräsentanz der Intelligenz zu werten. Bei der Suche nach einer Beschreibung des typischen Sozialrevolutionärs wird man, bei Kritikern wie in der Parteiliteratur selbst, immer wieder auf diese Gruppe stoßen: auf „das untere medizinische Personal, Dorflehrer" und „Studenten mit abgebrochener Ausbildung", wie Spiridovič mit pejorativem Akzent aufzählt, oder auf Lehrer, Ärzte, Arzthelfer, Agronomen, Techniker, Statistiker, Schreiber, Advokaten und Künstler, auf die Breškovskaja ihre Hoffnungen setzte[29]. Dabei scheint den minderqualifizierten und den auf

---

26) Elwood, Russian Social Democracy S. 65.
27) Perrie, Social Composition S. 245.
28) In der Statistik aller politischen Delinquenten zu Anfang des 20. Jahrhunderts bilden die Handwerker mit 33,2 % die größte Gruppe; an zweiter Stelle steht die Intelligenz mit 19,1 %. Vgl.: Tarnovskij, Statističeskie svedenija S. 74, Lejkina-Svirskaja, Intelligencija v Rossii S. 317.
29) Spiridovič, Partija S.-R. S. 94. E. Breškovskaja, K sel'skoj intelligencii. In: RR No 28 (15. Juli 1903) S. 6—7.

dem Lande ansässigen Vertretern dieser Berufe ein besonderes Gewicht zugefallen zu sein. Mit einem Begriff ließe sich daher das ideale Rekrutierungsfeld des sozialrevolutionären Agitators vor Ort als die „*kleine Intelligenz*" zusammenfassen[30].

Als soziales Charakteristikum der PSR kann ferner gelten, daß sie die besondere Sympathie der *Angestellten*, vor allem der Post- und Eisenbahnangestellten, und der Verkäufer genoß. Woraus sich diese Präferenz erklärt, ist nicht genau auszumachen. Vermutlich spielte der Umstand eine nicht unerhebliche Rolle, daß die PSR ihr Banner im Namen aller Armen — zu denen auch diese Berufsgruppen gezählt haben dürften — erhob, während die Sozialdemokratie vor allem für die Belange der Arbeiterschaft eintrat. Offen muß bleiben, ob namentlich bei den Angestellten auch ein Prestige- und Statusdenken im Spiele war, das zu Skepsis gegenüber einer Partei Anlaß gab, die sich ausschließlich als Avantgarde des Proletariats definierte.

Trotz des überproportionalen und prägenden Einflusses der Intelligenz wäre es voreilig, das polemische Etikett der Sozialdemokraten zu übernehmen und die PSR als Partei der „kleinbürgerlichen Intelligenz" abzustempeln[31]. Denn es kann kein Zweifel daran bestehen, daß auch die PSR ihren *Massenanhang* in der *Arbeiterschaft* fand und daß vor allem diese ihre Organisationen füllte. Selbst in den weniger industrialisierten Regionen des Zarenreiches, wo die neopopulistische Bewegung am meisten Verbreitung fand, agitierten die Sozialrevolutionäre überwiegend in den *Städten*. Das konnte schon deshalb nicht anders sein, weil nur hier die unabdingbaren Voraussetzungen für den politischen Prozeß wie ein Mindestmaß an Bildung und ausreichende überlokale Informationskanäle gegeben waren.

Einen überzeugenden Beweis für die Verankerung der PSR in der Arbeiterschaft lieferten die Wahlen der St. Petersburger Arbeiterkurie 1907, deren Ergebnisse im revolutionären politischen Lager großes Aufsehen erregten. Hatten sich die Sozialdemokraten bis dahin in dem Glauben gewiegt, das hauptstädtische Proletariat als den Vorposten der russischen Revolution fest auf ihrer Seite zu haben, so wurden sie nun in ernüchternder Weise eines Besseren belehrt. Wohl konnten sie 46,8 % der Stimmen auf sich vereinigen und 115—120 Wahlmänner stellen, während sich die Sozialrevolutionäre mit 36,1 % der Stimmen und 60—65 Wahlmännern begnügen mußten (Tab. 5). Dennoch war die PSR der eigentliche und unumstrittene Sieger. Die Sozialdemokratie hatte, wie selbst Lenin offen zugab, „*wirklich* eine Niederlage" erlitten. Nicht nur sprachen die Arbeiter unerwartet vielen sozialrevolutionären Kandidaten das Vertrauen aus. Schwerer wog noch, daß die Populisten darüber hinaus gerade in den *großen* Fabriken, in den „Hochburgen des klassenbewußtesten, revolutionärsten Teils des Proletariats" die Mehrheit

---

30) S. Nečetnyj /S. N. Sletov/, K voprosu o postanovke raboty v derevne. In: RR No 35 (1. November 1903) S. 7—11, hier S. 10.
31) Vgl. Lenin, Die Hauptthese gegen die Sozialrevolutionäre. In: LW 6 S. 266.

errangen[32]. Die sozialdemokratischen Stimmen dagegen kamen, wie die detaillierte Analyse eines menschewistischen Autors unwiderlegbar bewies, vornehmlich aus Stadtbezirken mit kleinbetrieblicher Struktur. Von hundert für die Sozialdemokraten abgegebenen Voten entfielen auf Unternehmen mit mehr als 1000 Arbeitern 58, von hundert sozialrevolutionären dagegen 83[33]. Ein ähnliches Bild ergab sich, wenn man das Wahlergebnis nach Produktionssektoren aufschlüsselte. In den „metallverarbeitenden Fabriken für den Heeres- und Marinebedarf" behielt nicht, was als ausgemacht galt, die RSDRP die Oberhand, sondern eindeutig die PSR (51 % gegenüber 26 %, Tab. 5.1). Umgekehrt siegten die Sozialdemokraten in den Textilfabriken und den restlichen kleineren Unternehmen ebenso klar (63,1 % bzw. 67,9 % gegenüber 28 % bzw. 14,3 %). Eine ähnliche, wenngleich nicht so krasse Lehre mußten die russischen Marxisten ferner bei den Wahlen der Arbeiterkurie in Südrußland hinnehmen, wo sie ihren neopopulistischen Konkurrenten vor allem in den großen Werken von Brjansk unterlagen[34], und in Baku, von wo die Sozialrevolutionäre berichteten: „Für Baku, wie für St. Petersburg ist charakteristisch, daß die ‚kleinbürgerliche' P.S.-R. unter den Arbeitern der *großen* Unternehmen vorherrscht, die Sozialdemokratie aber in den kleinen"[35].

Das Verhältnis der PSR zur Arbeiterschaft erscheint somit, insgesamt betrachtet, vielschichtig und läßt sich nicht auf eine einfache Formel bringen. Einerseits dokumentieren die Tätigkeitsberichte der sozialrevolutionären Lokalorganisationen, daß der größte Teil des Proletariats nahezu in allen Städten fest auf seiten der Sozialdemokratie stand und diese ihre Vormacht in aller Regel ungefährdet behaupten konnte. Andererseits gelang es den Sozialrevolutionären in den größeren Städten dennoch, auch in den Arbeitervierteln Stützpunkte zu errichten und zumal bei Wahlen ureigenes sozialdemokratisches Territorium zu erobern. Um diesen scheinbaren Widerspruch aufzulösen, wird man zunächst zwischen Mobilisierung und Organisierung von Anhängern zu scheiden haben: Wer die PSR wählte, war noch lange kein aktives Mitglied. Darüber hinaus erscheint es nötig, nach einer allgemeinen Erklärung für die Einflußverteilung zwischen Sozialrevolutionären und Sozialdemokraten unter der Arbeiterschaft zu suchen. Eine interessante Hypothese hat Lane angeboten. Ihm zufolge fand die PSR vor allem in Städten mit relativ rückständiger Industrie und heterogener, veraltete und moderne Industrie vereinender Wirtschaftsstruktur überdurchschnittliche Resonanz. Eine arbeitsintensive, auf ungelernten Arbeits-

---

32) W. I. Lenin, Die Wahlen in der Petersburger Arbeiterkurie (1907). In: LW 12 S. 49—57, Zitate S. 52; auch: ders., Der Kampf der Sozialdemokraten und der Sozialrevolutionäre bei den Wahlen in der St. Petersburger Arbeiterkurie (1907). In: LW 12 S. 58—63, sowie LW 12 S. 10—14 u. 111—119.
33) Michajlov, Vybory vo vtoruju Dumu v Peterburgskoj rabočej kurii S. 45.
34) Vgl. W. I. Lenin, Einige Angaben über die Wahlen zur Arbeiterkurie Südrußlands (1907). In: LW 12 S. 87 (Tab.).
35) Zakavkazskaja oblast'. Iz doklada upolnomočennogo C. K. o rabote v Zakavkazskoj oblasti. In: PI No 9 (5. Mai 1907) S. 12.

Tabelle 5: Verteilung der Stimmen der St. Petersburger Arbeiterkurie im Wahlgang zur zweiten Staatsduma (1907) nach Parteien und Unternehmensgröße

UNTERNEHMEN Größe	Zahl	Arbeiter	STIMMEN Men'ševiki N	%	Bol'ševiki N	%	Frakt.-lose N	%	gesamt N	%	Soz.-rev. N	%	Parteilose N	%	Kadetten u. Rechte N	%	gesamt N	%
50– 100	21	1571	446	43,9	139	13,7	41	4	626	61,7	–	–	363	35,8	26ª	2,6	1015	100,0
100– 300	50	9079	941	25,1	844	22,5	641	17,1	2426	64,7	693	18,5	593	15,8	38ª	1,0	3750	100,0
300– 500	22	8219	1338	45,5	458	15,6	157	5,3	1953	66,3	674	22,9	318	10,8	–	–	2945	100,0
500–1000	23	15852	1113	31,8	927	26,5	35	1,0	2075	59,3	932	26,7	483	13,8	6ª	0,2	3496	100,0
über 1000	33	80000	5723	22,6	2961	11,7	1336	5,3	10020	39,5	10924	43,1	4386	17,3	30ᵇ	0,1	25360	100,1
gesamt	149	114721	9561	26,1	5329	14,6	2210	6,0	17100	46,8	13223	36,1	6143	16,8	70ª 30ᵇ	0,2 0,1	36566	99,9

a = Kadetten
b = Rechte

Quelle: A. Michajlov, Vybory vo vtoruju Dumu v Peterburgskoj rabočej kurii. In: Otzvuki. SPb. August 1907 S. 51.

Tabelle 5.1: Verteilung der Stimmen der St. Petersburger Arbeiterkurie im Wahlgang zur zweiten Staatsduma (1907) nach Parteien und Industriezweigen.

Industriezweige	Menševiki N	%	Bol'ševiki N	%	Frakt.-lose N	%	gesamt N	%	Sozialrev. N	%	Parteilose N	%	insgesamt N	%
metallverarb. Ind. f. Marinebedarf (11 Fab.)	2759	21,2	632	4,8	–	–	3391	26,0	6653	51,0	2996	23,0	13040	100,0
übr. große Metallfabriken (24 Fabr.)	3222	26,5	2767	22,7	210	1,7	6199	50,9	4585	37,7	1385	11,4	12169	100,0
Textilindustrie (19 Fabriken)	815	29,7	629	22,9	289	10,5	1733	63,1	769	28,0	243	8,9	2745	100,0
übrige Industrie (93 Fabriken)	2785	32,6	1301	15,2	1711	20,1	5797	67,9	1216	14,3	1519	17,8	8532	100,0
gesamt	9581	26,2	5329	14,6	2210	6,0	17120	46,8	13223	36,1	6143	16,8	36586[a]	99,7

a = einschließlich 100 Kadetten und Rechte

Quelle: A. Michajlov, Vybory vo vtoruju Dumu v Peterburgskoj rabočej kurii. In: Otzvuki. SPb. August 1907 S. 53.

kräften basierende Technologie, so argumentierte er, habe ländliche Zuwanderer angezogen, die anders als in Gebieten mit homogener industrieller Struktur nur unzureichend assimiliert werden konnten und insbesondere in den großen Fabriken „ ‚Inseln bäuerlicher Normen und Werte' ", d. h. Exklaven des agrarischen Sektors, schufen. Mangelnde Integration in das städtische Leben und die Bewahrung starker Bindungen an die dörfliche Heimat aber hätten sich vorteilhaft für die PSR ausgewirkt[36].
Nicht wenige Äußerungen von neopopulistischer Seite untermauern diese Deutung. Gerade die „Arbeiter, die im Sommer in die Stadt" kamen, wie „Ofensetzer, Maurer, Zimmerleute usw.", zählten zu den besonderen Schützlingen der Sozialrevolutionäre, weil man sie als Ferment des Bündnisses zwischen den Ausgebeuteten des agrarischen und des industriellen Sektors betrachtete[37]. Analog stellte das Zentralorgan fest, daß die PSR vor allem die „Unterstützung der grauen Massen" fand, aber nur wenige der „bewußten", eingesessenen Arbeiter gewinnen konnte[38].

Auf der anderen Seite dürfen jedoch einige Tatsachen nicht übersehen werden, die sich nicht ohne weiteres in Lanes Erklärung einfügen lassen. So geht aus Tabelle 4 hervor, daß die organisierte sozialrevolutionäre Arbeiterschaft zu zwei Dritteln aus gelernten Kräften und nur zu einem Drittel aus ungelernten („černorabočie") bestand, die man eigentlich in der Mehrheit erwarten sollte (18,6 % zu 9,3 %). Dasselbe läßt sich bei den in „Političeskaja katorga" verzeichneten ehemaligen Mitgliedern der PSR beobachten[39]. Ferner geht aus den überaus zahlreichen Berichten der Lokalorganisationen hervor, daß diese in erster Linie *gelernte* Arbeiter und Handwerker ansprechen konnten, wobei angefangen bei Schlossern, Drehern, Tischlern, Druckern bis hin zu Schneidern, Schustern, Bäckern, Schmieden, Hutmachern und Friseuren kaum ein Beruf fehlte. Als Gegenargument darf schließlich auch der Umstand gelten, daß die Sozialrevolutionäre in Baku eine beachtliche Popularität genossen, was sich in dieser Stadt, deren petrochemische Industrie mit modernster westeuropäischer Technologie arbeitete, wohl kaum mit der Existenz von agrarischen Exklaven erklären läßt[40].

Es ist schwierig, das Gewicht solcher Einwände abzuwägen, da sie vielfach auf punktuellen und zufälligen Informationen beruhen. Insgesamt mag man daher Lanes allgemeine These, daß sich die Resonanz der beiden großen revolutionären Parteien Rußlands in der Arbeiterschaft annähernd proportional zum Modernisierungsniveau der jeweiligen Industrie verhielt, daß mithin die unqualifizierten, neurekrutierten Arbeiter in starkem Maße zur PSR neigten, die qualifizierten und verwurzelten dagegen eher zur

---

36) Lane, Roots of Russian Communism S. 210 f u. pass.
37) Nečetnyj /S.N. Sletov/, K voprosu o postanovke raboty v derevne. In: RR No 35 (1. November 1903) S. 10.
38) Prošloe i nastojaščee. In: Bjulleten' Central'nogo Komiteta P.S.-R. No 1 (März 1906) S. 4.
39) Perrie, Social Composition S. 242.
40) Vgl. oben S. 248 f.

Sozialdemokratie, trotz aller Bedenken für plausibel halten. Dabei sollten freilich zwei Einschränkungen nicht vergessen werden: daß das sozioökonomische Modell nur für die industriellen Zentren Erklärungswert besitzt, und daß es nicht zu dem Fehlschluß verleiten darf, als hätte die PSR beim „eigentlichen" Proletariat nichts ausrichten können. Denn die große Mehrzahl der doch beachtlichen Mitgliederschar, die die Sozialrevolutionäre gewinnen konnte, stammte aus den Städten. Der Versuch, auch in der *Bauernschaft* Fuß zu fassen, scheiterte nahezu vollständig. Wie Tabelle 4 zeigt, befanden sich selbst unter den einfachen Parteiangehörigen an der Basis nur 5,6 % Bauern[41]. Die Partei, die sich als Vorkämpferin für „Land und Freiheit" verstand, darf man daraus schließen, blieb als Organisation auf die Städte beschränkt. Die agrarische Bevölkerung bekundete ihr bestenfalls Sympathie; aktiven Anteil an ihrer Arbeit nahm sie jedoch nicht. Auch die PSR konnte den populistischen Traum, das Gefälle zwischen Stadt und Land und die Kluft zwischen bewußter Intelligenz und dumpfer Bauernmasse zu überwinden, *nicht* verwirklichen.

---

[41] Auch Perrie, Social Composition S. 245 errechnete nur 7,7 %.

Zehntes Kapitel

DAS DILEMMA DER SOZIALREVOLUTIONÄREN ORGANISATION

Welche Erklärungen und entlastenden Umstände man auch immer anführen mag, sei es, daß man an den spontanen Charakter der ersten russischen Revolution insgesamt erinnert oder auf die Repressionen der zaristischen Staatsmacht verweist, an der Tatsache der mangelnden Organisiertheit der PSR kann kein Zweifel bestehen. Die Anforderungen, die Černov selbst an jede revolutionäre Partei stellte[1], erfüllte seine eigene kaum: Statt die *Massen zu führen*, wie er verlangte, hinkte sie 1905 den revolutionären Aktionen zumeist hinterher und vermochte später, als sie sich an die Spitze der Bewegung zu setzen versuchte, keinen ausreichenden Anhang mehr zu mobilisieren, um ihre weitgesteckten Ziele zu verwirklichen; statt *Homogenität* in theoretischen und taktischen Fragen zu zeigen, erlebte sie eine Abspaltung des linken und rechten Parteiflügels und konnte die verbleibende Mitte ebenfalls nur mit Mühe auf einen gemeinsamen Kurs festlegen; und was *Anpassung* an unterschiedliche lokale Gegebenheiten heißen mochte, nahm allzu häufig den Charakter von dysfunktionaler Eigenkrämerei und lokalpatriotischem Partikularismus an.

Alle diese Mängel waren den Sozialrevolutionären wohl bewußt. Man verschwieg nicht, daß die Organisation *den* neuralgischen Punkt des Parteilebens, das schwächste Glied in der neopopulistischen Phalanx gegen die Autokratie, darstellte. Selbst ein so energischer Gegner der Opposition wie Argunov kam als Referent des CK zur Frage des Parteiaufbaus auf der Londoner Konferenz 1908 zu dem Schluß, daß „die organisatorische Einwirkung auf die parteiliche Masse sehr schwach" gewesen sei und deren „Verschmelzung zu einem einheitlichen Ganzen" nicht stattgefunden habe. Dem sekundierte Černov mit der Bemerkung: „Wir konnten nur Propaganda treiben, aber keine organisatorische Arbeit leisten"[2]. Die wichtigsten Ursachen, die zu einem solch negativen Resümee zwangen, seien im folgenden zusammengefaßt und erläutert:

1) In der PSR vereinigten sich Gruppen mit sehr unterschiedlichen theoretischen und taktischen Konzepten. Sie bildete ein Sammelbecken aller sich als neopopulistisch begreifender politischer Strömungen. Solche Heterogenität behinderte den Aufbau einer einheitlichen Parteiorganisation, zumal dieser durch die Weite des Territoriums und die Tätigkeit der Ochrana ohnehin erschwert war.

1) Vgl. Kap. 6, Anm. 3.
2) Protokoly 1908 S. 160 u. 96.

2) Der integralistische, „synthetische" Charakter der sozialrevolutionären Revolutionstheorie begünstigte organisatorische Diffusität. Was die PSR als ihre Stärke betrachtete, entpuppte sich als ernste Schwäche: Der Versuch, soziale Klassen und Schichten mit höchst unterschiedlichen Interessen, d. h. Bauernschaft, Proletariat und Teile der Intelligenz, zusammenzufassen, barg das Risiko bloß formaler, oberflächlicher Einbeziehung in die Partei.

3) Der spontaneistische Grundzug der sozialrevolutionären Taktik verleitete zu weitgehender Indifferenz gegenüber der Notwendigkeit der Organisation. Stattdessen zielten die Anstrengungen vor allem darauf, die Massen zu „wecken", sie zum „allgemeinen bewaffneten Volksaufstand" anzuspornen.

4) Die PSR versäumte es, sich wirklich gründlich vom Maximalismus zu trennen. Eine Sezession fand zwar statt, doch blieb sie auf wenige bedeutende lokale Gruppen beschränkt. Nicht selten kam es vor, daß Maximalisten die örtlichen Komitees beherrschten und insbesondere die Arbeiterbünde maximalistische Parolen proklamierten. An der Parteibasis fand die linkspopulistische Häresie einen günstigen Nährboden. Sie durchlöcherte die Parteidisziplin und bildete eine ständige Gefahr für die organisatorische Einheit der PSR. Das war nicht zuletzt darin begründet, daß die sozialrevolutionäre Theorie und Praxis trotz intensiver Abgrenzungsbemühungen insbesondere von Seiten Černovs unübersehbare und essentielle Gemeinsamkeiten mit den dezentralistischen und staatsskeptischen Anschauungen des Anarchismus und Maximalismus aufwies.

5) Nach der Verkündung des Oktobermanifestes unternahm die PSR vorsichtige Schritte, ihre bis dahin streng konspirativ-elitäre Organisation aufzugeben und demokratische Grundsätze wie Wählbarkeit und Öffentlichkeit einzuführen. Obgleich das nur in sehr bescheidenem Umfang geschehen konnte, weil die Repressionen der Autokratie schon bald wieder einsetzten, erzeugte dieser Öffnungsversuch Unsicherheit und löste in nicht wenigen Komitees ernste Konflikte aus. Die Partei geriet in ein labiles Übergangsstadium.

6) Von Anfang an bestand in der PSR eine spürbare Kluft zwischen Zentrum und Peripherie. Kommunikations- und Informationslücken trennten das CK von den Oblastkomitees, diese von den Lokalkomitees und die örtlichen „komitetčiki" von ihrer städtischen und insbesondere ihrer ländlichen Basis. Eine Erklärung dafür hat zusätzlich zu der erwähnten relativen Vernachlässigung der Organisation in der sozialrevolutionären Theorie und Praxis zumindest drei Aspekte zu berücksichtigen: Politisch erschwerte der Zwang zu illegaler, konspirativer Tätigkeit einen regelmäßigen Austausch zwischen der Parteiführung und den lokalen Gruppen; geographisch bildeten die Abgelegenheit vieler Städte und Dörfer und die geringe Bevölkerungsdichte ein nicht zu unterschätzendes Hindernis; sozioökonomisch fiel das ausgeprägte Gefälle zwischen Stadt und Land, der Dualismus zwischen industrialisierten modernen und vorindustriellen marktfernen Regionen, ins Gewicht.

7) Die lokalen Gruppen der PSR waren in der Regel nicht fähig, ohne finanzielle und personelle Hilfe der regionalen oder zentralen Führungsorgane zu existieren, geschweige denn, daß sie den Parteiapparat, wie das Statut verlangte, hätten tragen können. Wenn die Demokratisierung der Organisation scheiterte und sich stattdessen autoritär-oligarchische Strukturen verfestigten, dann war nicht allein staatliche Verfolgung verantwortlich dafür, sondern vor allem auch dieser Mangel an Eigeninitiative und autonomer Lebensfähigkeit der sozialrevolutionären Basis.

8) Wie alle Parteien Rußlands war die PSR auf die Unterstützung der bürgerlichen und gebildeten Schichten, der „Gesellschaft", in Form von Geldzuwendungen oder persönlichen Diensten angewiesen. Beides wurde ihr vor der Revolution und im ersten Revolutionsjahr in beträchtlichem Maße zuteil. Als sie jedoch auch nach 1905 an ihren radikalen programmatischen und taktischen Positionen festhielt, die konstitutionalistischen Zugeständnisse der Autokratie ablehnte, ihre terroristische Taktik fortsetzte und in Form der Expropriationen sogar Raub zum Mittel revolutionärer Politik erhob, stellten die Mäzene aus der liberalen Intelligenz ihre Hilfeleistungen ein. Fortan sahen sie ihre Interessen durch die gemäßigte, auf einen bürgerlich-konstitutionellen Staat gerichtete Politik der Kadetten angemessener vertreten.

9) Der Versuch der sozialrevolutionären Führung, durch die Erhebung von Mitgliedsbeiträgen regelmäßige Einkünfte zu sichern, scheiterte. Spenden und Expropriationen blieben die wichtigsten Geldquellen. Ihre Zufälligkeit verhinderte eine langfristige Planung der lokalen Aktivitäten und schadete der organisatorischen Arbeit.

10) Die PSR entstand später als die RSDRP. Sie fand kein politisches Niemandsland vor, sondern mußte sich vor allem in den Städten von Anfang an gegen die Konkurrenz bereits konsolidierter und fest verwurzelter sozialdemokratischer Gruppen durchsetzen. Dabei konnte sie, von ihrem Stammgebiet in der nördlichen Ukraine und der mittleren Wolgaregion sowie einigen Industriezentren wie St. Petersburg, Ekaterinoslav und Baku abgesehen, nur mäßige Erfolge verbuchen. In aller Regel gelang es der populistischen Erneuerungspartei nicht, die Vormacht der Sozialdemokratie in der Arbeiterschaft zu brechen. Dennoch lag der Schwerpunkt auch der sozialrevolutionären Agitation in den Städten.

11) Wie in der Sozialdemokratie, bestand auch in der PSR eine ausgeprägte Spannung zwischen der Intelligenz, die zumeist die lokalen Führungskollektive stellte, und der Masse der Parteimitglieder. In zahlreichen Lokalorganisationen verlangten insbesondere die Arbeiter und die junge Generation nach mehr Partizipation. Es machte sich eine „starke Tendenz zur Demokratisierung" geltend[3], die häufig zu heftigen Auseinandersetzungen führte.

12) Unter allen Versäumnissen und Mißständen wog — zumal in der Einschätzung der Sozialrevolutionäre selbst — der Umstand am schwersten, daß

---

3) Organizacionnyj vopros, Ms. aus Voronež, Archiv PSR 487.

es der PSR fast nirgends gelang, dauerhafte Organisationen in den Dörfern Rußlands zu errichten. Allenthalben klagten die lokalen Parteiführer, daß Bauernbrüderschaften und Volostkomitees, soweit man diese überhaupt hatte gründen können, ephemere Erscheinungen waren: kurzlebige, zu eigenständiger Existenz nicht fähige Schöpfungen von Reiseagenten der umliegenden städtischen Komitees. Als exemplarisch kann gelten, was die Sozialrevolutionäre aus Simbirsk schrieben:
„Weder Bauern noch Agitatoren konnten eine geeignete Tätigkeit für die Mitglieder der Brüderschaften finden . . . Die Agitatoren reisen ab, und die Brüderschaften zerfielen allmählich; und wenn die Agitatoren wiederkamen, war von den Brüderschaften fast keine Spur geblieben, und die Sache mußte beinahe von vorn angefangen werden"[4].

Wenn Černov, um die Möglichkeit revolutionärer Agitation auf dem Lande zu beweisen, in seiner ersten Programmbroschüre die Meinung aufs schärfste zurückgewiesen hatte, „daß die Bauern zu irgendeiner Organisation unfähig seien"[5], so wurde sein Optimismus durch die Erfahrungen der PSR während der Revolution korrigiert. Vielmehr bestätigte sich, was die einleitende allgemeine Betrachtung agrarsozialistischer und populistischer Bewegungen lehrte: daß gering entwickelte Kommunikationsstrukturen, mangelnde Vergesellschaftung, ein hoher Stand an horizontaler Segmentierung und andere, die traditionale Agrargesellschaft kennzeichnende Faktoren die Artikulations- und Organisationsfähigkeit der Bauernschaft beeinträchtigten. Mit gutem Grund ließe sich daher behaupten, daß die Sozialrevolutionäre bei der Erfüllung ihres wichtigsten Zieles nicht eigentlich versagten, sondern objektive Hindernisse seine Realisierung unmöglich machten.

Keineswegs im Widerspruch zu diesen Schlußfolgerungen steht die unbestreitbare Tatsache, daß es der PSR trotz allem gelang, zumal in den Städten eine große Anhängerschaft zu gewinnen und zu einer ernsthaften Konkurrenz der Sozialdemokratie heranzuwachsen. Im Gegenteil, mangelnde Geschlossenheit und Mobilisierungskapazität waren komplementär: Einerseits verhinderte der Zustrom neuer Mitglieder eine Straffung der Organisation, andererseits wurde er durch deren Offenheit gefördert. Die PSR war – und das wiederholte sich 1917 – in extremem Maße von der Wellenbewegung der revolutionären Spontaneität abhängig[6]: So überwältigend die Flut von Proselyten 1905 war, so vernichtende Ausmaße nahm deren Flucht 1907 an. Darin, daß sie auf diesen Charakterzug der neopopulistischen Konkurrenzpartei aufmerksam machten, waren Lenins polemisch böse Worte höchst treffend: „Sozialrevolutionäre Redner in Arbeiterversammlungen sind eine Art Sturmvögel, die anzeigen, daß sich die Stimmung im Proletariat hebt"[7].

4) Kratkij otčet, Antwort des Komitees von Simbirsk auf die Umfrage des OB vom Febr. 1907, Archiv PSR 623.
5) Očerednoj vopros revoljucionnogo dela, 1. Aufl. S. 20.
6) Das erkannte rückblickend auch Argunov: Protokoly 1908 S. 161.
7) W. I. Lenin, Die Wahlen in der Petersburger Arbeiterkurie. In: LW 12 S. 54.

Elftes Kapitel

DIE AGONIE DER SOZIALREVOLUTIONÄREN ORGANISATION (1907—14)

Spätestens seit Anfang 1907 spürten die lokalen Organisationen der PSR, daß der Höhepunkt der Revolution überschritten war. Neue Kontakte konnten nur noch selten hergestellt werden; das Interesse der Massen an der revolutionären Sache wich einer dumpfen Apathie. Auch die Intelligenz schränkte ihre Mitarbeit ein und zog sich in den Elfenbeinturm eines unpolitischen Daseins zurück. Fast überall mußten die Komitees ihre Aktivitäten spürbar einschränken. Zugleich verstärkte die Ochrana, die seit dem Ende der „Zeit der Freiheit" ohnehin ein wachsamer Gegner gewesen war, ihren Druck. Bereits in der ersten Jahreshälfte 1907 konnte sie eine Oblastkonferenz der PSR in Moskau und eine große Stadtversammlung in St. Petersburg ausheben sowie unter anderem die sozialrevolutionären Gruppen von Char'kov, Nižnij-Novgorod und Kursk durch Verhaftungen erheblich dezimieren. Ein neues Stadium erreichte diese Entwicklung mit dem zaristischen Coup d'Etat vom 3. Juni, dem eine Welle von Arresten im ganzen Lande folgte. Kein bedeutendes Komitee der PSR blieb verschont, und die Zentren wurden gleich mehrfach heimgesucht. Das organisatorische Netz der Partei zerriß, ein Vorgang, der sich für die russische Öffentlichkeit in der Verhaftung Breškovskajas im Herbst 1907 symbolisierte[1]. Welch gründliche Arbeit die Ochrana geleistet hatte und wie sehr das Ende der Revolution auch die PSR in Mitleidenschaft gezogen hatte, kam der Partei als ganzer auf der ersten Gesamtkonferenz im August 1908 zu Bewußtsein. Ausnahmslos bestätigten die Delegierten den desolaten Zustand des Parteiapparates. Von überall wurden Zusammenbrüche und der Beinahe-Stillstand der Arbeit gemeldet. Kein Zweifel konnte mehr daran sein, daß die Partei eine „schwere Krise" durchlebte und „ihre Organisation dahinschmolz, sich verflüchtigte," wie Černov im Tätigkeitsbericht des CK feststellen mußte[2].

Der Tiefpunkt dieses Zerfallsprozesses war indes noch nicht erreicht. Wenn der sozialrevolutionäre Parteiführer im Dunkel der Gegenwart schon Lichtzeichen einer besseren Zukunft erblickte[3], dann konnte er dabei die Folgen eines Ereignisses nicht voraussehen, das einige Monate später alle Hoffnun-

---

1) Vgl. eine detaillierte Liste der Aushebungen und Verhaftungen bei Spiridovič, Partija S.-R. S. 406.
2) Protokoly 1908 S. 56.
3) Protokoly 1908 S. 65.

gen zunichte machen sollte: die Entlarvung Azefs, des obersten Terroristen und Helden der Partei, als größten „agent provocateur" in der Geschichte der russischen Geheimpolizei[4]. Dieser Schlag erschütterte die PSR in ihren Grundfesten. Gerüchte über ihre Selbstauflösung sprechen für sich[5]: Die Krise wurde zur Katastrophe. Zwar war die Mehrheit der sozialrevolutionären Lokalorganisationen der Meinung, daß die ungeheuerliche Tat Azefs weder die Existenz der Partei gefährde noch die terroristische Taktik kompromittiere[6]. Doch entsprach solch blinder Zweckoptimismus der Realität keineswegs. Nirgends leugnete man, daß die neopopulistische Sache eine schwere und lähmende moralische Niederlage erfahren hatte. Unter den Sozialrevolutionären Nordrußlands brach, wie eine Bestandsaufnahme über die Auswirkungen der „Azefščina" ergab, die der fünfte Parteirat im Mai 1909 anstellte, eine „Panik" aus. Selbst „alte Genossen", berichtete man, verloren das Vertrauen in die Partei. In St. Petersburg löste die Kunde von Azefs Verrat schieres Entsetzen aus, das der hauptstädtische Delegierte mit der Reaktion einer „liebenden Mutter" auf die Nachricht vom Tode ihrer Tochter verglich. Vor allem habe dieses „tieftraurige Ereignis" dem öffentlichen Ansehen der PSR empfindlichen Schaden zugefügt, da das Interesse des Publikums so groß gewesen sei, daß Passanten einander die neuesten Enthüllungen auf den Straßen vorgelesen hätten[7]. Im Wolgagebiet und in Südrußland erhoben sich sogar Zweifel an Sinn und Zweckmäßigkeit des politischen Terrors, wenngleich man ihn auch hier „im Prinzip" nach wie vor billige. In der Ukraine fand sich „keine Organisation", in der Azefs Verrat kein Trauma verursacht hätte, und zumal in Kiev kam es zu einer völligen Demoralisierung. Die sozialrevolutionären Exilintellektuellen in der Auslandsorganisation schließlich glaubten sogar, daß der Skandal der PSR den „Gnadenstoß" versetze, da man den Verrat — zu Recht, wie sich zeigen wird — „mit der allgemeinen Krise der Revolution" und der Partei selbst „in Verbindung brachte". Unberührt von allem scheinen lediglich die sozialrevolutionären Gruppen in der Provinz geblieben zu sein: „Unter den Bauern", so berichtete man jedenfalls aus der Ukraine, sei die Katastrophe „unbekannt"[8].

4) Vgl. unten S. 380 ff.
5) Immerhin mußte sich das CK zu dem Dementi erniedrigen, von einer „Liquidation der Partei" könne nicht die Rede sein. Vgl.: C.K. P.S.-R., Febr. 1909, Archiv PSR 168, sowie einen Brief von K. A. Annenkov vom 21. 1. 1909, der sich nach dem Wahrheitsgehalt von Gerüchten über die Abdankung des CK erkundigt (Archiv PSR 793).
6) Vgl. zahlreiche Resolutionen der Lokalkomitees in Archiv PSR 758/1, 116, 441 sowie in ZT No 21–22 (Sept. 1909) S. 26–29, ZT No 18 (16. Mai 1909) S. 15, ZT No 17 (27. April 1909) S. 16 u. a.
7) Stenogr. otčet pjatogo zas. pjatogo soveta Partii S.-R. vom 3. Mai 1909, Archiv PSR 792 S. 11 ff, Zitate S. 15. — Auch: Peterburgskaja organizacija P.S.-R., an die Redaktion des ZT, Archiv PSR 757, sowie einen Brief aus St. Petersburg an V. K. Agafonov vom 27. Januar 1909, OA XII c (1) f. 1B.
8) Stenogr. otčet pjatogo zasedanija pjatogo soveta, Archiv PSR 792 S. 23. — Auch: Brief aus Kiev vom 26. März 1909, OA XII c (1) f. 1B.

Was von den regionalen Aktivitäten und der innerrussischen Organisation der PSR angesichts der allgemeinen revolutionären Baisse und dem Azef-Debakel übrig blieb, mag ein knapper Überblick illustrieren.

Vom *Nordoblast* kam 1908 die Nachricht, daß sich die „Arbeit in der Provinz in traurigstem Zustand" befinde. Jegliche Hoffnung auf Besserung sei illusorisch. Allerdings müsse man deutlich zwischen zwei Kategorien von Komitees unterscheiden: solchen, in denen ehemals eine große Anzahl von Verbannten gewirkt habe und solchen, die im wesentlichen von Schülern getragen worden seien. In ersteren verlaufe die Tätigkeit relativ normal, in letzteren liege sie völlig lahm. „Wie seltsam das ist", wunderte sich das Oblastkomitee über diesen Befund, „gerade an Orten mit den meisten Kräften aus der Intelligenz war die Arbeit am schlechtesten organisiert"[9]. Noch lange werde die sozialrevolutionäre Agitation in Nordrußland „reine Schreibtischarbeit" bleiben und sich darin erschöpfen, Kontakte zu knüpfen sowie die Peripherie mit Literatur zu versorgen. Auch dazu reichten die Kräfte freilich kaum noch aus, konnte doch auf einer Oblastkonferenz im Juli 1908 kein OK gewählt werden, weil die lokalen Gruppen sich weigerten, ihre wenigen qualifizierten Revolutionäre freizustellen[10]. Ein gefestigtes und tatkräftiges Komitee scheint lediglich in Archangel'sk bestanden zu haben, wo man sogar 1909 noch in der Lage war, eine eigene Zeitung herauszugeben. Generell konnte außerdem im gesamten Nordoblast die Agitation unter den Eisenbahnern aufrechterhalten werden[11].

Auch im *zentralen Industriegebiet* blieben die Organisationen der PSR lange Zeit ohne Führung. Ein Ende 1907 gewähltes Oblastkomitee fiel der Ochrana zum Opfer, und die nachfolgenden „oblastniki" waren zu uninformiert, als daß sie brauchbare Arbeit hätten leisten können. Erst Ende 1908 gelang es, die regionale Zentralinstanz zu erneuern. Eine spürbare Intensivierung der agitatorischen Tätigkeit trat jedoch nicht ein. Größere Gruppen existierten nur noch in Orel, Ivanovo-Voznesensk, kurzfristig in Rjazan' und insbesondere in Nižnij-Novgorod, wo man allein in Sormovo selbst Anfang 1909 400 „zahlende" Mitglieder registrierte[12].

Die Sozialrevolutionäre der *Ukraine*, die schon in den Revolutionsjahren für ihre organisatorische Unfähigkeit berüchtigt waren, zeigten sich unter den erschwerten Bedingungen der Stolypin-Ära umso weniger in der Lage, ihre Aufgaben zur Zufriedenheit der Parteiführung zu erfüllen. Mitte 1908 war die Präsenz der PSR in dieser bedeutenden Region so weit zurückgegangen, daß sich nur noch in Kiev, Kursk und Černigov größere Komitees befanden. Besonders schlecht stand es um die Bauernagitation, da sie am

---

9) Otčet o rabote severnogo oblastnogo bjuro za sentj. i oktj. 1908, Archiv PSR 208.
10) Vgl. Protokoly 1908 S. 23.
11) Stenogr. otčety 5-go soveta PSR, 1-oe zas. (30. April 1909), Archiv PSR 792 S. 5 f.
12) Vgl. Oblastnoj s-ezd Central'noj Oblasti P.S.-R. In: ZT No 9 (Januar 1908) S. 15–16; Protokoly 1908 S. 45–46; Stenogr. otčety pjatogo soveta P.S.-R., 3-e zas. v. 2. Mai 1909, Archiv PSR 792 S. 15 ff.

meisten unter dem akuten Mangel an „intelligenty" zu leiden hatte. Eine Ausnahme bildete lediglich das Gouvernement Voronež, wo man nach wie vor daran denken konnte, Aufstandspläne zu schmieden. In aller Regel aber verfügte die Partei in der Ukraine nicht einmal mehr über „uezd"-Gruppen, geschweige denn über Stützpunkte in den Dörfern. Wie sehr ihre Aktivitäten geschrumpft waren, läßt sich nicht zuletzt an der Tatsache ablesen, daß die Leitungsgremien der vier großen Organisationen zusammen nur noch aus zehn Personen bestanden. Auch das Oblastkomitee vermochte solchen Mangel an qualifizierten Kräften nicht wettzumachen, waren doch seine drei Mitglieder unter sich so uneins, daß nicht einmal „von einer ideellen Führung" die Rede sein konnte[13]. Im folgenden Jahr verbesserte sich die Lage nur geringfügig, da die PSR nur in vier von acht Gouvernements agitierte. Die Quintessenz der Berichte aus den noch bestehenden Gruppen in Char'kov, Kiev, Voronež und Poltava blieb: „äußerste Schwäche der Organisation, außerordentlich geringe Zahl an Parteiarbeitern und völliges Fehlen professioneller Revolutionäre"[14]. Selbst Flugblätter konnten nur noch selten hergestellt werden. Die Partei lief Gefahr, aus dem Bewußtsein der Öffentlichkeit zu verschwinden.

In *Südrußland* brachen schon 1908 die beiden größten sozialrevolutionären Komitees, die von Odessa und Nikolaev, zusammen. So vollständig war der Zerfall, daß sich dort laut Bericht des Delegierten an den fünften Parteirat kein einziges Parteimitglied mehr finden ließ. Die Verbindung zwischen den Organisationen der einzelnen Gouvernements riß ab. Von der ehemals intensiven Agitation blieb nur in Simferopol' und Sevastopol' ein kümmerlicher Rest. Selbst hier aber mußte man sich auf die Eisenbahner beschränken, da die übrige Arbeiterschaft keinerlei Aufnahmebereitschaft mehr erkennen ließ. Dagegen scheint die Stimmung unter den Bauern zumindest 1909 erheblich unruhiger gewesen zu sein. Freilich konnte man sie nicht nutzen, da „Mittel und Leute" fehlten[15].

In günstigerem Licht bot sich 1908 die Lage an der mittleren *Wolga* dar. Obgleich Arreste auch hier großen Schaden angerichtet und vor allem die Komitees von Saratov, Samara, Simbirsk und Penza Ende 1907 hart getroffen hatten[16], war die Tätigkeit der PSR in dieser Region Rußlands nicht so weitgehend paralysiert wie in den meisten anderen. Besonders in Tambov und Penza konnte weiterhin intensive Agitation betrieben werden. Auf niedrigerem Niveau vermochten auch die Sozialrevolutionäre von Caricyn, Astrachan' sowie, ungeachtet aller Zugriffe der Ochrana, die von Saratov ihre

---

13) Laut Šimanovskij, der die Ukraine als Bevollmächtigter des CK bereist hatte: Protokoly 1908 S. 52.
14) Stenogr. otčety pjatogo soveta P.S.-R., 1-oe zas. vom 30. April 1909, Archiv PSR 792 S. 19
15) Stenograf. otčety pjatogo soveta P.S.-R., 2-oe zas. v. 2. Mai 1909, Archiv PSR 792, S. 1 ff; Protokoly 1908 S. 41; Južnaja oblast', in: ZT No 19 (Juli 1909) S. 18—19.
16) Vgl. S. Povolž'ja. In: ZT No 8 (Dez. 1907) S. 11—12; Kratkij očerk sostojanija partijnych organizacij v Povolž'e. In: ZT No 8 S. 12—13.

Arbeit fortsetzen. In Astrachan' waren Mitte 1908 immerhin elf Gruppen mit ca. 325 Mitgliedern aktiv. In Tambov gedieh sogar noch die Bauernagitation, und man zählte 31 Brüderschaften mit ca. 250–300 Angehörigen[17]. Auch im Wolgaoblast fehlte allerdings eine zentrale Führung, seit im April 1908 das OK verhaftet worden war. Zur Neuwahl berief man auf Initiative des Bevollmächtigten des CK im Juli eine Oblastkonferenz ein, konnte aber lediglich einen einzigen „oblastnik" einsetzen und mußte sich aus Personalmangel mit der Notlösung abfinden, zwei Mitgliedern des Saratover Komitees beratende Stimmen in der regionalen Parteizentrale zu geben. Im folgenden Jahr büßten auch die sozialrevolutionären Organisationen an der Wolga ihre Funktionsfähigkeit ein. Wie L. M. Armand dem fünften Parteirat berichtete, konnte lediglich im Gouvernement Saratov ein gewisses Aktivitätsniveau aufrechterhalten werden[18].

Im *Ural* hielt die rege Tätigkeit der lokalen Gruppen auch nach dem 3. Juni 1907 an. Allerdings schlug sie sich in einer dem CK wenig genehmen Form nieder, da sich der Hang zu Agrarterror und Expropriationen, der schon zuvor viel Anlaß zu Mißfallen gegeben hatte, in dem Maße verstärkte, wie die revolutionäre Bewegung erlahmte. Einzelaktionen der „Kampfbrüderschaften" sollten die ausbleibenden Massenhandlungen ersetzen. Als man sich im Frühjahr 1907 sogar anschickte, sämtliche Terrorkommandos unter Einschluß der sozialdemokratischen zum „Uraler Kampfbund" zu vereinigen, sah sich das CK zum Eingreifen genötigt. Es entsandte Emissäre, die den „Kampfbund" erwartungsgemäß in kläglichem Zustand vorfanden und sich bemühten, an seiner Stelle die regulären sozialrevolutionären Organisationen zu erneuern. Der erste Schritt dazu wurde durch die Einberufung eines Oblastrates getan, auf dem immerhin sechs Gruppen vertreten waren und der ein neues Oblastkomitee wählte. In der Folgezeit entfalteten vor allem die Sozialrevolutionäre von Vjatka, Perm', Ufa und Zlatoust eine beachtliche propagandistische Tätigkeit[19]. Trotz mancher Konterschläge der Ochrana traf daher noch 1909 zu, daß die Arbeit im Ural, laut Bericht an den fünften Parteirat, „etwas besser" lief als „an vielen anderen Orten"[20], ein Resultat, das nicht zuletzt aus der peripheren geographischen Lage zu erklären sein dürfte.

Im *Kaukasus* hatte die PSR ebenfalls nur geringe Rückschläge hinzunehmen. Bis zum Ausbruch des Ersten Weltkrieges galt gerade dieses Gebiet, in der sozialrevolutionären Selbsteinschätzung wie in den Augen der Polizei, als solidester Vorposten des Neopopulismus. Zumal das Komitee von Baku bildete eine herausragende Erscheinung in ganz Rußland. Noch 1908 zählte man hier 1500 eingeschriebene Mitglieder und schätzte man den Kreis der

---

17) Protokoly 1908 S. 43 ff.
18) Stenogr. otčety pjatogo soveta P.S.-R., 3-e zas. v. 2. Mai 1909, Archiv PSR 792 S. 13 f.
19) Protokoly 1908 S. 38 f.
20) Stenogr. otčety pjatogo soveta P.S.-R., 3-e zas. vom 2. Mai 1909, Archiv PSR 792 S. 3.

Sympathisanten auf mehr als 8000. Grundlage für diesen Erfolg war die anhaltende Politisierung der Arbeiter, in deren Organisationen, vor allem in den Gewerkschaften der Beschäftigten der Ölindustrie und der Metallarbeiter, die Sozialrevolutionäre eine gewichtige, wenngleich keine dominante Rolle spielten. Solch breite Massenbasis ermöglichte es auch, daß das Komitee von Baku selbst nach 1907 noch gemäß demokratischen Grundsätzen gewählt wurde. Von alledem zeigte sich Avksent'ev, der den Kaukasus im Auftrage des CK im Sommer 1908 bereiste, derart beeindruckt, daß er auf der Londoner Konferenz ein Sonderlob vorbrachte: „Als ich vor kurzem in Baku war", berichtete er den Delegierten, „fühlte ich mich um zwei Jahre zurückversetzt. So unähnlich war alles, was ich sah, waren die Arbeitsbedingungen denen anderer Orte Rußlands, als ob die Zeit der Massenbewegung und Freiheit ... in Baku noch immer andauerte"[21]. Auch 1909 hielt diese Blüte an. Zwar schrumpfte der Mitgliederbestand auf ca. 470 und machte sich insbesondere ein Mangel an Propagandisten und Führungskräften bemerkbar. Doch litt die Organisation der kaukasischen Metropole weniger darunter als alle anderen, weil „die Arbeiter ... die Tätigkeit selbst in die Hand nahmen"[22]. Erst in den folgenden Jahren gelang es den staatlichen Sicherheitskräften, auch die neopopulistischen Aktivitäten im Kaukasus und in Baku unter Kontrolle zu bringen. Dessenungeachtet bezeichnete noch ein Polizeibericht von 1913 das Komitee von Baku als „einzige große Organisation" der PSR[23].

Allenfalls die Sozialrevolutionäre von *St. Petersburg* konnten sich zeitweilig mit ihren Genossen in Baku messen. Trotz ständiger Verhaftungen und Zusammenbrüche, trotz Personalknappheit und Finanzmangel vermochten auch sie eine gewisse Kontinuität zu den Höhepunkten ihrer Arbeit in den Revolutionsjahren sicherzustellen. Wohl war die lokale Führung schwer getroffen, und es kam zu internen Konflikten, weil die Rajongruppen dem neuen, vom CK eingesetzten Komitee den Gehorsam verweigerten[24]. Doch zeugte gerade diese Auseinandersetzung davon, daß die Basis der hauptstädtischen Organisation noch lebendig war. Das belegt auch die Tatsache, daß man hier noch 1908–09 ca. 1200 Mitglieder und zahlreiche aktive Rajon- und Fabrikkomitees verzeichnete[25]. Eine besondere Wirksamkeit entfaltete das Kollektiv der Propagandisten, das die Aufgaben der unfähigen lokalen Führung übernahm. Es sorgte auch dafür, daß die PSR in St. Petersburg ihren Einfluß auf die Gewerkschaften bewahr-

21) Protokoly 1908 S. 32 ff, Zitat S. 34.
22) Bakinskaja organizacija. In: ZT No 17 (27. April 1909) S. 15.
23) Zakavkaz'e. Oblastnoj s-ezd. In: ZT No 16 (26. Februar 1910) S. 23–26; Miša mašinist, Baku. O partijnoj rabote s poloviny 1910. In: ZT No 45 (September 1912) S. 23–24. – Kratkaja zapiska o položenii Partii Socialistov-revljucionerov, sostavlennaja po svedenijam „Nikolaja' v oktjabre mesjace 1913 g., OA XVI b (3) f. 4. Auch: Spiridovič, Partija S.-R. S. 492.
24) Položenie del v Peterburgskoj organizacii, September 1908, Zapiska Solomona, člena SPb. K. P.S.-R., Archiv PSR 430.
25) Protokoly 1908 S. 27.

te und fünf Mitglieder in deren Zentralbüro stellte[26]. Freilich dauerte dieser relativ günstige Zustand nicht lange. Insbesondere nach dem Azef-Schock verschärfte sich der Mangel an qualifizierten Parteiarbeitern. Mitte 1909 wurde die Organisation fast nur noch von Studenten getragen; die propagandistische Tätigkeit erlahmte. Viele Arbeiter blieben den Schulungszirkeln fern, weil, wie ein Agitator begründete, „das intellektuelle Niveau zu niedrig" und die „Methode der Propaganda in den ‚kružki' völlig überholt" waren. Die Fabrik- und Rajongruppen lösten sich auf. Die Matrosen der umliegenden Hafenstädte konnte man überhaupt nicht mehr ansprechen. Lediglich die Kontakte zum Bund der Ladenangestellten und zur Eisenbahnergewerkschaft blieben erhalten. Aber arbeitsfähig war von all diesen Gruppen, laut Bericht des St. Petersburger Delegierten an den fünften Parteirat, „nicht eine" mehr[27].

Eine letzte Übersicht über den Zustand der sozialrevolutionären Organisation in Rußland vor dem Ersten Weltkrieg fertigte Anfang 1912 Argunov an. Sie zeigte, daß die Partei nur noch in Moskau, St. Petersburg, Odessa, Char'kov, Kiev, Baku, Poltava, Archangel'sk, Voronež, Mogilev sowie in einigen kleineren Städten der Gouvernements Volynien, Orel, Vladimir, St. Petersburg, Podolien, Kuban, Cherson, des Baltikums und Sibiriens (Omsk, Irkutsk, Tomsk) über Stützpunkte verfügte. Auch diese entsprachen jedoch nicht mehr „einer konsolidierten Organisation des alten Typs mit einem Komitee oder einer Gruppe an der Spitze", sondern besaßen in aller Regel nur noch die Form lockerer Zirkel „mit propagandistischen Zielen". Zudem arbeiteten sie vielerorts völlig isoliert voneinander. Nach der Größe ihrer Organisation und dem Ausmaß ihrer Tätigkeit zu urteilen, war die PSR somit auf das Niveau ihrer Gründungszeit regrediert[28].

Nicht zuletzt wurde diese Rückentwicklung auch daran sichtbar, daß die Auslandsorganisation der Partei (ZO), die sich nach ihrer Auflösung 1905 im Januar 1907 neu konstituiert hatte, wieder an Bedeutung gewann. Abermals mußten die führenden sozialrevolutionären Politiker und eine große Zahl oppositioneller, der PSR oft nur lose verbundener Intellektueller das Zarenreich verlassen, wurden alle wichtigen Parteiangelegenheiten im Ausland entschieden und nahmen die Auseinandersetzungen, die sich in den Revolutionsjahren vor allem an der praktischen Politik entzündet hatten,

---

26) Položenie del v Peterburgskoj organizacii, Archiv PSR 430.
27) Stenogr. otčety pjatogo soveta P.S.-R., 1-oe zas. vom 30. April 1909, Archiv PSR 792 S. 8 ff, Zitate S. 8 u. 10. — Ferner: Peterburg, 25. August 1909, Archiv PSR 757; Peterburg. In: ZT No 23—24 (Dezember 1909) S. 29—30; V. Galin, Peterburg. In: ZT No 43 (Mai 1912) S. 13—14. — Über die Geschicke der übrigen Organisationen der PSR liegen kaum Informationen vor. Sie waren auf der Londoner Gesamtkonferenz und auf dem fünften Parteirat nicht mehr vertreten, sei es, weil sie ihre Tätigkeit völlig einstellen mußten, oder sei es, weil sie den Kontakt zur Parteispitze verloren hatten (vgl. Irkutskij Komitet P.S.-R., otčet vom 23. Sept. 1908, Archiv PSR 171).
28) A. Kubov /A. A. Argunov/, Golosa iz podpol'ja. In: ZT No 42 (April 1912) S. 10—13.

einen vornehmlich theoretischen Charakter an. In stärkerem Maße als vor 1905 ersetzte die ZO den innerrussischen Parteiapparat[29].

Konnte an der Tatsache des rapiden Zerfalls der PSR kein Zweifel bestehen, so herrschte auch wenig Uneinigkeit über die wichtigste Ursache dieser Entwicklung. Schon auf der Londoner Konferenz hatte Černov sie in der „Emigration" der Intelligenz ausgemacht, die „erschreckende Ausmaße" annehme und vor allem die lebenswichtige intermediäre Parteiebene zur Funktionsunfähigkeit verurteile[30]. Analog erläuterte Avksent'ev als Sprecher des CK den Teilnehmern des fünften Parteirates, daß es insbesondere „die Zementschicht zwischen oben und unten" sei, die zerbröckele[31]. Und auch Argunov befand drei Jahre später, daß die sozialrevolutionären Gruppen in erster Linie unter „dem beinahe vollständigen Fehlen unserer erwachsenen Intelligenz im Untergrund" litten[32]. Seine Analyse deckte jedoch eine weitere, noch bedrohlichere Schwäche auf: daß auch der revolutionäre Nachwuchs, der den neopopulistischen Ideen stets besonders große Sympathien entgegengebracht hatte, der PSR nunmehr den Rücken kehrte. Illegale und konspirative Tätigkeit, schloß Argunov aus dieser Beobachtung, gelte nicht mehr als sinnvoll und zweckmäßig. Unmittelbar nach der Revolution hatte sich die Intelligenz vor allem aus Angst vor Repressionen und

---

29) Vgl. Parižskaja konferencija zagraničnoj organizacii s.-r., Januar 1907, Protokolle, NC No 7 No 2, auch in Archiv PSR 210 u. 234; Zagraničnaja organizacija socialistov-revoljucionerov. Otčet o vtorom s-ezde Zagraničnoj Organizacii socialistov-revoljucionerov, 30. Januar 1908, Archiv PSR 582, dazu auch: OA XVI c f. 2; Protokoly tret'ej konferencii Zagraničnoj Organizacii P.S.-R., 23. März—1. April 1909, Archiv PSR 220/I; Protokoly četvertoj konferencii Zagraničnoj organizacii P.S.-R., April 1911, Archiv PSR 220/III; Otčet o četvertoj zagraničnoj konferencii grupp sodejstvija Partii Socialistov-revoljucionerov, Mai 1911, Archiv PSR 88, sowie außerordentlich zahlreiche weitere Dokumente in: Archiv PSR 210, 80, 88, 357, 496, 487, 858, 31, 220/I—III, 717, 864, 269 und OA XVI b (3) f. 3B, 7, 191; XVI c f. 2 und pass.
30) Protokoly 1908 S. 56.
31) Stenogr. otčety pjatogo soveta P.S.-R., 17-oe zas. vom 12. Mai 1909, Archiv PSR 792 S. 8; auch: N. M. /N. I. Raktinikov/, Očerki po organizacionnym voprosam In: ZT No 16 (4. März 1909) S. 9.
32) A. Kubov, Golosa iz podpol'ja. In: ZT No 42 S. 10. — Wie trostlos die Lage in der Provinz aussah, schilderte rückblickend Zenzinov in einem Bericht über seine Versuche 1909, den „Untergrund" zu erneuern: „Lange und ausdauernd träumst du von jemandem, mit dem du sogar durch persönliche Beziehungen und durch lange Jahre gemeinsamer Parteiarbeit verbunden bist . . . Da ist jemand, denkst du, der auf deine Bitten reagieren wird, jemand, mit dem du in vollem gegenseitigem Verständnis und Vertrauen zusammenarbeiten kannst. Du erhältst seine Adresse, fährst extra ein weiteres Mal irgendwo hin in die Provinz — und schon das erste Gespräch überzeugt dich, daß die Hoffnung umsonst war. Der eine beruft sich auf familiäre Umstände, der andere darauf, daß er nun endlich sein Examen machen müsse, der dritte verweist auf seine abweichende Meinung in der Agrarfrage angesichts der Auflösung der „obščina". Und schließlich ein kalter, sichtlich mißtrauischer Empfang von seiten derer, für die du von dritten Personen Empfehlungen erhalten hast. Was bisher mit Leichtigkeit zu bekommen war, Quartiere für Treffen, Briefkastenadressen, Nachtlager, das ist jetzt nur noch mit großer Mühe zu erreichen." V. Zenzinov, Iz nedavnego prošlogo. In: Delo Naroda 1917, zit. bei Spiridovič, Partija S.-R. S. 469.

aus Resignation von praktischer revolutionärer Arbeit zurückgezogen. Nun wurde dieses Motiv mehr und mehr durch ein anderes ersetzt: durch die Einsicht in die Notwendigkeit neuer Wege und Formen der politischen Aktivität. Die organisatorische Krise enthüllte sich in zunehmendem Maße als Resultat der *politischen* Erstarrung, die die PSR seit Beginn der Restaurationsperiode lähmte und die zu Fraktionsbildungen mit großer Folgewirkung führte.

Zwölftes Kapitel:

DIE PSR IN DER KRISE: MEINUNGSVERSCHIEDENHEITEN ÜBER DIE LEHREN AUS DER REVOLUTION UND FRAKTIONSBILDUNGEN (1907−14)

Für keinen aufmerksamen Beobachter der politischen Szene Rußlands war zu übersehen, daß die Auflösung der zweiten Duma am 3. Juni 1907 den Beginn einer neuen Ära markierte. Nichts konnte den Triumph der Autokratie sinnfälliger machen als der Umstand, daß die revolutionären Parteien dem Willkürakt keinerlei Widerstand entgegenzusetzen vermochten und es nur an wenigen Orten wie in St. Petersburg und in den Hafenstädten des Schwarzen Meeres zu sporadischen Protesten der Arbeiterschaft bzw. der Matrosen kam[1]. Die PSR weigerte sich zunächst, diese Wende zu akzeptieren. Sie suchte in blinder Militanz Zuflucht, indem sie die Bauernschaft zum Partisanenkampf aufrief, die lokalen Terrorkommandos zu verstärkten Attacken ermunterte und die Soldaten sogar zu isolierten Meutereien anspornte[2]. Der „zentrale und lokale Terror und die Bewegung in der Armee", so faßte Černov diese Strategie zusammen, sollten „die Regierung" doch noch in die Knie zwingen[3]. Indes konnten solche Kampfparolen nur eine kurzfristige Antwort auf die Veränderung der Kräfteverhältnisse sein. Bereits der dritte Parteirat mußte im Juli resignierend anerkennen, daß eine „Epoche der Organisierung der konterrevolutionären Kräfte" begonnen habe[4]. Und die Londoner Gesamtkonferenz zog ein Jahr später das betrübliche Fazit:

„Um die Regierung vollzieht sich im Schutze der wiederhergestellten repressiven Herrschaft eine Sammlung der reaktionären gesellschaftlichen Kräfte, die sich vor den revolutionären Ereignissen im Zustande der Zerstreuung befanden und nicht das Bedürfnis verspürten, selbst in der Arena des politischen Kampfes aktiv zu werden"[5].

Die PSR sah sich durch diese Einsicht genötigt, ihre Politik zu überdenken. Die Aufgabe, dem Zerfall der Parteiorganisation Einhalt zu gebieten, erweiterte sich zu einer *allgemeinen taktischen und programmatischen*

---

1) Materialy tret'ego soveta Partii, Archiv PSR 679.
2) Vgl. die Resolution des dritten Parteirates in: Pamjatnaja knižka I S. 65 ff. Ferner: Rezoljucii, vynesennye na obščegub. s-ezde Tavričeskogo Sojuza P.S.-R., Archiv PSR 546/I; Pis'mo k tovariščam vmesto doklada C.K., 4. Juni 1907, Archiv PSR 303; verhaltener zwei Anweisungen des OB, in Archiv PSR 197.
3) „Viktorov" in: Materialy tret'ego soveta Partii, Archiv PSR 679.
4) Pamjatn. knižka I S. 67 f.
5) Protokoly 1908 S. 226.

Neuorientierung. Sie konnte nicht ohne eine umfassende Bestandsaufnahme und Interpretation der Geschehnisse der jüngsten Vergangenheit gelöst werden: Wenn die Revolution Prüfstein der sozialrevolutionären Theorie und Praxis war, dann hatte man nun Bilanz zu ziehen.

1. Der Immobilismus des Parteizentrums

Den Weg zur Anpassung der neopopulistischen Politik an die veränderten Gegebenheiten wies erneut Černov in einem programmatischen Artikel Ende 1907[6]. Was er vorzuschlagen hatte, nahm in den Grundzügen die Diskussionen der ersten Gesamtkonferenz vom August 1908 vorweg, deren ausdrückliche Aufgabe es war, die Krise der Partei zu bereinigen und ihren Standort neu zu bestimmen.

In der Tat zeugten die Ausführungen Černovs und die Beschlüsse der Gesamtkonferenz von mehr Nüchternheit und Realismus als die des dritten Parteirates. Angesichts der endlosen Hiobsbotschaften aus Rußland plädierte die sozialrevolutionäre Führung nunmehr für einen gemäßigteren Kurs. Statt mißverstandene Radikalität zu predigen, ermahnte sie die Partei zu langfristiger planmäßiger Aufbauarbeit, soweit diese überhaupt noch möglich war. In erster Linie gelte es, wie Černov formulierte, „die Organisationen zu festigen, ihre Reihen zu schließen" und dabei „die Arbeit unter den Massen im Sinne einer größeren und systematischeren Entwicklung ihres sozialistischen Selbstbewußtseins zu vertiefen". Dazu bedürfe es nicht nur einer größeren Zahl besser ausgebildeter Propagandisten, sondern man müsse darüber hinaus ein *neues* Arbeitsfeld fruchtbar machen: die von der Revolution ins Leben gerufenen Massenorganisationen wie „Gewerkschaften, Klubs, Kooperative und Bildungseinrichtungen". Nachdrücklich warnte er die Delegierten davor, sich im Hochmut einer engstirnigen Ideologie des Kampfes um jeden Preis zu gefallen und eine Tätigkeit in diesen friedlichen Institutionen als unrevolutionäres, kulturelles Geplänkel abzutun[7].

Deutlicher noch kam die taktische Selbstbesinnung in der Absage an partielle Insurrektionsversuche zum Ausdruck. Belehrt durch die verheerenden Folgen der Erhebungen in Sevastopol' und im Gouvernement Voronež, kehrte die PSR nunmehr zur alten Strategie zurück: Da die revolutionäre Stimmung im ganzen Lande auf einen Tiefpunkt sondergleichen gefallen sei, mahnte Černov, müsse man solchen Abenteuern gegenüber äußerst zurückhaltend und skeptisch" sein[8]. Avksent'ev empfahl der Konferenz sogar, auf

---

6) /V. M. Černov/, K pereživaemomu momentu. In: ZT No 8 (Dezember 1907) S. 1–6. Die Verfasserschaft wurde von Černov selbst in einem Exemplar des „Znamja Truda" vermerkt, das sich in einem noch nicht allgemein zugänglichen Teil der Sammlung B. I. Nicolaevsky's befindet. Auch die Auflösung mancher Pseudonyme unter den Verfassern von Artikeln der Jahre 1907–1912 verdanke ich dieser Quelle, die mir von Mrs. A. M. Bourgina freundlicherweise zur Verfügung gestellt wurde.
7) Protokoly 1908 S. 56 ff; Zitate S. 61; Resolution S. 227.
8) Protokoly 1908 S. 62.

den obligatorischen Aufruf zur Vorbereitung eines Massenaufstandes, der bisher in keiner einschlägigen Parteitagsresolution gefehlt hatte, zu verzichten. Das freilich überschritt die Konzessionsbereitschaft der Delegierten, und sie lehnten den Vorschlag ab[9]. Ohne nennenswerten Widerstand dagegen passierten Resolutionsentwürfe des CK, die das Verbot des Agrar- und Fabrikterrors verschärften. Hatten alle vorangehenden Anweisungen der Bereitschaft der Parteibasis zum geächteten „ökonomischen" Terror insofern einen Ausweg gelassen, als sie das Recht zur Selbstverteidigung gegen besonders böswillige Grundherren und Fabrikbesitzer unterstrichen, so bemühte man sich nunmehr, dieses Loch zu stopfen: Angesichts der großen Schwierigkeiten „festzulegen, in welchen Fällen die Ausnahmebestimmungen anzuwenden" seien, und in Anbetracht der „Gefahr einer zu weit gefaßten Deutung" plädierte die Konferenz für „äußerste Zurückhaltung" und übertrug dem parallel tagenden vierten Parteirat zusätzlich die Aufgabe, „organisatorische Garantien" gegen einen Mißbrauch der Notklausel auszuarbeiten[10].

Unbestreitbar machte die PSR mit diesen Maßnahmen erstmals ernsthafte Anstalten, jene Reduktion revolutionärer Tätigkeit auf Terror und Barrikadenkampf auszurotten, zu der namentlich die Lokalorganisationen neigten und die spätestens nach dem 3. Juni zu einem gefährlichen Anachronismus geworden war. Dennoch wagte auch die Londoner Krisenkonferenz nicht, die überkommenen Verhaltensmuster und Aktionsformen über Bord zu werfen. Sie wiederholte alte Verbote, annullierte die Fehlentscheidungen des dritten Parteirates und bemühte sich, den lokalen Terror wieder unter Kontrolle zu bringen. Aber sie sagte keineswegs der „Kampftaktik" selbst ab. Im Gegenteil, Parteiführung und Delegierte hielten es sogar für nötig, zum wiederholten Male die Intensivierung des politischen Terrors zu fordern. Obwohl Černov einerseits gegen unreflektiertes Kämpfertum polemisierte, wurde er andererseits nicht müde, die Gültigkeit der alten Positionen zu beteuern. Die Partei, unterstrich er, habe „ihren Glauben an den bewaffneten Aufstand nicht verloren" und sei „nicht bereit, diese ihre Losung auf eine leere Phrase zu reduzieren". Folgerichtig widersprach er auch der Meinung Avksent'evs, daß „das Leben selbst" die Direktiven des dritten Parteirates korrigiert habe, und nahm wie so oft einen vermittelnden Standpunkt ein: „Eine dogmatische, kategorische Absage" an militante Aktionen, hielt er seinem CK-Genossen entgegen, „wäre ein großer taktischer und prinzipieller Fehler ... Ich bin für die Vorbereitung zum Kampf, aber ich bin nicht für Kampf um jeden Preis: Ich trete für die Synthese ein, die die Seele unserer Partei ist"[11].

In einem nicht unwesentlichen Punkte radikalisierte die Londoner Parteikonferenz die überkommene Strategie sogar: Erstmals wurde der Zarenmord auf die Tagesordnung gesetzt. Bei der Gründung der Kampforganisation im

---

9) Ebenda S. 133, 155, 221; Pseudonym „Vronskij".
10) Ebenda S. 203 ff; Resolution S. 230.
11) Protokoly 1908 S. 100 u. 151, Zitat Avksent'evs S. 102.

Jahre 1902 hatte man einen Anschlag auf das Staatsoberhaupt noch ausdrücklich ausgeschlossen, weil zu befürchten stand, daß die Masse der Bevölkerung eine solche Aktion nicht verstehen und billigen würde[12]. Solange der Autokrat zumal in der Bauernschaft noch religiöse Verehrung genoß und der Mythos vom guten Väterchen Zar seine systemerhaltende Wirkung noch ausübte, konnte der Schuß, der Nikolaj II. töten sollte, nur die eigenen Reihen dezimieren. Die Revolution, glaubten die Sozialrevolutionäre, habe solche Vorsicht überflüssig gemacht, ergab doch eine Umfrage Ende 1907, daß das Prestige des Monarchen auch bei den Bauern auf einen Tiefstand gesunken sei[13]. Mitte 1906 hob das CK daher das Tabu des Zarenmordes auf und diskutierte ihn von nun ab eher als „technisches" denn als „politisches" Problem[14]. Doch wagte es noch nicht, sich auch öffentlich zu diesem Entschluß zu bekennen und distanzierte sich sogar in unrühmlicher Weise von konkreten Attentatsvorbereitungen, die während der Sitzungsperiode der zweiten Duma von der Ochrana aufgedeckt und von Stolypin zu einem politischen Skandal hochgespielt wurden[15]. Erst nach dem 3. Juni begann man, den Schlag ins „Zentrum der Zentren" unverhohlen in der Parteipresse zu fordern[16], da er allein, wie Černov vor den Delegierten in London erläuterte, eine „neue Phase der russischen Revolution" einleiten könne. Dennoch mahnte der sozialrevolutionäre Chefstratege vorerst zur Zurückhaltung. Zum einen schien ihm die Kampforganisation technisch nicht in der Lage, eine so schwierige Aufgabe zu bewältigen; zum anderen fürchtete er, daß die PSR den Vergeltungsmaßnahmen der Staatsmacht nicht gewachsen sein würde[17]. Obgleich solche Bedenken nur allzu begründet waren, übertönten die militanten Stimmen die mäßigenden. Wie 1881, als die „Narodnaja Volja" Alexander II. tötete, erblickten die Populisten im Zarenmord die ultima ratio, um die stagnierende revolutionäre Bewegung wieder zu beschleunigen. Die Frage sei entschieden, verkündete markig ein Delegierter aus Südrußland: „Darüber spricht man nicht, das tut man"[18].

Während die sozialrevolutionäre Führung und die Mehrheit der Londoner Konferenzteilnehmer an der überkommenen unversöhnlichen „Kampftaktik" weitgehend festhielten, zeigten sie in der Frage der Parteistruktur mehr Bereitschaft zu Veränderungen und Reformen. „Die Partei", so faßte Černov die Situationsanalyse zusammen, die dieser Strategie zugrundelag, „durchlebt keine *politische* Krise, ... aber an der *organisatorischen* Krise kann kein Zweifel bestehen"[19]. Wie letztere zu beheben sei, erläuterte im

12) Černov, Pered burej S. 165.
13) Archiv PSR 799.
14) Pokazanija M. A. Natansona /vor der Untersuchungskommission in Sachen Azef/ v. 19. Januar 1910, ZP No 4432 f. 1 S. 4 u. 16. Allgemein: Nikolajewsky, Asew S. 187 ff; Spiridovič, Partija S.-R. S. 364 ff.
15) Vgl. dazu unten S. 375.
16) K pereživaemomu momentu. In: ZT No 8 S. 4.
17) Protokoly 1908 S. 64, 110, 148.
18) Ebenda S. 111.
19) Ebenda S. 57.

Auftrag des CK Argunov. Ende 1905, rekapitulierte er, sei man optimistisch genug gewesen, für die Einführung nichtkonspirativer Grundsätze zu plädieren, und habe trotz großer Skepsis ein „rein demokratisches Statut" verabschiedet[20]. Nach zwei Jahren müsse man sich nun eingestehen, daß der Versuch gescheitert und man einer Illusion erlegen sei. Nur noch zwanzig Prozent aller Komitees könnten ihren Ursprung aus Wahlen herleiten, aber achtzig Prozent seien kooptiert worden. Dieser Realität gelte es Rechnung zu tragen und dafür zu sorgen, daß der „Epoche der wütenden Reaktion seitens der Regierung" „eine Epoche der konspirativen, streng zentralisierten Organisation" auf Seiten der Revolutionäre entspreche. Dennoch empfahl Argunov keinen völligen Verzicht auf demokratische Verfahrensweisen. Da sich die PSR nach wie vor als Massenpartei begreife, müßten die Basisgruppen ihren offenen Charakter bewahren. Andererseits sei nicht zu übersehen, daß das Wahlprinzip für die übergeordneten Komitees auf Gouvernements- und Oblastebene eine „direkte und unmittelbare Gefahr" darstelle. Um den jeweiligen Erfordernissen gerecht werden zu können, sei es daher am angemessensten, der Parteiführung die Entscheidung zu übertragen und sie zu bevollmächtigen, das Wahlprinzip gegebenenfalls auszusetzen[21].

Selbst dieser gemäßigte Korrekturvorschlag stieß auf lebhaften Widerspruch. Insbesondere der Delegierte aus Baku focht für die Beibehaltung des alten Statuts. Die Einsetzung der Komitees von oben, argumentierte er und artikulierte dabei offensichtlich eine Furcht der blühenden Organisation von Baku, müsse zwangsläufig zu Konflikten führen, da das CK in der Regel ohne Konsultation der betroffenen Gruppen handeln und ortsfremde „komitetčiki" ernennen werde. Das sei bereits in St. Petersburg praktiziert worden und habe zur Entstehung zweier rivalisierender Gewalten geführt, einer demokratischen und einer, die von der Gnade der Parteispitze lebe. Andere Redner machten außerdem geltend, daß die ausschließliche Anwendung der Kooptation das Eindringen von Polizeispitzeln kaum verhindern werde. Denn die Wurzeln des zunehmenden Verrats lägen tiefer: im allgemeinen moralischen Verfall der Partei[22].

Zwischen Zentralisten und Demokraten vermittelten Černov und Volchovskij, indem sie nachzuweisen suchten, daß gar keine alternativen Positionen vorlägen. Freilich verwischten sie dabei die Fronten eher, als daß sie die Auseinandersetzungen wirklich beigelegt hätten. Denn keineswegs traf zu, wie Volchovskij meinte, daß die Empfehlungen des CK „das Wahlprinzip nicht nur nicht" zerstören, sondern es nicht einmal einschränken würden[23]. Und Wenn Černov die Empörung gar einen „Sturm im Wasserglas" nannte, da die „reale Demokratie" in der Partei keineswegs bedroht

---

20) Ebenda S. 159 ff („Golubev"), Zitat S. 160.
21) Ebenda S. 161, 162.
22) Ebenda S. 163 f.
23) Ebenda S. 176.

sei[24], dann unterschlug er dabei, daß die von Argunov begründeten Maßnahmen dem Geiste des Statuts von 1906 genau entgegenstanden, obgleich sie dem Buchstaben nach an der Verbindung demokratischer und konspirativer Grundsätze nicht rüttelten. Die Opponenten ließen sich indes in ihrer Kritik nicht beirren und setzten durch, daß die Schlußresolution zur Organisationsfrage die Rechte der Parteiführung entschieden vorsichtiger formulierte als der entsprechende Entwurf des CK. Zwar wurde dessen Befugnis zur Auflösung von Komitees bestätigt. Zugleich verankerte man jedoch, daß die von oben neu eingesetzten Leitungsgremien nur solange amtieren sollten, wie keine Wahlen durchgeführt werden könnten. Von einer unumschränkten Vollmacht der Parteioberen, das Wahlprinzip notfalls gänzlich aufzuheben, war nicht mehr die Rede[25].

Insgesamt betrachtet, offenbarten die taktischen Überlegungen der Londoner Konferenz somit zwei durchaus widersprüchliche Tendenzen. Einerseits waren sich die Teilnehmer der unübersehbaren Tatsache bewußt, daß sich die politische Szene grundlegend verändert hatte und die Partei als Organisation kaum noch existierte. Sie erkannten, daß es unumgänglich war, sich in stärkerem Maße den legalen Institutionen der Arbeiter- und Bauernbewegung zuzuwenden, wenn man wieder an Boden gewinnen wollte. Die Gesamtkonferenz begrüßte daher diese Errungenschaften der Revolution und erklärte in Grundsatzresolutionen ihre Bereitschaft, die Tätigkeit der Gewerkschaften sowie der Produktions- und Verbraucherkooperative zu unterstützen, soweit diese autonom und im Charakter „werktätig" seien[26]. Analog sollten unter der Bauernschaft jene Agitationsformen stärker akzentuiert werden, die, wie etwa landwirtschaftliche Streiks, organisierend und vereinheitlichend wirken könnten[27].

Andererseits hielten die Londoner Delegierten unbeirrt an der überkommenen, auf den Aufstand zielenden militanten Taktik fest. Allein die Sozialdemokratie, so begründete Černov dieses Bekenntnis zur Kontinuität unter starkem Applaus, habe es nötig, ihre Politik fundamental zu korrigieren. Sie habe Ende 1905 die Kräfte der Revolution in blindem Optimismus überschätzt und zu einem aussichtslosen Generalstreik aufgerufen. Die PSR dagegen habe einen gesunden Pessimismus bewiesen. Ihr sei nicht entgangen, daß die Anfangserfolge der Revolution lediglich „auf Kredit" errungen worden seien, insofern sie sich vor allem der Verwirrung der Staatsmacht, weit weniger aber eigener Stärke verdankt hätten, und daß es daher „in keiner Minute" einen „wahrhaften Sieg der Revolution" gegeben habe. „Was unsere Partei angeht", faßte Černov zusammen, „so sieht sie keine Notwen-

---

24) Ebenda S. 177.
25) Ebenda S. 228; Resolutionsentwurf des CK S. 13.
26) Protokoly 1908 S. 231 ff. Auch: Partija S.-R. i kooperativnoe dviženie (Pis'mo iz S. Peterburga). In: ZT No 9 (Jan. 1908) S. 12–13; K voprosu o kooperativnom dviženii. In: Trud No 11 (März 1907) S. 8–10; V. /M./ Černov, Kooperacija i socializm. In: Socialist-Revoljucioner No 2 (1910) S. 265–314.
27) Protokoly 1908 S. 211 ff.

digkeit, ihre Taktik in irgendeiner grundlegenden Weise zu ändern. Alles, was sie tun muß, ist, ihre Taktik an den gegenwärtigen Moment /und/ an den Zustand ihrer Kräfte anzupassen"[28].

Mochte der Verweis auf die abwartende Haltung der sozialrevolutionären Führung in den stürmischen Herbsttagen 1905 auch berechtigt sein, so zeugte eine solche Lehre aus den Erfahrungen der Revolution angesichts der vielen mißlungenen Aufstandsversuche, der taktischen Fehlentscheidung in der Dumafrage und der Versäumnisse in der Arbeiteragitation doch von einem erstaunlichen, ja gefährlichen Mangel an Selbstkritik. Ebenso irrte Černov, wenn er die mäßigenden Appelle der Londoner Konferenz als ausreichende Adaption an die neue Situation wertete. Mit der Anweisung zur „Vertiefung der propagandistischen und organisatorischen Tätigkeit" bei gleichzeitiger „Verstärkung der terroristischen Aktivitäten" ließ man im Grunde alles beim alten[29]. Immer noch sah sich das CK nicht zu einer gründlichen Revision seiner Politik veranlaßt. Trotz vieler Warnungen der russischen Delegierten klammerte es sich an einen durch nichts begründeten Optimismus. So schloß Černov den Rechenschaftsbericht der Parteiführung mit den Worten: „Wir durchlebten eine Krise, eine Periode der Desorganisation und des Zerfalls, der uns eine Zeit lang lähmte. Jetzt haben wir uns von der Lähmung erholt und sehen mit Hoffnung in die Zukunft"[30]. Solchen *Immobilismus* allein aus einer guten Dosis Realitätsblindheit oder aus Zweckdenken zu erklären, griffe zu kurz. Genau besehen spiegelte er ein grundlegendes taktisches Dilemma der PSR: Als eine Partei, deren Aktionen nahezu ausschließlich auf die Herbeiführung eines sofortigen allgemeinen bewaffneten Aufstandes ausgerichtet waren, blieb sie in nichtrevolutionären Zeiten ohne Konzept. Ihre taktischen Überlegungen bewegten sich auf der Stelle, weil eine tatsächliche Anpassung an die veränderte politische und gesellschaftliche Situation eine ernsthafte Bedrohung ihres Selbstverständnisses und ihrer ererbten populistischen Aktionsformen bedeutet hätte.

2. Die Formierung einer neuen Opposition: Neomaximalisten und „Liquidatoren"

Gegen den taktischen und theoretischen Konservatismus der Parteiführung meldete sich schon Ende 1907 eine neue Opposition zu Wort, die sich um Judelevskij und Agafonov in Paris zusammenfand und bereits im April 1908 ein eigenes Organ, die „Revoljucionnaja Mysl'", herausgab. Der Programmartikel aus der Feder Judelevskijs ließ keinen Zweifel daran, daß sich die Gruppe als Nachfolgerin der faktisch zerschlagenen Maximalisten be-

---

28) Ebenda S. 98.
29) Ebenda S. 100, Resolution S. 227.
30) Ebenda S. 65.

griff[31]. Ihre Kritik lief daher auf zwei bekannte, aber keineswegs gegenstandslose Anklagen gegen das Zentrum der PSR hinaus. Zum einen warf man dem CK Blindheit und Verharmlosung der realen Misere vor und konstatierte ohne Beschönigung die Niederlage der Revolution[32]. Die Hauptursache dafür fand Judelevskij in dem „übertriebenen Glauben" aller Parteien an die Notwendigkeit eines massenhaften Volksaufstandes[33]. Zumal die PSR, analysierte er, habe sich 1901 vornehmlich die „volkstümlerischen aufständischen" und die sozialdemokratischen Anschauungen zu eigen gemacht, nicht aber die einzig richtigen: die der „Narodnaja Volja". Deren Erbe müsse daher zu neuem Leben erweckt, d. h. die „Theorie und Praxis der aktiven Tätigkeit der initiativen Minderheit" in verstärktem Maße entwickelt werden[34]. Zum anderen richtete die „Revoljucionnaja Mysl'" heftige Attacken gegen die zentralistischen Tendenzen der sozialrevolutionären Organisation und schlug — darin ebenfalls einem Stereotyp der linkspopulistischen und anarchistischen Argumentation folgend — den Abbau der Kompetenzen der Parteiführung, d. h. eine weitgehende Dezentralisierung aller Entscheidungen vor[35]. Das sollte namentlich auch für die terroristischen Aktionen gelten, erblickte doch die neue sozialrevolutionäre Linke ebenso wie die alte im *lokalen* Terror das Allheilmittel, das der Revolution noch zum Siege verhelfen könnte. Dabei ließ sie sich weder durch die Erfolglosigkeit der vorangegangenen Aufstandsversuche beirren noch durch die Tatsache, daß breite terroristische Aktivitäten schon deshalb nicht entfaltet werden konnten, weil es keine revolutionären Massen mehr gab, die sie hätten tragen können. Gleich den Maximalisten verbohrten sich Judelevskij und seine Mitstreiter in einen blinden und selbstmörderischen Blanquismus. Angesichts der allgemeinen Apathie der Bevölkerung noch 1908 die Forderung zu erheben, die alte, ohnehin militante Taktik weiter zu radikalisieren, bedeutete eher den Teufel mit Beelzebub auszutreiben, als zur Bewältigung der Parteikrise beizutragen.

31) A. Volin /Ja. L. Judelevskij/, Voprosy revoljucii. In: Revoljucionnaja Mysl'. Izd. Gruppy Socialistov-revoljucionerov No 1 (April 1908) S. 4—8. — Zur Konstituierung der Gruppe vgl. Ochranaberichte vom 26. 11. 1907, OA XVI b (3) f. 1a u. vom 11. 2. 1908, OA XVI b (3) f. 8, sowie: Vnutrennie razdory v Partii S.R., 20. 2. 1910, OA XVI b (3) f. 4. Auch: Parižskaja Gruppa Socialistov-revoljucionerov, Archiv PSR 496 und einen ausführlichen Brief über die Zustände in der ZO von Anfang 1908 in Archiv PSR 6/III. — Die Nähe der „Revoljucionnaja Mysl'"-Gruppe zu den Maximalisten verhinderte im übrigen nicht, daß zwischen beiden eine heftige Kontroverse über Fragen der revolutionären Strategie entstand. Vgl.: Nestroev, Maksimalizm pered sudom V. Černova S. 75 ff. — Insgesamt zum Folgenden auch: Stepanov, Kritika V. I. Leninym programnyi i taktiki.
32) So Judelevskij auf der Londoner Konferenz der PSR („Livin"): Protokoly 1908 S. 112 ff.
33) Volin, Voprosy revoljucii S. 6 (i. Or. gesp.); auch: Protokoly 1908 S. 113.
34) Volin, Voprosy revoljucii S. 7; ders. /Ja. L. Judelevskij/, Političeskij perevorot i iniciativa men'šinstva. In: Revoljucionnaja Mysl' No 2 (Juni 1908) S. 4—7; Siverskij /V. K. Agafonov/, Karfagen dolžen byt' razrušen. In: Revoljucionnaja Mysl' No 1 (April 1908) S. 1—4.
35) O decentralizacii. In: Revoljucionnaja Mysl' No 4 (Febr. 1909) S. 1—5.

Die Auseinandersetzungen mit der Parteiführung nahmen daher schon bald einen unversöhnlichen Charakter an. Organisatorische Konsequenzen konnten nicht ausbleiben. Nachdem sich die Anhänger der „Revoljucionnaja Mysl"' 1908 in der „Pariser Gruppe der Sozialrevolutionäre" zusammengeschlossen und die Getreuen des CK im Gegenzug die „Pariser Hilfsgruppe der PSR" gegründet hatten, kam es im Juni 1909 zum endgültigen Bruch, als jene die dritte Konferenz der ZO verließen und damit auch aus der Partei austraten[36]. Zwar bedeutete diese neuerliche Sezession — im Gegensatz zur Abspaltung der Maximalisten — keinen Aderlaß für die Partei[37], weil Judelevskij und seine Freunde, die anfangs offenbar einigen Rückhalt in der neopopulistischen Emigrantenkolonie gefunden hatten, zu dieser Zeit über keine nennenswerte Gefolgschaft mehr verfügten. Dennoch sollte nicht übersehen werden, daß die neue Linke als ernstzunehmende, halblatente Strömung im sozialrevolutionären Lager fortlebte[38] und daß insbesondere ihr Zentralismusvorwurf in breiten Kreisen der PSR Widerhall fand.

Mit der Entlarvung Azefs Anfang 1909 gewann auch die innerparteiliche Auseinandersetzung über die Lehren aus der Revolution eine neue Dimension. Angestaute, unterschwellige Unzufriedenheit verschmolz mit frischer Empörung über die Möglichkeit einer solchen Ungeheuerlichkeit und verlangte nach offener Artikulation; zur taktischen und organisatorischen Krise der Partei gesellte sich eine schwere moralische. Die Genossen an der Basis verloren den Glauben an eine Führung, die Azef dazu verholfen hatte, zum engen Vertrauten Geršunis, zum Oberhaupt des zentralen Terrorkommandos und zu einem der wichtigsten organisatorischen Drahtzieher in Rußland aufzusteigen, die — schlimmer noch — in fahrlässiger Mißachtung begründeter Verdachtsmomente jahrelang alle Enthüllungsversuche erfolgreich obstruiert hatte. Gerade dieses blinde Vertrauen des CK in einen bereits stark belasteten Azef verschlimmerte den Skandal, machte ihn eigentlich erst zum Desaster, weil es verriet, daß das Doppelspiel des Polizeiagenten nicht nur aus mangelnder Kontrolle erklärt werden konnte, sondern daß nach tieferen Ursachen zu forschen war. Immer mehr Sozialrevolutionäre kamen zu der Einsicht, daß man die terroristische Taktik sowie die konspirative Praxis insgesamt in Frage stellen mußte und daß eine Verbindung zwischen der „Azefščina" und der „allgemeinen Krise der Revolution" bestand[39]: Aber-

---

[36]) Protokoly tret'ej konferencii Zagr. Org. P.S.-R. (23. 3.—1. 4. 1909), Archiv PSR 220/I; Polizeibericht über diese Konferenz: OA XVI b (3) f. 6. — Ferner: Zajavlenie C.K. P.S.-R. In: ZT No 20 (August 1909) S. 19; O ‚trenijach' na konferencii i ob uchode Par. Gr. s.-r. (Pis'mo v redakciju). In: IOZK No 11 (Mai 1909) S. 18—26. — Zur Pariser Hilfsgruppe der PSR vgl. die in Kap. 11, Anm. 29 genannten Archivmaterialien.

[37]) So /V. M. Černov/, Razval ili konsolidacija? In: ZT No 21—22 (Sept. 1909) S. 1—4.

[38]) An V. K. Agafonov und M. L. Kogan-Bernštejn läßt sich diese Kontinuität bis 1917 beobachten.

[39]) B. N. Lebedev auf dem fünften Parteirat: Stenogr. otčety pjatogo soveta P.S.-R., pjatoe zas. v. 3. Mai 1909, Archiv PSR 792 S. 23.

mals und dringlicher als zuvor trat die Notwendigkeit einer radikalen Revision der politischen Strategie der PSR ins Bewußtsein.

Vor diesem Hintergrund formierte sich Anfang 1909 auf dem Höhepunkt der Azef-Affaire eine weitere oppositionelle Fraktion, die sich auf dem *rechten* Flügel der PSR ansiedelte. Der Zeitpunkt war günstig, da das kompromittierte CK keine wirksamen Gegenmaßnahmen ergreifen konnte und zumal unter den Intellektuellen in der Emigration großer Aufruhr herrschte. Rasch fanden die Kritiker auch ein publizistisches Forum, indem sie die bis dahin farblose, lediglich hektographiert erscheinende und als bloßes Informationsmedium der Auslandsorganisation dienende „Izvestija Zagraničnogo Oblostnogo Komiteta" (Nachrichten des ausländischen Oblastkomitees) in ein Diskussionsorgan umwandelten[40]. Darin spiegelte sich, daß die neue Strömung gerade bei den ausländischen Sozialrevolutionären breiten Rückhalt fand und sich zwischen diesen und dem CK eine nie dagewesene Kluft auftat.

Die rechte Opposition gab ihr Debüt mit einem Artikel aus der Feder Armands, der im März 1909 im Organ der ZO erschien und sofort heftige Reaktionen von Seiten des Parteizentrums provozierte. Die Autorin erregte Anstoß, weil sie ein Tabu der sozialrevolutionären Politik in Frage zu stellen wagte, indem sie sich gegen die Erneuerung der zerschlagenen Organisation der PSR nach dem alten, konspirativen Muster der vorrevolutionären Periode aussprach. Der gesamtgesellschaftliche Kontext, argumentierte sie, habe sich durch die Revolution zu sehr verändert, als daß man einfach an dem Faden weiterspinnen könne, den die zaristische Reaktion zerrissen habe. Zum einen fehle es angesichts der völligen Passivität der Arbeiter- und Bauernschaft und der Flucht der Intelligenz aus den Reihen der revolutionären Parteien an den notwendigen Voraussetzungen für illegale Tätigkeit. Zum anderen mache sich in der Masse ein zunehmendes Bedürfnis nach eigener Betätigung bemerkbar. „Selbständigkeit und Kollektivität" seien die Normen, an denen sich revolutionäre Agitation zu orientieren habe. Denn nur „wenn die Massen im täglichen Kampf" lernten, „ihre Interessen durchzusetzen und den Glauben an ihre Kräfte infolge einer festen, guten Organisation zu kräftigen", werde es „für sie nicht schwierig sein, zu breiten revolutionären Aktivitäten überzugehen"[41]. Wer ihnen aber diese Eigenschaften vermitteln wolle, der könne dies nur auf dem Boden des „ökonomischen Kampfes" tun, der müsse zuallererst die *legalen* Möglichkeiten

---

40) Izvestija oblastnogo komiteta zagraničnoj organizacii, dann: Izvestija oblastnogo zagraničnogo komiteta. Organ diskussionnyj. Paris No 7 (25. April 1908) — No 15 (April 1911). Fortges. als: Vestnik zagraničnoj federacii grupp sodejstvija Partii Socialistov-Revoljucionerov (zit.: VZFGS). Paris No 16 (März 1912) — No 17 (Juni 1912). Archiv PSR 88.
41) L. M. Armand („Volgina") an N. D. Aksent'ev, 16. Juli 1909, Archiv PSR 799, gedruckt: ZT No 26 (Febr. 1910) S. 4—8.

nutzen und in den Gewerkschaften, Konsumgenossenschaften, Kooperativen, Artelen und ähnlichen kollektiven Institutionen arbeiten[42].

Obwohl die Armand ihren Beitrag lediglich als Plädoyer für einen temporären Verzicht auf konspirative Tätigkeiten verstanden wissen wollte, wertete ihn Rakitnikov in seiner Antwort zu Recht als *prinzipielle* Neuorientierung. Er hatte daher gute Ursache, dieser „ersten Schwalbe einer liquidatorischen Strömung" der sozialrevolutionären Politik[43] große Aufmerksamkeit zu schenken und die Krisenstrategie der Parteiführung noch einmal ausführlich darzulegen. Nicht die Masse habe die Partei verlassen, formulierte er als Grundthese, sondern die Partei die Masse. Deshalb könne man auf die Basis nach wie vor zählen, und gelte es zur Behebung der organisatorischen Misere lediglich, den Kontakt zu ihr zu erneuern, d. h. „das zerstörte Netz der Gouvernements- und Oblastkomitees wieder aufzurichten"[44]. Rakitnikov beklagte die Tendenz, nur legale Aktivitäten zuzulassen, warnte vor solcher „Amputation" der revolutionären Tätigkeit und prophezeite die „letztendliche Auflösung der Partei", falls man Armands Vorschläge zu realisieren versuche[45]. Trotz der Azef-Affaire leugnete das sozialrevolutionäre Zentrum hartnäckig, daß für den Zerfall des Parteiapparates auch taktische Fehler verantwortlich sein könnten, und hielt an der alten konspirativen Aktionsweise samt der ihr entsprechenden Organisationsform fest.

Die große Krisenkonferenz

Die Konfrontation zwischen dem Parteizentrum und der Opposition auf beiden Flügeln erreichte in den Debatten des fünften Parteirats, der Ende April 1909 zusammentrat, ihren ersten Höhepunkt. Mit dem ausdrücklichen Auftrag einberufen, die Azef-Affaire zu liquidieren und eine grundlegende Neuordnung der Parteiangelegenheiten vorzunehmen, war diese zweite Krisenkonferenz der PSR der entscheidende Ort, an dem alle Gruppen versuchen mußten, die Weichen der künftigen sozialrevolutionären Politik in ihrem Sinne zu stellen. Bereits im allerersten Planungsstadium kam es daher zu heftigen Meinungsverschiedenheiten, namentlich zwischen dem CK und der linken Fraktion der ausländischen Sozialrevolutionäre.

Eigentlich hätte das Ausmaß der Katastrophe, die Azefs Verrat angerichtet hatte, die Einberufung eines regulären Parteitags nötig gemacht. Doch

---

42) A-va /L. M. Armand/, Čto teper' nužno? In: IOZK No 10 (März 1909) S. 11–24; hier S. 19–20. Antwort: N. M. /N. I. Rakitnikov/, Očerki po organizacionnym voprosam. In: ZT No 16 (4. März 1909) S. 3–5; No 17 (27. Arpil 1909) S. 6–10; No 18 (16. Mai 1909) S. 7–10; No 20 (August 1909) S. 3–11. Antwort: L. A-va/L.M. Armand/, Prežde i teper'. Otvet. in: ZT No 21–22 (Sept. 1909) S. 10–14. Antwort: N. M. (N. I. Rakitnikov/, Otvet na otvet. In: ZT No 21–22 (Sept. 1909) S. 14–19. – Zu ähnlichen Tendenzen in der Sozialdemokratie vgl.: R. G. Suny, Labor and Liquidators: Revolutionaries and the „Reaction" in Baku, May 1908–April 1912. In: SR 34 (1975) S. 319–340.
43) N. M., Očerki po organizacionnym voprosam. ZT No 17 S. 8.
44) N. M., Očerki, ZT No 18 S. 9.
45) N. M., Očerki, ZT No 17 S. 8.

konnte daran 1909 aus organisatorischen und finanziellen Gründen[46] noch weniger gedacht werden als ein Jahr zuvor. Stattdessen mußte man sich damit begnügen, einen Parteirat anzuberaumen. Um dennoch eine möglichst repräsentative Versammlung zustande zu bringen, plädierte das CK dafür, den statutenmäßig festgelegten Personenkreis zu erweitern und insbesondere zusätzliche Delegierte aus Rußland heranzuziehen. Freilich dürfte hinter diesem Vorschlag nicht zuletzt die Absicht gestanden haben, die eigene Position zu stärken, da die Vertreter der russischen Komitees der Parteiführung erfahrungsgemäß erheblich mehr Respekt zollten als die aufsässigen Exilintellektuellen. Aus demselben Grunde protestierte die linke Opposition in der ZO gegen diesen Plan und verlangte mit der Begründung, daß es in der Emigration mittlerweile beinahe ebensoviele Sozialrevolutionäre gebe wie im Zarenreich selbst, eine paritätische Repräsentation von russischen und außerrussischen Delegierten. Eine radikale „Gruppe der vierzehn" erhob außerdem die keineswegs abwegige Forderung, daß der Parteirat nicht vom amtierenden, kompromittierten CK einberufen werden sollte, sondern von „bekannten und in der PSR geschätzten Sympathisanten", wobei man wohl an ehrwürdige „stariki" der populistischen Bewegung wie G. A. Lopatin und V. N. Figner dachte. Das allerdings empfand die Mehrheit der sozialrevolutionären Emigranten als ehrenrührige Selbsterniedrigung. In ihrem Namen entwarf Avksent'ev eine „Resolution der dreißig", die die Bemühungen der Opposition um mehr Einfluß auf der anstehenden Konferenz zum Scheitern brachte, indem sie dem CK das Recht zusprach, seine Funktionen in vollem Umfange auszuüben, solange es nicht abgewählt sei[47].

Dem Konzept der Parteiführung entsprechend wurde eine Vorbereitungskommission nach Rußland entsandt, die alle Oblastorganisationen besuchen und die Ernennung bzw. Wahl der Delegierten selbst in die Wege leiten sollte. Geplant war, fünfzehn ordentliche Vertreter aus dreizehn „oblasti" und den zwei Hauptstädten im Ausland zu versammeln. Doch die deprimierende Situation, die man antraf, machte selbst einen solchen Rumpfkongreß unmöglich. Im Nordwesten Rußlands, im Nordkaukasus und im Dongebiet gab es weder Oblastkomitees noch lokale Gruppen. Mit dem „Fernöstlichen Bund" konnte man keine Verbindung aufnehmen und in Turkestan lediglich eine Botschaft übergeben. Selbst an der mittleren Wolga und im zentralen Industriegebiet gelang es nicht, Oblastkonferenzen anzuberaumen. Delegiertenwahlen fanden daher nur in Nord- und Südrußland, im Ural, in der Ukraine, im Kaukasus, in Sibirien und in St. Petersburg statt. Da von diesen neun Delegierten außerdem nur fünf sowie eine Abge-

---

46) Vgl. eine entsprechende Verlautbarung des CK an die Lokalkomitees: C.K. P.S.-R., Januar 1909, O sozyve Soveta Partii, Archiv PSR 168.
47) Vgl. einen Polizeibericht über den fünften Parteirat von 1909, OA XVI b (3) f. 7, eine Resolution einer „levaja gruppa" in der PSR vom 18. 2. 1909, OA XVI b (3) f. 9, sowie einen instruktiven Brief von E. E. Lazarev an M. A. Natanson vom 20. Jan. 1909, NC No 7 No 80/1 Brief 9.

sandte mit Mandat des Saratover Komitees eintrafen, erreichte man das im Parteistatut festgelegte Quorum nicht. Dennoch beschlossen die Anwesenden, nachdem sie zwei Wochen vergebens auf Nachzügler gewartet hatten, sich als regulärer Parteirat zu konstituieren: mit sieben vollberechtigten Vertretern aus Rußland, einem Vertreter der Auslandsorganisation, zwei Mitgliedern des CK und Rubanovič als ständigem Repräsentanten der PSR beim Büro der Zweiten Internationalen. Hinzu kamen mit beratender Stimme vier weitere CK-Mitglieder und vier Bevollmächtigte des CK, aber nur ein zusätzlicher Angehöriger der ZO. Wie schon der Ausgang der vorangegangenen Streitigkeiten hatte vermuten lassen, räumte die Zusammensetzung des fünften Parteirats den Kritikern somit zumindest numerisch keine starke Position ein. Die Dominanz der gemäßigten und konservativen Kräfte der sozialrevolutionären Führungsgruppe war gesichert[48].

Ihrem Auftrag gemäß konzentrierte sich die Konferenz auf die Diskussion der grundlegenden Fragen der sozialrevolutionären Taktik und des Parteiaufbaus. Was die *Arbeiteragitation* anging, so trat die Notwendigkeit gewerkschaftlicher Tätigkeit immer deutlicher zutage. In den lokalen Gruppen häuften sich die Stimmen, die die ehrwürdige Propaganda in „kružki" für überholt erklärten und sie durch die Schaffung „breiter ökonomischer Organisationen" ersetzen wollten[49]. Aus St. Petersburg kam sogar die Anregung, die Sozialrevolutionäre eines Ortes in Zukunft nach beruflichen Gesichtspunkten zusammenzufassen. Das bisherige Verfahren, das die Parteimitglieder in einem „Unterrajon" vereine, „nur weil sie in demselben Stadtteil" wohnten, sei „rein zufällig". Von den „unmittelbaren, bewußten Interessen des Durchschnittsarbeiters" abgerissen, könne auch die Propaganda keinen systematischen Charakter annehmen. Um sie wirksamer zu gestalten, sei es erforderlich, zumindest den unteren Parteizellen das fundamentale vereinheitlichende Prinzip des Proletariats, i. e. „die Zugehörigkeit zu ein- und demselben Beruf", zugrunde zu legen. Erst auf der nächsthöheren Ebene sollten sich die Gruppen wie zuvor nach territorialen Gesichtspunkten konstituieren[50].

Analoge Vorschläge unterbreitete der Experte für Arbeiterfragen, B. N. Lebedev, den Teilnehmern des fünften Parteirates. Dabei scheint[51] er, dem

48) Vgl.: Pjatyj sovet Partii. In: ZT No 19 (Juli 1909) S. 1—3; Izveščenie o V-m s-ezde Soveta Partii Socialistov-Revoljucionerov. /1909/; Sostav V-go Soveta, Archiv PSR 494/III; Spiridovič, Partija S.-R. S. 470.
49) Iz protokoly očerednogo Char'kovskogo gubernskogo s-ezda P.S.-R. (Juni 1908), Archiv PSR 623; Protokoly zasedanij oblastn. soveščanija Sev.-Zap. oblasti (11.—13. Nov. 1907), Archiv PSR 426.
50) Instrukcija tovariščam o postanovke partijnoj raboty v Peterburge. August 1909, Archiv PSR 441.
51) Lebedevs Referat selbst ist in den Protokollen des Parteirats, Archiv PSR 792, nicht abgedruckt. Seine Vorschläge müssen daher aus der Diskussion rekonstruiert weden. Als Hilfe können einige Aufsätze dienen. Vgl.: A. Voronov /B. N. Lebedev/, Rabočaja organizacija (Zametka propagandista). In: ZT No 16 (4. März 1909) S. 5—8; ders., K voprosu ob osnovach rabočej programmy; ders., Ėkonomičeskaja bor'ba v podpol'e. In: ZT No 18 (16. Mai 1909) S. 3—6.

erst im Laufe der Azef-Krise der Sprung in die sozialrevolutionäre Führung gelungen war, sein „ökonomistisches" Organisationskonzept mit Empfehlungen für eine legalistisch-tradeunionistische Taktik flankiert zu haben, die den Widerspruch der konservativen Sprecher der Parteispitze hervorriefen. Insbesondere Rakitnikov und Avksent'ev warfen dem Referenten vor, die Bedeutung der Gewerkschaft bei weitem zu überschätzen und Anschauungen zu vertreten, die nur bei entwickeltem politischen Bewußtsein und hochgradiger Mobilisierung des Proletariats, nicht aber unter den gegebenen Umständen realisierbar seien[52]. Andererseits mußten sie zum wiederholten Male konzedieren, daß die PSR es sich nicht leisten könne, den Arbeiterverbänden bloße Lippenbekenntnisse zu zollen. „Um die /lokalen, M. H./ Organisationen zur Teilnahme am Leben sowie am Kampfe der Werktätigen zu befähigen und eine konkretere und den örtlichen Bedingungen besser angepaßte sozialistische Tätigkeit zu ermöglichen", stimmte die Mehrheit der Delegierten daher trotz mancher Vorbehalte dem Resolutionsentwurf Lebedevs zu[53].

Auch bei den Überlegungen, wie die *Bauernagitation* wirksamer zu gestalten sei, konnten die Reformer auf Anregungen der unteren Parteigruppen zurückgreifen. Schon auf einer Gouvernementskonferenz in Vologda Ende 1907 hatte man beispielsweise festgestellt, daß in der agrarischen Bevölkerung eine wachsende Neigung zu spüren sei, „sich auf dem Boden landwirtschaftlicher Nöte und Interessen" zusammenzuschließen[54]. Dementsprechend schlug Armand, die als Delegierte des Saratover Komitees an den Debatten des Parteirats teilnahm, dort aber kaum zu Wort kam, in einem Brief an das Zentralorgan vor, „den ökonomischen Kampf auf dem Dorfe" zum neuen vorrangigen Inhalt der sozialrevolutionären Bauernarbeit zu machen. Insbesondere empfahl sie die Bildung „fester ... Bünde", deren Aufgabe es unter anderem sein sollte, gleiche Pachtbedingungen für alle auszuhandeln, kollektive Unternehmen zu gründen und die gemeinschaftliche Landbebauung zu organisieren. Die Parteiagitatoren sollten ihre Mitwirkung dabei auf Hilfeleistung und Kontrolle beschränken, da man, so begründete Armand, andernfalls Gefahr laufe, die Initiative der Bauernschaft zu ersticken[55].

Die Verfechter der orthodoxen sozialrevolutionären Taktik wiesen solche

---

52) Stenogr. otč. pjatogo soveta P.S.-R., 22-oe zased. S. 1 ff, Archiv PSR 792 („Bol'šov" u. „Vronskij").
53) Vgl. Pamjatnaja knižka I S. 20 f. Eine gleichlautende Resolution wurde kurz zuvor von der dritten Konferenz der ZO verabschiedet. Vgl.: IOZK No 11 (Mai 1909) S. 31 sowie einen Ochranabericht, OA XVI b (3) f. 6.
54) Protokoly sobranija konferencii Vol. /ogodskoj/ Gub. /ernskoj/ Org. /anizacii/ P.S.-R., Archiv PSR 437. Von ähnlichen Forderungen berichtete der Delegierte Südrußlands auf dem fünften Parteirat: Stenogr. otč. pjatogo soveta P.S.-R., 24-oe zas. S. 7, Archiv PSR 792.
55) Brief von L. Volgina /L. M. Armand/ an N. D. Avksent'ev vom 16. Juli 1909, Archiv PSR 799. Kritik: /N. I. Rakitnikov/, K voprosu o bespartijnych krest'janskich organizacijach. In: ZT No 26 (Febr. 1910) S. 8–12.

Vorstellungen, die die bisherige Praxis in der Tat gründlich zu verändern suchten, energisch zurück. Bestenfalls waren sie, wie der langjährige Agrarexperte des CK Rakitnikov, bereit, als Ergänzung zu den „Brüderschaften" auch nichtparteiliche Bauernbünde zuzulassen. Dabei blieb jedoch offen, ob diese sich primär auf der Basis ökonomischer Bedürfnisse konstituieren oder weiterhin vor allem allgemeine politische Aufklärung betreiben sollten. Manchen Mitgliedern der Parteiführung ging bereits das bloße Konzept zu weit, durch „Breitenwirkung" wettmachen zu wollen, was an „Tiefenwirkung" nicht zu erreichen war. So wandte Argunov ein, daß die Krise der Bauernagitation nur durch die Schaffung zuverlässiger, d. h. „kleiner, aber wahrhaft parteilicher" Zellen auf dem Lande gelöst werden könne. Gerade angesichts der bäuerlichen Apathie sei es „voreilig", die Agitation in außerparteiliche Bünde zu verlagern, zumal man durch sie ebenfalls keine großen Organisationen aus dem Boden stampfen, sondern sich bestenfalls „selbst betrügen" könne[56]. Auch Černov warf seine Autorität zugunsten dieser Position in die Waagschale. Es gehe nicht an, bemerkte er, die Partei durch amorphe Sammlung von Sympathisanten konsolidieren zu wollen. Das sei vielmehr allein durch die sorgfältige Trennung der aktiven Mitglieder von der gestaltlosen Masse zu erreichen[57].

Der Schlußresolution nach zu urteilen, gelang es den Parteiratsdelegierten, beide Auffassungen zu versöhnen. Einerseits empfahl man die Errichtung nichtparteilicher Gruppen auf den Dörfern, deren Aufgabe ebenso in politischer Agitation (z. B. gegen die Stolypinsche Gesetzgebung) wie im ökonomischen Kampf bestehen sollte. Andererseits wurde erneut die Notwendigkeit betont, die Parteikader durch ein striktes Auswahlverfahren von der Peripherie zu trennen und dadurch solide Zellen an der Basis zu schaffen[58]. Doch zeigte eben dieses Beharren auf der Notwendigkeit *konspirativer* Agitationsformen, daß die Konferenzbeschlüsse, bei Licht besehen, keine nennenswerte Änderung der sozialrevolutionären Taktik herbeiführten. Von einer Akzentuierung legaler Tätigkeit im Sinne Armands konnte nicht die Rede sein. Gerade in der Agrarfrage, diesem Kernbereich populistischer Politik, kämpften die Parteigründer erfolgreich um die Bewahrung der überkommenen Positionen.

Meinungsverschiedenheiten zwischen den Kritikern und Anhängern des Parteizentrums traten auch in der Diskussion darüber zutage, wie die zerrüttete *Organisation* der PSR zu sanieren sei. Als Referent des CK verteidigte Avksent'ev den bestehenden zentralistischen Aufbau. Es gelte nicht, führte er aus, das Statut zu verändern, sondern es durch planmäßigere Tätigkeit besser in die Wirklichkeit umzusetzen. Dazu sei es vor allem nötig, die zentralen Leitungsgremien der Arbeiter- und Bauernagitation zu erneuern.

---

56) Stenogr. otč. pjatogo soveta P.S.-R., 24-oe zas., Archiv PSR 792 S. 5.
57) Vgl. ebenda S. 10.
58) Pamjatnaja knižka I S. 22 f, 42 f. Ähnliche Resolutionen: IOZK No 11 (Mai 1909) S. 30.

Besondere Aufmerksamkeit müsse man darüber hinaus der Studentenschaft widmen, da sie in der gegebenen Situation das geeignetste Reservoir für die dringend benötigten Führungskader darstelle. Demgegenüber plädierte Agafonov im Namen der ZO und der linken Opposition für eine radikale Reorganisation der Partei nach dezentralistischem Modell. Der bestehende Zustand der vollständigen Zersplitterung und der Untätigkeit der Basisgruppen, begründete er, könne nur geändert werden, wenn man das „föderative" Moment stärker hervorhebe. Den lokalen Gruppen sei weitestgehende Selbständigkeit zuzubilligen und ihre Bindung an die Parteispitze auf „vertragliche Beziehungen" zu beschränken. Freilich stand Agafonov mit diesem abermaligen Versuch, die Misere der PSR mit anarchistischen Rezepten zu kurieren, völlig allein. Nicht ein einziger Delegierter ließ sich von seinen Argumenten überzeugen. Das Konzept der sozialrevolutionären Führung wurde mit sieben Stimmen gegen eine angenommen[59].

Einer radikalen Erneuerung der Partei abgeneigt, mochten sich die Konferenzteilnehmer lediglich zu einer einzigen relevanten Reformmaßnahme verstehen. Auf Vorschlag Černovs wurde beschlossen, daß sich das CK in Zukunft teilen und an verschiedenen Orten residieren sollte. Dreien seiner Mitglieder kam die Aufgabe zu, als „Auslandsdelegation des CK" (Zagraničnaja Delegacija CK, ZD) zu fungieren und die Geschäfte der Zentrale im Exil wahrzunehmen. Die restlichen sollten ihr Hauptquartier in Rußland selbst aufschlagen und „an der Basis" arbeiten. Nur so schien es möglich, eine „faktische Kontrolle" der lokalen Gruppen zu gewährleisten und die Kluft zwischen ausländischem Zentrum und inländischer Peripherie zu vermindern[60].

Nicht der unbedeutendste und sicherlich der brisanteste Auftrag des fünften Parteirats bestand schließlich darin, die Konsequenzen der Azef-Affäre für die sozialrevolutionäre Führung zu diskutieren. Zu entscheiden war, ob und in welcher Weise das CK zur Rechenschaft gezogen werden sollte. Gerade an dieser Frage entzündeten sich stürmische Auseinandersetzungen, und traten die Gegensätze zwischen Konservativen und Reformern besonders kraß zutage. Zwar herrschte unter den Anwesenden Einigkeit darüber, daß das monströse Doppelspiel des obersten Terroristen für diejenigen, die die Geschicke der PSR in dieser Zeit geleitet hatten und mit dem Verräter sogar eng befreundet waren, nicht ohne Folgen bleiben konnte. Doch unterschieden sich die Motive für die Empfehlung einer Demission erheblich. Die Mehrheit legte der Parteiführung gravierende Versäumnisse

---

59) Stenogr. otč. pjatogo soveta P.S.-R., 17-oe zas. S. 1 ff, Zitate S. 11 f, Archiv PSR 792 („Vronskij", „Siverskij").
60) Stenogr. otč. pjatogo soveta P.S.-R., 18-oe zas. S. 3 ff, Archiv PSR 792; Resolution: Pamjatnaja knižka I S. 18. Daß die Verbindung zwischen dem CK und den Lokalorganisationen nahezu vollständig abgerissen war, wurde unter anderem darin sinnfällig, daß die Parteispitze bei einer Umfrage von 40 000 verschickten Fragebögen ganze 63 zurückerhielt, ein Ergebnis, das Černov als „Skandal" bezeichnete (Stenogr. otč. pjatogo soveta PSR, 8-oe zas., S. 22, Archiv PSR 792).

zur Last, namentlich, wie Armand höchst polemisch zusammenfaßte, (1) daß es Scharfsinn und Wachsamkeit vermissen ließ, (2) daß es bei der Prüfung von Verdachtsmomenten wenig Verantwortungsgefühl zeigte und (3) daß es unentschlossen handelte, als es Azef entkommen ließ[61]. Eine Minderheit der Richter sprach das CK dagegen von jeglicher Schuld frei und votierte lediglich aus Rücksicht auf die öffentliche Meinung und das Prestige der PSR für seine Ablösung. Obwohl auch die Mehrheitsfraktion auf ein formelles Mißtrauensvotum verzichtete, um dem Ansehen der verdienten und populären Parteipolitiker nicht noch weiteren Schaden zuzufügen, konnte zwischen beiden Positionen nicht vermittelt werden. Der Rücktritt der alten Führung wurde daher in zwei getrennten Resolutionen bekanntgegeben: Bestanden die Kritiker (vier Delegierte) auf der Formulierung, daß das CK „weniger entschlossen" gehandelt habe, „als es die Umstände erfordert" hätten, so bescheinigten ihm seine Anhänger (drei Delegierte) ausdrücklich, daß es sich korrekt verhalten habe und seine Ablösung „nur aus taktischen und rein formalen Überlegungen" erfolge[62]. Mochte die Opposition auch numerisch knapp gesiegt haben, so bedeutete dieses Ergebnis doch zweifellos einen Triumph der Konservativen.

Überdies zeigte sich schon bald, daß die Demission der etablierten Parteioberen nur ein papierner Beschluß war. Zwar wählte man ein neues CK, dem mit Zenzinov, Kovarskij, Šimanovskij, Frejfel'd, Pankratov und B. Lebedev Revolutionäre angehörten, die ihrer Aufgabe ohne Zweifel gewachsen waren[63]. Doch lag die faktische Leitung der zentralen Führungsgeschäfte weiterhin in den Händen der prominenten „stariki". Das hatte vor allem zwei Gründe. Zum einen konnte man auf die Erfahrung und die Fähigkeiten der langjährigen CK-Mitglieder nicht verzichten. Černov, Rakitnikov und Avksent'ev wurden vom fünften Parteirat sogar formell als Redakteure des Zentralorgans bestätigt; Argunov, Natanson und Sletov konzentrierten inoffiziell die organisatorischen Funktionen bei sich. Zum anderen hatte das neue CK nicht lange Bestand, da fünf seiner Angehörigen, die — wie vorgesehen — nach Rußland gingen, um vor Ort dafür zu sorgen, „daß das glimmende Feuerchen der Partei nicht endgültig ausgehe"[64], schon nach kurzer Zeit von der Ochrana verhaftet wurden[65]. Übrig blieb lediglich die von Fejt und Fundaminskij geleitete Auslandsdelegation[66], eine Rumpfexekutive, die die Aufgaben einer Parteizentrale in keiner Weise wahrnehmen konnte.

61) Stenogr. otč. pjatogo soveta P.S.-R., 7-oe zas., S. 11, Archiv PSR 792.
62) Izveščenie o V-m s-ezde Soveta Partii Socialistov-Revoljucionerov S. 6. Insgesamt: Stenogr. otč. pjatogo soveta P.S.-R., 7-oe zas. S. 1 ff, 30-oe zas. S. 3 ff, Archiv PSR 792.
63) Laut Spiridovič, Partija S.-R. S. 487, zählten ferner zwei unbekanntere Sozialrevolutionäre, B. G. Nesterovskij und A. A. Chovrin, zum neuen CK.
64) V. M. Zenzinov, Iz nedavnego prošlogo. In: Delo Naroda. 1917, zit. nach Spiridovič, Partija S.-R., S. 491.
65) Vgl. Spiridovič, Partija S.-R. S. 490 f.
66) Zu deren Aufgaben vgl.: Ob upolnomočennych CK zagranicej, NC No 125 No 14. Um die ZD gruppierte sich der engere Führungskreis der PSR, dessen personeller

Wenn der fünfte Parteirat in seiner Resolution zur Organisationsfrage ausdrücklich feststellte, daß er „keinerlei Veränderungen" des Statuts und des alten Parteiaufbaus für nötig gehalten habe[67], dann formulierte er damit ein Fazit, das im großen und ganzen auch für seine Empfehlungen zur Arbeiter- und Bauernagitation und für seine personellen Entscheidungen galt. Die Korrekturen der sozialrevolutionären Taktik fielen sehr gemäßigt aus und wurden in breiten Kreisen der Partei, zumal von den russischen Untergrundarbeitern, als unzulänglich empfunden. Die zweite Krisenkonferenz der PSR erfüllte ihren Auftrag ebensowenig wie die erste in London: Die überfällige gründliche Reform der gesamten Parteiarbeit ließ trotz des Azef-Schocks ein weiteres Mal auf sich warten. Obwohl stark angeschlagen, konnte die alte Parteiführung nicht nur ihre Machtposition behaupten, sondern darüber hinaus auch die von ihr verfochtene taktisch-programmatische Linie durchsetzen. Dieser Sieg kittete jedoch die Risse, die die gescheiterte Revolution und das Falschspiel des Chefterroristen der PSR zugefügt hatten, keineswegs. Im Gegenteil, indem die Mehrheit der Ratsmitglieder ignorierte, daß sie die Meinung der Gesamtpartei nur in höchst unzulänglicher Weise wiedergab, und der innerparteilichen Kritik kaum Beachtung schenkte, vertat sie die wohl letzte Chance, die Einheit der Partei zu retten. Fortan vertiefte sich die Kluft zwischen Opposition und Parteizentrum zusehends.

3. Auf dem Wege zur Parteispaltung: Legale Sozialrevolutionäre

An Anhängerschaft und Profil gewann insbesondere der rechte Flügel. Immer häufiger erschienen in der Parteipresse kritische Beiträge aus diesem Lager. Indem sie die Fronten verhärteten, welche die Kontroverse zwischen Rakitnikov und Armand sowie die Diskussionen des fünften Parteirates abgesteckt hatten, markierten sie zugleich Etappen auf dem Wege der Herausbildung eines Selbstverständnisses der Opponenten als Gruppe und signalisierten die Genese der ersten *originären* rechten Fraktion in der PSR.

3.1. Neue Formen der gesellschaftlichen Eigentätigkeit und die Krise der sozialrevolutionären Agitation

Großes Aufsehen erregte Anfang 1910 die polemische Anklage von N. N. Sokolov, einem erfahrenen Untergrundkämpfer, der 1905 an der

---

Bestand sich kaum veränderte. Neu hinzu kamen lediglich V. N. Richter, S. M. Bleklov, das ehemalige Mitglied des sozialrevolutionären Komitees von Odessa V. I. Suchomlin, der Publizist V. V. Lunkevič und insbesondere V. J. Fabrikant („Dal'nyj"), der zuvor der „Socialističeskaja evrejskaja Rabočaja Partija" (Sozialistische jüdische Arbeiterpartei, SERP) angehört hatte. Vgl. verschiedene Dokumente in OA XVI b (3) f. 3 B u. 7, XVI b (4) sowie NC No 7 No 31 und Archiv PSR 87 b.
67) Pamjatnaja knižka I S. 16.

Spitze des Kiever Komitees der PSR gestanden hatte[68], gegen den dogmatischen Starrsinn des CK. Die Parteioberen, beschwerte er sich, wollten nicht zur Kenntnis nehmen, daß ein Teil der Agitatoren die Sache verlasse, „weil sie, in dem Bemühen, sich in den neuen Verhältnissen zurechtzufinden, an den alten Methoden und Wegen der Arbeit zu zweifeln" begännen. Auch Sokolov hielt eine taktische Kehrtwende für nötig und empfahl ein stärkeres Engagement in den Gewerkschaften und den Kultur- und Bildungsinstitutionen. Voraussetzung dafür schien ihm freilich die Reinigung der Partei von „allerlei Kehricht" zu sein: „von Generalsattitüden, Bürokratismus, Nepotismus, der Kluft zwischen Oben und Unten, zwischen Peripherie und Zentrum usw."[69].

Mehr Wirkung noch rief drei Monate später ein weiterer Artikel aus Rußland hervor, der den neuen Standpunkt nicht nur differenzierter vertrat, sondern zudem aus der Feder eines CK-Mitglieds, von Zenzinov, stammte. Wie Armand ließ auch dieser keinen Zweifel daran, daß es eine „Illusion" sei, „jetzt von der Erneuerung der Partei zu träumen". Vielmehr bleibe dem Revolutionär nichts anderes, als sich an die veränderte soziale Wirklichkeit anzupassen und die neuen Institutionen zu nutzen, d. h. „molekulare Zerstörungsarbeit" in „Land- und Wirtschaftsgenossenschaften", im alltäglichen Fabrikleben und an den Arbeitsplätzen zu leisten[70]. Gegen Zenzinov zog diesmal, in Vertretung Rakitnikovs, Avksent'ev zu Felde, um für den alten Glauben der PSR zu streiten. Legale Taktik, so sein Einwand, sei nur durch einen „politischen Agenten, eine organisierte Partei" realisierbar. Verzichte man auf deren *vorherige* Rekonstruktion, so gerate die systemimmanente Tätigkeit unweigerlich zur Liquidation der revolutionären Sache − zum „kul'turničestvo"[71].

Im folgenden Jahr wurde die Frage, ob die PSR an den bevorstehenden Wahlen zur vierten Duma teilnehmen sollte, zum Katalysator für den Übergang von theoretischen Streitgesprächen zur organisatorischen Spaltung. Avksent'ev, der noch kurz zuvor die Reformer mit Deserteuren und Abwieglern verglichen hatte, machte sich nun zum Vorkämpfer für die Ausnut-

---

68) Vgl. Šklovskij, Nakanune 1905 g. S. 127.
69) Staryj rabotnik /N. N. Sokolov/, Nabolevšie voprosy (Pis'mo k tovariščam). In: ZT No 25 (Jan. 1910) S. 10−13, hier S. 10. Rakitnikovs Antwort beschränkte sich auf einen Protest gegen die rüde Tonart von Sokolovs Artikel: /N. I. Rakitnikov/, Neobchodimoe ob-jasnenie. In: ZT No 25 (Jan. 1910) S. 13−17.
70) Al.Kljuev /V. M. Zenzinov/, O partijnych zadačach vremeni. In: ZT No 27 (April 1910) S. 9−14, hier S. 12 f.
71) N. D. /N. D. Avksent'ev/, Zadači partii v svjazi s pereživaemym momentom. In: ZT No 27 (April 1910) S. 14−21, hier S. 20. Zugunsten Zenzinovs griff dagegen B. N. Lebedev in die Diskussion ein, indem er darauf hinwies, daß jener, ob man das gutheiße oder nicht, die Realität in Rußland korrekt beschreibe. Vgl. Boris Voronov /B. N. Lebedev/, Nečto ot dogmy. In: ZT No 30 (August 1910) S. 9−12. Antwort: N. D. /Avksent'ev/, Otvet t. Voronovu. In: ebenda S. 12−16. Antwort darauf: Boris Voronov /B. N. Lebedev/, Kak vosstanovit' partijnuju rabotu, in: IOZK No 12 (November 1910) S. 4−12. Vgl. auch A. Pospelov /S. Postnikov/ Po povodu statej tt. Starogo rabotnika i Al. Kljueva. In: ZT No 32 (November 1910) S. 11−15.

zung des Parlaments als politischer Tribüne[72]. Ihm widersprach im Namen der orthodoxen Sozialrevolutionäre Rakitnikov, da wie 1907 gelte, daß die Duma keinerlei reale Kompetenzen besitze und nichts anderes als einen Betrug am Volke darstelle[73]. Die Boykottgegner sahen sich durch die mangelnde Konzessionsbereitschaft der Parteiführung veranlaßt, ihre abweichenden taktischen Vorstellungen in einer Plattform niederzulegen. Sie wurde der Auslandsdelegation des CK am 4. November 1911 von Avksent'ev und Fundaminskij präsentiert[74]. Kurze Zeit später begannen die Dissidenten, denen sich von den bekannteren Sozialrevolutionären namentlich Sletov, B. Lebedev und Bilit anschlossen, außerdem mit der Vorbereitung einer eigenen Zeitschrift, des „Počin". Zweifellos setzten sie damit, wie der Titel des Organs proklamierte, einen neuen „Anfang". Andererseits aber zogen sie auch nur die Summe aus einer dreijährigen Diskussion.

Zum Kerngedanken der „Počincy" wurde die Annahme, daß die Ereignisse der Jahre 1905–06 eine qualitativ neue Phase der sozialen und politischen Entwicklung Rußlands eingeleitet hätten. Dabei erblickte man das Spezifikum der nachrevolutionären Periode im „Streben des werktätigen Volkes nach gesellschaftlicher Selbstbestimmung . . . und Organisierung"[75] als Folge eines „allgemeinen Wachstums der kulturell-sozialen Bedürfnisse", eines neuen, tiefverwurzelten „Klassenbewußtseins der Unterschichten in Stadt und Land", der Herausbildung „von Keimen einer Öffentlichkeit der Werktätigen" (trudovaja obščestvennost') und der „Differenzierung des politischen Lebens im allgemeinen". Die Spontaneität der revolutionären und sozialen Bewegungen werde durch zunehmende Organisierung abgelöst. Dieser Tendenz müsse sich die Taktik der PSR anpassen und daher vor allem Aktivitäten fördern wie:

---

72) N. D. /Avksent'ev/, Bojkot ili učastie v vyborach. In: ZT No 35 (April 1911) S. 7–9.
73) N. M. /N. I. Rakitnikov/, Vybirat'-li v Dumu? In: ZT No 36 (Juni 1911) S. 14–18; /ders.?/, Partija i ‚legal'nye vozmožnosti'. In: ebenda S. 1–3. Vgl. auch: Prenija na IV-oj Zagraničnoj konferencii grupp sodejstvija P.S.-R. po voprosu ob učastii Partii v vyborach v IV-ju Gosudarstvennuju Dumu. In: VZFGS No 16 (März 1912) S. 15–19; Ant. Savin /A. B. Šimanovskij/, V toj oblasti, gde centra net. In: ebenda No 17 (Juni 1912) S. 1–7. Eine Umfrage unter den Parteimitgliedern, auf die insgesamt 29 Antworten /sic!/ eingingen, brachte wenig Entscheidungshilfe. Die Mehrheit (16) sprach sich zwar gegen eine Teilnahme an der Duma aus, aber sie glaubte nicht, daß die Partei in der Lage sei, einen aktiven Boykott durchzuführen. Vgl. O vyborach v četvertuju dumu. In: ZT No 41 (März 1912) S. 1–2; Rezul'taty v anketu ob otnošenii k IV-oj Gosudarstvennoj Dume. In: ebenda S. 7–10. Auch die Teilnehmer der vierten Konferenz der ZO sprachen sich gegen eine Dumateilnahme aus. Vgl.: Otčet o IV-oj zagraničnoj konferencii grupp sodejstvija P.S.-R. Maj 1911 g. S. 23 f; auch: ZT No 35 (April 1911) S. 23 f.
74) Vgl.: Protokoly zasedanij Zagraničnoj Delegacii C.K. P.S.-R. (24. Februar–20. Dezember 1911), Archiv PSR 30. Die Plattform ist weitgehend identisch mit dem einleitenden Programmartikel in: Počin. Izd. Gruppy Socialistov-revoljucionerov. Pod red. N. Avksent'eva, I. Bunakova /I. I. Fundaminskij/, B. Voronova /B. Lebedev/ i S. Nečetnogo /S. N. Sletov/ Paris No 1 (Juni 1912) S. 1–2.
75) Protokoly zasedanij, Archiv PSR 30.

„die Teilnahme an Sitzungen gesellschaftlicher Organisationen, die Durchführung politischer Kampagnen zu Fragen, die unmittelbar die Interessen der werktätigen Klasse berühren (Kampf für das Koalitionsrecht, Kampf gegen die Teuerung der Lebenshaltung, Protest gegen Regierungsmaßnahmen in hungenden Dörfern usw.), die Veranstaltung von Kundgebungen und Demonstrationen, die breite Agitation in speziellen Arbeiter- und in allgemeinen Zeitungen sowie, schließlich, die Ausnutzung der Staatsduma" als politischer Tribüne"[76].

Was Avksent'ev mit diesen Forderungen theoretisch begründete, illustrierte Sletov in dem vielleicht interessantesten Artikel der neuen Zeitschrift mit Erfahrungen von einer illegalen Reise durch Rußland Ende 1911. Sein Bericht attackierte die tradierten Denkmuster und Aktionsformen sozialrevolutionärer Politik mit besonderer Schärfe, lieferte er doch unwiderlegbare Beweise für die folgenschweren Auswirkungen der neuen „gesellschaftlichen Eigentätigkeit", vor allem für das *Verschwinden des „Untergrundes"*. Eine „illegale Schicht", schrieb Sletov, wie sie seit Ende der 90er Jahre bestanden habe, gebe es nicht mehr. Damit entfalle auch die Möglichkeit zu konspirativer Tätigkeit, auf die sich die bisherigen Erfolge der PSR gegründet hätten. Wer jetzt Einfluß auf die Gesellschaft ausüben wolle, der müsse „ein nützlicher, tatkräftiger Mensch für die Bevölkerung werden". Der „Propagandist allgemeiner Wahrheiten" sei „nicht mehr nötig". Gefragt sei dagegen der „Organisator des künftigen Sieges", „der auf dem Boden lokaler Interessen und Bedürfnisse sowohl den andauernden Kampf für diese Interessen als auch die vorhandene schöpferische Eigentätigkeit der Gesellschaft organisieren" könne. Und Sletov zerstörte das typische Bild des Sozialrevolutionärs, wenn er fortfuhr:

„Der Revolutionär ist heute nicht mehr das frühere rätselhafte Wesen, erleuchtet vom Schein des Heroismus, nicht mehr jener mythische ‚Student', dessen bloßes Erscheinen auf dem Dorfe schon beinahe die Überwindung des Feindes bedeutete"[77].

Offiziell nahm die Redaktion des „Znamja Truda" die Herausgabe des „Počin" mit „großer Genugtuung" zur Kenntnis und wertete sie als Beleg für die innerparteiliche Meinungsfreiheit[78]. Das schloß freilich die Entstehung einer heftigen Kontroverse nicht aus. Rakitnikov versuchte, die Differenzen zu den rechten Dissidenten herunterzuspielen. Er erklärte das neue Organ schlicht für überflüssig, weil die PSR seit 1905 ihre Strategie „von Grund auf erneuert" und insbesondere auf Aufstandsvorbereitungen sowie den lokalen Terror verzichtet habe. Was von der Kritik gültig bleibe, seien

---

76) Počin No 1 S. 1 f.
77) St. Nečetnyj /S. N. Sletov/, Na rodine. (Zametki i vpečatlenija podpol'nogo čeloveka). in: Počin No 1 S. 15—18, Zitate S. 15 f. — Sletov sollte in Rußland das CK und den Literaturtransport reorganisieren, mußte jedoch ohne Erfolg zurückkehren. Vgl.: Kratkaja zapiska o položenii Partii Socialistov-Revoljucionerov, sostavlennaja po svedenijam „Nikolaja" v oktjabre mesjace 1913 g., OA XVI b (3) f. 4.
78) Otkliki. In: ZT No 44 (juni 1912) S. 9—10.

taktische Meinungsverschiedenheiten, die auch in den Spalten des Zentralorgans hätten Platz finden können[79]. Aber bereits Sletov bemühte sich in seiner polemischen Antwort, dem Streit seine angestammte Dimension, die einer *prinzipiellen* Neuorientierung, zurückzugeben[80]. Er wurde von Avksent'ev unterstützt, der sich veranlaßt sah, die neue „Arbeitsmethode" noch einmal zu begründen. Die Parteiführung, hielt er Rakitnikov entgegen, habe nicht zur Kenntnis genommen, daß die alte Form der revolutionären Tätigkeit, die Verteilung von Flugblättern und die Organisierung von Zirkeln, den veränderten Verhältnissen nicht mehr angemessen sei, weil man „die Massen nicht in die ‚kružki' integrieren" könne[81]. Die Verhärtung der Fronten vermochte auch ein Vermittlungsversuch von I. I. Rakitnikova nicht aufzuhalten. Ihr Bemühen, die PSR in bewährter Černovscher Manier als synthetische Partei zu definieren, die legale und illegale Tätigkeit vereine, blieb erfolglos, weil die Klärung der Standpunkte für derart rein verbale Kompromisse schon viel zu weit fortgeschritten war[82]. Eine erneute Spaltung der neopopulistischen Bewegung schien unausweichlich. Diese Befürchtung war bereits geäußert worden, als sich die Auslandsdelegation des CK zum ersten Male mit der „Počin"-Gruppe befaßte. Denn obwohl sich die neue Opposition ausdrücklich als Strömung innerhalb der Partei begriff und obwohl man sogar für den Verbleib Avksent'evs in der Redaktion des „Znamja Truda" votierte, war niemandem ein Geheimnis, daß eine „Fraktionierungskrise" drohte[83].

Die „Počincy" besetzten nicht den gesamten rechten Flügel der PSR. Neben ihnen agierte eine Gruppe um den späteren Menschewiken Šimanovskij, die sich in der ‚Izvestija Zagraničnogo Oblastnogo Komiteta" ein publizistisches Forum schuf. Radikaler als Avksent'ev und seine Mitstreiter, richtete sie so polemische Angriffe gegen die Parteiführung, daß sich eine Konferenz der ZO sogar genötigt sah, ihr eigenes Organ zur Ordnung zu rufen[84]. Aber nicht nur aggressiver, auch inhaltlich konsequenter formulierte diese äußerste Rechte ihre Einwände. Hatten ihre gemäßigten Gesinnungsgenossen — zu denen, soweit ersichtlich, keine engeren Kontakte bestanden — noch davon abgesehen, die Axiome des sozialrevolutionären *Programms* in ihre Kritik einzubeziehen, so scheute Šimanovskij davor nicht

---

79) N. M. /N. I. Rakitnikov/, Novoe tečenie social'no-revoljucionnoj mysli. In: ZT No 45 (Sept. 1912) S. 1–6.
80) St. Nečetnyj /S. N. Sletov/. In: ZT No 49 (Februar 1913) S. 14–15. Replik: N. M. /N. I. Rakitnikov/, Otvet tov. S. Nečetnomu. In: ebenda S. 15–16.
81) N. /D./ Avksent'ev, Naši raznoglasija. In: ZT No 51 (Juli 1913) S. 1–12, hier S. 11 f. Antwort: N. M. /N. I. Rakitnikov/, V čem-že raznoglasija? In: ZT No 52 (November 1913) S. 4–7.
82) In. Ritina /I. I. Rakitnikova/, Tečenija s.-r. mysli. In: ZT No 50 (April 1913) S. 5–9, hier S. 8.
83) Skeptisch zeigten sich insbesondere Rakitnikov und Argunov. Vgl.: Protokoly Zagraničnoj Delegacii, Sitzung vom 4. Nov. 1911, Archiv PSR 30.
84) O konferencii zagraničnych organizacij sodejstvija P.S.-R. In: ZT No 35 (April 1911) S. 23–24.

zurück. Er gab dem Aufblühen der „gesellschaftlichen Eigentätigkeit" eine revolutionstheoretische Deutung und wertete es als Signal für den Beginn der *bürgerlich-demokratischen* Periode der sozioökonomischen und politischen Entwicklung Rußlands: „Es geht nicht um eine ‚Ermüdung' und ‚Enttäuschung' ", hielt er treffend insbesondere der Rakitnikovschen Interpretation der Krise der revolutionären Parteien entgegen, „sondern . . . die Intelligenz verbürgerlicht und zerstreut sich über die ganze Front der russischen Parteien und politischen Gruppen allgemein"[85]. Die extreme Rechte legte damit den theoretischen Sprengstoff frei, der sich hinter dem Streit um die Form der Wiederbelebung der Parteiorganisation und -arbeit verbarg. In ihrem Programm hatte die PSR die frühpopulistische Grundannahme, Rußland könne das Stadium des Kapitalismus überspringen, schon dahin zurückgenommen, daß man die Existenz der kapitalistischen Industrialisierung konzedierte und nur noch ihr weiteres Vordringen verhindern wollte. Šimanovksij tat nun einen weiteren entscheidenden Schritt, indem er nachdrücklich darauf aufmerksam machte, daß auch eine solch bescheidene Forderung obsolet geworden sei. Damit aber stellte sich das Problem der Definition der kommenden Revolution neu. Es war nicht länger möglich, darauf zu verweisen, daß eine sofortige Sozialisierung des Grund und Bodens die bürgerliche Etappe auf dem Wege zur sozialistischen Gesellschaftsordnung zu einer kurzen, transitorischen mache. Vielmehr mußte der äußerste rechte Flügel den bevorstehenden Umsturz als eine bürgerliche Revolution anerkennen und als Auftakt einer längeren „bürgerlichen historischen Epoche" nach westeuropäischem Muster betrachten. Die kritische Revision der sozialrevolutionären Taktik wandelte sich für den Kreis um Šimanovskij zum Verzicht auf das populistische Erbe, zum Appell an die PSR, sich als die Partei, als die sie angetreten war, aufzulösen, und zum Plädoyer für eine legalistische Politik im Dienste der bürgerlichen Demokratie. Mochten die „Počincy" auch so weitgehende Konsequenzen nicht ziehen, so lag ihrer Argumentation doch dieselbe Tendenz zugrunde. Für die *gesamte* rechte Opposition galt daher, daß sie bereits vor Ausbruch des Ersten Weltkrieges eine Position bezog, die es ihr 1917 ermöglichte, eine Koalition mit den Men'ševiki und den Kadetten einzugehen.

3.2. Individueller Terror — anachronistische Politik

Kein Mittel der sozialrevolutionären Taktik widersprach dem legalistischen Konzept der rechten Opposition in so eklatanter Weise wie der politische Terror. In dem Maße, wie sich die Überzeugung in der PSR verbreitete, daß die revolutionäre Strategie zumindest temporär auf die Aktionsformen angewiesen sei, die von der Autokratie geduldet wurden, geriet der kalkulier-

---

85) Ant. Savin /A. B. Šimanovskij/, Bol'nye voprosy. In: IOZK No 12 (November 1910) S. 1—4; No 13 (Januar 1911) S. 3—7; No 14 (Februar 1911) S. 1—5; No 15 (April 1911) S. 1—9, hier No 14 S. 2.

te Einsatz von Gewalt ins Kreuzfeuer der innerparteilichen Kritik. Dabei kam den Reformern gelegen, daß der Verrat Azefs eine Diskussion darüber erzwang, ob Attentate unter den veränderten sozialen und politischen Bedingungen weiterhin sinnvoll seien und die ihnen zugeschriebenen Funktionen noch erfüllen könnten.

Anlässe, die Angemessenheit der terroristischen Aktionen zu überdenken, hatte es freilich schon häufiger gegeben. Da der Terror auf „Grausamkeiten" der „Regierung" antworten sollte und eine Form des Kampfes für eine freiheitliche Gesellschaftsordnung darstellte, bemaß sich seine Legitimität nach sozialrevolutionärem Verständnis an den Handlungen der Staatsmacht und an den Erfolgen der revolutionären Kräfte. Jedesmal wenn diese dem Gegner entscheidende Zugeständnisse abgerungen hatten, stand daher eine Überprüfung an, zumal auch die zu erwartende Reaktion der Öffentlichkeit und der Massen neu einzuschätzen war[86]. Nach solchen Überlegungen beschloß die Führung der PSR insgesamt dreimal, auf Attentate zu verzichten: im Oktober 1905, als man es für sinnvoller hielt, die Kampforganisation in ein Vorbereitungskomitee für den bewaffneten Aufstand umzuwandeln, sowie im Mai 1906 und im Februar 1907, als man die Arbeit der ersten bzw. der zweiten Duma nicht durch unbesonnene und provozierende Gewalttaten gefährden wollte.

Auf kategorial anderer Ebene bewegten sich die Einwände, die von der rechten Opposition seit 1909 gegen den politischen Terror vorgebracht wurden und die erstmals auf dem fünften Parteirat zur Sprache kamen. Auch hier hatte, als Teil der taktischen Gesamtrevision, zunächst nur zur Debatte gestanden, ob man die Vorbereitung weiterer Anschläge angesichts der kompromittierenden Wirkung der Azef-Affäre *vorübergehend* unterbrechen sollte oder nicht. Alle Redner, die für eine temporäre Aussetzung votierten, erklärten jedoch, daß ihre Argumente unabhängig von der Katastrophe gültig seien und tiefer wurzelten[87]. Die Entlarvung des Provokateurs diente nur als Anlaß zur Kritik, begründete sie aber nicht. Mit Recht folgerte Černov daraus, daß erstmals der *Sinn* der terroristischen Kampfmethode selbst zur Diskussion stehe[88].

Die Meinung des Vorbereitungskomitees war gespalten; seine Mitglieder

---

86) So deutete Sletov in einer Auseinandersetzung mit einem Anhänger der „Revoljucionnaja Mysl'"-Gruppe die Grundsatzbeschlüsse der Partei zur terroristischen Taktik. Demgegenüber leiteten die Neomaximalisten aus der Formulierung des ersten Parteitages, der Terror sei bis „zur vollen Erreichung realer Freiheiten" (Protokoly 1906 S. 314) gerechtfertigt, die Auffassung ab, daß er als „ununterbrochene Kette" beibehalten werden müsse, solange die Autokratie bestehe. Vgl.: Ign. N /S. N. Sletov/, Dostovernyj svidetel'. In: ZT No 20 (August 1909) S. 11–14; Ign. N. /ders./, Otvet na pis'mo Baškirova. In: ZT No 26 (Februar 1910) S. 14–16.
87) Dokumenty po istorii Partii S.-R.: Vopros o terrore na V sovete Partii. In: Socialist-Revoljucioner No 2 (1910) S. 1–53, hier S. 3, 17. Das z. T. abweichende Original findet sich in: Protokoly pjatogo soveta P.S.-R., 14–16. Sitzung (10.–11. Mai 1909), Archiv PSR 792.
88) Dokumenty S. 32.

votierten je zur Hälfte für bzw. gegen eine Aussetzung des Terrors. Dabei ließen sich die Befürworter eines befristeten Stops in Verkennung des eigentlichen Problems noch ganz von taktischen, am aktuellen Nutzen orientierten Überlegungen leiten. Der politische Terror, so lautete ihr Hauptargument, habe vor 1905 grandiose Erfolge erzielen können, weil er von der wachsenden revolutionären Unruhe, der Mobilisierung der Massen und dem „allgemeinen Mitempfinden der Bevölkerung" getragen worden sei. Das habe die zaristische Staatsmacht geblendet und sie zu einer beträchtlichen Überschätzung der revolutionären Kräfte geführt. Niemand habe gewußt, wer „den Feldzug führte", und deshalb sei „die Öffentlichkeit voller Hoffnung, die Regierung aber voller Ungewißheit und Furcht" gewesen[89]. Die terroristische Taktik habe ihre Siege in der „romantischen Periode" der Revolution „auf Kredit" errungen und von der chiliastischen Hoffnung dieser Jahre profitiert, „daß irgendein Befreierheld erscheine und irgendwohin" führe. Diese diffuse, elementare Gärung, auf der die politische Breitenwirkung von Attentaten notwendigerweise beruhe, sei aber mit dem Ende der Revolution zum Stillstand gekommen und habe einer allgemeinen Apathie Platz gemacht. Zugleich habe die Staatsmacht ihren Schwächeanfall überwunden und die letzten Funken revolutionären Aufbegehrens ausgelöscht. Namentlich der Gymnasialprofessor für Chemie Bilit, der als technischer Experte in Sachen Terror zu den Diskussionen des Parteirats gesondert eingeladen worden war, sprach den Gewaltakten gegen Repräsentanten der Autokratie daher alle drei Wirkungen ab, die ihnen Geršuni und Černov 1902 zugeschrieben und die ihre Akzeptierung als offizielle Taktik der PSR begründet hatten: Politischer Terror, behauptete er, könne die Autokratie nicht mehr „desorganisieren", die Massen nicht mehr „mobilisieren" und die revolutionären Kräfte nicht mehr „organisieren"[90].

Tiefgründiger argumentierte Rubanovič. Er fragte nicht nur, ob terroristische Maßnahmen noch *zweckmäßig*, sondern ob sie überhaupt noch *legitim* seien. Die repräsentative und stellvertretende Rache an der zaristischen Staatsmacht, erinnerte er, rechtfertige sich allein aus der Unreife der Unterdrückten, sich selbst zu verteidigen. Diese konstitutive Voraussetzung sei durch die Revolution beseitigt worden: „Das Volk, oder besser die ausgebeutete werktätige Klasse", habe „selbst die Arena der politischen Tätigkeit und des Kampfes" betreten „und nicht nur im Namen eines mit Füßen getretenen Gefühls der Gerechtigkeit, sondern im Namen ihrer ökonomischen und politischen Interessen." Ein Zweikampf, wie ihn politischer Terror darstelle, sei anachronistisch geworden. Provozierend fragte Rubanovič die Anwesenden daher: „Scheint es den Genossen unter diesem Aspekt nicht, daß die individuellen, terroristischen Akte in Zukunft irgendwie armselig sind, da sie weder der Kraft des Gegners entsprechen noch der Stim-

---

[89] Dokomenty S. 3 f; bestätigend Spiridovič, Partija S.-R., der vermerkt, daß die Staatsmacht von den frühen Attentaten der PSR überrascht worden sei (S. 126).
[90] Dokumenty S. 17 f.

mung der Massen, von ihrer völligen politischen Unzweckmäßigkeit ganz zu schweigen?"[91] Andere Diskussionsteilnehmer nahmen diesen Einwand auf, gaben ihm aber eine noch sichtbarere marxistische Färbung. So rief der spätere „Počinec" Lebedev ins Gedächtnis, daß die PSR den ökonomischen Terror mit dem Argument abgelehnt habe, gegen eine Klasse könne man nicht mit Attentaten kämpfen. Dasselbe sei nun, nachdem sich der bürgerliche Klassencharakter der Autokratie seit Ende der Revolution unverkennbar enthüllt habe, auch dem politischen Terror entgegenzuhalten[92]. Unmißverständlicher noch formulierte Bilit diese Überlegung zwei Monate später in einem Brief an die Redaktion des „Znamja Truda":
„Heute ist allen offensichtlich", schrieb er, „daß die Autokratie bei weitem nicht allein ist, daß ihre Lage sich stabilisiert hat, daß sich um sie herum bestimmte, an ihrer Existenz interessierte soziale Schichten zusammenschließen, die sie fest stützen und sie nicht freiwillig aus ihren Händen geben." Diese „sozialen Klassen sind unempfindlich gegen terroristische Angriffe; man erschreckt und verwirrt sie nicht mit Terror ... Deshalb kann man auf die Frage: Brauchen wir den Terror noch? nur antworten: Nein, er ist nicht mehr nötig."[93]

Der Sprecher der Terror*befürworter*, Černov, antwortete nicht auf der prinzipiellen Ebene, die er selbst der Debatte zuerkannt hatte. Auch seine taktischen Gegenargumente ließen an Überzeugungskraft zu wünschen übrig, Rhetorik ersetzte Substanz[94]. Černov konzedierte, daß Attentate, wie die PSR stets betont habe, nur in Verbindung mit einer Massenbewegung sinnvoll seien. Aber er fügte in gleichem Atemzuge einschränkend hinzu, daß beide dennoch nicht „im Gleichschritt" zu marschieren bräuchten. Isolierten Anschlägen war damit entgegen der früheren Behauptung Tür und Tor geöffnet, und der anerkannte theoretische Führer der PSR scheute sich nicht, diese Konsequenz zu ziehen. „Nicht der Terror", so formulierte er seine Einschätzung der gegebenen Situation, sei „kompromittiert", sondern die Parteispitze[95]. Die Kampforganisation habe ihre Erfolge von 1904—05 aus eigener Kraft und nicht auf Kredit erzielt; die Macht der terroristischen Aktionen sei auch in der nachrevolutionären Ära nicht gebrochen, und die Massen warteten immer noch darauf, aufgerüttelt zu werden. Černov sprach sogar die Hoffnung aus, daß die PSR mit Hilfe der alten Taktik bald stärker sein werde als je zuvor, und er wagte in völliger Verkehrung des tatsächlichen Kausalzusammenhangs, dem Azef-Debakel eine positive Deutung zu geben: Der Verrat habe die Waffe des Terrors stumpf gemacht; umso effek-

---

91) Dokumenty S. 21 f.
92) Dokumenty S. 20.
93) Borisov, /B. G. Bilit/, Nužen li ešče terror? Pis'mo v redakciju. In: ZT No 19 (Juli 1909) S. 4—5, hier S. 5. Antwort: B. Olenin /V. M. Černov/, Zametki o terrore. In: ebenda S. 6—11.
94) Vgl. Dokumenty S. 8 ff, 23 ff.
95) Dokumenty S. 11. Vgl. dieses Argument schon in der ersten Stellungnahme der PSR zur Azefaffaire: ZT No 15 (Februar 1909) S. 1—2.

tiver könne sie nach seiner Aufdeckung eingesetzt werden[96]. Auf die Einwände von Rubanovič, Bilit und Lebedev, die er selbst als die schwerwiegendsten bezeichnete, wußte Černov nur zu erwidern, daß die PSR immer schon den Klassencharakter der Autokratie erkannt habe, daß aber von einer neuen Qualität des politischen Reifungsprozesses der Arbeiter- und Bauernmassen und der Entwicklung bürgerlicher Gesellschaftsstrukturen nicht die Rede sein könne. Folgerichtig hielt er an der überkommenen populistischen Begründung der terroristischen Kampfmethode fest. Solange die Staatsmacht die Massen unterdrücke, müsse ihr mit gleichen Mitteln geantwortet werden, oder, wie Geršuni vor den Delegierten des zweiten Parteitages ausgerufen hatte: „Wo Peitsche und Riemen sind — dort sind auch Revolver und Bombe"[97]. Černov, dessen Analyse vor allem Natanson beipflichtete[98], gelangte daher zu dem Fazit:

„Die unmittelbare Aufgabe, die jetzt vor uns steht, das ist die Frage der Erneuerung der terroristischen Tätigkeit und der Wiederherstellung der Kampforganisation . . . Wir wollen die Kampftätigkeit als etwas Dauerhaftes und Organisiertes begründen."[99]

Die Mehrheit der Parteiratsdelegierten schloß sich dieser unverzagten Durchhalteparole an[100]. Sie machte abermals deutlich, daß die PSR den politischen Terror nicht, wie Rubanovič annahm und Černov unterstrich[101], als veränderbare Taktik, sondern als einen *unverzichtbaren* Wesenszug und als konstitutives Element ihres populistischen Charakters betrachtete. Die konservativen Sozialrevolutionäre befanden sich zumindest in dieser Hinsicht in der Tat, wie die rechte Opposition ihr vorwarf[102], in kompromittierender Eintracht mit dem linken Parteiflügel um die „Revoljucionnaja Mysl' ".

Trotz dieser Niederlage gab die antiterroristische Fronde ihren Kampf für eine Revision der Attentatstaktik nicht auf. Im Gegenteil, sie verschaffte sich zunehmend Gehör, und ihre Argumente wurden zu einem wesentlichen Bestandteil der Auseinandersetzung über eine neue Gesamtstrategie der PSR. Dabei zeigte sich die Plattform der „Počin"-Gruppe recht zurückhaltend, da sie lediglich eine temporäre Aussetzung der Gewaltmaßnahmen forderte. Offen für einen gänzlichen Verzicht auf den politischen Terror da-

---

96) Dokumenty S. 22.
97) Protokoly 1907 S. 88.
98) Dokumenty S. 27.
99) Dokumenty S. 44.
100) Mit sechs Stimmen gegen eine bei drei Enthaltungen. Vgl. Dokumenty S. 51 f. Die Resolution s. in: Pamjatnaja knižka I S. 46. In gleichem Sinne sprach sich die dritte Konferenz der ZO aus. Vgl.: IOZK No 11 (Mai 1909) S. 34. Ähnlich auch: B. Savinkov, Terror i delo Azefa. In: ZT No 15 (Februar 1909) S. 10—12; V. Dal'nyj/V. J. Fabrikant/, Terror i delo Azefa. In: IOZK No 9 (Februar 1909) S. 8—12.
101) Dokumenty S. 22, 29.
102) Vgl. diese Kritik bei: B. Voronov /B. N. Lebedev/, Terror i socialističeskaja partija. In: VZFGS No 16 (März 1912) S. 10—14, hier S. 12; Rezoljucija Parižskoj Gruppy Socialistov-Revoljucionerov, Archiv PSR 717.

gegen plädierten Artikel in den „Izvestija Zagraničnogo Oblastnogo Komiteta" aus der Feder Šimanovskijs, Lebedevs und anderer. Insbesondere anläßlich des Mordes an Stolypin im Jahre 1911 wiesen sie erneut daraufhin, daß solche Aktionen ihre Wirkung verloren hätten. Man habe gesehen, „daß die Öffentlichkeit kategorisch protestiert" und „die Tat energisch verurteilt" habe. Bogrovs Bombe habe in einer Zeit, in der neue Schichten und Klassen dominierten und Möglichkeiten legaler politischer Tätigkeit offen stünden, „niemanden geweckt", sondern der revolutionären Bewegung nur großen Schaden zugefügt[103].

Das Scheitern der nach dem fünften Parteirat unternommenen Versuche, die Kampforganisation zu erneuern[104], gab der Kritik der „legalen Sozialrevolutionäre" Recht. Es bestätigte, daß die Veränderungen der politischen und sozialen Verhältnisse im Zuge der Industrialisierung und Modernisierung Rußlands den individuellen Terror als Mittel der revolutionären Politik, jenes geheiligte Erbe der „Narodnaja Volja", überholt hatten. Dieser Gedanke verdient, in theoretischer Perspektive näher erläutert zu werden.

Politischer Terror *allgemein* versteht sich als symbolischer Akt[105] und bezieht seine Effektivität daraus, daß er mit minimalen Einsatz personeller und materieller Mittel durch Angsterzeugung und Demonstrationseffekt ein Maximum an politischer Wirkung erzielen kann. Freilich gilt dies nur unter bestimmten Voraussetzungen. In der Regel, so hat man plausibel argumentiert, sind Terroristen nur erfolgreich, wenn sie in einer Gesellschaft, deren Stabilität bereits erschüttert ist, über ein geringes Maß an tatsächlicher, aber

---

103) Ant. Savin /A. B. Šimanovskij/, Poučitel'nyj slučaj. In: VZFGS No 16 (März 1912) S. 1–7, Zitate S. 2, 5. Ferner: Ders., Bol'nye voprosy. IV. In: IOZK No 15 (April 1911) S. 1–9; B. Voronov /B. N. Lebedev/, Terror i socialističeskaja partija. In: VZFGS No 16; Iv. G-in, O terrore, in: ebenda No 17 (Juni 1912) S. 7–13. — Auf der Angemessenheit der terroristischen Taktik trotz des offensichtlichen Mißerfolges des Stolypin-Attentats dagegen beharrten: Ešče o terrore. In: ZT No 39 (Januar 1912) S. 6–8; S. Ovič, Počemu že nam nado otkazat'sja ot terrora. In: VZFGS No 17 (Juni 1912) S. 7–13. — Vgl. zur Auseinandersetzung insgesamt: Položenie voprosa o terrore v Partii Socialistov-Revoljucionerov. Sost. v oktj. mesjace 1913 g. po svedenijam ‚Nikolaja', OA XVI b(4) f. 1. Von liberaler Seite äußerte sich: N. A. Gredeskul, Terror i Ochrana. SPb 1913. Dazu: F. /V./ Volchovskij, Spasitel' otečestva. In: ZT No 51 (Juli 1913) S. 3–5. — Zum Attentat allgemein vgl.: A. Mušin Dmitrij Bogrov i ubijstvo Stolypina. S. predisl. V. L. Burceva. Paris 1914; Terror i delo Bogrova. In: ZT No 38 (Oktober 1911) S. 5–6.
104) Vgl. dazu unten S. 387.
105) Dazu sehr instruktiv: T. P. Thornton, Terror as a Weapon of Political Agitation. In: H. Eckstein (Hrsg.), Internal War. Problems and Approaches. Glencoe 1964 S. 71–99, hier S. 73. Ähnlich: J. F. Kirkham, S. G. Levy, W. J. Crotty: Assassination and Political Violence. A Report to the National Commission on the Causes and Prevention of Violence. N. Y. 1970 S. 1 ff. Kritisch: H. E. Price, The Strategy and Tactics of Revolutionary Terrorism. In: CSSH 19 (January 1977) S. 52–66. Rein deskriptiv: F. Gross, Political Violence and Terror in 19th and 20th Century Russian and Eastern Europe. In: Kirkham, Levy, Crotty S. 519–598 sowie ders., The Revolutionary Party. Essays in the Sociology of Politics. Westport/Conn., London 1974 S. 161 ff; P. Wilkinson, Political Terrorism. London 1974.

über ein hohes Maß an potentieller Unterstützung verfügen[106]. Eben das traf für die PSR vor der Revolution zu und erklärt die ungeheure Wirkung ihrer Anschläge auf Sipjagin (1902) und Pleve (1904). Terroristen riskieren dagegen einen Fehlschlag, wenn sie als bereits akzeptierte politische Gruppe Attentate verüben, da sie ihre moralische Glaubwürdigkeit gefährden. Auch das bekamen die Sozialrevolutionäre zu spüren, als sie im Laufe der Revolution die Unterstützung der liberalen Intelligenz und damit ihren wichtigsten Geldgeber verloren. Weil in ihrer Resonanz derart extrem situationsabhängig, eignen sich politische Gewaltakte nicht als kontinuierliche Taktik, mag ihre Begründung — zumeist der Unrechtscharakter des bekämpften Regimes und die Nutzlosigkeit anderer Mittel — auch unverändert gültig sein. Die Führung der PSR war sich dieser *strukturellen* Schwäche des Terrors nicht in ausreichendem Maße bewußt. Sie erkannte daher nicht, daß er zu langfristiger Integration der umworbenen Massen nicht taugte, sondern bestenfalls eine kurzfristige Mobilisierung herbeizuführen vermochte: Terror und Organisation waren entgegen der sozialrevolutionären Annahme letztlich doch alternativ.

Der populistische politische Terror *im besonderen* unterlag darüber hinaus spezifischen Beschränkungen, die sich aus dem Wandel der russischen Wirtschaft und Gesellschaft gegen Ende des 19. Jahrhunderts ergaben. Attentate als Instrument der sozialrevolutionären Strategie basierten auf der Personalisierung und repräsentativen Auswahl des Gegners, waren nach dem Muster des ritterlichen Zweikampfes konzipiert. So abgeleitet, standen sie in engem inneren Zusammenhang mit der Herrschaftsstruktur vormoderner Agrargesellschaften. Rache an „kleinen und großen, lokalen und zentralen Satrapen der Autokratie"[107] entsprach ihrer Begründung zufolge am ehesten einer Gesellschaftsform, in der politische und private Herrschaft noch identisch waren, in der ökonomische und politische Abhängigkeit in Form von privater-persönlicher Herrschaft erschienen, deren Zusammenhalt noch durch traditionell legitimierte persönliche Beziehungen hergestellt wurde und in der transpersonale Herrschaftsfunktionen noch nicht überwogen[108].

Zugleich war politischer Terror in sozialrevolutionärem Verständnis auf einen stark *zentralistischen* Herrschaftsapparat zugeschnitten, wie er die zaristische Autokratie und allgemein jenen Gesellschaftstypus kennzeichnete, den man „Agrarbürokratie" oder auch „orientalische Despotie" genannt hat[109]. Insofern stellte die Attentatstaktik ein genuines Produkt der russi-

---

106) Thornton, Terror S. 74.
107) Pamjatnaja knižka II S. 5.
108) Vgl. dazu: K.-O. Hondrich, Wirtschaftliche Entwicklung, soziale Konflikte und politische Freiheiten. Bestimmungsgründe politischer Partizipationsrechte in soziologischer Analyse. Frankfurt 1970 S. 140 ff; ders., Theorie der Herrschaft. Frankfurt 1973 S. 161 ff, 190 ff. Grundlegend: Weber, Wirtschaft und Gesellschaft S. 130 ff.
109) Vgl. B. Moore, Soziale Ursprünge S. 475 ff; K. A. Wittfogel, Die orientalische Despotie. Eine vergleichende Untersuchung totaler Macht. Köln, Berlin 1962; S. N. Eisenstadt, The Political System of Empires. N. Y. 1963.

schen Gesellschafts- und Staatsstruktur dar. In deren Kontext ergab die dem Terror zugrundeliegende Annahme, daß mit dem zaristischen Beamten auch die Herrschaftsbeziehung selbst getroffen sei, am ehesten einen Sinn. Wohl war den Sozialrevolutionären bewußt, daß ein getöteter Statthalter der Despotie durch den nächsten ersetzt werden würde. Doch veranlaßte sie diese Einsicht nicht zu Zweifeln an der Begründung der terroristischen Methode[110], sondern lediglich zur Reduktion ihrer Erfolgserwartungen: Im Glauben an die „desorganisierende" Wirkung der Attentate bewahrte sich ein verblaßter Abglanz der ursprünglichen Hoffnung auf gänzliche Befreiung von Fron und Knechtung. Populistischer Terror spiegelte eine Gesellschaftstheorie, die Herrschaft im Grunde noch als Behemoth, als vielköpfiges Untier, und nicht als ein differenziertes ökonomisches, soziales und politisches Beziehungsgeflecht auffaßte.

Dieser Kampfmethode entzog der Industrialisierungs- und Modernisierungsprozeß in Rußland zunehmend den Boden. Mochte er auch von der Autokratie selbst initiiert worden sein und manche Besonderheiten aufweisen, so untergrub er doch die traditionelle Gesellschaftsstruktur, schuf neue soziale Klassen und Schichten und veränderte die Bedingungen, in denen die revolutionäre Bewegung zu agieren hatte, gründlich. Personalisierung verlor ihre Basis in dem Maße, wie politische und ökonomische Herrschaft auseinanderfielen. Die Differenzierung des gesamten wirtschaftlichen und sozialen Gefüges stellte die PSR vor die Alternative, die terroristischen Aktivitäten anzupassen, d. h. auf alle Manifestationen von Unterdrückung auszudehnen und auch „ökonomischen Terror" zuzulassen, oder aber gänzlich auf sie zu verzichten. Die erste Konsequenz zog der Maximalismus; insofern war er das legitime Kind der PSR. Die gemäßigteren Sozialrevolutionäre dagegen erkannten, daß allgegenwärtiger Terror nur ziellose, chaotische Destruktion, aber keine politische Taktik sein konnte und verweigerten diesen Schritt. Indem sie sich jedoch nicht dazu durchringen konnten, Attentate völlig zu verbieten, begnügten sie sich mit einer Scheinlösung und blieben in dem Dilemma befangen, in das sie die historische Entwicklung versetzte. Darauf legten die Maximalisten zu Recht den Finger, wenn sie ihren einstigen Mentoren mangelnde Konsequenz vorwarfen, und das meinte auf dem anderen Flügel der Partei auch Lebedev, wenn er das Verbot des ökonomischen Terrors auf den politischen ausgedehnt wissen wollte, da der politische Bereich endgültig als Derivat des ökonomischen zu erkennen sei[111]. Anachronistisch wurde infolge der sozialen Begleiterscheinungen der Industrialisierung schließlich auch der Substitutcharakter des Terrors selbst, wie Rubanovič unter Berufung auf die neuerwachte Eigeninitiative der Massen betonte.

110) Soweit ersichtlich, motivierte erst Lebedev seine Terrorkritik mit dem Argument, daß sich anstelle eines Pleve nicht immer ein gemäßigter Politiker wie dessen Nachfolger P. D. Svjatopolk-Mirskij finde. Vgl.: B. Voronov /B. N. Lebedev/, Terror i socialističeskaja partija. In: VZFGS No 16 S. 13.
111) Dokumenty S. 20.

Wenn der politische Terror in der PSR seit Ende der Revolution nicht mehr wie zuvor als Integrationsfaktor wirken konnte, dann zeichnete dafür nicht allein die erfolgreiche Gegenoffensive der Ochrana verantwortlich, sondern vor allem auch seine wachsende Inadäquanz zu einer veränderten sozialen und politischen Realität. *Deshalb* markierte das Jahr 1905 einen Wendepunkt für die populistische Attentatstaktik, und bedeutete die innerparteiliche Kritik an ihr eine weitere Lehre aus der Revolution.

3.3. Der Zerfall der „obščina" und die Krise des sozialrevolutionären Programms

Erhebliche Zweifel an der Realisierbarkeit der Kernforderung des sozialrevolutionären Programms, der Sozialisierung des Grund und Bodens, waren schon in den Diskussionen des ersten Parteitages laut geworden. Der sachkundigste Kritiker und Delegierte des Tomsker Komitees der PSR, S. P. Švecov[112], wurde für seine Einwände sogar mit starkem Beifall belohnt und aufgefordert, sie in einer Broschüre zusammenzufassen[113]. Offenbar waren die Delegierten mit den Problemen der agrarischen Wirtschafts- und Sozialverfassung, auf die er hinwies, nur oberflächlich oder gar nicht vertraut. Švecov brachte in Erinnerung, daß die für den Übergang zur Sozialisierung des Grund und Bodens geeignetste Form der „obščina", die Arbeitskooperative („trudovaja obščina") in Rußland gar nicht vorkomme. Was man finde, sei lediglich die „Verfügungs- und Nutzungsgemeinschaft" („obščina vladenija i pol'zovanija"), deren Ausweitung jedoch auf Widerstand stoßen müsse, weil die Bauern „nicht geneigt sein würden, das ‚obščina'-Land in allgemeine Verfügung zu geben". Man habe in Rechnung zu stellen, daß auch ihr „Eigentumsgefühl" bereits entwickelt sei, zumal viele von ihnen eigenen Besitz erworben hätten. In manchen Regionen des Reiches herrsche überdies ohnehin Einzelbewirtschaftung vor; hier treffe das sozialrevolutionäre Programm auf noch ungünstigere Voraussetzungen. Aber selbst nach einer erfolgreichen Revolution, hielt Švecov den Delegierten in einem prophetischen Gedanken ferner vor Augen, müsse man auf große Schwierigkeiten gefaßt sein, die aus dem Umstand erwüchsen, daß die russische Landwirtschaft von kapitalistischen Einflüssen längst nicht mehr frei sei. Beispielsweise könne man Lohnarbeit nicht einfach verbieten, es sei denn, man wolle jeden Bauernhaushalt kontrollieren und auf diese Weise die Gefahr eines totalitären Staates heraufbeschwören[114].

Umso stärker mußte das Programm der PSR durch eine Maßnahme erschüttert werden, deren erklärte Absicht es war, diesen Prozeß der Zerstörung der traditionellen dörflichen Wirtschafts- und Sozialverfassung durch die Schaffung eines marktproduzierenden Mittelbauerntums zu forcieren:

---

112) Pseudonym „Pašin".
113) Protokoly 1906 S. 212. Vgl.: S. P. Švecov, Krest'janskaja obščina. Schema eja vozniknovenija i razvitija. SPb. 1906.
114) Protokoly 1906 S. 184 ff u. 205 ff, Zitate S. 184 u. 208.

durch die Stolypinsche Agrargesetzgebung. Das Scheitern der Revolution hatte die sozialrevolutionäre Führung noch mit dem Hinweis auf organisatorische Mängel der Parteiarbeit und die Unreife der Massen erklären können, und die Ankündigung, die alte Strategie effektiver zu praktizieren, war eine mögliche, wenngleich eine unzureichende, Antwort gewesen. Der von der Autokratie vorangetriebene Wandel der sozioökonomischen Struktur auf dem Lande dagegen ließ sich *nicht* mehr auf *taktischer* Ebene parieren, weil er der Forderung nach Sozialisierung des Grund und Bodens gänzlich den Boden zu entziehen drohte. Nunmehr gerieten die Axiome der neopopulistischen Theorie selbst in Gefahr.

Die ersten Stellungnahmen der PSR zum Gesetz vom 9. November 1906, diesem „ungesetzlichen Kind der ersten Zwischenduma"[115], negierten jedoch eben dies. Man wertete die Stolypinsche Maßnahme als Versuch, die Bauernschaft zu spalten, und empfahl folgerichtig als Gegenmittel: zusammenzuhalten, die Flurbereinigungskommissionen zu boykottieren, kein Land zu kaufen, keines zu pachten, nicht aus der „obščina" auszutreten und, wo immer möglich und nötig, Umteilungen vorzunehmen[116]. Schon Mitte 1907 aber mußte Rakitnikov erste Erfolge der zaristischen Politik eingestehen. Weil die Duma den Bauern kein Land habe geben können, so schilderte er die aktuelle Situation, seien Bodenkäufe nach dem Staatsstreich vom 3. Juni „eine epidemische Erscheinung" geworden. Wenngleich der Revolution dadurch „keine Feinde" erwüchsen, weil die Käufer an der „Befreiung von Bankzahlungen" brennend interessiert seien, zerstörten sie die Solidarität auf dem Dorfe. Bei weitem schädlicher seien die Austritte aus der „obščina", zu denen insbesondere zwei Schichten der Landbevölkerung neigten: die proletarisierten Elemente, weil sie ihre bescheidenen Landanteile verkaufen wollten, um in die Städte abzuwandern; und die „Vielseelen" (mnogodušniki), weil sie mehr Land in Benutzung hätten, als sie bei einer neuen Umteilung erwarten könnten. Auch Rakitnikov wußte zur Bekämpfung dieser Entwicklung nur die alte Taktik vorzuschlagen: „eine breite und solide Organisation der Bauernschaft", die Belebung der „obščina" und verstärkte Propaganda gegen den Eigentumsgedanken[117].

All diese Empfehlungen halfen wenig. Die Sozialrevolutionäre mußten erkennen, daß sie die unerwünschte Auflösung der traditionellen Dorfgemeinschaft nicht verlangsamen, geschweige denn verhindern konnten. Auf der Londoner Gesamtkonferenz berichtete Rakitnikov als Referent des CK zur Agrarfrage sogar von einer starken Tendenz zum Austritt aus der

---

115) N. Maksimov /N. I. Rakitnikov/, Razloženie obščiny i naša programma. In: Socialist-Revoljucioner No 1 (1910) S. 131–174, hier S. 131.
116) Čto delat' krest'janam. Po povodu ukaza 9 nojabrja 1906 goda. In: Zemlja i Volja. No 3 (15. März 1907) S. 2–5.
117) N. M. /N. I. Rakitnikov/, Zadači partii v derevne, In: ZT No 3 (1. August 1907) S. 6 f; ders., Differenciacija v krest'janstve i zadači partii. In: ZT No 5 (12. September 1907) S. 7–9. Vgl. auch die einschlägige Resolution der ersten Gesamtkonferenz vom August 1908 in: Pamjatnaja knižka I S. 40 f.

„obščina" im Gouvernement Saratov, der Stammregion der PSR[118]. Immer noch aber wollten die Mehrheit der Abgeordneten und die Parteiführung keine Auswirkungen auf das *Programm* akzeptieren. Man zog es vor, die uneingeschränkte Gültigkeit der alten Positionen auch unter veränderten Umständen zu beweisen. Das war nur möglich durch spitzfindige Deutungen, die die ohnehin nicht sehr konkreten Formulierungen des ersten Parteitages noch nebulöser machten. Die grundlegende Rettungsaktion unternahm erstmals Rakitnikov auf der Londoner Konferenz 1908, wenn er erläuterte:

„Unsere Erwartungen und Hoffnungen, unser Programm beruhen nicht auf der Tatsache der gemeinschaftlichen Landbebauung selbst, sondern auf dem Komplex von Ideen, Gefühlen und Gewohnheiten, auf jener gesamten Psychologie, zu der die Bauernschaft durch die ganze vorangegangene Geschichte erzogen wurde"[119].

Nicht an das Schicksal der „obščina" als Institution sei daher das sozialrevolutionäre Programm gebunden, sondern es basiere auf „einer bestimmten Vorstellung von der Evolution der Landwirtschaft"[120]. Überdies habe man von der Umteilungsgemeinde nie erwartet, daß sie Rußland vor der Proletarisierung bewahre, sondern man habe lediglich gegen die orthodoxe marxistische Behauptung protestiert, daß Rußlands Zukunft die Gegenwart Englands sei[121]. Als solche Interpretationskorrekturen nicht mehr auszureichen schienen, suchte Rakitnikov sogar in der Propagierung verzweifelter Hartnäckigkeit Zuflucht. Auch wenn die Wirklichkeit grundlegende Annahmen der populistischen Politik zu falsifizieren drohe, so machte er 1910 defaitistischen Genossen Mut, dürfe die PSR nicht auf den Kampf um die Erhaltung der „obščina" verzichten, solange diese „noch nicht vom Antlitz der russischen Erde verschwunden" sei. Man müsse beides tun: die Niederlage eingestehen und sie doch nicht hinnehmen[122].

Eine neue Wendung erhielten die Lösungsversuche der sozialrevolutionären Führung in einem Grundsatzartikel, der versuchte, der Forderung nach Sozialisierung des Grund und Bodens eine solidere Basis zu geben. Rakitnikov, der inzwischen — mit Černov zu reden — „ ‚allein, allein, armer Tropf, wie ein Rekrut auf der Wache' gemessen die schwere Last des ‚letzten Mohikaners' " bei der Verteidigung des Agrarprogramms trug[123], unterschied in ihm drei Formen des Austrittes aus der „obščina": die völlige Trennung von ihr durch Aussiedlung auf einen eigenen Hof; die separate Landbestellung bei weiterem Wohnen im Dorf und die bloße Zusammenlegung von Ackerstreifen in Gemengelage. Die erdrückende Mehrheit der Austritts-

---

118) Protokoly 1908 S. 187.
119) Protokoly 1908 S. 184.
120) N. Maksimov /N. I. Rakitnikov/, Razloženie obščiny S. 167.
121) N. M. /N. I. Rakitnikov/, Agrarnaja politika pravitel'stva i naša programma. In: ZT No 27 (April 1910) S. 3–9, hier S. 6.
122) N. M. /N. I. Rakitnikov/, Agrarnaja politika pravitel'stva i naša taktika. In: ZT No 30 (August 1910) S. 1–6, hier S. 4.
123) Černov, Zemlja i pravo S. 199.

willigen, so die erste These Rakitnikovs, zähle zur letzten Kategorie. Unter ihnen aber finde das „Privateigentum nicht jene fanatischen Verfechter", die die Regierung gerne sähe. Vielmehr blieben diese Bauern der „obščina" durch ihre Mentalität verbunden und seien weiterhin im Sinne des sozialrevolutionären Programms agitierbar. Rakitnikov verallgemeinerte diese Beobachtung zu der überraschenden These:

„Die Sozialisierung des Grund und Bodens kann sogar ein überzeugter Anhänger der Hofwirtschaft akzeptieren, da sich die Prinzipien der Verfügung über das Land und seiner Verteilung auf verschiedenen Ebenen befinden und sich nicht stoßen. ... Unser Projekt ist Einzelgehöften nicht feindlich"[124].

Natürlich war theoretisch richtig, daß individuelle Nutzung nicht zwangsläufig mit Kleineigentum einhergehen mußte. Doch dürfte diese Unterscheidung weder praktische Relevanz besessen haben, noch vermochte sie über die Umdeutung des sozialrevolutionären Agrarprogramms hinwegzutäuschen: 1902 hatte Černov den „Hang zum Land" seitens der Bauernschaft noch gleichsam entschuldigt und ihn als „Streben" der „Schwächsten und Schutzlosesten" zu einem „gewissen Minimum an relativer Unabhängigkeit und Sicherheit" erklärt[125]. 1911 war unter dem Eindruck der (vorläufigen) Resultate der Stolypinschen Reformpolitik auch der auf dem eigenen Hofe produzierende, profit- und marktorientierte Kleinbesitzer für die PSR akzeptabel geworden. Zum einen zog man damit die Konsequenz aus dem häufig bekräftigten Anspruch, daß die neopopulistischen Anschauungen nicht allein für die russischen Verhältnisse gültig seien, sondern von der auch in Westeuropa anzutreffenden „kleinen Bauernschaft" *allgemein* unterstützt werden könnten[126]. Zum anderen trug man einer längst bestehenden Realität Rechnung. Denn bereits 1907 hatte ein Brief aus dem Gouvernement Tula auf die Frage der Bauernenquete, welche Schicht der Dorfbevölkerung sich am stärksten für die Revolution engagiere, exemplarisch geantwortet: „Die standhaftesten Bauern im Kampf sind die, die von eigener Wirtschaft leben, das heißt die wohlhabenden und die mittleren; sie bestehen immer darauf, daß man nicht zur Arbeit zu den Grundbesitzern geht. Aber die armen sind damit nicht einverstanden, da ihre wichtigste Einkommensquelle der Lohn des Gutsherren ist"[127].

Ein weiterer Schritt auf dem Wege zur Öffnung des sozialrevolutionären Agrarprogramms für das Kleineigentum wurde 1917 getan. Unmißverständ-

---

124) N. M. /N. I. Rakitnikov/, Socializacija zemli i naša programma-minimum. In: Socialist-Revoljucioner No 3 (1911) S. 237–300, Zitate S. 283, 284 u. 291.
125) /V. M. Černov/, Programmnye voprosy. Socializacija zemli i kooperacija v sel'skom chozjajstve. In: RR No 14 (Dezember 1902) S. 6.
126) So unter anderem Rakitnikov in: N. M., Agrarnaja politika. In: ZT 27 S. 2.
127) Tul'skaja gubernija, Archiv PSR 799. I. Rakitnikova überging wohl nicht zufällig solche Antworten in ihrer Auswertung der Enquete. Vgl.: I. Ritina /I. I. Rakitnikova/, Iz materialov krest'janskoj ankety. In: ZT No 26 (Februar 1910) S. 4–12 u. No 27 (April 1910) S. 13–20. Zum Verhältnis zwischen der PSR und den Kulaken vgl. auch Perrie, Agrarian policy S. 74 ff.

licher noch als Rakitnikov versicherte nun Vichljaev, wichtigster Gehilfe Černovs während dessen Amtszeit als Landwirtschaftsminister der Provisorischen Regierung, in der einzigen Broschüre, die sich um die Konkretisierung der Forderung nach Sozialisierung des Grund und Bodens bemühte, den Mittelbauern, daß sie von der PSR nichts zu befürchten hätten:

„Um den Arbeiter-Bauern", schrieb er, „nicht zu kränken, muß man sich zur Regel machen, daß alles Land, das gegenwärtig Eigentum der Bauernfamilien ist und eigenhändig ohne Lohnarbeiter bestellt wird, wie früher in der Nutzung derselben Wirte bleibt, *auch wenn dieses Land seiner Größe nach die Durchschnittsnorm pro Person (srednjaja duševnaja norma) übersteigt*, die für das entsprechende Gebiet festgesetzt wurde"[128].

Die Landverteilung, das Herzstück der populistischen Revolution und der Auftakt zum Übergang zur sozialistischen Gesellschaftsordnung, so hieß das mit anderen Worten, sollte große Teile des agrarischen Privatbesitzes nicht mehr antasten. Entgegen ihren ursprünglichen Zielen fand sich die PSR zu guter Letzt mit dem Eigentumsstreben ihrer bäuerlichen Klientel ab.

Obgleich die sozialrevolutionäre Führung mit solcher Anpassung des Agrarprogramms an den sozialen Differenzierungsprozeß in der Landwirtschaft — dessen Ausmaß man zumal in den Jahren 1909—10 sicherlich überschätzte[129] — mehr Beweglichkeit dokumentierte als in ihren taktischen Entscheidungen, geriet sie auch in dieser Frage unter heftigen Beschuß aus beiden Lagern der innerparteilichen Opposition. Für den linken Flügel übte Judelevskij schon auf der Londoner Gesamtkonferenz 1908 Kritik, indem er den Wert der Unterscheidung zwischen „obščina" und „obščina"-Psyche bezweifelte[130]. Agafonov wiederholte die Einwände auf dem fünften Parteirat und konstatierte allgemein in scharfer Wendung gegen das CK, daß die „echte Bauernpartei, die PSR, gegenwärtig die machtloseste Partei in der Bauernschaft" sei, machtloser noch als die Sozialdemokratie. Das schien ihm die zwangsläufige Folge einer verfehlten Politik. Denn es komme nicht darauf an, das sozialrevolutionäre Programm zu retten, indem man es vom Schicksal der „obščina" löse, sondern darauf, die Entwicklung selbst zu bremsen, d. h. die „obščina" durch eine sofortige Revolution vor dem Zerfall zu bewahren[131].

Erhoben die Neomaximalisten damit erneut den Vorwurf des Defaitismus, so monierte der rechte Flügel auf der anderen Seite ganz im Gegenteil, daß das Parteizentrum an aussichtslosen revolutionären Positionen festhalte. Seinen Anhängern waren jene Zweifel längst zur Gewißheit geworden, die ein gemäßigter Delegierter des fünften Parteirats äußerte, wenn er Rakitnikovs Versicherung, daß auch ein sozialrevolutionärer Bauer, der die „obščina" verlassen habe, weiterhin Mitglied der PSR sein könne, ungläubig

128) P. /A./ Vichljaev, Kak uravnjat' pol'zovanie zemlej S. 16, kursiv von mir.
129) Vgl. oben S. 14 und Anm. 54 der Einleitung.
130) Protokoly 1908 S. 189.
131) Stenogr. otč. pjatogo soveta P.S.-R., 24-oe zas. S. 15 ff, Archiv PSR 792.

kommentierte: „Ich weiß nicht, aber zu ihnen /den Ausgetretenen, M. H./ mit dem alten Inhalt unseres Programms gehen, ist nicht möglich, da sie nun Eigentümer sind"[132]. Insbesondere 1910 machte sich die Unzufriedenheit in einer wahren Flut von Protesten Luft. Rakitnikov mußte sich den Vorwurf „hoffnungsloser Don-Quichotterie" gefallen lassen, da er unter der verlogenen Parole, „alles" stehe „ausgezeichnet", die alten „Losungen, wie aussichtslos ihre Durchführung auch immer sein möge, zu konservieren" empfehle[133]. Ein anderer Kritiker meinte sogar, daß die Loslösung der sozialrevolutionären Forderung von der „obščina" als Institution „in genauem Widerspruch zu dem Programm" von 1906 stehe. Darüber hinaus belegte er, daß „allmählich das *ganze* Land", der agrarische Sektor eingeschlossen, in den Kreis der neuen kapitalistischen Beziehungen integriert werde und mithin der „Zusammenbruch der Sozialisierung des Grund und Bodens" besiegelt sei[134]. Vollends machte Šimanovskij dem sozialrevolutionären Programm den Garaus, wenn er konstatierte:

„Bürgerliche Prinzipien verbreiten sich über das gesamte Gebiet der landwirtschaftlichen Beziehungen, alles Land verwandelt sich in eine Ware und die Prinzipien des Privateigentums konsolidieren sich . . . In der Bauernschaft selbst entsteht auf diese Weise eine antisolidarische und antisozialistische Kraft, und damit . . . verliert unser Programm seine Hauptstütze"[135].

Ob die Opposition bei dieser Analyse alle Widersprüche der russischen Industrialisierung und insbesondere der Entwicklung im Agrarsektor angemessen berücksichtigte, sei dahingestellt. Sicherlich besteht Anlaß zu der

---

132) Ebenda S. 2.
133) Andrej Ivanovič, Čto slučilos'. In: IOZK No 13 (Januar 1911) S. 16—18.
134) A. N. Alekseevskij, K voprosu ob osnovanijach našej agrarnoj programmy. In: IOZK No 13 (Januar 1911) S. 8—13 u. No 14 (Februar 1911) S. 5—16, Zitate No 13 S. 9 u. No 14 S. 12, 16.
135) Ant. Savin /A. B. Šimanovskij/, Bol'nye voprosy. In: IOZK No 14 S. 1. — Kritik an Rakitnikovs Position übten in dieser Kontroverse ferner: Staryj rabotnik /N. N. Sokolov/, Nabolevšie voprosy (Pis'mo k tovariščam). In: ZT No 25 (Januar 1910) S. 10—13; Evgen'ev /E. Stalinskij/, Obščina i naša agrarnaja programma. In: ZT No 34 (Februar 1911) S. 4—8; B. Ju. /N. N. Černenkov/, Razrušenie obščiny i naša programma. In: ZT No 35 (April 1911) S. 3—6; No 36 (Juni 1911) S. 3—7; No 37 (Juli 1911) S. 4—8. Anderseits begründete Černenkov mit Hilfe der neopopulistischen Theorie der Argarökonomie (vgl. dazu Anm. 99 der Einleitung) auch, daß sich in der bäuerlichen Bevölkerung Rußlands infolge zyklischer Mobilitätsprozesse (vgl. Shanin, Awkward Class) keine festen Klassen ausbilden konnten: B. Ju. /N. N. Černenkov/, Kupljaprodaža nadel'noj zemli i razloženie krest'janstva na klassy. In: ZT No 41 (März 1912) S. 3—5; No 44 (Juni 1912) S. 6—9. Flankenschutz gaben Rakitnikov: Evg. /E./ Kolosov, Istoričeskaja sprawka (Pis'mo v redakciju). In: VZFGS No 16 (16. März 1912). S. 21; bedingt: Černov, Socializacija zemli kak taktičeskaja problema. Die Debatte verwandelte sich in den Spalten des neuen, von Černov ins Leben gerufenen, legalen Organs der PSR „Zavety" ab 1912 in einen weitgehend entpolitisierten Streit über die Theorie der agrarischen Evolution. Vgl. unter anderem: N. P. Oganovskij, K peresmotru agrarnoj programmy. In: Zavety No 5 (August 1912) otd. II S. 1—37; Antwort: N. Suchanov /N. N. Gimmer/, Po voprosam našich vzgljadov na krest'janstvo. In: ebenda No 1 (Januar 1913) otd. II S. 118—135.

Vermutung, daß die sozialrevolutionäre Rechte dazu tendierte, das Kind mit dem Bade auszuschütten, indem sie den *totalen* Sieg der bürgerlich kapitalistischen Ordnung zu konstatieren bereit war. Festzuhalten aber bleibt in jedem Falle, daß die Transformation des agrarischen Sektors, mit welchen Hemmnissen sie auch immer behaftet sein mochte, und der Zerfall der „obščina", der nicht so rasch fortschritt, wie die Statistiken der Jahre 1908—10 suggerierten, der Kritik in der PSR zu wachsender Resonanz verhalfen. Man sah, daß Industrialisierung und Modernisierung die theoretischen Grundlagen des Populismus bedrohten, und verlor den Glauben daran, daß die agrarsozialistische Utopie, die Rückkehr zur präkapitalistischen, auf Gemeineigentum und Anrecht auf Land beruhenden Zukunftsgesellschaft noch realisierbar sei. Es war dieses Dilemma, aus dem die rechte Opposition einen Ausweg suchte und das sie gerade auch in der Agrarfrage der menschewistischen und liberaldemokratischen Position nahe brachte.

4. Der verpaßte Anschluß

Seit Anfang 1911 mehrten sich die Anzeichen, daß neue revolutionäre Unruhen bevorstanden. Die Arbeiterschaft warf die Passivität, in die sie seit 1907 verfallen war, allmählich ab und begann abermals, gegen die trotz konjunkturellen Aufschwungs seit 1909 unverändert schlechten Lebensbedingungen und niedrigen Löhne zu protestieren. Es kam zu Streiks und Demonstrationen, die von den staatlichen Sicherheitskräften blutig unterdrückt wurden und Widerstand hervorriefen. Durch einen verstärkten Zustrom nichtassimilierter, neurekrutierter „Bauernarbeiter" aus den Dörfern beschleunigt[136], nahm die soziale Gärung erneut einen explosiven Charakter an. Sie kam im April 1912 zum offenen Ausbruch, als zaristische Soldaten auf streikende Arbeiter der Goldfelder an der Lena schossen. Wie der Blutsonntag 1905 löste diese Gewalttat eine Welle von Solidaritätskundgebungen und Massenstreiks aus, die bis zum Ausbruch des Ersten Weltkriegs nicht mehr abebbte[137]. Schon bald meldeten auch die sozialrevolutionären Organisationen eine spürbare Belebung ihrer Tätigkeit[138]. Die Rekonvaleszenz der PSR, die Černov bereits 1908 sehr voreilig konstatiert hatte, schien nun endlich einzutreten.

Die Neopopulisten im Exil mußten jedoch bereits nach kurzer Zeit erkennen, daß solche Hoffnungen trogen. Zum einen erreichten die Unruhen

---

136) Auf die Bedeutung dieses neuen Schubs im sozialen Mobilisierungsprozeß verweist insbesondere L. Haimson, Das Problem der sozialen Stabilität im städtischen Rußland 1905—1917. In: Geyer, Wirtschaft und Gesellschaft S. 304—332, hier S. 310 ff. Original: SR 23 (1964) S. 619—642 u. 24 (1965) S. 1—22; s. auch die anschließende Diskussion: SR 24 (1965) S. 23—56.

137) Vgl. dazu Streikstatistiken bei Haimson, Das Problem der sozialen Stabilität S. 307 ff.

138) Vgl. unter anderem: V. Galin, Peterburg. In: ZT No 43 (Mai 1912) S. 13—14; O zasedanii Soveta Bakinskoj organizacii P.S.-R., sostojaščemsja v seredine ijunja 1912 g. In: ZT No 45 (September 1912) S. 25—28.

nicht das erwartete Ausmaß, da sie sich, anders als 1905, allein auf die *Städte* beschränkten[139] und die Bauernschaft indifferent blieb. Zum anderen vermochte die PSR die Demonstrationen und Streiks noch weniger zu beeinflussen als in der Anfangsphase der ersten russischen Revolution. „Die Reaktion", so schilderte das sozialrevolutionäre Zentralorgan die Lage voller Resignation, „entfernte uns weit von den Massen, und unsere völlige Zerstreutheit, die Zerschlagenheit unserer Kräfte machen uns zu irgendeinem Einfluß auf die Masse unfähig". Man könne nicht umhin, eine „phänomenale Hilflosigkeit" der Partei bei dieser „traurigen Geschichte" zu konstatieren[140]. Selbst der Eisenbahnerbund und die Post- und Telegraphengewerkschaft bewahrten diesmal Distanz[141].

Aber nicht nur im Proletariat verpaßte die PSR den Anschluß. Auch die Intelligenz fand nicht zu ihr zurück. Denn wo immer sich diese erneut zu oppositioneller Tätigkeit bereitfand — und das scheint in beträchtlichem Ausmaße der Fall gewesen zu sein —, bevorzugte sie *legale* Organisationen. Überall in Rußland schossen populistische Zirkel wie Pilze aus dem Boden, und wurden reihenweise populistische Zeitungen ins Leben gerufen[142]. Doch waren ihre Kontakte zur Partei zumeist nur lose. Auch in den kulturellen Organisationen, denen eine besondere Bedeutung als Kristallisationspunkten des neuen politischen Engagements zukam, fand sich „kaum" ein Sozialrevolutionär, und wenn es einen gab, dann handelte es sich, wie man aus Südrußland berichtete, mit großer Wahrscheinlichkeit um einen „Počinec", um einen Anhänger des rechten Flügels[143]. Angesichts dieser Bedingungen sah sich auch die orthodoxe Exilführung zu gewissen Konzessionen an die neuen Formen der revolutionären Bewegung gezwungen. Černov, der seit 1910 mit seinen ehemaligen CK-Kollegen in heftigem Streite lag und

---

139) Einem Artikel im sozialrevolutionären Zentralorgan zufolge namentlich auf St. Petersburg, Warschau und Riga. Im Süden Rußlands und im Kaukasus herrschte selbst in den Städten Ruhe. Vgl.: Novyj pod-em. In: ZT No 53 (April 1912) S. 1—2.
140) In. Ritina /I. I. Rakitnikova/, K voprosu o pereživaemom momente. In: ZT No 44 (Juni 1912) S. 3—5.
141) Novyj pod-em. In: ZT No 53 S. 1.
142) Vgl. Kratkaja zapiska o položenii Partii Socialistov-Revoljucionerov, sostavlennaja po svedenijam „Nikolaja" v oktjabre mesjace 1913 g., OA XVI b (3) f. 4 sowie die umfangreiche Korrespondenz der Literaturtransportkommission der ZD, die unter der Leitung Argunovs stand, in Archiv PSR 87 a und b. Den starken Aufschwung der populistischen Bewegung allgemein belegen auch N. A. Kurašova, S. A. Livšic: Gruppovye denežnye sbory rabočich na ‚Pravdu' i gazety drugich političeskich napravlenij (1912—1914). In: Rossijskij proletariat: oblik, bor'ba, gegemonia S. 209—239, hier S. 220 ff.
143) Vgl. Iz južnogo goroda. In: ZT No 43 (Mai 1912) S. 14—15. Die Zahl instruktiver Lageberichte aus den Lokalorganisationen ist leider gering. Die vorhandenen Informationen bestätigen jedoch die auf menschewistischen Quellen beruhende Einschätzung Haimsons, daß der neue revolutionäre Aufschwung allein von den Arbeitern getragen worden sei (vgl. Haimson, Das Problem der sozialen Stabilität S. 310 ff u. pass.). Unter der Intelligenz herrschte offenbar nach wie vor „moralischer Verfall" (Iz južnogo goroda. ZT 43 S. 14).

sich von der Parteiarbeit weitgehend zurückgezogen hatte[144], betrieb schon länger die Gründung einer legalen theoretischen Zeitschrift, die 1912 unter dem Titel „Zavety" (Das Vermächtnis) erscheinen konnte[145]. Die amtierende Auslandsdelegation des CK selbst bemühte sich — soweit ersichtlich, ohne durchschlagenden Erfolg —, in der legalen Zeitung „Živaja Mysl' " (Der lebendige Gedanke) eine Art zweites, gemäßigtes Zentralorgan zu schaffen, und scheint darüber hinaus mit einigen lokalen populistischen Periodika in Verbindung gestanden zu haben, indem sie finanziell aushalf und in manchen Fällen auch Beiträge lieferte[146]. Zu spät eingeleitet und, wie es scheint, nicht sonderlich intensiv betrieben, konnten solche Aktivitäten allerdings die Isolation der PSR nicht beseitigen.

Sicherlich traf zu, daß sich die Sozialdemokraten, die den Schritt zur legalen Taktik schon 1907 durch Teilnahme an der dritten Duma vollzogen hatten, ebenfalls als unfähig erwiesen, die neue Massenbewegung zu lenken und für sich zu nutzen. Überzeugend ist gezeigt worden, daß sich auch die Komitees der RSDRP am Vorabend des Ersten Weltkrieges in desolatem Zustand befanden und Lenin reichlich Anlaß hatte, über ihre „Desintegration und Desorganisation" zu zürnen[147]. Nicht zuletzt dieser Umstand trug dazu bei, daß die Streiks keinen wirklich systemgefährdenden revolutionären Charakter anzunehmen vermochten[148]. Dessenungeachtet dürfte jedoch gelten, daß beide sozialdemokratische Fraktionen über einen *relativ* gefestigten Rückhalt in der Arbeiterschaft, d. h. vor allem in den Gewerkschaften, verfügten und namentlich die Bol'ševiki hier „beträchtliche Unter-

---

144) Vgl. einen Brief Černovs an die Zagraničnaja Delegacija C.K. P.S.-R. von 1912, Archiv PSR 864.
145) Zavety. Ežemesjačnyj žurnal. SPb. April 1912—1914.
146) Živaja Mysl' (mit welchselnden Titeln: Zavetnaja Mysl', Vol'naja Mysl', Severnaja Mysl', Bodraja Mysl', Vernaja Mysl', Mysl' Truda, Smelaja Mysl', Živaja Mysl' Truda). 1913. — Daneben korrespondierte die ZD vor allem mit den Redaktionen der Zeitungen „Trudovoj Golos" (Stimme der Werktätigen) in St. Petersburg, „Golos Truda" (Stimme der Arbeit) in Kiev und „Mysl' Truda" (Gedanke der Arbeit). S. Archiv PSR 87 a u. b.
147) Vgl. Elwood, Russian Social Democracy S. 236 ff, Zitat S. 239. Die organisatorische Schwäche der Bol'ševiki betont insbesondere auch Haimson, Das Problem der sozialen Stabilität S. 315.
148) So Elwood, Russian Social Democracy S. 242 f. Elwood schließt sich damit der These Gerschenkrons (vgl. Problems and Patterns of Russian Economic Development. In: C. E. Black, Transformation of Russian Society S. 60), A. P. Mendels (vgl. Peasant and Worker on the Eve of the First World War. In: SR 24 (1965) S. 23 ff) und anderer an, daß das zaristische Reich am Vorabend des Ersten Weltkriegs nicht am Rande einer lebensbedrohenden Strukturkrise gestanden, sondern sich vielmehr in einer Phase der wirtschaftlichen Stabilisierung und wachsender Ohnmacht der revolutionären Parteien befunden habe. Die Gegenposition wurde namentlich von Haimson (Das Problem der sozialen Stabilität), v. Laue (Why Lenin? Why Stalin?; ders., The Chances for Liberal Constitutionalism. In: SR 24 (1965) S. 34—46) und, mit sehr bedenkenswerten ökonomischen Argumenten, von Nötzold, Wirtschafspolitische Alternativen, vertreten. Ein abschließendes Urteil scheint jedoch bisher nicht möglich. Es scheitert vor allem an der mangelnden Operationalisierbarkeit des Begriffs der politischen Systemkrise.

stützung" genossen[149]. Die Sozialrevolutionäre dagegen besaßen eine solche Basis in weit geringerem Maße. Indem sie legale Aktivitäten in Gewerkschaften, Bildungsvereinen, Kooperativen und ähnlichen Organisationen vernachlässigten, überließen sie ihrer marxistischen Konkurrenz ein strategisch bedeutendes Betätigungsfeld und schwächten ihre eigene Ausgangsposition für die bevorstehende Auseinandersetzung mit der Autokratie entscheidend.

149) Elwood, Russian Social Democracy S. 242; Haimson, Das Problem der sozialen Stabilität S. 309.

Dreizehntes Kapitel:

INSTITUTIONALISIERTER TERROR: DIE KAMPFORGANISATION UND IHR VERHÄLTNIS ZUR GESAMTPARTEI (1902—1909)

Der politische Terror nahm nicht nur in den taktischen und theoretischen Überlegungen der PSR eine Sonderstellung ein, sondern auch in ihrer Organisation und Praxis. Attentate auf hochgestellte Persönlichkeiten in Regierung und Verwaltung unterlagen außergewöhnlichen Bedingungen. Sie verlangten strikteste Geheimhaltung, bedurften der Vorbereitung durch eine Spezialtruppe ausgesuchter Revolutionäre, erforderten erhebliche finanzielle Mittel für konspirative Ausrüstungen, Quartiere und Laboratorien und setzten technische Kenntnisse zur Herstellung von Bomben voraus. Alle diese Eigenheiten führten von Anfang an zur Verselbständigung der terroristischen Tätigkeit. Nicht so sehr die Akzeptierung des Terrors als politisches Mittel, sondern seine *Institutionalisierung* gab der PSR ihr besonderes Gepräge unter den russischen und internationalen sozialistischen Parteien.

In dieser Form verband sich die Attentatstaktik unauflöslich mit dem fatalen Wirken Azefs. Immer wieder hat man daher in dessen Verrat die entscheidende Ursache für den Umstand gesehen, daß die terroristische Waffe seit 1906 zusehends abstumpfte. Doch reicht eine solche Erklärung, so berechtigt sie auch sein mag, allein nicht aus. Zusätzlich ist zu fragen, welche Faktoren die Ungeheuerlichkeit ermöglichten, daß ein Polizeispitzel trotz begründeter Verdachtsmomente jahrelang die konspirativsten Aktivitäten einer revolutionären Partei leitete. Im folgenden soll daher nicht versucht werden, den vielen Kapiteln über die rätselhafte Psyche des „Meisterspions"[1] ein weiteres hinzuzufügen. Vielmehr ist beabsichtigt, in einer

1) Vgl. zu Azef: V. K. Agafonov, Zagraničnaja ochranka. Sost. po sekretnym dokumentam Zagraničnoj Agentury i Departamenta Policii. Petrograd 1918; M. Aldanov /M. A. Landau/, Asef. o.O.o.J.; L. Bernstein, L'affaire Azeff. Histoire et documents. Paris 1909; Boevye predprijatija socialistov-revoljucionerov v osveščenii ochranki. M. 1918 (Auszüge aus: Spiridovič, Partija S.-R.) ; V. L. Burcev, Azef et les Azefistes. o. O. 1911; ders., V pogrome za provokatorami. M., L. 1928; ders., Bor'ba za svobodnuju Rossiju; L. G. Dejč, Provokatory i terror. Po ličnym vospominanijam. Tula 1927; A. Gerassimoff /A. V. Gerasimov/, Der Kampf gegen die erste russische Revolution. Leipzig 1934; R. B. Gul', General BO. Berlin 1929 (frz.: R. Goul, Lanceurs de bombes. Azef. Paris 1930); H. Harden, Lockspitzel Asew. Geschichte eines Verräters. Hamburg 1962; W. Hoffmann-Harnisch, Terror und Ochrana. Leipzig 1931: F. Larwin, Asew der Verräter. Das Doppelleben eines Terroristen. Berlin 1931; Nikolajewsky, Azew; R. Seth, The Russian Terrorists. The Story of the Narodniki. London 1966 S. 177 ff. — Ž. Longe, G. Zil'ber, Terroristy i ochranka. M. 1924 (Rez. dazu von E. E. Kolosov in:

knappen Skizze das Verhältnis zwischen der Kampforganisation und der Gesamtpartei zu beleuchten und zu prüfen, inwieweit die terroristische Taktik *selbst* für die Katastrophe der „Azefščina" verantwortlich war.

1. Die „heroische Periode" des sozialrevolutionären Terrors

Die erste Kampforganisation der PSR entstand auf Betreiben Geršunis, des wohl entschiedensten Befürworters offener Gewaltmaßnahmen unter den Parteigründern. Zunächst hielt man es jedoch angesichts der Ungewißheit der öffentlichen Reaktion und nicht zuletzt auch „in Anbetracht einiger Meinungsverschiedenheiten" innerhalb der eigenen Reihen für ratsamer, die BO „nicht als parteiliche Einrichtung und nicht beim CK" zu gründen, sondern sie als „Privatinitiative einiger Sozialrevolutionäre" auszugeben[2]. Erst nach einem erfolgreichen Anschlag, so kalkulierte die sozialrevolutionäre Führung, sei die Zeit gekommen, um sich öffentlich zu der Aktionsform der „Narodnaja Volja" zu bekennen[3]. Die List gelang. Die Schüsse auf den Innenminister Sipjagin schufen das „fait accompli", das der Kritik den Boden entziehen sollte, und riefen ein so positives Echo hervor, daß die BO im April 1902 als offizieller Bestandteil der PSR an die Öffentlichkeit treten konnte[4].

Die Leitung des neuen Terrorkommandos lag naturgemäß bei Geršuni. Er warb die Terroristen an, entschied über ihre Aufnahme, stellte, da sie aus konspirativen Gründen nichts von einander wissen durften, den Kontakt zwischen ihnen her, bestimmte die Opfer, teilte die Aufgaben zu und koordinierte alle Aktivitäten, kurz: er waltete wie ein „Diktator"[5]. Darüber

KiS 1925 kn. 16 S. 249–251); A. V. Lučinskaja, Velikij provokator. Evno Azef. Petrograd, M. 1923. – Azefs Berichte an die Partei sind auszugsweise abgedruckt in: Ščegolev, Provokator; Donesenija Azefa. In: Byloe 1917 No 1 (23) S. 196–228; Evno Azef, Istorija ego predatel'stva. In: Byloe No 2 (24) August 1917 S. 187–215; auch: Iz del Departamenta Policii. Perepiska Azefa s Ochrannym Otdeleniem 1892–1902, NC No 132 No 11.
Als äußerst materialreich und unentbehrlich erwies sich von diesen Arbeiten, die vielfach eher populärwissenschaftlichen Charakter tragen, einzig das Buch Nikolaevskijs. Darüber hinaus basieren die folgenden Ausführungen auf Memoiren und den Materialien der Untersuchungskommission gegen Azef: Argunov, Azef v partii S.-R.; Sawinkow, Erinnerungen eines Terroristen; Zaključenie sudebno-sledstvennoj komissii po delu Azefa; Černov, Iz istorii Partii S.-R.; Argunov, Pervaja vstreča s Azefom, ZP No 4432 f. 1; Iz pokazanija /N. D./ Avksent'eva, ZP No 4432 f. 1; Pokazanija M. A. Natansona, ZP No 4432 f. 1; Iz pokazanija /G. A./ Lopatina, ZP No 4432 f. 1; Iz pokazanij N. I Rakitnikova, NC No 7 No 100; Zapiski V. M. Zenzinova, Azef. Rukopis', NC No 132 No 18. Umfangreich, aber eher belletristisch: M. M. Shneyeroff /M. M. Šneerov/, /"Saša-Miša"/, Memoirs. Hoover Institution Ts Russia S 559. Sehr informativ gerade über die terroristischen Aktivitäten der PSR auch: Spiridovič, Partija S.-R.
2) Iz pokazanij Rakitnikova, NC No 7 No 100.
3) Černov, Iz istorii P.S.-R., Novyj žurnal No 100 S. 284.
4) Vgl. Kap. 2 Anm. 7 sowie Archiv PSR 822 No 7.
5) Zaključenie sud.-sledst. komissii S. 21.

hinaus fungierte Geršuni, der zugleich dem CK angehörte, als Bindeglied zur Partei[6]. Was die BO tat, erfuhr die Partei nur über ihn, und umgekehrt gab diese ihre Anweisungen nur über ihn an die Exekutoren der Attentate weiter. Höchstens M. Goc konnte sich einschalten. In der ausländischen Führung der PSR war er der einzige, den Geršuni in die Details der terroristischen Vorhaben einweihte, der die geheimen Adressen, Parolen und Decknamen kannte und dem die Aufgabe anvertraut war, die BO im Falle der Verhaftung ihres Hauptes zu erneuern[7]. Goc vertrat die „Kämpfer" im sozialrevolutionären Exil; ihn allein betrachteten sie als einen der ihren[8].

Solche Autonomie und Selbständigkeit des organisierten politischen Terrors wurde von Geršuni bewußt angestrebt. „Die Kampforganisation", so hieß es bereits in dem ersten von ihm entworfenen einschlägigen Grundsatzartikel, „ist mit der Partei nur über das Zentrum verbunden und völlig von den Lokalkomitees separiert. Sie verfügt über eine getrennte Organisation, über eine eigene Mitgliedschaft . . . , eine getrennte Kasse, getrennte Einnahmequellen." Das CK wurde lediglich befugt, „allgemeine Anweisungen über den Zeitpunkt von Beginn und Einstellung der terroristischen Tätigkeit und über den Personenkreis zu erlassen, gegen den die Aktionen gerichtet sind". „In allen übrigen Angelegenheiten" aber sollte die BO „großzügigste Vollmachten und uneingeschränkte Selbständigkeit" genießen[9]. Bei solch begrenzten und vagen Kompetenzen des CK konnte die Abhängigkeit des Geršuni-Kommandos von der Partei, in deren Namen die Anschläge doch verübt wurden, nur eine formale sein. Faktisch bestimmten die Attentäter sogar ihre Opfer selbst. So ist im Falle von Sipjagin belegt, daß Geršuni allein die Auswahl traf und Goc und Černov erst nachträglich davon in Kenntnis setzte[10]. Eigenmächtig handelte auch L. I. Zil'berberg, der 1904 als Leiter der St. Petersburger Abteilung der BO eine zufällige Gelegenheit zu einem Anschlag auf Nikolaj II. nutzen wollte, obgleich das CK den Zarenmord ausdrücklich untersagt hatte. Auch wenn der Plan nicht verwirklicht werden konnte, wird man dem Urteil der Untersuchungskommission in Sachen Azef beipflichten müssen, daß bereits der Vorsatz einen groben Verstoß gegen die Parteidisziplin bedeutete[11].

Außer dem Attentat auf Sipjagin führte die erste Kampforganisation der

---

6) Černov, Iz istorii P.S.-R., Novyj žurnal 100, S. 286; Zaključenie S. 22.
7) Černov, ebenda S. 288; Brief Černovs an B. I. Nicolaevsky, NC No 132 No 23.
8) Vgl. B. V. Savinkov, Vospominanija. In: Byloe No 2 (24) August 1917 S. 69 f.
9) Terrostičeskij element v našej programme. In: RR No 7 (Juni 1902) S. 5; auch: ebenda S. 23. Die Urfassung dieser Abmachungen, aus der die zitierten Passagen stammen, ging laut Černov verloren (vgl. Zaključenie S. 22; auch Nikolajewsky, Asew S. 52; Sawinkow, Erinnerungen S. 56 f). Ein Statut aus der Frühzeit der BO, das Savinkov, Vospominanija. In: Byloe No 2 (24) August 1917 S. 71 ff überliefert, enthält keine Bestimmungen über das Verhältnis zwischen der Kampforganisation und der Partei. Vgl. auch: Spiricovič, Partija S.-R. S. 584—586.
10) Brief Černovs an Nicolaevsky, NC No 132 No 23.
11) Zaključenie S. 32.

PSR, der insgesamt etwa dreizehn Mitglieder — unter ihnen Azef, Kraft, Mel'nikov und Vejcenfel'd — angehörten, noch erfolgreiche Anschläge auf den Gouverneur I. M. Obolenskij in Char'kov (29. Juli 1902) und den Gouverneur N. M. Bogdanovič in Ufa (6. Mai 1903) durch[12]. Die Absicht, auch den Vorsitzenden des obersten Synod K. P. Pobedonoscev, eine der Symbolfiguren der konservativen autokratischen Politik, zu töten, konnte nicht verwirklicht werden. Im Juni 1906, wenig mehr als ein Jahr nach der spektakulären Ersttat der BO, gelang es der Ochrana, Geršuni in Kiev zu verhaften. Er wurde von einem kleinen Polizeispitzel verraten, der zufällig Kenntnis von der Ankunft des meistgesuchten Mannes im russischen Reich erhielt. Allem Anschein nach hatte Azef seine Hände nicht im Spiel, obgleich ein Verrat in seinem Interesse lag, da ihm bekannt war, daß Geršuni ihn zum Nachfolger bestimmt und M. Goc davon in Kenntnis gesetzt hatte[13].

Azef war zu dieser Zeit längst kein Neuling mehr in der PSR. 1869 im Gouvernement Grodno als Sohn eines armen jüdischen Schneiders geboren, kam er schon während seines ingenieurwissenschaftlichen Studiums, das er 1892 in Karlsruhe begann und 1894 in Darmstadt fortsetzte, mit der neopopulistischen Bewegung in Berührung. Insbesondere knüpfte er Kontakte zu Žitlovskijs „Bund der russischen Sozialrevolutionäre". Zugleich legte er aber auch den Grundstein seiner zukünftigen Doppelkarriere, als er der Polizei 1893 aus eigenem Antrieb, und wohl durch Geldnot veranlaßt, seine Dienste anbot. 1899 kehrte Azef nach Rußland zurück, trat auf Empfehlung Žitlovskijs dem „Nordbund" bei und entwickelte sich in kurzer Zeit zu einem aktiven und geschätzten Mitglied. Sein eigentlicher Aufstieg begann jedoch erst, nachdem er der Verhaftung von Argunovs Gruppe beim Druck der „Revoljucionnaja Rossija" wie durch ein Wunder — so jedenfalls mußte es arglosen Beobachtern scheinen — entgangen war. Gemeinsam mit Seljuk fiel ihm die wichtige Aufgabe zu, den „Nordbund" bei den Verhandlungen über die Gründung der PSR zu vertreten. Er nahm enge Verbindungen mit den theoretischen Sprechern und Organisatoren der neuen Partei auf und zählte fortan selbst zum innersten Kern ihrer Führungsgruppe. Er erhielt Einblick in die geheimsten Interna, und der Wert seiner Informationen für die Ochrana vervielfachte sich. Im Juli 1902 wurde Azef nach St. Petersburg beordert, um dort ein Komitee ins Leben zu rufen und einen Umschlagplatz für illegale Literatur aus dem Ausland zu errichten[14]. Seit dieser Zeit ver-

---

12) Vgl. dazu: Spiridovič, Partija S.-R. S. 117 ff; detailliert: Delo Geršuni ili o t. n. boevoj organizacii. SPb. 1906; Delo G. A. Geršuni i drugich. In: Narodnoe Delo No 5 (Juni 1904) S. 170—177; auch: RR No 43 (15. März 1904) S. 7—17; RR No 44 (1. April 1904) S. 7—14; Vospominanija o Fome Kačure (K godovščine 29. ijulja 1902 goda). In: RR No 28 (15. Juli 1903) S. 8—13; F. F. Kačura, Narodnyj geroj. o. O. 1902, sowie die offiziellen Verlautbarungen der BO zu den Attentaten in Archiv PSR 822 No 6, 8.
13) Zaključenie S. 24; Spiridovič, Partija S.-R. S. 125.
14) Vgl. dazu: M. O. Levin, Moi vospominanija ob Azefe, NC No 7 No 104.

fügte er auch über gute Beziehungen zum innerrussischen CK und gewann insbesondere das „grenzenlose Vertrauen" Geršunis[15]. So war es der Meister der konspirativen Praxis, der bei der Anwerbung neuer Mitarbeiter seine Menschenkenntnis unzählige Male bewiesen hatte, selbst, der den Verräter förderte und ihm zu einer Position verhalf, die sein Treiben erst ermöglichte. Da Azef es darüber hinaus verstand, seine neue Funktion in der BO mit seinen „zivilen" Parteiaufgaben zu verbinden, entzog sich von nun an kein Anschlag, keine Verschwörung, keine Komiteegründung und kein Literaturtransport mehr seiner Kenntnis.

Diese rasche Karriere verdankte der „agent provocateur" vor allem seinem außergewöhnlichen organisatorischen Talent. Er profitierte davon, daß sich, Černov zufolge, unter der sozialrevolutionären Jugend zwar viele verwegene Kämpfer und viele begabte Propagandisten befanden, aber wenige nüchterne Planer, die bereit und qualifiziert waren, die täglichen Geschäfte des revolutionären Alltags zu regeln. Mit seinem „klaren, mathematischen Verstand", seinem technischen Geschick, seiner Ausdauer und seiner Umsicht füllte Azef diese Lücke. Er schien „goldene Hände" zu haben, imponierte durch absolute Zuverlässigkeit und wurde für den Apparat der PSR bald „unersetzlich"[16]. Bei ihm liefen die organisatorischen Fäden zusammen, waren die Parolen und Deckadressen zu erfahren, in seinem Notizbuch fand sich, wie er selbst rühmte, das ganze sozialrevolutionäre Rußland verzeichnet. Azef erfüllte damit im Inland die Funktion, die M. Goc im Ausland innehatte.

Infolge seiner praktischen Begabung erwarb sich Azef auch schnell die unerschütterliche Loyalität der Terroristen. Unter den wohl fünfzig Mitgliedern, die seiner Kampforganisation zwischen 1903 und 1905 angehörten, war niemand, der daran gezweifelt hätte, daß das entscheidende Wort stets bei ihm lag. Azef übernahm die Alleinherrschaft, die Geršuni ihm vererbt hatte, aber er scheint es auch verstanden zu haben, sich aus der Epigonenrolle zu befreien und die Führungsposition aus eigener Kraft auszufüllen. Das zeigte sich unter anderem in der gründlichen Umgestaltung der terroristischen Arbeitsweise. Unter Azef wurden die Attentate nicht mehr wie zuvor durch Revolverschüsse ausgeübt, sondern man warf Bomben. Dieses Verfahren erhöhte die Erfolgschancen beträchtlich und garantierte beinahe den Tod jedes Opfers, erforderte aber auch mehr technischen Aufwand. In Paris wurde daher 1904 eine „Dynamitschule" eingerichtet, auf der Experten wie Bilit das risikoreiche Handwerk der Herstellung von Sprengsätzen unterrichteten[17]. Außerdem führte Azef eine neue Methode ein, um zwecks genauer Planung von Zeit und Ort der Anschläge die täglichen Wege der Opfer ausfindig zu machen. Da die BO über keinerlei Verbindung zu den

---

15) Zaključenie S. 24.

16) Vgl. die ausgezeichnete Charakterisierung Azefs durch: V. Tučkin /V. M. Černov/, Evgenij Azef. In: ZT No 15 (Februar 1909) S. 2–7, Zitat S. 3.

17) V. Popova, Dinamitnye masterskie 1906–07 gg. i provokator Azef. In: KiS 33 (1927) S. 53–66, 34 S. 47–64, 35 S. 54–67. Auch: Spiridovič, Partija S.-R. S. 147.

lokalen Parteiorganisationen verfügte, war ihr die Möglichkeit genommen, aus einer breiteren Schicht von Parteimitgliedern und Sympathisanten Hinweise zu erhalten. Azef glich diesen Mangel durch ein System von Auskundschaftung aus, bei dem mehrere, aus Sicherheitsgründen völlig getrennt arbeitende Terroristenteams, als Kutscher oder Zigarettenverkäufer getarnt, auf den voraussichtlichen Routen der Verfolgten pratrouillierten[18]. Ob diese Innovation wesentlich zu den Erfolgen beitrug, mag offen bleiben. Fest steht, daß der politische Terror unter Azef seinen Zenit erreichte und ein öffentliches Echo hervorrief wie später nie mehr.

Beides bewirkte im wesentlichen eine Großtat: der Anschlag auf den Innenminister von Pleve[19]. Dieser führte die Kandidatenliste der BO an, seit er im April 1902 die Nachfolge Sipjagins angetreten hatte. Von der ersten Stunde an machte er sich durch rücksichtslose Unterdrückung aller oppositionellen Bestrebungen und durch die Anweisung zu schonungslosem Vorgehen gegen Demonstranten in der liberalen „Gesellschaft" zutiefst verhaßt. Gerade Pleve galt als Inkarnation der Knebelung, Ausbeutung und der reaktionären Barbarei des russischen Despotismus. Selbst dem eigentlich unpolitischen Azef gingen die Exzesse seines obersten Dienstherrn zu weit. Insbesondere erzürnten ihn die Pogrome, die im April 1903 in Kišinev wüteten und die allgemein Pleve angelastet wurden. Als Jude fühlte er sich davon unmittelbar betroffen, und er wagte sogar, vor seinem unmittelbaren Vorgesetzten, dem Polizeichef Zubatov, offene Kritik zu üben. Bereits im Herbst 1903, bald nach der Verhaftung Geršunis, begann Azef daher mit den Vorbereitungen eines Anschlages auf den Innenminister. Er reorganisierte die BO und rekrutierte neue Kräfte, unter anderem Sazonov, M. Švejcer, A. D. Pokotilov, D. Brilljant, Kaljaev, die Altpopulistin P. S. Ivanovskaja-Vološenko, I. und J. Maceevskij sowie die Arbeiter Borišanskij und Sikorskij[20]. Als besonderes Talent entpuppte sich Savinkov[21], ein ehemali-

---

18) Tučkin, Azef. ZT 15 S. 4; Nikolajewsky, Asew S. 61 ff; anschaulich: Sawinkow, Erinnerungen S. 5 ff.
19) Dazu: Nikolajewsky, Asew S. 61 ff; Spiridovič, Partija S.-R. S. 132 ff.
20) Vgl. zu ihren Biographien und Taten: E. S. Sazonov, Materialy dlja biografii. S predisloviem S. P. Mel'gunova. Vospominanija. Pis'ma. Dokumenty. M. 1919; ders., Ispoved Sazonova. SPb. o.J.; ders., Pis'ma Egora Sazonova k rodnym. 1895—1910 gg. Pod red. B. P. Koz'mina i N. I. Rakitnikova. M. 1925. — I. P. Kaljaev o. O. 1905; ders., Iz vospominanij. In: Byloe 1908 No 7 S. 20—35; Pamjati Kaljaeva. M. 1918; Iz vospominanij ob Ivane Kaljaeve. 1906; Poslednie pis'ma I. Kaljaeva. In: RR No 68 (1. April 1905) S. 1—2. — P. S. Ivanovskaja, V boevoj organizacii. Vospominanija. M. 1928; dies., Delo Pleve. S predisloviem N. S. Tjutčeva. In: Byloe No 23 (1924) S. 162—207; I. Rakitnikova, Praskov'ja Semenovna Ivanovskaja. M. 1930. — Vgl. ferner: M. Škol'nik, Žizn' byvšej terroristki. M. 1927.
21) Vgl.: V. Černov, Savinkov v rjadach P.S.-R. In: Volja Rossii. Žurnal politiki i kul'tury. Prag No 14—15 (1924) S. 154—163; D. Footman. B. V. Savinkov. Oxford 1956 (St. Antony's Papers on Soviet Affairs. Vol. 25). Zu Savinkovs rätselhaftem Ende: V. I. Lebedev, Konec Savinkova. In: Volja Rossii (Sept. 1924) S. 164—189; V. L. Burcev, Pečal'nyj konec B. V. Savinkova. In: Byloe. Novaja serija No 11 (Paris 1933) S. 41—55.

ger linker Sozialdemokrat, den Breškovskaja 1902 für die PSR geworben hatte und den M. Goc für die terroristische Tätigkeit weiterempfahl. Er, der neben Mut und Verwegenheit auch eine bewegliche Phantasie und intellektuelle Brillanz mitbrachte, stieg binnen kurzem zum zweiten Mann des sozialrevolutionären Terrors und zum Intimus Azefs auf, dessen Führungsrolle er freilich keinen Augenblick in Frage stellte. Alle diese Neulinge trugen Namen, die in der PSR schon bald nur mit ehrfurchtsvollem Respekt ausgesprochen wurden.

Die Auskundschaftung Pleves gestaltete sich außergewöhnlich schwierig. Bis zum März 1904 hatte man seine täglichen Wege immer noch nicht genau in Erfahrung gebracht. Dennoch beschloß man, auf der Basis ungefährer Informationen einen Anschlag zu wagen. Widrige Zufälle verhinderten die Ausführung jedoch mehrmals, und der Mut der Verfolger sank. Ironischerweise war es Azef, der unerbittlich auf der Realisierung des Planes bestand. Am 15. Juli schließlich gelang es Sazonov doch noch, der Kutsche des Innenministers nahe genug zu kommen und die tödliche Bombe zu werfen, die ihn selbst ebenfalls schwer verletzte[22].

Sazonovs Tat war ein gewaltiger Triumph. Ihre öffentliche Wirkung dürfte nur noch mit der zu vergleichen sein, die die Ermordung Alexanders II. im Jahre 1881 hervorgerufen hatte. Auch die Gegner der terroristischen Taktik mußten den politischen Erfolg des Coups zugestehen, und das ganze oppositionelle Rußland dürfte darin einig gewesen sein, daß die BO mit Pleve jemanden gerichtet hatte, der seine Strafe verdiente. In der PSR kannte die Begeisterung keine Grenzen. Azefs Prestige stieg ins Unermeßliche, und er wurde in Genf als der große Held der Partei begrüßt. Breškovskaja hielt es sogar für angemessen, sich nach altrussischer Art tief auf den Knien vor ihm zu verneigen[23]. Dabei hatte gerade sie dem Juden mit den extrem häßlichen Gesichtszügen stets mißtraut und ihn als Person abgelehnt. Andere Gegner wie Sletov ließen sich in ihren Vorbehalten zwar nicht beirren, fanden aber noch weniger Gehör als zuvor: Azefs Person war endgültig über jeden Zweifel erhaben.

Diese günstige Situation wollten die Terroristen nutzen, um die Unabhängigkeit der BO von der Parteiführung, die Geršuni eher informell zugestanden worden war, in einem neuen Statut endgültig festzuschreiben. Mehrheitlich waren sie der Meinung, daß ihrer Tätigkeit nur Erfolg beschieden sein könne, wenn jede Intervention von außen unterbunden werde. Man beabsichtigte — mit Savinkov zu sprechen —, „sich scharf vom CK abzugrenzen und in Zukunft jeder Möglichkeit irgendeiner Einmischung in unsere Angelegenheiten vorzubeugen"[24]. Dagegen protestierte insbesondere Sletov. Er beklagte die „prinzipielle Isolation und völlige Autonomie" der BO unter

---

22) Vgl. die Proklamation der BO zu diesem Attentat in: Da zdravstvuet Narodnaja Volja No 1 (Paris 1907) S. 32–33 u. Archiv PSR 822 No 3.
23) Tučkin, Azef S. 4.
24) Savinkov, Vospominanija. In: Byloe No 2 (24) August 1917 S. 70.

Hinweis auf seine praktischen Erfahrungen in Kiev als „anormal" und forderte stattdessen, sie „der unmittelbaren Kontrolle und Leitung des CK" zu unterstellen[25]. Einige Terroristen, namentlich Švejcer, den man gerne als aufrichtigsten Demokraten und Sozialisten unter den ansonsten recht indifferenten „Kämpfern" rühmte, und Pokotilov schlossen sich diesem Vorschlag an. Selbst Azef schien zu wanken, als er dem CK eine technische Kontrolle über die Vorbereitung der Attentate zugestand. Doch führte Savinkov ihn und die übrigen Abweichler bald zu einem unversöhnlichen Separatismus zurück[26], den man auch in der Statutsnovellierung zu verankern vermochte. Nicht nur bestätigten die neuen Abmachungen die alten Sonderrechte der BO wie „volle technische und organisatorische Selbständigkeit" sowie eine eigene Kasse. Sie räumten ihr darüber hinaus noch weitergehende Freiheiten ein, wenn die Bestimmung, daß das CK den Zeitpunkt der Attentate und den Kreis ihrer Zielpersonen festlegen durfte, durch den Zusatz eingeschränkt wurde:

„Im Falle, daß das CK einen völligen oder temporären Stop ... der terroristischen Tätigkeit verhängt, behält sich die Kampforganisation das Recht vor, ihre Unternehmen zuende zu führen, wenn diese bereits vor dem Einstellungsbeschluß begonnen worden sind. Dieses Recht kann ihr nur durch eine gesonderte Verfügung eines Parteitages genommen werden"[27].

Da eine solch dehnbare Klausel im Konfliktfalle stets geltend gemacht werden konnte, erhielt die BO faktisch die Möglichkeit, Anordnungen des CK zu unterlaufen[28]. Am meisten dürfte Azef davon profitiert haben, schaffte ihm die Ergänzungsbestimmung doch Raum, sein zunehmend komplizierter werdendes Doppelspiel fortzusetzen.

Savinkov zufolge blieben die neuen Regelungen bedeutungslos. Sie seien nie praktiziert worden und den Parteigenossen nicht einmal bekannt gewesen. Es entbehre daher jeglicher Berechtigung, sie als Beleg für sezessionistische und isolationistische Bestrebungen der BO zu werten[29]. Eine genau entgegengesetzte Meinung vertrat freilich die Untersuchungskommission in Sachen Azef. Obgleich sie zugab, daß das Statut in der Tat bald völlig in Vergessenheit geraten sei, schenkte sie ihm als Ausdruck der Mentalität der Terroristen große Beachtung. Dabei nahm man insbesondere an der Tatsache Anstoß, daß die BO es nicht einmal für nötig gehalten habe, die Abmachungen dem CK in corpore zur Bestätigung vorzulegen, sondern sich mit

---

25) Zaključenie S. 26.
26) Brief von V. M. Černov an B. I. Nikolaevskij v. 7. Oktober 1931, NC No 132 No 23; Nikolajewsky, Asew S. 85.
27) Zaključenie S. 28; Spiridovič, Partija S.-R. S. 145.
28) Der Klage eines Delegierten der ersten Gesamtkonferenz von 1908 nach zu urteilen, hat sie diese Freiheit genutzt und selbst die temporären Verbote politischer Attentate während der Revolution nicht beachtet. Vgl. Protokoly 1908 S. 72.
29) Člen boevoj organizaciii 1904–1906 E. /B. V. Savinkov/, Otkrytoe pis'mo tovariščam Bachu, Senžarskomu, Bergu i Araratskomu /i. e. den Mitgliedern der Untersuchungskommission A. N. Bach, S. A. Ivanov, S. M. Bleklov und V. V. Lunkevič/. In: ZT No 37 (Juli 1911) S. 14–16, hier S. 15.

dem Plazet von M. Goc begnügt habe. Wohl mochte zutreffen, daß dieser, wie Savinkov als Begründung anführte, gemeinsam mit Azef das oberste Parteigremium informierte. Dennoch darf der Vorwurf der Untersuchungskommission als berechtigt gelten, daß die Terrororganisation wie ein „Staat im Staate" gehandelt und „ihre Beziehungen zur Partei auf usurpatorischem Wege" geregelt habe[30].

Im Bewußtsein seiner Stärke und ermutigt durch den überwältigenden Erfolg des Pleve-Attentats, wagte sich Azef Ende 1904 an noch größere Unternehmen. Er plante, drei Anschläge gleichzeitig durchzuführen: in St. Petersburg gegen den Großfürsten Vladimir Aleksandrovič, in Moskau gegen den Großfürsten Sergej Aleksandrovič und in Kiev gegen den Generalgouverneur N. V. Klejgel's[31]. Es zeigte sich jedoch, daß die BO mit solch ehrgeizigen Plänen überfordert war. Erfolg hatte man lediglich in Moskau, wo Kaljaev bereits nach zwei Monaten gleich zweimal Gelegenheit hatte, den Großfürsten zu treffen. Das erste Mal warf er die Bombe nicht, weil er in der Kutsche außer Sergej Aleksandrovič auch dessen Frau und Kinder erblickte. Das zweite Mal bestand kein Grund zu zögern, und Kaljaev vollbrachte seine nachmals vielfach glorifizierte Tat. In Kiev dagegen bekamen die Terroristen ihr Opfer nicht einmal zu Gesicht und gaben schon nach kurzer Zeit auf. Auch in der Hauptstadt des Reiches operierte man glücklos. Švejcer, der hier den größten Schlag vorbereitete, indem er beabsichtigte, anläßlich der Gedenkmesse für Alexander II. vier hohe Repräsentanten der Autokratie zugleich zu töten, kam bei der Herstellung einer Bombe ums Leben. Zwar setzten die ihm unterstellten Attentäter die begonnene Arbeit fort. Doch erhielt die Ochrana bald Kenntnis von ihren Aktivitäten und konnte fast sämtliche der in St. Petersburg weilenden BO-Mitglieder, insgesamt sechzehn Personen, verhaften.

Nach jahrelangen empfindlichen Niederlagen errang die politische Polizei damit ihren ersten großen Sieg im Dauerkrieg gegen den sozialrevolutionären zentralen Terror. Wie sich zeigen sollte, bereitete sie ihm im Grunde bereits ein Ende. Denn „niemals mehr" erreichte die Kampforganisation eine „solche Kraft und Bedeutung", „wie sie sie in der Zeitspanne vom 15. Juli 1904 bis zum Februar 1905 besessen hatte"[32]. Die Verhaftungen vom März 1905 stellten gleichsam den praktischen Vollzug jener Peripetie des politischen Terrors als taktischem Mittel dar, die in theoretischer Perspektive die Revolution insgesamt markierte.

2. Der Zerfall der Kampforganisation

Seit Azef sich zu einer zentralen Position in der PSR hinaufgearbeitet hatte, begann er jenes doppelseitige Lavieren zwischen der Ochrana und der

---

30) Zaključenie S. 30.
31) Dazu Spiridovič, Partija S.-R. S. 148, 183 ff.
32) Sawinkow, Erinnerungen S. 96.

Partei, das den Zeitgenossen und der Nachwelt so unbegreiflich war. Er, der sich bis dahin höchst kooperativ gezeigt hatte, ging dazu über, seinen staatlichen Auftraggebern wichtige Informationen vorzuenthalten. Vor allem verschwieg er die Rolle Geršunis beim Attentat auf Sipjagin und weigerte sich auch in der Folgezeit, den Gründer des sozialrevolutionären Terrors preiszugeben. Ohne Zweifel standen in erster Linie finanzielle Motive hinter diesem Verhalten, da Azef bewußt gewesen sein dürfte, daß er sein einträgliches Spitzelgeschäft letztlich Geršuni zu verdanken hatte. Um solche Überlegungen zu verbergen, täuschte er eine grundsätzliche Bereitschaft vor, seinen Mentor in der Partei zu verraten, schraubte aber den Preis dafür in solch unrealistische Höhen (50 000 Rubel), daß Zubatov an dem Handel nicht mehr interessiert sein konnte. Schwerer noch als solche Zurückhaltung wog indes, daß Azef der Polizei darüber hinaus auch bewußt falsche Informationen gab und insbesondere über seine eigene Rolle Stillschweigen bewahrte. Wer tatsächlich für die Ermordung Pleves und des Großfürsten Sergej Aleksandrovič verantwortlich war, erfuhr die Ochrana erst nach der spektakulären Entlarvung ihres ungetreuen Agenten 1909.

Andererseits mußte Azef seinen Dienstherren beweisen, daß er das beträchtliche Monatsgehalt, das man ihm inzwischen zahlte, auch wert war und ließ nicht wenige seiner Parteigenossen, mit Vorliebe solche, die ihm im Wege standen, in die Falle laufen. Er verriet eine Terroristengruppe um Klitčoglu-Mežovaja, die ebenfalls ein Attentat auf Pleve vorbereitete und trotz seines Einspruchs von diesem Plan nicht lassen wollte. Er lieferte die „agrarniki" ans Messer, weil sie dezentralisierte Gewaltakte predigten, die sich seiner Kontrolle entzogen, und weil er sie überhaupt für gefährliche Extremisten hielt. Er gab Sletov und Seljuk preis, weil sie sich seinem megalomanischen Herrschaftsanspruch über die gesamte innerrussische Parteiorganisation nicht beugen wollten[33]. Indem er auf diese Weise den Wünschen beider „Herren" entsprach, dem einen durch Auslieferung von Revolutionären, dem anderen durch terroristische Erfolge, vermochte er für sich selbst doppelten Gewinn aus seiner Tätigkeit zu ziehen — einen großzügigen Judaslohn von der Ochrana und unbegrenzte Finanzmittel für Kampffaktionen von Seiten der PSR.

Seit 1905 jedoch geriet Azef mehr und mehr in Bedrängnis; sein Doppelspiel wurde zusehends schwieriger. Mehrere Ereignisse schränkten seine Bewegungsfreiheit auf ein Maß ein, das ihn zwang, mit der Polizei zu kooperieren und nur noch die PSR hinters Licht zu führen. Ein erstes war die Entlarvung eines weiteren Ochranaagenten in den Reihen der Partei. N. Ju. Tatarov, ein bekannter Sozialrevolutionär der 90er Jahre[34], hatte sich in sibirischer Gefangenschaft zu Diensten für den einst bekämpften autokratischen Staat bereit erklärt und war daraufhin bei Ausbruch der Revolution

---

33) Vgl. Tučkin, Azef S. 5 f.
34) Vgl. Nikolajewsky, Asew S. 99 ff; Argunov, Azev v partii S.R. S. 177 f; Zenzinov, Perežitoe S. 197 f; Sawinkow, Erinnerungen S. 113 ff.

vorzeitig ins europäische Rußland entlassen worden. Über einen alten Parteifreund aus Irkutsk, dem populistischen Veteranen Tjutčev, erlangte er Zutritt zum engeren Führungskreis der PSR und konnte seine Auftraggeber mit wertvollen Hinweisen zufriedenstellen. Die Spitzelkarriere Tatarovs nahm jedoch ein abruptes Ende, als L. P. Men'ščikov[35], ein hoher Beamter des Polizeidepartements, dem sozialrevolutionären Zentralkomitee Ende August 1905 einen Brief übermittelte, der auf den Agenten aufmerksam machte und wegen seiner außergewöhnlichen Kenntnis geheimster Parteiinterna helles Entsetzen hervorrief. Unverzüglich wurde eine Untersuchungskommission (Bach, Savinkov, Tjutčev und Černov) eingesetzt, die Men'ščikovs Informationen bestätigt fand und unter anderem aufdeckte, daß die St. Petersburger Terroristengruppe Švejcers nicht infolge mangelnder Vorsicht nach dem tragischen Unfall ihres Leiters, sondern aufgrund eines Hinweises von Tatarov untergegangen war. Das CK sprach diesen daher schuldig und ließ ihn durch ein Kommando unter der Leitung Savinkovs hinrichten. Auch Azefs Name wurde in Men'ščikovs Brief genannt. Doch wagte die Untersuchungskommission gar nicht, den ungeheuerlichen Gedanken zu fassen, daß dieser Hinweis ebenfalls der Wahrheit entsprechen könnte. Dessenungeachtet war der Vorfall für den obersten Terroristen in höchstem Maße alarmierend. Nicht nur mußte er fortan damit rechnen, daß seine provokatorische Tätigkeit der Partei durch Indiskretionen aus führenden Kreisen der Ochrana bekannt werden könnte. Darüber hinaus hatte er zu fürchten, daß auch seine polizeilichen Auftraggeber durch ihm unbekannte Mitagenten in der PSR von seinem Doppelspiel erfahren könnten.

Mehr noch als die Entdeckung Tatarovs setzten Azef Veränderungen im Polizeiapparat zu. Nach dem Attentat auf Sergej Aleksandrovič, das eine blamable Niederlage für die staatlichen Sicherheitskräfte bedeutete, mußte A. A. Lopuchin seinen Platz als Direktor des Polizeidepartements im Innenministerium räumen. Zum Nachfolger bestimmte der stellvertretende Innenminister und vormalige Generalgouverneur von St. Petersburg Trepov seinen Schützling P. I. Račkovskij, dem die gesamte politische Abteilung, d. h. die Ochrana, unterstellt wurde[36]. Azefs neuer Vorgesetzter war nicht nur erfahrener und wachsamer als sein Vorgänger, er verfügte aufgrund erweiterter Kompetenzen auch über mehr Möglichkeiten, die ihm vorgelegten Berichte zu prüfen. Am 21. August 1905 traf Račkovskij zum ersten Male mit seinem (vermeintlich) besten Agenten zusammen, ein wichtiges Datum in dessen Geschichte und der des sozialrevolutionären Terrors. Schon bei dieser ersten Begegnung wurde Azef hart angenommen und mußte sich bereit erklären, seinen engsten Mitarbeiter, Savinkov, auszuliefern. Daß dieser dennoch entkam, war tatsächlich nur dem Zufall zu verdanken[37].

---

35) Vgl. seine Memoiren: L. Men'ščikov, Ochrana i revoljucija. K istorii tajnych političeskich organizacij, suščestvovavšich vo vremena samoderžavija. Č. II, vyp. 1, 2. M. 1928/29.
36) Genaueres s. bei Nikolajewsky, Asew, S. 106 ff.
37) Ebenda S. 109 ff.

Im Frühjahr 1906 zog sich die Schlinge um Azefs Hals weiter zusammen. Seit der Verhaftung der Terroristengruppe Švejcers war der Polizei die Beobachtungstechnik der BO bekannt. Sie achtete daher in besonderem Maße auf Droschkenkutscher und ließ in deren Herbergen nach verdächtigen Neuzugängen forschen. Auf diese Weise gelang es Spitzeln des Chefs der St. Petersburger Geheimpolizei, General A. V. Gerasimov, im Frühjahr 1906, einige Droschken auszumachen, die sich mit auffallender Ausdauer vor dem Wohnsitz des Innenministers P. N. Durnovo aufhielten. Den Mann, der offenbar die Verbindung zwischen ihnen herstellte, identifizierten die V-Leute als Mitarbeiter der Ochrana. Gerasimov fragte bei Račkovskij an, ob er über einen hohen Agenten in der PSR verfüge, und beschloß, nachdem er eine abschlägige Antwort erhalten hatte, das verdächtige Subjekt, Azef, zu verhaften. Dieser gab zu Protokoll, im Dienste Račkovskijs zu stehen und verlangte dessen Hinzuziehung. Es kam zu einer stürmischen Unterredung zu dritt, bei der Azef seinem Vorgesetzten vorwarf, seit einem halben Jahr nicht mehr auf seine Briefe reagiert und ihn fallengelassen zu haben. In der Tat hatte Račkovskij die Verbindung zu seinem Agenten, vermutlich weil er dessen Doppelspiel ahnte, abreißen lassen[38]. Gerasimov hielt dieses Verhalten für unklug und drängte Azef, seine Informantentätigkeit wiederaufzunehmen. Daran hinderte ihn selbst das Eingeständnis des Terroristen nicht, in der Zwischenzeit seinem „Beruf" als Revolutionär ohne falsches Spiel nachgegangen zu sein und ernsthafte Anschläge vorbereitet zu haben. Račkovskij stimmte Gerasimovs Plänen zu und trat seinen undurchsichtigen Mitarbeiter ab.

Auch hinter diesem abermaligen Vorgesetztenwechsel standen Verschiebungen in der Machtstruktur des Polizeiapparates. Gerasimov besaß das besondere Vertrauen des neuen Ministerpräsidenten Stolypin, der es für klug hielt, den Chef der hauptstädtischen Sicherheitspolizei auf seine Seite zu ziehen. Nach und nach stattete er Gerasimov mit so viel Sondervollmachten aus, daß dieser die Aufsicht durch Račkovskijs Polizeidepartement abschütteln und nach eigenem Belieben handeln konnte. Unter anderen wurde ab 1906 auch die Bekämpfung der revolutionären Parteien bei Gerasimov zentralisiert, da Stolypin an genauen Berichten über die Vorgänge im oppositionellen Lager und in den linken Dumafraktionen interessiert war, um die Wirkung seiner innenpolitischen Maßnahmen besser kalkulieren zu können. Für diese Aufgabe schien gerade ein Mann wie Azef von unschätzbarem Wert, zumal er sie mit Freuden übernahm, sei es, weil man sein Gehalt erhöhte oder weil es ihm schmeichelte, zum Hauptinformanten der Regierungsspitze aufzusteigen. Freilich erkaufte Azef diese Beförderung mit einer beträchtlichen Einengung seines Handlungsspielraumes, da Gerasimov ihn, um jedes Risiko zu vermeiden, auf Schritt und Tritt überwachen ließ. Als der Chef der BO trotzdem versuchte, seinen Doppelverrat fortzusetzen, und im April 1906 ein Attentat auf den Admiral F. V. Dubasov in

---

38) Ebenda S. 134.

die Wege leitete, wurde er entdeckt. Die langjährige Agentin im Moskauer Komitee, Žučenko, erfuhr von Azefs Beteiligung und erstattete dem Petersburger Polizeihauptquartier Bericht. Die Panne endete glimpflich, da Gerasimov in seinem Vertrauen zu Azef nicht wankte und überdies einen Skandal um jeden Preis vermeiden wollte. Als Loyalitätsbeweis verlangte er jedoch abermals die Auslieferung Savinkovs, den das Schicksal diesmal nicht vor dem Kerker bewahrte[39].

In dem Maße wie die Ochrana Azef in die Pflicht nahm, machte sie es ihm schwerer, seine Position in der PSR zu behaupten. Auf die Dauer mußte sich Kritik erheben, wenn erfolgreiche Attentate ausblieben. Azef war sich dieses Dilemmas bewußt, und er spielte sogar mit dem verzweifelten Gedanken, sich durch die Sprengung und totale Vernichtung des Polizeihauptquartiers daraus zu befreien[40]. Die Wirklichkeit ließ ihm aber nur den sehr viel mühsameren Weg, sich allmählich aus dem terroristischen Geschäft zurückzuziehen. Die Voraussetzungen dafür waren günstig, da seit Ausbruch der Revolution ohnehin eine Revision der Taktik anstand und sich die Möglichkeit bot, für die Liquidierung der BO zu plädieren, ohne Argwohn zu erregen. Dabei zögerte Azef nicht, die ihm ergebenen Terroristen durch falsche und einseitige Informationen auf seine Meinung einzuschwören und für seine Absichten zu benutzen: Die Isolation der Kampforganisation schlug abermals gegen die Interessen der Gesamtpartei zu Buche.

Ein erstes Absetzmanöver unternahm Azef schon im Oktober 1905, als der engste Kreis der sozialrevolutionären Führung bei Goc in Genf über die Folgen des Oktobermanifestes für die revolutionäre Strategie diskutierte. Zum nicht geringen Erstaunen der Anwesenden erklärte der Organisator der Hinrichtung Pleves und anderer Würdenträger der Autokratie, daß er nie ein überzeugter Revolutionär, sondern im Grunde stets Anhänger eines legalistischen und evolutionistischen Kurses gewesen sei. Umso nachdrücklicher müsse er nun, da der Zar eine Verfassung gewährt habe, für die Einstellung der Attentate plädieren. Entgegengesetzt reagierte diesmal freilich Savinkov. Er betrachtete es als unerläßliche Pflicht, gerade im gegebenen Augenblick die Schwäche der Staatsmacht zu nutzen und massive Angriffe einzuleiten wie beispielsweise einen Anschlag auf das Winterpalais oder den Ministerrat. Doch konnte weder Savinkovs noch Azefs Argumentation überzeugen, und die Anwesenden schlossen sich dem Vorschlag Černovs an, den zentralen politischen Terror zu sistieren, die BO aber „unter Waffen" zu halten[41]. Nicht genug damit, daß er seine Liquidationspläne vorerst nicht durchsetzen

---

39) Es bewahrte ihn allerdings vor dem Galgen, da es einem Kommando der BO unter Leitung von Zil'berberg und V. M. Suljatickij („Gronskij") bereits kurze Zeit später gelang, ihn auf abenteuerliche Weise aus dem Gefängnis in Sevastopol' zu befreien. Vgl.: Sawinkow, Erinnerungen S. 153 ff; Spiridovič, Partija S.-R. S. 291 ff; Argunov, Azef S. 189; Irina /K. I. Zil'berberg/, Pamjati L. I. Zil'berberga i V. M. Suljatickogo. In: ZT No 30 (August 1910) S. 16–22. Azef hatte aus verständlichen Gründen versucht, den Fluchtplan zu sabotieren.
40) Černov, Ot „Revoljucionnoj Rossii" k „Synu otečestva" S. 77.
41) Černov, ebenda S. 75 ff.

konnte, hatte Azef alle Hände voll zu tun, seine bisherige Stellung zu behaupten. Bedrohlich mußte ihm zumal der Beschluß des CK von Ende November 1905 erscheinen, die BO aufzulösen und sie durch ein „Kampfkomitee" zu ersetzen, das die Bewaffnung der Massen durchführen sollte. Azef blieb keine andere Wahl, als dem Vorhaben zuzustimmen. Aber er protestierte vehement gegen den mehrheitlich gebilligten Vorschlag, das neue Leitungsgremium zu wählen, und bestand stattdessen darauf, daß ihm das alleinige Ernennungsrecht übertragen werde. Obgleich die Versammlung über eine solche Anmaßung empört war, beugte sie sich faktisch Azefs Diktat, indem sie ihn gemeinsam mit Savinkov und dem Altnarodniken V. S. Pankratov in das Komitee delegierte[42].

An weitere Versuche, seine Absichten durchzusetzen, konnte Azef vorläufig nicht denken. Die Konfrontation mit der Autokratie im Dezember veranlaßte die PSR, zur alten Form des politischen Terrors zurückzukehren. Das CK erteilte Anweisung, die BO zu reorganisieren, und gab grünes Licht für Attentate auf den Innenminister Durnovo, den Generalgouverneur von Moskau Dubasov und zwei Offiziere des Moskauer Regimentes, Min und Riman, die sich in den Straßenkämpfen durch besondere Rücksichtslosigkeit hervorgetan hatten[43]. Die Voraussetzungen für ein Gelingen der Aktionen schienen günstig, da die Kampforganisation mit dreißig Mitgliedern über eine nie dagewesene personelle Stärke verfügte und in Zenzinov, A. Goc und Zil'berberg außerdem qualifizierte neue Kräfte gewonnen hatte. Dennoch fand keiner der Anschläge statt. Das Kommando Zil'berbergs, das Durnovos Tageslauf auskundschaften sollte, sah ihr Opfer bestenfalls von fern, weil Gerasimov die falschen Kutscher und Bauchladenhändler längst beschatten ließ. Nach seiner kurzfristigen und unbemerkten Verhaftung im Laufe dieses Unternehmens fiel es Azef daher nicht schwer, den Terroristen in Absprache mit seinem neuen Dienstherren und durchaus wahrheitsgemäß zu erklären, daß ihre Pläne verraten worden seien und man die Vorbereitungen einstellen müsse. Vergebens bemühte sich ebenso Zenzinov in Moskau, den Offizieren auf die Spur zu kommen, weil Azef diese Vorhaben hatte preisgeben müssen. Nicht minder ergebnislos blieben schließlich die Anstrengungen Savinkovs, Dubasov zu stellen. Zwar hatte Azef der Ochrana diesen Plan vorenthalten können. Aber seine Kollegin Žučenko erfuhr, wie erwähnt, davon und trug ihr Scherflein zur Bekämpfung der revolutionären Bewegung bei. Als sich der Eröffnungstermin der ersten Duma näherte, bis zu dem die Attentate laut CK-Direktive hätten ausgeführt sein sollen, stand die BO immer noch mit leeren Händen da. Kritik wurde laut, und Azef sah sich zu einer letzten Anstrengung gezwungen, wenigstens einen Auftrag zu erfüllen. Ohne Absprache mit Gerasimov organisierte er die Auskundschaftung von neuem. Savinkov beobachtete Durnovo und mußte auch diesmal bald auf-

---

[42] Argunov, Azef S. 178 f; Černov, Iz istorii, S. 173; Pokazanija M. A. Natansona, ZP No 4432 f. 1; Nikolajewsky, Asew, S. 122 f.
[43] Zum folgenden: Spiridovič, Partija S.-R. S. 278 ff; Nikolajewsky, Asew S. 145 ff; Argunov, Azef S. 183 f; Sawinkow, Erinnerungen S. 126 ff.

geben. Azef, der die Überwachung Dubasovs leitete, war erfolgreicher. Am 23. April 1906 gelang es einem Mitglied seines Kommandos, eine Bombe unter Dubasovs Wagen zu schleudern. Daß der Generalgouverneur nur leicht verletzt wurde, konnte dem Organisator des Anschlages nicht angelastet werden und tat der Stabilisierung seiner Position in der Partei keinen Abbruch.

Als der erste Parteirat im Mai 1906 terroristische Aktivitäten für die Dauer der Sitzungsperiode der ersten Duma untersagte, war auch Azef mit dieser Maßnahme einverstanden. Wenngleich er, doppelzüngig wie stets, vor seinen Genossen aus der BO lautstark gegen den Defaitismus der Parteiführung protestierte, kam ihm der Einstellungsbeschluß außerordentlich gelegen, und er beeilte sich, die BO zu entlassen. Freilich währte die Atempause nur wenige Monate. Schon vor der Auflösung der Volksvertretung, als die Verkündung des entsprechenden Beschlusses nur noch eine Frage der Zeit war, gab das CK Attentate wieder frei. Man erneuerte die zentrale BO, ermordete in Sevastopol' den Admiral G. P. Čuchnin und leitete einen großangelegten Feldzug gegen den zweitwichtigsten Mann im Staate, gegen Stolypin selbst, ein[44]. Die Vorbereitungen verliefen wie gewöhnlich. Man mietete Wohnungen an, übte die konspirativen Rollen ein und begann, die Wege des Opfers auszukundschaften. Dennoch vermochte man sich Stolypin trotz monatelanger Anstrengungen nicht ein einziges Mal zu nähern und mußte dem CK abermals einen Mißerfolg melden. Das kam nicht von ungefähr. Die Terroristen konnten Stolypin gar nicht auflauern, weil sie von Anfang an aufs schärfste beobachtet und bewußt in die Irre geführt wurden. Um einerseits Azefs Stellung in der Partei nicht zu gefährden, andererseits aber auch keine Terroranschläge mehr zuzulassen, inszenierten der Polizeichef und sein Agent eine Scheinverfolgung, die die BO-Mitglieder entmutigen und zu der Einsicht veranlassen sollte, daß die Waffe der Attentate stumpf geworden sei. Der Bluff verlief nach Plan, die Kooperation zwischen Gerasimov und Azef funktionierte fehlerfrei, zumal sich die Revolutionäre ebenso widerspruchslos dirigieren ließen wie die Ochranaspitzel.

Trotzdem blieb ein Zwischenfall, von Dritten verursacht, nicht aus. Azefs Aufregung kannte keine Grenzen, als er von dem Anschlag der Maximalisten auf Stolypins Landhaus hörte[45], mußte er doch fürchten, von Gerasimov dafür verantwortlich gemacht zu werden. In aller Eile begab er sich nach St. Petersburg, versicherte den Polizeichef seiner absoluten Loyalität und bemühte sich, ihn von voreiligen Verhaftungen abzuhalten. Um auch den letzten Rest von Mißtrauen auszuräumen,verlangte er vom CK der PSR darüber hinaus eine öffentliche Verurteilung der Tat. Darin sollte klargestellt werden, daß „die Art der Durchführung dieses Aktes (Explosion in der Wohnung zur Zeit des Besucherempfangs) den Prinzipien völlig" widerspreche,

---

44) Vgl. Nikolajewsky, Asew S. 162 ff; Spiridovič, Partija S.-R. S. 293; Argunov, Azef S. 192 f.
45) Vgl. oben S. 134.

„die die Partei für sich als moralisch und politisch verbindlich ansieht"[46]. Obgleich die meisten Parteioberen die Notwendigkeit einer solchen Distanzierung nicht einsahen und Widerspruch anmeldeten, gaben sie dem Druck Azefs auch dieses Mal nach.

Genährt durch solch rätselhafte Verhaltensweisen und vor allem durch die Erfolglosigkeit der Attentatsversuche, wuchs die Kritik an der BO und ihrem Leiter. Man begann sogar, die Arbeitsweise der Terrorkommandos zu kontrollieren, und fand schnell heraus, daß die Beobachtung dilettantisch gehandhabt wurde. Azef geriet ins Zwielicht und versuchte abermals, sich durch einen Rückzug von der terroristischen Tätigkeit aus der Zange zwischen Polizei und Partei zu befreien. Gerasimov konnte damit aber nur einverstanden sein, wenn es gelang, die PSR zum völligen Verzicht auf die Anschlagstaktik zu bewegen. Um einen entsprechenden Beschluß herbeizuführen, verbreitete Azef die These, daß die herkömmlichen Methoden der BO veraltet seien. Mühelos gelang es ihm, die „Kämpfer" von der Richtigkeit seiner Meinung zu überzeugen. Die CK-Mitglieder dagegen, die er in Einzelgesprächen zu gewinnen suchte, machten aus ihrer Skepsis keinen Hehl. Dennoch mußten sie sich bereitfinden, das Thema im Oktober 1906 auf dem zweiten Parteirat offiziell zur Diskussion zu stellen[47].

Ohne Zweifel habe man, erläuterte Savinkov in Vertretung des wenig redegewandten Azef der versammelten Parteiprominenz, mit Hilfe der Beobachtungsmethode anfangs spektakuläre Siege erringen können. Doch habe sich die Ochrana bald von ihrer Verwirrung erholt und das „revolutionäre Spitzelsystem" durchschaut. Es sei ihr nun mehr ein Leichtes, alle bedeutenden Anschläge durch systematische Überwachung zu verhindern. Desgleichen habe sich die Methode des Bombenwerfens überlebt. Daraus ergebe sich die unabweisliche Notwendigkeit, die gesamte zentrale Terrortätigkeit auf eine modernere und leider überaus kostspielige technische Basis umzurüsten. Um Zeit für die Erprobung solch neuer Formen zu gewinnen, müsse man vorerst auf Attentatsvorbereitungen verzichten. Azef und er sähen sich daher veranlaßt, von der Führung der BO zurückzutreten.

Die Gegenposition begründete Černov, der dabei im Namen von Argunov, Sletov, Natanson und anderen sprach. Er räumte ein, daß man an der Beobachtungsmethode in der Tat nicht länger festhalten könne. Doch stehe durchaus ein Ersatzverfahren zur Verfügung, da man die Parteiorganisationen, die im Laufe der Revolution stark expandiert seien, dazu benutzen könne, „ein Hilfsnetz von Agenten zu schaffen, ... um eine systematische Erforschung aller schwachen Stellen des staatlichen Schutzapparates zu gewährleisten"[48]. Angesichts dieser Alternative habe die PSR keinerlei Ursache, auf die bewährte terroristische Waffe zu verzichten. Černovs Überlegungen fanden nicht nur den Beifall fast aller Parteiratsdelegierten, sondern

---

46) Ot Central'nogo Komiteta, Archiv PSR 444.
47) Dazu: Argunov, Azef S. 192 ff; Černov, Pered burej S. 273 f; ders., Iz istorii S. 180 f; Nikolajewsky, Asew S. 170 ff; Spiridovič, Partija S.-R. S. 294 ff.
48) Černov, Pered burej S. 274.

hinterließen auch bei den anwesenden Mitgliedern der BO tiefen Eindruck. Einige rückten offen von der Position ihrer Vorgesetzten ab und übten sogar Kritik an deren bürokratischem Führungsstil. Die Einheitsfront der „Kämpfer" zerbröckelte, und Azefs Absetzmanöver scheiterte ein weiteres Mal. Keineswegs mußte das CK, wie er Gerasimov zuversichtlich versprochen hatte, aus Mangel an Exekutoren von weiteren Attentaten absehen, vielmehr akzeptierte es den Rücktritt Azefs und Savinkovs und bildete aus den Dissidenten ein neues Kommando.

3. Der zentrale politische Terror unter der Führung des CK

Die „Kampfgruppe beim CK"[49] zählte vergleichsweise wenig Mitglieder, in der Regel weniger als zehn, und stand unter der Leitung des ehemaligen Mathematikstudenten Zil'berberg, der sich schon in der alten BO als fähiger Organisator hervorgetan hatte[50]. Bereits ihr Name macht deutlich, daß die sozialrevolutionäre Führung die Chance einer Neuregelung des Verhältnisses zwischen Partei und Terroristen nutzte, die Azefs unverhoffte Demission eröffnete. Man bekräftigte die Weisungsbefugnis des CK und band ausdrücklich jede einzelne Aktion an dessen Zustimmung. Mochte sich diese Abmachung auch verbal nicht wesentlich von der bis dahin gültigen unterscheiden, so leitete sie doch in praxi eine neue Ära ein, da sie erstmals befolgt und der sozialrevolutionäre Terror einer tatsächlichen Kontrolle unterworfen wurde.

Auch die Arbeitsweise der Kampforganisation wurde verändert. Wie Černov vorgeschlagen hatte, erweiterte man das von Azef eingeführte System der „äußeren Fahndung" durch eine „innere Fahndung", d. h. durch Informationssammlung in Partei und Gesellschaft. Zur Überprüfung der Hinweise, die insbesondere von den Soldaten-, Eisenbahner- und Telegraphistenorganisationen kamen, wurde ein gesondertes Team eingesetzt. Durch diese Umstellung, die im Grunde an die alten Methoden Geršunis anknüpfte, erreichte man zweierlei. Zum einen verbreitete sich die Basis für die Erkun-

---

49) Zum folgenden: Spiridovič, Partija S.-R. S. 296 ff; 364 ff; Nikolajewsky, Asew S. 177 ff; Černov, Pered burej S. 274; ders., Iz istorii S. 289; Argunov, Azef S. 194. Auch: Gerassimoff, Kampf S. 148 ff.

50) Außer der Gruppe Zil'berbergs wurden noch zwei weitere Terrorkommandos unter der Leitung von E. Lapina („Běla") und B. J. Vnorovskij, dem Attentäter auf Dubasov, gegründet. Das CK mußte sich zu dieser Aufsplitterung der Kräfte bereit finden, weil niemand zur Verfügung stand, der die Gesamtleitung der zentralen terroristischen Aktivitäten hätte übernehmen können. Darin rächte sich, wie Černov der Untersuchungskommission gegen Azef zugestehen mußte (Černov, Iz istorii S. 289), daß dieser eine monopolistische Stellung in der alten BO innegehabt hatte. Schon nach kurzer Zeit zeigten sich die negativen Folgen der erzwungenen Aufgabenteilung. Es kam zu Streitigkeiten, die solche Ausmaße annahmen, daß Lapina beleidigt ins Ausland reiste. Nachdem auch Vnorovskij gescheitert war, blieb Zil'berbergs Gruppe allein übrig.

dung vielversprechender Gelegenheiten erheblich. Zum anderen nahm die terroristische Tätigkeit „einen weitgehend zufälligen Charakter" an, da man sich nicht mehr nach langfristigen Plänen richtete[51]. Über Attentate wurde oft in kürzester Zeit entschieden, und vieles blieb der Improvisation überlassen. Gerade diese Unberechenbarkeit wirkte sich vorteilhaft aus, weil sie die Gegenwehr der Ochrana erschwerte und häufig dazu führte, daß auch Azef von bevorstehenden Unternehmungen nichts erfuhr.

Ein gutes Beispiel für solche Blitzaktionen war die Ermordung des Petersburger Stadthauptmanns V. F. von der Launitz am 21. Dezember 1906. Zil'berberg, der eigentlich ein Attentat auf Stolypin und den Großfürsten Nikolaj Nikolaevič vorbereitete, entschloß sich zu diesem Coup innerhalb weniger Tage, als sich überraschend die Chance ergab, Eintrittskarten zu einem Bankett zu erhalten, an dem zahlreiche Prominente des Zarenreiches teilnehmen sollten. Erst am Vorabend der Veranstaltung erhielt Gerasimov Kenntnis von dem Plan und warnte die ausersehenen Opfer. Stolypin war klug genug, sein Haus nicht zu verlassen. Von der Launitz mißachtete den Rat und wurde von A. P. Kudrjavcev erschossen. Weitere Erfolge konnte das Kommando Zil'berbergs jedoch nicht verbuchen. Ihm wurde zum Verhängnis, daß sein Leiter den in unvermindert hohem Ansehen stehenden Azef häufig ins Vertrauen zog und um Rat fragte. Bereits im Januar 1907 verriet dieser das Versteck der Terroristen, ein Touristenhotel in Finnland, so daß Gerasimov sämtliche Insassen verhaften lassen konnte. Zil'berberg und der Savinkov-Befreier V. M. Suljatickij wurden zum Tode verurteilt und im Juli hingerichtet.

Dieser Schlag traf den sozialrevolutionären Terror empfindlich, aber er bereitete ihm kein Ende. Freiwillige meldeten sich in so großer Zahl, daß die „Kampfgruppe beim CK" in kurzer Zeit erneuert werden konnte, zumal sich in B. N. Nikitenko auch ein begabter neuer Leiter fand. Vor allem Nikitenko war eine „glänzende Aquisition"[52], weil er über einen untadeligen Ruf verfügte, der Polizei in keiner Weise verdächtig war und als Offizier auch Zutritt zu Gesellschaftskreisen hatte, die der BO bis dahin verschlossen geblieben waren. Mit Leichtigkeit hätte er einen Anschlag auf hochgestellte Persönlichkeiten, ja auf den Zaren selbst verüben können. Doch hielt man es für angebrachter, Nikitenko mit Rücksicht auf seine außerordentlichen Fähigkeiten und seine charakterlichen Qualitäten nicht zu opfern.

Umso bedeutender waren die organisatorischen Aufgaben, die man dem neuen Chefterroristen aufbürdete. Nicht nur sollte er die unterbrochenen Vorbereitungen von Attentaten auf Stolypin und Nikolaj Nikolaevič fortsetzen, sondern darüber hinaus erstmals die Möglichkeit eines Zarenmordes erkunden. Konkrete Gestalt nahm dieser Plan an, als man überraschend

---

51) Vgl. Irina /K. I. Zil'berberg/, Pamjati L. I. Zil'berberga i V. M. Suljatickogo, ZT No 30 S. 19.
52) Nikolajewsky, Asew S. 187. Zu Nikitenko: Irina /K. I. Zil'berberg/, Pamjati B. N. Nikitenko. In: Za Narod No 31 (7. August 1910) S. 1–3; S. A. Nikonov, Boris Nikolaevič Nikitenko. In: KiS No 2 (31) 1927 S. 212–146.

Verbindung zu einem Kosaken der Palastwache herstellen konnte. Das Vorhaben wurde so ernsthaft, daß Nikitenko sich bemüßigt fühlte, den erfahrenen „Helden" Azef um Rat zu fragen und ihm die Leitung anzutragen. Dieser, den ein Zarenmord Kopf und Kragen gekostet hätte, lehnte mit der plausibel scheinenden Begründung ab, daß ihm die Mitglieder der neuen BO unbekannt seien, und informierte unverzüglich Gerasimov. Aber auch ohne Azefs abermalige Perfidie wäre das Unterfangen zum Scheitern verurteilt gewesen, da sich der Kontaktmann ebenfalls als „agent provocateur" erwies und seinerseits den Sicherheitschef des Zaren, General Spiridovič, informierte. Solchermaßen zweifach betrogen, wurde das Kommando Nikitenkos am 14. April 1907 eine leichte Beute für die Ochrana[53].

Zwei Monate vor diesem Ereignis war Geršuni aus sibirischer Gefangenschaft zurückgekehrt. Er hörte von den Streitigkeiten zwischen Azef und der Parteiführung und begann sofort, intensiv für die Erneuerung der BO zu agitieren. Nicht nur war er der Meinung, daß die Revolution nach wie vor mit terroristischen Mitteln gegen die Autokratie kämpfen müsse. Er brachte auch die Überzeugung mit, daß nun ein Anschlag auf den Zaren selbst auf der Tagesordnung stehe, und warf sein ganzes Prestige in die Waagschale, um die letzten Bedenken einiger CK-Genossen gegen ein solches Wagnis zu zerstreuen. Insbesondere warb Geršuni um Azef, von dessen ruhmreichen Taten er in Sibirien gehört hatte und den er ehrfurchtsvoll als einen Schüler bewunderte, der seinen Lehrer übertroffen hatte. Er erinnerte den Agenten an die Erfolge der Vergangenheit und malte ihm die Vision gemeinsamer Unternehmungen aus. Azef sagte der Plan zu, nicht zuletzt weil sich ihm dadurch Gelegenheit bot, die terroristischen Aktivitäten der PSR wieder seiner Kontrolle zu unterwerfen. Auch Gerasimov willigte ein, da er wieder wertvollere Informationen erwarten durfte. Noch auf dem zweiten Parteitag in Imatra wurde die Erneuerung der BO unter Azefs und Geršunis kollektiver Führung beschlossen[54]. Konkretere Schritte unternahm man

---

53) Nikitenkos Unternehmen hatte ein politisches Nachspiel. Gerasimov und Spiridovič hielten die Angelegenheit für so bedeutsam, daß sie den Ministerpräsidenten selbst in Kenntnis setzten. Stolypin nahm die unglücklichen Attentatspläne zum Anlaß für einen Coup gegen die oppositionellen Dumaparteien und inszenierte einen publikumswirksamen Prozeß. Seine Hoffnung, daß sich in der Öffentlichkeit ein Entrüstungssturm gegen die Feinde der Autokratie erheben werde, erfüllte sich jedoch nicht (vgl. Nikolajewsky, Asew S. 192). Was er erreichte, war lediglich ein Sieg in der Duma selbst, wo er eine promonarchistische Resolution durchbrachte und die sozialrevolutionäre Fraktion zwang, sich von Nikitenkos Vorhaben zu distanzieren (Auszüge aus den Dumaprotokollen bei Spiridovič, Partija S.-R. S. 380). Auch das CK der PSR sah sich genötigt, ein Dementi zu veröffentlichen. Damit verleugnete es seine eigenen Direktiven und diskreditierte den zum Tode verurteilten Nikitenko zu Unrecht. Später erhob sich Protest gegen dieses zweifelhafte Verhalten, und man drängte darauf, Nikitenko zu rehabilitieren (vgl.: Zajavlenie C. K. in: ZT No 3 (1. August 1907) S. 16; Delo o zagovore. In: ebenda No 4 (30. August 1907) S. 9–11; Kritik: E. E. Kolosov, Iz oblasti partijnoj ětiki, NC unsortiert; auch: Polizeibericht vom 5. November 1912, OA XII c (1) f. 1 c).
54) Natanson, Iz pokazanij ZP No 4432 f. 1 S. 6.

freilich erst nach Auflösung der zweiten Duma im Juni 1907. Dabei brauchte man keine neuen Terroristenkader zu rekrutieren, sondern konnte auf ein erfahrenes und glänzend eingespieltes regionales Kommando, auf die „Fliegende Kampfgruppe des Nordoblast", zurückgreifen.

Bereits seit Ende 1906 hatte die „Gruppe Karl" die Aufmerksamkeit des CK auf sich gezogen. Insbesondere imponierte ihr Leiter, der Schriftführer A. D. Trauberg[55]. Mit ihm drang, wie Argunov vermerkte, „ein leuchtender Strahl" in die terroristische Tätigkeit ein „als Protest gegen die Atmosphäre, die sich gegen Ende der Existenz der alten BO gebildet hatte"[56]. Trauberg beeindruckte nicht nur durch organisatorisches Talent und seinen „kühnen und ausdauernden", „eisernen" Charakter[57]. Er faszinierte vor allem auch durch makelloses moralisches Verhalten und große persönliche Integrität. Mit Recht konnte er als ein weiterer Repräsentant des „reinen", „sauberen" Terrors eines Geršuni oder Kaljaev gelten. Das zeigte sich unter anderem an seinem Führungsstil. Anders als in der BO Azefs und Geršunis wurden die Entscheidungen der „Fliegenden Kampfgruppe des Nordoblasts" in der Regel kollektiv gefällt. Einzig ihr scheint es gelungen zu sein, das Prinzip der freiwilligen Unterordnung zu verwirklichen und die Zwänge konspirativer Tätigkeit mit demokratischen Grundsätzen zu verbinden, wie es das Ideal vom organisierten Terror forderte, das dem CK vorschwebte[58]. Nicht genug damit, konnte Traubergs Kommando außerdem eine solch lange Liste vollbrachter Attentate vorweisen, daß es, an deren Zahl gemessen, als die erfolgreichste Terrorgruppe der PSR überhaupt gelten durfte. Dazu trug neben der Umsicht ihres Leiters vor allem die Taktik überraschender, kurzfristig angesetzter Aktionen bei, die schon Zil'berberg angewandt hatte. Vorteilhaft mag sich ferner der Umstand ausgewirkt haben, daß die Anschläge zumeist gegen weniger hochgestellte Persönlichkeiten, vorzugsweise Gefängnisdirektoren, Staatsanwälte und höhere Justizbeamte, gerichtet waren und man seine Kräfte daher nicht überschätzte.

Größere Aufgaben standen Trauberg bevor, als seine Gruppe im Sommer 1907 dem CK unmittelbar unterstellt und der Oberbefehl an Azef und Geršuni übergeben wurde[59]. Um den Terror in seiner ganzen Macht wiederaufleben zu lassen, richteten diese ihre Attentatspläne erneut gegen die Zentren der Autokratie, unter anderem gegen den Zaren, den Großfürsten Nikolaj Nikolaevič, den Justizminister I. G. Ščeglovitov sowie den St. Petersburger Stadthauptmann D. V. Dračevskij, und bereiteten als größten Coup sogar einen Sprengstoffanschlag auf das Reichsratsgebäude vor, dem der gesamte Ministerrat zum Opfer fallen sollte. Alle diese Vorhaben wurden von Azef und Geršuni allein ausgedacht bzw. gebilligt. Das CK erfuhr, mit

---

55) Parteiname „Karl".
56) Argunov, Azef S. 194.
57) Dieses Lob zollte ihm sogar Spiridovič, Partija S.-R. S. 383.
58) Argunov, Azef S. 194; Nikolajewsky, Asew S. 199.
59) Natanson, Iz pokazanij, ZP No 4432 f. 1 S. 6 ff.

Ausnahme des ambitiösen Projektes gegen den Reichsrat, nichts davon[60]. Offenbar kehrte mit den beiden Chefterroristen auch der oftmals kritisierte Separatismus wieder. Wie leicht zu vermuten ist, endete die Erneuerung des zentralen politischen Terrors mit einem Fiasko. Lediglich der Leiter der St. Petersburger Gefängnisverwaltung konnte, im Wortsinne, zur Strecke gebracht werden. Azef opferte diesen unbedeutendsten aller „Auserwählten", um in der Partei keinen Verdacht gegen sich aufkommen zu lassen. Gerasimov freilich war auch ein solcher Preis entschieden zu hoch. Hatte er bislang großes Verständnis für die schwierige Situation seines Agenten gezeigt, so bestand er nun nachdrücklich auf vollständigen Informationen. Als erstes enthüllte Azef ihm den Anschlagsplan gegen den Reichsrat. Ohnehin hatte er dieses Unternehmen, das von einem einzigen Mann, V. V. Lebedincev, vorbereitet wurde[61] und sich daher seiner Kontrolle entzog, zu konterkarieren gesucht. Danach ließ er dem Polizeichef auch Einzelheiten über Trauberg zukommen, was am 22. November 1907 zu dessen Verhaftung führte. Trotz dieses schweren Verlustes verstärkten die Terroristen unter Lebedincevs neuer Leitung ihre Bemühungen, die Attentate gegen Ščeglovitov und Nikolaj Nikolaevič durchzuführen. Täglich pratroullierten sie mit vorbereiteten Bomben in den Straßen von St. Petersburg und versetzten Gerasimov in helle Aufregung. Azef stellte sich unwissend, gab aber dann doch einen Wink und ließ die gesamte ehemalige „Gruppe Karl" auffliegen[62].

Die Verhaftung Traubergs und seiner Kampfgefährten erregte großes Aufsehen in der PSR. Gerüchte über eine Provokation mehrten sich, und der Mann, der den Doppelagenten entlarven sollte, hegte bereits einen sehr bestimmten Verdacht. Azef spürte, daß seine Situation immer auswegloser wurde und begann eine „Entlastungsoffensive". Mit gewohnter Radikalität verkündete er die Notwendigkeit eines Anschlages auf Nikolaj II. und hatte

60) So Černov in einem Verhör anläßlich der Provokationsanklage gegen V. V. Leonovič, der seit Ende 1906 zwischen Traubergs Gruppe und dem CK Verbindung gehalten hatte. Vgl.: Delo Leonoviča, Archiv PSR 81; auch: Protokoly zasedanij predvaritel'no-sledstvennoj komissii pri CK po delam o provokacii v Partii S.-R. s 24 fevr. po 10 apr. 1909 g., NC No 224 box 1.
61) Vgl.: Nikolajewsky, Asew S. 202; Spiridovič, Partija S.-R. S. 387; M. Semenova, V. V. Lebedincev, In: Byloe No 11—12 (1909) S. 3—17; Ja. Zil'berštejn, V. V. Lebedincev. In: KiS 1928 No 2 (39) S. 146—165. So phantastisch, wie es scheinen mochte, war dieses Vorhaben im übrigen nicht. Lebedincev, aus wohlhabender Familie, hochgebildet, Mathematiker und Astronom von Beruf, verschaffte sich als italienischer Journalist — er hatte lange Zeit in Italien gelebt — Zutritt zum Reichsrat und plante, eine ganze Reihe von Terroristen, mit Bomben bewaffnet, auf die Journalistentribüne zu schleusen.
62) Vgl.: Obvinitel'nyj akt po delu ob Alberte Trauberge, Elene Ivanovnoj, Al'vine Šenberge, Federe Masokine i drugich, predannych Peterburgskomu voenno-okružnomu sudu pomoščnikom glavno-komandujuščego vojskami gvardii i Peterburgskogo voennogo okruga. In: Byloe No 9—10 (1909) S. 88—105; Obvinitel'nyj akt po delu ob Anne Rasputinoj, Lidii Sture, Sergee Baranove, Mario Kal'vino /V. V. Lebedincev/ i dr. predannych sudu pomoščnikom... In: ebenda S. 153—157.

sogar die Stirn, die Parteiführung für die zunehmende Lähmung des politischen Terrors verantwortlich zu machen, indem er ihr vorwarf, die BO nicht genug gefördert zu haben. Das CK ließ sich von seinem Lamento beeindrucken und stellte ihm ein Drittel aus der Expropriation von Taschkent, die ansehnliche Summe von 100 000 Rubeln, zur alleinigen und freien Verfügung. Mit den neuen Helfern Karpovič, jenem einstigen Studenten, dessen Schüsse auf den Bildungsminister Bogolepov 1901 die Attentatswelle ausgelöst hatten, und dem Veteranen M. M. Černjavskij[63] begann Azef dann, Möglichkeiten für einen Schlag ins „Zentrum der Zentren" genauer zu sondieren. Das Oberkommando gehörte ihm nun wieder allein, da Geršuni im Herbst 1907 als todkranker Mann Rußland erneut verlassen hatte und Anfang 1908 im Pariser Exil gestorben war. Jetzt erst kehrte Azef ohne falsches Spiel, wenn auch nur, um seinen Kopf zu retten, zur terroristischen Sache zurück[64].

Zu Azefs Strategie gehörte freilich, daß er zunächst eine weitere Finte inszenierte. Den Mitgliedern der BO unterbreitete er den Plan, dem Zaren bei Feierlichkeiten in Reval aufzulauern. Als Grundlage dienten ihm detaillierte Informationen über die Reiseroute und das Protokoll des Monarchen, die er sich tatsächlich auf bis heute ungeklärtem Wege beschaffen konnte. Alles wurde aufs genaueste vorbereitet, die Terroristen warteten nur noch auf die letzten Instruktionen. Sie warteten vergebens. Nikolaj II. verließ die Hafenstadt unbehelligt, weil Gerasimov in das Vorhaben eingeweiht war. Doch galt die Komödie diesmal, anders als die fingierte Jagd auf Stolypin, dem Polizeichef selbst. Azef wollte diesem seine Unentbehrlichkeit noch einmal und auf eindringliche Weise vor Augen führen, wollte ihn in Sicherheit wiegen, indem er sich als Zarenretter präsentierte. Das gelang ihm auch in vollem Maße, war Gerasimov doch entsetzt darüber, daß Azef die streng geheime Reiseroute des Autokraten kannte und, schlimmer noch, über Abänderungen sogar eher informiert war als er selbst. Der Polizeichef und der Ministerpräsident hatten allen Grund anzunehmen, daß ihr bester Agent den Staat vor einer Katastrophe bewahrt habe, und sie geizten nicht mit Beifall und Belohnung.

Im Schutze dieses neu gefestigten Vertrauens machte sich Azef daran, einen ernsthaften Anschlag auf den Monarchen vorzubereiten. Er setzte sich im Juni 1908 ins Ausland ab, um der zu erwartenden Rache Gerasimovs zu entgehen. Dort eröffnete sich eine vielversprechende Chance für das Vorhaben, als ein sozialrevolutionärer Ingenieur an Natanson herantrat und ihm den Plan unterbreitete, Nikolaj II. bei den Einweihungsfeierlichkeiten für einen neuen Kreuzer der zaristischen Marine, an dessen Bau er selbst beteiligt war, zu töten. Azef war von der Idee angetan und reiste mit Savinkov und Karpovič nach Glasgow, wo die „Rjurik" vom Stapel laufen sollte,

---

63) Vgl. M. M. Černjavskij, V boevoj organizacii. In: KiS No 7 (68) 1930 S. 7–39; No 8–9 (69) S. 26–65.
64) So Natanson, Iz pokazanij, ZP No 4432 f. 1 S. 8.

um die Lage persönlich zu inspizieren. Unter den Matrosen genoß die PSR beträchtliche Sympathien, und man fand schnell zwei Freiwillige, die bereit waren, das Attentat zu verüben. So fest war ihre Bereitschaft, sich zu opfern, daß sie bereits ihre Abschiedsbriefe und Fotographien zur späteren Veröffentlichung im sozialrevolutionären Zentralorgan bei Azef hinterlegten[65]. Wie angekündigt, nahm der Zar an dem Einweihungszeremoniell für den Kreuzer teil. Beide Freiwillige hatten nicht nur Gelegenheit, ihn zu sehen, sondern mußten ihm sogar Sekt reichen, so daß es ein Leichtes gewesen wäre, die tödlichen Schüsse abzugeben. Dennoch geschah nichts: sei es, weil beiden im letzten Moment der Mut versagte, wie Savinkov meinte, oder weil man kurzfristig beschlossen hatte, auf das Attentat zugunsten einer Meuterei der gesamten Mannschaft zu verzichten, wie eine andere Erklärung besagt[66]. In jedem Fall wird man das Scheitern dieses Unternehmens nicht Azef anlasten können. Er hatte diesmal zweifellos sein Möglichstes getan, um einen Erfolg zu garantieren, und, wie Natanson wohl zu Recht resümierte, „die ganze Sache bis zu einem Stadium" vorangetrieben, „wo es schon nicht mehr von seinem Willen abhing, ob sie gelang"[67]. Wenn es noch eines Beweises bedurfte, daß Azef auch die Ochrana hinterging, der „Rjurik"-Zwischenfall lieferte ihn[68].

4. Azefs Entlarvung

Hinweise darauf, daß im engsten Führungskreis der PSR Verrat nisten könnte, gab es beinahe seit Bestehen der Partei. Sie waren so zahlreich und zeugten zumeist von einer solchen Detailkenntnis, daß der Untersuchungskommission in Sachen Azef die Leichtfertigkeit, mit der das CK sämtliche Verdachtsmomente bis zur letzten Minute ignorierte, ebenso unfaßbar anmutete, wie das Doppelspiel des obersten Terroristen selbst.

Bereits Anfang 1903 wurde dem Studenten N. Krest'janinov, Leiter eines sozialrevolutionären Schulungszirkels in St. Petersburg, von einem seiner Zuhörer, der in Diensten der Ochrana stand, hinterbracht, Azef zähle zu seinen Mitagenten. Krest'janinov erhob unverzüglich Anklage gegen den damaligen Vorsitzenden der hauptstädtischen Organisation der PSR und erzwang die Einsetzung eines Schiedsgerichtes. Dieses zweifelte jedoch an der

---

[65]) Nikolajewsky, Asew S. 220 ff; Spiridovič, Partija S.-R. S. 428 ff; Argunov, Azef S. 55 f.
[66]) Nikolajewsky, Asew S. 222.
[67]) Natanson, Iz pokazanij, ZP No 4432 f. 1 S. 16.
[68]) Spiridovič beugte sich diesem Faktum und gestand ebenso wie der damalige Ochranachef L. A. Rataev zu, daß Azef auch seine staatlichen Dienstherren hintergangen habe (vgl. Spiridovič, Partija S.-R. S. 428; L. A. Rataev, Istorija predatel'stva Evno Azefa. In: Ščegolev, Provokator S. 139). Gerassimoff, Kampf S. 197 ff dagegen ließ sich auch durch die „Rjurik"-Affäre nicht vom Falschspiel seines Agenten überzeugen.

Glaubwürdigkeit des Informanten und sprach Azef von jedem Verdacht frei[69].

Schon ein halbes Jahr später regte sich indes neuer Argwohn gegen seine Person. Mel'nikov, ein enger Helfer Geršunis und gemeinsam mit diesem verhaftet, kam im Gefängnis zu der Überzeugung, daß sein Mentor und er der Polizei nicht aus purem Zufall ins Netz gegangen seien, sondern infolge eines Verrats. Zwar irrte er, wenn er in diesem Fall Azef verantwortlich machte. Doch wurde er auf manche Umstände aufmerksam, die ihm mit gutem Grund zu der Einsicht veranlaßten, der Nachfolger Geršunis müsse mit dem Gegner im Bunde stehen[70]. Beträchtliche Unruhe stiftete zur selben Zeit auch ein interner Polizeibericht über die „agrarniki", der dem Zentralorgan des „Bundes" zugespielt wurde und eine solch genaue Kenntnis der inneren Vorgänge in der PSR verriet, daß er auf einer Quelle in unmittelbarer Nähe des CK beruhen mußte[71]. Allerdings gab er keine genaueren Aufschlüsse über die Person des Provokateurs.

Anders der erwähnte Brief des Ochranabeamten Men'ščikov. Er nannte nicht nur Tatarov beim Namen, sondern bezeichnete auch den „Ingenieur Azef" ausdrücklich als Polizeiagenten und lieferte zum Beweis detaillierte Informationen, die eine Überprüfung als zutreffend erwies. Dennoch war Azef nicht recht, was Tatarov billig war. Das CK hielt die Anklage gegen ihn für „völlig unbegründet", weil sie sich lediglich auf „verstreute nichtige und kleine Fakten" stütze[72]. Nur ein Angehöriger des kleinen Kreises der sozialrevolutionären Führung, dem der Inhalt des Briefes bekannt gemacht wurde, vermutlich Tjutčev, protestierte gegen diesen Beschluß. Er traf jedoch auf den energischen Widerstand Gocens, der ihm entrüstet vorwarf, ein allzu „argwöhnischer Mensch" zu sein[73].

Men'ščikov blieb nicht der einzige Mitarbeiter der Ochrana, der in den unruhigen Jahren Sympathien für die Revolutionäre entdeckte und seinen Abgang vom sinkenden Schiff der Autokratie vorbereiten wollte. Ein weiterer Brief aus Polizeikreisen erreichte das CK der PSR im Herbst 1907[74]. In ihm wurde mitgeteilt, daß einer der ranghöchsten Spitzel und zugleich eines

---

69) Vgl. Zaključenie S. 54; N. Krest'janinov, Azef v načale dejatel'nosti. In: Na čužoj storone. Ist.-lit. sbornik No 4 Berlin, Prag 1924, S. 134—169; M. O. Levin, Moi vospominanija ob Azefe, NC No 7 No 104 S. 10 ff. Der Kommission gehörten die legal-populistischen Literaten Pešechonov, Annenskij und A. I. Gukovskij an.

70) N. /M. M./ Mel'nikov, Pervoe obvinenie Azefa. In: Na čužoj storone No 10 (1925) S. 210—214. Mel'nikov hätte ohnehin keinen Glauben gefunden, da er ein Gnadengesuch an den Zaren und an Pleve richtete und als Strafe dafür aus der Partei ausgeschlossen wurde (vgl. verschiedene Briefe in Archiv PSR 624, 144, 308).

71) Vgl.: Poslednye izvestija. Izd. Zagraničnogo komiteta Vseobščego evrejskogo sojuza v Litve, Pol'še i Rossii. Genf No 203 (2./15. Dezember 1904) S. 7; Istorija voprosa o provokacii v centre Partii Socialistov-Revoljucionerov. In: Revoljucionnaja Mysl' No 4 (Febr. 1909) S. 5—13, hier S. 5.

72) Zaključenie S. 56; Brieftext dort, bei Nikolajewsky, Asew S. 112 f und Zenzinov, Perežitoe S. 193 f.

73) Zaključenie S. 57.

74) Vgl. Zaključenie S. 61 ff; Spiridovič, Partija S.-R. S. 444 ff.

der angesehensten Mitglieder der PSR im August 1905 an einer Konferenz in Saratov teilgenommen habe. Zu seinem Schutze sei eigens ein Angehöriger der St. Petersburger Zentrale angereist und habe die Saratover Kollegen auf den wertvollen Agenten namens „Filippovskij" aufmerksam gemacht, der für seine Dienste das unvorstellbare Gehalt von monatlich 600 Rubeln kassiere. Der Brief nannte Ort, Datum und genauere Umstände der Zusammenkunft, so daß es nicht schwerfallen konnte zu eruieren, welche Konferenz gemeint war und wer an ihr als Abgesandter des CK teilgenommen hatte. Hätten sich die Empfänger, urteilte die Untersuchungskommission in Sachen Azef später, außerdem an die Information Men'ščikovs erinnert, daß ein „Azef" im Herbst 1905 das Versteck Breškovskajas in der Umgebung Saratovs preisgegeben habe, dann wäre gar kein anderer Schluß als der richtige möglich gewesen: daß nämlich das Haupt der BO jener „Filippovskij" war. Doch die vier Mitglieder der Parteiführung, die das brisante Dokument aus Saratov allein kannten und berieten, stellten solche Überlegungen nicht an. Nur der Vertreter des Organisationsbüros soll geschwankt und gesagt haben: „Wenn Ivan Nikolaevič /i. e. Azef, M. H./ jetzt zu mir käme und die Deckadressen der Lokalorganisationen verlangte, ich würde sie ihm verweigern". Die übrigen Gutachter — Černov, Rakitnikov und Geršuni — dagegen ließen sich in ihrem Vertrauen nicht beirren und taten die neuerlichen Anschuldigungen, mochten diese auch „große Bestürzung" hervorgerufen haben, als „dummes Zeug" ab[75]. Als Begründung führten sie die angeblich unwahre Behauptung des Briefes an, „Filippovskij" sei im Frühjahr 1906 von der Ochrana festgenommen worden — was, wie erwähnt, durchaus zutraf —, und leiteten daraus ab, daß die Anklage insgesamt eine der üblichen Ränke der politischen Polizei gegen die PSR darstelle[76]. Den wahrheitsgetreuen Informationen maßen sie demgegenüber nur geringfügige Bedeutung bei.

Wie unüberlegt eine solche Intrigentheorie war, wies der Untersuchungsausschuß in Sachen Azef später nach, setzte sie doch voraus, daß die Ochrana um die außergewöhnliche Gefährlichkeit Azefs wußte und seiner auf anderem Wege nicht habhaft werden konnte. Wenn das zutraf, ließ sich allerdings kaum erklären, daß der oberste Terrorist — was jedermann aus der sozialrevolutionären Parteiführung bekannt war — es sich leisten konnte, „häufig und völlig ohne Vorsichtsmaßnahmen nach St. Petersburg" zu fahren und sich frei und offen mit Parteigenossen in Finnland zu treffen, es sei denn, man hätte auch diese rätselhaften Tatsachen richtig als Indiz für seine Agententätigkeit gedeutet. Die Untersuchungskommission wertete den Sabotagevorwurf an die Polizei daher als bloße Scheinerklärung, die das wahre und tiefere Motiv für die Blindheit des CK, den „unerschütterlichen Glauben an Azef", verdecke. Als einen von vielen Belegen konnte sie auf die Reaktion Rakitnikovs verweisen:

75) N. M. /N. I. Rakitnikov/, Iz vospominanij ob Azefe. In: ZT No 21—22 (September 1909) S. 5—17; No 23—24 (Dezember 1909) S. 2—11, Zitate No 23—24 S. 6.
76) Zaključenie S. 64.

„Für mich", erinnerte sich dieser 1909, „war die ganze Angelegenheit letztlich derart unsinnig, paßte derart wenig zu dem, was ich über Azef wußte, daß es auf dasselbe hinauslief, als ob mir jemand gesagt hätte, Michail Rafailovič /Goc, M. H./ oder Geršuni seien Verräter. Daher begann ich gar nicht erst zu überlegen, ob es wirklich so sein könne, sondern verwarf die Anschuldigung mit Widerwillen . . . Warum hielt ich das alles für unwahr? Nicht, weil da unsinnige Behauptungen und Unstimmigkeiten waren, sondern einfach, weil vor mir eine Figur stand, die bedingungsloses Vertrauen einflößte, die solchen Personen Vertrauen einflößte, die ich zutiefst verehrte und noch heute verehre — und eine Figur schließlich, die Fakten für sich hatte: alle diese Sachen — Pleve, Sergej usw."[77]

Ähnliche Überlegungen dürften Geršuni veranlaßt haben, nach der entscheidenden Diskussion zu erklären: „Das ist alles nur deshalb, weil man Ivan Nikolaevič /Azef, M.H./ nicht ein einziges Mal verhaften konnte. Heute klagen sie ihn an, morgen richten sie dieselbe Dummheit gegen mich, übermorgen gegen einen Dritten"[78].

Noch während der Brief aus Saratov die sozialrevolutionäre Führung beschäftigte, verdichteten sich in der russischen Emigrantenkolonie die Gerüchte über eine Provokation im Zentrum der PSR. Anfang 1908 wurden sie gezielt ausgestreut und nannten den Verräter auch beim Namen. Das CK der PSR bildete eine Kommission, die den Urheber der vermeintlichen Verleumdungen in Burcev rasch ausfindig machte[79]. Dieser, ein ehemaliges Mitglied der „Narodnaja Volja", zählte zu jenen Veteranen im populistischen Exil, die der PSR nicht formell beigetreten waren, ihr politisch aber nahestanden und durch persönliche Beziehungen eng verbunden waren. Wie viele andere „stariki" setzte auch Burcev den Kampf seiner Jugend mit journalistischen Mitteln fort, wobei er sich vor allem als Historiker und Archivar der populistischen Bewegung hervortat[80]. Daneben machte er es zu seiner besonderen Aufgabe, Polizeispitzel im revolutionären Lager zu entlarven, und konnte gerade auf diesem Gebiet einige Erfolge vorweisen. Es war also nicht irgendwer, der Azef des Verrats bezichtigte, sondern jemand, der über beste Kontakte zur Ochrana verfügte und dessen moralische Integrität nicht in Zweifel stand.

Vom sozialrevolutionären Zentralkomitee aufgefordert, seine schweren Vorwürfe zu begründen, führte Burcev eine ganze Kette von Indizien ins

---

77) Zaključenie S. 65.
78) N. M., Iz vospominanij ob Azefe, ZT No 23—24 S. 8; Černov, Iz istorii S. 192.
79) Zum folgenden: Zaključenie S. 69 ff; Argunov, Azef S. 56 ff; Burcev, V pogrome S. 55—156; ders., Bor'ba S. 183 ff; Ščegolev, Provokator S. 175 ff; Gerassimoff, Kampf S. 190 ff; Sawinkow, Erinnerungen S. 175 ff; Nikolaewsky, Asew S. 224 ff; Spiridovič, Partija S.-R. S. 446 ff; K istorii razoblačenija Azefa. B. Koz'mina. In: KiS No 3 (32) 1927 S. 102—107; NC No 95 No 1.
80) Burcev gründete eine eigene historische Zeitschrift: Byloe. Istoriko-revoljucionnyj sbornik (dann: Sbornik po istorii russkogo osvoboditel'nogo dviženija, dann: Sborniki po novejšej russkoj istorii). London - Paris - Petrograd - Leningrad 1900— 1926, Neue Serie No 1, 2 1933.

Feld. Zunächst hatte ihn die Tatsache skeptisch gestimmt, daß die terroristischen Aktivitäten der PSR trotz großen finanziellen Aufwandes und trotz qualifizierter Teilnehmer seit Ende 1905 kaum noch Erfolge zeitigten. Sein Argwohn richtete sich dabei von Anfang an gegen Azef, weil er sich daran erinnerte, daß dieser während der Studienzeit in den 90er Jahren im Rufe eines „schmutzigen Menschen" gestanden hatte. Burcev sah seinen Verdacht bestätigt, als er zufällig beobachtete, wie sich Azef, immerhin der angeblich gefährlichste Terrorist und meistgesuchte Revolutionär im Zarenreich, offen in den Straßen von St. Petersburg zeigte und wie jedermann „auf der Beloostrov Piroggen aß"[81]. Das lenkte seine Aufmerksamkeit auf die Tatsache, daß auch das CK der PSR erstaunlicherweise kaum von Verhaftungen betroffen wurde, obgleich die politische Polizei, wie er wußte, aufs genaueste über dessen Zusammensetzung und Tätigkeit im Bilde war. Dieser Umstand ließ sich am ehesten durch die Annahme erklären, daß die Staatsschützer andere Möglichkeiten besaßen, die Parteiaktivitäten zu kontrollieren. All diese Beobachtungen reimten sich nahtlos mit Informationen zusammen, die Burcev seit 1906 von einem Mitarbeiter der Warschauer Ochrana zugespielt wurden[82]. Unter anderem war in ihnen von einem hochbezahlten Agenten an der Spitze der PSR, genannt „Raskin" oder „Vinogradov", die Rede, der sich im Herbst 1904 in der polnischen Hauptstadt aufgehalten habe. Als Burcev in mühevollen Nachforschungen herausfand, daß von den prominenten und sozialrevolutionären Politikern einzig Azef zu diesem Zeitpunkt in Warschau Station gemacht hatte, wurde ihm seine Vermutung zur Gewißheit.

Die Kommission zur Untersuchung der Gerüchte gegen Azef vermochte sich diesem Indizienbeweis in keiner Weise anzuschließen. Sie befand alle Verdachtsmomente für gegenstandslos. Die Beobachtungen Burcevs wertete man als Zufälle, und den Berichten aus Polizeikreisen sprach man jegliche Glaubwürdigkeit ab, da sie von einem ehemaligen Spitzel, mithin von einem moralisch höchst zweifelhaften Subjekt stammten. Abermals wurde Azef rehabilitiert. Zum Teil trug Burcev an dieser seiner Niederlage selbst Schuld, meinten doch auch die vom fünften Parteirat eingesetzten Richter, die der abgedankten sozialrevolutionären Führung nicht eben wohlgesinnt waren, daß seine Argumente auf tönernen Füßen stünden. Das rechtfertigt allerdings keineswegs die grobe Fahrlässigkeit, die das CK sich zuschulden kommen ließ, indem es die Angaben des Ochranaagenten gar nicht erst prüfte[83].

---

81) Zakljucenie S. 71.
82) Vgl.: Iz vospominanij M. E. Bakaja o černych kabinetach v Rossii. In: Byloe No 7 (1908) S. 118–138; No 8 (1908) S. 99–136; No 9–10 (1909) S. 191–211; No 11–12 (1909) S. 162–167.
83) Außerdem stand Burcev mit seinen Anschuldigungen nicht mehr allein. Unabhängig von ihm war die „Pariser Gruppe der Sozialrevolutionäre" zu der Überzeugung gelangt, daß sich ein Verräter in der Parteispitze befinden müsse. Insbesondere stützte sie sich dabei auf unerklärliche Umstände bei der Verhaftung Zil'berbergs und Suljatickijs sowie der „Gruppe Karl". Auch diese Indizien verwarf die Kommission. Vgl.:

Zutiefst von der Richtigkeit seines Verdachts überzeugt, hörte Burcev nicht auf, Azef der Provokation zu bezichtigen. Als er gar die Veröffentlichung seiner Beweise ankündigte, beschloß das CK, ihn vor ein überparteiliches Schiedsgericht zu laden. Zu Richtern bestellte man die Veteranen Lopatin, Kropotkin und Figner. Anklage im Namen der PSR erhoben Černov, Natanson und Savinkov. Vor allem der eloquente Černov trieb den wenig diskussionsgewandten Burcev im Kreuzverhör bald derart in die Enge, daß dessen Sache verloren schien — bis der scheinbare Verleumder einen letzten Trumpf ausspielte und berichtete, der ehemalige Polizeidirektor Lopuchin habe ihm im September unter Auflage strengster Geheimhaltung bestätigt, daß Azef für die Ochrana arbeite. Diese Mitteilung gab dem Prozeß eine entscheidende Wende. Obgleich Černov und Natanson fortfuhren, ihren Parteigenossen vehement zu verteidigen, begannen Lopatin und Kropotkin, in ihrem Urteil zu schwanken. Erstmals mußte nun eine Untersuchung gegen Azef eingeleitet werden, und das CK sandte Argunov nach St. Petersburg, um Burcevs Ausssagen zu prüfen.

Die Ergebnisse der Recherchen waren schockierend. Lopuchin stellte sich als besonnener, absolut glaubwürdiger und integrer Zeuge heraus, an dessen Motiven, mit der Vergangenheit zu brechen und den ehemaligen Arbeitgebern abzurechnen, man nichts Falsches und Doppelzüngiges entdecken konnte. Er bestätigte Argunov gegenüber die Auskünfte, die ihm Burcev abgerungen hatte, und erklärte sich sogar bereit, nach London zu reisen, um sie dort in Anwesenheit weiterer führender Sozialrevolutionäre zu wiederholen. Dieses Treffen fand Anfang Dezember 1908 statt. Dabei konnte Lopuchin den immer noch zweifelnden Černov und Savinkov einen weiteren Beweis liefern. Denn Azef hatte sich, nachdem er von Burcevs Aussagen erfahren hatte, in panischer Eile nach St. Petersburg begeben, um seinen ehemaligen Vorgesetzten persönlich zum Widerruf zu bewegen. Als Lopuchin ablehnte, schaltete er sogar Gerasimov ein, der jenen aber trotz Androhung eines Hochverratsprozesses ebenfalls nicht umstimmmen konnte. Das sozialrevolutionäre CK hatte nun selbst Gelegenheit, die Aufrichtigkeit des Parteiheroen auf die Probe zu stellen. Man fand, daß Azefs Alibi für die Zeit, die er in der russischen Hauptstadt verbracht hatte, erlogen war. Burcev mußte rehabilitiert werden[84].

In den letzten Tagen des Jahres 1908 versammelten sich die führenden Sozialrevolutionäre, unter anderem Černov, Argunov, Natanson, Rakitnikov, Figner, Rubanovič, Zenzinov, Fundaminskij, Sletov und Savinkov, um über Azefs Schicksal zu entscheiden. Immer noch sahen *nur vier* von ihnen die vorliegenden Beweise als ausreichend an, um für die sofortige Ermordung

---

Zaključenie S. 75—78; A. Lipin /Ja. L. Judelevskij/, Sud nad Azefščinoj. Izd. Parižskoj gruppy Socialistov-Revoljucionerov. Paris 1911 S. 24 ff; Izveščenie Parižskoj gruppy Socialistov-Revoljucionerov. Listok No 1, Archiv PSR 210; Istorija voprosa o provokacii, Rev. Mysl' No 4 S. 5—13.

84) Vgl. das Protokoll des Vergleichs zwischen dem CK und Burcev, NC No 65 No 30 (1).

des überführten Polizeiagenten zu plädieren (namentlich Sletov, Zenzinov und Savinkov)[85]. Die Mehrheit der Anwesenden dagegen, obgleich ebenfalls von Azefs Schuld überzeugt, war der Meinung, daß man ihm eine Chance geben müsse, sich in einem fairen Prozeß zu rechtfertigen. Andernfalls werde seine Bestrafung eine Parteispaltung hervorrufen. Nach der Sitzung suchten Černov und Savinkov den Verräter zu einem letzten Verhör auf. Statt ihn sofort unter Arrest zu stellen, nahmen sie ihm lediglich das Versprechen ab, anderntags vor einem Parteigericht zu erscheinen. Doch hatte Azef Besseres zu tun: Nun, da sein Spiel unrettbar verloren war, ergriff er die Flucht und tauchte unter[86]. Gerade dieser Umstand, daß der Mann, der die Partei an den Rand des Ruins brachte, auch noch entkommen konnte, richtete — wie der fünfte Parteirat feststellte und die Untersuchungskommission in Sachen Azef später bestätigte — einen „enormen moralischen Schaden" an und fügte der langen Liste gravierender Versäumnisse des CK ein weiteres und nicht das geringste hinzu[87].

Mit der Enttarnung und dem Verschwinden des „agent provocateur" begann für die PSR wie für die zaristische Regierung die eigentliche Azef-Affaire. Was sich für die eine Seite als existenzgefährdende Katastrophe darstellte, wurde für die andere zum politischen Skandal ersten Ranges, der sogar die internationale Presse beschäftigte. Stolypin selbst provozierte ihn, als er, um ein Exempel zu statuieren, Lopuchin den Prozeß machte und dadurch die Aufmerksamkeit auch auf die durchaus ambivalente Rolle der Regierung lenkte. Wenn es zutraf, daß die PSR zum öffentlichen Gespött und zum Gegenstand mitleidigen Lächelns wurde[88], so galt das für die staatlichen Auftraggeber nicht minder. Lopuchin sagte die Wahrheit, als er Stolypin und Gerasimov als die wichtigsten Gönner Azefs und somit als Hauptschuldige bezeichnete. Dagegen widersprach es allen Fakten, wenn der Ministerpräsident den Dumaabgeordneten versicherte, Azef habe der Ochrana und der Autokratie ebenso treu und aufrichtig gedient wie die große Mehrheit der übrigen Agenten auch. Post festum zumindest zeigte die PSR mehr Selbsterkenntnis, indem sie zugab, daß *beide* Seiten betrogen worden waren und allein Azef, wenn auch nur materiell, gewonnen hatte[89].

85) Sawinkow, Erinnerungen S. 196.
86) Unbehelligt von der PSR begann Azef ein zweites Leben, eines in Wohlstand und Luxus, das ihn von Badeort zu Badeort und von Spielkasino zu Spielkasino führte. Erst der Kriegsausbruch machte ihn zu einem armen Mann. Azef starb im April 1918 in Berlin. Vgl. Nikolajewsky, Asew S. 239 ff.
87) Vgl. Zaključenie S. 90, 93; ebenso: Brief von E.E. Lazarev an V. Volchovskaja, OA XII c (1) f. 1B. — Azefs Verrat wurde offiziell am 16. Dezember 1908 bekanntgegeben (vgl.: ZT No 14 (Dezember 1908) S. 36), die traurige Bilanz seiner Taten Anfang Januar veröffentlicht: Izveščenie Central'nogo Komiteta o provokacii E. F. Azefa. o. O. 1909.
88) Vgl. oben S. 310.
89) Vgl.: Obvinitel'nyj akt ob ostavnom dejstvitel'nom sovetnike Aleksee Aleksandroviče Lopuchine, obvinjaemom v gosudarstvennom prestuplenii. In: Byloe No 9—10 (1909) S. 218—236; Zapros ob Azefe v Gosudarstvennoj Dume. Zasedanija 50 i 51-oe. Po stenografičeskomu otčetu. SPb. 1909, insbes. S. 41 ff; V. T. /V. M. Černov/, Stoly-

5. Das Ende des zentralen politischen Terrors

Gemäß dem Beschluß des fünften Parteirates, die terroristische Taktik trotz der Azef-Affaire und ungeachtet verbreiteter innerparteilicher Kritik fortzusetzen, wurde Savinkov mit der Neugründung der Kampforganisation beauftragt. Im Herbst 1909 überschritt sein Kommando die russische Grenze, um die Jagd auf die höchsten Repräsentanten der Autokratie, auf Stolypin und den Zaren selbst, wieder aufzunehmen. Das Unternehmen wurde der Ochrana jedoch bereits nach kurzer Zeit bekannt, so daß Savinkov im Januar 1910 den Rückzug anordnen mußte[90].

Im Ausland rief der neuerliche Mißerfolg heftige Kritk hervor, zumal Savinkov 60 000 Rubel für nichts vertan hatte. Erst nach dieser abermaligen Lehre nahm die sozialrevolutionäre Führung von Wiederbelebungsversuchen des zentralen politischen Terrors Abstand. Entgegen der Meinung des fünften Parteirates bewies die Wirklichkeit, daß die „psychologischen Voraussetzungen" für eine solche Taktik, wie ein Polizeibericht mit Genugtuung konstatierte, nicht mehr gegeben waren[91].

6. Organisierter Regionalterror

Neben der zentralen Kampfgruppe wurden seit Ende 1905 bei allen Oblastkomitees der PSR eigene Terrorkommandos, die sogenannten „fliegenden Kampfabteilungen" gegründet, von denen diejenige des Nordoblasts unter Trauberg die berühmteste war. Ihnen oblagen Anschläge auf regionale und lokale Repräsentanten des zaristischen Unrechtsstaates. Dabei konnte man insbesondere in den Jahren 1905–06 ansehnliche Erfolge vorweisen[92]. Laut

---

pin ob Azefe. In: ZT No 15 (Februar 1909) S. 14–18; insgesamt: Nikolajewsky, Asew S. 235 ff; Gerassimoff, Kampf S. 197 ff; Spiridovič, Partija S.-R. S. 462.

90) Ochranabericht vom 23. Oktober 1909, OA XXIV i f. 2 doc. 1, sowie eine Notiz über den fünften Parteirat der PSR, OA XVI b (4) f. 1.

91) Polizeiberichte vom 31. Oktober und 23. November 1910, OA XVI b (3) f. 1A; Brief von B. V. Savinkov an I. I. Fundaminskij vom 26. August 1911, OA XVII i f. 3B. Zitat aus: Položenie voprosa o terrore v Partii Socialistov-Revoljucionerov . . ., OA XVI b (4) f. 1.

92) Eine Statistik aller offiziell in Namen der PSR ausgeführten oder geplanten Attentate zeigt folgende zeitliche Verteilung:

Jahr	Attentate	nicht ausgeführte
1902	2	–
1903	3	3
1904	2	5
1905	54	5
1906	82	7
1907	71	18
1908	3	1
1909	2	–
1910	1	–
1911	2	–
ges.:	222	35

Quelle: Pamjatnaja knižka socialista-revoljucionnera. Vyp. II Paris 1914 S. 8–20.

Statut standen diese Kommandos unter strenger Kontrolle des jeweiligen OK, das ihren Leiter bestimmte, durch ihn vermittelt die Auswahl der Mitglieder vornahm und dessen Zustimmung vor jeder einzelnen Aktion einzuholen war[93]. Doch scheinen nicht wenige der regionalen „Kampfabteilungen" — soweit sich deren Tätigkeit überhaupt erhellen läßt — eine ähnliche Degeneration durchlaufen zu haben wie die erwähnten Milizen der lokalen Parteikomitees. Zumindest für die Terroristen des ukrainischen OK ist bezeugt, daß sie an privaten Expropriationen und ähnlich zweifelhaften Unternehmen beteiligt waren und infolgedessen „revolutionäres Rowdytum" auch in ihre Reihen Eingang fand[94]. Wo der zentrale Terror zum Instrument eines Polizeispitzels und der lokale zu organisiertem Raub verkam, genügte auch der regionale den hohen moralischen Anforderungen nicht, die man an ihn stellte.

7. Azefs Verrat — ein Mißgeschick?

Azef war keiner der gewöhnlichen Polizeispitzel, die in jeder revolutionären Partei zu Dutzenden existierten und von Zeit zu Zeit entlarvt wurden. Von seinem Verrat sprach man nur in Superlativen, schien doch die Möglichkeit des langjährigen doppelten Falschspiels unfaßbar, die Perfidität, die darin zutage trat, unmenschlich und die Blindheit der sozialrevolutionären Führung unbegreiflich. Kurz, Azefs Tat behielt etwas Rätselhaftes, und zumal ihre psychologischen Voraussetzungen blieben weitgehend im Dunkeln. Bis zum Schluß fanden die Sozialrevolutionäre daher auch keine eindeutige Erklärung für den Verrat. Vielmehr wurden auf die entscheidende Frage, ob er lediglich als eine Art Betriebsunfall und tragisches Mißgeschick oder als ein Geburtsfehler und inhärentes Strukturmerkmal des organisierten politischen Terrors zu bewerten sei, grob gesehen, drei miteinander konkurrierende Antworten gegeben.

Subjektive Faktoren hoben insbesondere die Vertreter des sozialrevolutionären Zentrums hervor. Dabei trat eine deutliche apologetische Tendenz

---

93) Proekt ustava oblastnoj letučki. In: PI No 1 (22. Oktober 1906) S. 9—10; Ustav letučego boevogo otrjada central'noj oblasti P.S.-R., Archiv PSR 124.
94) N. Komarov, Očerki po istorii mestnych i oblastnych boevych organizacij partii soc.-rev. 1905—1909. Očerk I: Ukrainskaja boevaja gruppa p.s.-r. (1905—08). In: KiS No 4 (25) 1926 S. 56—81, hier S. 57 f. — Generell vgl. die sicherlich parteiischen, aber in vielen Details interessanten Memoiren eines kleinen Polizeispitzels in der PSR: Zapiski predatelja P. Grebneva. Kostroma 1918. Grebnev deutet die Demoralisierung des lokalen Terrors und die Verselbständigung der Terrorkommandos nicht zuletzt als Folge der Tatsache, daß die Intelligenz zu feige gewesen sei, sich auf diese gefährliche Tätigkeit einzulassen, und sie dem „einfachen Volk" überlassen habe. Dieses habe das terroristische Geschäft dann auf seine Weise verstanden: als Ermunterung zu „Expropriationen", die man „Feiertage" nannte, aber kaum als Beitrag zur Revolution (Grebnev S. 41 ff).

zutage. Ob man, wie Rakitnikov, eine „Tragik" in der Situation des CK feststellte, da dieses von „vollem Vertrauen zu vollem Mißtrauen springen" sollte, aber dazu nicht in der Lage war; ob man, wie Argunov, die Azef-Affaire überhaupt als „traurige Tragödie" bezeichnete; ob man, wie Černov, ihre Triebfeder in der Habgier und Luxussucht eines Minderprivilegierten erblickte, oder ob man, wie Zenzinov, gar „satanische Vorgänge" in ihr erkannte[95] — in jedem Fallen offenbarten die Erklärungen eine Neigung, die Verantwortung von der alten Parteiführung, den Kollegen und Freunden Azefs, abzuwälzen.

Objektive Faktoren dagegen stellten die linken Sozialrevolutionäre in den Vordergrund, indem sie die „Azefščina" vor allem als Folge der hierarchischen Struktur der PSR deuteten. Die Partei, analysierte Judelevskij, sei „von oben" gegründet worden und habe von Anfang an „einen zentralistischen Charakter" getragen. Die Oberen hätten sich ein Ideen- und Organisationsmonopol angemaßt und sich für die „providentielle Verkörperung der Partei" gehalten, die „über aller Kritik" stehe. Derart im eigenen, beschränkten Gesichtskreis befangen und sich im Kreise drehend, seien sie notwendigerweise in Blindheit gegenüber Azef verfallen und unfähig gewesen, die vielen Indizien für sein falsches Spiel richtig zu verstehen. Ohne Zweifel vereinfachte eine solche Argumentation die Sachlage in unzulässiger Weise, insofern sie einen allzu direkten Konnex zwischen den „organisatorischen Gebräuchen"[96] in der PSR und der Möglichkeit einer „zentralen Provokation" herstellte. Andererseits aber tat sie gut daran, diesen Aspekt überhaupt ins Blickfeld zu rücken.

Subjektive und objektive Gründe zog die Untersuchungskommission in Betracht, die der fünfte Parteirat 1909 einsetzte und die ihren Schlußbericht nach zweijährigen Nachforschungen und Verhören 1911 vorlegte. Einerseits bemühten sich die Autoren[97], das Gewicht der psychologischen und persönlichen Faktoren angemessen zu berücksichtigen, indem sie auf die erstaunlichen Fähigkeiten Azefs hinwiesen, ohne die sein Aufstieg zur Parteispitze nicht möglich gewesen wäre[98]. Insbesondere versuchten sie dabei — wenngleich vergebens — zu begreifen, wie es geschehen konnte, daß solch erfahrene Menschenkenner wie Geršuni und der „kluge, durchdringende und sensible" M. Goc lange Jahre hindurch eine so „grenzenlose Liebe" zu dieser „Mißgeburt" von Provokateur hegten[99]. Andererseits aber erkannten die Richter bald, daß die Katastrophe der Partei nicht nur aus persönlichen Feh-

---

95) N. M. /N. I. Raktinikov/, Iz vospominanij ob Azefe, ZT No 23—24 S. 8. — Argunov, Azef S. 158. — Černov, Pered burej S. 180. — Zapiski V. M. Zenzinova. Azef. Rukopis' NC No 132 No 18. S. auch Zenzinovs Kritik an Nikolaevskijs Deutung in einem Brief an M. M. Šneerov vom 29. Januar 1953, NC No 7 No 109 und weitere Briefe ebenda.
96) Lipin, Sud nad Azefščinoj S. 86.
97) A. N. Bach, S. A. Ivanov, S. M. Bleklov und V. V. Lunkevič.
98) Zaključenie S. 38.
99) Ebenda S. 43—44.

lern zu erklären war und schlugen eine Brücke von der „Kollektivhypnose" des CK zur terroristischen Taktik selbst:

„Die grundlegende Voraussetzung im Parteileben, die Azef die Möglichkeit gab, seine provokatorische Tätigkeit erfolgreich durchzuführen", so resümierten sie, „war nach Meinung der Kommission jene übertriebene Bedeutung, die die führenden Kreise bei der Gründung der Partei dem Terror gaben. Diese übertriebene Bedeutung drückte sich einerseits in der Gründung einer völlig getrennten, außerparteilichen Kampforganisation aus . . . , andererseits in der übertriebenen Wertschätzung der Parteimitglieder, die die terroristische Sache erfolgreich durchführen konnten"[100].

Solche Schlußfolgerungen trafen die PSR an der Wurzel. Für die „übelste Provokation" wurde verantwortlich gemacht, was einst als stolzes Signum der neopopulistischen Renaissance angepriesen worden war, ja was die Identität der neuen Partei größtenteils erst begründet hatte. Es kann daher nicht verwundern, daß der Untersuchungsbericht ein lebhaftes Echo in der Partei auslöste, zumal er Öl aufs Feuer der Fraktionsstreitigkeiten goß. Zustimmend äußerte sich der antiterroristische rechte Flügel, der seine Position bestätigt sah. Ein wahrer Empörungssturm dagegen erhob sich im Lager des sozialrevolutionären Zentrums, da die Untersuchungskommission ihm — wenngleich nicht an Personen fixiert — eindeutig die Verantwortung für das Debakel anlastete. Man wehrte sich gegen die Unterstellung, daß die „leitenden Parteikreise" dem Fußvolk die terroristische Taktik aufgezwungen hätten[101] und protestiert überhaupt dagegen, gleichsam vor Gericht gestellt zu werden[102]. Besonders ungehalten zeigten sich naturgemäß die ehemaligen Terroristen. Savinkov dürfte im Namen vieler gesprochen haben, wenn er der Kommission vorwarf, sich in Überschreitung ihrer Kompetenzen ein Gesamturteil über die Attentatstaktik angemaßt zu haben, eines zudem, das „unbegründet und schädlich" sei, alle „Mitglieder der BO, die lebenden und die toten, Kaljaev, Sazonov, Dora Brilljant", verleumde und somit die Idee des Terrors selbst in den Schmutz zerre[103]. Ähnlich wertete auch der linke Parteiflügel den Kommissionsbericht und meldete Einspruch an. Nicht eine

---

100) Ebenda S. 91. Ebenso deutlich trat die Sonderstellung des Terrors in der finanziellen Unterstützung der BO zutage. Das CK habe sich, bemängelten die Kommissionsmitglieder, stets von dem Grundsatz leiten lassen, „der Kampforganisation niemals irgendetwas abzulehnen. Ob es Geld gab oder keines, man mußte es herbeischaffen und geben . . . , damit sie niemals Mangel litt. Man schränkte die Literaturherstellung ein und andere Dinge, aber diese Sache, die terroristische, nie." (Zaključenie S. 91).
101) In: Ritina /I. I. Rakitnikova/, Terror v ‚Zaključenie su deb.sledst. komissii po delu Azefe'. In: ZT No 40 (Februar 1912) S. 8—16.
102) Brief von M. A. Natanson an die Untersuchungskommission in Sachen Azef vom 1. April 1911. NC No 7 No 101.
103) B. V. Savinkov an F. V. Volchovskij vom April 1912, Volchovsky Collection, Hoover Institution box 4; Brief von A. Malmberg /B. V. Savinkov/ an F. V. Volchovskij vom 27. April 1912, ebenda. Auch: Briefe eines „ehemaligen Genossen" Azefs und P. V. Karpovičs an die Redaktion des „Znamja Truda", beide Archiv PSR 888, sowie einen Brief von Savinkov an I. I. Fundaminskij vom 13. Mai 1911, OA XVII i f. 3c.

Überschätzung der terroristischen Idee, argumentierten die Neomaximalisten in bekannter Manier, habe Azefs Falschspiel ermöglicht, sondern ihre inkonsequente Praktizierung, d. h. ihre Perversion zu zentralisierten Anschlägen anstelle dezentralisierter[104].

Einwände dieser Art entbehrten freilich jeglicher Begründung und entsprangen eher dogmatischen Starrsinn respective anarchistischer Pseudologik als nüchterner Vergangenheitsbewältigung. Man wird kaum bezweifeln können, daß die Untersuchungskommission die einleuchtendste Erklärung für die Möglichkeit des kapitalen Verrats gab. Dafür spricht nicht zuletzt der Umstand, daß sich ihre Grundthese, der politische Terror *selbst* sei die Wurzel des Übels gewesen, nahtlos in die oben skizzierten allgemeinen Überlegungen zum Schicksal dieser Taktik einfügen: Auch die Verselbständigung der BO kann als Manifestation der wachsenden Inadäquanz der sozialrevolutionären Theorie und Praxis zum Modernisierungsprozeß verstanden werden.

Politischer Terror, so formulierte als einziger Rubanovič diesen zentralen Gedanken in den Diskussionen des fünften Parteirates, habe sich den Veränderungen seines Kontextes nicht nur inhaltlich, sondern auch arbeitstechnisch und *organisatorisch* anpassen müssen. Noch in der „Narodnaja Volja" seien politische und terroristische Tätigkeit identisch gewesen. Es habe „eine Gruppe von Personen" bestanden, „die sich Exekutivkomitee nannte, der scharf umrissene Aufgaben oblagen, und die Personen, die diese Aufgaben stellten", hätten sie auch „vorbereitet und ausgeführt." Es habe „keine Arbeitsteilung" gegeben[105]. Zwanzig Jahre später aber, als die PSR auf der politischen Bühne erschienen sei, habe sich die Lage anders dargestellt, weil die „propagandistische Tätigkeit unter den Bauern, den Arbeitern und der Jugend" „fast alle wichtigen geistigen Kräfte" absorbiert habe. Daher „trat", wie der Redner weiter erläuterte,

„eine Arbeitsteilung ein. Spezielle Kräfte übernahmen die terroristischen Aktivitäten, und diese Kräfte arbeiteten autonom". Der terroristische Akt „erlaubt diese Arbeitsteilung aber nicht, insofern er ein moralischer Akt ist: die einen, die denken, die anderen, die ihn technisch vorbereiten, die dritten, die ihn ausführen und sterben. Terror ist kein gewöhnlicher Krieg. Wenn die terroristischen Akte selten und konzentriert sind, dann kann zwischen den Leuten, die diese drei Funktionen ausüben, noch eine enge geistige und reale Verbindung bestehen, die der Haltung entspricht, mit der die heroischen Exekutoren in den Tod gehen. Wenn aber die Zahl solcher Akte wächst, wenn sie die realen Kräfte der Organisation übersteigt, dann zerreißt diese Verbindung, und dann leitet das Zentralkomitee die Angelegenheit nur noch *nominell*, und geht diese vollständig an eine andere Kategorie von Leuten über, zu der Azef zählte", dann „entsteht eine Gruppe

---

104) Lipin, Sud nad Azefščinoj S. 57, 71 ff; Rezoljucija Parižskoj Gruppy S.-R. vom 28. April 1911, OA XVI b (3) f. 8.
105) Stenogr. otč. pjatogo soveta P.S.-R., zas. 14-oe, S. 26, Archiv PSR 792.

von Unternehmern, bei denen sich die Sache in ein *Handwerk* verwandelt" und die, wie Azef, zu „Entrepreneuren in Sachen Terror werden"[106]. Politischer Terror jedoch, der zu einem alltäglichen Geschäft pervertierte, lief Gefahr, gegenüber den Inhalten des revolutionären Kampfes, dem er dienen sollte, indifferent zu werden. Gefragt waren in den sozialrevolutionären Terrorkommandos organisatorisches Talent, Verwegenheit, schauspielerische Begabung, Geübtheit in konspirativen Verhaltensweisen allgemein und Fähigkeiten in Paßfälschung und Bombenbasteln — nicht aber Kenntnisse der sozialrevolutionären Theorie und ideologische Standfestigkeit. Exemplarisch trat diese Prioritätensetzung an der Person Azefs zutage, war es doch in der sozialrevolutionären Parteiführung kein Geheimnis, daß dieser politische Debatten mied, wo immer möglich. Wenn er sich aber in seltenen Fällen äußerte, dann vertrat er wie im Herbst 1905, als er sich offen als „Legalisten und Evolutionisten" und somit eher als einen „Mitläufer" der Partei bezeichnete, eine derart rechte Position, daß man ihn mit tiefsinnigem Scherz den „Kadetten mit der Bombe" nannte[107].

Nicht besser stand es um die Motivation Savinkovs. Für ihn war Terror eine Existenzweise, er lebte ihn. Die Jagd auf hohe Repräsentanten der Autokratie bedeutete permanentes Abenteuer und existentielle Gefahr, die das Leben zu einer Kette von Bewährungssituationen ohne Zukunft und ohne Vergangenheit machte: Terror war „reine Tat". Als solcher verband er sich bei Savinkov mit einem ausgeprägten „geistigen Aristokratismus"[108], bildete gleichsam das praktische Komplement zur reinen Idee, zur reinen Schönheit. Dieser aus neukantianischer Ethik und lebensphilosophischem Gedankengut abgeleiteten Verherrlichung der Tat entsprach ein betontes Pathos der Kameradschaftlichkeit, das viele führende Parteimitglieder und insbesondere die Terroristen in den Bann schlug und die Faszination verstärkte, die von Savinkovs ästhetisch-literarischer Begabung und seinem erzählerischen Talent ohnehin ausging. Zenzinov dürfte nicht der einzige Sozialrevolutionär gewesen sein, der sich auch durch die nachmalige Wandlung des zweiten Mannes der BO zum Kollaborateur des konterrevolutionären Putschgenerals L. G. Kornilov im August 1917 und den folgenden Parteiausschluß in seiner tiefen Verehrung nicht beirren ließ[109]. Andere dagegen, wie Černov, durchschauten die Ambivalenz des Savinkovschen Terrorethos. Sie verstanden, daß es einem existentiellen Nihilismus entsprang, für den allein die Tat zählte und nicht ihr Motiv, daß Gewaltakte gegen die Autokratie daher nur der Selbstverwirklichung des Ausführenden und keinem politischen Ideal mehr dienten. Das dürften auch die Spötter gemeint haben, die Savinkov treffend die Beinamen „Sportsmann der Revolution" und „Kavallerieoffizier der Revolution" gaben[110]. Auch der

---

106) Ebenda S. 24 u. 27, kursiv von mir.
107) Černov, Pered burej S. 177, 228.
108) Černov, Savinkov v rjadach P.S.-R. S. 158.
109) Vgl. Zenzinov, Perežitoe S. 299 ff.
110) Zenzinov, Perežitoe S. 301.

zweite Held des sozialrevolutionären Terrors erwies sich bei Lichte besehen nur als ein Mitläufer der Partei und bekannte dies auch offen, als er zu Černov sagte: „Ich, Viktor Michajlovič, bin eigentlich kein Sozialrevolutionär, sondern . . . im Wesen ein Anarchist"[111]. Savinkov verstand sich zu allererst als Bombenwerfer. Deshalb war es nur folgerichtig, wenn er Sokolov 1906 ein Kooperationsangebot mit der Begründung unterbreitete: „Was mich betrifft, so sehe ich keine Hindernisse. Mir ist gleich, ob ihr Maximalisten, Anarchisten oder Sozialrevolutionäre seid. Wir sind beide Terroristen. Im Interesse des Terrors die Vereinigung unserer Kampforganisationen mit eurer, was habt ihr dagegen?"[112] Erst als Savinkov seinen autobiographischen Roman „Kon' blednyj" (Das bleiche Pferd) veröffentlichte[113], wurden die wahren Motive seines terroristischen Engagements auch einem breiteren Publikum in und außerhalb der PSR bekannt, empfahl der Held doch einen unverblümten Agnostizismus[114], der dem tief moralischen, rigorosen Altruismus eines Kaljaev ebenso fremd war, wie er dem Amoralismus des Übermenschen ähnelte. Gegen diese Haltung erhoben sich zwar heftige Proteste, die das vorbildliche Image des Autors nachhaltig zerstörten. Doch sollte darüber nicht vergessen werden, daß Savinkov lange Jahre hindurch zu den legendären Gestalten der PSR zählte.

Was an Azef und seinem Stellvertreter zu beobachten war, galt in gleicher Weise für die große Mehrzahl der Terroristen. Von wenigen rühmlichen Ausnahmen wie Švejcer, Zil'berberg oder Trauberg abgesehen, eigneten sich alle Angehörigen der zentralen Kampforganisation einen elitären Kastengeist an, der sie veranlaßte, auf die übrigen Tätigkeiten der Partei als weniger heroisch und weniger bedeutend herabzusehen. Sie verfielen einer Überheblichkeit und einer bewußtseinsmäßigen Isolation, die insbesondere von Savinkovs „revolutionärem Militarismus"[115] gefördert wurden, die aber auch Azef unterstützte, da er ihrer zu seinem Doppelspiel bedurfte. „Alle Terroristen", so faßte Natanson diese bedenkliche Entwicklung vor der Untersuchungskommission gegen Azef zusammen, „waren in schlimmer Weise von der Partei getrennt. Viele von ihnen hielten sich in diesen Jahren der Auskundschaftung, des Kutschertums, des Aufenthaltes in konspirativen Quartieren und chemischen Labors, von der Partei, von ihren allgemeinen Interessen, von ihren theoretischen Aufgaben, von ihren Bestrebungen und ihrer Taktik fern, so fern, daß, als ein Parteirat zusammentrat, . . . nur zwei sich herabließen zuzuhören, während die Mehrheit ungefähr urteilte: ‚Nun,

111) Černov, Savinkov v rjadach P.S.-R. S. 158 f.
112) Zaključenie S. 36.
113) Vgl. Kap. 2 Anm. 13.
114) Vgl. Ropšin, Kon' blednyj S. 8: „Ich weiß nicht, warum man nicht töten darf. Und ich werde nie verstehen, warum es gut ist, im Namen der Freiheit, aber schlecht, im Namen der Autokratie zu töten." Kritik: Pomorcev, zit. Kap. 2 Anm. 12. S. auch: V. Ropšin /B. V. Savinkov/, To čego ne bylo. M. 1914; Kritik: In. Ritina /I. I. Rakitnikova/, O Ropšine i ego romane. In: ZT No 45 (September 1912) S. 11–15; Protestbrief v. A. N. Bach gegen den Abdruck dieses zweiten autobiographischen Romans Savinkovs in Černovs „Zavety" (Erstveröffentlichung dort 1912–13), Archiv PSR 222.
115) Černov, Savinkov v rjadach P.S.-R. S. 158.

da wird irgendetwas geschwätzt, wird geredet.' "[116] Die Entfremdung ging so weit, daß ein Mitglied der BO, Karpovič, drohte, er werde das CK erschießen, falls es wagen sollte, Hand an Azef zu legen. In solcher „dem Sozialismus fremden Entscheidung eines groben und entfesselten Soldatentums", wie die Untersuchungskommission kommentierte[117], offenbarte sich, daß die BO nahe daran war, zum Zauberlehrling der Partei zu werden.

Ohne Zweifel trug Azef nach Kräften zu diesem Ergebnis bei. Es läßt sich nicht bestreiten, daß er der terroristischen Tätigkeit der PSR großen Schaden zufügte und daß die Erfolglosigkeit der BO seit 1905 weitgehend in seiner Kollaboration mit der Ochrana begründet war. Vielleicht wird man sogar der Selbstrechtfertigung Gerasimovs beipflichten müssen, daß Azef Attentate verhinderte, deren Durchführung die weitere Entwicklung Rußlands in andere Bahnen gelenkt hätte[118]. Zugleich aber war er auch Vollstrecker des langfristigen Prozesses der Veraltung der terroristischen Taktik. Die „Arbeitsteilung" der revolutionären Tätigkeit ließ die BO zu einer Versammlung professioneller Attentäter degenerieren, deren Abstand vom Verbrechertum sich in dem Maße verminderte, wie sich ihre politische Motivation verflüchtigte, wie das Mißverhältnis des populistischen politischen Terrors zur Modernisierung Rußlands wuchs und sich neue ökonomische, soziale und politische Strukturen bildeten, die die Voraussetzung seiner Effektivität mehr und mehr beseitigten. Vor diesem Hintergrund kann Azefs Verrat nicht allein als böser Zufall betrachtet werden: Vielmehr brachte er *auch* die innere Logik einer langfristigen Entwicklung zum Vorschein.

---

116) Zaključenie S. 35.
117) Zaključenie S. 34; Argunov, Azef S. 73.
118) Gerassimoff, Kampf S. 205.

Schluß:

PSR UND MODERNISIERUNG — GAB ES EINE POPULISTISCHE ALTERNATIVE?

Ohne Zweifel wäre es verfehlt, eine unmittelbare und kausale Verbindung zwischen den beschriebenen Entwicklungstendenzen der sozialrevolutionären Theorie und Praxis — d. h. vor allem der zunehmenden Wirkungslosigkeit des politischen Terrors, der Krise der Organisation sowie der Aushöhlung der programmatischen Grundlagen des Populismus — und dem Schicksal der PSR in den entscheidenden Jahren der zweiten russischen Revolution herstellen zu wollen. Es käme einer unstatthaften Verkürzung komplexer Begründungszusammenhänge gleich, würde man allein den „Agnostizismus" gegenüber der kapitalistischen Industrialisierung für das Scheitern des Neopopulismus verantwortlich machen. Nicht zu bestreiten ist, daß die unmittelbaren Ursachen der Politik, die die Sozialrevolutionäre ins Abseits manövrierte, in Versäumnissen während der Sommermonate 1917 bestanden. Ebenso darf nicht übersehen werden, daß der Krieg ein wichtiger Katalysator der Parteispaltung war und daß er die Verfassung und die Handlungen der PSR im Revolutionsjahr wesentlich bestimmte. Schließlich ist auch subjektiven Momenten großes Gewicht beizumessen. Man wird die Rolle Černovs und der Sprecher des rechten Flügels, namentlich Avksent'evs, A. Gocens und Zenzinovs, berücksichtigen und sich mit Černov fragen müssen, ob nicht das Schicksal der Partei ohne den Tod von Geršuni und M. Goc einen anderen Verlauf genommen hätte, ob das Charisma des Volkstribunen und die feste Hand des Organisators nicht jenen Zerfall hätte verhindern können, der die Partei seit 1909 lähmte, und ob die vereinte Begabung aller drei Führerpersönlichkeiten nicht eine Potenz dargestellt hätte, die Lenin und Trockij ebenbürtig gewesen wäre.

Doch gilt unbeschadet der Relevanz all dieser Faktoren, daß die Handlungsweise der PSR während der Monate des Februarregimes ohne Rekurs auf die Frühgeschichte der Partei nicht angemessen verstanden werden kann. In den Auseinandersetzungen über die sozialrevolutionäre Theorie und Praxis der Vorkriegsjahre war der Kurs bereits vorgezeichnet, den die dominanten Kräfte 1917 einschlugen; hier waren die Konflikte angelegt, die die Spannungen der Revolution voll zum Ausbruch brachten. Zusammenfassend läßt sich diese Kontinuität an vier Aspekten der Parteiwirklichkeit aufzeigen, die als die zentralen *langfristigen* Ursachen für die Niederlage des Neopopulismus gelten dürfen.

1. Mehr noch als vergleichbare Gruppen hatte die PSR mit dem Problem der Spaltung zu kämpfen. Genau besehen, riß die Kette der Fraktionsbildun-

gen seit 1902 nie ab. Dennoch besteht Ursache, nur zwei als echte Sezessionen, als solche, die den Bestand der Partei spürbar dezimierten, gelten zu lassen: die Abspaltung der Maximalisten 1906, weil sie von einer starken Radikalisierung an der Basis getragen wurde[1], und die Formierung der „Počin"-Gruppe, weil sie im harten Kern der sozialrevolutionären Führung stattfand, d. h. faktisch eine Spaltung des CK bedeutete. Auch die inhaltlichen Ziele rechtfertigen es, den „legalen Sozialrevolutionären" eine solche Bedeutung beizumessen. Denn sie forderten erstmals nicht nur eine oberflächliche Anpassung der alten Politik an die veränderte Situation, sondern nichts Geringeres als den Verzicht auf das taktische Repertoire und das theoretische Erbe des klassischen Populismus der 70er Jahre. Gründeten dessen Aktionsformen in der Kluft zwischen der revolutionären Elite und der passiven, dumpfen Masse, so lautete die neue Grundeinsicht, daß „gesellschaftliche Eigentätigkeit" die Kluft überbrückt habe.

Mit diesen Begriff versuchte die „Počin"-Gruppe einen Prozeß zu erfassen, den man in allgemeiner Perspektive als nachgeholte Entstehung einer politischen Öffentlichkeit bezeichnen könnte. Freilich blieb diese ebenso rudimentär wie das liberal-konstitutionalistische System in Rußland generell. Außerdem nahm sie, weil infolge der sozioökonomischen Rückständigkeit *zugleich* mit dem Bürgertum auch das Proletariat entstand, im Gegensatz zum westeuropäischen Typus[2] von Anfang an *zwei* Formen an: Die Duma setzte auf der oberen sozialen Ebene die politischen Zirkel, Klubs und Bankette fort, in denen sich, verstärkt seit Anfang des neuen Jahrhunderts, die politische Meinungsbildung der „Gesellschaft", der gebildeten Schichten, vollzogen hatte und aus denen während der Revolution die bürgerlichen Parteien hervorgingen[3]. Parallel dazu wurde auf der unteren Ebene der gesellschaftlichen Pyramide in den Gewerkschaften, in Bildungsvereinen, in städtischen und ländlichen Kooperativen eine Öffentlichkeit der Unter- und Mittelschichten legalisiert. Diese war zwar nicht unmittelbar politisch, sondern konstituierte sich in erster Linie auf der Basis ökonomischer Interessen, barg aber, zumal in Krisensituationen, ein großes politisches Potential. Mochen beide Bereiche der Öffentlichkeit, der bürgerliche wie der − in sozialrevolutionärer Begrifflichkeit − „werktätige" („trudovaja obščestvennost' "), in ihren Funktionen und Rechten auch beschränkt sein, mochten sie eher ein deformiertes Abbild ihres westeuropäischen Musters darstellen, so mußte es doch eine vorrangige Aufgabe der revolutionären

---

[1] Vgl. /V. M. Černov/, Razval ili konsolidacija. In: ZT No 21−22 (September 1909) S. 2.

[2] Vgl. J. Habermas, Strukturwandel der Öffentlichkeit. Untersuchungen zu einer Kategorie der bürgerlichen Gesellschaft. Neuwied, Berlin 3. Aufl. 1968.

[3] Vgl. dazu außer Anm. 3 der Einleitung: J. Walkin, The Rise of Democracy in Pre-Revolutionary Russia. Political and Social Institutions Under the Last Three Tsars. N.Y. 1962; T. Emmons, The Beseda Circle 1899−1905. In: SR No 32 (September 1973) S. 461−490; M. S. Simonova, Zemsko-liberal'naja fronda (1902−1903 gg.). In: IZ 91 (1973) S. 150−216.

Parteien sein, sie für ihre politischen Ziele zu nutzen, mithin zwischen legalen und illegalen Formen der gesellschaftlichen Interessenartikulation zu vermitteln. Dabei glaubten sich die orthodoxen Sozialrevolutionäre stark genug, den neuen Errungenschaften wenig Beachtung schenken zu können. Erst die rechte Opposition kam zu der Erkenntnis, daß die PSR damit nicht nur, wie beabsichtigt, Beschwichtigungsmanöver der Regierung unterlief, sondern auch an der Konstitutierung neuer Formen des politischen Lebens vorbeisah.

Weil die „Počincy" daraus Konsequenzen zogen, konzipierten sie etwas Neues: die *Umwandlung* der PSR aus einer amorphen Sozialbewegung in eine zumindest intentional anvisierte, agrarische Interessenpartei. Ohne Zweifel bieb dieser Prozeß ebenso unvollendet wie die Schaffung eines politisch artikulationsfähigen Mittelbauerntums im Zuge der Stolypinschen Reformen oder die Ausbildung bürgerlicher politischer Strukturen. Und sicherlich bewahrte auch die „Počin"-Gruppe den Charakter einer Organisation der Intelligenz, die ihren Anspruch, das gesamte geknechtete Volk zu repräsentieren, nicht erfüllen konnte. Die Tendenz zu einer agrarischen Interessenpartei wurde jedoch in dem Maße manifest, wie die wirtschaftliche und soziale Transformation Rußlands die Voraussetzungen der „Sozialisierung des Grund und Bodens" zu vernichten schien, mochte man dabei auch das Ausmaß der Zerstörung der „obščina" überschätzen[4]. Selbst die orthodoxen Sozialrevolutionäre zollten diesem Prozeß, wie gezeigt wurde, darin Tribut, daß sie das Agrarprogramm dem Kleineigentum öffneten und es dadurch substantiell veränderten. Vollends trat die Metamorphose 1917 zutage, als es in einer zunehmend polarisierten politischen Situation praktische Maßnahmen zu ergreifen und Farbe zu bekennen galt. Nun zeigte sich, daß die PSR unter dem Einfluß des rechten Flügels entgegen ihrem Programm und ihren langjährigen Forderungen eine radikale Umwälzung der agrarischen Besitzverhältnisse zu verhindern suchte[5]; daß sie die spontane Selbsthilfe der Bauernschaft in Form der „Schwarzen Umteilung", die sie zwölf Jahre zuvor angespornt hatte, einzudämmen trachtete; und daß sie mit dem Ruf nach Regelung der Landfrage durch die Konstituierende Versammlung eben jene legalistische und abwartende Position bezog, die sie den Volkssozialisten in der ersten Revolution zum Vorwurf gemacht hatte. Die PSR hatte aufgehört, die militante Avantgarde der Dorfarmut, die kompromißlose, Gewalt nicht scheuende Vorkämpferin für die spontane Agrarrevolution zu sein, als die sie angetreten war. Wo sie nunmehr stand, machte der von S. L. Maslov, dem letzten sozialrevolutionären Landwirtschaftsminister, vorgelegte Argargesetzentwurf deutlich, der den Wünschen der besitzenden Landbevölkerung außerordentlich entgegenkam und mit

---

[4]) Vgl. oben S. 14 u. Anm. 54 der Einleitung.
[5]) Mit Genugtuung konstatierte Pešechonov 1917 diesen Wandel, wenngleich die PSR in seinen Augen dabei noch nicht konsequent genug verfuhr. Vgl.: ders., Počemu my togda ušli S. 17 f.

den ursprünglichen Absichten der „Sozialisierung des Grund und Bodens" nichts mehr gemein hatte[6]. Daher konnte Radkey zugespitzt formulieren, daß das „Hauptkontingent der Konservativen" 1917 nicht unter den Kadetten, sondern „auf den Bänken der PSR" zu finden war[7].

Auf der anderen Seite bewahrten die linken Sozialrevolutionäre — mit Einschränkungen auch das linke Zentrum um Černov — das überkommene Erbe des Populismus in seiner typischen Mischung aus revolutionären und restaurativen Elementen. Sie bejahten die soziale Revolution im agrarischen Sektor, brachten gemeinsam mit den Bol'ševiki das Landdekret ein, das der zweite Allrussische Kongreß der Arbeiter- und Soldatenräte am 26. Oktober 1917 verabschiedete[8], und wurden zur Interessenvertretung derjenigen Schichten, die davon profitierten, d. h. in erster Linie der mittleren, lohnarbeiterlosen Bauern, deren Land gerade ausreichte, um das eigene Überleben zu sichern[9]. Die linken Sozialrevolutionäre aber waren es auch, die im Kampf gegen die Bol'ševiki den Terror der „Narodnaja Volja" ein letztes Mal wiederaufleben ließen[10] und die insgesamt an den staatsfeindlichen, dezentralistischen und anarchismusnahen Anschauungen des radikalen Populismus festhielten. In der PLSR feierte der Maximalismus in mancher Hinsicht eine zweite Renaissance.

Diese Polarisierung des neopopulistischen Lagers wird man aus den Meinungsverschiedenheiten über die Haltung zum Kriege nicht allein und zureichend erklären können. Vielmehr wurde zu zeigen versucht, daß sie bis in die Auseinandersetzungen über die Lehren aus der ersten russischen Revolution, über die neuen politischen Strukturen, die sie schuf, und über die Bedeutung des Eintritts der Massen in das politische Leben für die revolutionäre Strategie zurückreichte. Auf dem rechten Parteiflügel, der sich bald als der handlungsfähigste erwies, manifestierte sich die politisch-programmatische Kontinuität auch personell — traten doch viele der „Počincy" von 1911, namentlich Avksent'ev und Fundaminskij, im Revolutionsjahr als Führer der kadettenfreundlichen Sozialrevolutionäre hervor. Dem von Černov beklagten „Triumph der zentrifugalen über die zentripetalen Kräfte"[11] in der PSR lagen somit tiefere Ursachen zugrunde: *kontroverse Lösungs-*

---

6) Vgl. Radkey, Agrarian Foes S. 445 ff; Details bei: Kostrikin, Manevry ėserov v agrarnom voprose.
7) Radkey, Sickle S. 491.
8) Vgl. O. Anweiler, Die Rätebewegung in Rußland 1905—1921. Leiden 1958, S. 244.
9) Vgl. Radkey, Sickle S. 138, insgesamt S. 95 ff.
10) Mit dem Attentat auf den deutschen Botschafter in Moskau, Graf Mirbach, am 6. Juli 1918. Vgl.: Vokrug Moskovskich iljul'skich sobytij. Saratov 1918, insbes. S. 27—29; Gusev, Ericjan: Ot soglašatel'stva S. 283 ff. — Die PSR dagegen hatte dem politischen Terror inzwischen abgesagt und hielt ihn für ein untaugliches Kampfmittel gegen das bolschewistische Regime. Vgl.: Izveščenie C.K. Partii Socialistov-Revoljucionerov. 5. Dezember 1920, Hoover Institution Ts Russia P 274.
11) Vgl. Anm. 29 der Einleitung.

strategien für die Krise der überkommenen populistischen Politik, die die Industrialisierung und Modernisierung Rußlands herbeiführten.

So gesehen spiegelte der Verlust des „synthetischen Charakters" der PSR das Schicksal des Populismus im oben definierten Sinne allgemein. Insofern Populismus als defensive agrarische Sozialbewegung in rückständigen Gesellschaften eine Erscheinung bildet, die durch die Expansion des Industriekapitalismus hervorgerufen wird, muß er seine politische Gestalt in dem Maße verändern, wie dieser Prozeß voranschreitet. Er büßt seine revolutionären Inhalte ein, wenn die nichtkapitalistische Alternative des sozioökonomischen Fortschritts, die er propagiert, zur unzeitgemäßen Schimäre verblaßt. Die Symbiose restaurativer und progressiver Elemente, die seine typische Ambivalenz ausmacht, verliert ihre Basis, die konservativen Züge treten stärker hervor. Vieles spricht dafür, daß die Spaltung der PSR als Begleiterscheinung dieser Transformation des Agrarsozialismus zum „peasantism" zu deuten ist.

2. Die Sozialrevolutionäre veranschlagten die Bedeutung der Organisation als Instrument revolutionärer Politik gering. Wenn es stimmt, daß Modernisierung einen „organisatorischen Imperativ" erzeugt[12], weil sie die alten Autoritäten und politischen Strukturen zerstört, ohne notwendigerweise neue an ihre Stelle zu setzen, dann stand die PSR auch in dieser Hinsicht quer zu den Erfordernissen der historischen Entwicklung. Ebenso wie der politische Terror in populistischem Verständnis eher einer traditionalen Agrargesellschaft als einer modernen Industriegesellschaft entsprach, wird man auch das organisatorische Gebaren der PSR als anachronistisch bezeichnen müssen. Bestätigten Lenin und die Bol'seviki, daß, wie Huntington zugespitzt behauptet, in der sich modernisierenden Welt dem die Zukunft gehört, der ihre Politik zu organisieren versteht[13], so bewahrheitete sich am Schicksal der Sozialrevolutionäre umgekehrt, was Černov selbst 1903 warnend schrieb:

„Ohne Organisation befindet sich eine soziale Klasse . . . oder eine Partei im Zustande der politischen Ohnmacht, der historischen Impotenz, wie stark sie numerisch und wie hoch ihr Bewußtsein auch immer sein mag"[14].

3. Ebensowenig wie in der ersten verstand es die PSR in der zweiten russischen Revolution, die Bauernschaft, in deren Namen sie doch sprach, zu integrieren. Lediglich agitatorische Versäumnisse oder den Intellektualismus der populistischen Intelligenz für diesen Mißstand verantwortlich zu machen, griffe zu kurz. Vielmehr wird man ihn als Manifestation jener Eigenschaften agrarischer Sozialbewegungen in rückständigen Gesellschaften zu werten haben, die die Bauernaufstände in der Regel daran hinderten, den

---

12) Huntington, Political Order S. 460.
13) Huntington, Political Order S. 461. Das Huntingtonsche Modernisierungsmodell legt freilich den Akzent, wie häufig bemängelt worden ist, in überaus einseitiger Weise auf Stabilität und Systemerhaltung.
14) /V. M. Černov/, Vojsko i revoljucija. In: RR No 21 (1. April 1903) S. 1.

Charakter einer bloßen Rebellion abzustreifen und sich in eine revolutionäre Bewegung mit systemtranszendierenden Zielen zu verwandeln[15]. Wurde bisher argumentiert, daß sich der Neopopulismus selbst durch mangelnde Anpassung an den Modernisierungsprozeß seiner politischen Effektivität beraubte, so gilt doch auch, daß die Rückständigkeit Rußlands ihm zugleich die Möglichkeit *nahm*, sein wichtigstes Ziel zu erreichen: Die PSR blieb nicht zuletzt deshalb eine Partei der Intelligenz, weil sie zu einer agrarischen Massenpartei unter den gegebenen Bedingungen nicht werden *konnte*. In diesem Sinne ließe sich sagen, daß erst die chinesische Revolution realisierte, was die Sozialrevolutionäre anstrebten.

4. Insofern das sozialrevolutionäre Programm die Utopie einer urkommunistischen Agrargesellschaft entwarf, geriet es zunehmend in Widerspruch zur Realität. Auch wenn Industrialisierung und Modernisierung in Rußland ungleichzeitig verliefen, auch wenn sie zumal in der Landwirtschaft vorindustriell-feudalistische Verhältnisse bestehen ließen, entzogen sie einer nichtkapitalistischen Entwicklung zum Sozialismus den Boden. Die grundlegende Prämisse populistischer Politik, ihre konstitutive und identitätsbegründende Forderung, verlor in wachsendem Maße an Glaubwürdigkeit und büßte die für jede erfolgreiche Strategie unerläßliche Qualität ein, als *gesamtgesellschaftliche* Zielvorstellung dienen zu können. „Die Leugnung der Möglichkeit einer erfolgreichen Industrialisierung zu einer Zeit, als die industrielle Entwicklung mit sehr großem Tempo voranzuschreiten begann", formulierte Gerschenkron dieses Dilemma unlängst, „widersprach den Fakten allzu offensichtlich". Sie bedeutete nicht nur „eine tragische Kapitulation des Realismus vor der Utopie"[16], sondern mußte auch eine Verminderung der politischen Handlungsfähigkeit und der Chancen des Neopopulismus in der Auseinandersetzung mit der Sozialdemokratie nach sich ziehen.

Ungeachtet aller Kontroversen über den Stand der wirtschaftlichen Entwicklung Rußlands am Vorabend des Ersten Weltkrieges[17] dürfte kaum zu bestreiten sein, daß der Sturz der Autokratie im Jahre 1917 nicht allein ein Produkt der militärischen Niederlage war, sondern daß in ihm vor allem die umfassende Strukturkrise zum Ausbruch kam, die der rapide Industrialisierungs- und Modernisierungsprozeß dem zaristischen System bescherte. Man hat die russische Revolution aus diesem Grunde den bürgerlich-demokratischen Umwälzungen in Westeuropa entgegengesetzt und sie als erstes Beispiel eines *neuen* Typus gedeutet: als eine durch den Zwang zur Aufholung der wirtschaftlichen Rückständigkeit verursachte und von extern

---

15) Vgl. oben S. 28 ff.
16) A. Gerschenkron, Franco Venturi on Russian Populism. In: AHR 78 (October 1973) S. 969–986, hier S. 973. Ähnliche Kritik übte G. schon in seiner ersten Rezension zu Venturis Werk, in: Ders., Continuity in History S. 454 ff.
17) Vgl. Kap. 12, Anm. 148.

erborgten Ideologien gespeiste „Revolution von außen"[18]. Insbesondere Th. von Laue hat dieses Modell in einer Interpretation der russischen Geschichte von Witte bis Stalin entwickelt. Dabei versucht er zu zeigen, daß sowohl der Untergang der Autokratie als auch die Perversion des bolschewistischen Regimes zur stalinistischen Diktatur als notwendige Begleiterscheinungen der Industrialisierung zu verstehen seien. Ein Staat, der aus Selbsterhaltungsgründen zur forcierten wirtschaftlichen Entwicklung gezwungen sei, ohne in der Gesellschaft die dazu notwendige Leistungsmotivation und Disziplin anzutreffen, so lautet sein Kernargument, habe „keine andere Wahl", als diese Voraussetzungen „durch bewußten Zwang zu ersetzen". Deshalb sei ein „einzelner, alles beherrschender Wille" nötig gewesen, um die Modernisierung Rußlands voranzutreiben. Der aber habe sich allein bei den Bol'ševiki gefunden, die die organisierteste politische Kraft dargestellt und in Lenin eine dominante Führerpersönlichkeit, einen wahren „Gegen-Zaren", besessen hätten. Der Stalinismus, kann daher von Laue pointiert formulieren, sei unter diesem Aspekt nicht als Thermidor der Revolution, sondern als Fruktidor, als „Spätsommer der Vollreife", zu werten[19].

Obwohl man gegen diese Argumentation einwenden muß, daß sie höchst objektivistisch verfährt und die Möglichkeit von Alternativen in allzu gradliniger Beweisführung a priori ausklammert, kann an der Richtigkeit ihres Grundgedankens, des *unauflöslichen Zusammenhangs zwischen Industrialisierungsimperativ und nachrevolutionärer Entwicklung*, kein Zweifel bestehen. Wenn aber zutrifft, daß diejenige politische Kraft, die in Rußland zu Anfang dieses Jahrhunderts staatliche Macht ausüben wollte, vor allem die Fähigkeit besitzen mußte, den Prozeß der Entfaltung des Industriekapitalismus und der Überwindung der sozioökonomischen Rückständigkeit in effektiver Weise zu lenken, dann gilt auch das Umgekehrte: daß eine Partei, die diese Einsicht ignorierte, sich der wirtschaftlichen Entwicklung entgegenstemmte und nach rückwärts schaute, Gefahr lief, ins politische Abseits zu geraten. In langfristiger Perspektive betrachtet, scheiterte die PSR in erster Linie — wenngleich sicherlich nicht allein aus diesem Grunde — daran, daß eine populistische Partei in Rußland, *nachdem* die kapitalistische Entwicklung eingesetzt hatte, nicht mehr die Funktion des gesamtgesellschaftlichen Modernisierungsagenten erfüllen konnte.

Jedoch sähe, wer bei diesem Fazit stehenbliebe, nur eine Seite der Medaille. Ebenso wie zutrifft, daß die PSR als Anwalt einer nichtkapitalistischen Zukunft Rußlands in wachsenden Widerspruch zur kapitalistischen Realität geriet, gilt auch, daß beide sozialdemokratischen Fraktionen den

---

18) Th. v. Laue, Die Revolution von außen als erste Phase der russischen Revolution 1917. In: JfGO 4 (1956) S. 138–158. Vgl. auch: Ders., Westernization, Revolution, and the Search for a Basis of Authority: Russia in 1917. In: SS 19 (1967) S. 155–180; D. Geyer, Die russische Revolution. Historische Perspektiven und Probleme. Stuttgart 1968 S. 130 ff.
19) Laue, Why Lenin? Why Stalin? Zitate S. 138, 60, 110 u. 202.

Fortschritt der Industrialisierung überschätzten, daß sie der Wirklichkeit gleichsam vorauseilten und dadurch zu verfehlten Strategien insbesondere gegenüber der Bauernschaft gelangten. Wer die Probleme der russischen revolutionären Bewegung und das Schicksal der Revolution angemessen begreifen will, darf den *partiellen* Charakter der rückständigen Industrialisierung und Modernisierung im Zarenreich nicht aus dem Blick verlieren. Einerseits machte die wirtschaftliche Entwicklung rasche Fortschritte, andererseits blieben feudalistische Abhängigkeiten und traditionale Wirtschafts- und Sozialbeziehungen im agrarischen Sektor erhalten. Einerseits entstanden 1905 Institutionen legaler politischer Artikulation der Gesellschaft; andererseits erlaubten sie keine wirkliche Partizipation, weil ihre Vollmachten äußerst begrenzt waren. Einerseits analysierten die Gründer der PSR richtig, daß sich die Kluft zwischen Stadt und Land im Zuge der Industrialisierung allmählich schließe und die Kommunikation zwischen der bewußten, revolutionären Intelligenz und der unbewußten Masse leichter werde, andererseits erkannten sie in ihrer Euphorie nicht, wie langsam sich dieser Vorgang in Rußland vollzog. Einerseits mobilisierte vor allem die Rekrutierung von bäuerlichen Soldaten für den Japankrieg 1904 die Bauernschaft in nie dagewesener Weise, andererseits beseitigte sie aber die grundsätzlichen Hemmnisse politischer Organisation im agrarischen Sektor nicht. Einerseits konstatierte Lenin in Widerlegung der populistischen Theorien schon 1897 zu Recht, daß die kapitalistische Produktionsweise auch in Rußland dominant geworden sei, andererseits schlug er die russische Entwicklung doch über den westeuropäischen Leisten.

Weitere Widersprüche dieser Art ließen sich anführen. Darin, daß eine radikale Umwälzung unausweichlich war, daß sich aber die beiden stärksten revolutionären Kräfte, die Sozialrevolutionäre ebenso wie die Bol'ševiki, als unfähig erwiesen, die Kluft zwischen dem agrarischen und dem industriellen Sektor dauerhaft zu überbrücken, trat ein *grundlegendes Dilemma* der russischen Revolution zutage: An ihm scheiterte sowohl der Populismus als auch das Experiment einer sozialistischen Gesellschaft.

Anhang I

DATEN ZUR GESCHICHTE DER PSR

seit 1895	Entstehung sozialrevolutionärer Gruppen
1896	Kiever Gruppe der Sozialrevolutionäre, „Bund der Sozialrevolutionäre", später „Nordbund"
1898	Programmbroschüre „Naši zadači"
1899	Arbeiterpartei für die politische Befreiung Rußlands
1900	Manifest der Sozialrevolutionären Partei (Südgruppen) Agrarsozialistische Liga
Winter 1901/02	Gründung der PSR
April 1902	Gründung der „Kampforganisation der PSR", Attentat auf Sipjagin
1902–04	Aufbau der Parteiorganisation
1903	Gründung der „Auslandsorganisation"
1904	Veröffentlichung des Parteiprogramms, Opposition der „Agrarniki"
Juli 1904	Attentat auf von Pleve
Februar 1905	Attentat auf den Großfürsten Sergej Aleksandrovič
Dez. 1905–Jan. 1906	erster Parteitag
1906	Abspaltung der Maximalisten
Mai 1906	erster Parteirat
Oktober 1906	zweiter Parteirat
Januar 1907	Neugründung der Auslandsorganisation
Februar 1907	zweiter, außerordentlicher Parteitag
Juli 1907	dritter Parteirat
August 1908	erste Gesamtkonferenz der Partei, vierter Parteirat
1908	Bildung der „Pariser Gruppe der Sozialrevolutionäre"
Dezember 1908	Entlarvung Azefs
April/Mai 1909	fünfter Parteirat
1911	Bildung der „Počin"-Gruppe
Mai 1917	dritter Parteitag
Nov./Dez. 1917	vierter Parteitag
November 1917	Bildung der „Partei der Linken Sozialrevolutionäre"
1922	Prozeß der PSR

Anhang II

KURZBIOGRAPHIEN

Agafonov, V. K. (1863—?)
Gelehrter und Publizist, studierte an der mathematisch-physik. Fakultät, 1887 von der Universität relegiert, 1894 wegen Zugehörigkeit zu einer Nachfolgegruppe der „Narodnaja Volja" verhaftet, 1901 im Zusammenhang mit Studentenunruhen aktenkundig, trat seit 1908 als führendes Mitglied der „Pariser Gruppe der Sozialrevolutionäre" hervor und gehörte auch 1917 dem linken Flügel der PSR an.

Argunov (Voronovič), A. A. (1867—1939)
adelig, Eisenbahnangestellter und Berufsrevolutionär, studierte an der Moskauer Universität, gründete 1894—96 den „Bund der Sozialrevolutionäre" in Saratov, verfaßte die Programmbroschüre „Naši zadači" (1898), leitete den „Nordbund der Sozialrevolutionäre", gab die ersten drei Nummern der „Revoljucionnaja Rossija" heraus (1900—01), wurde 1901 in Tomsk verhaftet und nach Sibirien (Jakutsk) verbannt, kehrte 1905 nach St. Petersburg zurück, wurde vom ersten Parteitag ins CK gewählt und gehörte, von einer kurzen Haft 1907 abgesehen, bis zum Ausbruch des 1. Weltkrieges als einer der wichtigsten Organisatoren dem engsten Führungskreis der PSR im Ausland an. Während des Weltkrieges zählte A. zu den „Vaterlandsverteidigern", 1917 war er eine der zentralen Figuren des äußersten rechten Flügels und Redakteur der „Volja Naroda". A. emigrierte 1918 in die Tschechoslowakei.

Avksent'ev, N. D. (1878—1943)
adelig, Sohn eines Rechtsanwaltes aus Penza, studierte an der Moskauer Universität, 1899 als Vorsitzender des „Rates der vereinten Landsmannschaften" relegiert, setzte seine Ausbildung in Berlin, Leipzig und Halle 1900—04 fort, promovierte bei dem neukantianischen Philosophen A. Riehl, war 1905 ein bekannter Redner in den Fabriken von St. Petersburg und Mitglied des Exekutivkomitees des St. Petersburger Arbeitersowjets, zählte seit dieser Zeit zum engsten Führungskreis der PSR, wurde nach kurzer Verbannung und Flucht 1907 ins CK kooptiert und zum Redakteur des „Znamja Truda" gewählt. A. gehörte 1911/12 zu den Initiatoren des „Počin", schlug sich nach 1914 auf die Seite der Patrioten, war 1917 als führender Kopf des rechten Parteiflügels Mitglied des Exekutivkomitees des St. Petersburger Arbeitersowjets, Vorsitzender des Allrussischen Bauernsowjets, Innenminister der Provisorischen Regierung (Juli—August) und Vorsitzender des Vorparlaments. A. verließ Rußland 1918, er starb in den USA.

Azef, E. F. (1869—1918)
Sohn eines armen jüdischen Handwerkers, studierte Anfang der 90er Jahre in Darmstadt und Karlsruhe Ingenieurwissenschaften, nahm zu dieser Zeit Kontakt zu ausländischen neopopulistischen Gruppen auf, trat zugleich in den Dienst der politischen Polizei, schloß sich 1899 dem „Nordbund der Sozialrevolutionäre" an, wurde 1903 Nachfolger G. A. Geršunis als Haupt der „Kampforganisation" der PSR, organisierte die Attentate auf den Innenminister V. K. von Pleve (Juli 1904) und den Großfürsten Sergej Aleksandrovič (Februar 1905) und gehörte zum innersten Kern des CK. A. wurde im Dezember 1908 als Polizeiagent entlarvt und ließ sich nach gelungener Flucht als Geschäftsmann in Berlin nieder.

Kurzbiographien

Bach, A. N. (1857−1946)
Sohn eines jüdischen Technikers aus dem Gouvernement Poltava, studierte an der math.-physik. Fakultät der Universität Kiev, wurde 1878 wegen Teilnahme an der revolutionären Bewegung verhaftet und verbannt, trat der „Narodnaja Volja" bei, lebte seit 1883 illegal als Agitator in Südrußland, emigrierte 1885 nach Frankreich, in die USA und in die Schweiz, zählte zu den Mitgliedern des „Fonds der freien russischen Presse", nahm 1900−01 an der Gründung der PSR teil, der er sich als Terrorgegner jedoch erst 1905 formell anschloß, fungierte als Sekretär des Auslandskomitees und wurde vom fünften Parteirat 1909 zum Vorsitzenden der Untersuchungskommission in Sachen Azef gewählt. 1914 ergriff B. für die Vaterlandsverteidiger Partei, kehrte 1917 nach Rußland zurück und brach 1918 mit der PSR. In den 20er Jahren tat B. sich als einer der führenden Chemiker der Sowjetunion hervor, wurde 1929 zum Mitglied der Akademie der Wissenschaften der UdSSR ernannt und 1945 als „Held der sozialistischen Arbeit" geehrt.

Bilit, B. G. (1864−?)
Sohn eines jüdischen Getreidehändlers aus Odessa, mußte das Gymnasium vorzeitig verlassen, wurde 1884 wegen Zugehörigkeit zur „Narodnaja Volja" verhaftet und unter behördliche Aufsicht gestellt, ging 1889 in die Emigration und ließ sich in Paris und Genf nieder, wurde Gymnasiallehrer für Chemie, schloß sich 1900 der PSR an, half der Kampforganisation bei der technischen Vorbereitung von Attentaten, profilierte sich aber nach 1905 als energischer Kritiker des Terrors und gehörte seit 1911 zum rechten Parteiflügel um den „Počin" und die „Izvestija Zagraničnogo Oblastnogo Komiteta". B. kehrte 1932 in die Sowjetunion zurück.

Bonč-Osmolovskij, A. O. (1857−1928)
Adeliger aus altem weißrussischen Geschlecht, schloß sich 1876 der „Zemlja i Volja" in St. Petersburg und danach dem „Černyj peredel" an, gehörte 1900 zu Geršunis „Arbeiterpartei für die politische Befreiung Rußlands" in Minsk, wurde im selben Jahr verhaftet und auf fünf Jahre nach Sibirien verbannt, zählte zu den Gründern des „Uraler Bundes der Sozialdemokraten und Sozialrevolutionäre" in Ufa, kehrte Anfang 1905 ins europäische Rußland zurück, wurde ins CK der PSR kooptiert und ins Oblastkomitee des Nordwestoblast gewählt, arbeitete an führender Stelle im „Allrussischen Bauernbund", nahm an den Dezemberunruhen in Moskau teil und gehörte zur Redaktion der „Zemla i Volja". Nach 1907 betrieb B.-O. vor allem auf seinen Besitzungen in Blon' revolutionäre Agitation und wurde dafür 1910−11 in einem aufsehenerregenden Prozeß zur Rechenschaft gezogen.

Breško-Breškovskaja, E. K. (1844−1934)
adelig, Tochter eines Oberleutnants, nahm 1874 als Bakunin-Anhängerin am „Gang ins Volk" teil, wurde 1877 im „Prozeß der 193" verurteilt und nach Sibirien verbannt, kehrte 1896 ins europäische Rußland zurück, schloß sich 1899 der „Arbeiterpartei für die politische Befreiung Rußlands" in Minsk an und trug gemeinsam mit Geršuni zwischen 1901 und 1903 maßgeblich zum Aufbau der sozialrevolutionären Parteiorganisation in Rußland bei. 1903 rief B. den Gründungskongreß der Auslandsorganisation der PSR zusammen und fungierte bis Ende 1904 als Stellvertreterin der innerrussischen CK in der Emigration. Nach einer triumphalen Werbereise durch die USA kehrte sie 1905 zur revolutionären Arbeit nach Rußland (vor allem Saratov) zurück, wurde 1907 verhaftet und 1910 zu lebenslanger Verbannung verurteilt (Jakutsk). 1917 gehörte B. dem äußersten rechten Flügel der PSR an, 1918 zählte sie zum „Komitee der Mitglieder der Konstituierenden Versammlung" und emigrierte 1919 nach Paris, später in die USA.

Černov, V. M. (1873−1952)
schloß sich bereits Ende der 80er Jahre in seiner Heimatstadt Saratov populistischen Zirkeln um V. A. Balmašev und M. A. Natanson an, wurde 1894 wegen Zugehörigkeit

zur „Partei des Volksrechts" verhaftet, betrieb 1898—99 gemeinsam mit S. N. Sletov Bauernagitation im Gouvernement Tambov und rief die ersten „Bauernbrüderschaften" ins Leben, trat seit Ende der 90er Jahre durch philosophische Beiträge im „Russkoe Bogatstvo" als äußerst begabter Michajlovskij-Schüler hervor, emigrierte 1899 nach Paris, hatte maßgeblichen Anteil an der Gründung der „Agrarsozialistischen Liga" (1900) und der PSR (1901/02), übernahm gemeinsam mit M. R. Goc die Redaktion der „Revoljucionnaja Rossija" in Genf (1902) und profilierte sich als führender Theoretiker der neuen Partei. 1904 veröffentlichte Č. das Programm der PSR, 1906 wurde er ins CK gewählt und gehörte diesem als prominentestes Mitglied bis 1909 an. Nach der Entlarvung Azefs zog er sich von politischer Tätigkeit weitgehend zurück und widmete sich im „Socialist-Revoljucioner" (seit 1910) und den „Zavety" (ab 1912) theoretischen Fragen. 1914 bezog Č. auf Seiten der Internationalisten Position und nahm 1915 an der Zimmerwalder Konferenz teil. 1917 führte er das linke Parteizentrum an, war von Mai—August Landwirtschaftsminister der Provisorischen Regierung, übernahm im Januar 1918 den Vorsitz der Konstituierenden Versammlung und im Sommer 1918 den des „Komitees der Mitglieder der Konstituierenden Versammlung" in Ufa, verweigerte allerdings eine engere Zusammenarbeit mit den weißen Generälen und mußte 1920 nach Beendigung des Bürgerkrieges emigrieren. Im Prager Exil befaßte sich Č. in den 20er Jahren mit Fragen der sozialistischen Theorie („konstruktiver Sozialismus"), nach 1945 übersiedelte er in die USA. Er starb in New York.

Fejt, A. Ju. (1864—1926)
deutscher Abstammung, Sohn eines Arztes aus dem Gouvernement St. Petersburg, studierte Medizin in St. Petersburg, nahm 1892 an Studentenunruhen teil und wurde unter behördliche Aufsicht gestellt, lebte Ende der 90er Jahre als Arzt in Char'kov, wurde 1894 wegen Zugehörigkeit zur „Gruppe der Narodovolzen" um M. S. Ol'minskij verhaftet und nach Sibirien verbannt, schloß sich 1903 der PSR in Čita an, kehrte 1905 ins europäische Rußland zurück, leitete für kurze Zeit das sozialrevolutionäre Komitee von Nižnij-Novgorod, wurde ins CK kooptiert und in das Exekutivkomitee des St. Petersburger Arbeiter- und Soldatensowjets gewählt. 1906 wurde F. mit diesem verhaftet und nach Sibirien verschickt. 1908 ließ er sich nach gelungener Flucht in Paris nieder, wo er zum engeren Führungskreis und zeitweilig zur „Auslandsdelegation des CK" der PSR zählte. Am ersten Weltkrieg nahm F. freiwillig als Arzt auf französischer Seite teil. 1917 gehörte er der näheren Umgebung des CK an. Während des Bürgerkrieges kämpfte er zunächst in der Armee Denikins, zog sich dann von aktiver politischer Tätigkeit zurück und widmete sich wissenschaftlichen medizinischen Arbeiten.

Fundaminskij, I. I. (1881—1942)
(Pseud. Bunakov), Sohn eines reichen jüdischen Kaufmanns aus Moskau, studierte 1900—04 gemeinsam mit N. D. Avksent'ev, V. M. Zenzinov und A. R. Goc in Heidelberg und Halle Philosophie, Anhänger des Neukantianismus, talentierter Theoretiker und Redner, schloß sich Anfang 1905 dem Moskauer Komitee der PSR an und wurde während der Revolution als Agitator bekannt. 1909 wählte ihn der fünfte Parteirat in die Auslandsdelegation des CK. 1911 war F. einer der Initiatoren der „Počin"-Gruppe, 1914 ergriff er für die „Vaterlandsverteidiger" Partei und tat sich 1917 als einer der Führer des rechten Flügels hervor.

Gedeonovskij, A. V. (1895—1928)
Sohn eines Priesters aus dem Gouvernement Orel, besuchte ein Priesterseminar, trat 1876 der „Zemlja i Volja" und 1880 der „Narodnaja Volja" bei, wurde 1882 und nochmals 1886 unter behördliche Aufsicht gestellt, schloß sich 1893 Natansons „Partei des Volksrechts" an, wurde 1894 verhaftet und nach Sibirien verbannt, trat nach seiner Rückkehr (ca. 1900) in engen Kontakt zu den Gründern der PSR, fungierte 1904 als Repräsentant des innerrussischen CK in Odessa, arbeitete 1905—06 in den sozialrevolutionären Komitees von St. Petersburg, Moskau, Voronež, Nižnij-Novgorod und Char'kov, nahm am ersten Parteitag in Imatra teil, emigrierte 1906 nach Paris und zählte

hier bis 1917 zum engeren Führungskreis der Auslandsorganisation der PSR. 1917 wurde G. in die Moskauer Stadtduma gewählt und bekleidete später eine leitende Position in der Kooperativbewegung (Centrosojuz).

Geršuni, G. A. (1870—1908)
Sohn eines Bauern aus dem Gouvernement Kovno, Jude, 1885—88 Apothekerlehrling, arbeitete seit 1889 als Apotheker und Zeitungskorrektor in St. Petersburg, studierte seit 1895 in Kiev Pharmazie, wurde 1897 wegen Teilnahme an Studentenunruhen verhaftet, eröffnete 1898 in Minsk ein chemisch-bakteriologisches Institut und rief einen politischen Zirkel, die Keimzelle der „Arbeiterpartei für die politische Befreiung Rußlands", ins Leben. Auf G.'s Initiative schlossen sich im Winter 1901—02 die russischen und die ausländischen sozialrevolutionären Organisationen zur PSR zusammen. 1902 gründete er die Kampforganisation und bereitete das Attentat auf den Innenminister D. S. Sipjagin vor. Nach seiner Verhaftung (1903) wurde G. 1904 zum Tode verurteilt, zu lebenslänglicher Zwangsarbeit begnadigt und 1905 nach Sibirien verbannt. 1906 gelang ihm über China und die USA die Flucht. 1907 nahm er am zweiten Parteitag der PSR teil. G., eine der größten politischen Potenzen der Sozialrevolutionäre, starb 1908 in Zürich.

Goc, A. R. (1882—1940?)
Sohn eines reichen jüdischen Kaufmanns aus Moskau und Bruder von M. R. Goc, studierte 1900—1904 zusammen mit N. D. Avksent'ev, V. M. Zenzinov und I. I. Fundaminskij Philosophie in Halle und Heidelberg, stand schon seit 1901 in Kontakt mit dem „Nordbund" A. A. Argunovs und der Genfer Exilführung der PSR, gehörte 1905 dem Moskauer Komitee an, trat 1906 in die Kampforganisation ein und nahm an den Attentatsvorbereitungen auf den Innenminister P. N. Durnovo teil, wurde 1906 verhaftet und 1907 zu acht Jahren Zwangsarbeit verurteilt. G. leitete 1917 die sozialrevolutionäre Fraktion des St. Petersburger Sowjets, später des Allrussischen Arbeiter- und Soldatensowjets und galt als Führer des rechten Parteizentrums. Nach dem Oktoberumsturz nahm er an der Organisierung des antibolschewistischen Widerstandes teil und wurde im Prozeß gegen die PSR 1922 verurteilt. Laut sowjetischer Darstellung arbeitete G. nach seiner Freilassung 1927 bis 1940 in der Gouvernementsverwaltung von Simbirsk, laut V. M. Zenzinov wurde er 1937 in Alma Ata erschossen.

Goc, M. R. (1866—1906)
Sohn eines reichen jüdischen Kaufmanns aus Moskau, studierte an der Moskauer Universität Medizin und Jura, trat 1884 der „Narodnaja Volja" bei, gehörte 1885 deren Moskauer Komitee an, wurde 1886 verhaftet, 1888 nach Sibirien verbannt und 1895 amnestiert, ließ sich 1900 in Paris nieder, gab gemeinsam mit I. A. Rubanovič und N. S. Rusanov den „Vestnik Russkoj Revoljucii" heraus, gehörte 1901—02 zu den Architekten der PSR, deren Zentralorgan „Revoljucionnaja Rossija" er mit V. M. Černov seit 1902 in Genf herausgab. Obgleich durch eine schwere Krankheit behindert, wurde G. zum organisatorischen Zentrum der sozialrevolutionären Auslandsgruppen.

Judelevskij, J. L. (1868—?)
„meščanin" jüdischer Abstammung aus dem Gouvernement Grodno, studierte an der phys.-math. Fakultät der St. Petersburger Universität, wurde 1900 wegen Zugehörigkeit zu einem „terroristischen" Zirkel in St. Petersburg verhaftet und 1892 zu fünf Jahren Verbannung verurteilt, gab 1908 die „Revoljucionnaja Mysl'" heraus und galt als theoretischer Führer der neomaximalistischen „Pariser Gruppe der Sozialrevolutionäre".

Kraft, P. P. (1870—1907)
Sohn eines Hofrats aus Kaluga, studierte in Moskau, schloß sich 1888 einem der letzten Zirkel der „Narodnaja Volja" an, wurde 1889 verhaftet und zu drei Jahren Gefängnis verurteilt, betrieb seit 1892 revolutionäre Agitation in Südrußland, leitete Ende der

90er Jahre eine sozialrevolutionäre Gruppe in Penza, zählte 1900—02 zur ersten innerrussischen Zentralgruppe der PSR in Saratov und hatte als nächster Helfer G. A. Geršunis maßgeblichen Anteil am Aufbau der sozialrevolutionären Organisation. 1902 wurde K. in Kiev verhaftet und zu drei Jahren Arrest verurteilt. In den Revolutionsjahren war er erneut im Untergrund tätig und gehörte unter anderem dem Oblastkomitee des Nordoblasts sowie dem Organisationsbüro beim CK an.

Lazarev, E. E. (1855—?)
Sohn eines leibeigenen Bauern aus dem Gouvernement Samara, besuchte das Gymnasium von Samara, nahm 1874 am „Gang ins Volk" teil, wurde 1877 in den „Prozeß der 193" verwickelt, aber freigesprochen, gründete 1879 einen Zirkel der „Narodnaja Volja" in Samara, wurde 1884 verhaftet und nach Čita verbannt, floh 1890 in die USA, kam 1894 nach Europa und wurde Sekretär des „Fonds der freien russischen Presse" in London, lebte seit Mitte der 90er Jahre als Bauer in der Schweiz, nahm 1900 an der Gründung der „Agrarsozialistischen Liga" teil, trat der PSR offiziell 1902 bei und zählte seitdem zum engeren Kreis der ausländischen Führung. 1904 vertrat L. seine Partei auf dem Amsterdamer Kongreß der Zweiten Sozialistischen Internationalen. In den Revolutionsjahren widmete er sich in St. Petersburg und vor allem im Gouvernement Samara revolutionärer Tätigkeit. 1911 wurde er verhaftet und nach Sibirien verbannt. 1917 war L. Mitglied des Bauernsowjets von Samara, des Allrussischen Bauernsowjets sowie der Konstituierenden Versammlung und gehörte 1918 als Bildungsminister der „Regierung der Mitglieder der Konstitutierenden Versammlung in Samara" an. 1919 emigrierte er über die USA nach Prag.

Lebedev, B. N. (1883—?)
(Pseud. „Voronov"), Sohn eines Staatsrats, besuchte die Universität von Kazan', wurde 1904 unter behördliche Aufsicht gestellt, leitete seit 1906 das Rajonkomitee des Narva-Bezirks in St. Petersburg, wurde 1908 verhaftet und nach Tobol'sk verbannt, konnte bereits im selben Jahr fliehen und emigrierte nach Paris. Seit 1909 trat L. als Spezialist der Parteiführung für Arbeiterfragen hervor und wurde im selben Jahr vom fünften Parteirat ins CK gewählt. 1911 schloß er sich der „Počin"-Gruppe an und galt als einer der führenden Repräsentanten des rechten Flügels.

Lebedev, V. I. (1883—1956)
Sohn eines Oberarztes der Armee aus dem Kaukasus, besuchte eine Militärschule, nahm 1904 am Krieg gegen Japan teil, trat 1906 dem „Offiziersbund" der PSR bei, zählte im September 1907 zu den Organisatoren des Aufstandes in Sevastopol', emigrierte 1908 und gab gemeinsam mit F. V. Volchovskij die sozialrevolutionäre Soldatenzeitung „Za Narod" heraus. Während des ersten Weltkrieges diente L. als Freiwilliger in der französischen Armee und schloß sich 1917 dem rechten Parteiflügel an. Er war Redakteur der „Volja Rossii", von April bis August Marineminister der Provisorischen Regierung und im August Stellvertreter des Generalgouverneurs des St. Petersburger Militärbezirks. Nach dem Oktoberumsturz zählte er zu den führenden Organisatoren des antibolschewistischen Widerstandes, emigrierte 1919 nach Paris, dann nach Prag und 1936 in die USA.

Leonovič, V. V. (1875—?)
adelig, wurde 1898 nach Sibirien verbannt, leitete 1900—1903 gemeinsam mit A. O. Bonč-Osmolovskij und E. S. Sazonov die sozialrevolutionäre Gruppe von Ufa, wurde 1903 im Zusammenhang mit dem Attentat auf den Gouverneur N. M. Bogdanovič verhaftet, war 1904—1905 als Berufsrevolutionär in Samara, Nižnij-Novgorod, Saratov und Odessa tätig, gehörte seit dieser Zeit dem innerrussischen CK an, zählte zum Vorbereitungskomitee des ersten Parteitages, fungierte 1906 als Bevollmächtigter des CK beim Oblastkomitee des Zentraloblast und scheint auch Mitglied des St. Petersburger Komitees der PSR gewesen zu sein. Nach 1907 emigrierte L. und übernahm Aufga-

ben im engeren Umkreis der Auslandsdelegation des CK und des Komitees der Auslandsorganisation.

Michalevič, S. F. (um 1855–1911)
schloß sich Ende der 70er Jahre der „Zemlja i Volja" an, wurde verhaftet und nach Sibirien (Jakutsk) verbannt, kehrte 1905 nach St. Petersburg zurück und wurde vom CK mit der Leitung der Armeeagitation beauftragt. Ende 1906 gründete M. den „Allrussischen Offiziersbund" sowie den „Allrussischen Bund der Soldaten und Matrosen" und gab die Zeitung „Narodnaja Armija" heraus. 1907 nahm er an den terroristischen Aktivitäten teil, wurde verhaftet und erneut nach Jakutsk verbannt. 1909 gelang ihm die Flucht nach St. Petersburg, wo er sich aber nur kurze Zeit vor der Ochrana verbergen konnte. 1911 wurde M. zum Tode verurteilt und hingerichtet.

Minor, O. S. (1861–1932?)
Sohn eines Rabbiners aus Minsk, studierte in Jaroslavl' und Moskau, arbeitete 1883 gemeinsam mit M. R. Goc in einem Zirkel der „Narodnaja Volja", wurde 1885 verhaftet und nach Sibirien verbannt, kehrte Ende der 90er Jahre zurück und emigrierte 1902 nach Berlin, trat durch Vermittlung von Goc der PSR bei und gehörte seitdem der sozialrevolutionären Auslandsführung in Genf an. In den Revolutionsjahren diente M. mehrfach als Sonderbeauftragter des CK: 1905 wurde er zur Reorganisation der Parteiarbeit in den Kaukasus gesandt, 1906 mit der gleichen Aufgabe nach Weißrußland und in die Ukraine, 1907 besuchte er als Emissär der Parteispitze einige Komitees im Kaukasus sowie das von St. Petersburg. Beim CK war M. für die „propagandistische und agitatorische Arbeit" in Rußland zuständig. 1908 wurde er mit der Erneuerung der Oblastorganisation der Wolgaoblasts betraut und Anfang 1909 infolge eines Hinweises von Azef verhaftet. Aus sibirischer Verbannung kehrte M. 1917 zurück, wurde in die Moskauer Stadtduma und die Konstituierende Versammlung gewählt, beteiligte sich nach dem Oktoberumsturz am antibolschewistischen Widerstand und emigrierte 1919 in die USA, später nach Prag.

Natanson, M. A. (1850–1919)
Sohn eines Kaufmanns, besuchte die medizinisch-chirurg. Akademie von St. Petersburg, organisierte 1869 mit N. V. Čajkovskij einen frühpopulistischen revolutionären Zirkel, wurde 1872 relegiert und auf drei Jahre in Verbannung geschickt, war 1876 einer der Gründer der „Zemlja i Volja", wurde 1877 verhaftet und bis 1889 nach Sibirien verbannt, gründete 1893 die „Partei des Volksrechts" in Saratov, wurde 1894 erneut verhaftet und zu zehnjähriger Verbannung verurteilt, kehrte 1905 ins europäische Rußland zurück, schloß sich der PSR an und wurde vom ersten Parteitag ins CK gewählt. N. zählte, auch in der Emigration nach 1907, zu den Kernmitgliedern der sozialrevolutionären Führung und war insbesondere für organisatorische Aufgaben sowie die Parteikasse zuständig. 1914 bezog er eine internationalistische Position und nahm 1915–16 an den Konferenzen von Zimmerwald und Kiental teil. 1917 gehörte er dem linken Flügel an und war einer der Gründer der „Partei der linken Sozialrevolutionäre".

Potapov, A. I. (1869–1915)
(Pseud. „Rudin"), Arzt aus Moskau, Mitglied der „Narodnaja Volja", 1896 verhaftet und auf zwei Jahre nach Sibirien verbannt, trat mit Beiträgen im „Russkoe Bogatstvo" und im „Obrazovanie" an die Öffentlichkeit, zählte seit 1903 zur innerrussischen Führung der PSR und profilierte sich insbesondere als Experte für Agrarfragen. P. gehörte 1906–07 dem Organisationsbüro beim CK an und war lange Jahre einer der Säulen des Moskauer Komitees. 1909 wurde er infolge des Verrats von Z. F. Žučenko verhaftet und nach Astrachan' verbannt. Nach einem kurzen Aufenthalt im Ausland lebte er 1914–15 als Arzt in Moskau.

Rakitnikov, N. I. (1864—?)
(Pseud. „Maksimov"), Sohn eines Bauern, schloß 1886 sein Studium der Rechtswissenschaft an der Universität von St. Petersburg ab, wurde 1888 wegen Besitzes von illegaler Literatur nach Vologda verbannt, ließ sich Ende der 90er Jahre in Saratov nieder und gründete hier gemeinsam mit A. P. Bulanov, A. I. Al'tovskij u. a. eine bedeutende sozialrevolutionäre Gruppe, die 1902 die Funktion eines CK übernahm. Nach kurzer Haft Ende 1904 war R. außer in der PSR auch im Allrussischen Bauernbund tätig. 1906 wurde er vom ersten Parteitag ins CK gewählt und gehörte diesem auch in der Folgezeit an. R. machte sich als Vertreter eines gemäßigt maximalistischen Kurses sowie als führender Agrarexperte der Partei einen Namen und galt bald als der bekannteste sozialrevolutionäre Politiker nach Černov. Nach der Entlarvung Azefs mußte er zusammen mit den übrigen Mitgliedern des alten CK zurücktreten, behielt jedoch sein Amt als Redakteur des „Znamja Truda" und wurde der energischste Verfechter der orthodoxen sozialrevolutionären Theorie und Taktik in der Auseinandersetzung mit der linken und rechten Opposition. 1917 gehörte R. dem linken Zentrum an, diente vom Mai bis August als Stellvertreter Černovs im Landwirtschaftsministerium der Provisorischen Regierung und war eines der prominentesten Mitglieder des CK. Im Februar 1919 plädierte er für eine Kooperation mit den Bol'ševiki („Vereinbarung von Ufa") und beteiligte sich nach der Ablehnung eines solchen Schrittes durch das CK an der Gründung der Gruppe „Narod", die sich bald „Partei der sozialrevolutionären Minderheit" nannte, aus der PSR austrat und zu einer bedingten Unterstützung der neuen Sowjetregierung bereit war.

Rubanovič, I. A. (1859—1922)
Sohn eines jüdischen Arzthelfers aus Odessa, studierte mit Auszeichnung an der phys.-math. Fakultät der Universität Odessa, schloß sich 1879 der „Narodnaja Volja" an, wurde 1881 verhaftet, emigrierte nach seinem Loskauf nach Paris, erwarb die französische Staatsbürgerschaft und wurde später Professor für Chemie an der Sorbonne. R. stand in engem Kontakt zu den bekanntesten Figuren des populistischen Exils, namentlich zu P. L. Lavrov, L. A. Tichomirov und M. N. Ošanina-Polonskaja, trat Anfang der 90er Jahre der „Gruppe der alten Narodovolzen" bei, war Mitglied der französischen sozialistischen Partei, gehörte 1900 zu den Initiatoren der „Agrarsozialistischen Liga", gab 1901 zusammen mit N. S. Rusanov den „Vestnik Russkoj Revoljucii" heraus und schloß sich im selben Jahr offiziell der PSR an. R. fungierte als „Außenminister" der neopopulistischen Bewegung (Černov), edierte seit 1904 die „Tribune Russe" — ein für das Ausland bestimmtes Organ der PSR — und bekleidete seit dem Amsterdamer Kongreß der Zweiten Sozialistischen Internationalen das Amt eines ständigen Stellvertreters seiner Partei im Büro der Zweiten Sozialistischen Internationalen. In den Fraktionsstreitigkeiten nach 1907 bezog er eine dezidiert antiterroristische Position und schlug sich 1914 auf die Seite der „Vaterlandsverteidiger". 1917 kehrte R. nach Rußland zurück, wurde in das Exekutivkomitee des Allrussischen Bauernsowjets gewählt, im August aber erneut als offizieller Vertreter der PSR ins Ausland entsandt. R. starb in Berlin.

Rudnev, V. V. (1879—1940)
stammte aus einer wohlhabenden Moskauer Familie, studierte seit 1901 Medizin in Deutschland und gehörte dem sozialrevolutionären Freundeskreis um N. D. Avksent'ev, I. I. Fundaminskij, A. R. Goc, V. M. Zenzinov u. a. an. 1905 ging R. zur revolutionären Arbeit nach Rußland, machte sich binnen kurzem als einer der fähigsten und populärsten Mitglieder der Moskauer Organisation der PSR einen Namen und vertrat seine Partei im Exekutivkomitee des Moskauer Arbeitersowjets. 1906 nahm er als Delegierter der Moskauer Organisation am ersten Parteitag der PSR teil, wurde vom neuen CK zum Bevollmächtigten für Organisationsfragen in St. Petersburg ernannt und war 1907 für die Beziehungen des noch in Rußland residierenden CK mit dem Organisationsbüro in Paris zuständig. Seit 1909 lebte R. im sibirischen Jakutsk. 1914 schloß er sich den „Vaterlandsverteidigern" an, 1917 war er Bürgermeister von Moskau, 1918 kämpfte er auf Seiten der antibolschewistischen Verbände und verließ Rußland.

Kurzbiographien 411

Savinkov, B. V. (1879—1925)
adelig, mußte 1899 die Universität von St. Petersburg wegen Beteiligung an Studentenunruhen verlassen, setzte sein Studium in Berlin und Heidelberg fort, wurde 1902 für sozialdemokratische Tätigkeit zur Rechenschaft gezogen und nach Sibirien verbannt, wechselte nach seiner Flucht 1903 durch Vermittlung E. K. Breško-Breškovskajas zur PSR über und trat auf Empfehlung von M. R. Goc der Kampforganisation bei. S. stieg zum zweiten Mann des sozialrevolutionären Terrors nach Azef auf, hatte maßgeblichen Anteil an der Ermordung des Innenministers V. K. von Pleve (1904) und des Großfürsten Sergej Aleksandrovič (1905) und erlangte insbesondere durch seine spektakuläre Flucht aus dem Gefängnis von Sevastopol' (1906) sowie seine autobiographischen Romane „Das bleiche Pferd" (1909) und „Als wäre es nicht gewesen" (1912) großen Ruhm. Im ersten Weltkrieg nahm S. als Kriegskorrespondent und französischer Freiwilliger teil. 1917 fungierte er als Armee-Kommissar und stellvertretender Kriegsminister der Provisorischen Regierung unter A. F. Kerenskij und wurde im September wegen seiner zwielichtigen Rolle während des Kornilov-Putsches aus der PSR ausgeschlossen. Nach dem Oktoberumsturz hatte er führenden Anteil an der Organisation des antibolschewistischen Widerstandes und verließ Rußland nach der Niederlage der weißen Armee. 1924 entschloß sich S. erneut, illegal in die Sowjetunion zu gehen, um gegen das Regime zu arbeiten. Er wurde beim Grenzübertritt verhaftet und beging im Gefängnis Selbstmord.

Šiško, L. È. (1852—1910)
aus adeliger Familie, besuchte ab 1868 eine Militärakademie und ab 1871 ein technologisches Institut, schloß sich zu dieser Zeit dem Čajkovskij-Zirkel an, nahm 1874 am „Gang ins Volk" teil und wurde dafür im „Prozeß der 193" zu neun Jahren Zwangsarbeit in Sibirien verurteilt. 1890 kehrte Š. zurück und emigrierte nach Frankreich. Er war Mitbegründer des „Fonds der freien russischen Presse" (1891) und einer der Initiatoren der „Agrarsozialistischen Liga" (1900). Der PSR trat Š. erst 1904 bei, zählte jedoch von Anfang an zum engsten Kreis der ausländischen Führung und war einer der einflußreichsten „stariki".

Sletov, S. N. (1876—1915)
adelig, Sohn eines reichen Grundbesitzers aus dem Gouvernement Tambov, studierte seit 1894 an der naturwissenschaftlichen Fakultät der Universität Moskau, wurde 1897 wegen oppositioneller politischer Tätigkeit in den studentischen Landsmannschaften auf drei Jahre nach Ufa verbannt, konnte bereits im selben Jahr auf Gesuch seines Vaters unter behördliche Aufsicht nach Tambov zurückkehren, organisierte hier gemeinsam mit V. M. Černov die ersten „Bauernbrüderschaften", wurde dafür 1899 erneut polizeilich belangt und ging ins Ausland. S. nahm als dezidierter Fürsprecher einer antiterroristischen, demokratischen und weitgehend auf die agrarischen Massen konzentrierten Politik an den Verhandlungen über die Parteigründung und den Diskussionen über eine Programmplattform teil. 1902—04 war er illegal in Kiev und Odessa tätig und organisierte insbesondere den Literaturtransport. Als Gegner eines vom CK unabhängigen zentralen politischen Terrors wurde er von E. F. Azef an die Ochrana verraten und am 4. September 1904 verhaftet. Seit Oktober 1905 arbeitete S. an führender Stelle im Kiever Komitee der PSR; im Dezember nahm er am Moskauer Aufstand teil und wurde im Januar 1906 ins CK kooptiert. Im Februar 1907 legte S. dieses Amt aus Protest gegen die Isolation der Parteispitze von der Peripherie nieder und beschloß, zur Arbeit an der Basis ins Moskauer Komitee zurückzukehren. Nach seiner Verhaftung und Flucht im Frühjahr 1907 ging er ins Ausland, fungierte eine Zeit lang als Vertreter von I. A. Rubanovič im Büro der Zweiten Sozialistischen Internationalen und widmete sich danach organisatorischen Tätigkeiten in der Pariser Exilführung der PSR. 1911 wurde S. als Bevollmächtigter des CK nach Rußland gesandt, um den Zustand der sozialrevolutionären Gruppen zu inspizieren. Die Eindrücke dieser Reise veranlaßten ihn, sein Amt erneut niederzulegen und sich dem „Počin"-Kreis anzuschließen. 1914 ergriff S. für die „Vaterlandsverteidiger" Partei. Er fiel 1915 als französischer Kriegsfreiwilliger.

Tjutčev, N. S. (1856–1924)
Sohn eines Wirklichen Geheimrats aus altem adeligen Geschlecht, studierte seit 1875 Medizin in St. Petersburg, schloß sich 1876 der „Zemlja i Volja" an, wurde 1878 verhaftet und nach Sibirien verbannt, kehrte 1892 ins europäische Rußland zurück und gründete gemeinsam mit M. A. Natanson die „Partei des Volksrechts", wurde 1894 erneut verhaftet, trat nach Ablauf seiner Verbannung 1904 der PSR bei, nahm 1905 an den Vorbereitungen der Kampforganisation für ein Attentat auf den Generalgouverneur D. F. Trepov teil und wurde im Sommer 1905 als Bevollmächtigter des (damals in Rußland residierenden) CK nach Genf entsandt. T. blieb bis 1914 in der Emigration und zählte hier zum engsten Führungskreis der PSR. 1917 gehörte er dem äußersten rechten Flügel der PSR um die „Volja Naroda" an, trat aber politisch wenig hervor und widmete sich hauptsächlich seiner Arbeit im Historischen Revolutionären Archiv in Petrograd. Seit 1923 gehörte T. zum Redaktionskreis der Zeitschrift „Katorga i ssylka". Er starb in Leningrad.

Volchovskij, F. V. (1846–1914)
Adeliger aus dem Gouvernement Poltava, studierte seit 1863 Jura an der Moskauer Universität, beteiligte sich seit 1867 an der revolutionären Bewegung, war 1869–70 einer der Gründer des Čajkovskij-Zirkels, wurde verhaftet und 1877 im „Prozeß der 193" nach Sibirien verbannt, von wo er 1889 über Vladivostok und die USA nach Europa floh, ließ sich 1890 in London nieder, gehörte zu den Gründern des „Fonds der freien russischen Presse" und 1900 zu den Initiatoren der „Agrarsozialistischen Liga" und der PSR. Offiziell trat V. der neuen Partei erst spät (ca. 1904) bei, zählte danach aber zu den aktivsten Mitgliedern ihrer Führung. Insbesondere widmete er sich der publizistischen Tätigkeit, nahm seit 1904 an der Redaktionsarbeit der „Revoljucionnaja Rossija" teil, gehörte seit 1910 der Redaktion des „Znamja Truda" an und gab zusammen mit V. I. Lebedev die Soldatenzeitung „Za Narod" heraus. V. starb in London.

Zenzinov, V. M. (1880–1953)
Sohn eines reichen Kaufmanns, „erblichen Ehrenbürgers" und Kommerzienrates aus Moskau, wurde schon als Schüler Ende der 90er Jahre wegen Verteilung revolutionärer Literatur von der Ochrana verwarnt, studierte seit 1900 Philosophie in Berlin, Halle und Heidelberg und gehörte gemeinsam mit N. D. Avksent'ev, I. I. Fundaminskij, A. R. Goc und anderen dem Kreise der „Deutsch-Sozialrevolutionäre" an. 1904 kehrte Z. nach Rußland zurück, begann im Auftrage der Auslandsführung mit dem Neuaufbau der Moskauer Organisation, war im Dezember 1905 einer der maßgeblichen Fürsprecher des bewaffneten Aufstandes, trat im Januar 1906 in die Kampforganisation ein und nahm an den Attentatsvorbereitungen gegen den Admiral F. V. Dubasov teil. Im September wurde er in St. Petersburg verhaftet und im Sommer 1907 nach Jakutsk verbannt, von wo er noch im selben Jahr über Japan und Hinterasien nach Europa floh. 1907–08 war Z. in der sozialrevolutionären Exilorganisation tätig, 1909 wurde er vom fünften Parteirat ins CK gewählt und zur revolutionären Arbeit nach Rußland entsandt. Dort wurde er Anfang 1910 verhaftet und erneut nach Sibirien verschickt. 1915 kehrte Z. nach Moskau zurück. 1917 war er einer der aktivsten Politiker des rechten Zentrums der PSR. Er gehörte dem Exekutivkomitee des Petrograder Arbeitersowjets, der Redaktion des Zentralorgans „Delo Naroda" sowie der Konstituierenden Versammlung an. 1918 zählte er zum „Komitee der Mitglieder der Konstituierenden Versammlung" in Samara und trat im September gemeinsam mit N. D. Avksent'ev auch der weißen Gegenregierung, dem in Ufa gewählten „Direktorium", bei. Nach dem Putsch Kolčaks in Omsk wurde Z. im November 1918 nach China verbannt, von wo er Anfang 1919 über die USA nach Paris, später nach Berlin, Prag und New York emigrierte.

Anhang III

ZUR LITERATUR ÜBER DIE PSR

Im westlichen Sprachraum wurde bisher nur eine einzige, allerdings sehr umfangreiche Monographie über die PSR veröffentlicht: O. H. Radkey, The Agrarian Foes of Bolshevism. Promise and Default of the Russian Socialist Revolutionaries. February to October 1917. New York 1958; ders., The Sickle Under the Hammer. The Russian Socialist Revolutionaries in the Early Months of Soviet Rule. N. Y. 1963. Vgl. auch die Vorarbeiten dazu: ders., An Alternative to Bolshevism. The Program of Russian Social Revolutionism. In: Journal of Modern History (zit.: JMH) 25 (1953) S. 25–39; ders., The Socialist Revolutionaries and the Peasantry After October. In: H. McLean, M. E. Malia, G. Fischer: Russian Thought and Politics. Harvard 1957 S. 457–480; ders., Chernov and Agrarian Socialism Before 1918. In: E. J. Simmons (Hrsg.), Continuity and Change in Russian and Soviet History. Cambridge/Mass. 1955 S. 63–80. Zur sowjetischen Kritik vgl.: V. V. Garmiza, L. S. Žumaeva: Partija èserov v sovremennoj buržuaznoj istoriografii. In: Istorija SSSR (zit.: ISSSR) 1968 No 2, S. 185–202.

Insbesondere die sozialrevolutionäre Tätigkeit vor dem Ersten Weltkrieg fand, vom „politischen Terror" (vgl. oben Kap. 13) abgesehen, wenig Beachtung. Erst in jüngster Zeit hat sich das Interesse an dieser Periode belebt. Vgl.: A. Blakely, The Socialist Revolutionary Party, 1901–1907: The Populist Response to the Industrialization of Russia. Ph. D. Diss. Berkeley 1971; T. B. Cross, Viktor Chernov, Reason and Will in a Morality for Revolution. Ph. D. Diss. Indiana Univ. Bloomington/Ind. 1968; ders., Purposes of Revolution: Chernov and 1917. In: Russian Review 26 (1967) S. 351– 360; M. P. Perrie, The Agrarian Policy of the Russian Socialist-Revolutionary Party From Its Origins Through the Revolution of 1905–1907. Cambridge 1976; dies., The Social Composition and Structure of the Socialist-Revolutionary Party Before 1917. In: Soviet Studies (zit.: SS) 24 (1972) S. 223–250. Vgl. auch Vorarbeiten zu dieser Studie: M. Hildermeier, Zur Sozialstruktur der Führungsgruppen und zur terroristischen Kampfmethode der Sozialrevolutionären Partei Rußlands vor 1917. In: Jahrbücher für Geschichte Osteuropas. NF (zit.: JfGO) 20 (1972) S. 516–550, auch gekürzt in: D. Geyer (Hrsg.), Wirtschaft und Gesellschaft im vorrevolutionären Rußland. Köln 1975 S. 368–389; ders., Neopopulismus und Industrialisierung: Zur Diskussion von Theorie und Taktik in der Sozialrevolutionären Partei Rußlands vor dem Ersten Weltkrieg. In: JfGO 22 (1974) S. 358–389, engl. gekürzt als: Neopopulism and Modernization: The Debate on Theory and Tactics in the Socialist Revolutionary Party, 1905–1914. In: Russian Review 34 (1975) S. 453–475.

Zahlreicher sind sowjetische Arbeiten zur PSR. Erste Darstellungen, die zumeist eher den Charakter populärer Agitations- und Aufklärungsbroschüren trugen, erschienen bereits in den 20er Jahren. Vgl. u. a.: A. V. Lunačarskij, Byvšie ljudi. Očerki partii ès-erov. M. 1922; S. Černomordik, Èsery (Partija Socialistov-Revoljucionerov). Char'kov 1929; M. Meščerjakov, Partija Socialistov-Revoljucionerov, Č.I: S načala devjanostych godov do revoljucii 1905 goda. M. 1922; S. Mickevič, Zaroždenie èserovskoj partii. In: Proletarskaja Revoljucija. Istoričeskij žurnal istparta. M. 1922 N. 12; F. A. Anderson (Hrsg.), Naši protivniki. Sbornik materialov i dokumentov. M. 1928; N. Popov, Melkoburžuaznye antisovetskie partii (šest' lekcij). M. 1924; Ju. Steklov, Partija socialistov-revoljucionerov. M. 1922; V. A. Bystrjanskij, Men'ševiki i èsery v russkoj revoljucii. Petrograd 1921; A. Platonov, Stranička iz istorii èserovskoj kontrrevoljucii. M. 1923.

In der Stalin-Ära verfiel die Beschäftigung mit den sozialrevolutionären Feinden einem strengen Tabu, das nur von wenigen Publikationen durchbrochen wurde. Vgl.

u. a.: A. Agarev, Bor'ba bol'ševikov protiv melkoburžuaznoj partii ėserov. In: Propagandist 1939 No 16, S. 4–12; E. Genkina, Razgrom ėserov partiej bol'ševikov. In: Bol'ševik 1935 No 21, S. 73–86; P. I. Soboleva, Bor'ba bol'ševikov s ėserami v period pervoj russkoj revoljucii. Kand. diss. M. 1946; N. S. Solov'ev, Bor'ba leninskoj ‚Iskry' protiv socialistov-revoljucionerov. Kand. diss. M. 1946; P. Ždanov, Razoblačenie V. I. Leninym ideologii ėserov nakanune revoljucii 1905–1907 gg. Kand. diss. M. 1954.

Erst seit Ende der 50er Jahre wurde der PSR neue Aufmerksamkeit gewidmet. Aus der Fülle der Arbeiten vgl.: K. V. Gusev, Ch. A. Ericjan: Ot soglašatel'stva k kontrrevoljucii. M. 1968; K. V. Gusev, Partija ėserov: Ot melkoburžuaznogo revoljucionarizma k kontrrevoljucii. Istoričeskij očerk. M. 1975 (darf als maßgebliche Darstellung gelten); ders., Krach partii levych ėserov. M. 1963; ders., Sovetskie istoriki o krache partii ėserov. In: Velikij oktjabr' v rabotach sovetskich i zarubežnych istorikov. M. 1971 S. 68–109; ders., Taktika partii bol'ševikov po otnošeniju k ėseram nakanune Fevral'skoj revoljucii i v period dvoevlastija. In: Bol'ševiki v bor'be protiv melkoburžuaznych partij v Rossii. M. 1969 S. 33–67; Ch. M. Astrachan, Bol'ševiki i ich političeskie protivniki v 1917 godu. Iz istorii političeskich partij v Rossii meždu dvumja revoljucijami. Leningrad 1973; ders., Istorija buržuaznych i melkoburžuaznych partij Rossii 1917 g. v novejšej sovetskoj literature. In: Voprosy istorii (zit.: VI) 1975 No 2, S. 30–44; V. V. Garmiza, Krušenie ėserovskich pravitel'stv. M. 1970; ders., Kak ėsery izmenili svoej agrarnoj programme. In: VI 1965 No 7, S. 31–41; ders., Bankrotstvo politiki ‚tret'ego puti' v revoljucii (Ufimskoe gosudarstvennoe sovešćanie 1918 g.). In: ISSSR 1965 No 6 S. 3–25; ders., Iz istorii bor'by rabočich Sibiri protiv ‚demokratičeskoj' kontrrevoljucii (1918). In: ISSSR 1975 No 4, S. 120–131; ders., Direktorija i Kolčak. In: VI 1976 No 10, S. 16–32; V. N. Ginev, Fevral'skaja buržuazno-demokratičeskaja revoljucija i agrarnyj vopros u ėserov (Sootnošenie programmy i taktiki). In: Problemy krest'janskogo zemlevladenija i vnutrennej politiki Rossii. Dooktjabr'- skij period. L. 1972 S. 318–342 (sehr instruktiv); ders., Agrarnyj vopros i melkoburžuaznye partii Rossii v 1917 g. L. 1977; D. L. Golinkov, Krach vražeskogo podpol'ja. (Iz istorii bor'by s kontrrevoljuciej v Sovetskoj Rossii v 1917–1924 gg.). M. 1971; ders., Krušenie antisovetskogo podpol'ja v SSSR (1917–1925 gg.). M. 1975; R. M. Iljuchina, K voprosu o soglašenii bol'ševikov s levymi ėserami (oktjabr' 1917–fevral' 1918 gg.). In: Istoričeskie zapiski (zit.: IZ) 73 (1962) S. 3–34; V. V. Komin, Bankrotstvo buržuaznych i melkoburžuaznych partij Rossii v period podgotovki i pobedy Velikoj Oktjabr'skoj socialističeskoj revoljucii. M. 1965; ders., Buržuaznye i melkoburžuaznye političeskie partii Rossii v 1917 godu. Kalinin 1970; V. I. Kostrikin, Manevry ėserov v agrarnom voprose nakanune Oktjabrja. In: ISSSR 1969 No 1, S. 102–112; S. Ovruckaja, Političeskoe bankrotstvo partii ėserov v 1917 godu. Kand. diss. Saratov 1971; Ju. I Šestak, Bankrotstvo partii ėserov. In: Vestnik Moskovskogo Gosudarstvennogo Universiteta. Serija istorija (zit.: VMGU) 1973 No 2, S. 36–50; ders., Bankrotstvo ėserov-maksimalistov. in: VI 1977 No 1 S. 30–46; P. I. Soboleva, Oktjabr'skaja revoljucia i krach socialsoglašatelej. M. 1968; L. M. Spirin, Krach odnoj avantjury (Mjatež levych ėserov v Moskve 6.–7. ijulja 1918 g.). M. 1971; ders., Klassy i partii v graždanskoj vojne v Rossii (1917–1920). M. 1968; T. A. Sivochina, Krach melkoburžuaznoj oppozicii. M. 1973; M. V. Spiridonov, Političeskij krach men'ševikov i ėserov v professional'nom dviženii (1917–1920 gg.). Petrozavodsk 1966; M. I. Stišov, K voprosu o tak nazyvaemoj ėsero-men'ševistskoj koncepcii proletarskoj revoljucii. In:VMGU 1971 No 5, S. 93–95; M. I. Stišov, D. S. Točenij: Raspad ėsero-men'- ševistskich partijnych organizacij v Povolž'e. In: VI 1973 No 8, S. 15–28; I. Ja. Trifonov, Klassy i klassovaja bor'ba v SSSR v načale nėpa. L. 1964.

Auch die sowjetische Forschung hat sich indes weniger intensiv um die Aufarbeitung der Geschichte der PSR vor dem Ersten Weltkrieg bemüht. Es gibt bisher keine fundierte Darstellung der sozialrevolutionären Praxis und Organisation in dieser Zeit. Lediglich die Wiederholungen und Würdigungen der Leninschen Kritik am „kleinbürgerlichen" Inhalt der neopopulistischen Theorie und Taktik sind Legion. Vgl. zuletzt: B. V. Levanov, Iz istorii bor'by bol'ševistskoj partii protiv ėserov v gody pervoj russkoj revoljucii. L. 1974. Ferner außer den genannten älteren Arbeiten von Soboleva, Solov'ev und Ždanov: Bor'ba V. I. Leninym protiv melkoburžuaznoj revoljucionnosti i avantjurizma. Sbornik. M. 1966; G. Čunichina, Kritika V. I. Leninym ideologičeskich vzgljadov ėserov (1901–1909 gg.). Kand. diss. Kiev 1961; V. N. Ginev, Iz istorii razrabotki agrarnoj programmy socialistov-revoljucionerov. In: Vspomogatel'nye istoričeskie discipliny. Bd. IV. L. 1972 S. 237–249; Iz istorii bor'by leninskoj partii protiv opportunizma. M. 1966; M. V. Kamyškina, P. M. Kuprijanov: Kritika ėkonomičeskich teorij ideologov melkoj buržuazii Rossii v ėpochu imperializma. M. 1965; V. M. Katuškin, Bor'ba V. I. Lenina protiv melkoburžuaznoj revoljucionnosti v ‚iskrovskij' period 1900–1903 gg. Kand. diss. L. 1967; V. V. Komin, Istorija pomeščičich, buržuaznych i melkoburžuaznych političeskich partij v Rossii. Č. I: 1900–1917, Kalinin 1970; B. V. Levanov, Iz istorii bor'by bol'ševikov protiv ėserov v gody pervoj russkoj revoljucii. In: Iz istorii stanovlenija i razvitija partii bol'ševikov v dooktjabr'skij period. M. 1968 S. 155–201; Z. Z. Miftachov, Kritika politiki carizma v nekotorych proizvedenijach ėserov načala XX veka. Kazan' 1968; ders., Ėvoljucija socialistov-revoljucionerov i taktika bol'ševikov po otnošeniju k ėserovskoj partii v period pervoj revoljucii v Rossii. Kand. diss. Kazan' 1968; V. I. Miščichin, Bor'ba bol'ševikov s melkoburžuaznymi partijami za krest'janstvo v pervoj russkoj revoljucii (1905–1907 gg.). Kand. diss. M. 1967, auch auszugsweise in: Sbornik statej. Iz istorii bor'by KPSS za osuščestvlenie leninskogo plana stroitel'stva socializma. M. 1967 S. 248–267; V. M. Muchin, Kritika V. I. Leninym sub-ektivizma i taktičeskogo avantjurizma ėserov. Erevan 1957; I. G. Semin, Kritika V. I. Leninym teoretičeskich osnov ėserovskoj doktriny ‚integral'nogo' socializma. Razoblačenie V. I. Leninym političeskogo avantjurizma partii socialistov-revoljucionerov. In: Bor'ba V. I. Lenina protiv melkoburžuaznoj revoljucionnosti i avantjurizma. M. 1966; ders., Kritika V. I. Leninym agrarnoj programmy ėserov. /Irkutsk/ 1966; ders., Razoblačenie V. I. Leninym melkoburžuaznoj suščnosti i političeskogo avantjurizma partii ėserov. Kand. diss. M. 1966; P. I. Soboleva, Bor'ba bol'ševikov s ėserami po taktičeskim voprosam v period pervoj russkoj revoljucii. In: VMGU. Serija obščestv. nauk 1956 No 1, S. 87–100; A. N. Stepanov, Kritika V. I. Leninym programmy i taktiki ėserov v period novogo revoljucionnogo pod-ema (1910–1914 gg.). In: Bol'ševiki v bor'be protiv melkoburžuaznych partij v Rossii. M. 1969 S. 3–32; M. V. Šugrin, Bor'ba V. I. Lenina i bol'ševistskoj partii protiv taktiki zagovora i individual'nogo terrora partii socialistov-revoljucionerov (ėserov) (1901–1907 gg.). In: Učenye zapiski Karel'skogo pedagogič. instituta. Bd. IV. Petrozavodsk 1957; V. A. Studentov, Razoblačenie V. I. Leninym melkoburžuaznoj suščnosti ideologičeskich koncepcij socialistov-revoljucionerov na demokratičeskom ėtape russkoj revoljucii (1902–fevr. 1917 g.). Kand. diss. M. 1970; V. A. Tichonova, K voprosu o razrabotke V. I. Leninym taktiki bloka levych sil v revoljucii 1905–1907 gg. In: Nekotorye voprosy istorii kommunističeskoj partii Sovetskogo Sojuza. Sbornik aspirantskich statej v dvuch častjach. Č. I: M. 1972 S. 3–31; V. V. Varlaškin, Kritika V. I. Leninym agrarnoj programmy ėserov (1905). In: Učenye zapiski Čečeno-Ingušskogo pedagogičeskogo instituta No 24. Groznyj 1964; A. F. Žukov, Bor'ba bol'ševikov protiv melkoburžuaznoj ideologii ėserov-maksimalistov. Kand. diss. L. 1970; ders., Razoblačenie V. I. Leninym teorii i taktiki maksimalizma socialistov-revoljucionerov. In: Idei Lenina živut i pobeždajut. L. 1970 S. 252–270.

Wer sich einen Überblick über die sozialrevolutionäre Tätigkeit vor 1917 zu verschaffen sucht, bleibt nach wie vor auf zeitgenössische Darstellungen und Memoiren verwiesen. Eine Quelle von hohem Informationswert ist die Chronik des persönlichen Sicherheitsbeauftragten Nikolajs II. und ehemaligen Chefs der Kiever politischen Polizei, General A. I. Spiridovič: Partija Socialistov-revoljucionerov i eja predšestvenniki. 1886–1916. Petrograd 1918 (frz.: A. Spiridovitch, Histoire du terrorisme russe. 1886–1917. Paris 1930). Inhaltsreich sind ferner: V. M. Zenzinov, Perežitoe. New York 1953; ders., Iz žizni revoljucionera. Paris 1919; V. M. Černov, Pered burej. Vospominanija. N. Y. 1953; sowie für die Frühgeschichte der PSR: S. N. Sletov, K istorii vozniknovenija Partii Socialistov-revoljucionerov. Petrograd 1917 (vorher erschienen als:

S. Nečetnyj /S. N. Sletov/, Očerki po istorii P.S.-R. In: Socialist Revoljucioner. Trechmesjačnoe literaturno-političeskoe obozrenie. No 4 (Paris 1912) S. 1—101). Einen knappen, aber instruktiven Abriß von menschewistischer Seite gibt P. P. Maslov, Narodničeskie partii. In: Obščestvennoe dviženie v Rossii v načale XX-go veka. Pod red. L. Martova, P. Maslova i A. Potresova. Tom III, kn. 5: Partii — ich sostav, razvitie i projavlenie v massovom dviženii, na vyborach i v dume. St. Petersburg 1914 S. 89—158.

LITERATUR

A. Quellen: 1. Archivmaterialien; 2. Revolutionsgeschichtliche Zeitschriften und Lexika; 3. Polizeiberichte und statistische Materialien; 4. Periodika; 5. Protokolle und Konferenzberichte; 6. Bücher, Broschüren und Aufsätze; 7. Memoiren. B. Darstellungen: 1. Zur PSR, zum legalen Populismus und zum Maximalismus; 2. Zu den übrigen Parteien und zur russischen Geschichte allgemein; 3. Sonstige.

Vorbemerkung: Nicht berücksichtigt wurde im Quellenverzeichnis unter Punkt A. 4 und A. 6 die überaus große Anzahl sozialrevolutionärer Agitationsbroschüren und populärer politischer Traktate. Sie können in den einschlägigen Katalogen der großen Bibliotheken ermittelt werden. Nicht aufgeführt sind ferner die meisten legalen populistischen Tageszeitungen ohne feste parteipolitische Bindung. Die sozialrevolutionären Periodika aus den Jahren vor der Oktoberrevolution finden sich verzeichnet bei: T. Ossorguine, E. Lange, P. Chaix: Périodiques en langue russe publiés en Europe de 1855 à 1917. In: CMRS 11 (1970) S. 629–709.

A. Quellen

1. Archivmaterialien.

Internationales Institut für Sozialgeschichte, Amsterdam
Archiv „Narodničeskoe dviženie":
Aktenordner No. 4, 5, 6 I–III, 11, 18, 30, 31, 45, 49, 52 I–IV, 55, 56, 62, 70, 80, 81, 82, 83, 84, 86, 87 a+b, 88, 90, 93, 94, 100, 101, 103, 105, 114, 116, 117, 118, 119, 122, 123, 124, 125, 126, 127, 131, 133, 139, 142, 143, 144, 147, 148, 164, 168, 169, 171, 172, 175, 176, 177, 181, 184, 185, 187, 193, 195, 197, 200, 201, 203, 208, 210, 213, 216, 220 I–III, 222, 234, 235, 241, 247, 251, 258, 262, 263, 267, 269, 281, 283, 286, 292, 298, 301, 302, 303, 306, 307, 308, 309, 311, 318, 319, 320, 321, 322, 323, 324, 325, 326, 327, 328, 329, 330, 332, 333, 334, 335, 340, 341/1, 357, 363, 364 a+b, 367, 369, 372, 374, 379, 383, 388, 397, 408, 414–415, 424, 426, 427, 428, 429, 430, 432, 433, 434, 435, 436, 437, 438, 439, 440, 441, 442, 443, 444, 445, 446, 451, 452, 454, 456, 458, 460, 461, 462, 463, 468, 471, 472, 474, 476, 477, 478, 479, 480, 481, 482, 483, 485, 486, 487, 488, 489, 491 I–IV, 496, 502, 510, 511, 512, 514, 519, 521 I–II, 525, 530, 531, 537, 541, 543, 544, 545, 546 I–II, 547, 548 I–II, 553 I–II, 557, 560, 563, 582, 596 I–VIII, 616, 618, 621, 623, 624, 628, 632, 635 I–II, 642, 649, 654, 666, 669, 671, 672, 674, 676, 677, 677a, 679, 683 I–II, 685, 689, 691, 693, 700, 702, 703, 704, 707, 712, 717, 725, 730, 731, 745, 746, 747, 748, 749, 751, 752, 753, 754, 755, 756, 757, 758 I–XIV, 759, 760, 762, 763, 774, 779, 785, 789, 792, 793, 795, 796, 798, 799, 800 a+b, 804 I–XX, 822, 829, 830/1, 858, 864, 873, 800, 888, 889.

Hoover Institution on War, Revolution and Peace, Stanford/California
B. I. Nicolaevsky Archive:
No. 7 (Partija Socialistov-Revoljucionerov):
No 2, 3, 4, 74, 75, 77, 78, 79, 80, 81, 83, 89, 90, 91, 92, 94, 95, 97, 99, 100, 101, 102, 104, 105, 106, 109;

No 13:
No 5;
No 65:
No 6, 30;
No 95:
No 1;
No 115 (Iz bumag N. V. Čajkovskogo):
No 8, 14, 18, 20;
No 125 (Partijnye dokumenty i perepiska iz archiva M. A. Natansona):
No 3, 5, 6, 8, 9, 10, 11, 12, 13;
No 132 (Ochrana):
No 18, 19, 20, 23, 24;
No 224:
Box 1–3;
No 232 (Iz archiva V. M. Černova):
No 14, 15, 16, 17, 18, 22, 23, 24, 25, 26, 27, 28, 29, 30, 31, 68, 69, 70, 73.
Archive of the Imperial Russian Secret Police (Parižskaja ochranka):
Index No VI j folder 14, 17, 18–20, 23, 31; VI k f. 19, 26, 28, 29, 30, 31, 36, 45, 54; X c f. 1–3; X e f. 13, 23, 37, 39, 42, 44, 45, 46, 47, 51, 59; XII c (1) f. 1–3; XIII b (2) f. 1; XIII c (2) f. 1–8; XIII d (1) f. 5, 6; XIII d (2) f. 20, 22, 24, 27, 28, 31, 34, 37, 40, 41, 44, 55, 56, 57, 58; XIII f (1) (a) f. 1–4; XIII f (1) (b); XIII f (2) f. 1–2; XIII g f. 13–20; XVI b (3) f. 1–17; XVI b (4) f. 1–6; XVI c f. 2, 5–12; XVI d f. 1–5; XVII g f. 1–2; XVII h f. 1–4; XVII i f. 1–8; XVII n f. 1–14; XVII r (2) f. 1f; XXIV a f. 2–11; XXIV i f. 2; XXIV h f. 1–4; XXV a f. 1–2; XXV b f. 1–5; XXV c f. 1–5; XXV d; XXVI b.
E. K. Breško-Breškovskaja, Manuskripte Box 1, 2.
E. N. Dzvonkevič-Vagner: Manuskripte, Briefe und Tagebücher Box 1, 2.
M. V. Višnjak:
Box 1 No c; 2 b, d, e; 7 a, b, c; 9 d; 10 b; 11, 12 b; 13
F. Volchovsky Collection:
Box 1–4, 6, 7, 10.
V. M. Černov:
Central'nyj komitet P.S.-R. na rubeže dvuch revoljucij. Ms 314 Z 6 S 6 C 52.
/Ders./:
„Černovskaja gramota" i Ufimskaja direktorija. Vw Russia C 573 c.
/Ders./:
The Černov Manifesto. Narodnoe Delo No 178, Ufa 2/24. Oktober 1918, Vw Russia C 523 m.
Documents of the S.-R. Party 1917–1923. Ts Russia P 274.
Izveščenie C.K. P.S.-R. 5. Dezember 1920, Ts Russia P 274.
/Šneerov, M.M./ M. M. Shneyeroff: Memoirs. Ts Russia S 559.

Archive of Russian and East European History and Culture, Columbia University in the City of New York, N. Y.
Zenzinov Papers:
No 0541, 4112, 4121, 4122, 4212 f. 1–9, 4221 f. 1–2, 4231 f. 1–3, 4321 f. 1–8, 4332, 4421, 4431 f. 1–4, 4432 f. 1–5, 4552, 4612, 4642 f. 1–2, 4652.

2. Revolutionsgeschichtliche Zeitschriften und Lexika

BYLOE. Istoriko-revoljucionnyj sbornik, dann: Sbornik po istorii russkogo osvoboditel'nogo dviženija. London-Paris-Petrograd-Leningrad 1900–1926. Novaja serija No 1,2 Paris 1933. (Systematisches Verzeichnis für 1906–1908 M. 1923).

DEJATELI russkogo revoljucionnogo dviženija v Rossii. Biobibliografičeskij slovar'. Ot predšestvennikov dekabristov do padenija carizma. Bd. I 1,1; II 1—4; III 1,2; V 1,2. M. 1927—1934.
GOLOS minuvšego na čužoj storone. Žurnal istorii i istorii litaratury. Pod red. S. P. Mel'gunova, V. A. Mjakotina i I. I. Polnera. Paris No 1/XIV (1926) — No 6/XIX (1928).
IZ èpochi bor'by s carizmom. Revoljucionno-istoričeskij sbornik. Kiev No 1 (1924) — No 5 (1926).
KANDAL'NYJ ZVON. Istoriko-revoljucionnyj sbornik. Odessa No 1 (1925) — No 8 (1927).
KATORGA i ssylka. Istoriko-revoljucionnyj vestnik. M. No 1 (1921) — No 116 (1935). Systematisches Verzeichnis für 1921—1925 in 1928 No 1 (38), für 1921—1930 in 1931 No 5 (78) S. 199 ff, 6 (79) S. 215 ff, 7 (80) S. 17 ff, 8—9 (81—82) S. 49 ff und 10 (83) S. 81 ff.
NA čužoj storone. Istoriko-literaturnyj sbornik. Pod red. S. P. Mel'gunova. Berlin-Prag No 1 (1923) — No 13 (1925), fortges. als: Golos minuvšego na čužoj storone.
POLITIČESKAJA KATORGA I SSYLKA. Biografičeskij spravočnik členov obščestva politkatoržan i ssyl'no-poselencev. M. 1929, erhebl. erweit. Aufl. M. 1934.
PUTI REVOLJUCII. Istoriko-revoljucionnyj žurnal. Char'kov 1925—1927.
UČASTNIKI russkogo revoljucionnogo dviženija èpochi bor'by s carizmom. Biografičeskij ukazatel' členov Vsesojuznogo Obščestva Političeskich Katoržan i Ssyl'no-poselencev. M. 1927.

3. Polizeiberichte und statistische Materialien

AGAFONOV, V. K.: Zagraničnaja ochranka. Sost. po sekretnym dokumentam Zagraničnoj Agentury i Departamenta Policii. Petrograd 1918.
FABRIČNYJ, P.: Gramota i kniga na katorge. In: KiS 1922 No 3 S. 189—205.
GAZETA Departamenta Policii. In: Byloe No 7 (1908) S. 194—118.
JA. D. B.: Poimennyj spisok političeskich ssyl'nych, pričastnych k terrorističeskoj dejatel'nosti ili k boevym organizacijam. In: KiS No 1 (74) 1931 S. 194—223.
OBVINITEL'NYJ akt ob otstavnom dejstvitel'nom sovetnike Aleksee Aleksandroviče Lopuchine, obvinjaemom v gosudarstvennom prestuplenii. In: Byloe No 9—10 (1909) S. 218—236.
OBVINITEL'NYJ akt po delu ob Alberte Trauberge, Elene Ivanovnoj, Al'vine Šenberge, Federe Masokine i drugich, predannych peterburgskomu voenno-okružnomu sudu pomoščnikom glavno-komandujuščego vojskami gvardii i peterburgskogo voennogo okruga. In: Byloe No 9—10 (1909) S. 88—105.
OBVINITEL'NYJ akt po delu o . . . Nikolae . . . Pumpjanskom, . . . Ljudmile Emeljanovoj . . . In: Byloe No 9—10 (1909) S. 106—157.
OBZOR revoljucionnogo dviženija v okruge Irkutskoj sudebnoj palaty za 1897—1907 gg. SPb. 1908.
OBZOR važnejših doznanij proizvodivšichsja v žandarmskich upravlenijach za 1901 god. Rostov-na-Donu 1902.
OBZOR važnejših doznanij proizvodivšichsja v žandarsmkich upravlenijach za 1902 god. Rostov-na-Donu 1906 (neugedr. als: Letopis' revoljucionnogo dviženija v Rossii za 1902 god. Pod red. V. Dobrova. Saratov 1924.).
RUSSKIJ političeskij sysk za granicej. Č. I. Paris 1914.
SMITH, E. E. (Hrsg.): „The Okhrana." The Russian Department of Police. A Bibliography. Stanford 1967.
TARNOVSKIJ, E. N.: Statističeskie svedenija o licach, obvinjaemych v prestuplenijach gosudarstvennych. In: Žurnal ministerstva justicii. SPb. 1906 S. 50—99.
VENTIN, A. B.: K statistike repressii v Rossii. (Iz itogov 1908—1909). In: Sovremennyj mir No 4 (SPb. 1910) otd. II S. 54—75.

4. Periodika

Sozialrevolutionäre Partei

BJULLETEN' Central'nogo Komiteta Partii Socialistov-Revoljucionerov. o. O. No 1 (März 1906).
IZ materialov „Revoljucionnoj Rossii." Izd. Kružka Socialistov-Revoljucionerov. Kiev No 1 (1902) — No 84 (22. März 1903).
IZ partijnych materialov. Izd. Organizacionnogo Bjuro pri Central'nogo Komiteta Partii Socialistov-Revoljucionerov. o. O. No 1—5 (Januar—Mai 1908), No 7 (Juni 1908).
IZVESTIJA oblastnogo komiteta zagraničnoj organizacii, dann: Izvestija oblastnogo zagraničnogo komiteta. Organ diskussionnyj. Paris No 7 (25. April 1908) — No 15 (April 1911). Fortgesetzt als: Vestnik zagraničnoj federacii grupp sodejstvija Partii Socialistov-Revoljucionerov. Paris No 16 (März 1912) — No 17 (Juni 1912).
LETUČIJ LISTOK. Izd. Gruppy Socialistov-revoljucionerov. Genf No. 1 (März 1912).
LETUČIJ LISTOK „Revoljucionnoj Rossii". Genf /?/ No 1 (1901) — No 4 (1904).
NAKANUNE. Social'no-revoljucionnoe obozrenie. (Ežemesjačnyj žurnal). Pod red. N. Serebrjakova. London No 1 (1899) — No 37 (1902).
NARODNAJA ARMIJA. Izd. Vserossijskogo Oficerskogo Sojuza. SPb. No 1—7 (1907).
NARODNOE DELO. Izd. Central'nogo Komiteta Partii Socialistov-Revoljucionerov. Paris No 1 (August 1902) — No 5 (Juni 1904). Fortges.: No 1 (1909) — No 7 1912).
NARODNYJ GOLOS. Obščestvenno-političeskaja i literaturnaja gazeta. No 1 SPb. 1907.
NARODNYJ VESTNIK. Političeskaja i literaturnaja, ežednevnaja gazeta. SPb. No 8—20 (17.—20. Mai 1906).
OB-EDINENIE. Organ gruppy socialistov-revoljucionerov. No 1 (17. April 1911).
PARTIJNYE IZVESTIJA. Izd. Central'nogo Komiteta Partii Socialistov-Revoljucionerov. SPb. No 1 (22. Oktober 1906) — No 10 (24. Mai 1907).
POČIN. Izd. Gruppy socialistov-revoljucionerov. Pod red. N. /D./ Avksent'eva, I. Bunakova /I. I. Fundaminskij/, B. Voronova /B. N. Lebedev/ i S. Nečetnogo /S. N. Sletov/. Paris No 1 (Juni 1912).
PROTIV TEČENIJA. Obščestvenno-satiričeskij i literaturno-kritičeskij žurnal. Pod red. E. Lozinskogo. SPb. No 1 (20. Februar 1907) — No 3 (8. Mai 1907).
RABOČIJ. Izd. Partii Socialistov-Revoljucionerov. Paris No 1 (November 1911) — No 2 (März 1912). Letučij listok No 1 (Januar 1913).
REVOLJUCIONNAJA MYSL'. Izd. Gruppy socialistov-revoljucionerov. London-Paris No 1 (April 1908) — No 6 (Dezember 1909).
REVOLJUCIONNAJA ROSSIJA. Izd. Sojuza Socialistov-Revoljucionerov, dann: Partii Socialistov-Revoljucionerov. Kuokkala - Tomsk - Genf - London - Paris No 1 (1900) — No 76 (15. Oktober 1905). Fortges. als: Revoljucionnaja Rossija. Central'nyj organ Partii Socialistov-Revoljucionerov. Prag No 1 (1920) — No 78 (1931).
RUSSKIJ RABOČIJ. Ežemesjačnoe izdanie Sojuza russkich socialistov-revoljucionerov. Paris - London 1894—1899.
SOCIALIST-REVOLJUCIONER. Trechmesjačnoe literaturno-političeskoe obozrenie. Pod red. M. V. Černova. Izd. Central'nogo Komiteta Partii Socialistov-Revoljucionerov. Paris No 1 (Mai 1910) — No 4 (März 1912). Fortges. als: Socialist-Revoljucioner. Vychodit pod red. členov zagraničnoj delegacii P.S.-R. S.P. Postnikova. M. L. Slonima, E. A. Stalinskogo i V. V. Suchomlina. Paris No 1 (Oktober 1927) — No 6 (April 1932).
SOLDATSKAJA GAZETA. Izd. Central'nogo komiteta Partii Socialistov-Revoljucionerov. Paris No 1 (1906) — No 7 (5. März 1907).
SOZNATEL'NAJA ROSSIJA. Sbornik na sovremennye temy. Bd. I—IV SPb. 1906.
SYN OTEČESTVA. Vychodit ežednevno. Obščestvenno-političeskaja i literaturnaja gazeta. SPb. 1905—1906.

LA TRIBUNE RUSSE. Bulletin bi-mensuel du mouvement Socialiste-Revolutionnaire. Red. E. Roubanovitch. Paris No 1–35 (1904–1905), Suppl. No 27, 22, 23, No 1–12 (1907–1909), No 1–10 (1912–1913).
TRUD. Rabočaja gazeta. Izd. Peterburgskogo Komiteta Partii Socialistov-Revoljucionerov. SPb. No 1–2 (September 1906) – No 20 (März 1908).
VESTNIK RUSSKOJ REVOLJUCII. Social'no-političeskoe obozrenie. Pod red. K. Tarasova /N. S. Rusanov/. Organ gruppy starych narodovol'cev, dann: Partii Socialistov-Revoljucionerov. Genf - Paris No 1 (Juli 1901) – No 4 (März 1905).
VOENNYJ SOJUZ. Organ severnogo organizacionnogo komiteta Oficerskogo Sojuza. SPb. No 1–2 (Dezember 1906). Fortges. als: Narodnaja Armija. Izd. Vserossijskogo Oficerskogo Sojuza. SPb. No 1–7 (1907).
VOLJA. Političeskaja, obščestvennaja i literaturnaja gazeta. Izd. Socialistov-revoljucionorov. Red.: N. Russel'. Tokio - Nagasaki No 1–99 (1906–1907).
VOLJA ROSSII. Žurnal politiki i kul'tury. Pod red. V. I. Lebedeva, M. L. Slonima, V. V. Suchomlina izd. E. /E./ Lazareva. Prag 1922–1931. Index für 1922–1926 in 1927 No 2.
ZA NAROD. Vserossijskij Sojuz Soldat i Matrosov. Izd. Central'nogo Komiteta P.S.-R. Paris No 1 (2. April 1907) – No 60 (Mai 1914).
ZA SVOBODU. Izd. N'ju Jorkskoj gruppy Partii Socialistov-Revoljucionerov. Pod red. V. Zenzinova. N. Y. No 1 (1941) – No 18 (1947).
ZAVETY. Eženesjačnyj žurnal. SPb. April 1912–1914.
ZEMLJA I VOLJA. Krest'janskaja gazeta. Izd. Krest'janskogo Sojuza Partii Socialistov-Revoljucionerov. SPb. No 1 (August 1905), dann: Izd. Central'nogo Komiteta Partii Socialistov-Revoljucionerov. Paris No 1 (20. Januar 1907) – No 26 (April 1912).
ZNAMJA TRUDA. Central'nyj organ Partii Socialistov-Revoljucionerov. Paris No 1 (1. Juli 1907) – No 53 (April 1914).

Volkssozialistische Partei
NARODNO-SOCIALISTIČESKOE OBOZRENIE. Vyp. I, II. SPb. 1906.
NARODNYJ TRUD. Narodno-socialističeskoe obozrenie. SPb. No 1 (1906). Fortges. als: Narodno-socialističeskoe obozrenie, dann: Trudovoj narod.
NARODNYJ VESTNIK. Obščestvenno-političeskij i literaturnyj eženedel'nyj žurnal. Red.: A. E. Zvenigorodskij. SPb. No 1–7 (1906).
RUSSKOE BOGATSTVO. Eženesjačnyj literaturnyj i naučnyj žurnal. SPb. 1887–1914.
TRUDOVOJ NAROD. Narodno-socialističeskoe obozrenie. Vyp. I, II. SPb. 1906.

Maximalisten
TRUDOVAJA RESPUBLIKA. Organ socialistov-revoljucionerov. London No 1–2 (1909).
VOL'NYJ DISKUSSIONNYJ LISTOK. Izd. Gruppy socialistov-revoljucionerov. Paris No 1–3 (Mai–Juli 1905).

Sozialdemokratische Parteien
ISKRA. Central'nyj organ Rossijskoj Social-demokratičeskoj Rabočej Partii. Leipzig - München - London - Genf No 1 (Dezember 1900) – No 112 (Oktober 1905). Nachdruck No 1–51 L. 1925–1929.
POSLEDNIE IZVESTIJA. Izd. Zagraničnogo komiteta Vseobščego Evrejskogo Rabočego Sojuza v Litve, Pol'še i Rossii. London - Genf No 1 (1901) – No 256 (Januar 1906).

Anarchisten
CHLEB I VOLJA. London - Genf No 1 (August 1903) – No 24 (November 1905).

5. Protokolle und Konferenzberichte

/ARGUNOV, A. A./ A. Kubov (Hrsg.): Svod postanovlenij obščepartijnych sovetov i s-ezdov. In: Pamjatnaja knižka socialista-revoljucionera. Vyp. I, Paris 1911 S. 15–70.
IZVEŠČENIE o 3-m sobranii soveta partii. SPb. 8. Juli /1907/.
IZVEŠČENIE o sovete partii i obščepartijnoj konferencii. Sentj. 1908 g. o.O.
IZVEŠČENIE o V-m s-ezde soveta Partii Socialistov-Revoljucionerov. o.O. o.J. /1909/.
OTČET o IV-oj zagraničnoj konferencii grupp sodejstvija Partii Socialistov-Revoljucionerov. Mai 1911. o.O. o.J. /1911/.
PERVYJ s-ezd Agrarno-socialističeskoj Ligi. o.O. o.J. /Genf 1901/.
PROTOKOLY delegatskogo soveščanija Vserossijskogo Krest'janskogo Sojuza. M. 1906.
PROTOKOLY pervogo s-ezda Partii Socialistov-Revoljucionerov. o.O. 1906.
DOBAVLENIE k protokolam pervogo s-ezda Partii Socialistov-Revoljucionerov. o.O. 1906.
PROTOKOLY vtorogo (ěkstrennogo) s-ezda Partii Socialistov-Revoljucionerov. SPb. 1907.
PROTOKOLY pervoj obščepartijnoj konferencii P.S.-R. Avgust 1908. Paris 1908.
TRETIJ s-ezd Partii Socialistov-Revoljucionerov. Petrograd 1917.
KRATKIJ otčet o rabotach četvertogo s-ezda Partii Socialistov-Revoljucionerov (26. November–5. Dezember 1917). Petrograd 1918.
RAPPORT du Parti Socialiste Révolutionnaire de Russie au Congrès Socialiste International d'Amsterdam. Paris 1904.
RAPPORT du Parti Socialiste Révolutionnaire de Russie au Congrès Socialiste International de Stuttgart (août 1907). Gent 1907.
BERICHT der Russischen Sozial-Revolutionären Partei an den Internationalen Sozialistenkongress zu Stuttgart. August 1907. o.O. 1907.
RUSSIE, Rapport du Parti Socialiste Révolutionnaire. In: De 1907 à 1910. Rapport sur le Mouvement ouvrier et socialiste soumis par les partis affilés au Congrès Socialiste International de Copenhague (28. août au 3 sept. 1910). Brüssel 1910.
RUSSIE. Rapport du Parti Socialiste-Révolutionnaire au Congrès Socialiste International de Vienne (1914). Paris 1914.
REZOLJUCII i postanovlenija I i II vserossijskich s-ezdov Partii Levych Socialistov-Revoljucionerov. M. 1918.

6. Bücher, Broschüren und Aufsätze

Sozialrevolutionäre Partei

/ARGUNOV, A. A./: Naši zadači. Osnovnye položenija programmy Sojuza Socialistov-Revoljucionerov. Izd. 2-oe. S poslesloviem S. Grigoroviča /Ch. O. Žitlovskij/: Socialdemokraty i Socialisty-revoljucionery. Izd. Sojuza Russkich Socialistov-Revoljucionerov. London 1900.
ČERNOV, V. M.: Anarchizm i programma-minimum. In: Soznatel'naja Rossija No 4 (SPb. 1906) S. 36–61.
–: Čto delat' v krest'janstve. SPb. 1906.
–: Filosofskie i sociologičeskie ětjudy. M. 1907.
–: Iz istorii Partii S.-R. Pokazanija V. M. Černova po delu Azefa v sledstvennoj komissii Partii S.-R. 2. fevr. 1910 g. In: Novyj žurnal No 100, N. Y. 1970 S. 280–305, No 101 (1970) S. 172–197.
–: K agrarnomu voprosu. Čto takoe socializacija zemli? In: Narodnyj vestnik No 1 (1906) S. 5–21, No 2 (1906) S. 6–23.
–: K charakteristike maksimalizma. (Gr. Nestroev, Iz dnevnika maksimalista. S predisl. V. L. Burceva. Paris 1910). In: Socialist-Revoljucioner No 1 (1910) S. 175–307.

—: K teorii klassovoj bor'by. M. 1906.
—: K voprosu o kapitalizme i krest'janstve. Nižnij-Novgorod 1905.
/—/ Viktor Voennyj: K voprosu o pričinach neudač voennych vosstanij. In: Socialist-Revoljucioner No 2 (1910) S. 195—226.
—: K voprosu o socializacii zemli. M. 1908.
—: K voprosu o vykupe zemli. SPb. 1906.
/—/ Ju. Gardenin: Konečnaja cel' i povsednevnaja bor'ba revoljucionnogo socializma. In: VRR No 1 (1901) S. 127—158.
—: Konečnyj ideal socializma i povsednevnaja bor'ba. SPb. 1906.
—: Konstruktivnyj socializm. Bd. I. Prag 1925.
—: Kooperacija i i socializm. In: Socialist-Revoljucioner No 2 (1910) S. 265—314.
—: Krest'janin i rabočij kak ėkonomičeskie kategorii. M. 1906.
—: Marksizm i agrarnyj vopros. Istoriko-kritičeskij očerk. SPb. 1906.
—: K. Marks i F. Ėngel's o krest'janstve. Istoriko-kritičeskij očerk. M. 1906.
—: Monističeskaja točka zrenija v psichologii i sociologii. M. 1906.
/—/ Ju. Gardenin: Našim obviniteljam. In: VRR No 4 (1905) S. 386—410.
/—/: Očerednoj vopros revoljucionnogo dela. Izd. Agrarno-socialističeskoj Ligi. London 1900. 2. verb. u. erg. Aufl. Genf 1901.
—: Organizacija ili raspylenie revoljucii? In: Soznatel'naja Rossija No 2 (1906) S. 3—21.
—: Proletariat i trudovoe krest'janstvo. M. 1906.
—: Prošloe i nastojaščee. SPb. 1906.
/—/ S. R. Krajnij: Socializacija zemli kak taktičeskaja problema. In: Socialist-Revoljucioner No. 3 (1911) S. 161—200.
—: Zemlja i pravo. Petrograd 1919.
CHILKOV, D. A.: Terror i massovaja bor'ba. In: VRR No 4 (1905) S. 225—261.
DA zdravstvuet Narodnaja Volja. Istoričeskij sbornik No 1 (Paris 1907).
DELO GAPONA. In: Byloe No 11—12 (1909) S. 29—122.
DELO GERŠUNI i drugich. In: Narodnoe Delo No 5 (Juni 1904) S. 170—177.
DELO GERŠUNI ili o t.n. boevoj organizacii. SPb. 1906.
DELO KARPOVIČA. In: VRR No 1 (1901) otd. II S. 39—49.
DOKUMENTY po istorii Partii S.-R.: Vopros o terrore na V Sovete Partii. In: Socialist-Revoljucioner No 2 (1910) S. 1—53.
DONESENIJA AZEFA. In: Byloe 1917 No 1 (23) S. 196—228.
DVENADCAT' SMERTNIKOV. Sud nad socialistami-revoljucionerami v Moskve. Berlin 1922. Dt.: Kommunistische Blutjustiz. Der Moskauer Schauprozess der Sozialrevolutionäre und seine Opfer. Berlin 1922.
/GOC, M. R. — ČERNOV, V. M./ R. R.: Socializacija zemli. Odessa 1906.
GOC, M. R.: 1. Sistema pravdy i naši obščestvennye otnošenija. 2. Beglye zametki (o kritike i dogme, teorii i praktike). M. 1906.
GOD RUSSKOJ REVOLJUCII (1917—1918 gg.). Sbornik statej. M. 1918.
I.: Rabočee dviženie i revoljucionnaja intelligencija. In: VRR No 2 (1902) S. 211—231.
I. Rabočij vopros i revoljucija. In: VRR No 1 (1901) S. 244—260.
IZVEŠČENIE Central'nogo Komiteta o provokacii E. F. Azefa. o.O. 1909.
K ISTORII razoblačenii Azefa. Soobšč. B. Koz'mina. In: KiS No (32) 1927 S. 102—107.
KAČOROVSKIJ, K. R.: Russkaja obščina. M. 1906.
F. F. KAČURA — narodnyj geroj. o.O. 1902.
I. P. KALJAEV. o.O. 1905.
KARPOVIČ i Balmašev pered sudom. Berlin 1902.
KOLLEKTIVIST. Sbornik statej. M. 1907.
KOLOSOV, A.: Smert' Pleve i Velikogo Knjazja Sergeja Aleksandroviča. Berlin 1905.
KOLOSOV, E./E./: 1. Kak nam otnosit'sja k Dume. 2. Iz oblasti partijnoj ėtiki. Paris 1911.
/LEBEDEV, B. N./ B. Voronov: K voprosu ob osnovach rabočej programmy. In: Socialist-Revoljucioner No 2 (1910) S. 127—150.

MANIFEST Partii Socialistov-Revoljucionerov, vyrabotannyj na s-ezde predstavitelej ob-edinennych grupp socialistov-revoljucionerov. o.O. 1900.
NAŠA PROGRAMMA. In: VRR No 1 (1901) S. 1—15.
NOVOTORŽSKIJ, G.: Otkrytoe pis'mo A. V. Pešechonovu. In: Russkoe Bogatstvo No 8 (SPb. 1905) S. 99—109.
—: Socializacija zemli. SPb. 2. Aufl. 1906.
OBVINITEL'NOE zaključenie po delu central'nogo komiteta i otdel'nych členov inych organizacij Partii Socialistov-Revoljucionerov po obvineniju ich v vooružennoj bor'be protiv sovetskoj vlasti, organizacii ubijstv, vooružennych ograblenij i v izmenničeskich snošenijach s inostrannymi gosudarstvami. M. 1922.
PAMJATI Grigorija Andreeviča Geršuni. Paris 1908.
PAMJATI Leonida Ėmmanueloviča Šiško. Paris 1910.
PAMJATI Stepana Nikolaeviča Sletova. Paris 1916.
PAMJATNAJA knižka socialista-revoljucionera. Vyp. I Paris 1911, vyp. II Paris 1914.
PARTIJA NARODNOGO PRAVA: Nasuščnyj vopros. London 1895.
PETROV, A. A.: Zapiski. (K istorii vzryva na Astrachanskoj ulice). Paris 1910.
PO VOPROSAM programmy i taktiki. Sbornik statej iz „Revoljucionnoj Rossii." Vyp. I o.O. 1903.
/POTAPOV, A.I./ A. Rudin: Na tu že temu. (Ešče ob agrarnych ėkskursijach Rossijskich Social-demokratov). M. 1906.
/—/ A. Rudin: Čto govorjat russkie social-demokraty o ‚derevenskoj bednote'? (Ich teorija i agrarno-polemičeskie upražnenija). o.O.o.J.
/—/ N. Krupov: Po povodu odnoj brošjury. (N. Lenin, Zadači russkich social-demokratov, izd. 2-oe 1902 g.). In: VRR No 3 (1903) S. 279—300.
/—/ A. Rudin: K krest'janskomu voprosu. (Obzor tekuščej literatury). In: VRR No 3 (1903) S. 199—225.
/—/ A. Rudin: O ‚Maksimalizme'. In: Kollektivist. Sbornik statej. M. 1907 S. 1—35.
PROCESS P.S.-R. Reči gosudarstvennych obvinitelej: Lunačarskogo, Pokrovskogo, Krylenko, predstavitelej Kominterna: K. Cetkin, Muna, Bokani. Priloženie: 1. Prigovor verchovnogo revoljucionnogo tribunala. 2. Postanovlenie prezidiuma VCIK. M. 1922.
PROCESS P.S.-R. Reči zaščitnikov: Členova, Subina, F. Kona, Bicenko, Bucharina, Sadujlja. M. 1922.
/RAKITNIKOV, N. I./ Maksimov: K kritike marksizma. In: VRR No 4 (1905) S. 345—385.
/—/ N. M.: Socializacija zemli i naša programma-minimum. In: Socialist-Revoljucioner No 3 (1911) S. 237—300.
/—/ N. Maksimov: Razloženie obščiny i naša programma. In: Socialist-Revoljucioner No 1 (1910) S. 131—174.
/ROZENBLJUM, D.S./ D. Firsov, M. Jakobij: K peresmotru agrarnoj programmy i eja obosnovanija. M. 1908.
/RUSANOV, N. S./ K. Tarasov: Mirovoj rost i krizis socializma. M. 1906.
SAZONOV, E.S.: Ispoved Sazonova. SPb. o.J.
—: Pis'ma Egora Sazonova k rodnym. 1895—1910 gg. Pod red. B. P. Koz'mina i N. I. Rakitnikova. M. 1925.
SBORNIK „Na očerednye temy." SPb. 1906.
SBORNIK STATEJ. SPb. 1906. Biblioteka „Novaja Mysl' ".
SBORNIK STATEJ Antonova, A. /N./ Bacha, E. /K./ Breškovskoj, Ju. Gardenina /V. M. Černov/, M. /R./ Goca, I. /P./ Kaljaeva, N. Maksimova /N. I. Rakitnikov/, P. Novobranceva /A. V. Pešechonov/, B. /V./ Savinkova, Tarasova /N. S. Rusanov/. Vyp. I. M. 1908.
SBORNIK STATEJ. No 1 SPb. 1907.
SERGEEVSKIJ, N. (Hrsg.): Propavšaja gramota P.S.-R.-ov. (Programma Poltavskogo s-ezda P.S.-R. 1897 g.). In: Istoriko-revoljucionnyj sbornik. Pod red. V. I. Nevskogo. Bd. I, L. 1924, S. 105—111, 125—126; Bd. III, L. 1926, S. 287—295.

ŠIŠKO, L. Ė.: K voprosu ob agrarnoj programme. M. 1906.
/–/: Kak smotrjat Socialisty-revoljucionery i Social-demokraty na krest'janstvo i na zemel'nyj vopros. o.O. o.J.
—: K voprosu ob agrarnoj programme v svjazi s teoriej naučnogo socializma. In: VRR No 4 (1905) S. 315–344.
—: Po programmnym voprosam. 1. O socializacii zemli. 2. K voprosu o minimal'noj programme. M. 1906.
—: K voprosu o roli intelligencii v revoljucionnom dviženii. In: VRR No 2 (1902) S. 89–112.
—: Po voprosam istorii i sociologii. M. 1909.
—: Po povodu odnogo rešennogo voprosa. M. 1909.
—: O liberalach i o social-demokratach. Genf 1905.
/SLETOV, S. N./ S. Nečetnyj: U zemli. (Zametki i vospominanija). In: VRR No 2 (1902) otd. II S. 37–82.
—: K istorii vozniknovenija Partii Socialistov-revoljucionerov. Petrograd 1917. Ursprünglich als: S. Nečetnyj /S. N. Sletov/: Očerki po istorii P.S.-R. in: Socialist-Revoljucioner No 4 (1912) S. 1–101.
SOCIALIZACIJA ZEMLI. Sbornik Statej. Vyp. I. M. 1907.
/STALINSKIJ, E. A.?/ Evgen'ev: Dvižuščie sily russkoj revoljucii. In: Socialist-Revoljucioner No 4 (1912) S. 131–176.
—: Puti revoljucii. Prag 1925.
ŠVECOV, S. P.: Krest'janskaja obščina. Schema, eja vozniknovenija i razvitija. SPb. 1906.
VANDERVELDE, E.: Le procès des Socialistes-révolutionnaires à Mouscou. Brüssel 1922.
VICHLJAEV, P. A.: Agrarnyj vopros s pravovoj točki zrenija. M. 1906.
—: Pravo na zemlju. M. 1906.
—: Kak uravnjat' pol'zovanie zemlej. Petrograd 1917.
—: Narodno-socialističeskaja partija i agrarnyj vopros. In: Sbornik statej. No 1. SPb. 1907 S. 75–93.
VOKRUG Moskovskich ijul'skich sobytij. Saratov 1918.
ZAK, S. S.: Krest'janstvo i socializacija zemli. M. 1906.
—: Socializm i agrarnyj vopros. M. 1906.
—: Naši vnutrennie vragi. (Socialisty-revoljucionery meždu social-kadetami i anarcho-revoljucionerami). /Odessa/ o. O. o. J.
ZAKLJUČENIE sudebno-sledstvennoj komissii po delu Azefa. Izd. Central'nogo Komiteta Partii Socialistov-Revoljucionerov. o.O. 1911.
ZAPROS ob Azefe v Gosudarstvennoj Dume. Zasedanija 50 i 51-oe. Po stenografičeskomu otčetu. SPb. 1909.
/ŽITLOVSKIJ, Ch. O./ S. Grigorovič: Socializm i bor'ba za političeskuju svobodu. London 1896.

Volkssozialistische Partei
PEŠECHONOV, A. V.: Nacionalizacija zemli ili kak trudovaja (narodno-socialističeskaja) partija ščitaet neobchodimym razrešit' zemel'nyj vopros. Petrograd 1917.
—: Pravo na zemlju (nacionalizacija i socializacija). Petrograd 1917.
—: Na očerednye temy. Naša platforma (eja očertanija i razmery). In: Russkoe Bogatstvo, August 1906, otd. II S. 179–206.
—: Krest'jane i rabočie v ich vzaimnych otnošenijach. SPb. 1905.
—: Suščnost' agrarnoj problemy. SPb. 1906.
—: Agrarnaja problema v svjazi s krest'janskim dviženiem. SPb. 1906.
—: Rabočaja programma n.-s. partii. In: Trudovoj narod No 1 (1906) S. 3–20.

Maximalisten
ÈNGEL'GARDT, M. M.: Zadači momenta. SPb. 1906.
—: Vrednye i blagorodnye rasy. SPb. 1908.

IVANOVIČ, M.: Anarchizm v Rossii. In: Socialist-Revoljucioner No 3 (1911). S. 75—94.
IZMAILOVIČ, A.: Posleoktjabr'skie ošibki. M. 1918.
/JUDELEVSKIJ, Ja. L./ A. Komov: K voprosu o teoretičeskich osnovach socialističeskoj programmy. o.O. 1907.
/—/ A. I. Komov: Istoričeskie zigzagi. In: VRR No 1 (1901) S. 187—205.
/—/ A. I. Komov: Voprosy mirosozercanija i taktiki russkich revoljucionerov. London 1903.
/—/ A. Lipin: Sud nad Azefščinoj. Izd. Parižskoj Gruppy Socialistov-revoljucionerov. Paris 1911.
JUŽANIN, N.: Revoljucionnyj terrorizm. Genf 1904.
/LOZINSKIJ, E. Ju./ E. Ustinov: Kakova dolžna byt' programma russkoj revoljucii? Genf 1905.
—: Sovremennyj anarchizm. M. 1906.
—: Itogi i perspektivy rabočego dviženija. SPb. 1909.
—: Itogi parlamentarizma. Čto on dal i možet li on čto-nibud' dat' rabočim massam? SPb. 1907.
—: Čto že takoe nakonec, intelligencija? Kritiko-sociologičeskij opyt. SPb. 1907.
NESTROEV, G.: Iz dnevnika maksimalista. S predisloviem V. L. Burceva. Paris 1910.
—: 1. Maksimalizm pered sudom V. Černova. 2. Neobchodimoe raz-jasnenie. 3. Osnovnye položenija maksimalizma (otvet ‚Revoljucionnoj mysli'). Paris 1910.
PAVLOV, I.: Očistka čelovečestva. M. 1907.
PETROV, I.: Pamjati M. I. Sokolova. In: Sbornik ‚Volja Truda'. M. 1907 S. 155—179.
/RIVKIN, G./: Trudovaja respublika. SPb. 1907.
/—/: Prjamo k celi. 1907.
SBORNIK STATEJ. M. 1907.
SBORNIK ‚Volja Truda'. M. 1907.
SUŠČNOST' maksimalizma. SPb. 1906.
/TROICKIJ, A. G./ E. Tag-in: Principy trudovoj teorii. SPb. 1906.
/—/ Tag-in: Otvet Viktoru Černovu. SPb. 1906.
VOLJA TRUDA. Sbornik statej. SPb. 1907.

Populismus der 80er und 90er Jahre
/DANIEL'SON, N. F./ Nikolaj-on: Očerki našego poreformennogo obščestvennogo chozjajstva. SPb. 1893.
A. I. UL'JANOV i delo 1-go marta 1887 g. M., L. 1927.
ŠTERNBERG, L. Ja.: Političeskij terror v Rossii. 1884.
/ROMANENKO, G. G./ V. Tarnovskij: Terrorizm i rutina. London 1881.
/VORONCOV, V. P./ V. V.: Sud'by kapitalizma v Rossii. SPb. 1881.

Sozialdemokratische Gruppen
/Gimmer, N. N./ N.Suchanov: Čto dast zemlja gorodskomu rabočemu? M. 1907.
/—/ N. Suchanov: K voprosu ob évoljucii sel'skogo chozjajstva. Social'nye otnošenija v krest'janskom chozjajstve Rossii. M. 1909.
/—/ N. Suchanov: Zapiski o revoljucii. Bd. 1—7. Berlin 1922—1923. Gekürzt in dt. Fass. hrsg. v. N. Ehlert: 1917. Tagebuch der russischen Revolution. München 1967.
KOMMUNISTIČESKAJA PARTIJA sovetskogo sojuza v rezoljucijach i rešenijach s-ezdov, konferencij i plenumov CK. Bd. I. M. 1953.
K VOPROSU o terrorizme. Izd. Bunda. London 1903.
LENIN, W. I.: Werke. Ins Dt. übertr. n. d. vierten russ. Ausg. Berlin Bd. 1—40, Register Bd. 1,2 1955—1964. Erg.bde 1,2 Berlin 1969, 1971.
MARTOV, L.: Socialisty-revoljucionery i proletariat. SPb. 1907.
MASLOV, P. P.: Kritika agrarnych programm i proekt programmy. M. 1905.

MICHAJLOV, A.: Vybory vo vtoruju Dumu v Peterburgskoj rabočej kurii. In: Otzvuki. August 1907. SPb. S. 41—53.
/TROCKIJ, L. D./ L. Trotzki: Ergebnisse und Perspektiven. Die treibenden Kräfte der Revolution. Frankfurt 1967.
—: Die Permanente Revolution. Frankfurt 1969.
—: Die russische Revolution von 1905. Berlin 1923.

Sonstige
AGRARNOE dviženie v Rossii v 1905—1906 gg. In: Trudy Imperatorskogo Vol'nogo Ėkonomičeskogo Obščestva. SPb. 1908 No 3 u. 4/5.
/BOGDANOV, M. I./ M. B-v.: Očerki po istorii železnodorožnych zabastovok v Rossii. M. 1906.
GREDESKUL, N. A.: Terror i Ochrana. SPb. 1913.
KUKLIN, G. A. (Hrsg.): Itogi revoljucionnogo dviženija v Rossii za sorok let. 1862—1902. Genf 1903.
SMIRNOV, A.: Kak prošli vybory vo 2-ju Gosudarstvennuju Dumu. SPb. 1907.

7. Memoiren

Zur PSR und ihren unmittelbaren Vorläufern
ALEKSANDROV, M. S.: Gruppa narodovol'cev (1891—1894 gg.). In: Byloe No 1 (1906) S. 1—27.
APTEKMAN, O. V.: Partija Narodnogo Prava. Vospominanija. In: Byloe, Juli 1907, S. 177—204.
ARGUNOV, A. /A./: Iz prošlogo Partii Socialistov-Revoljucionerov. In: Byloe, Oktober 1907, S. 95—112.
—: Azef v partii S.-R. In: Na čužoj storone. Istoriko-literaturnyj sbornik. Berlin-Prag Bd. 6 (1924) S. 157—200, 7 (1924) S. 47—79.
ARONSON, G. Ja. et al.: Pamjati V. I. Lebedeva. Sbornik statej. N.Y. 1958.
Evno AZEF, Istorija ego predatel'stva. In: Byloe No 2 (24) August 1917 S. 187—215.
/BAKAJ, M. E./: Iz vospominanij M. E. Bakaja o černych kabinetach v Rossii. In: Byloe No 7 (1908) S. 118—138; No 8 (1908) S. 99—136; No 9—10 (1909) S. 191—211; No 11—12 (1909) S. 162—167.
BREŠKO-BREŠKOVSKAJA, E. K.: Hidden Springs of the Russian Revolution. Personal Memoirs of Katerina Breshkovskaya. Hrsg. v. L. Hutchinson. Stanford 1931.
—: The Little Grandmother of the Russian Revolution. Reminiscences and Letters of Catherine Breshkovsky. Hrsg. v. A. S. Blackwell. Boston 1918.
—: Vospominanija i dumy. In: Socialist-Revoljucioner No 4 (1912) S. 103—129.
—: Iz vospominanij. M. 1919.
BULANOVA-TRUBNIKOVA, O.: Leonid Petrovič Bulanov. In: KiS No 5 (24) S. 158—169, No 6 (55) (1929) S. 152—167.
BURCEV, V. L.: Bor'ba za svobodnuju Rossiju. Moi vospominanija (1882—1922 gg.). Berlin 1923.
—: Pečal'nyj konec B. V. Savinkova. In: Byloe. Novaja serija No 1 (Paris 1933) S. 40—55.
—: V pogrome za provokatorami. M., L. 1928.
—: Azef et les Azefistes. o. O. 1911.
ČERNJAVSKIJ, M. M.: V boevoj organizacii. In: KiS No 7 /58/ 1930 S. 7—39; No 8—9 (69—70) S. 26—65.
ČERNOV, V. M.: Pered burej. Vospominanija. N. Y. 1953.
—: Zapiski socialista-revoljucionera. Berlin 1922.
/—/ V. Chernov: The Great Russian Revolution. New Haven 1936, Neudr. N.Y. 1966.
—: Ot „Revoljucionnoj Rossii" k „Synu otečestva". In: Letopis' revoljucii. Kn. I. Berlin /1923/ S. 66—99.

—: Savinkov v rjadach P.S.-R. In: Volja Rossii. Žurnal politiki i kul'tury. Prag No 14—15 (1924) S. 154—163.
—: Roždenie revoljucionnoj Rossii (Fevral'skaja revoljucija). Paris 1934.
EGOROV, N.: Kronštadtskoe vosstanie. Rasskaz učastnika. In: Byloe No 4 (26), Oktober 1917, S. 90—99.
ENGEL'GARDT, M. M.: Vzryv na Aptekarskom ostrove. (Po dokumentam Leningradskogo istor.-revoljucionnogo archiva). In: KiS No 7 (20) 1925 S. 67—94.
GALKIN, K.: Anarchistskie i terrorističeskie gruppy v Char'kove. (Po dannym ochranki). In: Puti revoljucii No 1 S. 51—63; No 2 S. 64—79; No 3 S. 136—151. Char'kov 1925.
GERŠUNI, G. A.: Iz nedavnego prošlogo. Paris 1908. Dt.: G. Gerschuni, Aus jüngster Vergangenheit. Berlin 1909.
/—/ G. Gerschuni: Sein Leben und seine Tätigkeit. N.Y. 1934 (jiddisch).
GORBUNOV, M.: Savinkov kak memuarist. In: KiS 1928 No 3 (30) S. 168—185; No 4 (31) S. 163—173; No 5 (32) S. 168—180.
GORINSON, B.: Na sležke za Durnovo. In: KiS No 7 (20) 1925 S. 134—140.
GREBNEV, P.: Zapiski predatelja P. Grebneva. Kostroma 1918.
IVANOVSKAJA, P.S.: V boevoj organizacii. Vospominanija. M. 1928.
—: Delo Pleve. S predisl. N. S. Tjutčeva. In: Byloe No 23 (1924) S. 162—207.
IZ prošlogo Partii Socialistov-Revoljucionerov. In: Byloe 1908 No 8 S. 22—34.
IZ vospominanij ob Ivane Kaljaeve. o.O. 1906.
IZMAILOVIČ, A.: Iz prošlogo. In: KiS 1923 No 7 S. 142—191; 1924 No 1 (8) S. 143—174.
KALJAEV, I.P.: Iz vospominanij. In: Byloe 1908 No 7, S. 20—35.
KOMAROV, N.: Očerki po istorii mestnych i oblastnych boevych organizacij partii soc.-rev. 1905—1909. Očerk I: Ukrainskaja boevaja gruppa p.s.-r. (1905—08). In: KiS No 4 (25) 1926 S. 56—81.
KREST'JANINOV, N.: Azef v načale dejatel'nosti. In: Na čužoj storone No 4 (1924) S. 134—169.
LAZAREV, E. E.: Moja žizn'. Vospominanija, stat'i, pis'ma, materialy. Prag 1935.
—: Iz perepiski s druz'jami. Užgorod 1935.
—: K smerti Il'i Adolfoviča Rubanoviča. (Iz vospominanij). In: Volja Rossii No 4 (32) (1. November 1922) S. 59—68.
LEBEDEV, V. I.: Konec Savinkova. In: Volja Rossii (September 1924) S. 164—189.
LEVICKIJ, V. O.: A. D. Pokotilov. (Iz ličnych vospominanij). In: KiS No 3 (1922) S. 157—172.
LIFŠIC, S. E.: Voennoe vosstanie vo Vladivostoke 16.—17. oktjabrja 1907 g. In: KiS 20 (1925) S. 102—122.
MAKSIMOV: Popytka vosstanija v Sevastopole v noc' s 14. na 15. sentjabrja 1907 goda. (Vospominanija oficera). In: Byloe 3 (25) September 1917 S. 15—32.
MEL'NIKOV, N. /M. M./: Pervoe obvinenie Azefa. In: Na čužoj storone No 10 (1925) S. 210—214.
MSTISLAVSKIJ, S.: Iz istorii voennogo dviženija. (Po ličnym vospominanijam). „Oficerskij" i „Boevoj" Sojuzy. 1906—1908 gg. In: KiS 1929 No 6 (55) S. 7—31.
NIKONOV, S. A.: Boris Nikolaevič Nikitenko. In: KiS 1927 No 2 (31) S. 212—246.
NOVOPOLIN, G.: Iz istorii Socialistov-revoljucionerov v Ekaterinoslave. 1892—1903. In: Puti revoljucii. Char'kov 1926 kn. 4 (7) S. 64—71.
OSIPOVIČ, N: Rasskazy o sekretnych sotrudnikach. In: Kandal'nyj zvon. Istoriko-revoljucionnyj sbornik No 1 (Odessa 1925) S. 115—134.
PAMJATI Kaljaeva. M. 1918.
/PEŠECHONOV, A. V./ S. R.: Moi otnošenija k Azefu. In: Byloe No 9—10 (1909) S. 177—190. Dazu: Po povodu stat'i S.R. „Moi otnošenija k Azefu." Pis'ma v redakciju „Bylogo". In: Byloe No 11—12 (1909) S. 181—186.
—: Počemu my togda ušli. (K voprosu o političeskich gruppirovkach v narodničestve). Petrograd 1918.

POPOV, I.: A. O. Bonč-Osmolovskij. In: KiS No 4 (77) 1931 S. 204–215.
POPOVA, V.: Dinamitnye masterskie 1906–07 gg. i provokator Azef. In: KiS 33 (1927) S. 53–66, 34 (1927) S. 47–64, 35 (1927) S. 54–67.
PRIBYLEV, A. V.: Zinaida Žučenko. Iz vospominanij A. V. Pribyleva. o.O. o.J.
RAKITNIKOVA, I. I.: Revoljucionnaja rabota v krest'janstve v Saratovskoj gubernii v 1900–1902 gg. In: KiS 1928 No 10 (47) S. 7–17.
–: Praskov'ja Semenovna Ivanovskaja. M. 1930.
ROZENBAUM, M.: Vospominanija Socialista-revoljucionera. N.Y. 1921.
RUSANOV, N. S.: V ėmigracii. Pod red., s predisl. i primeč. I. A. Teodoroviča. M. 1928.
RUTENBERG, P. M.: Ubijstvo Gapona. L. 1925.
SAZONOV, E. S.: Materialy dlja biografii. S predisl. S. P. Mel'gunova. Vospominanija. Pis'ma. Dokumenty. M. 1919.
/SAVINKOV, B. V./ B. Sawinkow: Erinnerungen eines Terroristen. Berlin 1929. Or.: Vospominanija terrorista. Izd. F. Kona. Char'kov 1926. Ursprüngl. veröffentlicht in: Byloe No 1 (23) Juli 1917 S. 149–195; No 2 (24) August 1917 S. 68–110; No 3 (25) September 1917 S. 68–120; No 1 (29) Januar 1918 S. 62–127; No 3 (31) März 1918 S. 31–55; No 4–5 (32–33) April–Mai 1918 S. 4–60.
/–/ V. Ropšin: Kon' blednyj. SPb. 1909, Nizza 1913.
/–/ V Ropšin: To, čego ne bylo. M. 1914. Ursprüngl. in: Zavety 1912–1913. Dt.: W. Ropschin, Als wär es nie gewesen. Roman aus der russischen Revolution. Frankfurt a.M. 1913.
/–/ V. Ropšin: Kon' voronoj. Paris 1924.
SEMENOVA, M.: V. V. Lebedincev. In: Byloe No 11–12 (1909) S. 3–17.
ŠKLOVSKIJ, I.: Nakanune 1905 g. In: Iz ėpochi bor'by s carizmom No 5 (Kiev 1926) S. 124–138.
ŠKOL'NIK, M.: Žizn' byvšej terroristki. M. 1927.
SOKOLINSKIJ, A. V.: Fidlerovskoe delo. Vospominanija učastnika. In: KiS No 2 (31) 1927 S. 7–25.
/ŠTEJNBERG, I. Z./ I. Steinberg: Gewalt und Terror in der Revolution (Oktoberrevolution oder Bolschewismus). Berlin 1931.
/–/ I. Steinberg: Als ich Volkskommissar war. Episoden aus der russischen Oktoberrevolution. München 1929.
STUDENCOV, A.: Saratovskoe krest'janskoe vosstanie 1905 goda. Iz vospominanij raz-ezdnogo agitatora. Penza 1926.
TJUTČEV, N. S.: Stat'i i vospominanija. Bd. 1,2 M. 1925.
–: Zametki o vospominanijach B. V. Savinkova. In: KiS 1924 No 5 (12) S. 49–72.
TKAČUKOV, I.: Kal likvidirovalsja (1905) god v Char'kove. In: Puti revoljucii No 1 (Char'kov 1925) S. 27–36.
VAGNER-DZVONKEVIČ, E.: Pokušenie na načal'nika Kievskoj ochranki polkovnika Spiridoviča. In: KiS 13 (1924) S. 135–139.
VIŠNJAK, M. V.: Dan' prošlomu. N.Y. 1954.
–: Dva puti. Fevral' i oktjabr'. Paris 1931.
–: Gody ėmigracii. 1919–1969. Stanford 1970.
/–/ M. V. Vishnyak: The Role of the Socialist Revolutionaries in 1917. In: Studies on the Soviet Union. New Ser. Bd. 3 No 3 (1964) S. 172–182.
VOSPOMINANIJA o Borise Sinjavskom. In: Byloe No 9–10 (1909) S. 14–34.
ZENIZINOV, V. M.: Perežitoe. N.Y. 1953.
–: Iz žizni revoljucionera. Paris 1919.
–: Pamjati V. V. Rudneva. In: Za svobodu No 1 (Mai 1941) S. 52–62.
ZIL'BERŠTEJN, Ja.: V. V. Lebedincev. In: KiS 1928 No 2 (39) S. 146–165.
/ZJUBELEVIČ, Ju./ Daša: Kronštadt v 1906 godu. (Vospominanija revoljucionerki). Bd. 1–3 Kronštadt o.J.

ŽUKOVSKIJ-ŽUK, I.: Vladimir Mazurin. In: KiS 1924 No 9 S. 238—251.
—: V zaščitu Mortimera. (K dvadcatiletiju kazni Solomona Ryssa). In: KiS 1929 No 1 (50) S. 28—60.

Sozialdemokratische
DAN, T.: The Origins of Boshevism. Ed. and transl. by J. Carmichael. Kingswood/Surrey 1964.
DEJČ, L. G.: Provokatory i terror. Po ličnym vospominanijam. Tula 1927.

Sonstige
/GERASIMOV, A. V./ A. Gerassimoff: Der Kampf gegen die erste russische Revolution. Leipzig 1934.
MEN'ŠČIKOV, L. /P./: Ochrana i revoljucija. K istorii tajnych političeskich organizacij, suščestvovavšich vo vremena samoderžavija. Č. II, vyp. 1,2 M. 1928—1929.
PEREVERZEV, V. N.: Pervyj vserossijskij železnodorožnyj sojuz 1905 goda. In: Byloe 1925 No 4 S. 36—69.
RATAEV, L. A.: Evno Azef. In: Byloe 1917 No 2 (24) S. 187—215.
ŠČEGOLEV, P. E. (Hrsg.): Provokator. Vospominanija i dokumenty o razoblačenii Azefa. L. 1929.

B. Darstellungen

1. Zur PSR, zum legalen Populismus und zum Maximalismus

AGAREV, A.: Bor'ba bol'ševikov protiv melkoburžuaznoj partii ėserov. In: Propagandist 1939 No 16 S. 4—12.
ANDERSON, F. A. (Hrsg.): Naši protivniki. Sbornik materialov i dokumentov. M. 1928.
ASTRACHAN, Ch. M.: Bol'ševiki i ich političeskie protivniki v 1917 godu. Iz istorii političeskich partij v Rossii meždu dvumja revoljucijami. L. 1973.
—: Istorija buržuaznych i melkoburžuaznych partij Rossii 1917 g. v novejšej sovetskoj literature. In: VI 1975 No 2 S. 30—44.
BERK, S. M.: The Democratic Counterrevolution: Komuch and the Civil War on the Volga. In: CASS 7 No 4 (winter 1973) S. 443—459.
BERNSTEIN, L.: L'affaire Azeff. Histoire et documents. Paris 1909.
BLAKELY, A.: The Socialist Revolutionary Party, 1901—1907: The Populist Response to the Industrialization of Russia. Ph. D. Diss. Berkeley 1971.
BOEVYE predprijatija socialistov-revoljucionerov v osveščenii ochranki. M. 1918. (Auszüge aus: Spiridovič, Partija S.-R.).
BOR'BA V. I. Leninym protiv melkoburžuaznoj revoljucionnosti i avantjurizma. Sbornik. M. 1966.
BYSTRJANSKIJ, V. A.: Men'ševiki i ėsery v russkoj revoljucii. Petrograd 1921.
ČERNOMORDIK, S.: Ėsery (Partija Socialistov-Revoljucionerov). Char'kov 1929.
CROSS, T. B.: Viktor Chernov. Reason and Will in a Morality for Revolution. Ph. D. Diss. Indiana Univ. Bloomington/Ind. 1968.
—: Purposes of Revolution: Chernov and 1917. In: Russian Review 26 (1967) S. 351—360.
ČUNICHINA, G.: Kritika V. I. Leninym ideologičeskich vzgljadov ėserov (1901—1909 gg.). Kand. diss. Kiev 1961.
EROFEEV, N. D.: Liberal'nye narodniki žurnala „Russkoe Bogatstvo" v 1905 g. In: VMGU 1973 No 3 S. 32—46.
—: Narodnye socialisty v izbiratel'noj kampanii vo II Gosudarstvennuju dumu. In: VMGU 1976 No 6 S. 46—62.

FOOTMAN, D.: B. V. Savinkov. Oxford 1956 (St. Antony's Papers on Soviet Affairs. Vol. 25).
GARMIZA, V. V.: Krušenie éserovskich pravitel'stv. M. 1970.
—: Kak ésery izmenili svoej agrarnoj programme. In: VI 1965 No 7 S. 31—41.
—: Bankrotstvo politiki ‚tret'ego puti' v revoljucii. (Ufimskoe gosudarstvennoe soveščanie 1918 g.). In: ISSSR 1965, No 6, S. 3—25.
—: Iz istorii bor'by rabočich Sibiri protiv ‚demokratičeskoj' kontrrevoljucii (1918). In: ISSSR 1975 No 4, S. 120—131.
—: Direktorija i Kolčak. In: VI 1976 No 10 S. 16—32
GARMIZA, V. V. — L. S. ŽUMAEVA: Partija éserov v sovremennoj buržuaznoj istoriografii. In: ISSSR 1968 No 2, S. 185—202.
GENKINA, E.: Razgrom éserov partiej bol'ševikov. In: Bol'ševik 1935 No 21 S. 73—86.
GINEV, V. N.: Iz istorii razrabotki agrarnoj programmy socialistov-revoljucionerov. In: Vspomogatel'nye istoričeskie discipliny. Bd. IV L. 1972 S. 237—249.
—: Fevral'skaja buržuazno-demokratičeskaja revoljucija i agrarnyj vopros u éserov. (Sootnošenie programmy i taktiki). In: Problemy krest'janskogo zemlevladenija i vnutrennej politiki Rossii. Dooktjabr'skij period. L. 1972 S. 318—342.
—: Agrarnyj vopros i melkoburžuaznye partii v Rossii v 1917 g. L. 1977.
GOLINKOV, D. L.: Krach vražeskogo podpol'ja. (Iz istorii bor'by s kontrrevoljuciej v Sovetskoj Rossii v 1917—1924 gg.). M. 1971.
—: Krušenie antisovetskogo podpol'ja v SSSR (1917—1925 gg.). M. 1975.
GOREV, B. I.: Apolitičeskie i antiparlamentskie gruppy. In: Obščestvennoe dviženie v Rossii v načale XX-go veka. Pod red. L. Martova, P. Maslova i. A. Potresova. Tom III, kn. 5: Partii — ich sostav, razvitie i projavlenie v massovom dviženiem, na vyborach i v dume. SPb. 1914 S. 473—534.
—: Anarchizm v Rossii. M. 1930.
GUL', R. B.: General BO. Berlin 1929. Frz.: R. Goul, Lanceurs de bombes. Azef. Paris 1930.
GUSEV, K. V. — Ch. A. ERICJAN: Ot soglašatel'stva k kontrrevoljucii. M. 1968.
GUSEV, K. V.: Partija éserov: Ot melkoburžuaznogo revoljucionarizma k kontrrevoljucii. Istroričeskij očerk. M. 1975.
—: Krach partii levych éserov. M. 1963.
—: Sovetskie istoriki o krache partii éserov. In: Velikij oktjabr' v rabotach sovetskich i zarubežnych istorikov. M. 1971 S. 68—109.
—: Taktika partii bol'ševikov po otnošeniju k éseram nakanune Fevral'skoj revoljucii i v period dvoevlastija. In: Bol'ševiki v bor'be protiv melkoburžuaznych partij v Rossii. M. 1969 S. 33—67.
HARDEN, H.: Lockspitzel Asew. Geschichte eines Verräters. Hamburg 1962.
HILDERMEIER, M.: Zur Sozialstruktur der Führungsgruppen und zur terroristischen Kampfmethode der Sozialrevolutionären Partei Rußlands vor 1917. In: JfGO 20 (1972) S. 516—550, gekürzt in: D. Geyer (Hrsg.), Wirtschaft und Gesellschaft im vorrevolutionären Rußland. Köln 1975. S. 368—389.
—: Neopopulismus und Industrialisierung: Zur Diskussion von Theorie und Taktik in der Sozialrevolutionären Partei Rußlands vor dem Ersten Weltkrieg. In: JfGO 22 (1974) S. 358—389. In engl. Fass. gekürzt in: Russian Review 34 (1975) S. 453—475.
HOFFMANN-HARNISCH, W.: Terror und Ochrana. Leipzig 1931.
ILJUCHINA, R. M.: K voprosu o soglašenii bol'ševikov s levymi éserami (oktjabr' 1917—fevral' 1918 gg.). In: IZ 73 (1963) S. 3—34.
IZ istorii bor'by leninskoj partii protiv opportunizma. M. 1966.
KAMYŠKINA, M. V. — P. M. KUPRIJANOV: Kritika ékonomičeskich teorij ideologov melkoj buržuazii Rossii v épochu imperializma. M 1965.
KATUŠKIN, V. M.: Bor'ba V. I. Lenina protiv melkoburžuaznoj revoljucionnosti v ‚iskrovskij' period 1900—1903 gg. Kand. diss. L. 1967.

KOMIN, V. V.: Istorija pomeščičich, buržuaznych i melkoburžuaznych političeskich partij v Rossii. Č. I.: 1900–1917. Kalinin 1970.
—: Buržuaznye i melkoburžuaznye političeskie partii Rossii v 1917 godu. Kalinin 1970.
—: Bankrotstvo buržuaznych i melkoburžuaznych partij Rossii v period podgotovki i pobedy Velikoj oktjabr'skoj socialističeskoj revoljucii. M. 1965.
KOSTRIKIN, V. I.: Manevry èserov v agrarnom voprose nakanune Oktjabrja. In: ISSSR 1969 No 1, S. 102–112.
/LANDAU, M. A./ M. Aldanov: Asef. o.O. o.J.
LARWIN, F.: Asew der Verräter. Das Doppelleben eines Terroristen. Berlin 1931.
LEVANOV, B. V.: Iz istorii bor'by bol'ševistskoj partii protiv èserov v gody pervoj russkoj revoljucii. L. 1974.
—: Iz istorii bor'by bol'ševikov protiv èserov v gody pervoj russkoj revoljucii. In: Iz istorii stanovlenija i razvitija partii bol'ševikov v dooktjabr'skij period. M. 1968 S. 155–201.
LONGE, Ž. – G. ZIL'BER: Terroristy i ochranka. M. 1924.
LUČINSKAJA, A. V.: Velikij provokator. Evno Azef. Petrograd. M. 1923.
LUNAČARSKIJ, A. V.: Byvšie ljudi. Očerki partii ès-erov. M. 1922.
MASLOV, P. P.: Narodničeskie partii. In: Obščestvennoe dviženie v Rossii v načale XX-go veka. Pod red. L. Martova, P. Maslova i A. Potresova. Tom III, kn. 5: Partii – ich sostav razvitie i projavlenie v massovom dviženii, na vyborach i v dume. SPb. 1914 S. 89–158.
MEŠČERJAKOV, V.: Partija Socialistov-Revoljucionerov. Č. I.: S načala devjanostych godov do revoljucii 1905 goda. M. 1922.
MICKEVIČ, S.: Zaroždenie èserovskoj partii. In: Proletarskaja revoljucija. Istoričeskij žurnal istparta. M. 1922 No 12.
MIFTACHOV, Z. Z.: Kritika politiki carizma v nekotorych proizvedenijach èserov načala XX veka. Kazan' 1968.
—: Èvoljucija socialistov-revoljucionerov i taktika bol'ševikov po otnošeniju k èserovskoj partii v period pervoj revoljucii v Rossii. Kand. diss. Kazan' 1968.
MIŠČICHIN, V. I.: Bor'ba bol'ševikov s melkoburžuaznymi partijami za krest'janstvo v pervoj russkoj revoljucii (1905–1907 gg.). Kand. diss. M. 1967.
—: Bor'ba bol'ševikov s melkoburžuaznymi partijami za krest'janstvo v revoljucii 1905–1907 gg. In: Sbornik statej: Iz istorii bor'by KPSS za osuščestvlenie leninskogo plana stroitel'stva socializma. M. 1967 S. 248–267.
MUCHIN, V. M.: Kritika V. I. Leninym sub-ektivizma i taktičeskogo avantjurizma èserov. Erevan 1957.
MUŠIN, A.: Dimitrij Bogrov i ubijstvo Stolypina. S predisl. V. L. Burceva. Paris 1914.
/NIKOLAEVSKIJ, B. I./ B. Nikolajewsky: Asew. Die Geschichte eines Verrats. Berlin 1932.
OVRUCKAJA, S.: Političeskoe bankrotstvo partii èserov v 1917 godu. Kand. diss. Saratov 1971.
PERRIE, M. P.: The Agrarian Policy of the Russian Socialist-Revolutionary Party From Its Origins Through the Revolution of 1905–1907. Cambridge 1976.
—: The Social Composition and Structure of the Socialist-Revolutionary Party Before 1917: In: SS 24 (1972) S. 223–250.
PIL'SKIJ, P.: Ochrana i provokacija. Petrograd 1917.
PLATONOV, A.: Stranička iz istorii èserovskoj kontrrevoljucii. M. 1923.
POPOV, I. I.: E. K. Breško-Breškovskaja. Babuška russkoj revoljucii. Petrograd 1917.
POPOV, N.: Melkoburžuaznye antisovetskie partii (šest' lekcij). M. 1924.
RADKEY, O. H.: The Agrarian Foes of Bolshevism. Promise and Default of the Russian Socialist Revolutionaries. February to October 1917. N.Y. 1958.
—: The Sickle Under the Hammer. The Russian Socialist Revolutionaries in the Early Months of Soviet Rule. N. Y. 1963.
—: An Alternative to Bolshevism. The Program of Russian Social Revolutionism. In: JMH 25 (1953) S. 25–39.

—: The Socialist Revolutionaries and the Peasantry After October. In: H. McLean, M. E. Malia, G. Fischer (Hrsg.): Russian Thought and Politics. Harvard 1957 S. 457—480.
—: Chernov and Agrarian Socialism Before 1918. In: E. J. Simmons (Hrsg.), Continuity and Change in Russian and Soviet History. Cambridge/Mass. 1955 S. 63—80.
RANDALL, F. B.: The Mayor Prophets of Russian Peasant Socialism. A Study in the Social Thought of N. K. Michajlovskii and V. M. Chernov. Ph. D. Diss. Columbia University 1961.
ŠČEGOLEV, P. E.: Ochranniki i avantjuristy. M. 1930.
SEMIN, I. G.: Kritika V. I. Leninym teoretičeskich osnov ėserovskoj doktriny ‚integral'nogo' socializma. Razoblačenie V. I. Leninym političeskogo avantjurizma partii socialistov-revoljucionerov. In: Bor'ba V. L. Lenina protiv melkoburžuaznoj revoljucionnosti avantjurizma. M. 1966.
—: Kritika V. I. Leninym agrarnoj programmy ėserov. /Irkutsk/ 1966.
—: Razoblačenie V. I. Leninym melkoburžuaznoj suščnosti i političeskogo avantjurizma partii ėserov. Kand. diss. M. 1966.
ŠESTAK, Ju. I.: Bankrotstvo partii ėserov. In: VMGU 1973 No 2, S. 36—50.
—: Bankrotstvo ėserov-maksimalistov. In: VI 1977 No 1 S. 30—46.
SETH, R.: The Russian Terrorists. The Story of the Narodniki. London 1966.
ŠIROKOVA, V. V.: Partija narodnogo prava. Iz istorii osvoboditel'nogo dviženija 90-ch godov XIX veka. Saratov 1972.
SIVOCHINA, T. A.: Krach melkoburžuaznoj oppozicii. M. 1973.
ŠKIRO, I. I.: V. I. Lenin o suščnosti uravnitel'nogo zemlepol'zovanija (istoriografičeskij očerk). In: VLGU 1971 vyp. 8 S. 5—13.
SOBOLEVA, P. I.: Bor'ba bol'ševikov s ėserami po taktičeskim voprosam v period pervoj russkoj revoljucii. In: VMGU Ser. obščestv. nauk 1956 No 1, S. 87—100.
—: Oktjabr'skaja revoljucija i krach social-soglašatelej. M. 1968.
—: Bor'ba bol'ševikov s ėserami v period pervoj russkoj revoljucii. Kand. diss. M. 1946.
SOLOV'EV, N. S.: Bor'ba leninskoj ‚Iskry' protiv socialistov-revoljucionerov. Kand. diss. M. 1946.
SPIRIDONOV, M. V.: Političeskij krach men'ševikov i ėserov v professional'nom dviženii (1917—1920 gg.). Petrozavodsk 1966.
SPIRIDOVIČ, A. I.: Partija Socialistov-revoljucionerov i eja predšestvenniki. 1886—1916. Petrograd 1918. Frz. Übers.: A. Spiridovitch, Histoire du terrorisme russe. 1886—1917. Paris 1930.
SPIRIN, L. M.: Krach odnoj avantjury. (Mjatež levych ėserov v Moskve 6.—7. iljulja 1918 g.). M. 1971.
—: Klassy i partii v graždanskoj vojne v Rossii (1917—1920 gg.). M. 1968.
STEKLOV, Ju.: Partija socialistov-revoljucionerov. M. 1922.
STEPANOV, A. N.: Kritika V. I. Leninym programmy i taktiki ėserov v period novogo revoljucionnogo pod-ema (1910—1914 gg.). In: Bol'ševiki v bor'be protiv melkoburžuaznych partij v Rossii. M. 1969 S. 3—32.
STIŠOV, M. I.: K voprosu o tak nazyvaemoj ėsero-men'ševistskoj koncepcii proletarskoj revoljucii. (Pis'mo v redakciju). In: VMGU 1971 No 1, S. 54—60. Antwort: ebenda 1971 No 5 S. 93—95.
SIŠTOV, M. I. — D. S. TOČENIJ: Raspad ėsero-men'ševistskich partijnych organizacij v Povol'že. In: VI 1973 No 8, S. 15—28.
STUDENTOV, V. A.: Razoblačenie V. I. Leninym melkoburžuaznoj suščnosti ideologičeskich koncepcij socialistov-revoljucionerov na demokratičeskom ėtape russkoj revoljucii (1902—fevr. 1917 g.). Kand. diss. M. 1970.
ŠUGRIN, M. V.: Bor'ba V. I. Lenina i bol'ševistskoj partii protiv taktiki zagovora i individual'nogo terrora partii socialistov-revoljucionerov (ėserov) (1901—1907 gg.). In: Učenye zapiski Karel'skogo pedagogič. instituta. Bd. IV. Petrozavodsk 1957.
TICHONOVA, V. A.: K voprosu o razrabotke V. I. Leninym taktiki bloka levych sil v revoljucii 1905—1907 gg. In: Nekotorye voprosy istorii kommunističeskoj partii

Sovetskogo Sojuza. Sbornik aspirantskich statej v dvuch častjach. Č. I, M. 1972 S. 3—31.
TRIFONOV, I. Ja.: Klassy i klassovaja bor'ba v SSSR v načale nėpa. L. 1964.
VARLAŠKIN, V. V.: Kritika V. I. Leninym agrarnoj programmy ėserov (1905). In: Učenye zapiski Čečeno-Ingušskogo pedagogičesk. instituta No 24. Groznyj 1964.
ŽDANOV, P.: Razoblačenie V. I. Leninym ideologii ėserov nakanune revoljucii 1905— 1907 gg. Kand. diss. M. 1954.
ŽUKOV, A. F.: Bor'ba bol'ševikov protiv melkoburžuaznoj ideologii ėserov-maksimalistov. Kand. diss. L. 1970.
—: Razoblačenie V. I. Leninym teorii i taktiki maksimalizma socialistov-revoljucionerov. In: Idei Lenina živut i pobeždajut. L. 1970 S. 252—270.
—: Bor'ba bol'ševikov protiv melkoburžuaznych vzgljadov ėserov-maksimalistov na charakter, celi i dvižuščie sily socialističeskoj revoljucii. In: VLGU 1970 No 14, vyp. 3, S. 18—26.

2. Zu den übrigen Parteien und zur russischen Geschichte allgemein

ALEKSANDROV, V. A.: Sel'skaja obščina v Rossii (XVII—načalo XIX v.) M. 1976.
ALEXANDER, J. T.: Autocratic Politics in a National Crisis: The Imperial Russian Government and Pugachev's Revolt (1773—1775). Bloomington 1969.
ANAN'IČ, B. V.: Rossija i meždunarodnyj kapital 1897—1914. Očerki istorii finansovych otnošenij. L. 1970.
ANFIMOV, A. M.: Krupnoe pomeščič'e chozjajstvo evropejskoj Rossii (konec XIX— načalo XX veka). M. 1969.
—: Rossijskaja derevnja v gody pervoj mirovoj vojny (1914—fevr. 1917 g.). M. 1962.
ANTOŠKIN, D.: Professional'noe dviženie v Rossii. Posobie dlja samoobrazovanija i kursov po professional'nomu dviženiju. 3. Aufl. M. 1925.
ANWEILER, O.: Die Rätebewegung in Rußland 1905—1921. Leiden 1958.
ASATKINA, A. N. (Hrsg.): O rabočem dviženii i social-demokratičeskoj rabote vo Vladimirskoj gubernii v 1900-ch godach. Vyp. I. Po archivnym materialam i ličnym vospominanijam. Vladimir 1926.
ATKINSON, D.: The Statistics on the Russian Land Commune, 1905—1917. In: SR 32 (Dec. 1974) S. 773—787.
—: The Russian Land Commune and the Revolution. Ph. D. Diss. Stanford 1971.
AVRECH, A. Ja.: Carizm i tret'eijun'skaja sistema. M. 1966.
—: Stolypin i Tret'ja Duma. M. 1968.
AVRICH, P.: Russian Rebels. 1600—1800. N.Y. 1972.
BACHMANN, P.: Marx und Engels zu Fragen der obščina und der russichen Revolution. In: Jahrbuch für Geschichte der deutsch-slawischen Beziehungen 2 (Halle 1958) S. 253—272.
BARON, S. H.: Plekhanov. The Father of Russian Marxism. London 1963.
BENSIDOUN, S.: L'agitation paysanne en Russie de 1881 à 1902. Etude comparative entre le Černozem central et la nouvelle Russie. Paris 1975.
BIRTH, E.: Die Oktobristen (1905—1913). Zielvorstellungen und Struktur. Ein Beitrag zur russischen Parteiengeschichte. Stuttgart 1974.
BLACK, C. E. (Hrsg.): The Transformation of Russian Society. Cambridge/Mass. 1960.
BOGATOV, V. V.: Filosofija P. L. Lavrova. M. 1972.
BOGUCKAJA, L.: Očerki po istorii vooružennych vosstanij v revoljucii 1905—1907 gg. M. 1956.
BOL'ŠEVIKI v bor'be protiv melkoburžuaznych partij v Rossii. M. 1969.
BONWETSCH, B.: Handelspolitik und Industrialisierung 1890—1914. In: D. Geyer (Hrsg.), Wirtschaft und Gesellschaft im vorrevolutionären Rußland. Köln 1975 S. 277—299.

—: Oktoberrevolution. Legitimationsprobleme der sowjetischen Geschichtswissenschaft. In: Politische Vierteljahresschrift 17 (1976) S. 149—185.
BRADLEY, J.: Allied Intervention in Russia. London 1968.
BROWER, D.: The Problem of the Russian Intelligentsia. In: SR 26 (1967) S. 638—647.
BRUNNER, O.: Europäisches und russisches Bürgertum. In: Ders., Neue Wege der Verfassungs- und Sozialgeschichte. 2. verm. Aufl. Göttingen 1968 S. 225—241.
ČAJANOV, A. V.: Organizacija krest'janskogo chozjajstva. M. 1925. Engl.: A. V. Chayanov, The Theory of Peasant Economy, hrsg. v. D. Thorner, B. Kerblay u. R.E.F. Smith. Homewood/Ill. 1966.
/—/ A. Tschajanow: Die Lehre von der bäuerlichen Wirtschaft. Versuch einer Theorie der Familienwirtschaft im Landbau. Berlin 1923.
/—/ A. V. Chayanov: Ouevres choisies de A. V. Chayanov. Textes réunies et publiés par B. Kerblay. Bd. 1—6. N.Y., The Hague 1967.
/—/ A. Tschayanoff: Zur Frage einer Theorie der nichtkapitalistischen Wirtschaftssysteme. In: Archiv für Sozialwissenschaft und Sozialpolitik 51 (1923) S. 577—613.
CARR, E. H.: Some Random Reflections on Soviet Industrialization. In: C. H. Feinstein (Hrsg.), Socialism, Capitalism, and Economic Growth. Essays Presented to M. Dobb. Cambridge 1967 S. 271—284.
ČELINCEV, A. N.: Teoretičeskie osnovy organizacii krest'janskogo chozjajstva. Char'kov 1919.
ČERMENSKIJ, E. D.: Buržuazija i carizm v pervoj russkoj revoljucii. 2. erg. Aufl. M. 1970.
ČERNENKOV, N. N.: K charakteristike krest'janskogo chozjajstva. 2. durchges. u. erg. Aufl. M. 1918.
ČERNYŠEV, I. V.: Obščina posle 9-go nojabrja 1906 g. (po ankete Vol'nogo Ėkonomičeskogo Obščestva). Petrograd 1917.
CHOROS, V. G.: Narodničeskaja ideologija i marksizm (konec XIX v.). M. 1972.
CHROMOV, P. A.: Ėkonomičeskoe razvitie Rossii v XIX—XX vv. M. 1950.
DERENKOVSKIJ, G. M.: Vseobščaja stačka i sovety v ijule 1906 g. In: IZ 77 (1965) S. 108—153.
—: Leninskaja ‚Iskra' i krest'janskoe dviženie v Poltavskoj i Char'kovskoj gubernijach v 1902 g. In: Doklady i soobščenija Instituta istorii AN SSSR. Vyp. 2 (1954) S. 53—73.
— et alii: Osnovnye itogi izučenija istorii pervoj russkoj revoljucii za poslednie dvadcat' let. In: ISSSR 1975 No 5, S. 42—60.
— et alii: Revoljucija 1905—1907 gg. v Rossii. M. 1975.
DROBIŽEV, V. Z. — I. D. KOVAL'ČENKO — A. V. MURAV'EV: Istoričeskaja geografija SSSR. M. 1973.
DUBROVSKIJ, S. M.: Stolypinskaja zemel'naja reforma. Iz istorii sel'skogo chozjajstva Rossii v načale XX veka. M. 3. Aufl. 1963.
—: Sel'skoe chozjajstvo Rossii v period imperializma. M. 1975.
—: Krest'janskoe dviženie v revoljucii 1905—1907 gg. M. 1956.
— , B. Grave (Hrsg.): Agrarnoe dviženie v 1905—1907 gg. Materialy Departament policii. M. 1925.
EGOROV, I. V.: Vosstanija v Baltijskom flote v 1905—1906 gg. v Kronštadte, Sveaborge i na korable ‚Pamjat' Azova'. Sbornik statej. L. 1926.
ELWOOD, R. C.: Russian Social Democracy in the Underground. A Study of the RSDRP in the Ukraine, 1907—1914. Assen 1974.
—: Trotsky's Questionnaire. In: SR 29 (1970) S. 296—301.
EMELJACH, L. I.: Krest'janskoe dviženie v Poltavskoj i Char'kovskoj gubernijach v 1902 g. In: IZ 38 (1951) S. 154—175.
EMMONS, T.: The Beseda Circle 1899—1905. In: SR 32 (1973) S. 461—490.
ERMAN, L. K.: Intelligencija v pervoj russkoj revoljucii. M. 1966.
FISCHER, A.: Russiche Sozialdemokratie und bewaffneter Aufstand im Jahre 1905. Wiesbaden 1967.

FISCHER, G.: Russian Liberalism. From Gentry to Intelligentsia. Cambridge/Mass. 1958.
FUTRELL, M.: Northern Underground. Episodes of Russian Revolutionary Transport and Communications through Scandinavia and Finland, 1863—1917. London 1963.
GALAI, S.: The Liberation Movement in Russia 1900—1905. N.Y., London 1973.
GALYNSKIJ, T.: Očerki po istorii agrarnoj revoljucii Serdobskogo uezda, Saratovskoj gubernii. Serdobsk 1924.
GERSCHENKRON, A.: The Early Phases of Industrialization in Russia: Afterthoughts and Counterthoughts. In: W. W. Rostow (Hrsg.), The Economics of Take-off into Sustained Growth. London 1963 S. 151—169.
—: The Rate of Industrial Growth in Russia Since 1885. In: JEH Suppl. 7 (1947) S. 144—174.
—: Problems and Patterns of Russian Economic Development. In: C. E. Black (Hrsg.), The Transformation of Russian Society. Cambridge/Mass. 1960 S. 42—72.
—: Agrarian Policies and Industrialization: Russia 1861—1917. In: CEH Bd. 6, Cambridge 1966, S. 706—800.
—: Criticism from Afar: A Reply. In: SS 25 (October 1973) S. 170—195.
—: Europe in the Russian Mirror. Cambridge/Mass. 1970.
GETZLER, I.: Martov. A Political Biography of a Russian Social Democrat. Melbourne 1967.
GEYER, D.: Die russische Revolution. Historische Perspektiven und Probleme. Stuttgart 1968.
—: Lenin in der russischen Sozialdemokratie. Die Arbeiterbewegung im Zarenreich als Organisationsproblem der revolutionären Intelligenz. 1890—1903. Köln, Graz 1962.
— (Hrsg.): Wirtschaft und Gesellschaft im vorrevolutionären Rußland. Köln 1975.
—: „Gesellschaft" als staatliche Veranstaltung. Bemerkungen zur Sozialgeschichte der russischen Staatsverwaltung im 18. Jahrhundert. In: JfGO 14 (1966) S. 21—50, auch in: Ders. (Hrsg.), Wirtschaft und Gesellschaft, S. 20—52.
GINDIN, I. F.: Russkaja buržuazija v period kapitalizma, ee razvitie i obsobennosti. In: ISSSR 1963 No 2, S. 57—80, No 3 S. 37—60.
GINEV, V. N.: Narodničeskoe dviženie v Srednem Povolž'e. 70-e gody XIX veka. M., L. 1966.
GOEHRKE, C.: Die Theorien über Entstehung und Entwicklung des „Mir." Wiesbaden 1964.
GOLDSMITH, R. W.: The Economic Growth of Tsarist Russia, 1860—1913. In: Economic Development and Cultural Change 9 (1961) S. 441—475.
GREGORY, P.: Socialist and Nonsocialist Industrialization Patterns: A Comparative Appraisal. N.Y., Washington, London 1970.
—: Wirtschaftliches Wachstum und struktureller Wandel im zaristischen Rußland. Ein Beispiel modernen wirtschaftlichen Wachstums? In: D. Geyer (Hrsg.), Wirtschaft und Gesellschaft im vorrevolutionären Rußland. Köln 1975 S. 210—227.
GRINEWITSCH, W.: Die Gewerkschaftsbewegung in Rußland. Bd. I.: 1905—1914. Berlin 1927.
GUSJATNIKOV, P. S.: Revoljucionnoe studenčeskoe dviženie v Rossii 1899—1907 gg. M. 1971.
HAIMSON, L.: The Russian Marxists and the Origins of Bolshevism. Cambridge/Mass. 1955.
—: Das Problem der sozialen Stabilität im städtischen Rußland 1905—1917. In: D. Geyer (Hrsg.), Wirtschaft und Gesellschaft im vorrevolutionären Rußland. Köln 1975 S. 304—332. Ursprüngl. in: SR 23 (1964) S. 619—642 u. SR 24 (1965) S. 1—22.
HARCAVE, S.: First Blood. The Russian Revolution of 1905. London 1965.
HARRISON, M.: Chayanov and the Economics of the Russian Peasantry. In: JPS 2 (1974—75) S. 389—417.

HEALY, A. E.: The Russian Autocracy in Crisis. 1905—1907. Hamden/Conn. 1976.
HOSKING, G. A.: The Russian Constitutional Experiment. Government and Duma 1907—1914. London 1973.
IDEI Lenina živut i pobeždajut. L. 1970.
IONOV, I. N.: Zubatovščina i Moskovskie rabočie v 1905 g in: VMGU 1976 No 3 S. 54—68.
ITENBERG, B. S.: Dviženie revoljucionnogo narodničestva. Narodničeskie kružki i „choždenie v narod" v 70-ch godach XIX v. M. 1965.
IVANOV, L. M. Bojkot Bulyginskoj Dumy i stačka v oktjabre 1905 g. (K voprosu o rasstanovke borjuščichsja sil). In: IZ 83 (1969) S. 159—195.
JAKOVLEV, N. N.: Vooružennye vosstanija v dekabre 1905 g. M. 1957.
JASNY, N.: Soviet Economists of the Twenties. Names to be Remembered. Cambridge 1972.
JOHNSON, R. J.: Zagranichnaja agentura: The Tsarist Political Police in Europe. In: Journal of Contemporary History 7 (1972) S. 221—242.
KEEP, J. L. H.: The Rise of Social Democracy in Russia. Oxford 1963.
KERBLAY, B.: A. V. Čajanov. Un carrefour dans l'évolution de la pensée agraire en Russie de 1908 à 1930. In: CMRS 5 (1964) S. 411—460.
—: Chayanov and the Theory of Peasantry as a Specific Type of Economy. In: T. Shanin (Hrsg.), Peasants and Peasant Societies. Selected Readings. Harmondsworth 1971 S. 150—160.
KIRJUCHINA, E. I.: Vserossijskij krest'janskij sojuz v 1905 g. In: IZ 50 (1955) S. 95—141.
KISS, G.: Die gesellschaftspolitische Rolle der Studentenbewegung im vorrevolutionären Rußland. München 1963.
KLEVANSKIJ, A. Ch.: Čechoslovackie internacionalisty i prodannyj korpus. Čechoslovackie politiсeskie organizacii i voinskie formirovanija v Rossii. 1914—1921 gg. M. 1965.
KOGAN, F.: Kronštadt v 1906—06 gg. M. 1926.
KOGAN, I.: Sveaborgskoe vosstanie 18.—20. ijulja 1906 g. M. 1927.
KOLESNIČENKO, D. A.: Vozniknovenie i dejatel'nost' Trudovoj gruppy. In: ISSSR 1967 No 4, S. 76—89.
—: K voprosu o političeskoj evoljucii trudovikov 1906 g. In: IZ 92 (1973) S. 84—108.
—: Agrarnye proekty Trudovoj gruppy v I-oj Gosudarstvennoj Dume. In: IZ 82 (1968) S. 40—88.
KORELIN, A. P.: Krach ideologii „policejskogo socializma" v carskoj Rossii. In: IZ 92 (1973) S. 109—152.
KOSTIN, A. F.: Ot narodničestva k marksizmu. M. 1967.
KOZ'MIN, B. P.: Iz istorii revoljucionnoj mysli v Rossii. Izbrannye trudy. M. 1961.
KRAJNEVA, I. Ja. — P. V. PRONINA: Narodničestvo v rabotach sovetskich issledovatelej za 1953—1970 gg. Ukazatel' literatury. M. 1971.
KRAUSE, H.: Marx und Engels und das zeitgenössische Rußland. Gießen 1958.
KREST'JANSKAJA revolucija na juge Rossii. Berlin 1902.
KREST'JANSKOE dviženie v Poltavskoj i Char'kovskoj gubernijach v 1902 g. Sbornik dokumentov. Char'kov 1961.
LANE, D.: The Roots of Russian Communism. A Social and Historical Study of Russian Social-Democracy 1898—1907. Assen 1969.
LAPORTE, S. M.: Histoire de l'Okhrana. La Police secrète des tsars, 1880—1917. Paris 1935.
LAPTIN, P. F.: Obščina v russkoj istoriografii poslednej treti XIX — načala XX vv. Kiev 1971.
LAUE, Th. v.: Sergej Witte and the Industrialization of Russia. N. Y., London 1963.
—: Problems of Industrialization. In: T. G. Stavrou (Hrsg.), Russia Under the Last Tsar. Minneapolis 1969 S. 117—153.

—: The Fate of Capitalism in Russia: The Narodnik Version. In: ASEER 13 (1954) S. 11–28.
—: Why Lenin? Why Stalin? A Reappraisal of Russian History, 1900–1930. N. Y., Philadelphia 1964.
—: Russian Peasants in the Factory, 1892–1904. In: JEH 21 (1961) S. 61–80.
—: Russian Labor Between Field and Factory. In: Californian Slavic Studies 3 (1964) S. 33–65.
—: Westernization, Revolution, and the Search for a Basis of Authority: Russia in 1917. In: SS 19 (1967) S. 155–180.
—: Die Revolution von außen als erste Phase der russischen Revolution 1917. In: JfGO 4 (1956) S. 138–158.
—: The Chances for Liberal Constitutionalism. In: SR 24 (1965) S. 34–46.
LAVERYČEV, V. Ja.: Krupnaja buržuazija v poreformennoj Rossii. 1861–1900. M. 1974.
—: Monopolističeskij kapital v tekstil'noj promyšlennosti Rossii (1900–1917 gg.). M. 1963.
LEJKINA-SVIRSKAJA, V. R.: Intelligencija v Rossii vo vtoroj polovine XIX veka. M. 1971.
LEVIN, A.: The Third Duma, Election and Profile. Hamden/Conn. 1973.
—: June 3, 1907: Action and Reaction. In: A. D. Ferguson, A. Levin (Hrsg.): Essays in Russian History. Hamden/Conn. 1964 S. 231–273.
—: The Second Duma. A Study of the Social-Democratic Party and the Russian Constitutional Experiment. Hamden/Conn. 1966.
LEWIN, M.: Russian Peasants and Soviet Power. A Study of Collectivization. London 1968.
LIVŠIN, Ja. I.: Monopolii v ėkonomike Rossii. Ėkonomičeskie organizacii i politika monopolističeskogo kapitala. M. 1961.
LJAŠČENKO, P. I.: Istorija narodnogo chozjajstva SSSR. Bd. II, M. 1952. Engl: P. I. Lyashchenko, History of the National Economy of Russia to the 1917 Revolution. N. Y. 1949, 2. Aufl. 1970.
LOGINOV, V. T.: Leninskaja „Pravda" (1912–1914 gg.). M. 1972.
LORENZ, R.: Sozialgeschichte der Sowjetunion I. 1917–1945. Frankfurt 1976.
LOS', F. E.: Formirovanie rabočego klassa na Ukraine i ego revoljucionnaja bor'ba v konce XIX i v načale XX st. Kiev 1955.
MACHARADZE, F.: Očerki revoljucionnogo dviženija v Zakavkaz'e. o. O. 1927.
MALE, D. J.: Russian Peasant Organization Before Collectivisation. A Study of Commune and Gathering. 1925–1930. Cambridge 1971.
MALIA, M.: Alexander Herzen and the Birth of Russian Socialism. 1812–1855. Cambridge/Mass. 1961.
MALININ, V. A.: Filosofija revoljucionnogo narodničestva. M. 1972.
K. MARKS, F. ĖNGEL's i revoljucionnaja Rossija. M. 1967.
MASTERS, A.: Bakunin. The Father of Anarchism. London 1974.
MAVRODIN, V. V.: Krest'janskaja vojna v Rossii v 1773–1775 gg. Vosstanie Pugačeva. Bd. 1–3, L. 1961, 1966, 1970.
MAZURENKO, S.: Krest'jane v 1905 godu. M. 1925.
McKAY, J. P.: Pioneers for Profit. Foreign Entrepreneurship and Russian Industrialization 1885–1913. Chicago 1970.
McLEAN, H. – M. E. MALIA – G. FISCHER (Hrsg.): Russian Thought and Politics. Harvard 1957.
MENDEL, A. P.: Dilemmas of Progress in Tsarist Russia. Legal Marxism and Legal Populism. Cambridge/Mass. 1961.
—: Peasant and Worker on the Eve of the First World War. In: SR 24 (1965) S. 23–33.
MENDELSOHN, E.: Class Struggle in the Pale. The Formative Years of the Jewish Workers' Movement in Tsarist Russia. Cambridge 1970.

—: Worker Opposition in the Jewish Socialist Movement, from the 1890's to 1903. In: IRSH 10 (1965) S. 268—282.
MEYER, A. G.: Leninism. Cambridge/Mass. 1957.
MILLAR, J. A.: A Reformulation of A. V. Chayanov's Theory of the Peasant Economy. In: Economic Development and Cultural Change 18 (1969) S. 219—229.
MINC, I. I.: Istorija Velikogo Oktjabrja. V trech tomach. Bd. 1—3 M. 1967, 1968, 1973.
MONOPOLII i inostrannyj kapital v Rossii. M., L. 1962.
NEKOTORYE voprosy istorii kommunističeskoj partii Sovetskogo Sojuza. Sbornik aspirantskich statej v dvuch častjach. Č. I, M. 1972.
NIL'VE, A. I.: Prigovory i nakazy krest'jan vo II gosudarstvennuju dumu. In ISSSR 1975 No 5, S. 99—110.
NÖTZOLD, J.: Agrarfrage und Industrialisierung am Vorabend des Ersten Weltkrieges. In: D. Geyer (Hrsg.), Wirtschaft und Gesellschaft im vorrevolutionären Rußland. Köln 1975 S. 228—251.
—: Wirtschaftspolitische Alternativen der Entwicklung Rußlands in der Ära Witte und Stolypin. Berlin 1966.
OGANOVSKIJ, N. P.: Zakonomernost' agrarnoj ėvoljucii. Č. I, II Saratov 1909—1911.
—: Revoljucija naoborot (razrušenie obščiny). Petrograd 1917.
OLEGINA, I. N.: Industrializacija SSSR v anglijskoj i amerikanskoj istoriografii. L. 1971.
OREŠKIN, V. V.: Agrarnyj vopros v trudach soratnikov V. I. Lenina. M. 1970.
OSOBENNOSTI agrarnogo stroja v period imperializma. M. 1962.
PANKRATOWA, A. M.: Die erste russische Revolution von 1905—1907. Berlin 1953 (russ. 1951).
PARASUN'KO, O. A.: Massovaja političeskaja zabastovka v Kieve v 1903 g. Kiev 1953.
PEREIRA, N. G. O.: The Thought and Teachings of N. G. Černyševskij. The Hague, Paris 1975.
PERRIE, M. P.: The Russian Peasant Movement of 1905—1907. Its Social Composition and Revolutionary Significance. In: Past and Present No 57 (November 1972) S. 123—155.
PERVAJA russkaja revoljucija. Ukazatel' literatury. M. 1930.
PINCHUK, Ben-Cion: The Octobrists in the Third Duma, 1907—1912. Seattle 1974.
PIPES, R.: Social Democracy and the St. Petersburg Labor Movement 1885—1897. Cambridge/Mass. 1963.
—: Struve. Liberal on the Left. 1870—1905. Cambridge/Mass. 1970.
—: „Narodničestvo": A Semantic Inquiry. In: SR 23 (1964) S. 441—458.
— (Hrsg.): Die russische Intelligenz. Stuttgart 1962.
PJASKOVSKIJ, A. V.: Revoljucija 1905—1907 gg. v Rossii. M. 1966.
POLLARD, A.: The Russian Intelligentsia. In: Californian Slavic Studies Bd. 3 (Berkeley 1964) S. 8—19.
POMPER, P.: Peter Lavrov and the Russian Revolutionary Movement. Chicago, London 1972.
PORTAL, R.: The Industrialization of Russia. In: CEH Bd. 6, Cambridge 1966, S. 801—872.
POSPIELOVSKY, D.: Russian Trade Unionism. Experiment or Provocation. London 1971.
POZNER, S. M.: Boevaja gruppa pri C. K. RSDRP (b) (1905—1907 gg.). Stat'i i vospominanija. M., L. 1927.
PROBLEMY gegemonii proletariata v demokratičeskoj revoljucii (1905—fevral' 1917 gg.). M. 1975.
PROBLEMY krest'janskogo zemlevladenija i vnutrennej politiki Rossii. Dooktjabr'skij period. L. 1972.

PROJEKT Klassenanalyse: Leninismus — neue Stufe des wissenschaftlichen Sozialismus? Zum Verhältnis von Marxscher Theorie, Klassenanalyse und revolutionärer Taktik bei W. I. Lenin. Bd. 1,2 Berlin 1972.
PROLETARIAT v revoljucii 1905—1907 gg. K 25-letiju revoljucii 1905 g. M., L. 1930.
PUŠKAREVA, I. M.: Železnodorožniki Rossii v buržuazno-demokratičeskich revoljucijach. M. 1975.
RABEHL, B.: Marx und Lenin. Widersprüche einer ideologischen Konstruktion des „Marxismus-Leninismus". Berlin 1973.
RABINOVITCH, A. u. I. (Hrsg.): Revolution and Politics in Russia. Essays in Memory of B. I. Nicolaevsky. Bloomington 1972.
RABOČEE dviženie v Rossii v 1901—1904 gg. Sbornik dokumentov. L. 1975.
RADKEY, O. H.: The Election to the Russian Constituent Assembly of 1917. Cambridge/Mass. 1950.
RAŠIN, A. G.: Naselenie Rossii za 100 let (1811—1913 gg.). M. 1956.
—: Formirovanie rabočego klassa v Rossii. M. 1958.
RAWSON, D. C.: The Union of the Russian People, 1905—1907: A Study of the Radical Right. Ph. D. Diss. Washington 1971.
ROBINSON, G. T.: Rural Russia Under the Old Regime. N. Y. 1949.
ROGGER, H.: The Formation of the Russian Right, 1900—1906. In: Californian Slavic Studies 3 (1964) S. 66—94.
—: Was there a Russian Fascism? The Union of the Russian People. In: JMH 36 (1964) S. 398—415.
ROSENBERG, W. G.: The Russian Municipal Duma Elections of 1917. A Preliminary Computation of Returns. In: SS 21 (1969) S. 131—163.
—: Liberals in the Russian Revolution. The Constitutional Democratic Party 1917—1921. Princeton 1974.
ROSSIJSKIJ proletariat: oblik, bor'ba, gegemonija. M. 1970.
ROZENFEL'D, U. D.: N. G. Černyševskij (stanovlenie i évoljucija mirovozzrenija). Minsk 1972.
RUBEL, M. (Hrsg.): Karl Marx/Friedrich Engels: Die russische Kommune. Kritik eines Mythos. München 1972.
SABLINSKY, W.: The All-Russian Railroad Union and the Beginning of the General Strike in October, 1905. In: A. u. I. Rabinovitch (Hrsg.), Revolution and Politics in Russia. Essays in Memory of B. I. Nicolaevsky. Bloomington 1972 S. 113—133.
—: The Road to Bloody Sunday. Father Gapon and the Petersburg Massacre of 1905. Princeton 1977.
SBORNIK statej: Iz istorii bor'by KPSS za osuščestvlenie leninskogo plana stroitel'-stva socializma. M. 1967.
SCHAPIRO, L. — P. REDDAWAY (Hrsg.): Lenin. Stuttgart 1969.
SCHARLAU, W.: Parvus und Trockij: 1904—1914. Ein Beitrag zur Theorie der permanenten Revolution. In: JfGO 10 (1962) S. 349—380.
SCHEIBERT, P. (Hrsg.): Die russischen politischen Parteien. Ein Dokumentationsband. Darmstadt 1972.
SCHNEIDERMAN, J.: Sergej Zubatov and Revolutionary Marxism. The Struggle for the Working Class in Tsarist Russia. Ithaca, London 1976.
SCHWARZ, S. M.: The Russian Revolution of 1905. The Workers' Movement and the Formation of Bolshevism and Menshevism. Chicago, London 1967.
—: Populism and Early Russian Marxism on Ways of Economic Development of Russia (the 1880's and 1890's). In: E. J. Simmons (Hrsg.), Continuity and Change in Russian and Soviet Thought. Cambridge/Mass. 1955 S. 40—62.
SEDOV, M. G.: Geroičeskij period revoljucionnogo narodničestva. M. 1966.
SENESE, D.: S. M. Kravchinskii and the National Front Against Autocracy. In: SR 34 (1975) S. 506—522.
ŠESTAKOV, A. V.: Krest'janskaja revoljucija 1905—1907 gg. v Rossii. M., L. 1926.
SHANIN, T.: The Awkward Class. Political Sociology of Peasantry in a Developing Society: Russia 1910—1925. Oxford 1972.

SHATZ, M. S.: The Makhaevists and the Russian Revolutionary Movement. In: IRSH 15 (1970) S. 235–265.
SIDEL'NIKOV, S. M.: Agrarnaja reforma Stolypina. M. 1973.
—: Obrazovanie i dejatel'nost' pervoj Gosudarstvennoj Dumy. M. 1962.
SIMMONS, E. J. (Hrsg.): Continuity and Change in Russian and Soviet History. Cambridge/Mass. 1955.
SIMONOVA, M. S.: Zemsko-liberal'naja fronda (1902–1903 gg.). In: IZ 91 (1973) S. 150–216.
SMIRNOVA, Z. V.: Social'naja filosofija A. I. Gercena. M. 1973.
SOKOLOV, V. N.: Sveaborg. Voennoe vosstanie v 1906 godu. M. 1933.
SPERANSKIJ, N. (Hrsg.): 1905 god v Samarskom krae. Materialy po istorii R.K.P. (b) i revoljucionnogo dviženija. Samara 1925.
SPIRIDONOV, I. V.: Vserossijskaja političeskaja stačka v oktjabre 1905 g. M. 1955.
SPIRINA, M. V.: Metodologičeskie problemy agrarnoj programmy pervoj russkoj revoljucii v trudach V. I. Lenina. In: ISSSR 1975 No 5, S. 60–82.
STAVROU, T. G. (Hrsg.): Russia Under the Last Tsar. Minneapolis 1969.
S. M. STEPNJAK-KRAVČINSKIJ v Londonskoj èmigracii. M. 1968.
SUNY, R. G.: Labor and Liquidators: Revolutionaries and the „Reaction" in Baku, May 1908–April 1912. In: SR 34 (1975) S. 319–340.
SZEFTEL, M.: The Legislative Reform of August 6, 1905 (The „Bulygin Duma"). In: Mélanges Antonio Marongiu. Etudes présentées à la Commission Internationale pour l'histoire des assemblés d'états. Palermo 1967 S. 137–183.
TARATUTA, E.: S. M. Stepnjak-Kravčinskij. Revoljucioner i pisatel'. M. 1973.
THOMPSON, A. W. – R. A. HART: The Uncertain Crusade. America and the Russian Revolution of 1905. Amherst/Mass. 1970.
TIMBERLAKE, Ch. E. (Hrsg.): Essays on Russian Liberalism. Columbia/Miss. 1972.
TOBIAS, H. J.: The Jewish Bund in Russia. From its Origins to 1905. Stanford 1972.
TOKMAKOFF, G.: P. A. Stolypin and the Second Duma. In: SEER 50 (No 118, January 1972) S. 49–62.
TOMSINSKIJ, S. G.: Bor'ba klassov i partij vo vtoroj gosudarstvennoj Dume. M. 1924.
TRAPEZNIKOV, S. P.: Agrarnyj vopros i leninskie agrarnye programmy v trech russkich revoljucijach. Bd. 1,2 M. 1967, 2. erw. Aufl. M. 1974.
TVARDOVSKAJA, V. A.: Socialističeskaja mysl' Rossii na rubeže 1870–1880 godov. M. 1969.
1905. Revoljucionnye sobytija 1905 g. v g. Ufe i Ural'skich zavodach. Ufa 1925.
UŠAKOV, A. V.: Revoljucionnoe dviženie demokratičeskoj intelligencii v Rossii 1895–1904. M. 1976.
VASILIEV, A. T.: The Ochrana. The Russian Secret Police. Philadelphia 1930.
VELIKIJ oktjabr' v rabotach sovetskich i zarubežnych istorikov. M. 1971.
VENTURI, F.: Roots of Revolution. A History of the Populist and Socialist Movements in Nineteenth Century Russia. N. Y. 1966. Frz.: Les intellectuels, le peuple et la révolution. Histoire du populisme russe au XIX-e siècle. Paris 1972.
VOENNO-BOEVAJA rabota partii bol'ševikov 1903–1917 gg. Pod obščej red. N. R. Pankratova. M. 1973.
VOLIN, M. S. – G. M. DERENKOVSKIJ – D. A. KOLESNIKOV: O gegemonii proletariata v pervoj russkoj revoljucii. In: ISSSR 1973 No 4, S. 46–67.
VOLK, S. S.: Narodnaja Volja (1879–1882). M., L. 1966.
VOPROSY istorii kapitalističeskoj Rossii. Problema mnogoukladnosti. Sverdlovsk 1972.
VOPROSY istorii sel'skogo chozjajstva, krest'janstva i revoljucionnogo dviženija v Rossii. Sbornik statej k 75-letiju akademika N. M. Družinina. M. 1961.
VSPOMOGATEL'NYE istoričeskie discipliny. Bd. IV, L. 1972.
VUCINICH, W. S. (Hrsg.): The Peasant in the Nineteenth-Century Russia. Stanford 1968.
WALICKI, A.: The Controversy over Capitalism: Studies in the Social Philosophy of the Populists. Oxford 1969.

WALKIN, J.: The Rise of Democracy in Pre-Revolutionary Russia. Political and Social Institutions Under the Last Three Tsars. N. Y. 1962.

WATTERS, F. M.: The Peasant and the Village Commune. In: W. S. Vucinich (Hrsg.), The Peasant in the Nineteenth-Century Russia. Stanford 1968 S. 133—157.

WEBER, M.: Rußlands Übergang zum Scheinkonstitutionalismus. Tübingen 1906 (Archiv für Sozialwissenschaft und Sozialpolitik. NF 5,1 Beilage). Auch auszugsweise in: Ders., Gesammelte politische Schriften. Tübingen 1958 S. 66—108.

WEEKS, A. L.: The First Bolshevik. A Political Biography of Peter Tkachev. N. Y. 1968.

WETTIG, G.: Die Rolle der russischen Armee im revolutionären Machtkampf 1917. In: Forschungen zur osteuropäischen Geschichte 12 (1967) S. 46—389.

WILBER, Ch. K.: The Soviet Model and Underdeveloped Countries. Chapel Hill 1969.

WILDMAN, A. K.: The Making of a Workers' Revolution. Russian Social Democracy 1891—1903. Chicago, London 1967.

WILLETS, H. T.: Lenin und die Bauern. In: L. Schapiro, P. Reddaway (Hrsg.): Lenin. Stuttgart 1969 S. 113—130.

WOEHRLIN, W. F.: Chernyshevskii. The Man and the Journalist. Cambridge/Mass. 1971

WORTMAN, R.: The Crisis of Russian Populism. Cambridge 1967.

ZAK, S. O.: Karl Marx und Friedrich Engels über die „traditionelle" Bauerngemeinde in Rußland und deren Entwicklung nach der Aufhebung der Leibeigenschaft. In: Jahrbuch für Wirtschaftsgeschichte 1973 H. 4, S. 147—164.

ZELNIK, R. E.: The Peasant and the Factory. In: W. S. Vucinich (Hrsg.), The Peasant in the Nineteenth-Century Russia. Stanford 1968 S. 158—190.

3. Sonstige

ALAVI, H.: Theorie der Bauernrevolution. Stuttgart 1972, engl. Orig.: The Socialist Register 2 (1965) S. 241—275.

ALBERTI, G.: The Breakdown of Provincial Urban Power Structure and the Rise of Peasant Movements. In: Sociologia Ruralis 12 (1972) S. 315—333.

ALLCOCK, J. B.: Populism: A Brief Biography. In: Sociology 5 (1971) S. 371—387.

ALMOND, G. A. — G. B. Powell: Comparative Politics: A Devolopmental Approach. Boston 1966.

APTER, D. A.: The Politics of Modernization. Chicago 1965.

ARENDT, H.: Über die Revolution. Frankfurt, Wien, Zürich 1968.

ARRIGHI, G. — J. S. SAUL: Essays on the Political Economy of Africa. N. Y., London 1973.

BANFIELD, E. C.: The Moral Basis of a Backward Society. Glencoe 1958.

BARSBY, L.: Economic Backwardness and the Characteristics of Development. In: JEH 29 (1969) S. 449—464.

BENDA, H. J.: Non-Western Intelligentsias as Political Elites. In: J. H. Kautsky (Hrsg.), Political Change in Underdeveloped Countries. Nationalism and Communism. N. Y. 1962 S. 235—251.

BENDIX, R.: Embattled Reason. N. Y. 1970.

BEQUIRAJ, M.: Peasantry in Revolution. Ithaca 1966.

BERGER, S.: Peasants against Politics. Rural Organization in Brittany 1911—1967. Cambridge/Mass. 1972.

BERLIN, J. — Hofstadter, R. et al.: Populism. In: GO 3 (1968) S. 137—180.

BLACK, C. E.: The Dynamics of Modernization. A Study in Comparative History. N. Y. 1966.

— (Hrsg.): Comparative Modernization. N. Y. 1976.

BOEKE, J. H.: Economic Policies of Dual Society. N. Y. 1953.

BORTON, H.: Peasant Uprisings in Japan of the Tokugawa Period. In: Transactions of the Asiatic Society of Japan. 2nd ser. Bd. 16 (1938) S. 1—220.

BRAUN, R. – FISCHER, W. – GROSKREUTZ, H. – VOLKMANN, H. (Hrsg.): Industrielle Revolution. Wirtschaftliche Aspekte. Köln, Berlin 1972.
– (Hrsg.): Gesellschaft in der industriellen Revolution. Köln, Berlin 1973.
BRUNNER, O.: Neue Wege der Verfassungs- und Sozialgeschichte. 2. verm. Aufl. Göttingen 1968.
CHIROT, D. – RAGIN, Ch.: The Market Tradition and Peasant Rebellion: The Case of Rumania 1907. In: American Sociological Review 40 (1975) S. 428–444.
COLE, G. D. H.: The Second International. 1889–1914. Bd. 1, 2. London 1970 (= A History of Socialist Thought, Bd. III 1, 2).
COLEMAN, J. S. (Hrsg.): Education and Political Development. Princeton 1965.
CORDOVA, A.: Strukturelle Heterogeneität und wirtschaftliches Wachstum. Drei Studien über Lateinamerika. Frankfurt 1973.
CROTTY, W. J.: Approaches to the Study of Party Organizations. Boston 1968.
DAVID, E.: Sozialismus und Landwirtschaft. 2. umgearb. u. vervollst. Ausg. Leipzig 1922.
DAVIES, I.: Soziale Mobilität und politischer Wandel. München 1972.
DEUTSCH, K. W.: Soziale Mobilisierung und politische Entwicklung. In: W. Zapf (Hrsg.), Theorien des sozialen Wandels. Köln 1969 S. 329–350.
DI TELLA, T. S.: Populism and Reform in Latin America. In: C. Veliz (Hrsg.), Obstacles to Change in Latin America. Oxford 1965 S. 46–74.
DUGGET, M.: Marx on Peasants. In: JPS 2 (1974–75) S. 159–182.
DUVERGER, M.: Die politischen Parteien. Tübingen 1959.
EIDELBERG, P. G.: The Great Rumanian Peasant Revolt of 1907. Origins of a Modern Jacquerie. Leiden 1974.
EISENSTADT, S. N.: The Political System of Empires. N. Y. 1963.
–: Breakdowns of Modernization. In: Economic Development and Cultural Change 12 (1964) S. 345–367.
FEUER, L. S.: Generations and the Theory of Revolution. In: Survey 18 (1972) No 3 (84) S. 161–188.
FLORA, P.: Modernisierungsforschung. Zur empirischen Analyse der gesellschaftlichen Entwicklung. Opladen 1974.
FOSTER, G. M.: The Peasants and the Image of Limited Good. In: The American Anthropologist 67 (1965) S. 293–315.
FRANCOIS, M.: Revolts in Late Medieval and Early Modern Europa: A Spiral Model. In: Journal of Interdisciplinary History 5 (1974) S. 19–43.
GERLACH, H.: Der englische Bauernaufstand von 1381 und der deutsche Bauernkrieg. Ein Vergleich. Meisenheim a. Glan 1969.
GERSCHENKRON, A.: Continuity in History and Other Essays. Cambridge/Mass. 1968.
–: Economic Backwardness in Historical Perspective. A Book of Essays. Cambridge/Mass. 1962.
GILLIN, D. G.: „Peasant Nationalism" in the History of Chinese Communism. In: Journal of Asian Studies 23 (1963/64) S. 269–289.
GROSS, F.: The Revolutionary Party. Essays in the Sociology of Politics. Westport/Conn., London 1974.
GUSTAFFSON, B.: Marxismus und Revisionismus. Eduard Bernsteins Kritik des Marxismus und ihre ideengeschichtlichen Voraussetzungen. Bd. 1, 2 Frankfurt 1972.
HABERMAS, J.: Strukturwandel der Öffentlichkeit. Untersuchungen zu einer Kategorie der bürgerlichen Gesellschaft. Neuwied 3. Aufl. 1969.
HEBERLE, R.: Social Movements. An Introduction to Political Sociology. Dt.: Hauptprobleme der politischen Soziologie. Stuttgart 1967.
HEINZ, W. R. – SCHÖBER, P.: Theorien des kollektiven Verhaltens. Beiträge zur Analyse sozialer Protestaktionen und Bewegungen, 2 Bde. Neuwied, Berlin 1973.
HERTZ-EICHENRODE, D.: Karl Marx über das Bauerntum und die Bündnisfrage. In: IRSH 11 (1966) S. 382–402.

HILTON, R.: Peasant Society, Peasant Movements and Feudalism in Medieval Europe. In: H. A. Landsberger (Hrsg.), Rural Protest: Peasant Movements and Social Change. London 1974 S. 67–94.
HOBSBAWM, E. J.: Sozialrebellen. Archaische Sozialbewegungen im 19. und 20 Jahrhundert. Neuwied, Berlin 1971.
—: A Case of Neo Feudalism: La Convención, Peru. In: Journal of Latin American Studies 1 (1969) S. 31–49.
—: Peasants and Politics. In: JPS 1 (1973) S. 3–22.
HONDRICH, K.-O.: Wirtschaftliche Entwicklung, soziale Konflikte und politische Freiheiten. Bestimmungsgründe politischer Partizipationsrechte in soziologischer Analyse. Frankfurt 1970.
—: Theorie der Herrschaft. Frankfurt 1973.
HUIZER, G.: Peasant Rebellion in Latin America. The Origins, Forms of Expression, and Potential of Latin American Peasant Unrest. Harmondsworth 1973.
HUNTINGTON, S. P.: Political Order in Changing Societies. New Haven 1968.
IONESCU, G. — E. GELLNER (Hrsg.): Populism. Its Meanings and National Characteristics. London 1969.
JACKSON, G. D.: Comintern and Peasant in East Europe 1919–1930. N. Y., London 1966.
—: Peasant Political Movements in Eastern Europe. In: H. A. Landsberger (Hrsg.), Rural Protest: Peasant Movements and Social Change. London 1974, S. 259–325.
JOHNSON, Ch.: Peasant Nationalism and Communist Power. The Emergence of Revolutionary China. Stanford 1962.
—: Revolutionstheorie. Köln, Berlin 1971.
JORRIN, M. — J. D. MATZ: Latin-American Political Thought and Ideology. Chapel Hill 1970.
KAUTSKY, J. H. (Hrsg.): Political Change in Underdeveloped Countries. Nationalism and Communism. N. Y. 1962.
—: Communism and the Politics of Development. N. Y. 1968.
KIRKHAM, J. F. — LEVY, S. G. — CROTTY, W. J.: Assassination and Political Violence. A Report to the National Commission on the Causes and Prevention of Violence. N. Y. 1970.
LANDES, D. S.: Der entfesselte Prometheus. Technologischer Wandel und industrielle Entwicklung in Westeuropa von 1750 bis zur Gegenwart. Köln 1973 (engl. 1969).
LANDSBERGER, H. A. (Hrsg.): Latin American Peasant Movements. Ithaca, London 1969.
— (Hrsg.): Rural Protest: Peasant Movements and Social Change. London 1974.
LaPALOMBARA, J. — WEINER, M. (Hrsg.): Political Parties and Political Development. Princeton 1966.
PRICE, H. E.: The Strategy and Tactics of Revolutionary Terrorism. In: CSSH 19 (January 1977) S. 52–66.
LEHMANN, H.-G.: Die Agrarfrage in der Theorie und Praxis der deutschen und internationalen Sozialdemokratie. Vom Marxismus zum Revisionismus und Bolschewismus. Tübingen 1970.
LERNER, D. — COLEMAN, J. S.: Modernization. In: International Encyclopedia of the Social Sciences Bd. 10, N. Y. 1968, S. 386–402.
LEWIS, J. W. (Hrsg.): Peasant Rebellion and Communist Revolution in Asia. Stanford 1974.
LÖSCHE, P.: Anarchismus — Versuch einer Definition und historischen Typologie. In: Politische Vierteljahresschrift 15 (1974) S. 53–73.
LUDZ, P. C. (Hrsg.): Soziologie und Sozialgeschichte. Aspekte und Probleme. Opladen 1973.
LUKACS, G.: Geschichte und Klassenbewußtsein. Neuwied 1970.
—: Lenin. Studie über den Zusammenhang seiner Gedanken. Neuwied, Berlin 3. Aufl. 1969.
MARX, K. — ENGELS, F.: Werke, Bd. 1–39, Berlin (Ost) 1958–1968.

MATOSSIAN, M.: Ideologies of Delayed Industrialization: Some Tensions and Ambiguities. In: J. H. Kautsky (Hrsg.), Political Change in Underdeveloped Countries. Nationalism and Communism. N. Y. 1962 S. 252–264.
MEISSNER, M.: Utopian Socialist Themes in Maoism. In: J. W. Lewis (Hrsg.), Peasant Rebellion and Communist Revolution in Asia. Stanford 1974 S. 207–252.
MITRANY, D.: Marxismus und Bauerntum. München 1956 (engl. 1951).
MOORE, B. Jr.: Soziale Ursprünge von Diktatur und Demokratie. Die Rolle der Grundbesitzer und Bauern bei der Entstehung der modernen Welt. Frankfurt 1969.
MOSSE, G. L. – LAQUEUR, W. (Hrsg.): Internationaler Faschismus. 1920–1945. München 1966.
MOUSNIER, R.: Fureurs Paysannes. Les Paysans dans les Révoltes du XVII-e siècle (France, Russie, Chine). Paris 1967.
MYINT, H.: Dualism and the Internal Integration of Underdeveloped Economies. In: Ders, Economic Theory and the Underdeveloped Countries. N. Y., Ldn., Toronto 1971 S. 315–347.
NASH, M.: Primitive and Peasant Economic Systems. San Francisco 1966.
NETTL, J. P.: Political Mobilization. A Sociological Analysis of Methods and Concepts. N. Y. 1967.
NEUMANN, S.: Modern Political Parties. Chicago 1956.
PITT-RIVERS, J. A.: The Closed Community and its Friends. In: The Kroeber Anthropoligical Society Papers 16 (1957) S. 5–16.
POTTER, J. M. – DIAZ, M. N. – FOSTER, G. M.: Peasant Society. A Reader. Boston 1967.
PUHLE, H.-J.: Politische Argrarbewegungen in kapitalistischen Industriegesellschaften. Deutschland, USA und Frankreich im 20. Jahrhundert. Göttingen 1975.
RADCLIFF-BROWN, A. R.: Structure and Function of Primitive Society. Glencoe 1952.
REDFIELD, R.: The Little Community and Peasant Society and Culture. Chicago 1965.
ROSENBERG, H.: Große Depression und Bismarckzeit. Berlin 1967.
ROSTOW, W. W.: Stadien wirtschaftlichen Wachstums. Eine Alternative zur marxistischen Entwicklungstheorie. Göttingen 1967 (engl. 1960).
– (Hrsg.): The Economics of Take-off into Sustained Growth. London 1963.
RÜSCHEMEYER, D.: Partielle Modernisierung. In: W. Zapf, Theorien des sozialen Wandels, Köln 1969 S. 382–396.
SANDKÜHLER, H. J. – R. de la VEGA (Hrsg.): Marxismus und Ethik. Texte zum neukantianischen Sozialismus. Frankfurt 1970.
SCHRAM, S. R.: Das Mao-System. Die Schriften von Mao Tse-tung. Analyse und Entwicklung. München 1972.
SHANIN, T.: Peasantry as a Political Factor. In: Ders. (Hrsg.), Peasants and Peasant Societies. Harmondsworth 1971 S. 238–263.
–: The Nature and Change of Peasant Economies. In: Sociologia Ruralis 13 (1973) S. 141–171.
–: The Nature and Logic of the Peasant Economy. In: JPS 1 (1973) S. 63–80 u. 186–206.
SHILS, E.: The Intellectuals and the Powers, and Other Essays. London, Chicago 1972.
SMELSER, N. J.: Theorie des kollektiven Verhaltens. Köln 1972 (engl. 1962).
SOROKIN, P. – ZIMMERMANN, C. C.: Principles of Rural-Urban Sociology. N. Y. 1929, 2. Aufl. 1969.
SREDNIE sloi gorodskogo obščestva v stranach vostoka. M. 1975.
STEINBERG, H.-J.: Sozialismus und deutsche Sozialdemokratie. Zur Ideologie der Partei vor dem 1. Weltkrieg. Hannover 1967.
STROBEL, G. W.: Die Partei Rosa Luxemburgs, Lenin und die SPD. Der polnische ‚europäische' Internationalismus in der russischen Sozialdemokratie. Wiesbaden 1974.

THORNER, D.: Peasant Economy as a Category in Economic History. In: T. Shanin (Hrsg.), Peasants and Peasant Societies. Harmondsworth 1971 S. 202—218.
THORNTON, T. P.: Terror as a Weapon of Political Agitation. In: H. Eckstein (Hrsg.), Internal War. Problems and Approaches. Glencoe 1964 S. 71—99.
TILLY, Ch.: Town and Country in Revolution. In: J. W. Lewis (Hrsg.), Peasant Rebellion and Communist Revolution in Asia. Stanford 1974 S. 271—302.
TOMASEVICH, J.: Peasants, Politics, and Economic Change in Yugoslavia. Stanford 1955.
TURNER, R. H. — KILLIAN, L. M.: Collective Behavior. Englewood Cliffs 1957.
WEBER, M.: Wirtschaft und Gesellschaft. Grundriß der verstehenden Soziologie. 5. rev. Aufl. Tübingen 1972.
WEHLER, H.-U. (Hrsg.): Geschichte und Soziologie. Köln 1972.
— (Hrsg.): Geschichte und Ökonomie. Köln 1973.
—: Bismarck und der Imperialismus. Köln, Berlin 1969.
—: Modernisierungstheorie und Geschichte. Göttingen 1975.
WILKINSON, P.: Political Terrorism. London 1974.
WITTFOGEL, K. A.: Die orientalische Despotie. Eine vergleichende Untersuchung totaler Macht. Köln, Berlin 1962.
WOLF, E. R.: Peasant Wars of the Twentieth Century. N. Y. 1969.
—: Peasants. Englewood Cliffs 1966.
WORSLEY, P.: The Third World. London 1967.
ZAPF, W. (Hrsg.): Theorien des sozialen Wandels. Köln 1969.
—: Die soziologische Theorie der Modernisierung. In: Soziale Welt 26 (1975) S. 212—226.

PERSONEN- UND ORTSREGISTER

Agafonov, V. K., 282 A*, 289, 320 A, 324, 235 A, 326 A, 333, 352, 358 A, 404
Agarev, A. 414
Aksakov, K. S. 253
Aksel'rod, P. B. 154 A
Alavi, H. 24 A
Alberti, G. 32 A
Aldanov, M. (Pseudonym) s. Landau, M. A.
Alekseevskij, A. N. 353 A
Aleksandrov, M. S. (Pseudonym) s. Ol'minskij, M. S.
Aleksandrov, V. A. 2 A
Alexander II. 321, 364, 366
Alexander, J. T. 270 A
Allcock, J. B. 18 A, 20 A
Ama Ata 407
Almond, G. B. 13 A, 33 A
Al'tovskij, A. I. 103 f, 114, 282 A, 410
Amsterdam 105, 408
Anan'ič, B. V. 15 A
Anderson, F. A. 413
Anfimov, A. M. 15 A
Annenkov, K. A. 310 A
Annenskij, N. F. 36, 89 f, 147–149, 381 A
Antonov 131 A
Antoškin, D. 187 A, 188 A
Anweiler, O. 398 A
Aptekman, O. V. 36
Apter, D. A. 12 A, 13 A, 17 A
Archangel'sk 139, 161 A, 241 f, 311, 315
Arendt, H. 31 A
Argunov, A. A. (Pseudonym: A. Kubov) 38–40, 41 A, 42 f, 45, 55, 63 A, 115 A, 150 A, 152 A, 179 A, 182, 203–205, 216, 259 A, 282 A, 289, 305, 308 A, 315 f, 322 f, 332, 334, 339 A, 355 A, 359 A, 361, 367 A, 370 A, 371 A, 372 A, 373 A, 374 A, 377 A, 380 A, 383 A, 385 A, 389 A, 394 A, 404, 407

Armand, L. M. 256 A, 257, 313, 327, 328 A, 331, 334–336
Aronson, G. Ja. 290 A
Arrighi, G. 19 A
Asatkina, A. N. 229 A, 234 A
Astrachan' 111, 179, 217 f, 220, 261, 280, 312 f, 409
Astrachan, Ch. M. 414
Atkarsk 222
Atkinson, D. 14 A, 18 A, 223 A, 271 A
Avksent'ev, N. D. (Pseudonym: Vronskij) 53 A, 162 A, 172 A, 202 f, 216, 252 f, 282 A, 290, 314, 316, 319 f, 327 A, 329, 331, 333 f, 336–339, 395, 398, 404, 406 f, 410, 412
Avrech, A. Ja. 183 A
Avrich, P. 270 A
Azef, E. F. 40 f, 54 f, 64, 111, 115 f, 144, 146, 201–204, 213 f, 255, 258, 282 A, 290, 310 f, 315, 321 A, 326–328, 331, 333–335, 341, 343, 358, 359 A, 260–393, 404–406, 409–411
Azov 240

Bach, A. N. 80 A, 98 A, 203 A, 282 A, 298, 265 A, 368, 389, 393 A, 405
Bachmann, P. 73 A
Bachmut 240
Bailey, F. G. 29 A
Baku 111, 121, 208, 248 f, 200, 303, 307, 313–315, 322
Bakunin, M. A. 21, 27, 139, 405
Balašov 120
Balmašev, S. V. 37 A, 65, 67–68, 225
Balmašev, V. A. 36, 37 A, 54, 405
Baltikum 111, 165, 167, 242, 270 f, 315
Banfield, E. C. 29 A
Barsby, L. 11 A
Batum 248
Belostok 44, 111 f, 117, 119, 138, 235

* Der Zusatz „A" bedeutet, daß der Name nur in den Anmerkungen der entsprechenden Seite genannt wird.

Bel'skij, A. 203 A
Benda, H. J. 17 A
Bendix, R. 12 A
Bensidoun, S. 57 A
Bequiraj, M. 28 A
Berdičev 44, 111. 117, 119
Berger, S. 19 A, 29 A
Berk, S. M. 4 A
Berlin 54, 121 A, 404, 409 f, 411 f
Berlin, I. 18 A, 20 A
Bern 45, 55, 121, 252 A
Bernikov 230 f
Bernstein, E. 89 A
Bernstein, L. 358 A
Bessarabien 226 A, 239 f
Bilit, B. G. (Pseudonym: Borisov) 64 A, 131, 144 A, 282 A, 289, 337, 342, 343 A, 344, 362, 405
Birth, E. 1 A
Black, C. E. 13 A, 14 A, 356 A
Blakely, A. 413
Bleklov, S. M. 282 A, 335 A, 365 A, 389 A
Boeke, J. H. 16 A
Bogatov, V. V. 27 A
Bogdanov, M. I. 159 A
Bogdanovič, N. M. 67 A, 361, 408
Bogolepov, N. P. 65, 379
Bogrov, D. 345
Boguckaja, L. 168 A
Bonč-Osmolovskij, A. O. 43, 203 A, 282 A, 283, 405, 408
Bonwetsch, B. 15 A, 16 A
Borišanskij 363
Borisov (Pseudonym) s. Bilit, B. G.
Borton, H. 28 A, 31 A
Bourgina, A. M. 319 A
Bradley, J. 4 A
Braun, R. 10 A, 11 A
Breško-Breškovskaja, E. K. 36, 44, 50, 51 A, 52 f, 56, 69, 83, 111 f, 114, 117–120, 122–125, 130, 144, 145 A, 178, 203 A, 204, 251, 273, 276 A, 282 A, 283, 298 A, 309, 364, 282, 405, 411
Brilljant, D. V. 37 A, 363, 390
Brjansk 111 f, 119, 138 f, 144, 235–237, 265, 277 A, 300
Brower, D. 17 A
Brunner, O. 16 A
Bulanov, L. P. 43, 114 A, 410
Bulanova-Trubnikova, O. 114 A
Bulygin, A. G. 146, 175
Burcev, V. L. 45 f, 358 A, 363 A, 383, 384, 385
Bystrjanskij, V. A. 413

Čajanov, A. V. 24, 29 A, 75 A
Čajkovskij, N. V. 45 f, 55, 126, 144, 409, 411
Camus, A. 62 A
Caricyn 218, 261, 274, 277 A, 312
Carr, E. H. 11 A
Cederbaum, Ju. O. 66 A, 76 A, 94 A, 97 A
Cejtlin, M. J. 280 A
Čelincev, A. N. 24, 25 A
Čermenskij, E. D. 16 A
Černenkov, N. N. 25 A, 81 A, 353 A
Černigov, 37, 111, 139, 206–208, 223 f, 226 A, 227, 236, 270, 311
Černjavskij, M. M. 379
Černomordik, S. 413
Černov, M. V. (Pseudonyme: V. Voennyi, V. Tučkin, Ju. Gardenin) 5 A, 6 f, 36, 39, 44, 45–50, 51 A, 52, 53 A, 54 f, 58, 61 A, 63–65, 70–75, 79 f, 82, 84, 85 A, 36 f, 89–94, 99 f, 101 A, 102 A, 103–107, 114 A, 116, 122, 124 A, 125, 126 A, 127–133, 134 A, 135 f, 137 A, 139 f, 144 A, 145–147, 149–152, 153 A, 154 A, 156, 158, 160, 164 f, 167–169, 172 A, 175 f, 179, 184, 188 f, 193–195, 200 A, 202–204, 208, 213, 216, 252 f, 255, 275 A, 279, 281 A, 282 A, 290, 305 f, 308 f, 316, 318–324, 326 A, 332–334, 339, 341–344, 350–352, 353 A, 354, 356 A, 367 A, 368, 370, 371 A, 373 f, 378 A, 382, 383 A, 385 f, 389, 392 f, 395, 396 A, 398 f, 405, 407, 410 f, 413, 415
Černova, N. M. 36
Černyšev, I. V. 14 A
Černyševskij, N. G. 20 f, 27
Cetlin, M. O. 252 A
Chabarovsk 250
Charbin 250
Char'kov 37 A, 41, 49, 56, 57 A, 58, 84, 111, 117, 119, 139, 142, 160, 191, 223–226, 228 A, 267, 270, 309, 312, 315, 361, 406
Cherson 111, 239, 240, 315
Chilkov, D. A. 46, 63 A, 124 A, 129, 282 A
China 407, 412
Chirot, D. 32 A
Chomjakov, A. S. 253
Choros, V. G. 18 A, 23
Chovrin, A. A. 334 A
Chromov, P. A. 14 A

Personen- und Ortsregister 449

Cilliacus, K. 144 A
Čita 246 f, 260, 262, 406, 408
Cohen, H. 252 A
Cole, G. D. H. 89 A
Coleman, J. D. 13 A, 17 A
Córdova, A. 16 A
Cross, T. B. 54 A, 413
Crotty, W. J. 32 A, 345 A
Čuchnin, G. P. 372
Čunichina, G. 415

Dan, T. 109 A
Daniel'son, N. F. 2 A, 58, 80·
Darmstadt 121 A, 361, 404
David, E. 74, 75 A
Davies, I. 13 A
Dejč, L. G. 154 A, 358 A
Denikin, A. I. 4, 406
Derenkovskij, G. M. 57 A, 142 A, 143 A, 154 A, 158 A, 168 A
Deutsch, K. W. 13 A
Deutschland 121, 136, 252
Diaz, M. N. 29 A
Dijnega, P. S. 226
DiTella, T. S. 19 A
D'jakov, I. A. 37, 225
Dobrowolski, K. 29 A
Dongebiet (Don-Oblast') 119, 215, 240 260 f, 329
Dračevskij, D. V. 377
Dresden 121 A
Drobižev, V. Z. 228 A, 271 A
Dubasov, F. V. 369, 371 f, 374 A, 412
Dubrovskij, S. M. 15 A, 142 A, 153 A, 270 A
Duggett, M. 30 A
Durnovo, P. N. 371, 407
Duverger, M. 32 A
Dvinsk 44, 138, 144, 235, 237, 240, 260 A, 266

Eckstein, H. 345 A
Egorov, N. 168 A
Ehlert, N. 256 A
Eidelberg, P. G. 32 A
Eisenstadt, S. N. 12 A, 13 A, 346 A
Ekaterinodar 161 A, 250
Ekaterinoslav 37 A, 44, 111, 114, 119, 130, 133, 139, 165 A, 179, 223 f, 224–226, 263, 307
Elec 228
Elwood, R. C. 183 A, 196 A, 202 A, 274 A, 280 A, 292 A, 298 A, 356 A, 357 A
Emeljach, L. I. 57 A

Emmons, T. 396 A
Engel'gardt, M. M. 134 A, 135 A, 137
Engels, F. 30 A, 72–74, 98, 105
England 350
Ericjan, Ch. A. 3 A, 4 A, 5 A, 7 A, 8 A, 398 A, 414
Erivan' 269
Erman, I. K. 17 A
Erofeev, N. D. 89 A, 146 A, 149 A, 179 A
Estland 241
Evgen'ev (Pseudonym) s. Stalinskij, E. A.

Fabrikant, V. J. 335 A, 344 A
Fanon, F. 20
Fedosja 277 A
Fedulov, A. A. 35
Feinstein, C. H. 11 A
Fejt, A. Ju. 115, 203 f, 282 A, 289, 334, 406
Ferguson, A. D. 183 A
Feuer, L. S. 283 A
Figner, V. N. 329, 385
Finnland 111, 375, 382
Firsov, D. (Pseudonym) s. Rosenbljum, D. S.
Fischer, A. 144 A, 146 A, 150 A
Fischer, G. 1 A, 413
Fischer, W. 10 A
Flora, P. 12 A
Footman, D. 363 A
Foster, G. M. 29 A
François, M. E. 31 A
Frankreich 121, 405, 411
Freiberg 121 A
Freiburg 121 A
Frejfel'd, L. V. 115, 203 A, 334
Fridenson 203 A
Fundaminskij, I. I. (Pseudonym: Bunakov) 132 A, 203, 252 f, 255, 273, 282 A, 290, 334, 337, 385, 387 A, 390 A, 398, 406 f, 410, 412
Fundaminskij, M. I. 253 A
Futrell, M. 144 A

Galai, S. 1 A
Galkin, K. 139 A, 225 A
Gal'perin, E. 43
Galynskij, T. 222 A
Gapon, G. A. 141 A
Gardenin, Ju. (Pseudonym) s. Černov, V. M.
Garfield, J. A. 60
Garmiza, V. V. 4 A, 5 A, 413 f

Gavronskaja, A. O.   252 A, 255 A, 273
Gavronskij, D. O.   252 A
Gedeonovskij, A. V.   36, 115, 203 A, 282 A, 406
Gellner, E.   18 A, 19 A, 27 A
Genf   45, 53, 113, 121 A, 122, 127, 129, 146, 232, 364, 370, 405–407, 409, 412
Genkina, E.   414
Gerasimov, A. V.   358 A, 369–376, 378 f, 383 A, 385 f, 387 A, 394
Gercen, A. I.   1, 21, 27
Gerlach, H.   31 A
Gerschenkron, A.   9 A, 11 f, 13 A, 14 A, 15 A, 25 A, 36 A, 400
Geršuni, G. A.   44. 50–56, 58, 60 A, 61, 63–65, 67 f, 100, 101 A, 112–115, 120 A, 127 A, 176, 180, 203, 204 A, 225, 273, 276, 282 A, 289, 326, 342, 344, 359–364, 367, 374, 376 f, 379, 381–383, 389, 395, 404 f, 407 f
Getzler, I.   94 A
Geyer, D.   14 A, 15 A, 17 A, 21 A, 28 A, 57 A, 65 A, 67 A, 77 A, 94 A, 109 A, 193 A, 354 A, 401 A, 413
Gillin, D. G.   32 A
Gimmer, N. N. (Pseudonym: Suchanov)   80 A, 265 A, 353 A
Gindin, I. F.   16 A
Ginev, V. N.   27 A, 414 f
Ginzburg,   89, 91, 103, 151
Glasgow   379
Glazov (Pseudonym) s. Volchovskij, F. V.
Glinskij, G. I.   171
Goc, A. R.   253, 255, 282 A, 290, 371, 395, 406 f, 410, 412
Goc, M. R.   46, 49 f, 53–55, 64, 85 A, 100, 101 A, 113, 116, 127, 144, 146, 203 A, 204, 252 f, 273, 282 A, 289, 360–362, 364, 366, 370, 381, 389, 395, 406 f, 409, 411
Goehrke, C.   2 A
Goldsmith, R. W.   14 A, 15 A, 16 A, 25 A
Golinkov, D. L.   414
Golovin, F. A.   181
Gomel'   111, 235 f, 239
Gorbunov, M.   64 A
Gorev, B. I.   126 A
Grave, B.   142 A
Grebnev, P.   388 A
Gredeskul, N. A.   345 A
Gregory, P.   10 A, 14 A, 15 A, 16 A, 25 A

Grigorovič, S. (Pseudonym) s. Žitlovskij, Ch. O.
Grinewitsch, W.   187 A
Grodno   138, 235, 361, 407
Gross, F.   345 A
Grossbritannien   121
Grosskreutz   10 A
Gukovskij, A. I.   381 A
Gul', R. B.   358 A
Gusev, K. V.   3 A, 4 A, 5 A, 7 A, 8 A, 398 A, 414
Gusjatnikov, P. S.   42 A
Gustafsson, B.   89 A

Habermas, J.   396 A
Haimson, L.   28 A, 354 A, 355 A, 356 A, 357 A
Halle   121 A, 252 f, 404, 406 f, 412
Harcave, S.   141 A, 146 A, 150 A, 250 A
Harden, H.   358 A
Harrison, M.   25 A
Hart, R. A.   273 A
Healy, A. E.   141 A
Heberle, R.   33 A
Heidelberg   121 A, 252 f, 280 A, 406 f, 411 f
Heinz, W. R.   33 A
Hennessy, A.   19 A
Hertz-Eichenrode, D.   74 A
Hildermeier, M.   152 A, 413
Hilton, R.   31 A
Hobsbawm, E. J.   30 A, 31, 32 A
Hoffmann-Harnisch, W.   358 A
Hofstadter, R.   18 A, 19 A
Hondrich, K.-O.   346 A.
Hosking, G. A.   1 A
Huizer, G.   31 A, 32 A
Huntington, S. P.   12 A, 17 A, 31 A, 399

Iljuchina, R. M.   414
Imatra   132, 148, 164, 220, 221 A, 406
Ionescu, G.   18 A, 19 A, 20 A, 27 A
Ionov, I. N.   51 A
Irkutsk   165 A, 207, 246 f, 315, 368
Itenberg, B. S.   28 A, 82 A
Ivanov, L. M.   146 A, 175 A
Ivanov, S. A.   365 A, 389 A
Ivanov-Ochlonin, N. I.   37
Ivanovo-Voznesensk   230 f, 311
Ivanovskaja-Vološenko, P. S.   363

Jackson, G. D.   24 A, 27 A
Jakimova-Dikovskaja, A. V.   203 A

Jakobij, M.   85 A, 93 A, 105 A, 108 A
Jakovlev, A. A.   255, 256 A
Jakovlev, N. N.   150 A
Jakutsk   404 f, 409 f, 412
Jalta   239
Japan   141, 144 A, 222, 251, 408, 412
Jaroslavl'   41, 117, 228 f, 234, 409
Jasny, N.   80 A
Johnson, Ch.   31 A, 32 A
Johnson, R. J.   40 A
Jorrin, M.   19 A, 27 A
Judelevskij, Ja. L. (Pseudonyme: A. Lipin, A. Komov)   85 A, 282 A, 289, 324–326, 352, 385 A, 389, 391 A, 407
Judenič, N. N.   4
Juricyn, S. P.   147

Kačorovskij, K. R.   114, 271 A
Kačura, F. F.   361 A
Kaljaev, I. P.   62, 64, 254, 363, 366, 377, 390, 393
Kallistov, S. N.   219
Kaluga   111, 228 f, 234, 274 A, 277 A, 407
Kamenec-Podol'sk   223, 226
Kamyškina, M. V.   415
Kant, I.   252
Karataev, N. K.   23 A
Karl (Pseudonym) s. Trauberg, A. D.
Karlsruhe   121 A, 361, 404
Karpovič, P. V.   65–66, 379, 390 A, 394
Katuškin, V. M.   113 A, 415
Kaukasus   111, 161 A, 177, 215, 216 A, 248 f, 250 A, 261, 263, 268, 270, 313 f, 329, 355 A, 408 f
Kautsky, J. H.   12 A, 17 A, 27 A
Kazan'   111, 161 A, 165 A, 216 f, 220, 261, 274 A, 408
Keep, J. L. H.   77 A, 94 A, 109 A
Kerblay, B.   24 A
Kerenskij, A. F.   6, 411
Kiental   409
Kiev   37, 39, 41, 51, 68, 111, 115, 117, 119, 139, 161 A, 170, 223, 225–227, 228 A, 270, 275, 310–312, 315, 336, 356 A, 361, 365 f, 405, 407 f, 411, 415
Killian, L. M.   33 A
Kirjuchina, E. I.   157 A
Kirkham, J. F.   345 A
Kišinev   239, 363
Kiss, G.   42 A
Klejgel's, N. V.   366
Klemenc, D. A.   46
Klevanskij, A. Ch.   4 A

Klimova, O.   131
Klitčoglu-Mežovaja, S. G.   114, 367
Köthen   121 A
Kogan, F.   108 A
Kogan-Bernštejn, M. L.   326 A
Kol'čak, A. V.   4 f, 412
Kolesničenko, D. A.   177 A
Kolesnikov, D. A.   143 A
Kolosov, E. E.   40, 353 A, 358 A, 376 A
Komarov, N.   388 A
Komin, V. V.   414 f
Komov, A. (Pseudonym) s. Judelevskij, Ja. L.
Korelin, A. P.   51 A
Korenev (Pseudonym) s. Annenskij, N. F.
Kornilov, L. G.   392, 411
Kostin, A. F.   23 A, 28 A
Kostrikin, V. I.   398 A, 414
Kostroma   111, 228 f, 234
Koval'čenko, I. D.   228 A, 271 A
Kovalik, S. F.   43
Kovarskij, I. N.   205, 256 A, 334
Kovno   51, 235, 260 A, 407
Koz'min, B. P.   23, 25 A
Kraft, P. P.   114, 120, 203, 205, 216, 282 A, 290, 361, 407
Krajneva, I. Ja.   28 A
Krasnikov   279, 280 A
Krasnojarsk   246 f
Krause, H.   73 A
Krest'janinov, N.   380
Krim   198, 239, 240
Kronstadt   153, 165, 167 f, 173
Kropotkin, P. A.   139, 385
Kuban   240, 249, 315
Kubov (Pseudonym) s. Argunov, A. A.
Kudrjavcev, A. P.   375
Kuklin, G. A.   42 A, 44 A, 60 A
Kulikovskij, P. A.   40
Kuprijanov, P. M.   415
Kurašova, N. A.   355 A
Kursk   37, 111, 119, 165 A, 223 f, 226 A, 227, 228 f, 266, 269, 276, 277 A 309, 311
Kutaisk   248
Kuznets, S.   10 A

Landau, M. A.   358 A
Landes, D. S.   10 A
Landsberger, H. A.   27 A, 29 A, 30 A, , 31 A, 32 A
Lane, D.   231 A, 269 A, 282 f, 289 A, , 291 A, 296 A, 300, 303
LaPalombara, J.   13 A, 30 A, 33
Lapina, É.   374 A

LaPorte, S. M. 40 A
Laptin, P. F. 2 A
Laqueur, W. 27 A
Larwin, F. 358 A
Laue, Th. von 2 A, 14 A, 15 A, 28 A, 48 A, 356 A, 401
Launitz V. F. von der 375
Lausanne 121 A
Laveryčev, V. Ja. 15 A, 16 A
Lavrov, P. L. 1, 21, 27, 46, 69, 99, 105, 252, 410
Lazarev, E. E. 45 f, 51 A, 53 A, 55 A, 65 A, 122, 216, 273 A, 282 A, 283, 329 A, 386 A, 408
Lebedev, B. N. (Pseudonym: Voronov) 186 A, 191, 257, 282 A, 290, 326 A, 330, 334, 336 A, 337, 343–345, 347, 408
Lebedev, V. I., 282 A, 290, 363 A, 408, 412
Lebedincev, V. V. 378
Lehmann, H.-G. 24 A, 74 A
Leipzig 121 A, 404
Lejkina-Svirskaja, V. R. 17 A, 292 A, 298 A
Lena 354
Lenin, V. I. 2 A, 7, 15 A, 21–25, 35, 52, 59, 66 A, 67, 68 A, 72, 75–77, 94–99, 107, 108 A, 109 A, 116, 153 A, 168 A, 183 A, 193, 199, 280, 299 A, 300 A, 308, 395, 399, 401 f, 414
Leningrad 412
Leonovič, V. V. 203, 205, 209, 258, 282 A, 290, 378 A, 408
Lerner, D. 12 A
Levanov, B. V. 7 A, 179 A, 181 A, 414 f
Levin, A. 181 A, 182 A, 183 A
Levin, M. O. 111 A, 361 A, 381 A
Levy, S. G. 345 A
Lewin, M. 18 A
Lewis, J. W. 27 A
Lifšic, S. E. 171 A
Lipin, A. (Pseudonym) s. Judelevskij, Ja. L.
Livland 242
Livšic, S. A. 355 A
Livšin, Ja. I. 15 A
Ljaščenko, P. I. 14 A
Lösche, P. 139 A
Loginov, V. T. 280 A
London 45, 121 A, 122, 144, 151, 172 A, 182, 201 f, 212, 263, 275 A, 281 A, 291, 296, 305, 314, 315 A, 316, 318, 320 f, 323 f, 335, 349 f, 352, 385, 408, 412

Longe, Ž. 358 A
Lopatin, G. A. 329, 385
Lopuchin, A. A. 368, 385 f
Lorenz, R. 18 A
Los', F. E. 119 A
Lozinskij, E. Ju. (Pseudonym: E. Ustinov) 85 A, 128, 131 A, 135 A, 136 f
Lučinskaja, A. V. 359 A
Ludz, P. C. 9 A
Lüttich 121 A
Lukács, G. 76, 136, 193
Lunačarskij, A. V. 1 A, 52 A, 413
Lunkevič, V. V. 335 A, 365 A, 389 A
Luxemburg, R. 242

Maceevskij, I. u. J. 363
Macharadze, F. 248 A
Majnov, I. I. 203 A
Maksimov (Pseudonym) s. Rakitnikov, N. I.
Male, D. J. 14 A, 18 A
Malia, M. 27 A, 413
Malinin, V. A. 22 A, 28 A
Martov, L. (Pseudonym) s. Cederbaum, Ju. O.
Marx, K. 30, 72 f, 75, 77 f, 82, 98, 99, 105 f
Maslov, P. P. 96 A, 99, 109 A, 271 A, 272 A, 274 A, 416
Maslov, S. L. 397
Masters, A. 27 A
Matossian, M. 12 A
Matz, J. D. 19 A, 27 A
Mavrodin, V. V. 270 A
Mazurenko, S. 142 A
Mazurin, V. 131 f, 135 A, 138, 256 A, 290
McKay, J. P. 15 A
McLean, H. 413
McRae, D. 20 A
Meissner, M. 27 A
Mel'nikov, M. M. 56, 114, 361, 381
Mendel, A. P. 40 A, 89 A, 356 A
Mendelsohn, E. 40 A, 67 A
Men'ščikov, L. P. 368, 381 f
Meščerjakov, V. 413
Meyer, A. G. 24 A, 94 A
Michajlov, A. 259 A, 300 A
Michajlovskij, N. K. 1, 21, 35, 39, 54, 69, 75, 90, 99, 105, 164, 252, 406
Michalevič, S. F. 166 f, 169, 282 A, 283, 409
Mickevič, S. 413
Miftachov, Z. Z. 415
Millar, J. A. 24 A

Mil'štejn, E. 187 A
Min 371
Minc, I. I. 6 A
Minor, O. S. 86 A, 94, 100 A, 107 A, 122, 127, 145 f, 151, 166, 176, 204, 208 f, 216, 248, 263, 282 A, 289, 409
Minsk 51 f, 111, 115, 130, 138, 235–238, 260 A, 277 A, 405, 407, 409
Mirbach, Graf von 398 A
Miščichin, V. I. 415
Mittweida 121 A
Mitrany, D. 24 A, 27 A
Mjakotin, V. A. 39, 89, 147 f
Mogilev 119, 235 f, 239, 315
Moore, B. 32 A, 346 A
Morozov, N. 59 A
Moskau 37 A, 39, 41, 53, 94, 101 A, 111 f, 117, 131–134, 137, 139, 148, 150 f, 154 A, 161 A, 165 A, 166, 177, 186, 198 f, 200, 203–205, 210, 212, 216 A, 226, 228, 230 f, 233, 249, 251–258, 263, 269, 273 f, 279, 309, 315, 366, 370 f, 398, 404–407, 409–412
Mosse, G. L. 27 A
Motovilichinskij Zavod 244
Mousnier, R. 31 A
Mstislavskij, S. 169 A, 170 A
Muchin, V. M. 415
München 121 A
Murav'ev, A. V. 228 A, 271 A
Murom 228
Mušin, A. 345 A
Myint, H. 16 A

Nagasaki 250
Nancy 121 A
Nash, M. 29 A
Natanson, M. A. 36, 54, 152 A, 154 A, 203 f, 282 A, 283, 321 A, 329 A, 334, 344, 373, 376 A, 377 A, 379 f, 385, 390 A, 393, 405 f, 409, 412
Nečetnyj, S. (Pseudonym) s. Sletov, S. N.
Nekrasov, N. A. 54
Nesterovskij, B. G. 334 A
Nestroev, G. 126 A, 132 A, 133 A, 134, 135 A, 136, 325 A
Nettl, N. P. 12 A
New Haven 121 A
New York 121 A, 406, 412
Nikolaev 111, 239, 312
Nikolaev, P. F. 36, 37 A
Nikolaevskij, B. I. (Nicolaevsky, B. I.) 53 A, 54 A, 114 A, 116 A, 141, 153 A, 203 A, 319 A, 321 A, 358 A, 359 A, 360 A, 363 A, 365 A, 367 A, 368 A, 371 A, 372 A, 373 A, 374 A, 375 A, 377 A, 378 A, 380 A, 381 A, 383 A, 386 A, 387 A, 389
Nikol'sk-Ussurijsk 250
Nikitenko, B. N. 375 f
Nikolaj Nikolaevič, Großfürst, 375–378
Nikolaj II. 32, 321, 360, 378 f
Nikonov, S. A. 375 A
Nil've, A. I. 153 A
Nižnij Novgorod 37, 111, 144, 165 A, 179, 207, 217, 228, 233 f, 260, 277 A, 309, 311, 406, 408
Nordkaukasus 210 f, 215, 249 f, 259, 261, 268, 329
Nordrußland 165, 241, 243, 261 f, 267 f, 310 f, 329, 408
Nordwestrußland 215, 236 f, 260, 264, 268 f, 329, 405
Nötzold, J. 14 A, 15 A, 16 A, 25 A, 216 A, 223 A, 224 A, 228 A, 229 A, 271 A
Novgorod 111, 119, 161 A, 241–243
Novočerkassk 240
Novopolin, G. 114 A
Novorossijsk 250
Novotoržskij, G. 81 A, 85 A, 93 A
Novozybkov 236, 238 f

Obolenskij, I. M. 361
Odessa 37, 88 A, 111, 115, 117, 144, 171, 239, 312, 315, 335, 405 f, 408, 410 f,
Oganovskij, N. P. 14 A, 24, 25 A, 81 A, 353 A
Olegina, I. N. 11 A
Ol'minskij, M. S. 35, 406
Olonec 241, 242
Omsk 315, 412
Orel 101 A, 207, 228, 235, 315, 406
Orenburg 119, 217, 220
Oreškin, V. V. 24 A
Ortiz, S. 29 A
Ošanina-Polonskaja, M. N. 410
Osipovič, N. M 115
Ovruckaja, S. 414

Pankratov, V. S. 282 A, 334, 371
Pankratova, A. M. 141 A
Panov, A. V. 37, 233
Parasun'ko, O. A. 119 A
Paris 45, 53, 100, 121 A, 122, 153 A, 213, 324, 326, 362, 379, 384 A, 404–408, 410 f

Pavlov, I. 136 A
Penza 37, 111, 160, 161 A, 166 f, 216 f, 220–222, 271, 273, 274 A, 277 A, 312, 404, 408
Pereira, N. G. O. 27 A
Pereverzev, V. N. 159 A, 186
Perm' 37, 179, 207, 244–246, 260, 262, 270, 275, 313
Petrovsk 222
Perrie, M. P. 86 A, 126 A, 157 A, 164 A, 181 A, 267 A, 270 A, 281 A, 282, 291 A, 292 A, 298 A, 303 A, 404 A, 351 A, 413
Pešechonov, A. F. 36, 39, 81 A, 85 A, 89, 146–148, 149 A, 381 A, 397 A
Petrov, I. 129 A
Petrozavodsk 161 A
Pinchuk, Ben-Cion 1 A
Pinsk 138, 235 f
Pipes, R. 8, 17 A, 20, 21 A, 25, 26 A, 28 A, 47
Pitt-Rivers, J. A. 29 A
Pjaskovskij, A. V. 141 A
Platonov, A. 413
Plechanov, G. V. 57, 67 f, 78, 154 A, 283
Pleve, V. K. von 62, 68, 346, 347 A, 363 f, 366 f, 370, 383, 404, 411
Pobedonoscev, K. P. 361
Podolien 315
Pokotilov, A. D. 363, 365
Polen 111
Pollard, A. 17 A
Poltava 37, 41, 49, 56, 57 A, 58, 84, 111, 142, 155, 223, 312, 315, 405, 412
Pomper, P. 27 A
Popov, I. I. 53 A
Popov, N. 413
Popova, V. 362 A
Portal, R. 14 A
Pospielovsky, D. 51 A
Postnikov, S. 336 A
Potapov, A. I. (Pseudonym: A. Rudin) 98 f, 100 A, 126 A, 203 A, 204 f, 257, 282 A, 409
Potter, J. M. 28 A, 29 A
Powell, G. B. 13 A, 33 A
Prag 298, 406, 408 f, 412
Pribylev, A. V. 203 A, 257, 282 A
Price, H. E. 345 A
Priležaev, I. 225
Prokopovič, S. N. 270 A
Pronina, P. V. 28 A
Pskov 111, 139, 241–243
Puhle, H.-J. 19 A, 27 A

Puškareva, I. M. 3 A, 159 A, 186 A

Rabehl, B. 24 A
Rabinovič, A. und I. 159 A
Račkovskij, P. I. 368 f
Radcliff-Brown, A. R. 29 A
Radkey, O. H. 3, 4 A, 6–8, 92 A, 93 A, 101 A, 200 A, 269, 273 A, 398, 413
Ragin, Ch. 32 A
Rakitnikov, N. I. (Pseudonym: N. Maksimov) 43, 54, 55 A, 56, 81, 82 A, 98–100, 101 A, 102 A, 103 f, 114 f, 120, 123 f, 129, 142, 151 f, 166, 171 A, 195, 203 f, 216, 282 A, 289, 316 A, 328, 331 f, 334–340, 349–353, 382, 385, 389, 410
Rakitnikova, I. I. (Pseudonym: Ritina) 65 A, 115, 120 A, 129, 163 A, 339, 351 A, 355 A, 363 A, 390 A, 393 A
Randall, F. B. 54 A
Rappoport, S. A. 46, 49, 56 A
Rašin, A. G. 15 A
Rataev, L. A. 116 A, 380 A
Ratner, E. M. 256 A
Ratner, M. B. 225
Rawson, D. C. 176 A
Rayevsky, Ch. 273 A
Reddaway, P. 24 A
Redfield, R. 29 A
Reval 153, 165
Richter, V. N. 335 A
Riehl, A. 252, 404
Riga 241 f, 355 A
Riman 371
Ritina (Pseudonym) s. Rakitnikova, I. I.
Rivkin, G. 135 A
Rjazan' 133, 228 f, 234, 311
Rodionova-Kljačko, L. 44
Rogger, H. 176 A
Romanenko, G. G. (Pseudonym: V. Tarnovskij) 59 A, 60 A
Ropšin, V. (Pseudonym) s. Savinkov, B. V.
Rosenberg, H. 10
Rosenberg, W. G. 1 A, 4 A
Rostov, n. D. 240
Rostow, W. W. 10 A, 11 A
Rozenbljum, D. S. (Pseudonym: Firsov) 80 A, 85 A, 88 A, 93, 105 A, 108 A, 114
Rozenfel'd, U. D. 27 A
Rubanovič, I. A. 46, 49, 55, 100, 195, 198 A, 269, 282 A, 289, 330, 342, 344, 347, 385, 391, 407, 410 f,

Rubel, M. 73 A
Rudin, A. (Pseudonym) s. Potapov, A. I.
Rudnev, V. V. 101 A, 132 A, 151, 152 A, 204, 252 f, 255, 282 A, 290, 410
Rüschemeyer, D. 13 A
Rusanov, N. S. 49, 55, 407, 410
Russel', N. 250
Rutenberg, P. M. 141 A
Ryss, S. Ja. 131

Sablinsky, W. 141 A, 159 A, 186 A
Šachov 280 A
Samara 4, 111, 179, 217, 219 f, 270 f, 312, 408
Sandkühler, H. J. 290
Saratov 4, 37–39, 43, 54, 101 A, 102 A, 103, 110 A, 111, 114 f, 117, 120, 123, 129, 142, 161 A, 179, 210, 216–223, 227, 230, 244, 270 f, 274, 312 f, 330 f, 350, 382 f, 404, 408–410
Saul, J. S. 19 A
Savin, A. (Pseudonym) s. Šimanovskij, A. B.
Savinkov, B. V. (Pseudonym: V. Ropšin) 62, 64 A, 146, 153 A, 202, 203 A, 282 A, 344 A, 359 A, 360 A, 363–366, 367 A, 368, 370 f, 373–375, 379 f, 383 A, 385–387, 390, 392 f, 393 A, 411
Sazonov, E. S. 62, 363 f, 390, 408
Ščeglovitov, I. G. 377 f
Ščegolev, P. E. 116 A, 359 A, 380 A
Schapiro, L. 24 A
Scharlau, W. 78 A
Scheibert, P. 88 A
Schneiderman, J. 51 A
Schöber, P. 33 A
Schram, S. R. 27 A
Schwarz, S. M. 2 A, 28 A, 141 A
Schwarzmeergebiet 161 A, 165, 171, 224, 249 f, 318
Schweiz 121, 405, 408
Seljuk, M. F. 41, 55, 114–116, 119 A, 203, 282 A, 290, 361, 367
Semenova, M. 378 A
Semin, I. G. 415
Senese, D. 45 A
Serebrjakov, Ė. A. 46
Sergeevskij, N. 41 A
Sergej Aleksandrović, Großfürst 62, 254, 366–368, 383, 404, 411
Šestak, Ju. I. 414
Šestakov, A. V. 142 A, 270 A

Seth, R. 358 A
Seton-Watson, H. 20 A
Sevastopol' 111, 165, 167, 171–173, 209, 211, 239, 275 A, 312, 319 370 A, 372, 408, 411
Shanin, T. 14 A, 18 A, 24 A, 25 A, 28 A, 29 A, 30 A, 353 A
Shatz, M. S. 137 A
Shils, E. 17 A, 20
Sibirien 52, 176, 180, 215, 246 f, 251, 260–262, 267 f, 283, 315, 329, 376, 404–409, 411 f
Sidel'nikov, S. M. 15 A, 177 A
Sikorskij 363
Šimanovskij, A. B. (Pseudonym: S. Savin) 205, 312 A, 334, 337 A, 339 f, 345, 353
Simbirsk 111, 161 A, 217 f, 220, 260, 274 A, 277 A, 308, 312, 407
Simferopol' 161 A, 189 f, 212, 239, 312
Simmons, E. J. 2 A, 413
Simonova, M. S. 142 A, 396 A
Singer, M. B. 29 A
Sipjagin, D. S. 37 A, 65, 67, 346, 359 f, 363, 367, 407
Širokova, V. V. 36 A
Šiško, L. É. 45–47, 53 A, 69 A, 85 A, 98 A, 100, 122, 127 f, 146, 282 A, 283, 411
Siverskij (Pseudonym) s. Agafonov, V. K.
Sivochina, T. A. 414
Skinner, G. W. 29 A
Škiro, I. I. 97 A
Šklovskij, I. 139 A, 225 A, 226 A, 336 A
Škol'nik, M. 363 A
Sletov, S. N. (Pseudonym: S. Nečetnyj) 35, 36 A, 37 A, 38 A, 39, 40 A, 41–43, 44 A, 45 A, 46, 49 f, 55 A, 56 A, 100 A, 110, 111 A, 112–118, 120 f, 129 f, 203 f, 209, 216, 257 f, 282 A, 290, 299 A, 303 A, 334, 337–339, 341 A, 364, 367, 373, 385 f, 406, 411, 415
Šlichter, A. G. 225 f
Smelser, N. J. 33 A
Šmeral', B. 4 A
Smirnov, A. 269 A
Smirnova, Z. V. 27 A
Smith, E. E. 40 A
Smith, R. E. F. 24 A
Smolensk 111 f, 144, 161 A, 235 f, 238, 260 A, 274 A, 277 A
Šneerov, M. M. 144 A, 259 A, 389 A
Soboleva, P. I. 414 f

Sokolov, N. N. 130, 133—135, 168 A, 256, 290, 335 f, 353 A
Solov'ev, N. S. 414 f
Sormovo 233, 311
Sorokin, P. A. 29 A, 30 A, 31 A
Soskis, D. 47
Speranskij, N. 219 A
Spiridonov, I. V. 146 A
Spiridonov, M. V. 414
Spiridovič, A. I. 35 A, 36 A, 38 A, 41 A, 44 A, 45 A, 46 A, 67 A, 111 A, 130 A, 133 A, 134 A, 144 A, 158 A, 159 A, 166 A, 168 A, 171 A, 181 A, 203 A, 204 A, 215 A, 225, 256 A, 272 A, 273 A, 274 A, 281, 298, 309 A, 314 A, 316 A, 321 A, 330 A, 334 A, 342 A, 358 A, 359 A, 360 A, 361 A, 362 A, 363 A, 365 A, 366 A, 370 A, 371 A, 372 A, 373 A, 374 A, 376, 377 A, 378 A, 380 A. 381 A 383 A, 387 A, 415
Spirin, L. M. 414
Spirina, M. V. 24 A
Šrejder, G. I. 147
Stalin, J. V. 92, 401, 413
Stalinskij, E. A. 79 A, 353 A
Starynkevič, I. Ju. 115
Stavropol' 133, 161 A, 210, 249 f, 270
Steinberg, H.-J. 290 A
Steinberg, I. (Stejnberg, I. Z.) 62 A
Steklov, Ju. 413
Stepanov, A. N. 325 A, 415
Stepnjak-Kravčinskij, S. M. 45
Šternberg, L. Ja. 59, 60 A, 61, 63 A
Stišov, M. I. 414
Stockholm 69, 99
Stolypin, P. A. 14, 25, 81, 134, 181, 209, 271, 311, 321, 332, 349, 351, 369, 372, 375 f, 379, 386 f, 397
St. Petersburg 35, 37, 39, 41, 44, 100, 111 f, 117, 135, 141, 144, 146, 150 161 A, 162, 165, 167 f, 177, 179 190 A, 191, 198—200, 203, 205, 209, 216 A, 241, 243, 249, 254, 256—260, 266, 268 f, 275, 277 A, 299 f, 307, 309 f, 314 f, 318, 322, 329 f, 355 A, 356 A, 360 f, 366, 368—370, 372, 375, 377 f, 380, 382, 384 f, 404—412
Strobel, G. W. 242 A
Struve, P. B. 20 A, 21, 28 A
Studencov, A. 222 A
Studentov, V. A. 415
Stuttgart 217 A
Suchanov, N. (Pseudonym) s. Gimmer, N. N.

Suchomlin, V. I. 335 A
Suchovych, K. A. 225
Südrußland 119, 145, 161 A, 162, 171, 184, 190, 211, 215, 216 A, 239, 261, 263, 268—270, 312, 321, 329, 355, 405, 407
Šugrin, M. V. 415
Šuja 230 f
Suljatickij, V. M. 370 A, 375, 384 A
Suny, R. G. 328 A
Sveaborg 153, 165, 167 f, 169 A
Švecov, S. P. 348
Švejcer, M. 363, 365 f, 368 f, 393
Svjatopolk-Mirskij, P. D. 347 A
Sycjanko, A. O. 41
Szeftel, M. 175 A

Taganrog 240 f, 260
Tagin, E. (Pseudonym) s. Troickij, A. G.
Tambov 39, 49, 107, 111, 119, 161 A, 163, 216 f, 271, 312 f, 406, 411
Taratuta, E. 45 A
Tarnovskij, E. N. 291 A, 292 A, 298 A
Taškent 251, 275 A, 379
Tatarov, N. Ju. 203 A, 267 f, 381
Taurien 239, 270
Terek 249 f
Terioki 166
Thompson, A. W. 273 A
Thorner, D. 24 A, 29 A
Thornton, T. P. 345 A, 346 A
Tichomirov, L. A. 47, 410
Tichonova, V. A. 415
Tiflis 165 A, 248, 250 A
Tilly, Ch. 30, 31 A, 32 A
Timberlake, Ch. E. 1 A
Tjutćev, N. S. 36, 64 A, 203 A, 282 A, 283, 368, 381, 411
Tkačukov, L. 225 A
Tobias, H. J. 40 A
Tobol'sk 264, 408
Tokmakoff, G. 181 A
Tomasevich, J. 27 A
Tomsinskij, S. G. 181 A
Tomsk 40, 246 f, 315, 348, 404
Tonin, A. 226 A
Transbajkal 246, 262
Trapeznikov, S. P. 24 A, 94 A, 96 A
Trauberg, A. D. (Pseudonym: Karl) 377, 384 A, 387, 393
Trepov, D. F. 254, 368, 412
Trifonov, I. Ja. 414
Trockij, L. D. 1, 77, 78 A, 80, 292 A, 395
Troickij, A. G. (Pseudonym: E. Tagin) 85 A, 135 A

Troickij, V. P. 219
Tschechoslowakei 404
Tučkin, V. (Pseudonym) s. Černov, V. M.
Tula 111, 119, 179, 228, 232, 234, 266, 274 A, 277
Tumarkina, A. 252 A
Turkestan 215, 216 A, 251, 268, 329
Turner, R. H. 33 A
Tvardovskaja, V. A. 28 A
Tver' 111, 117, 119, 161 A, 165 A, 228, 232, 233 f, 270, 277 A

Ufa 4 f, 67, 244, 246, 260, 274 A, 277 A, 313, 361, 405 f, 408, 411 f
Ukraine 41, 112, 117, 130, 138, 159– 161, 177, 191, 215, 216 A, 223– 229, 236, 261–263, 265, 267 f, 270 f, 277 A, 307, 310–312, 329, 409
Ul'janov, A. I. 59
Ul'janov, N. A. 205
Ul'janova-Elizarova, A. I. 59 A
Ural 110 A, 123, 161 A, 177, 215, 243–246, 250, 260–262, 270 f, 277 A, 283, 313, 329
USA 51, 80, 273, 404 f, 407–409, 412
Ušakov, A. V. 17 A
Uspenskaja, M. 131
Ustinov, E. (Pseudonym) s. Lozinskij, E. Ju.

Vandervelde, E. 5 A
Varlaškin, V. V. 415
Vasiliev, A. T 40 A
Vedenjapin, M. A. 219, 257
Vega, R. de la 290 A
Vejcenfel'd, A. 114, 361
Veliz, C. 19 A
Venturi, F. 1 A, 20 A, 58 A
Vichljaev, P. A. 80 A, 85 A, 93 A, 108, 149 A, 352
Vil'no 111, 138, 235
Višnjak, M. V. 7 A, 62 A, 80 A, 86 A, 94, 132 A, 252, 256 A
Vitebsk 89, 103, 111 f, 136, 138, 151, 199, 235 f
Vitte, S. Ju. 14 A, 15, 401
Vjatka 37 A, 119, 244 f, 269 f, 313
Vladikavkaz 250
Vladimir 37 A, 111, 161 A, 228–230, 234, 277 A, 315
Vladimir Aleksandrovič, Großfürst 366
Vladivostok 171, 251, 412
Vnorovskij, B. J. 374 A
Voennyj, V. (Pseudonym) s. Černov, V. M.
Vojnaral'skij, P. I. 36

Volchovskaja, V. 386 A
Volchovskij, F. V. 45–47, 122, 124 A, 127, 130, 144 A, 151 f, 282 A, 283, 290, 322, 345 A, 390 A, 408, 412
Volin, M. S. 143 A
Volk, S. S. 28 A
Volkmann, H. 10 A
Vollmar, G. von 74 f
Vologda 139, 161 A, 241–243, 331, 410
Voroncov, V. P. 2, 58, 78–81
Voronež 37, 39, 41, 111, 160, 161 A, 162, 165 A, 179, 191, 207, 223, 225, 227 f, 270, 274 A, 277 A, 307 A, 312, 315, 319, 406
Voronov, B. (Pseudonym) s. Lebedev, B. N.
Vronskij, (Pseudonym) s. Avksent'ev, N. D.
Vucinich, W. S. 2 A, 48 A
Vyborg 153, 158, 163, 258
Vysockij, A. D. 252 A, 273, 279

Walkin, J. 396 A
Warschau 355 A, 384
Watters, F. M. 2 A, 233 A, 238 A, 271 A
Weber, E. 27 A
Weber, M. 30, 32, 346 A
Weeks, A. L. 27 A
Wehler, H.-U. 9 A, 10 A, 11 A, 12 A, 13 A
Weiner, M. 13 A, 30 A, 33
Weißrußland 112, 130, 138, 140, 161 A, 235–239, 241, 261, 263–265, 267, 270 f, 409
Wettig, G. 6 A
Wilber, Ch. K. 10 A
Wildman, A. K. 28 A, 118, 185 A, 266
Wiles, P. 20 A
Wilkinson, P. 345 A
Willetts, H. T. 24 A
Wittfogel, K. A. 346 A
Woehrlin, W. F. 27 A
Wolf, E. R. 28 A, 29, 30 A, 31 A, 32 A
Wolgagebiet 159, 161, 164, 177, 190, 196 f, 210, 215–217, 219–223, 226 f, 229, 233, 260 f, 267–269, 271, 283, 310, 313, 329, 409
Wolynien 111, 223, 315
Worsley, P. 19 A, 20
Wortman, R. 27 A

Zak, L. 85 A
Zak, S. O. 73 A
Zak, S. S. 81 A, 85 A, 88 A, 93 A

Zapf, W.   12 A, 13 A
Zasulič, V. I.   73
Ždanov, P.   414 f
Željabov, A. I.   47
Zelnik, R. E.   48 A
Zenzinov, V. M.   7 A, 51 A, 52 A, 62 A, 132 A, 144 A, 203 A, 204, 205 A, 252—255, 256 A, 257, 273, 281 A, 282 A, 290, 316 A, 334, 336, 367 A, 371, 381 A, 385 f, 389, 392, 395, 406 f, 410, 412, 415
Zetkin, K.   47
Zil'ber, G.   358 A
Zil'berberg, K. I.   370 A
Zil'berberg, L. I.   360, 370 A, 371, 374 f, 377, 384 A, 393

Zil'berštejn, Ja.   378 A
Zimmermann, C. C.   29 A, 30 A, 31 A
Zimmerwald   406, 409
Žitlovskij, Ch. O.   35 A, 38 A, 39, 45 f, 55, 127, 273, 361
Žitomir   44, 111
Zjubelevič, Ju.   168 A
Zlatoust   244, 313
Zubatov, S. V.   40 A, 51, 112, 363, 367
Žučenko, Z. F.   210 A, 257, 370 f, 409
Zürich   121 A
Žukov, A. F.   126 A, 415
Žukovskij-Žuk, I.   135 A
Žumaeva, L. S.   413